Reader's Digest
Auswahlbücher

Die Kurzfassungen in diesem Buch erscheinen
mit Genehmigung der Autoren und Verleger
© 1990 by Verlag DAS BESTE GmbH, Stuttgart
Alle Rechte, insbesondere das der Übersetzung,
Verfilmung und Funkbearbeitung, im In- und
Ausland vorbehalten
290
PRINTED IN GERMANY
ISBN 3 87070 343 1

Reader's Digest
Auswahlbücher

Verlag DAS BESTE
Stuttgart · Zürich · Wien

NELSON DeMILLE   *Seite 7*   ELIZABETH WEBSTER   *Seite 171*

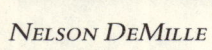

CHICO

Sonntag in einer amerikanischen Kleinstadt. Alles ist friedlich. Doch der Schein trügt. Denn diese Stadt liegt nicht in Colorado oder Texas, sondern mitten im tiefsten Rußland. Ihr Geheimnis ist tödlich. Ihr Name: Die Fabrik der Spione.

Eine ungewöhnliche Freundschaft entwickelt sich zwischen Tancred Hammond, dem englischen Ingenieur, und Chico, dem Jungen aus den Slums von Bogotá. Als sie sich gemeinsam auf den beschwerlichen Weg in die Anden machen, um Chicos Eltern zu suchen, ahnt Tancred nicht, daß mit dieser Reise auch sein Leben eine unerwartete Wendung nimmt.

JEDER TAG ZÄHLT

Sie sind pfeilschnell. Jagen lautlos
über den Ozean. Überfallen
urplötzlich die Küsten. Tsunamis
kennen kein Erbarmen. Wer die
gefährlichsten Wellen der Meere
unterschätzt, ist verloren.

DIE BÄREN UND ICH

Als sich Robert Franklin Leslie in
die Blockhütte am See zurückzieht,
hofft er, in diesem entlegenen Teil
der kanadischen Wälder ungestört
nach Gold suchen zu können.
Doch bald ist es mit der Beschau-
lichkeit seines Einsiedlerdaseins vorbei – drei verwaiste Jungbären
haben sich nämlich ausgerechnet ihn
als „Stiefvater" auserwählt.

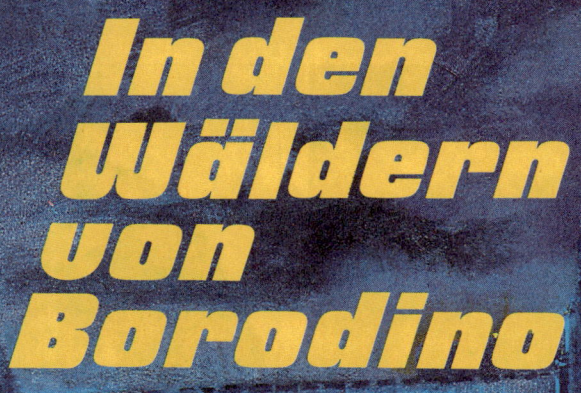

In den Wäldern von Borodino

Eine Kurzfassung des Buches von
NELSON De**MILLE**

Nach der Übersetzung von
Thomas Schlück

Illustrationen von Larry Schwinger

Auf eigene Faust mit dem Auto durch die
Sowjetunion – so hatte sich Gregory Fisher die auf-
regendsten Ferien seines Lebens vorgestellt. Doch als
der junge Amerikaner kurz vor Moskau vom Weg
abkommt, wird das Abenteuer zum Alptraum. In
den Wäldern von Borodino begegnet er einem
Landsmann auf der Flucht – einem ehemaligen
Air-Force-Colonel, der seit dem Vietnamkrieg als
vermißt gilt. Dieser erzählt dem fassungslosen Touristen eine ganz unglaubliche Geschichte und fleht
ihn an, die US-Botschaft in Moskau zu informieren, koste es, was es wolle …

1. Kapitel

„SIE sind schon zwei Tage in Smolensk geblieben, Mr. Fisher?" fragte sie.

Gregory Fisher hatte sich bereits an das seltsame Englisch gewöhnt, das in diesem Teil der Welt gesprochen wurde. „Ja", antwortete er. „Ich bin seit zwei Tagen in Smolensk."

„Warum treffe ich Sie nicht, als Sie ankommen?"

„Sie waren unterwegs. Aber ich habe mich bei der Polizei gemeldet, der Miliz."

„Ja?" Sie blätterte die Unterlagen durch. „Ach ja! Gut. Sie wohnen im Hotel Zentralnaja?"

Fisher betrachtete die Intourist-Vertreterin. Sie war etwa fünfundzwanzig, vielleicht ein Jahr älter als er. Sah nicht schlecht aus. „Ja, ich habe im Zentralnaja übernachtet", antwortete er.

Sie prüfte sein Visum. „Beruf?"

Fisher hatte diese ausführliche Fragerei allmählich satt. „Ich bin gerade mit dem Studium fertig und vorübergehend ohne Arbeit."

Sie nickte. „Ja, ja. Es gibt viele Arbeitslose in Amerika, nicht wahr? Und all die Obdachlosen."

Die Russen, so hatte man Fisher erzählt, waren sozusagen besessen davon, über die Probleme Amerikas zu sprechen. „Ich arbeite nicht, weil ich im Moment nicht arbeiten will", erklärte er.

Die Frau beugte sich vor. „Gefällt Ihnen Smolensk?"

„Ja, sehr. Ich wünschte, ich könnte länger bleiben."

„Wir sehen hier nicht viele Leute aus dem Westen. Dafür Autobusse aus unseren sozialistischen Bruderländern."

„Wenn Sie wollen, mache ich zu Hause ein bißchen Reklame für Ihre schöne Stadt."

Sie stempelte seine Dokumente. „Sie müssen auf den vorgeschriebenen Straßen bleiben. Ausländische Touristen dürfen nachts nicht über Land fahren. Sie müssen bei Einbruch der Dunkelheit die Moskauer Stadtgrenze erreicht haben."

„Das ist mir bekannt. "

„In Moskau melden Sie sich sofort beim Intourist-Vertreter im Hotel Rossija, wo Sie übernachten." Sie warf einen Blick auf seinen Reiseplan. „Sie haben Erlaubnis für einen kleinen Abstecher nach Borodino, aber das würde ich lassen."

„Wieso?"

„Es ist schon Nachmittag, Mr. Fisher. Sie müssen sich beeilen, wenn Sie Moskau vor Abend erreichen wollen." Sie schob ihm die Papiere hin. „Gute Fahrt. Seien Sie vorsichtig, Mr. Fisher."

Fisher grübelte beim Hinausgehen einen Augenblick lang über diese rätselhafte Bemerkung nach. Dann atmete er in der kühlen Smolensker Luft tief durch und steuerte auf die Menschenmenge zu, die seinen Wagen umstand. „Verzeihung, Leute ..." Er öffnete die Tür des metallicblauen Pontiac TransAm, schob sich in den Wagen und schloß die Tür. Er ließ den Motor an. *„Do swidanja*, Smolensk! Auf Wiedersehen!"

Langsam rollte er durch das Stadtzentrum und richtete sich dabei nach einer auf dem Beifahrersitz liegenden Karte. Keine zehn Minuten später fuhr er in östlicher Richtung der sowjetischen Hauptstadt entgegen. Der Wind jagte graue Wolken an der blassen Oktobersonne vorbei.

Je weiter er nach Osten kam, desto herbstlicher schien es zu werden. Links und rechts der Landstraße erstreckten sich leere Stoppelfelder, und wenn eine Obstplantage vorüberglitt, waren die Bäume kahl.

Ein Markierungsstein zeigte noch zweihundertneunzig Kilometer bis Moskau an. Es war kurz vor halb drei. Als er auf die Uhr am Armaturenbrett blickte, mußte Fisher noch einmal an das Gespräch mit der Intourist-Vertreterin denken. Mittlerweile fand er die strengen Vorschriften, die zu beachten waren, nicht nur ärgerlich, sondern schon ein wenig beängstigend. Die Einheimischen hingegen waren nett, und Fisher genoß das Aufsehen, das sein Wagen, ein aus westlicher Sicht typisch amerikanisches Angeberauto, überall erregte. Natürlich stellte solch ein Auto auf russischen Straßen eine absolute Seltenheit dar. Die Leute hatten ihm unterwegs, wenn er anhielt, frisches Obst und Gemüse geschenkt. Fisher hatte dafür Filzstifte, amerikanische Kalender, Parfümproben und anderen billigen Kleinkram verteilt, den er vorsorglich mitgebracht hatte. Er fühlte sich wie ein Botschafter auf einer Goodwillreise – und genoß diese Rolle.

Gregory Fisher hatte Auto und Urlaub von seinen Eltern zum Examen geschenkt bekommen. Der TransAm war nach Le Havre verschifft worden, wo die sommerliche Europatour begonnen hatte. Der Gedanke an einen Abstecher in den Ostblock war Fisher erst unterwegs gekommen.

Seine Begeisterung für die Sowjetunion gründete darauf, ein Land zu bereisen, das ein Polizeistaat war und das den Tourismus nicht förderte. Urlaub, auf die Spitze getrieben – ein richtiges Abenteuer.

Etwa eine Stunde später verließ Fisher die Landstraße und folgte einem parallel verlaufenden, schmaleren Asphaltband, der früheren Hauptstraße von Moskau in Richtung Westen. Nach wenigen Minuten erreichte er die Ausläufer von Moschaisk, das hundertachtundzwanzig Kilometer vor Moskau lag. Der Reiseführer besagte, daß die Stadt seit dem dreizehnten Jahrhundert existierte, doch ließen die schlichten Beton- und Holzgebäude nichts von dieser Vergangenheit erkennen. Auch hier in Moschaisk schauten die Leute mit offenem Mund hinter seinem blauen TransAm her. Ohne anzuhalten, fuhr Fisher weiter. Als er die Stadt hinter sich gebracht hatte, suchte er nach Schildern, die ihn zur Landstraße zurückführten, und hielt schließlich an. Ein Kilometerstein zeigte hundertacht Kilometer an, ein Pfeil deutete auf einen schmalen, rissigen Asphaltstreifen, der offenbar zur Hauptstraße führte. Ein zweiter Pfeil wies nach links auf eine ansteigende Straße, die in besserem Zustand zu sein schien. Das dazugehörige Schild trug eine kyrillische Inschrift, doch konnte Fisher das Wort „Borodino" ausmachen. Er schaute auf die Uhr am Armaturenbrett: halb fünf; dann gab er Gas und bog auf die Straße nach Borodino ein. Er würde den Ort besuchen, an dem sich Napoleon und Kutusow gegenübergestanden hatten, an dem fünfzig Jahre später Leo Tolstoi über sein Epos „Krieg und Frieden" nachgedacht hatte.

Die von Pappeln gesäumte Straße führte im Bogen nach rechts. Langsam fahrend passierte Fisher zwei Steinpfosten, die ein geöffnetes Metalltor stützten. Nach einer leichten Steigung erstreckte sich vor ihm das Schlachtfeld von Borodino, auf dem Napoleons Große Armee der von Feldmarschall Kutusow geführten russischen Armee entgegengetreten war. Hinter einem kleinen Parkplatz erhob sich das Borodino-Museum, ein weißes Kalksteingebäude mit Ziegeldach und neoklassizistischer Säulenfront. Zwei uralte Vorderladerkanonen flankierten den Eingang.

Er hielt an, stieg aus und ging zum Eingang hinüber. Das Museum war geschlossen. So schaute er über die grasbedeckten Felder, auf denen an jenem Septembertag 1812 zweihundertfünfzigtausend französische und russische Soldaten gekämpft hatten. Die Gegner beschossen sich fünfzehn Stunden lang, dann zogen sich die Russen gegen Abend in Richtung Moskau zurück. Hunderttausend Mann waren tot oder tödlich verwundet.

Das totenstille Schlachtfeld übte eine magische Wirkung aus. Fisher spürte förmlich den Atem der Geschichte und der Tragödie und wanderte in Gedanken versunken zu seinem TransAm zurück. Es war kälter geworden. Er schloß die Wagentür und fuhr langsam den Weg entlang, vorbei an dem schwarzen Obelisk, der Kutusow ehrte, vorbei an den Massengräbern der sowjetischen Gardisten, die hier 1941 im Kampf gegen die Deutschen gefallen waren. Erst jetzt merkte er, wie dunkel es geworden war. Er versuchte zwischen den flachen Hügeln und Birkenhainen hindurch zur Eingangsstraße zurückzufinden, wußte aber nicht mehr, wo sie war.

Links und rechts rückten dunkle Kiefern immer näher zusammen, und der schmale, befestigte Weg führte aufwärts. Zögernd fuhr Fisher weiter und suchte nach einer Stelle zum Wenden. Er schaltete die Scheinwerfer ein, die aber nur den undurchdringlichen Wald zeigten.

Plötzlich fiel das Licht auf ein großes Holzschild an einem Baum, und Fisher hielt an. Inmitten der kyrillischen Buchstaben machte er das Wort *stop* aus; der Rest war unverständlich. Während er noch überlegte, was zu tun sei, bemerkte er weiter vorn eine Art Lichtung zwischen den Bäumen, allerdings hinter dem Schild. Da er mit dem Wagen nicht weiterfahren wollte, nahm er eine Taschenlampe, stieg aus und legte die zehn Meter bis zur Lichtung zu Fuß zurück. Es handelte sich um eine etwa fünfundzwanzig Quadratmeter große Kiesfläche, die offenbar als Wendeplatz gedacht war.

Als er sich zum Wagen umwandte, hörte er plötzlich ganz deutlich das Knacken von Zweigen. Erschrocken blieb er stehen und atmete flach durch die Nase. Es war kalt und feucht geworden. Da war das Geräusch wieder – das Knistern von Kiefernästen, diesmal näher. Ein Reh, sagte er sich. Er machte einen Schritt in Richtung Wagen. In der Ferne bellte ein Hund.

„Guten Abend", ertönte eine Stimme wenige Meter rechts von ihm. Fisher wurden die Knie weich.

2. Kapitel

LISA RHODES sah auf die Uhr. Es war kurz nach fünf. Sie trat an das Fenster ihres Büros in der Presseabteilung der amerikanischen Botschaft. Aus dem sechsten Stock konnte sie nach Westen über die Moskwa blicken. Am Horizont schien der Fluß mit der bleichen, untergehenden Sonne zu verschmelzen.

Das Haustelefon klingelte. Sie wandte sich vom Fenster ab.

„Rhodes.“

„Hallo“, sagte eine Männerstimme. Es war Seth Alevy. „Heute ist der erste Sukkoth-Tag. Das jüdische Erntedankfest.“

„Ach?“

„Man hat mich zu einer Feier nach Sadowniki eingeladen. Religiöse Dissidenten. Könnte dich interessieren, dachte ich.“

„Ich habe heute abend Dienst.“

„Ich könnte jemanden einspringen lassen.“

„Nein . . ., nein, vielen Dank, Seth. Ich muß auch noch eine Presseerklärung fertigmachen.“

„Schade“, meinte er und legte auf.

Lisa schüttelte den Kopf. Er wollte es einfach nicht wahrhaben. Seth Alevy, der Moskauer CIA-Chef, konnte nicht verstehen, daß die leidenschaftliche Affäre mit der Pressereferentin Lisa Rhodes zu Ende war. Oder war sie vielleicht doch noch nicht zu Ende?

Lisa zündete sich eine Zigarette an und blickte zur schallisolierten Decke empor. Die neue amerikanische Botschaft war gut zehn Jahre lang im Bau gewesen. Jedes vorgefertigte Betonstück, das von den Sowjets angeliefert wurde, war mit Lauschgeräten gespickt gewesen. Nach diesem Abhörskandal hatte es dann noch an der alten Botschaft Aufruhr wegen sexueller Ausschweifungen von Wachsoldaten gegeben; es folgten Anklagen und gegenseitige Beschuldigungen zwischen Moskau und Washington. Gut ein Jahr lang war die amerikanische Mission in der Sowjetunion ziemlich lahmgelegt.

Schließlich hatten sich die Amerikaner auf ihr Können und ihre Dollars besonnen und in der neuen Botschaft einen neuen Anfang gemacht. Doch was immer an Goodwill zwischen dem Botschaftspersonal und den sowjetischen Gastgebern bestanden hatte, war verflogen und einem offenen Kleinkrieg gewichen, und das Außenministerium trug sich ernsthaft mit dem Gedanken, das gesamte Personal auszutauschen. Lisa hoffte, daß es nicht dazu kam, denn sie hätte ihre Dienstzeit in Moskau gern ohne Zwischenfälle zu Ende gebracht. Ihre Gedanken wanderten wieder zu Seth Alevy. Eine Affäre mit dem Moskauer CIA-Chef konnte ihrer Karriere kaum abträglich sein. Und sie hatte ihn geliebt. Oder liebte sie ihn noch? Aber mit ihm liiert zu sein bedeutete zugleich, daß sie mit seiner Berufswelt in Berührung kam – einer Welt, die ihr nicht gefiel. Diese Welt war gefährlich. Es war schon riskant genug, überhaupt in Moskau zu leben.

GREGORY FISHER vermochte sich schließlich mit Hilfe des mondbeschienenen Kutusow-Obelisken zu orientieren. Er entdeckte das Museum und bog eine Minute später in die pappelgesäumte Auffahrtsstraße ein. So schnell es ging, durchfuhr er mehrere S-Kurven, entdeckte nach einer besonders langen Biegung die alte Moskauer Straße vor sich und nahm mit quietschenden Reifen die Kurve. Erst jetzt schaltete er die Scheinwerfer ein und sah in ihrem Licht den schon bekannten Wegweiser. Diesmal zog er den Wagen energisch nach rechts auf den Asphaltweg, der zur breiten Straße Minsk–Moskau zurückführte. „Hätte gleich so fahren sollen", murmelte er. „Mußte ich Borodino unbedingt sehen? Nein! Hab doch ‚Krieg und Frieden‘ gelesen ... Mehr hätte ich über Borodino gar nicht zu wissen brauchen. Ich *wußte*, dieses Land bringt nur Ärger!"

Mit heftig pochendem Herzen steuerte er den Pontiac über den holprigen Weg. Es machte ihm angst, zu dieser späten Stunde an einem verbotenen Ort zu sein.

Der schmale Weg schien kein Ende zu nehmen. Endlich erreichte er die Kreuzung mit der Überlandstraße und konnte nach Osten, in Richtung Moskau, fahren. Er mußte sich sehr beherrschen, nicht zu schnell zu fahren. Auf dem Weg lagen kleinere Ortschaften, und wenn die Polizei auf ihn aufmerksam wurde, konnte das sehr unangenehm werden. Schließlich entdeckte er am Horizont einen gespenstischen Lichtschimmer – Moskau!

Weiter vorn führte die Straße unter einer Brücke durch. Es mußte sich um die Äußere Ringstraße handeln, die inoffiziell die Stadtgrenze markierte. Wenig später befand er sich auf einer Hauptstraße, die am Triumphbogen vorbeiführte. Jetzt gab es Straßenbeleuchtung und

Verkehr. Im Stadtverkehr begann er sich ein wenig wohler zu fühlen. Er überquerte auf der Kalininbrücke die Moskwa. Weiter links am anderen Ufer konnte er ein modernes Hochhaus aus dunkelroten Backsteinen erkennen und war ziemlich sicher, daß es sich um die amerikanische Botschaft handelte. Erleichtert seufzte er auf.

Hinter der Brücke war die Straßenführung verwirrend. Fisher suchte nach einer Möglichkeit, nach links zur Botschaft abzubiegen, als neben ihm ein grün-weißer Streifenwagen auftauchte. Der Polizeibeamte auf dem Beifahrersitz winkte ihn an den Straßenrand. Fisher atmete tief durch und hielt an.

Der Streifenwagen stoppte hinter ihm, und beide Insassen, gekleidet in grüne Mäntel und Parkamützen, kamen nach vorn. Sie trugen weiße Gummiknüppel. Einer trat ans Fenster. „*Visa. Passport.*"

Gregory Fisher unterdrückte das Zittern seiner Hände und reichte seine Papiere durchs Wagenfenster. Der Beamte studierte die Dokumente; sein Kollege wanderte unterdessen interessiert um den Wagen herum und berührte ihn hier und dort.

Plötzlich tauchte ein Mann in Zivil auf. Er musterte Fisher durch die Windschutzscheibe und näherte sich dann der Fahrerseite. Er sprach mit Akzent, aber fehlerfrei englisch. „Bitte die Wagendokumente. Ihren internationalen Führerschein und Ihre Versicherungsunterlagen."

„Jawohl." Fisher gab dem Mann einen großen Umschlag.

Der Zivilist studierte einige Zeit die Unterlagen und schnipste schließlich mit den Fingern, woraufhin ihm einer der Beamten Fishers Paß und Visum reichte. Dann wandte sich der Mann in Zivil erneut an Fisher: „Stellen Sie den Motor ab, geben Sie mir Ihre Schlüssel, und steigen Sie aus."

Fisher kam der Aufforderung nach. Der Mann war für einen Russen ziemlich groß und schlank und wirkte mit seinem blonden Haar sogar ausgesprochen nordisch.

„Sind Sie gerade erst von Smolensk nach Moskau gekommen?"

„Ja, gewiß."

„Sie sind bei Nacht über Land gefahren."

„Ja." Fisher sah sich sein Gegenüber genauer an. Der Mann war etwa vierzig und trug einen Ledermantel und eine schwarze Pelzmütze. Er wirkte weder freundlich noch abweisend, nur neugierig. „Ich hab mich verfahren", fügte er hinzu.

„Wo?"

„In Bor – in Moschaisk."

Der Beamte musterte ihn unangenehm lange, ehe er ihn hinter sich herwinkte. Zu zweit gingen sie an das Heck des TransAm, und der Mann öffnete den Kofferraum. Die kleine Lampe erhellte Fishers Gepäck und seinen Vorrat an Ersatzteilen und Schmier- und Reinigungsmitteln.

Der Zivilist schien damit nichts anfangen zu können. Er betrachtete das USA-Länderkennzeichen, das Fisher in Brest hatte anbringen müssen, dann winkte er die beiden Polizisten zu sich und führte mit ihnen ein etwa fünfminütiges Gespräch. Schließlich wandte er sich wieder Fisher zu. „Bei Nacht über Land zu fahren ist eine Gesetzesübertretung. Schlimm für einen Ausländer. Zunächst schlage ich vor, daß Sie direkt zum Rossija fahren und dort heute auch bleiben. Es kann sein, daß Sie noch heute abend über Ihre Irrfahrt Auskunft geben müssen." Er gab Fisher die Papiere und Schlüssel zurück. „Willkommen in Moskau, Mr. Fisher."

Der Mann entfernte sich und verschwand in einer U-Bahn-Station. Die beiden Polizisten stiegen wortlos in ihren Wagen und warteten.

Gregory Fisher schloß den Kofferraum, schob sich hinter das Lenkrad und ließ den Motor an. Er schaltete und fädelte sich in den Verkehr ein. Der Streifenwagen folgte. Fisher zitterte jetzt so heftig, daß er am liebsten wieder gehalten hätte, aber das ging nicht. Da der Streifenwagen dicht hinter ihm blieb, wagte er auch nicht, den Weg zur Botschaft einzuschlagen. So fuhr er weiter auf dem Kalininprospekt. Er erinnerte sich an den Straßenverlauf auf dem Stadtplan und bog nach rechts auf den Marxprospekt ab, fuhr zur Uferstraße hinab und hielt sich links. Weiter vorn gewahrte er einen Tunnel, der unter der Rampe einer Flußbrücke hindurchführte. Dahinter ragte das Hotel Rossija auf, ein modernes Gebäude mit Glas- und Aluminiumfassade.

Im Rückspiegel konnte Fisher den Streifenwagen in der Parkplatzeinfahrt stehen sehen. Er rollte zum Eingang und stellte den Motor ab.

Im gläsernen Außenfoyer des Hotels stand ein Portier in grüner Livree. Fisher stieg aus und hängte sich die Schultertasche um. Er ging auf den Portier zu, drückte ihm die Wagenschlüssel in die Hand und sagte: „Kümmern Sie sich bitte um das Auto."

„In Ordnung." Der Mann nickte.

Fisher betrat das ausgestorbene Foyer, das wie alle öffentlich zugänglichen Gebäude überheizt war. Er blickte sich um. Es gab keine Bar, keinen Zeitungsstand – nichts deutete auf eine Hotelhalle hin, mit Ausnahme einer Art Schalterfenster in der linken Wand, bei dem es sich vermutlich um die Anmeldung handelte. Fisher ging hinüber und stellte sich dem gelangweilten Blick einer Frau. Er händigte ihr Intourist-Reservierung, Paß und Visum aus. Sie betrachtete den Paß einen Moment und verschwand dann wortlos durch eine Tür nach hinten.

Fisher sah durch die Glastür, daß man seinen Wagen vom Eingang fortgefahren hatte, doch schien niemand das Gepäck hereinzubringen, was ihn beunruhigte. Auch der Streifenwagen war verschwunden.

Fisher brauchte dringend etwas zu trinken. Er schaute auf die Uhr. Halb neun. Hinter ihm hörte er eine Stimme: „Grii-gory Fiisher."

Er wandte sich wieder dem Schalter zu. Eine ältere Frau mit kurzem rotem Haar sagte: „Ich bin von Intourist. Darf ich Ihre Papiere sehen?"

Fisher händigte ihr den großen Umschlag aus. Sie studierte gründlich jedes Dokument. „Sie sind spät dran. Wir haben uns Sorgen um Sie gemacht."

„Na, das hat sich ja nun erledigt. Darf ich jetzt auf mein Zimmer?"

„Selbstverständlich. Sechster Stock." Sie behielt Paß und Visum und gab ihm den Rest der Papiere mit einer grünen Hotelkarte zurück. „Dies ist Ihr *propusk*, den Sie immer bei sich tragen müssen. Paß und Visum erhalten Sie bei der Abreise zurück. Sie müssen den *propusk* vorzeigen, wenn Sie von autorisierter Seite dazu aufgefordert werden."

Fisher nickte müde und fragte dann: „Wo ist mein Gepäck?"

„Kommt gleich", erwiderte sie.

Er nahm den Aufzug zur sechsten Etage. Die Fahrstuhltür öffnete sich in einem kleinen Vestibül, in dem eine hübsche junge Frau an einem kleinen Tisch saß. Fisher war klar, daß diese Frau als *deschurnaja*, als Hüterin der öffentlichen Moral, fungierte, und sie war außerdem vermutlich ein Spitzel des KGB. Fisher gab ihr die Karte, und sie reichte ihm den Zimmerschlüssel. „Geben Sie mir Schlüssel, wenn Sie Hotel verlassen, ich gebe Ihnen *propusk*."

„In Ordnung."

Sie deutete in den Flur, und hinter einer Biegung entdeckte Fisher sein Zimmer, Nummer siebenhundertfünfundvierzig. Er schloß auf und trat über die Schwelle.

Es war ein mittelgroßes Zimmer mit hellen skandinavischen

Möbeln. Bis auf die Fensterscheiben wirkte alles ziemlich sauber. Fisher ließ sich aufs Bett fallen. Nachdem er eine Weile zur Decke gestarrt hatte, studierte er das interne Telefonverzeichnis. Er wählte eine dreistellige Nummer und bestellte beim Zimmerservice eine Flasche Wodka. Das erste, was heute richtig läuft, sagte er sich.

Dann kehrte er in Gedanken zu den Ereignissen der letzten Stunden zurück. Bisher hatte er seine Angst unterdrücken können. In dem ruhigen, leeren Zimmer aber verließ ihn seine Willenskraft. Er begann zu zittern, sprang schließlich vom Bett auf und marschierte hin und her. „Was ist, wenn man mich gleich verhaftet? Vielleicht sollte ich sofort versuchen, zur Botschaft zu gelangen. Man beobachtet mich. Aber kann man hier überhaupt schon wissen, was in Borodino passiert ist?"

Es wurde laut geklopft, und Fisher zuckte zusammen. Er atmete tief durch, ging zur Tür und machte auf. Eine mütterlich wirkende Frau stand vor ihm, im Arm einen Eiskübel mit einer Literflasche Moskowskaja. Fisher entließ die Frau mit einer Parfümprobe.

Mit zitternder Hand schenkte er sich den kalten Wodka ein und leerte das Glas in einem Zug. Das Wasser schoß ihm in die Augen. Er goß nach und setzte seine Wanderung durch das Zimmer fort. „Wenn es das nächstemal klingelt, ist es mein Gepäck oder der KGB. Der verdammte K–." Er hielt inne, denn er hatte gelesen, daß auch Hotelzimmer abgehört wurden. Hastig stellte er das Glas beiseite und griff nach seiner Schultertasche. Dann verließ er sein Zimmer.

Die *deschurnaja* las in einer Zeitung und blickte erst auf, als Fisher ihr den Schlüssel auf den Tisch legte. „*Allo*, Mr. Fisher", sagte sie und gab ihm seinen *propusk*.

Er nahm den Fahrstuhl und fuhr nach unten in das Foyer. An diesem öffentlich zugänglichen Ort fühlte er sich gleich etwas sicherer. Der Geldwechselschalter war allerdings geschlossen. Er schaute sich um. Ihm fehlte nichts weiter als ein lächerliches Zweikopekenstück. Sein Blick fiel auf ein elegant gekleidetes, französisch sprechendes Ehepaar. „*Pardonnez, monsieur, madame. J'ai besoin de . . . de deux copecks. Pour le téléphone.*"

Die Frau lächelte und suchte in ihrer Handtasche. „*Voilà.*"

„*Merci, madame. Merci.*" Fisher ging weiter und fand in einem abseits gelegenen Korridor eine Telefonzelle. Er trat ein, zog die Tür hinter sich zu und suchte in seinem Reiseführer die Nummer der Botschaft heraus. Dann schob er das Zweikopekenstück in den Schlitz und wählte. Immer wieder schaute er in den Korridor hinaus, während das Freizeichen am anderen Ende der Leitung ertönte.

LISA RHODES strich gerade eine Zeile aus ihrer Presseerklärung, als das Telefon klingelte. Dazu blinkte das rote Licht, das anzeigte, daß der Anruf von der Station der Marinesoldaten kam. Sie hob den Hörer ab. „Rhodes."

„Corporal Hines, Ma'am. Ich habe hier einen Mann in der Leitung, der sich als US-Staatsbürger ausgibt. Sagt, er möchte mit einem Militärattaché sprechen. Will nicht angeben, von woher er anruft."

Lisa hob die Augenbrauen. „Stellen Sie durch." Es klickte in der Leitung.

„Hallo...?" fragte eine männliche Stimme.

„Hier spricht Mrs. Rhodes. Kann ich Ihnen helfen?"

„Ich muß mit einem Militärattaché sprechen. Wenn möglich von der Air Force. Es ist wichtig. Es geht um die nationale Sicherheit."

Lisa Rhodes vergewisserte sich, daß das Aufnahmegerät lief. „Dann ist es vielleicht keine gute Idee, am Telefon darüber zu sprechen."

„Das weiß ich. Aber ich habe keine andere Wahl. Ich muß es gleich loswerden – ehe man mich hier wegholt."

„Wer sollte Sie wegholen?"

„Sie wissen schon."

„Na gut... Wie heißen Sie, Sir?"

Er überging die Frage. „Man hat mir aufgetragen, mit einem Militärattaché zu reden. Wird Ihr Telefon abgehört?"

„Davon müssen Sie ausgehen."

„Himmel, Herrgott! Können Sie mich nicht abholen lassen? Ich brauche Hilfe."

„Hören Sie", sagte Lisa entschlossen. „Sprechen Sie mit mir, und wenn ich es für angebracht halte, setze ich mich mit einem Militärattaché in Verbindung. Einverstanden?"

„Ja..., ja, gut."

Sie zog das Handbuch für diensthabende Offiziere aus der Schublade und blätterte es durch. „Sind Sie amerikanischer Staatsbürger?"

„Ja, ich..."

„Wie heißen Sie?"

Nach kurzer Pause antwortete die Stimme: „Gregory Fisher."

„Wo sind Sie jetzt?"

„Im Hotel *Rossija*. Zimmer siebenhundertfünfundvierzig. Aber ich bin jetzt nicht auf meinem Zimmer, sondern in einer Telefonzelle im Foyer."

„Was tun Sie in der Sowjetunion?"

„Ich bin als Tourist unterwegs."

„Zu welcher Reisegruppe gehören Sie?"

„Reisegruppe? Ich bin allein. Ich bin mit eigenem Wagen nach Moskau gefahren. Das gehört ja zu dem verdammten Problem. Ein TransAm ist ziemlich auffällig ..."

„Also, jetzt erzählen Sie mir in kurzen Worten, warum Sie Hilfe brauchen und warum Sie mit einem Militärattaché sprechen wollen."

Es ertönte ein Geräusch wie ein Seufzen, dann sagte er leise: „Für den Fall, daß Sie nicht rechtzeitig hier sein können ..., werde ich Ihnen sagen, was ich kann ..., bevor man mich schnappt. Ich war in Borodino, heute gegen fünf Uhr – auf dem Schlachtfeld. Ich verfuhr mich im Wald ..."

„Wurden Sie von der Polizei angehalten?"

„Nein. Doch, aber erst in Moskau. Weil ich bei Nacht über Land gefahren war."

Irgendwie paßte das nicht zusammen. Eine Abweichung von der Reiseroute war eine Sache. Der Wunsch, mit einem Militärattaché zu sprechen – einer Person, die mehr oder weniger dem Geheimdienst angehörte –, stand dagegen auf einem anderen Blatt. „Sprechen Sie weiter, Mr. Fisher."

„Auf der Straße nördlich von Borodino begegnete ich einem Mann, einem Amerikaner. Er behauptete, amerikanischer Air-Force-Pilot zu sein ..."

„Und er war nachts auf einer Straße? Allein? In einem Wagen?"

„Allein. Zu Fuß. Er war verwundet. Hören Sie, ich weiß nicht, wieviel Zeit ich noch habe. Er stellte sich mir als Major Jack Dodson vor. Er sagte, er gälte als vermißt und in Kriegsgefangenschaft ..., abgeschossen in Vietnam ..."

„Was?" Lisa Rhodes fuhr auf. „Das hat der Mann behauptet?"

„Ja. Und er sagte, er werde seit fast zwanzig Jahren hier in Rußland gefangengehalten. An einem Ort, den er ‚Die Fabrik der Spione' nannte. In der Nähe von Borodino. Er konnte fliehen. Ich überließ ihm Landkarten und Geld. Er wollte nicht mit mir im Wagen fahren.

Er will versuchen sich nach Moskau durchzuschlagen. Zur Botschaft.
In dem Lager werden noch andere Amerikaner gefangengehalten –"

„Stopp! Bleiben Sie dran." Lisa drückte auf den Unterbrecherknopf. Hastig suchte sie nach der Nummer von Colonel Sam Hollis, der als Luftwaffenattaché fungierte und den sie flüchtig kannte. Sie versuchte es zunächst in seinem Büro, das zwei Stockwerke höher lag. Nach dem ersten Klingeln wurde abgenommen. „Hollis."

Sie bezwang ihre Stimme und sagte ruhig: „Colonel Hollis, hier Lisa Rhodes. Ich habe da einen US-Bürger in der Leitung. Er scheint ziemlich durcheinander zu sein. Ich spiele Ihnen das Band vor." Lisa Rhodes ließ die Aufnahme ablaufen; als sie fertig war, sagte Hollis: „Stellen Sie den Mann durch."

Lisa stellte ihren Apparat auf Konferenzschaltung und gab die Leitung frei. „Mr. Fisher? Sind Sie noch dran?"

„Ja . . . Da steht jemand . . ."

„Ich habe hier den Luftwaffenattaché, mit dem Sie sprechen können."

Hollis meldete sich. „Mr. Fisher, steht jemand in der Nähe der Telefonzelle?"

„Ja, ein Mann. Hören Sie, ich wollte versuchen, zur Botschaft zu gelangen . . ."

„Nein, auf keinen Fall. Bleiben Sie im Hotel, aber gehen Sie nicht wieder auf Ihr Zimmer. In der obersten Etage gibt es ein Restaurant. Gehen Sie in die dazugehörige Bar, machen Sie sich mit Leuten aus dem Westen bekannt, vorzugsweise Engländern oder Amerikanern, und bleiben Sie bei ihnen, bis ich eintreffe. Was haben Sie an?"

„Bluejeans – eine schwarze Windjacke."

„Gut, mein Junge. Gehen Sie jetzt sofort in die Bar. Sollte man Sie aufhalten wollen, treten Sie um sich, schreien Sie, wehren Sie sich. Klar?"

„Ja, ich . . ." Fishers Stimme klang gepreßt. „O Gott . . ., machen Sie schnell!"

„Zehn Minuten, Mr. Fisher. Los, gehen Sie in die Bar!"

Lisa hörte das Klicken, als Fisher auflegte. Hollis' Stimme meldete sich. „Mrs. Rhodes, ich brauche einen Wagen . . ."

„Ich habe bereits einen gerufen, Colonel. Mit Fahrer."

„Ich bringe Mr. Fisher hierher. Lassen Sie in der Residenz ein Gästezimmer für ihn herrichten, und alarmieren Sie die zuständigen

Sicherheitsbeamten." Nach kurzem Schweigen fügte Hollis hinzu: „Das haben Sie gut gemacht, Mrs. Rhodes."

Ehe sie antworten konnte, hatte er die Verbindung unterbrochen. Lisa Rhodes legte auf. „Sie ebenfalls, Colonel Hollis."

3. Kapitel

COLONEL SAM HOLLIS, Luftwaffenattaché an der amerikanischen Botschaft in Moskau, fuhr mit dem Aufzug hinunter in das Erdgeschoß und eilte zum Büro des wachhabenden Offiziers.

Lisa Rhodes drehte sich um. „Colonel Hollis! In Zivil habe ich Sie gar nicht erkannt."

„Sind wir uns schon begegnet?"

„Ein paarmal." Sie betrachtete ihn. Er trug eine lederne Fliegerjacke, Jeans und Stiefel. Ende Vierzig, groß, schlank, männlich-anziehend, mit hellblauen Augen und unmilitärisch langem sandfarbenem Haar.

„Kennen Sie Seth Alevy, Attaché für politische Angelegenheiten?" fragte Hollis. „Veranlassen Sie, daß er herkommt."

„Ja. Ich habe bereits nach ihm schicken lassen." Sie zögerte. „Ich weiß, daß er mit solchen Dingen zu tun hat."

Hollis war schon wieder an der Tür, als er sich noch einmal umwandte. „Und was haben Sie mit solchen Dingen zu tun?"

„Nichts. Ich bin nur für Presseinformationen zuständig."

Sie sahen einander einen Augenblick an.

Hollis schätzte sein Gegenüber auf Ende Zwanzig. Ihr leicht sommersprossiges Gesicht war von kastanienbraunem Haar umrahmt. Sie war eine Erscheinung, die man nicht so leicht vergaß, und er hatte sie natürlich schon in der Botschaft gesehen. Ihm war ebenso bekannt, daß sie und Alevy in jüngster Zeit eine Affäre gehabt hatten. Aber Instinkt und Ausbildung forderten, daß er Informationen stets nur suchte und sie nicht freiwillig aus der Hand gab. „Halten Sie die Stellung. Bis später."

Sam Hollis trat in die feuchtnebelige Nacht hinaus. Er stieg in einen blauen Ford, der mit laufendem Motor wartete. „Hallo, Bill."

Der Fahrer, ein Sicherheitsbeamter namens Bill Brennan, fuhr über den Hof und auf die Ausfahrt zu. „Wohin, Colonel?"

„Zum Hotel *Rossija*." Hollis musterte den untersetzten Mann neben sich. Brennan war Mitte Fünfzig und hatte eine Halbglatze. Irgendwann hatte ihm mal jemand die Nase gebrochen. „Sie haben eine Knarre dabei?"

Brennan nickte.

Das Tor ging auf, und der Wagen passierte das Wachhäuschen der Marinesoldaten, dann das der sowjetischen Miliz draußen auf dem Bürgersteig. Brennan fuhr langsam, um die KGB-Leute in den umliegenden Gebäuden nicht mißtrauisch zu machen, bis Hollis sagte: „Geben Sie ruhig Gas. Man weiß, wohin ich will."

„Halten wir an, wenn die Polizei sich meldet?" wollte Brennan wissen.

„Nein. Kennen Sie das Hotel *Rossija*?"

„Nur die Anfahrt und die Parkplätze dort. Drin war ich noch nicht." Brennan kannte sich in Moskau besser aus als mancher einheimische Taxifahrer.

Etwa einen halben Kilometer vor ihnen tauchte die Moskworezkij-Brücke auf, dahinter das Hotel *Rossija*. Plötzlich vernahm Hollis ein anhaltendes Hupen. Er drehte sich um. „Die Bullen. Sie verfolgen uns. Hängen Sie sie ab!"

Der Ford schoß los. Brennan donnerte mit hundertvierzig Stundenkilometern über die schmale Brücke und fegte schräg am Eckturm des Kremls vorbei auf die Einfahrt des *Rossija* zu. „Ostseite?" wollte er wissen.

„Ja. Aber Sie fahren weiter. Zurück zur Botschaft."

Brennan fuhr zur Ostseite des Hotels. Auf dem kleinen Parkplatz stand kein TransAm. Das war ein schlechtes Zeichen.

„Gut gemacht!" rief Hollis, sprang aus dem langsamer werdenden Wagen und knallte die Tür hinter sich zu. Brennan gab sofort wieder Gas und raste zur Ausfahrt.

Hollis stürmte durch den Eingang, und der Portier hielt ihn auf: „*Propusk*", forderte er.

„*Komitet*", entgegnete Hollis und drängte sich vorbei.

Der Portier machte förmlich einen Satz rückwärts. Hollis war bereits beim Fahrstuhl und drückte den Knopf für die oberste Etage. *Komitet*. Komitee. Das Komitee für Staatssicherheit – KGB. *Magische Worte*. Sesam, öffne dich. Die Tatsache, daß der Mann in einem amerikanischen Wagen gekommen war und amerikanische Kleidung trug, machte für den Portier keinen Unterschied. Jemand, der nicht dazugehörte, würde es niemals wagen, dieses Wort zu äußern.

Der Fahrstuhl kam. Hollis fuhr in das oberste Stockwerk und steuerte auf das Restaurant zu. Links ging es in die Bar. Obwohl es ziemlich voll war, herrschte eine gedämpfte Atmosphäre. Die Gäste waren vorwiegend Westeuropäer, die im Hotel wohnten. Zwischen den Europäern gab es immer ein paar sowjetische Angeber, die zu den Westlern und ihrem Geld Zugang hatten. In jede Moskauer Westgeld-Bar gehörte außerdem ein KGB-Lauscher, der zehn Sprachen beherrschte.

Hollis wanderte einmal durch den Barraum, sah aber niemanden, der Gregory Fisher sein konnte.

An der Bar mußten sich die Gäste ihre Drinks selbst abholen. Hollis bestellte einen Scotch mit Soda und wandte sich in fließendem Russisch an den Barmann: „Ich suche einen Freund von mir. Amerikaner. Jung, Bluejeans und schwarze Windjacke."

Der Barmann arbeitete weiter, während er antwortete. „So einen habe ich nicht gesehen. Tut mir leid. Das macht drei Dollar."

Ein gutgekleideter Mann schob sein Glas über die Theke und sagte mit britischem Akzent: „Gin und Tonic – Gordon's und Schweppes. Diesmal eine Scheibe Zitrone."

„Man hat hier seit der Revolution keine Zitrone mehr gesehen", meinte Hollis.

Der Engländer lachte. „Ein tolles Land, nicht wahr?"

Der Gin kam ohne Zitrone und kostete drei Pfund. Der Engländer wandte sich grinsend an Hollis. „Die machen hier ihre eigenen Wechselkurse. Drei Dollar, drei Pfund – ist für die hier alles dasselbe. Mein Name ist übrigens Wilson."

„Richardson", entgegnete Hollis und hob prostend sein Glas. „Hören Sie, ich suche einen Freund von mir, Amerikaner, in den Zwanzigern, Bluejeans und schwarze Windjacke."

„Ich glaube, den habe ich gesehen." Wilson sah sich im Barraum um. „Er hat sich mit den Leuten da drüben unterhalten – sehen Sie die beiden? Franzosen, glaube ich. Vielleicht war das Ihr Mann. Schien ein bißchen geladen zu haben, denn zwei Leute vom Hotel mußten ihm raushelfen. Er regte sich darüber auf und wurde hinausgeworfen."

„Wann war das?"

„Vor fünfzehn, zwanzig Minuten."

„Vielen Dank." Hollis nahm sein Glas, drängte sich durch die Beistelltische und setzte sich zu dem französischen Ehepaar. „Darf ich?"

Der Mann brummte unwillig etwas vor sich hin.

Hollis beugte sich über den Tisch und sagte leise und deutlich: „Ich suche einen Freund von mir, einen jungen Amerikaner. Wie ich höre, hat er vorhin bei Ihnen gesessen."

Die Frau antwortete nicht, nickte aber unmerklich.

„Kam er Ihnen ... aufgeregt vor? Beunruhigt?"

Der Mann stand auf und sagte zu der Frau: „*Allons!*"

Sie blickte nervös zu ihrem Mann, der ungeduldig wartete. Dann wandte sie sich wieder Hollis zu. „Ja, er schien beunruhigt. Er sagte, vielleicht würde man ihn holen. Es ging ihm nicht sehr gut. Ich glaube, der Drink war ..., war nicht in Ordnung." Sie stand auf.

Hollis erhob sich ebenfalls. „Madame, dies ist wirklich eine ernste Angelegenheit. Vielleicht sind auch Sie in Gefahr."

Der Franzose steuerte bereits auf den Ausgang zu. Die Frau schien noch zu zögern. „Sind Sie der Attaché?"

„Ja."

„Er sagte, Sie würden kommen. Ich soll Ihnen etwas ausrichten." Sie überlegte kurz und sagte dann hastig: „Dodson hat ihm gesagt, es habe sich früher um eine Schule der sowjetischen Luftwaffe gehandelt, jetzt sei es eine KGB-Schule. Es befinden sich fast dreihundert Amerikaner dort."

„Dreihundert?" Unwillkürlich packte Hollis die Frau am Arm. „Was hat Mr. Fisher sonst noch gesagt?"

„Nichts. Ihm wurde übel ... Dann kam man ihn holen. Ein Russe erkundigte sich bei uns auf englisch, was der junge Mann gesagt hätte. Mein Mann antwortete auf französisch, wir verstünden nur Französisch und hätten deshalb nichts mitbekommen."

Hollis ließ ihren Arm los. „Es könnte trotzdem sein, daß Sie in große Schwierigkeiten kommen. Vorsichtshalber sollten Sie sich mit Ihrer Botschaft in Verbindung setzen. Am besten wäre es, wenn Sie das Land verließen."

Sie lächelte schwach. „Der junge Mann hat sich zwei Kopeken von mir geliehen. Ich fand ihn sehr nett." Sie drehte sich um und ging.

Hollis trank aus, verließ die Bar und fuhr mit einem der Aufzüge zum „Sarjadje"-Kino hinunter. Es war ihm klar, daß es keinen Sinn hatte, in Fishers Zimmer zu gehen. Er würde nicht dort sein, und eventuelle Spuren seiner Anwesenheit würden sorgfältig getilgt sein. Vermutlich hatte man schon einen anderen Gast einquartiert! Genauso sinnlos war es, am Hotelempfang oder bei der *deschurnaja* Fragen zu stellen. Aber es interessierte Hollis, was aus dem auffälligen Pontiac TransAm geworden war.

Die Kinovorstellung war gerade zu Ende. Hollis wanderte in der Menge durch das Foyer, benutzte den Ausgang gegenüber dem Fluß- ufer und folgte einer Gruppe Menschen eine Treppe hinab in eine Unterführung. Am Ende des Fußgängertunnels stieg er die Treppe zum Bürgersteig der Moskworezkij-Brücke hinauf. Vom Fluß wall- ten Nebelschwaden auf, und es fing an zu nieseln.

Hollis stellte seinen Jackenkragen hoch. „Ich hab es versucht, Fisher. Ich hab es wirklich versucht", sagte er leise vor sich hin. Dann eilte er zur Metro.

SAM HOLLIS stieg an der Metrostation Studenčeskaja aus. Er ging in den Krasnopresnenskaja-Distrikt, wo sich die neue amerikanische Botschaft befand. Einige Minuten später sah er das rote Gemäuer vor sich aufragen. Die Straßen schienen ausgestorben.

Das Tor zum Botschaftsgebäude war noch hundert Meter entfernt. Hollis konnte bereits die Wachbude der sowjetischen Miliz ausma- chen, als er einen Wagen näher kommen hörte. Das Fahrzeug schien mit ihm Schritt zu halten. Plötzlich blendete der Fahrer die Scheinwer- fer voll auf. Hollis drehte sich nicht um. Das Auto hielt neben ihm. Es war ein Tschaika, eine schwarze viertürige Limousine, wie sie gern vom Komitee für Staatssicherheit benutzt wurde. Der Fahrer blieb am Steuer sitzen, und zwei Männer stiegen aus. Der eine war klein und gedrungen, der andere größer und durchtrainiert.

Hollis ging weiter. Er hörte die Schritte der beiden Männer hinter sich. Inzwischen hatte er die Mauer des Botschaftsgeländes erreicht. Bis zum Tor noch fünfzig Meter. Plötzlich erhielt er einen heftigen Stoß in den Rücken. Er wurde nach vorn geschleudert, fing den Sturz, so gut es ging, mit den Händen ab, wich mit Mühe einem Tritt aus und rollte in den nassen Rinnstein. Die Männer lachten.

Am liebsten hätte Hollis sein Messer gezogen, das er in einem Spezialhalfter an der Wade trug; er bezwang sich aber, denn genau diese Provokation beabsichtigten die beiden ja. Der Kleinere spuckte Hollis an. Dann kehrten die Männer zum Tschaika zurück.

Hollis rappelte sich auf und klopfte den Schmutz von seiner Kleidung. Er spürte ein Brennen an der Wange und einen dumpfen Schmerz im Rücken. Der junge russische Milizionär am Botschaftstor, der den ganzen Vorgang beobachtet haben mußte, trat aus seinem Häuschen und hob die Hand. „*Passport.*"

„Sie kennen mich!" fauchte Hollis. „Aus dem Weg!"

Der Milizionär erstarrte. „*Stoi!*"

Auf der anderen Seite des Tors erschien ein Marinesoldat und rief: „Was ist da los?" Er war bewaffnet und durfte daher das Gelände nicht verlassen. Hollis rief ihm zu: „Machen Sie das Tor auf!" Dann drängte er sich an dem Milizionär vorbei und legte die zehn Meter zwischen dem sowjetischen Posten und dem Tor im Spurt zurück. Der Wachsoldat grüßte. „Alles in Ordnung, Colonel?"

„Bestens." Hollis betrat das Botschaftsgebäude und begab sich direkt ins Dienstzimmer des Wachhabenden.

Lisa Rhodes stand auf. „Ach, Colonel Hollis. Wir haben uns schon Sorgen gemacht. Wir –"

„Ist Bill Brennan zurückgekommen?"

„Er ist hier. Aber im Lazarett. Die Einzelheiten kenne ich nicht. Was ist mit Ihrem Gesicht?"

„Bin gefallen. Ist Seth Alevy schon da?"

„Er erwartet Sie im Sicherheitsraum im fünften Stock." Sie hielt inne. „Darf ich mitkommen? Seth Alevy ist einverstanden, wenn Sie nichts dagegen haben."

„Na, dann kommen Sie mit."

Sie gingen zum Lift, fuhren in die fünfte Etage und überquerten den Korridor. Hollis drückte auf einen Türknopf. Die Tür wurde aufgemacht, und Seth Alevy winkte seine Besucher herein. Er deutete auf lederbespannte Chromstühle. Sie setzten sich.

Lisa Rhodes ließ den Blick durch den schwach erleuchteten Raum wandern. Die Botschaft verfügte über mehrere abhörsichere Zonen, doch besuchte sie diese Einrichtung zum erstenmal. Wie alle abgeschirmten Räume lag er fensterlos im Innenbereich. Der königsblaue Teppichboden vertrug sich gut mit den gelblichen Wänden. Die Decke bestand wie üblich aus schwarzem Schaumgummi. Der Raum wurde dreimal am Tag gründlich nach „Wanzen" abgesucht.

Hollis' Blick ruhte einen Augenblick lang auf seinem Kollegen. Mit etwa vierzig war Seth Alevy mehrere Jahre jünger als Hollis. Er trug einen maßgeschneiderten Anzug, dazu eine grüne Strickkrawatte. Er war groß und hager und erinnerte Hollis an einen bartlosen Lincoln, allerdings besser aussehend. Seth Alevy war gebürtiger Philadelphier, Jude und Absolvent der Princeton-Universität. In seltener Offenheit hatte er Hollis einmal anvertraut, daß er die Sowjets hasse und für den CIA arbeite, um „dem Regime maximal zu schaden".

„Hat man Sie durch die Mangel gedreht, Colonel?" fragte Alevy.

„Sie wissen so gut wie ich, was passiert ist."

„Nun ja", meinte Alevy, „meine Leute hätten sich eingemischt, wenn die Sache ausgeufert wäre. Sie hatten jedenfalls Deckung."

„Was ist mit Bill Brennan?"

„Der hatte nicht soviel Glück. Ist den Bullen in die Hände gefallen. Die verwarnten ihn aber nur und zogen ab. Doch ehe Brennan wieder einsteigen konnte, tauchten KGB-Rowdies auf und schlugen ihn zusammen. Er trug einen Nasenbeinbruch und kleinere Verletzungen davon. Doktor Logan meint, er kommt wieder in Ordnung, aber er muß nach London, um richtig behandelt werden zu können."

Hollis nickte grimmig. Noch ein Punkt für den KGB.

„Wenn Sie sich allmählich danach fühlen, würden wir gern von Ihnen etwas hören", meinte Alevy.

Hollis' Blick wanderte zu Lisa.

„Alles in Ordnung", erklärte Alevy. „Ich habe schon vor Monaten veranlaßt, daß Mrs. Rhodes für die höchste Geheimhaltungsstufe zugelassen wurde."

Hollis nickte. „Also gut." Er schilderte die Ereignisse des Abends.

Als er geendet hatte, sagte Alevy: „Sam, ich möchte klarstellen, daß niemand Ihnen Vorwürfe macht. Sie haben so schnell wie möglich gehandelt." Er zündete sich eine Zigarette an, stand auf und lief nachdenklich auf und ab. „Also – ab jetzt übernehme ich den Fall", meinte er schließlich. „Von Ihnen, Hollis, bekomme ich einen Bericht, den ich zum Hauptquartier nach Langley weiterleiten werde. Sie werden bestimmt Ihren Leuten im Pentagon eine Kopie zusenden wollen."

„So ist es", entgegnete Hollis und stand auf.

Alevy beobachtete ihn mit einem scharfen Blick. „Ich sehe in dieser Sache keinerlei Ansatzpunkt für den Militärgeheimdienst, Sam. Sie glauben vielleicht, die Sache hätte Sie zu interessieren, weil Major Dodson, wenn es ihn gibt, Kriegsgefangener war oder ist. Ich gebe Ihnen Bescheid, wenn ich Sie brauche."

Hollis ging zur Tür. „Vielen Dank, Mr. Alevy", sagte er mit einer ironischen Verbeugung.

Alevy schaute auf die Uhr. „Es ist schon spät. Gute Nacht und vielen Dank, Sam. Vielen Dank, Lisa."

Stumm fuhren Lisa und Hollis ins Erdgeschoß. Durch die Hintertür des Botschaftsgebäudes traten sie in die kalte Oktobernacht hinaus. „Meine Wohnung liegt links", sagte Lisa. „Begleiten Sie mich noch ein Stück?"

Neugepflanzte Birken säumten den Weg. Rechts erstreckte sich ein quadratischer Platz, der auf drei Seiten von den Reihenhausunterkünften des diplomatischen Personals und den Kasernengebäuden der Marinesoldaten umgeben war, während sich auf der vierten das Botschaftsgebäude erhob. Auf dem Rasen zeichneten sich die Spuren von Baseballspielen ab. Manchmal spielten die wenigen Kinder der Botschaftsangehörigen auf diesem Innenplatz.

Lisa blieb vor einem der Reihenhäuser stehen. „Hier wohne ich."

Ihr Gesicht, ihre Haare schimmerten feucht im Laternenlicht. Hollis wurde bewußt, daß sie etwa zwanzig Jahre jünger war als er. „Also, wir sollten machen, daß wir aus dem Regen kommen", meinte er brüsk und reichte ihr die Hand.

Sie schien es nicht zu bemerken. „Seth und Sie haben einen ziemlich barschen Umgangston. Sind Sie Feinde oder nur Rivalen?"

„Weder – noch. Die Gegenwart des anderen regt uns an. Wir reden nun mal so miteinander."

Sie überlegte. „Haben Sie ein Antiseptikum für Ihre Wunden? Im Ausland muß man sich vorsehen."

„Ich gehe jetzt ins Lazarett, um mich nach Brennan zu erkundigen. Dort werde ich etwas bekommen. Also dann, gute Nacht."

„Gute Nacht." Sie lächelte. „Ich habe morgen frei und wollte ins Marx-Engels-Museum gehen. Ich war noch nie dort. Und Sie?"

„Das steht nicht auf meiner Liste."

„Ich habe doch etwas Angst, allein auszugehen. Vermutlich weiß man jetzt, wer ich bin. Vom Band. Habe ich recht?"

„Ja. Aber ich glaube nicht, daß Sie sich Sorgen machen müssen." Nachdenklich fuhr Hollis fort: „Wissen Sie, Mrs. Rhodes, Sie dürfen sich von diesen Leuten nicht Ihr Leben vorschreiben lassen."

„Ja, das weiß ich, aber ... darum geht es mir nicht. Ich wüßte vielmehr gern, ob Sie mich morgen nicht begleiten wollen?"

Hollis räusperte sich. „Also, wenn das so ist ..., warum verabreden wir uns nicht zum Mittagessen und heben uns das Marx-Engels-Museum für einen besonderen Anlaß auf?"

4. Kapitel

„JA, ICH ... O Gott ..., machen Sie schnell!"

„Zehn Minuten, Mr. Fisher. Los, gehen Sie in die Bar!"

Charles Banks, Sonderberater des amerikanischen Botschafters in der Sowjetunion, saß im Sicherheitsraum am Kopfende des langen Mahagonitisches und machte ein besorgtes Gesicht.

Rechts von ihm saß Sam Hollis, links Seth Alevy.

Alevy drückte auf die Stopptaste. „Wir haben heute morgen als erstes eine Streßanalyse der Stimme vornehmen lassen. Unser Fachmann meint, Gregory Fisher habe mit ziemlicher Sicherheit die Wahrheit gesagt und tatsächlich unter Druck gestanden."

„Kann man das wirklich feststellen?" fragte Banks. „Erstaunlich."

Charles Banks, ein Mann um die Sechzig, hatte schneeweißes Haar, ein gerötetes Gesicht und strahlendblaue Augen. Er war ein Diplomat, wie er im Buche steht. Dennoch spürte Hollis hinter dem gelassenen Auftreten und der berufsmäßigen Gewandtheit eine verwandte Seele; seiner Meinung nach war Charles Banks der dritte Spion in diesem Raum. Hollis wußte allerdings nicht, für wen Banks arbeitete.

Alevy fuhr fort: „Und, wie gesagt, Colonel Hollis glaubt beweisen zu können, daß Mr. Fisher gestern abend im Hotel *Rossija* war."

Banks wandte sich an Hollis. „Obwohl das *Rossija* und Intourist behaupten, Mr. Fisher wäre nie im Hotel gewesen, sind Sie beide überzeugt, daß er doch da war. Dazu meine Frage: Sind Sie überhaupt sicher, daß sich ein Amerikaner namens Gregory Fisher in der Sowjetunion aufhält?"

„Das sind wir in der Tat", erwiderte Alevy. „Wir wissen nämlich, wo sich Gregory Fisher im Moment befindet. In Moschaisk. Im Leichenschauhaus."

Banks beugte sich über die Tischkante. „Tot?"

„Jawohl, Sir", antwortete Alevy trocken. „Ein Beamter der sowjetischen Regierung rief vor etwa zwanzig Minuten an, Mr. Fisher soll einen Autounfall gehabt haben. Nach dem Milizbericht wurde sein

Wagen bei Tagesanbruch von Bauern achtzehn Kilometer westlich von Moschaisk gefunden, abseits der Überlandstraße Minsk–Moskau. Anscheinend war der Wagen in Richtung Moskau unterwegs, kam in der Dunkelheit von der Straße ab und prallte gegen einen Baum. Man ersucht uns, die Leiche zum Rücktransport in die USA zu übernehmen. "

Banks schien die Informationen zu analysieren und meinte schließlich: „Damit wird unterstellt, daß Fisher nie in Moskau gewesen ist. "

Alevy fixierte Banks. „Wir haben den Streßtest der Stimme und die Zeugen. Mr. Banks, was wir hier unterstellen, ist, daß die Sowjetbehörden Gregory Fisher ermordet haben. "

Banks nickte langsam. „Ja, ich verstehe. " Er sah auf seine Uhr und erhob sich. „Ich werde mit dem Botschafter über diese Angelegenheit sprechen. Ich gehe davon aus, daß Sie die politischen Aspekte, die sich aus dem Vorfall ergeben könnten, in Rechnung stellen. "

„Natürlich, Sir. " Auch Alevy stand auf.

„Prächtig. Und Sie, Colonel Hollis?"

Hollis blieb sitzen und antwortete nicht.

„Krieg ist heutzutage zu ernst, um ihn allein den Generälen und Colonels zu überlassen. Vor allem kalter Krieg. Guten Tag, meine Herren. " Banks verließ den Raum.

„Warum haben Sie nicht einfach ‚ja‘ gesagt?" fragte Alevy. „Mehr wollte er doch nicht hören. "

Hollis stand auf. „Ein amerikanischer Staatsbürger ist ermordet worden, und ich nehme mir das Recht, deswegen ein bißchen sauer zu sein. "

„Zu Hause werden täglich Amerikaner ermordet", bemerkte Alevy. „Fühlen Sie sich etwa für Fishers Tod mitverantwortlich? Hören Sie, Sam, man muß auch den diplomatischen Standpunkt sehen. Es gibt wieder Kräfte, die die Entspannung fördern, und Entspannung steht im Moment auch für uns im Vordergrund. "

„Nun gut. Aber *warum* wurde Fisher ermordet?"

Alevy ging zur Tür. „Das wissen Sie doch. Er hat etwas gesehen. Etwas gehört. Etwas Wichtiges. "

„Offenbar. Es ist unsere Aufgabe herauszufinden, um was es sich handelt. Deshalb sind wir hier. Ich werde die Leiche abholen. "

„Das ist Sache der Konsularabteilung", erwiderte Alevy ärgerlich.

„*Ich* fahre – und ich nehme noch jemanden mit. "

„Wen?"

„Lisa Rhodes."

„Ach? Woher wissen Sie, daß sie mitwill?"

„Jeder hier in der Botschaft möchte mal aus Moskau raus. Selbst wenn es nur darum geht, eine Leiche abzuholen."

„Das *komitet* kann vielleicht der Versuchung nicht widerstehen, Sie im Leichenschauhaus von Moschaisk mal tüchtig durch den Wolf zu drehen. Ich kann Sie in Moschaisk nicht schützen."

„Das können Sie fünfzig Meter vor der Botschaft auch nicht."

Alevy öffnete schon die Tür, als Hollis fragte: „Haben Sie schon herausgefunden, ob ein Major Dodson in Vietnam vermißt gemeldet wurde?"

„Die Sache läuft. Ich informiere Sie umgehend."

„Das weiß ich, Seth. Es macht wirklich Spaß, mit dem CIA zusammenzuarbeiten."

Alevy klopfte Hollis im Hinausgehen auf die Schulter. „Sehen Sie zu, daß Sie Ihren Ausflug lebend überstehen."

SAM HOLLIS zog Bluejeans und Lederstiefel an. In den linken Stiefel schob er ein Messer, und über dem rechten schnallte er ein Fußgelenkhalfter fest. Dann überprüfte er seine sowjetische Tokarew 7,62 mm Automatik. Wenn er schon schießen mußte, war es besser, in der Leiche eine sowjetische Kugel zurückzulassen.

Er schraubte einen kurzen Schalldämpfer auf den Lauf und steckte die Automatik in das Halfter. Dann zog er einen schwarzen Rollkragenpullover an und darüber seine Lederjacke.

Kurze Zeit später – es war früher Vormittag – verließ er seine Wohnung und eilte über den quadratischen Mittelplatz. Die Reihenhäuser für unverheiratete Botschaftsangehörige waren schmal, verfügten aber über insgesamt drei Ebenen. Im Erdgeschoß befand sich ein Wäsche- und Vorratsraum. Aus einem Foyer führte eine Treppe ins Wohnzimmer mit Eß- und Küchenecke. Im zweiten Stock befanden sich ein oder zwei Schlafzimmer, manchmal auch ein Arbeitszimmer. Lisa wohnte in einem Haus an der Ostseite. Hollis klingelte und hörte ihre Schritte auf der Treppe. Dann ging die Tür auf, und sie lächelte ihn an. „Hallo." Sie trug knöchelhohe Stiefel, eine schwarze Kordhose, darüber eine dunkelblaue Steppjacke. „Dürfte ich jetzt erfahren, warum ich mich dunkel und unauffällig kleiden soll?"

„Das erzähle ich Ihnen später. Gehen wir."

Sie schlugen den Weg zum hinteren Fußgängertor ein.

„Wo essen wir zu Mittag?" fragte Lisa.

„Im ‚Praga'."

„Dann können wir ja die Arbatstraße nehmen."

Sie gingen den breiten Boulevard entlang und bogen in die Arbat-straße ein, die erste und einzige Fußgängerzone der Sowjetunion, wo man gut einkaufen konnte. Hunderte von Menschen waren an diesem schönen Samstag unterwegs, und alle trugen große Taschen. Entlang der Straße gab es Bänke, hübsche Laternen und Blumenkästen.

„Gefällt es Ihnen hier?" fragte Hollis.

„Eigentlich schon. Aber es wirkt alles so – steril, wenn Sie verste-hen, was ich meine."

„Kennen Sie auch die nichtsterilen Teile des Arbatviertels?"

„O ja. Ich kenne jeden Häuserblock des alten Moskau, der noch steht."

„Sind Sie Rußlandfan?"

In Lisas Lächeln lag ein Anflug von Verlegenheit. „Vielleicht ja. Mir gefallen … die Leute … die Sprache … das alte Rußland."

„Sie brauchen nicht so abwehrend zu reagieren. Ich lasse Sie nicht gleich verhaften."

„Sie machen sich über mich lustig, aber in unserem Beruf muß man darauf achten, was man sagt. Wenn Sie es genau wissen wollen, ich habe russisches Blut in den Adern."

„Ach? Da bin ich ja vorhin ins Fettnäpfchen getreten."

Im Gehen hakte sich Lisa bei ihm unter. „Ich vergebe Ihnen", erklärte sie. „Meine Großeltern väterlicherseits hießen Putjatow. Ihnen gehörte ein großes Gut an der Wolga. Ich habe ein Bild von dem Haus."

„Steht es noch?"

„Keine Ahnung. Ich würde das Haus ja gerne suchen, bekomme aber keine Erlaubnis vom Außenministerium. So einfach wie in West-europa ist Ahnenforschung hier nicht. Und was würde ich tun, wenn ich wirklich das Haus oder eine Person mit Namen Putjatow fände?"

„Keine Ahnung. *Sie* wüßten es aber bestimmt, denn Sie haben ja eine russische Seele."

Lisa Rhodes lächelte, und Hollis betrachtete sie unauffällig von der Seite. Wenn er es genau bedachte, schien sie wirklich einen russischen

Einschlag zu haben. Er fand sie hübsch. Sie besaß die hohen Wangen-
knochen und ausgeprägten Züge, wie sie bei manchen slawischen
Frauen zu finden sind. Dagegen hatte sie einen hellen Teint und große
blaue Augen. Das kastanienbraune Haar war zu einer Art zerzaustem
Bubikopf geschnitten. Sie bog in eine Seitengasse ein. „Wohin führen
Sie mich?" fragte Hollis.

„Zum Mittagessen. Macht es Ihnen etwas aus, wenn wir nicht ins
Praga gehen?"

„Nein – aber hier gibt's keine Restaurants."

„Ich weiß eins."

Er folgte ihr über die Vortreppe eines stuckverzierten alten Hauses.
Lisa öffnete die Tür, und Hollis schaute in einen großen, schwachbe-
leuchteten Raum mit niedriger Holzdecke. Boden und Wände waren
mit Orientteppichen bedeckt. Eine alte Frau trat lächelnd vor und
sagte: *„Salam aleikum."*

Lisa erwiderte den Gruß und folgte der Frau zu einem niedrigen
Tisch mit nicht zueinander passendem Geschirr. Lisa und Hollis nahmen Platz, und Lisa bestellte eine Flasche Pflaumenwein.

Hollis schaute sich um. „Steht das Lokal im Michelin?"

„Nein, mein Herr. Aber eigentlich gehört es hinein. Das Essen ist
toll, Aserbeidschanisch. Mittlerer Osten. Es handelt sich um ein Gast-
stättenunternehmen, beinahe einen Privatklub. Besitzer und Betreiber
ist eine aserbeidschanische Gemüsekooperative. Ganz legal."

„Wie haben Sie das Lokal entdeckt?" fragte er.

„Das ist eine lange Geschichte."

Hollis sagte sich, daß sie wohl mit einem Wort erzählt werden
konnte: Seth.

Der Pflaumenwein wurde serviert, und Lisa schenkte ein. Hollis
erhob sein Glas. „Ein Trinkspruch der Bauern: ‚Auf einen kurzen
Winter, ausreichend Fleisch und trockenes Holz für das Feuer.‘"

„Sie haben die letzte Zeile vergessen."

„Ach ja. ‚Und auf eine warme Frau für mein Bett.‘"

Sie tranken. Lisa musterte ihr Gegenüber über den Rand ihres Gla-
ses. „Woher kommen Sie eigentlich, Sam?"

„Von überall her. Ich bin ein Geschöpf der Air Force. Bis zu meinem
achtzehnten Lebensjahr zog ich überall in der Welt herum. Dann verbrachte ich vier Jahre in der Air-Force-Akademie. Nach meinem
Abschluß ließ ich mich zum Jagdflieger ausbilden. 1968 leistete ich

eine Runde Kriegsdienst in Vietnam, eine zweite Runde 1972. Die endete damit, daß ich über Haiphong abgeschossen wurde. Ich konnte noch aufs Meer hinaussteuern und wurde von einem Rettungstrupp aufgefischt. Ich war verwundet, und die Ärzte verboten weiteres Fliegen. Mein Vater, ein Brigadegeneral, verschaffte mir vorübergehend einen Posten im Pentagon. Irgendwie kam es dazu, daß ich einen bulgarischen Sprachkurs belegte. Anschließend war ich drei Jahre lang Luftwaffenattaché in Sofia, dann kamen Posten in anderen Ländern des Warschauer Pakts, und im Nu steckte ich viel zu tief drin, um in den regulären Dienst zurückkehren zu können."

„Ein Spion wider Willen also?"

„Nein, nicht wider Willen. Nur . . ., ach, ich weiß nicht. Ich bin kein typischer Spion."

„Und was ist mit Ihrer Familie?" fragte Lisa.

„Mein Vater wurde vor einigen Jahren pensioniert und lebt jetzt mit meiner Mutter in Japan."

Lisa zögerte, bevor sie die nächste Frage stellte. „Sagen Sie, da war doch noch eine Ehefrau . . ."

„Ehefrau? Richtig, Katherine. Wir leben in Scheidung."

Die Wirtin kam an den Tisch, und Lisa bestellte für sich und Hollis. „Bulgarisch, aha", meinte sie dann. „Ich dachte mir gleich, daß Ihr Russisch etwas seltsam klingt."

„Die Russen sind davon überzeugt, daß nur ein Russe russisches Russisch sprechen kann. Allerdings ist Seth Alevy so gut wie perfekt. Wenn er sich Mühe gibt, könnte ein Moskauer ihn für einen Leningrader halten und umgekehrt."

„Vielleicht am Telefon. Aber Russe sein – das ist mehr als nur die Sprache. Russe sein bedeutet, die gesamte nationale und kulturelle Erfahrung in sich zu bergen. Diese Leute haben eine andere Mimik, andere Verhaltensformen. Sie, Seth oder ich könnten uns niemals als Russen ausgeben."

„Könnte es nicht doch möglich sein?" fragte Hollis. „Ich meine, wenn man eine vernünftige Ausbildung voraussetzt, könnte da ein Amerikaner nicht doch als Russe durchgehen? Oder ein Russe als Amerikaner?"

Lisa dachte nach. „Vielleicht eine gewisse Zeit, solange niemand nach etwas Falschem, Aufgesetztem sucht. Doch bei genauer Durchleuchtung würde sich die Person verraten."

„So? Was wäre, wenn ein Russe, der bereits Englisch kann, eine spezielle Schule besuchte? Eine Schule mit einem amerikanischen Lehrer? Total auf amerikanische Lebensart eingestellt? Sagen wir, ein Jahr lang oder länger. Wäre das Resultat nicht eine perfekte Kopie des amerikanischen Lehrers?"

Lisa antwortete nach kurzem Überlegen: „Lehrer und Studenten müßten schon sehr intensiv arbeiten ... Wir sprechen über Spione, oder?"

„Sie tun das. Ich nicht. Sie sind sehr clever." Hollis wechselte das Thema. „Ihr Russisch ist perfekt. Wo haben Sie es gelernt?"

„Meine Großmutter hat es mir beigebracht. Evelina Wasilewa Putjatowa. Sie war eine wunderbare Frau." Lisa zündete sich eine Zigarette an. „Geboren und aufgewachsen bin ich in Sea Cliff, einem hübschen Dorf mit viktorianischen Häusern an der Nordküste von Long Island. Es gibt dort eine große russische Gemeinde, deren Wurzeln in der zaristischen Zeit liegen. Revolution und Bürgerkrieg schwemmten eine zweite Immigrantenwelle ans Land, zu der auch meine Großeltern gehörten. Der Vater meines Großvaters war zaristischer Offizier und kam im Kampf gegen die Deutschen um. Meine Großeltern schnappten sich ihren Familienschmuck und verließen das Land."

„Und das hat Ihnen Ihre Großmutter alles erzählt?"

„Ja. Als ich etwa sechzehn war, erfuhr ich von Revolution, Bürgerkrieg, Seuchen und Hungersnöten. Ich war zutiefst betroffen. Aber meine Großmutter lehrte mich auch die Liebe – die Liebe für das alte Rußland, für die Menschen, die Sprache, die orthodoxe Kirche. Wissen Sie, Evelina Wasilewa hatte wirklich einen großen Einfluß auf mich. Sie starb, während ich auf dem College war."

Lisa schwieg. Dann fuhr sie fort: „Ich studierte Russisch an der Universität von Virginia, bestand die Aufnahmeprüfung für den diplomatischen Dienst und kam ziemlich schnell in eine hohe Geheimhaltungsstufe. Und da bin ich nun."

„Und was machen Ihre Eltern?"

„Die wohnen noch immer in Sea Cliff. Mein Vater arbeitet in einer Bank, meine Mutter ist Lehrerin. Beide sind sehr stolz auf meine Diplomatenkarriere."

Das Essen wurde serviert. „Was ist denn das?" fragte Hollis.

„*Dowta*, eine Suppe aus saurer Milch und Reis. Und die Krautwikkel heißen *golubtsy*." Sie lachte, und Hollis lachte mit. Weitere pikant

gewürzte Speisen wurden aufgetragen. Dazu gab es ein leichtes Moskauer Bier. Sie ließen sich das Essen schmecken. Nach dem letzten
Bissen warf Hollis einen Blick auf die Uhr. „Sie haben heute nachmittag doch frei, nicht wahr?" fragte er. „Was würden Sie zu einem kleinen Ausflug aufs Land sagen? Ich muß in amtlichem Auftrag nach
Moschaisk und habe für Sie eine Reiseerlaubnis."

„Wirklich? Ich würde gern mitkommen. Um was für einen Auftrag
handelt es sich?"

„Etwas Schlimmes, Lisa. Gregory Fisher liegt im Leichenschauhaus
von Moschaisk."

„O Gott, Sam. Der arme Kerl. Wollte er fliehen … oder …?"

„Nun, es heißt, er fuhr in Richtung Moskau. Angeblich hatte er
einen Verkehrsunfall. Man behauptet, er habe das Rossija nie
erreicht."

„Das ist eine Lüge!"

„Wie dem auch sei, dieses Land gehört nicht uns. Ich werde Sie
unterwegs ins Bild setzen. Ich muß Ihnen aber deutlich sagen, daß ich
für Ihre Sicherheit nicht einstehen kann, wenn Sie mich begleiten.
Möchten Sie noch immer mit?"

„Ja. Deshalb sollte ich also dunkle Freizeitkleidung anziehen?"

„Genau." Hollis stand auf und legte sechs Rubel auf den Tisch. „Das
Essen war nicht übel. Das Lokal hat ein gewisses Ambiente. Zweieinhalb Sterne."

Sie verließen das Restaurant, und Hollis wurde sich bewußt, daß er
zum ersten Mal seit langer Zeit ziemlich gut gelaunt war.

5. Kapitel

SAM HOLLIS und Lisa Rhodes überquerten den Arbatplatz. Im letzten
Augenblick zog Hollis seine Begleiterin am Arm und führte sie mit
schnellen Schritten zur Ostseite des Platzes, wo ein schwarzer Schiguli
mit laufendem Motor vor einem Kino parkte. Hollis ging zur Fahrerseite hinüber. Ein Mann, den Lisa aus der Botschaft kannte, stieg aus.
Hollis schob sich hinter das Steuer, wies Lisa den Beifahrersitz zu, und
der Mann schloß die Tür mit den Worten: „Tank voll, Getriebe ein
bißchen schwerfällig, Ihre Aktentasche auf dem Rücksitz. Viel
Glück."

„Danke." Hollis legte den Gang ein, wendete in engem Bogen auf dem Kalininprospekt und fuhr nach Westen. Wenige Minuten später verließen sie den inneren Stadtbereich.

Hollis griff unter seinen Sitz und zog eine schwarze Wollmütze und ein dunkelblaues Kopftuch hervor. Er setzte die Mütze auf und hielt Lisa das Kopftuch hin. „Ein Kopfschmuck für die Dame. Bitte probieren Sie mal."

Achselzuckend drapierte Lisa sich das Tuch um den Kopf und band es am Hals zusammen. „Eigentlich dürfen wir kein Auto ohne Diplomatenkennzeichen fahren", meinte sie dann. „Woher stammt der Wagen?"

„Aus dem Intourist-Hotel. Gemietet mit einer Kreditkarte." Er lächelte. „Moskau wird allmählich zu groß für den KGB. Zuviel westlicher Einfluß, Mietwagen, Kreditkarten, die ersten Westbanken. Wir können hier jetzt besser arbeiten als früher." Hollis schwieg einen Moment. Daß er eine Amateurin mit in den Einsatz nahm, war nicht gerade eine Großtat. Andererseits spürte er, daß ihr so etwas nur guttun konnte. Außerdem bot eine Frau ohne bekannte Geheimdienstverbindungen einen guten Deckmantel.

Sie verließen den äußeren Ring, und Lisa betrachtete die Landschaft, die vorüberglitt. Ein Dorf, etwa zwei Dutzend Häuser, hob sich von den umliegenden Feldern ab. Einfache Zäune trennten Gartenflächen von Geflügel- und Schweinegehegen, verschlammte Wege führten zu freistehenden Toiletten. „Unglaublich!"

„Ganz schön kraß, dieser Gegensatz, nicht wahr? Und fünfzehn Kilometer hinter uns liegt die Hauptstadt einer Weltmacht. Über die Hälfte der Landbevölkerung ist miserabel untergebracht, unzureichend gekleidet und schlecht ernährt."

Lisa sah nachdenklich aus dem Fenster. „Wenn Gregory Fisher je von Borodino kam, muß das die Straße sein, die er nahm." Eine Zeitlang schwiegen sie beide. Der Nachmittag verging. Der Himmel verdüsterte sich, und ein paar Regentropfen klatschten gegen die Windschutzscheibe.

Lisa hing eine Weile ihren Gedanken nach, bevor sie plötzlich sagte: „Das ist es, Sam. Das echte, unverfälschte Rußland! Nicht Moskau oder Leningrad, sondern *Rußland*. Sehen Sie dort die weißstämmigen Birken? Die kleinen Blätter, rot, gelb, golden. Beobachten Sie, wie der Wind mit ihnen spielt. Was könnte russischer sein als die winzigen goldenen Birkenblätter, die durch einen grauen Himmel, durch eine endlose Landschaft geweht werden? Trostlos, aber gleichzeitig wunderschön."

Hollis sah sie kurz an, und ihre Blicke begegneten sich. Als er wieder nach vorn schaute, hatte er plötzlich das Gefühl, in der Landschaft, die ihn umgab, aufzugehen, ihre Stimmung zu spüren. Ein freundschaftliches Schweigen trat ein. Zwei Menschen, die der untergehenden Sonne entgegenfuhren.

Es waren nur wenige Privatwagen unterwegs, doch fiel der kleine Schiguli nicht besonders auf. Hollis und Lisa mochten durchaus als Iwan und Irina durchgehen, die einen Wochenendausflug unternahmen.

Hollis bog nach links auf einen Feldweg ein und fuhr gleich darauf wieder nach rechts. „Gehe ich recht in der Annahme, daß wir einen Abstecher nach Borodino machen?" fragte sie.

„Ganz recht." Hollis fuhr durch ein Gewirr von Feldwegen. Sie überquerten die Belorussische Eisenbahnstrecke. Nach knapp fünfzehn Minuten erreichten sie die pappelgesäumte Straße zum Schlachtfeld von Borodino, und Hollis bog darauf ein. Weiter vorn erhoben sich Steinsäulen und das Tor, das mit Ketten verhängt war.

„Ich glaube, solche Freilichtanlagen schließen um diese Jahreszeit schon früh", meinte Lisa.

„Ja, das hatte ich gehofft." Hollis lenkte den Schiguli um die Torpfosten herum und dann wieder auf die Straße. Der kiesbestreute Parkplatz tauchte auf.

Die Sonne war inzwischen ganz untergegangen. Die ersten Sterne schimmerten blaß zwischen Wolkenfetzen. Im Scheinwerferlicht des Wagens glänzte ein Dutzend Obelisken, die die Toten zu bewachen schienen.

„Fisher muß hier durchgekommen sein", sagte Hollis. „Wir müssen herausfinden, wie er sich verfahren hat. Nehmen Sie mal die Karte aus der Aktentasche . . . Gut. Unter Ihrem Sitz müßte sich außerdem noch eine Infrarotlampe befinden." Er machte die Scheinwerfer aus und fuhr langsam weiter.

Lisa holte das Gewünschte.

„Wir wissen", konstatierte Hollis, „daß Fisher über das Schlachtfeld fuhr, dann will er nördlich davon in einen Waldweg eingebogen sein. Noch weiter nördlich liegt die Moskwa. Er muß sich also zwischen hier und dem Fluß befunden haben. Der einzige Wald auf der Karte ist ein Kiefernwald. Sehen Sie ihn?"

„Ja." Lisa ließ den Blick wandern. „Dort stehen Kiefern."

„Das sind die Hügel südlich der Moskwa. Da vorn gabelt sich die Straße."

Lisa richtete den roten Lichtstrahl auf die Karte. „Ja, hier. Der Weg links schwenkt zurück und führt dann auf den Hügel."

Hollis nickte. Der linke Weg schien zum Museum zurückzuführen, aber das sah nur so aus. Dort mußte Fisher sich verfahren haben. Hollis wählte die linke Abzweigung. Der Weg begann anzusteigen und führte bald in den dichten Wald. Es wurde sehr dunkel.

Lisa räusperte sich. „Können Sie etwas erkennen?"

„Leuchten Sie mal ab und zu mit der Lampe."

Lisa kurbelte das Fenster herunter; kalte Luft strömte herein. Das rote Licht erhellte den schmalen Weg, und Hollis fuhr weiter.

Nach zehn Minuten erreichten sie ein Schild, und Hollis hielt an. Lisa leuchtete mit der Lampe. *Halt! Sperrgebiet! Umkehren!*

„Hier muß es sein", sagte Hollis. Er stieg aus und schaute sich um. Dabei entdeckte er einen kleinen Wendeplatz rechts vom Weg. Er öffnete den Kofferraum, riß die Leitungen für Rückfahrscheinwerfer und Bremsleuchten heraus und stieg wieder ein. Dann steuerte er den Wagen auf den Wendeplatz, nutzte ihn aber nicht, sondern fuhr etwa zwanzig Meter tief zwischen die Bäume. Dort wendete er, bis der Wagen wieder mit der Front zur Straße stand, und stellte den Motor ab.

„Passen Sie gut auf", flüsterte Hollis. „Vielleicht müssen wir hier schnell wieder abhauen. Wenn ich in einer Stunde nicht zurück bin, fahren Sie nach Moschaisk und kümmern sich um die Leiche." Er stieg aus, schloß leise die Tür und entfernte sich langsam parallel zur Straße.

Lisa folgte ihm. „Sie sind ja verrückt!"

„Warten Sie im Wagen!"

„Nein."

Sie gingen nebeneinander. Der Boden aus Nadeln und Kiefernzapfen war aufgeweicht. Zwischen den Bäumen wuchsen nur Farne und Kiefernschößlinge. Es war windstill, ein durchdringender Harzgeruch lag in der Luft. Hollis flüsterte Lisa zu: „Vielleicht gibt's hier akustische Sensoren. Treten Sie leichtfüßig auf wie ein Reh." Er zog seine Tokarew aus dem Beinhalfter und steckte sie in die Tasche.

Ein Halbmond ging auf und legte einen schwachen blauen Schimmer auf die wenigen Lichtungen, die sie vorsichtig umschritten. Keine fünf Minuten später stießen sie auf einen etwa zweieinhalb Meter hohen Stacheldrahtzaun, der von gerolltem Spitzdraht gekrönt war. Ein Metallschild warnte vor Hochspannung.

Auf der Seite jenseits des Zauns war der Wald in einer Breite von fünfzig Metern abgeholzt; am inneren Rand der baumlosen, sandigen Zone erhob sich ein zweiter Stacheldrahtzaun, dahinter ein Wachturm. „Die Fabrik der Spione", murmelte Hollis.

Lisa nickte. „Nicht sehr einladend."

Ein Dieselmotor dröhnte durch den Wald, Scheinwerfer näherten sich. „Hinlegen!" zischte Hollis. Langsam bewegte sich ein Fahrzeug über den leeren Sand des Todesstreifens. Es war ein Panzerspähwagen mit offenem Aufbau. In der Kabine saßen zwei Männer, auf der Ladefläche sechs Soldaten mit Helmen. Zwei hockten hinter einem Maschinengewehr, das auf einem Drehgestell befestigt war, zwei an einem Suchscheinwerfer, und zwei schienen sich bereitzuhalten, aus dem Wagen zu springen. Der Wagen war noch zehn Meter entfernt, als Hollis Lisa zuflüsterte: „Ziehen Sie sich das Tuch über das Gesicht, und bedecken Sie Ihre Hände."

Hollis zerrte an seiner Strickmütze, die sich als Skimaske entpuppte. Dann zog er schwarze Nylonhandschuhe an und wartete. Der Spähwagen befand sich nun auf gleicher Höhe. Der Suchscheinwerfer schickte seinen Strahl über den Todesstreifen und begann den Wald abzutasten. Ohne anzuhalten, glitt der Strahl über Hollis und Lisa dahin.

Dann rollte der Spähwagen weiter. Sie blieben regungslos liegen.

Nach fünf Minuten stemmte sich Hollis vorsichtig auf ein Knie. Aufmerksam schaute er in die Runde und lauschte, dann half er seiner Begleiterin auf. Als sie sich vom Zaun abwandten, erblickte Hollis zwei Grenzsoldaten, die zwischen den Bäumen näher kamen. Sie hielten ihre AK–47-Gewehre schußbereit.

Hollis erkannte sofort, daß Lisa noch nichts gemerkt hatte und die beiden Uniformierten ebenfalls ahnungslos waren. Erst als Lisa sich zu ihm umdrehte, um etwas zu sagen, wurden die Männer auf die Bewegung aufmerksam. Hastig stieß Hollis seine Begleiterin zu Boden, duckte sich und zog die schallgedämpfte Tokarew-Automatik. Nach dem ersten Schuß griff sich der vordere Mann mit der Hand an die

Brust. Der zweite starrte verblüfft auf seinen umsinkenden Gefährten, fuhr zu Hollis herum und hob das Gewehr. Hollis gab zwei Schüsse auf ihn ab. Lisa stolperte fassungslos herbei. „O Gott . . . Sam!"

„Still!" Er zog sie am Arm hinter sich durch den Wald. Nach kaum zehn Minuten erreichten sie den Wagen unter den Bäumen. Sie sprangen hinein. Hollis ließ den Motor an, fuhr aber nicht zum Weg, sondern tiefer in den Wald. „Leuchten Sie!"

Lisa beugte sich mit der Taschenlampe aus dem Fenster. Im Zickzack fuhren sie durch den Kiefernwald. Auf der Waldstraße begannen Motoren zu brummen. „Die Bäume stehen hier enger", sagte Lisa. „Passen Sie auf."

Der Wagen hatte sich zwischen zwei Baumstämmen verkeilt. Hollis fluchte leise. Mühsam legte er den Rückwärtsgang ein, befreite den Wagen aus der Falle und suchte einen besseren Weg. Das Gelände fiel jetzt steiler ab, und der Schiguli begann zu rutschen. Plötzlich brach der Wagen zwischen den Bäumen hervor und stürzte in eine Senke. „Festhalten!" rief Hollis. Der Schiguli prallte auf den Boden der Niederung, in der ein Bach verlief, und wäre beinahe umgestürzt. Hollis zog das Lenkrad energisch nach rechts und beschleunigte im Bachbett. Die Ufer senkten sich, der Wasserlauf verbreiterte sich und wurde tiefer. Hollis steuerte eine flache Uferstelle an und trat das Gaspedal bis zum Boden durch. Der Motor zog den Wagen aus der Bachniederung. Weiter vorn lag das Schlachtfeld.

Mit zitternder Hand zündete sich Lisa eine Zigarette an. „So hatte ich mir die Fahrt aufs Land nicht vorgestellt."

„Nun ja", gab Hollis zurück, „wir sind auf dem Land, und wir fahren noch." Er lenkte den Wagen in einen Birkenhain und warf Pistole, Wadenhalfter und Munition ins hohe Gras. „Verbrennen Sie die Karte!"

Lisa hielt die Karte aus dem Fenster und zündete sie mit dem Feuerzeug an. Das Material loderte auf und verschwand in einer Rauchwolke.

Hollis fuhr querfeldein durch hohes Gras. Sie erreichten einen schmalen Feldweg, der die Grenze des historischen Schlachtfeldes bildete. Der Feldweg endete an der Flußstraße, und Hollis bog nach rechts ab und näherte sich nun Moschaisk aus Richtung Westen und nicht auf der Moskauer Straße, wo man ihn vielleicht erwartete. Er schaltete die Scheinwerfer ein und warf die Wollmütze aus dem Fen-

ster. Lisa tat es ihm mit dem Kopftuch nach und klopfte sich die Kiefernnadeln von der Kleidung. Sie erreichten Moschaisk, ohne einem
Fahrzeug zu begegnen.

Die Stadt wirkte verlassen, obwohl es Samstagabend war. Nach
einiger Zeit erreichten sie das Leichenschauhaus, ein flaches weißes
Gebäude in der Nähe der Eisenbahngleise. Sie stiegen aus und gingen
zum Eingang. Hollis drückte auf einen Knopf mit der Bezeichnung
NACHTGLOCKE.

Die schwere Holztür ging auf und gab den Blick auf einen Mann in
der Uniform eines KGB-Obersts frei. „Treten Sie ein", sagte der
Mann auf englisch.

6. Kapitel

HOLLIS und Lisa folgten dem Oberst in einen kühlen, gekachelten
Raum. Der Russe zog an einer herabhängenden Schnur und ließ
grelles Licht aufflackern. Ohne Umstände öffnete er den Deckel einer
emaillierten Kühltruhe und gab den Blick auf eine nackte Leiche frei.

Arme und Beine waren unnatürlich verrenkt, der Kopf lag schief.
Fishers Augen standen offen, und Tränen waren auf den Wangen fest-
gefroren. Hollis bemerkte tiefe Schnittwunden an der Brust und im
Gesicht. Er fragte sich, ob Fisher gefoltert worden war, bis er sein
Geheimnis verriet.

Der KGB-Oberst übergab Hollis einen Paß. Dieser schaute sich die
Aufnahme und die Leiche an und nickte. Dann steckte er den Paß ein.

Der Oberst knallte den Deckel der Kühltruhe zu und führte seine
Besucher in einen kleinen Raum. Er deutete auf zwei Stühle und setzte
sich selbst auf den bequemsten hinter einem Birkenholztisch. „Sie sind
natürlich Colonel Hollis", sagte er auf englisch, „und dies muß Lisa
Rhodes sein."

„Stimmt", antwortete Hollis. „Und Sie sind Oberst des KGB.
Ihren Namen kenne ich allerdings noch nicht."

„Burow." Er fügte hinzu: „Sie müssen verstehen, wenn ein Ausländer ums Leben kommt, schreibt das Gesetz vor, daß sich der KGB um
den Papierkram kümmert. Etwas anderes sollten Sie hinter meiner
Anwesenheit nicht vermuten."

Hollis betrachtete Burow im dämmerigen Licht. Der Oberst war etwa Mitte Vierzig. Ein großer, gut gebauter Mann mit jungenhaftem Schmollmund. Die helle Haut, die blauen Augen und das flachsblonde Haar verstärkten Hollis' Eindruck, daß der Mann eher nordischer als slawischer Abstammung war.

„Colonel Hollis – warum kommen Sie mehrere Stunden zu spät?"

„Ihr Außenministerium hat mit der Reiseerlaubnis geschlampt." Hollis beugte sich vor und fragte heftig: „Warum dauert in diesem Land alles doppelt so lange wie in der zivilisierten Welt?"

Burow lehnte sich zurück und zündete sich eine ovale Troika-Zigarette an. Die ersten beiden Züge ließen das Papier und den locker gedrehten Tabak zusammenschrumpfen. Automatisch strich Burow die Zigarette glatt. „Das war nicht gerade sehr diplomatisch von Ihnen, Colonel", entgegnete er gelassen. „Ich dachte, Diplomaten würden sich eher die Zunge abbeißen, als ihr Gastland zu beleidigen."

„Das mag für Diplomaten zutreffen. Aber Sie wissen, wer ich bin, und ich weiß, wer Sie sind. Also kommen wir zur Sache. Haben Sie etwas für uns zu unterschreiben?"

„Viele Papiere", sagte Burow, öffnete einen grünen Aktenordner und nahm einen Stapel Dokumente heraus.

„Man hätte die Leiche besser behandeln können", ließ sich Lisa vernehmen. „Ich muß darum bitten, daß der Tote besser gesäubert und anständig verhüllt wird."

„Hören Sie, der Zustand der sterblichen Überreste von Mr. Fisher kümmert mich nicht", entgegnete Burow barsch.

„Und wie sollen wir den Toten zum Flughafen bringen?" Lisa ließ nicht locker.

„Der Bestatter wird Ihnen einen Flugsarg aus Aluminium zur Verfügung stellen, mit Trockeneis." Er betrachtete ihre Steppjacke und Hollis' Lederjacke und bemerkte: „Ihrer Kleidung nach scheinen Sie beide durchaus darauf eingerichtet zu sein, ein Grab auszuheben und Sargträger zu spielen. Dürfte ich mir jetzt mal Ihre Reiseunterlagen und Pässe anschauen?"

Während Burow die Dokumente studierte, beobachtete Hollis den Oberst. Der Mann sprach ein außergewöhnlich gutes Englisch und war sehr schlagfertig. Vermutlich hatte Burow große Erfahrung im Umgang mit englischsprechenden Ausländern, vielleicht war er auch auf das Institut für kanadische und amerikanische Studien in Moskau gegangen.

Burow gab die Pässe zurück und behielt die Reiseunterlagen. Dann schob er einen Stapel Papiere über den Tisch. „Erstens: Der Wagen des Toten wurde beschlagnahmt, und es wäre das beste, wenn Sie dieses Abtretungsdokument unterzeichneten."

„Ich möchte den Wagen sehen."

„Der Wagen wurde bereits nach Moskau gebracht."

Hollis betrachtete die Verzichterklärung. Es gab wohl keine Möglichkeit, den Wagen in die USA zu bringen, damit er von FBI-Fachleuten untersucht werden konnte. Hollis unterschrieb das Papier. „Ich brauche eine Kopie davon", sagte er.

„Selbstverständlich." Burow reichte ihm eine kaum leserliche Durchschrift und nahm Hollis gleichzeitig das Original aus der Hand. „Zweiter Punkt", fuhr Burow fort, „eine Aufstellung der persönlichen Habe des Toten." Er reichte Hollis die Liste.

Hollis beugte sich zusammen mit Lisa über das Papier. Es schien sich um eine vollständige Aufstellung zu handeln: Kleidung, Gepäck, zwei Uhren, ein Fotoapparat und sogar Dinge, die als kleine Geschenke gedacht waren, wie Filzstifte, Parfümproben und Postkarten. Hier schien sich niemand bedient zu haben. „Da sind noch sechshundertachtzig Dollar in Reiseschecks und zweiundsiebzig Dollar in bar. Außerdem haben wir zweiunddreißig Rubel und achtundsiebzig Kopeken gefunden, die ich Ihnen ebenfalls aushändige."

Hollis dachte an Fishers Äußerung am Telefon. „Ich überließ ihm Landkarten und Geld." Und an die Bemerkung der Französin, daß sich Fisher zwei Kopeken von ihr geliehen habe. Wahrscheinlich hatte Burow das russische Geld zugeschossen, um keine Fragen aufkommen zu lassen. „Ich sehe auf dieser Liste keine Landkarten." Hollis sah Burow scharf an. „Vielleicht hat sie jemand genommen. Ich möchte wetten, Sie wüßten zu gern, wo sich die Karten im Augenblick befinden, Oberst Burow."

Burow erwiderte seinen Blick ungerührt und schwieg.

Hollis war ziemlich sicher, daß Dodson dem KGB noch nicht in die Hände gefallen war – weder tot noch lebendig. „Sollten die Karten in der US-Botschaft auftauchen, gebe ich Ihnen Bescheid, damit Sie sich nicht unnötig Sorgen machen."

Burow schürzte nachdenklich die Lippen. „Ich wette", entgegnete er, „wir finden die Karten vor Ihnen."

„Die Wette nehme ich an. Und der Einsatz?"

„Ist sehr hoch, Colonel Hollis."

Hollis nickte. Wenn Dodson es bis zur Botschaft oder zu einem westlichen Journalisten in Moskau schaffte, würden die Beziehungen zwischen der UdSSR und den USA um zehn Jahre zurückgeworfen.

Der unerfreuliche Papierkram setzte sich noch eine weitere halbe Stunde fort. Schließlich lehnte sich Burow zurück und stellte überraschend fest: „Sie sind im Wald herumgewandert."

Hollis schaute gerade das letzte Schriftstück durch. „Wir haben Pilze gesucht."

„Ach? Sie sind ja schon echte Russen. Darf ich mal sehen?"

„Leider hatten wir kein Glück."

„Das wäre in einem Kiefernwald auch sehr überraschend."

Vermutlich hatte Burow einzelne Kiefernnadeln gesehen, möglicherweise hatte er aber auch konkretere Informationen. Überhaupt schienen die Sowjets sehr gut über die amerikanischen Botschaftsangehörigen informiert zu sein. Hollis stand auf. „Besorgen Sie uns jetzt einen Lkw mit Fahrer? Wir würden gern zum Flughafen fahren."

Burow blieb sitzen. „Das ist um diese Zeit nicht möglich. Sie müssen über Nacht bleiben. Leider gibt es in Moschaisk kein Hotel. Dafür befindet sich zwei Kilometer von hier eine Sowchose, ein Staatsgut. Im Gemeinschaftsgebäude wird man Ihnen Zimmer zuweisen."

Hollis schaute kurz zu Lisa hinüber und sagte dann: „Anscheinend haben wir keine andere Wahl."

Burow schob seine Unterlagen in eine Aktentasche, nahm auf den Reisepapieren eine Eintragung vor und stand auf. „Damit kommen Sie auf das Gelände des Staatsgutes."

„Ich denke, ich sollte die Botschaft anrufen", meinte Hollis.

„Hier gibt es kein Telefon. Auf dem Gut werden Sie eins vorfinden. Folgen Sie mir jetzt bitte."

Auf der Vortreppe des Leichenschauhauses beschrieb Burow den Weg zum Gut. „Sie können es nicht verfehlen." Dann trat er an ihr Auto heran und schaute auf das Zulassungsschild. „Ein Mietwagen?"

„Die Botschaft hatte keine Fahrzeuge zur Verfügung." Hollis öffnete die Tür auf der Fahrerseite. „Auf Wiedersehen, Oberst Burow."

Burow trat zurück und rief: „Verfahren Sie sich nicht! Und seien Sie vorsichtig auf der Landstraße."

Beide salutierten voreinander und wünschten sich eine gute Nacht. Immerhin kannten sie die Spielregeln.

„EIN unangenehmer Patron", stellte Lisa fest. „Wußte er nun von unserem Ausflug nach Borodino oder nicht?"

„Zumindest hat er den richtigen Schluß gezogen." Hollis schaute in den Rückspiegel, in dem sich eine schwarze Tschaika-Limousine abzeichnete. „Wir haben Gesellschaft."

Sie erreichten die Stadtmitte, fuhren in eine Art Kreisverkehr, umgeben von zweistöckigen Häusern, zum Teil verputzt, zum Teil aus Holz. Nur die Straßenbeleuchtung zeigte an, daß der Ort bewohnt war. Die Hauptstraße von Moschaisk war mit der alten Verbindung Minsk–Moskau identisch, und Hollis hielt nach Westen auf das Staatsgut zu. Die schlechte Straße führte bei tiefer Dunkelheit durch die weite russische Ebene. Kein Licht war zu sehen außer den Scheinwerfern des Tschaika. Hollis bedauerte, seine Waffe fortgeworfen zu haben.

Wenige Kilometer außerhalb der Stadt entdeckte Lisa ein riesiges Holzschild über der Einfahrt zum Staatsgut. Hollis bog auf die Kiesstraße ein und hielt auf das Gut zu. Lisa schaute durch das Rückfenster. „Der Tschaika verfolgt uns immer noch."

Hollis steuerte das kleine Backsteinhaus an, das nach Burows Beschreibung die Verwaltung enthielt. Er schaltete die Scheinwerfer aus und fuhr an dem Gebäude vorbei in die Nacht.

„Halten Sie das hier für eine Falle?" fragte Lisa.

„Könnte sein."

„Was machen wir?"

„Auf der Hauptstraße hätte unser kleiner Schiguli keine Chance, aber hier auf den Feldwegen können wir es dem Tschaika zeigen."

Wegen des Mondlichts konnte Hollis den Kiesweg zwischen den Feldern einigermaßen erkennen. Er gab Gas und benutzte die Bremse nur, wenn er einen kreuzenden Weg entdeckte und darauf einbog. Ohne Bremslichter und Scheinwerfer war der schwarze Schiguli praktisch unsichtbar, und nachdem Hollis eine Viertelstunde lang dauernd die Richtung gewechselt hatte, verkündete er: „Wir haben den Tschaika abgeschüttelt. Dafür wissen wir nicht mehr, wo wir sind. Am besten suchen wir uns einen Traktorschuppen für die Nacht."

„Es ist fast zehn und schon eiskalt", wandte Lisa ein. „Wir müssen uns eine bessere Unterkunft suchen, Sam." Nach kurzer Überlegung fuhr sie fort: „Wenn wir eine Kolchose fänden, könnte uns dort ein Bauer aufnehmen."

Sie fuhren jetzt auf einem Feldweg in westlicher Richtung. Eine halbe Stunde später gelangten sie an die erste Hütte einer kleinen Siedlung. Hollis verlangsamte die Fahrt auf dem Weg, der zwischen den beiden Hüttenreihen hindurchführte. „Ich sehe keine Lichter." Hollis stellte den Motor ab, und sie stiegen aus.

In einer *isba* ging ein Licht an, dann wurde es auch in anderen Hütten hell. Eine Tür öffnete sich, und ein Mann trat heraus.

„Übernehmen Sie das Reden", sagte Hollis.

Der Mann kam näher. Er mochte zwischen fünfzig und sechzig sein und schien sich hastig angekleidet zu haben. „Hallo", begrüßte Lisa ihn auf russisch. „Wir sind amerikanische Touristen."

Der Mann antwortete nicht. Andere Türen gingen auf, immer mehr Gestalten erschienen.

„Wir haben Probleme mit dem Auto. Können Sie uns über Nacht aufnehmen?"

Nach längerem Schweigen fragte der Mann zurück: „Sie wollen eine Unterkunft? In der Nähe gibt es ein Staatsgut. Dort hat man bestimmt ein Bett für Sie."

„Meine Frau und ich möchten lieber bei den Einheimischen bleiben", entgegnete Hollis höflich. Er benutzte das Wort *narod* – das gemeine Volk, die Volksmasse –, und der Mann lächelte.

Die Gestalten ringsum hatten rauhe, ledrige Haut, dunkel wie die Erde, auf der sie standen. Ihre Kleidung wirkte zerschlissen.

„Wir würden für die Unterkunft gern bezahlen", versuchte es Hollis noch einmal.

Der Mann schüttelte den Kopf. „Nein, nein, aber wir können etwas anderes machen: Ich verkaufe Ihnen Butter und Gemüse, damit können Sie dann in Moskau ein gutes Geschäft machen."

„Vielen Dank. Ich stelle mein Auto so ab, daß es nicht die Straße versperrt." Hollis ging zum Wagen, fuhr rückwärts zu einem Heuhaufen und parkte den Schiguli so, daß er von der Straße aus nicht gesehen werden konnte. Er kehrte zu Lisa zurück, die sich inzwischen mit zehn Leuten gleichzeitig unterhielt. „Unser Gastgeber heißt Pawel Fedorowitsch, dies ist seine Frau Ida", sagte Lisa. „Außerdem habe ich erfahren, daß das Dorf Jablonja heißt, also Apfelbaum."

Pawel stellte jede der etwa zwanzig Familien einzeln vor, darunter seinen Sohn und seine Tochter. Dann führte er Hollis und Lisa zu seiner *isba*.

Der vordere Raum der *isba* entpuppte sich als Küche. Es gab einen Herd, einen Kieferntisch mit Stühlen; an den Holzwänden hingen allerlei Gebrauchsgegenstände. Überrascht entdeckte Hollis einen Kühlschrank, der an eine Deckensteckdose angeschlossen war, von der auch eine nackte Glühbirne herabhing.

Pawel rückte zwei Stühle zurecht. „Setzen Sie sich doch."

Die Tür ging auf, und ein Mann und eine Frau traten ein; ihnen folgten ein etwa fünfzehnjähriges Mädchen und ein kleiner Junge. Die Frau stellte eine Schale Gurkenscheiben auf den Tisch und zog sich scheu mit ihren Kindern an die Wand zurück. Der Mann setzte sich neben Hollis und lächelte. Eine zweite Familie kam, und die Szene wiederholte sich. Es dauerte nicht lange, da standen zahlreiche Frauen an der Wand. Die Kinder hockten zu ihren Füßen. Die etwa fünfzehn Männer saßen in weitem Bogen um den Tisch auf Stühlen, die die Kinder hereingetragen hatten. Wodka wurde angeboten.

Es war eine spontane Feier. Hollis schaute in die Runde. Sein Blick blieb an Lisa hängen, die mit einem jungen Mann scherzte. Ihm gefiel es, wie bedingungslos sie diese Menschen akzeptierte, und plötzlich wurde ihm klar, daß er Lisa sehr mochte.

Wie erwartet, wurden dann Fragen über die USA gestellt. Hollis und Lisa versuchten zu antworten, so gut sie konnten. Nach einer Weile schaute Hollis verstohlen auf die Uhr: beinahe Mitternacht. Er stand auf. „Wir haben Sie lange genug wach gehalten, Pawel. Vielen Dank für Ihre Gastfreundschaft und vor allem für den Wodka."

Alle lachten. Die Nachbarn verabschiedeten sich. Nachdem alle gegangen waren, führte Pawel Lisa und Hollis durch eine Türöffnung, vor der eine Steppdecke hing. Dahinter befand sich ein Schlafzimmer, doch Pawel wies auf eine grob gezimmerte Tür aus Kiefernholz, hinter der das hintere Zimmer der Hütte lag, in dem vermutlich die Eltern schliefen.

Wie schon in der Küche hing auch hier eine nackte Glühbirne an der Decke. Ein kleiner elektrischer Heizofen neben dem Bett verbreitete Wärme. Das Doppelbett und zwei Holztruhen füllten das Zimmer aus. Nägel dienten als Kleiderhaken. Es gab ein Fenster.

„Wundervoll!" sagte Lisa zu Pawel und Ida. „Vielen Dank!"

Pawel lächelte. „Ich glaube nicht, daß Sie Touristen sind, aber wer Sie auch sein mögen, Sie sind ehrlich, und Sie können hier gerne übernachten. Gute Nacht!" Er verließ das Zimmer.

Hollis prüfte das gardinenlose Fenster. Er drehte den Griff und überzeugte sich, daß das Fenster zu öffnen war. Vielleicht mußten sie ja nach hinten hinaus verschwinden.

Ein verlegenes Schweigen trat ein. Hollis wußte nicht recht, was er tun oder sagen sollte. „Es ist sehr kalt hier", meinte Lisa schließlich, zog ihre Stiefel aus, legte sich angekleidet auf das Bett und deckte sich mit den beiden Bettdecken zu.

Hollis zog die Lederjacke aus und hängte sie an einen Nagel, dann stieß er sein Messer in einen Wandbalken neben dem Bett. Er setzte sich auf eine Truhe und zog die Stiefel aus. Seltsamerweise schlug sein Herz plötzlich unnatürlich schnell. „Wäre es Ihnen angenehmer, wenn ich auf dem Boden schliefe?" fragte er.

„Nein. Ihnen?"

Nach kurzem Zögern zog Hollis Pullover und Jeans aus und warf sie über die Truhe. Er löschte das Licht und schob sich neben Lisa ins Bett.

„Was für ein Tag!" seufzte sie.

„Können wir ja bald mal wiederholen."

„Sind Sie böse? Ihre Stimme klingt etwas verärgert." Lisa legte ihm eine Hand auf die Schulter. Er drehte sich um und betrachtete sie im schwachen Mondlicht, das durch das Fenster drang. „Du hast zwei bewaffnete KGB-Männer erschossen, ohne mit der Wimper zu zukken. Jetzt aber zitterst du."

„Es ist kalt."

„Ich bin auch nervös. Aber ich möchte mit dir zusammensein."

Hollis umfaßte ihren Kopf und strich ihr das Haar aus der Stirn. Sie entkleideten sich unter den dicken Bettdecken und lagen eng umschlungen nebeneinander. Lisa ließ ihre Hände über Sams Rücken wandern und spürte einige verhärtete Stellen. „Narben", sagte er.

„Oh! Woher —"

Hollis zog sie unvermittelt ganz eng an sich und schloß ihr den Mund mit einem Kuß.

EIN Geräusch im Garten weckte Lisa. Sie legte den Arm um Hollis. Dann sagte sie: „Dreh dich mal um."

Hollis legte sich auf den Bauch. Im fahlen Morgenlicht betrachtete Lisa die weißen und purpurnen Narben, die vom Hals bis zur Hüfte reichten. „Du bist ja ziemlich in die Mangel genommen worden. Sind das Brandwunden?"

„Heiße Granatsplitter. Das Flugzeug ist damals explodiert. Getroffen von einer Boden-Luft-Rakete. Ausgerechnet beim letzten amerikanischen Einsatz über Nordvietnam. Ich war über Haiphong, warf meine Bomben und drehte nach Südvietnam ab. Plötzlich sagte Ernie Simms, mein Radaroffizier, ganz gelassen: ‚Rakete im Anflug!' Dann weiß ich nur noch, daß es eine Explosion gab, die Maschine sich nicht mehr steuern ließ und direkt ins Südchinesische Meer kippte. Ich sprengte die Kabinenverkleidung ab, und Simms und ich wurden aus dem Cockpit geschleudert. Unsere Fallschirme öffneten sich, und wir landeten im Wasser. Ich ließ mich eine Zeitlang treiben, sah feindliche Kanonenboote näher kommen und betrachtete mich schon als Kriegsgefangenen."

Hollis richtete sich auf und starrte aus dem Fenster. „Simms hing etwa hundert Meter entfernt in seinem Schwimmsitz. Ein Kanonenboot nahm ihn aufs Korn. ‚Sam, sie haben mich!' rief er. Ich schwamm auf ihn zu, aber er winkte mich fort. Ich sah, wie die Vietnamesen ihn an Bord zerrten. Dann wollten sie mich holen. Aber da waren unsere Marinehubschrauber aufgetaucht und vertrieben die Boote mit MGs. Ein Hubschrauber zog mich aus dem Wasser. Ich kam auf ein Lazarettschiff. Später erfuhr ich, daß Simms die ziemlich zweifelhafte Ehre zuteil wurde, der letzte Vermißte zu sein."

„Eine ... schreckliche Sache", sagte Lisa und legte ihm die Hand auf die Schulter.

Hollis schwieg eine Zeitlang und fuhr dann fort: „Um die Sache abzuschließen – der Name Ernie Simms ist bis heute auf keiner nordvietnamesischen Gefallenen- oder Gefangenenliste aufgetaucht, so daß er offiziell noch als vermißt gilt. Ich habe aber gesehen, daß er lebend an Bord genommen wurde. Deshalb stimmt mich die Sache mit Dodson besonders nachdenklich, wegen all der Jungs, deren Fallschirme sich nach Augenzeugenberichten geöffnet haben, die aber nie wieder aufgetaucht sind. Ich frage mich, ob Ernie Simms und viele andere nicht vielleicht in der Sowjetunion stecken."

„In der Sowjetunion? Das wäre ja unfaßbar."

„Ja ..., unfaßbar." Hollis verließ das Bett und nahm seine Sachen, die auf der Truhe lagen.

Sie zogen sich an und gingen in die Küche. Pawel, Ida und die Kinder saßen am Tisch. Ida servierte gekochte Eier und ausgezeichneten Tee. Auf dem Tisch stapelte sich braunes Brot, daneben stand Butter.

Sie aßen schweigend, und dann sah Hollis auf die Uhr. Es war fast sieben. „Zeit zu gehen", sagte er und folgte Pawel ins Freie. Sie verabschiedeten sich voneinander, dann meinte Hollis: „Es wäre nicht gut für Jablonja, wenn jemand unseren Besuch herumerzählte."

„Das weiß ich. Wir besprechen das, wenn Sie fort sind."

Hollis drückte dem widerstrebenden Pawel einen Zehnrubelschein in die Hand. „Bitte nehmen Sie das Geld. Vielen Dank für Ihre Gastfreundschaft. Auf Wiedersehen." Er machte kehrt und ging zum Haus zurück, wo Lisa bereits auf ihn wartete. Gemeinsam gingen sie den Weg entlang. Der Schiguli stand noch immer hinter dem Heuhaufen. Sie stiegen ein, und Hollis ließ den Motor an. Er wartete eine Weile, bis die Heizung warm wurde. Dann bog er auf den Feldweg ein in westliche Richtung.

„Wohin fahren wir?" fragte Lisa.

„Nach Gagarin." Hollis hupte und winkte Pawel und Ida zu, die in ihrem Vorgarten standen und ihnen nachblickten.

„Warum nach Gagarin?"

„Zwischen Moschaisk und Moskau müssen wir mit Leuten rechnen, die Dodson suchen – und vielleicht auch uns. Folglich fahren wir in westlicher Richtung nach Gagarin. Wir lassen den Wagen stehen und nehmen den Zug nach Moskau."

Nach einer Weile erreichten sie die alte Minsk–Moskau-Straße. „Noch etwa zwanzig Minuten bis Gagarin", meldete Hollis.

Gagarin ist das Zentrum eines Distrikts, der sich zu beiden Seiten des Bolschaja-Gschat-Flusses erstreckt. Mit seinen zehntausend Einwohnern war es groß genug, daß der Schiguli und seine Insassen nicht weiter auffallen mochten.

Hollis fuhr durch die Stadt, bis er den Bahnhof erblickte. Er hielt auf einem leeren Parkplatz. Mit anderen Fahrgästen gingen sie zum hölzernen Bahnhofshäuschen auf dem Bahnsteig. Nach Fahrplan mußte der nächste Moskauer Zug in zwanzig Minuten eintreffen. Hollis kaufte zwei einfache Fahrkarten nach Moskau.

Bald näherte sich der Belorussische Expreß mit donnerndem Getöse. Sie stiegen ein, und der Zug setzte sich in Bewegung. Die Fahrt verlief ohne Zwischenfälle, und zehn Minuten vor zwölf hielt der Expreß aus Minsk im Weißrussischen Bahnhof von Moskau. Hollis und Lisa stiegen aus, schoben sich durch das Menschengewimmel in der hundert Jahre alten Halle und betraten den Gorkiplatz. Der

Himmel zeigte das übliche Grau, und nach der frischen Landluft machten sich die übelriechenden Auspuffgase besonders bemerkbar.

Hollis führte Lisa in das Hotel Minsk und verschwand in einer Telefonzelle neben dem Foyer. Er rief die Botschaft an, sprach mit dem wachhabenden Marinesoldaten und verlangte anschließend den diensthabenden Offizier, der sich als sein Assistent Captain Ed O'Shea entpuppte.

„Ed, ich bin's – Blitzlicht", sagte Hollis und benutzte damit das Kodewort für eine persönliche Notlage. „Schicken Sie mir einen Wagen auf Position Delta. In zehn Minuten."

„Jawohl, Sir. Willkommen zu Hause."

Sie verließen das Hotel Minsk und folgten der Gorkistraße. „Wir schaffen es doch, oder?" fragte Lisa.

„Sieht ganz danach aus."

Sie erreichten den Puschkinplatz und näherten sich der reich verzierten Fassade des Feinkostgeschäfts „Gastronom eins". „Wir ändern jedesmal den Treffpunkt, sobald wir ihn einmal benutzt haben", erklärte Hollis. „Deshalb wird uns vermutlich niemand vom KGB erwarten. Unser Wagen dürfte allerdings ein oder zwei Verfolgerfahrzeuge im Schlepptau haben. Sobald der Wagen, den die Botschaft schickt, abbremst, springst du hinten rein, rutschst sofort weiter, und ich folge dir. Verstanden?"

„So was habe ich schon mal im Film gesehen."

Sie warteten. Ein schwarzer Ford kam auffallend schnell die Gorkistraße herauf. Hollis erkannte zwei Sicherheitsbeamte auf den Vordersitzen und hinten einen Mann, der wie Seth Alevy aussah. Dem Ford folgte ein schwarzer Tschaika. Abrupt schwenkte der Ford zum Bordstein ab und bremste energisch. Die Hintertür flog auf. Lisa schob sich neben Alevy, Hollis sprang hinein und knallte die Tür zu. Sofort beschleunigte der Ford wieder.

Alevy wandte sich an Hollis. „Ich hoffe, Sie haben für das alles eine gute Erklärung, Colonel."

Hollis verschränkte wortlos die Arme und schaute aus dem Fenster.

Der Tschaika schloß dicht auf, und der Fahrer des Botschaftswagens gab Gas. Die Wagen begannen eine gefährliche Verfolgungsfahrt über den Kalininprospekt. Nach knapp zehn Minuten erreichte der Ford die Botschaft, schoß an der Milizbude vorbei und passierte das Tor.

Der Ford fuhr im Bogen um den Flaggenmast und hielt vor dem Eingang zum Botschaftsgebäude. Hollis, Lisa und Alevy stiegen aus.

„Ich erwarte Sie in einer halben Stunde im Sicherheitsraum im fünften Stock", sagte Alevy. „Sie beide."

HOLLIS hatte am Kopfende des Mahagonitisches in dem abhörsicheren Raum des Botschafters Platz genommen, Charles Banks am anderen Ende, und Lisa und Seth saßen sich am Mittelteil gegenüber.

Banks räusperte sich und schaute von Hollis zu Lisa. „Sie beide sind gestern abend nicht in Ihre Quartiere zurückgekehrt und haben die Botschaft auch nicht über Ihren Aufenthaltsort informiert. Das ist ein schwerwiegender Sicherheitsverstoß."

„Wir konnten unseren Auftrag in Moschaisk nicht bis zum Abend beenden", antwortete Hollis. „Da es kein Hotel gab, verbrachten wir die Nacht in einer Kolchose. Es gab dort kein Telefon." Den Abstecher nach Borodino erwähnte er vorsichtshalber nicht.

„Nun gut." Banks wandte sich an Lisa. „Der Botschafter schickt ein offizielles Kondolenzschreiben an die Eltern von Mr. Fisher. Bitte legen Sie einen persönlichen Brief bei, in dem Sie erklären, mit dem Leichentransport befaßt gewesen zu sein. Und daß die sowjetischen Behörden Ihnen versichert hätten, Gregory Fisher wäre sofort und ohne Schmerzen gestorben. Sie wissen schon . . ."

Lisa klopfte mit dem Finger auf den Tisch. „Auf meinem Schreibtisch liegen telefonisch durchgegebene Bitten um Informationen von verschiedenen Presseagenturen. Anscheinend hat während meiner Abwesenheit jemand eine Pressemitteilung über Fisher herausgegeben. Einige Journalisten riechen offenbar eine größere Story."

Banks wiegelte ab. „Es gibt keine Story."

Lisa runzelte die Stirn. „Warum stehen in der Mitteilung nicht alle Tatsachen? Der Anruf aus dem Rossija –"

„Wir wissen genausogut wie Sie, daß mehr dahintersteckt", warf Alevy ein. „Aber wir versuchen an die Tatsachen heranzukommen, ehe wir Anschuldigungen äußern. Haben Sie Vertrauen zu uns."

Lisa schwieg widerstrebend.

Hollis zog eine entschlüsselte Funkmeldung aus der Tasche. „Ich habe gestern im Verteidigungsministerium angefragt, ob ein Major Jack oder John Dodson auf der Vietnam-Vermißtenliste steht. Antwort negativ."

„Und schon erscheint Mr. Fishers Geschichte in einem anderen Licht, nicht wahr?" meinte Charles Banks.

„Ach ja?" fragte Hollis zurück. „In meinem Job lautet die erste Grundregel, niemandem zu trauen, auch den eigenen Leuten nicht. Deshalb bin ich gestern morgen in unsere Bibliothek gegangen und habe dort ein Buch von einem früheren Marineflieger gefunden, der Kriegsgefangener in Vietnam war. Das Buch hat einen Anhang mit einer Namenliste von etwa tausend Männern, deren Verbleib noch ungeklärt ist. Darunter Jack Dodson, Major der Air Force."

„Colonel, auf diplomatischer und anderer Ebene läuft eine offizielle Untersuchung", entgegnete Charles Banks. „Während die im Gang ist, haben sich weder Sie noch Mrs. Rhodes damit zu befassen." Nach kurzem Schweigen fügte er hinzu: „Der Botschafter erbittet einen schriftlichen Bericht über alles, was Sie getan haben, seit Sie Moskau gestern verlassen haben."

Hollis stand auf. „Mr. Banks, bis ich nicht andere Anordnungen von meinem Vorgesetzten erhalte, werde ich in dieser Angelegenheit meine eigenen Ermittlungen anstellen." Mit diesen Worten machte er kehrt und verließ den Raum.

7. Kapitel

SAM HOLLIS schlenderte den belebten Kalininprospekt entlang. Es war Montagabend, der Berufsverkehr war in vollem Gang. Hollis' dunkelblauer Wollmantel entsprach ebenso dem Moskauer Standard wie sein schmalkrempiger Hut und die übergroße Aktentasche. Hollis konnte keinen Verfolger ausmachen. Er wandte sich nach Norden und überquerte den Oktoberplatz. Dann tauchte er geschickt in der Menschenmenge unter, die sich abends vor dem Kreml zu drängen pflegte, lief schräg am Lenin-Mausoleum vorbei und stieg eine Treppe hinunter, die sich unten verzweigte; nach rechts ging es zur Metro, nach links in eine Fußgängerunterführung unter dem Roten Platz. Er wählte die U-Bahn. Knapp eine Minute später lief ein Zug ein. Hollis schob sich mit den Pendlern hinein und ließ sich eine Station weit nach Norden bringen, zum Dserschinskiplatz. Dort führte der Treppenausgang in einen kleinen Park am Südende des Platzes.

Obwohl es noch nicht ganz dunkel war, gingen die Straßenlaternen an. Hollis nahm eine Leninnadel aus der Tasche und steckte sie an den Mantelaufschlag, dann setzte er sich auf eine Parkbank, von der er zum Marxprospekt blicken konnte. Aus der Aktentasche holte er einen grünen Apfel und ein kleines Messer und begann, den Apfel mit dem Messer zu schälen.

Er sah ihn den Marxprospekt herunterkommen. Den maßgeschneiderten Mantel trug er mit Gürtel und wies sich damit als Soldat in Zivil aus. General Walentin Surikow von der Roten Luftwaffe marschierte dicht an Hollis vorbei. Sein Blick streifte flüchtig Hollis' Anstecknadel, die „keine Gefahr" signalisierte, und er ließ sich am anderen Ende der Bank nieder. Bedächtig zündete er sich eine Zigarette an und zog eine *Prawda* aus der Aktentasche. Ohne den Blick zu heben, fragte er auf englisch: „Warum haben Sie diesen Treffpunkt gewählt?"

„Warum nicht?"

„Dies ist kein Spiel, mein Freund. Wenn man mich erwischt, stellt man mich an die Wand."

Aus unerfindlichen Gründen empfand Sam Hollis wenig Sympathie für General Walentin Surikow.

Der General vertiefte sich in seine Zeitung. „Also, worum geht es? In einer Stunde treffe ich mich mit meiner Enkelin zum Essen. Ihre Mitteilung besagte, es sei dringend." Hollis nickte. Das Arrangement war simpel. Wurde ein Treffen gewünscht, bat Hollis seinen direkten Gegenspieler im sowjetischen Verteidigungsministerium, Oberst Andrejew, schriftlich um irgendeine unwichtige Information. Natürlich gab Andrejew die Bitte nach oben weiter, und sie landete umgehend auf General Surikows Tisch. Dieser brauchte Hollis' Zettel nur über eine kleine, detaillierte Karte von Moskaus Stadtkern zu legen. Ein Nadelstich im Papier kennzeichnete den Treffpunkt. Als feste Zeit war immer 17 Uhr 30 desselben Tages ausgemacht. Das Wort „Antwort" deutete an, daß die Sache dringend war.

„Ich brauche Informationen über ein ehemaliges Schulungslager nördlich von Borodino. Das *komitet* benutzt es heute für andere Zwecke. Sie wissen doch, welche Anlage ich meine, nicht wahr?"

Surikow antwortete nicht.

„Wenn Sie nichts darüber wissen, gehe ich jetzt."

Surikow ließ eine Minute verstreichen. „Das Lager ist so wichtig, Colonel, so potentiell gefährlich für die künftigen sowjetisch-amerikanischen Beziehungen, daß man lieber nicht daran rühren sollte."

Hollis schaute seinen Gesprächspartner nicht an. „Nun, etwas ist durchgesickert, und bevor es in falsche Hände gerät, sagen Sie mir, was Sie wissen."

„Na schön", meinte Surikow entschlossen. „Aber dann müssen Sie mir helfen. Ich will raus. Ich will meinen Lebensabend im Westen verbringen."

„Glauben Sie, man ist Ihnen auf die Spur gekommen?"

„Nein, aber das passiert bestimmt, wenn ich Ihnen die Information gebe, die Sie haben wollen. Ich möchte nach London. Wenn Sie nicht mitmachen, gehe ich zu den Briten ..."

„Gut, ich rede mit meinen Leuten darüber", sagte Hollis. „Wir müssen vorsichtig sein."

Hollis dachte an die erste Begegnung mit dem General zurück. Vor etwa einem Jahr war Surikow bei einem Empfang in der jugoslawischen Botschaft auf ihn zugekommen. „Colonel Hollis", hatte er ihn angesprochen, „ich bin Walentin Surikow. Ich könnte Ihrer Regierung wichtige Dokumente zukommen lassen. Treffen wir uns in der nächsten Woche beim Empfang in der finnischen Botschaft."

Hollis war zum finnischen Empfang gegangen. Jetzt saß er hier auf dem Dserschinskiplatz und war sich darüber klar, daß seine gefährliche Verbindung zu Surikow demnächst zu Ende gehen würde.

Surikow blickte über den Rand seiner Zeitung auf vorbeieilende Passanten. „Sie haben eine Information verlangt, ich habe Ihnen meinen Preis genannt. Und wenn Sie auch nur eine ungefähre Ahnung von der Anlage in Borodino haben, wissen Sie, daß meine Forderung eine Kleinigkeit ist im Vergleich zu dem, was ich zu bieten habe."

Hollis aß ein Stück Apfel. Er hatte gelernt, daß er Surikow nicht unterschätzen durfte. Den General bewegten keine niederen Motive; Surikow hatte sich für seinen Verrat niemals bezahlen lassen, weder in Geld noch in Waren. Soweit Hollis wußte, hatte er auch keine persönlichen oder ideologischen Gründe. Surikow genoß unvorstellbare Privilegien. Eines Tages aber schien er zu dem Schluß gekommen zu sein, daß es ihm nicht mehr im Osten gefiel. Er wollte in London leben. Seine Informationen waren von erstklassiger Qualität: Stationierungsdetails der Roten Luftwaffe, Aufgaben der Einheiten, Postenverteilung. Anscheinend war Surikow ein – oder *der* – Personaloffizier der gesamten Roten Luftwaffe.

Der General stand auf. „Wir sitzen jetzt lange genug hier. Ich bin

Sonntag um ein Uhr an Gogols Grab. Sie werden mir sagen, wie Sie mich in den Westen schaffen. Ich gebe Ihnen dafür ein halbes Geheimnis. Die zweite Hälfte bekommen Sie, sobald ich in London bin." Er schob sich die *Prawda* unter den Arm, ergriff seine Aktentasche und entfernte sich quer über den Platz.

Manchmal wußte Hollis nicht recht, ob sich dieses Spiel, an dem er beteiligt war, wirklich lohnte. Dann aber dachte er an Gregory Fisher, der hatte sterben müssen, und an Major Dodson, dessen Leben am seidenen Faden zu hängen schien. Und er dachte an Ernie Simms und die vielen anderen Piloten, die von ihren Familien und von der Air Force für tot gehalten wurden. Wenn er es richtig anstellte, konnte er diese Männer vielleicht nach Hause holen.

SAM HOLLIS betrat den Bowlingraum im Keller des achtstöckigen Botschaftsgebäudes. Er holte sich ein Bier von der Bar und nahm an einer leeren Bahn Platz. Gleich nebenan spielten andere Botschaftsangehörige.

Seth Alevy schob sich auf die Bank neben Hollis. Das Lärmen der Bowlingbahn schützte nicht nur vor den Wanzen, sondern auch vor den KGB-Richtmikrofonen aus den umliegenden Gebäuden.

Alevy grinste. „Sagen Sie, Hollis, wo wir nun unter uns sind – könnten Sie mir nicht mal verraten, was Sie auf dem Weg nach Moschaisk erlebt haben? Ich nehme an, Sie haben einen Abstecher nach Borodino gemacht?"

„Seth, Sie kennen doch meine Lage. Ich stehe mitten in den Rivalitäten zwischen den Diensten. Ich schütze mein eigenes kleines Reich – das stärkt mein Selbstbewußtsein."

„Das klingt aber ziemlich sarkastisch. Na schön – haben Sie Surikow heute gesehen?"

„Ja."

„Kann er uns helfen?"

„Ich glaube, ja. Es hat da eine neue Entwicklung gegeben. Er will in den Westen."

„Ach." Alevy überlegte kurz. „Dann ist es vielleicht sein eigentliches Ziel herauszufinden, wie wir Leute aus dem Land schleusen."

„Mag sein. Mag auch sein, daß er wirklich nur überlaufen will."

„Und was", fragte Alevy, „bietet er für die Flugkarte in den Westen? Die große Wahrheit über Borodino?"

„Ja."

„Ich möchte selbst mit ihm sprechen."

„Es wäre sicher keine gute Idee", sagte Hollis, „wenn der CIA-Chef in Moskau in der Stadt herumliefe, um sich mit russischen Informanten zu treffen. Oder was meinen Sie?"

„Lassen Sie das meine Sorge sein."

„Bitte, bitte." Hollis wußte, daß Alevy das Botschaftsgelände nur mit mindestens zwei Sicherheitsbeamten und einer Zyankalikapsel verlassen durfte. Gelegentlich ging er ohne Begleitschutz los, niemals aber ohne die Kapsel. Offiziell war Alevy Attaché für politische Angelegenheiten, aber der KGB kannte seine wahre Rolle, ebenso die meisten höheren Botschaftsmitarbeiter.

„Wo und wann treffen Sie Surikow?" wollte Alevy wissen.

„An Gogols Grab. Nächsten Sonntag. Drei Uhr nachmittags."

„Und wo ist Gogols Grab?"

„Da bin ich überfragt."

AM NÄCHSTEN Tag rief Lisa Rhodes Sam Hollis in seinem Büro an.

„Hallo, Lisa." Hollis schaute auf die Wanduhr. Es war 17 Uhr, und er hatte sie seit Sonntag, als sie zu Banks zitiert worden waren, nicht mehr gesehen. „Wie geht's?"

„Ich fühle mich etwas vernachlässigt", sagte sie. „Eigentlich hättest du mich anrufen können oder Blumen schicken sollen – oder so."

„Hör mal – ich versteh mich nicht auf solche Sachen. Aber kann ich dich zu einem Drink einladen?"

„Nein. Ich will ein Abendessen. Heute. In der Stadt."

Hollis lächelte. „Wir treffen uns im Foyer. In einer Stunde."

Hollis setzte sich über die Sprechanlage mit seinem Stellvertreter Captain O'Shea in Verbindung. „Ed, sorgen Sie dafür, daß mich in einer Stunde ein Taxi am Tor abholt."

„Wie wär's mit einem unserer Wagen und Fahrer?"

„Nein, es geht um eine persönliche Sache." Hollis legte auf und trat ans Fenster. Gedankenverloren rückte er die Krawatte zurecht. „Burow", murmelte er. Oberst Burow war kein Landgendarm aus Moschaisk. Er war Moskauer, und wenn nicht von Geburt, dann hatte er lange hier gelebt. Außerdem hatte Burow mit der „Fabrik der Spione" zu tun – davon war Hollis fest überzeugt, wenn er auch nicht recht wußte, warum. Plötzlich hatte er eine Idee.

Er holte seinen Mantel und trat, ohne zu klopfen, in Alevys Eck-büro, das weiter unten am Flur lag. Alevy sah ihm ohne Erstaunen ent-gegen. Hollis zog die schweren Gardinen zu und schaltete ein Ton-band ein. Bob Dylan sang „Mr. Tambourine Man". Hollis beugte sich dicht an Alevys Ohr und sagte leise: „Burow ..."

Alevy nickte. „Das ist der einzige Name, das einzige Gesicht, das wir haben, nicht wahr?"

„Wir sollten Burow aus der Reserve locken. Mal sehen, ob er mehr ist als das Phantom aus dem Moschaisker Leichenschauhaus. Können Sie im Restaurant ‚Lefortowo' anrufen und auf meinen Namen einen Tisch für zwei reservieren lassen?" Hollis wußte, daß dieses Restau-rant in KGB-Kreisen sehr beliebt war.

Alevy antwortete nicht sofort. „Ziemlich an den Haaren herbeige-zogen", meinte er schließlich.

„Finde ich nicht. Die Lauscher hier reagieren sofort, wenn mein Name fällt. Selbst wenn Burow sich jetzt noch in Moschaisk aufhält, wird er innerhalb von zwei Stunden in Moskau sein."

„Wen nehmen Sie mit?"

„Nicht Sie."

Alevy lächelte schief. „Na schön. Aber wenn Burow auftaucht und mehr will als nur plaudern, hätte ich im Lefortowo Mühe, Sie heraus-zuhauen. Ich finde, Sie strapazieren Ihr Glück. Gar nicht zu reden von dem unserer Freundin."

Hollis wandte sich zur Tür. „Ich lege ihr die Karten offen auf den Tisch, dann kann sie selbst entscheiden." Er fuhr mit dem Fahrstuhl ins Erdgeschoß des Botschaftsgebäudes, wo Lisa bereits wartete. Sie kam mit einem Lächeln auf ihn zu. „Hallo, Colonel."

„Hallo, Mrs. Rhodes. Das Taxi steht bereit." Er führte sie zur Tür, und sie traten hinaus. „Ich wollte dich die ganze Zeit anrufen ..."

„Ach, lassen wir das, Sam. Ich hatte sowieso jede Menge zu tun."

„Hör mal." Er zog sie am Arm zu sich herum. „Ich meine trotzdem, daß ich dir eine Erklärung schuldig bin. Vor unserer Fahrt nach Moschaisk habe ich dir gesagt, es könnte gefährlich werden, und du hast inzwischen erlebt, was das heißt. Seitdem ist es jedesmal gefähr-lich, wenn wir die Botschaft verlassen. Auch heute geht es nicht nur um das Abendessen ... Ich meine – ach, kurz gefragt: Willst du dich mit mir einlassen und mit meiner Arbeit?"

„Das Taxi wartet", sagte sie nur.

Hollis nahm ihre Hand, und sie verließen das Botschaftsgebäude.

Ein weißer Lada wartete am Straßenrand. Hollis und Lisa stiegen ein. „Lefortowo!" rief er dem Fahrer zu. „Das Restaurant."

Sie fuhren Richtung Osten, zum Stadtteil Lefortowo. Das Restaurant befand sich genau gegenüber dem berüchtigten Gefängnis gleichen Namens. Der Wagen hielt vor einem modernen Glas- und Aluminiumgebäude. Hollis gab dem Fahrer fünf Rubel, und sie schauten ihm nach, als er wendete und davonfuhr.

Das Restaurant war mittelgroß und unauffällig ausgestattet. Um so interessanter waren die Gäste: vorwiegend Männer, davon gut die Hälfte uniformiert. Es war ziemlich dunkel, doch hatte das Zwielicht nichts Romantisches.

„Irgendwie unheimlich", bemerkte Lisa. „Aber es hat seinen Reiz."

Hollis nannte der Frau am Reservierungstisch seinen Namen. Sie ging ihnen voran zu einem Tisch in der Mitte des Raums. Hollis rückte Lisa den Stuhl zurecht. „Alle starren hierher", stellte sie fest. „Sie sehen uns an, daß wir Ausländer sind."

„Damit du etwas vom Hintergrund verstehst", erklärte Hollis, „die Herren hier sind vorwiegend Angestellte von Lefortowo – damit meine ich das Gefängnis, nicht das Restaurant. Eine Ansammlung von Verhör-, Folter- und Hinrichtungsspezialisten des KGB also. Die haben immer großen Appetit."

Eine Kellnerin brachte zwei Speisekarten. Hollis bestellte eine Flasche Wein und begann die Karte zu studieren.

Die Kellnerin servierte den Wein, und Lisa und Hollis bestellten.

Wenige Minuten später stand ein großer Mann in Zivil an einem Ecktisch auf und kam quer durch den Raum auf sie zu. Es war Oberst Burow. Er deutete auf einen freien Stuhl. „Darf ich?" Ohne die Antwort abzuwarten, nahm er Platz.

„Gehe ich recht in der Annahme, daß dies kein zufälliges Zusammentreffen ist?" fragte Hollis.

Burow lächelte. „Es mag ein schicksalhaftes Zusammentreffen werden. Ich habe über Sie beide nachgedacht."

„Und wir über Sie."

„Das schmeichelt mir. Übrigens hat man mir gemeldet, daß Sie gar nicht auf dem Staatsgut gewesen sind. Wir fanden den von Ihnen gemieteten Wagen am Bahnhof von Gagarin und ließen ihn von der kriminaltechnischen Abteilung der Moskauer Polizei untersuchen.

Reifenspuren, Bodenreste, Kiefernzweige und so weiter. Ich schließe daraus, daß Sie in ein Sperrgebiet eingedrungen sind. Um es ganz genau zu sagen: in ein Gebiet zwei Kilometer nördlich des Schlachtfeldes von Borodino."

„Wenn Sie offiziell mit uns sprechen wollen, sollten Sie Ihr Außenministerium einschalten, damit es sich an meine Botschaft wendet", entgegnete Hollis.

Burow beugte sich vor. „Zum Teufel mit dem Außenministerium! Hier geht es um den Geheimdienst. Ich weiß, wer Sie sind! Ich weiß, daß Sie auf dem Rücken Narben tragen – als Folge des Abschusses über Haiphong. Kommen wir zur Sache, vergessen wir das diplomatische Protokoll."

„Schön, keine diplomatischen Klimmzüge mehr", sagte Hollis. „Sie haben einen US-Bürger ermordet. Sie haben meinen Fahrer zusammengeschlagen, und wahrscheinlich hätten Sie mich und Mrs. Rhodes gerne umgebracht. Trotzdem sitzen Sie hier und reden, als wären Sie ein zivilisierter Mensch. Das sind Sie nicht."

Burow blieb gelassen. „Schön. Es wäre sinnlos, einige dieser Einzelheiten abzustreiten. Was Sie sich aber aus diesen Details zusammenreimen, ist vermutlich völlig falsch. Es ist so: Major Jack Dodson, auf den sich der verstorbene Mr. Fisher in seinem Anruf bei Ihnen bezog, war ein Verräter. Als Kriegsgefangener der Volksrepublik Vietnam schickte Major Dodson eine Nachricht an die Sowjetbotschaft in Hanoi und bat um ein Gespräch mit einem sowjetischen Militärattaché, das zustande kam. Major Dodson sagte, er würde gerne in die Sowjetunion kommen und uns sein militärisches Wissen zur Verfügung stellen. Er war verbittert und fühlte sich von seinem Land verraten. Er erkundigte sich, ob wir ihn aus dem vietnamesischen Gefangenenlager herausholen könnten. Das taten wir."

Hollis und Lisa schwiegen. Schließlich fragte Hollis: „Und was machte Dodson nachts in dem Kiefernwald, als Gregory Fisher ihm begegnete? Wollte er Pilze sammeln?"

„Und", fuhr Lisa fort, „warum hat Gregory Fisher das Hotel Rossija verlassen und kam bei einem Autounfall ums Leben?"

Burow zuckte die Achseln. „Mr. Fishers Unfall hat nicht direkt etwas mit dem Fall Major Dodson zu tun", erwiderte er. „Ich hatte Gelegenheit, mir die Aufzeichnung des Gesprächs zwischen Fisher und Ihnen beiden anzuhören, und wir können uns wohl darauf einigen, daß er sehr erregt redete. In unserem Milizbericht steht außerdem, daß er betrunken war. Ich glaube, daß er in Panik geriet und wieder in seinen Wagen stieg, um ..., nun ja, wer will ergründen, was im Kopf eines Betrunkenen vor sich geht? Was Major Dodson betrifft, so reiste er vermutlich per Anhalter. Er begegnete Mr. Fisher rein zufällig und erzählte ihm ein wenig von sich – vielleicht aus nostalgischen Gründen. Er hat Mr. Fisher aber bestimmt nicht erzählt, daß er ein Gefangener wäre, denn das ist er nie gewesen."

Hollis pochte mit dem Finger auf die Tischplatte. „Dann will ich ein persönliches Gespräch mit Dodson. Morgen. Hier in Moskau. An einem neutralen Ort. Sollte das so schnell nicht möglich sein, möchte ich ein Foto von Major Dodson sehen, mit der morgigen Ausgabe der *Prawda* in der Hand."

„Sehr clever."

Hollis beugte sich vor. „Können Sie mir weder den Mann noch ein Bild von ihm zeigen, muß ich vermuten, daß Sie ihn umgebracht haben oder daß er noch auf der Flucht vor Ihnen ist."

Ein ungemütliches Schweigen entstand. Dann räusperte sich Burow und sagte förmlich: „Sie beide werden mich begleiten, damit wir dieses interessante Gespräch ungestört fortsetzen können."

„Ich glaube, wir ziehen es vor hierzubleiben", erwiderte Hollis. „Guten Abend."

„Haben Sie Angst?" fragte Burow spöttisch. „Es gibt zwei Arten, ins Lefortowo zu kommen. Die eine ist freiwillig."

Hollis schaute sich um und sah, daß drei Männer aufgestanden waren. Andere Gäste, die noch saßen, hatten zu grinsen begonnen.

Burow stand auf. „Kommen Sie."

Hollis legte seine Serviette auf den Tisch, stand auf, nahm Lisas Arm und folgte mit ihr Burow zur Tür. Die drei KGB-Agenten schlossen sich an. Im Foyer ließen sie sich die Mäntel geben und traten dann in die Kälte hinaus. Sie reagierten blitzschnell auf ein Zeichen von Burow. Einer versetzte Hollis einen Stoß, der ihn gegen ein geparktes Auto taumeln ließ.

„Du Schwein!" rief Lisa und trat dem Mann zwischen die Beine.

Der zweite KGB-Mann schlug Lisa ins Gesicht und zerrte sie am Haar zu Boden. Hollis fuhr herum, landete einen Fausthieb auf Burows Kinn und stürzte sich auf Lisas Angreifer. Der Mann zog die Pistole und brüllte: *„Stoi!"*

Hollis erstarrte. Burow betupfte sein blutendes Kinn mit einem Taschentuch. „Sie sind beide verhaftet", sagte er gefährlich leise. „Los, vorwärts! Sie kennen den Weg."

Mit Burow und den drei KGB-Agenten im Gefolge gingen Lisa und Hollis die dunkle, stille Straße entlang zum Lefortowo-Gefängnis.

Etwa hundert Meter vor dem Gefängnis bog plötzlich ein Wagen in die Straße ein und blendete auf. Aus der anderen Richtung kam ein zweiter Wagen. Die Wolgas hielten am Bordstein, die Türen gingen auf, und vier Männer in schwarzen Anoraks stiegen aus. Ihre Gesichter waren hinter Skimasken verborgen. Der fünfte Mann war Seth Alevy. Er trug keine Maske, ging an Hollis und Lisa vorbei und trat vor Burow. „Guten Abend. Oberst Burow, wie ich vermute?"

Burow musterte die schwarzgekleideten Männer, die sich rings um ihn gruppiert hatten.

„Meine Männer tragen Pistolen mit Schalldämpfern", erklärte Alevy. „Sollten Sie Vernunft walten lassen, ist für uns die Sache erledigt und wir gehen bis zum nächstenmal auseinander. Befehlen Sie Ihren Leuten, die Waffen wegzustecken!"

Burow gab die Anordnung.

Alevy musterte den Oberst. „Wissen Sie, wer ich bin?"

„O gewiß. Der dreckige kleine Jude, der hier den CIA vertritt."

Hollis trat neben Alevy und sagte: „Vergessen Sie nicht, daß ich morgen Ihren Anruf wegen Dodson erwarte."

Lisa schob sich auf den Rücksitz eines Wolga, und Hollis und Alevy folgten. Die Schwarzgekleideten verteilten sich auf die Wagen, die in Richtung Stadtzentrum losfuhren.

„Es war nicht gerade eine gute Idee, einem KGB-Oberst einen Kinnhaken zu geben", meinte Alevy.

„Eine ganz spontane Sache", erwiderte Hollis. „Übrigens, Sie waren ein bißchen spät dran."

„Die ganze Sache war geplant?" fragte Lisa.

Niemand antwortete.

„Ihr seid ja verrückt! Und ich? Ich komme mir richtig mißbraucht vor. Ich bin doch kein Köder!" Lisa lehnte sich zurück. „Hört mal", fuhr sie fort, „ich helfe euch gern. Aber künftig will ich informiert werden, sonst läuft nichts mehr. Klar?"

Alevy und Hollis nickten. „Ich bin jetzt ganz sicher, daß Burow eine wichtige Figur in diesem Spiel ist", meinte Hollis. „Und er ist ziemlich am Ende. Ich habe noch nie gegen Leute gearbeitet, die dermaßen hysterisch waren und so viele Risiken eingegangen sind, wie beispielsweise Amerikaner zu entführen, die unter diplomatischer Immunität stehen."

Wieder nickte Alevy. „Es wird lebhaft werden im alten Moskau."

HOLLIS schaute sich um. Lisas Wohnung war modern eingerichtet: ein Wohnraum mit Eßecke und abgeteilter Küchenzeile. Das Schlafzimmer lag im Obergeschoß. Die Möbel und die meisten anderen Einrichtungsgegenstände stammten aus Finnland.

Lisa reichte ihm einen Drink und hob prostend ihr Glas. Dann legte sie Rachmaninow auf. Hollis saß auf der Couch und betrachtete eine Ikone an der Wand. „Echt?"

„Ja. Aus dem Besitz meiner Großmutter. Ich werde Mühe haben, sie wieder aus dem Land zu schaffen. Könntest du sie für mich ins Diplomatengepäck stecken?"

„Klar. Willst du denn weg?" fragte er.

„Nein ..., aber ich habe das Gefühl, daß meine Tage hier gezählt sind." Lisa setzte sich neben ihn. „Es geht nicht nur um Dodson, nicht wahr?" fragte sie. „Es geht um viele hundert Menschen. Das meintest du doch, als wir ... in Pawels Schlafzimmer ..."

Nach längerem Schweigen meinte Hollis: „Vielleicht habe ich zuviel gesagt."

„Ich tratsche nicht weiter, was du mir erzählst. Tauschst du deine Informationen mit Seth aus?"

„Wir schachern darum. Mein Verein, der Geheimdienst des Verteidigungsministeriums, ist viel weniger etabliert und auch kleiner als der CIA. Da muß ich meinen Acker schon ein bißchen einzäunen."

Sie nickte. „Du hast mir gesagt, daß es gefährlich werden könnte. Kannst du mich wirklich bei dieser Sache gebrauchen?"

„Ich weiß, daß wir damit gegen alle Vorschriften verstoßen, ganz zu schweigen von den Verboten aus dem Pentagon. Aber ja – ich brauche dich."

„Also gut, ich bin zu allen Schandtaten bereit." Lisa lächelte vielsagend. „Was kann ich jetzt für dich tun?"

Hollis ignorierte die Anspielung und sagte: „Ich wette, du weißt, wo Gogol begraben liegt."

„Aber ja." Sie lachte. „Das weiß doch wohl jeder."

„Nicht solche Kulturbanausen wie ich. Also?"

„Eins nach dem anderen." Sie küßte ihn und streichelte zart seinen Nacken. „Bleib über Nacht. Ich möchte neben dir aufwachen. Wie in Jablonja."

„Ich habe nichts dagegen einzuwenden." Er lachte leise, und sie gingen Arm in Arm zur Treppe hinüber, die ins Schlafzimmer führte.

8. Kapitel

AM NÄCHSTEN Morgen bestellte Seth Alevy Lisa und Sam zu einer Besprechung um elf Uhr, an der auch Charles Banks teilnahm. Das Gespräch fand in einem abhörsicheren Raum der Geheimdienste statt, weil der Botschafter seinen Sicherheitsraum für ein Treffen mit vier eben aus Washington eingetroffenen Diplomaten brauchte. Offensichtlich trieben die Dinge einem Höhepunkt entgegen.

Charles Banks räusperte sich und begann: „Colonel Hollis, Mrs. Rhodes, es ist meine unerfreuliche Pflicht, Sie darüber zu informieren, daß die sowjetische Regierung Sie beide offiziell zu Personae non gratae erklärt hat. Sie haben fünf Tage Zeit, das Land zu verlassen. Sie werden Montag vormittag abreisen."

Lisa blickte von Alevy zu Hollis und schloß den schon geöffneten Mund wieder.

„Wie Sie wissen dürften", fuhr Banks fort, „befinden sich die sowjetisch-amerikanischen Beziehungen im Moment auf dem Weg der Besserung. Die ganze Fisher-Geschichte und auch Ihr Einmischen stören da empfindlich. In Ihren Personalakten wird sich das in keiner Weise negativ niederschlagen. Sie erhalten beide dreißig Tage Heimaturlaub. Man wird Ihnen außerdem neue Posten zuweisen, die Ihren Karrieren förderlich sein werden."

„Wir möchten zusammen eingesetzt werden", sagte Lisa.

Banks' Blick streifte Alevy. „Das ist nicht möglich. Aus Sicherheitsgründen." Dann schaute er nachdrücklich auf die Uhr. „Ich muß nach oben. Mr. Alevy wird Sie hinsichtlich Ihrer Abreise genauer unterrichten." Leiser fuhr er fort: „Mir persönlich tut es leid, daß Sie gehen müssen. Sam, Lisa, ich wünsche Ihnen viel Glück." Er verließ den Raum.

Alevy nahm eine Akte, die vor ihm auf dem Tisch lag. „Ich muß

Ihnen nun gewisse Vorschriften des nationalen Sicherheitsgesetzes vorlesen und Sie über Ihre Verpflichtung aufklären, nichts von dem, was Sie während Ihres Dienstes hier gesehen, gehört oder gelesen haben, an Dritte weiterzugeben." Alevy hielt seinen kleinen Vortrag und forderte Sam und Lisa dann auf, die üblichen Bestätigungen zu unterschreiben, was sie auch taten.

Alevy nahm die Bestätigungen an sich und musterte Hollis kühl. „Ich muß Sie anweisen, das Botschaftsgelände nicht allein zu verlassen. Wenn es Sie tröstet – unsere Regierung hat einen sowjetischen Luftwaffenattaché und einen Presseattaché aufs Korn genommen. Spielstand zwei zu zwei: unentschieden. Und für Sie beide ist ab sofort der Dienst beendet."

„Wer geht nächsten Sonntag zu dem Treffen mit Surikow?" fragte Hollis.

„Sie. Teilen Sie ihm mit, daß ein anderer übernimmt. Wenn er liefern kann, was Sie gefordert haben, holen wir ihn raus." Alevy zwang sich dazu, in leichtem Ton zu sprechen. „Und, Lady Lisa, wo wirst du deinen Urlaub verbringen?"

„Ich weiß nicht . . ., das kommt ja alles so plötzlich. Wahrscheinlich in New York."

„Und Sie, Sam?"

„Weiß ich auch noch nicht. Wohl eine Weile in London, um die leidige Scheidungssache zu regeln." Hollis stand auf. „Sind wir fertig?"

„Nein. Ich möchte jetzt alles über Ihren Ausflug nach Borodino wissen."

„Da gibt's nicht viel zu erzählen", erwiderte Hollis. „Allerdings habe ich zwei KGB-Grenzsoldaten erschossen. Es ging nicht anders."

Alevy fuhr auf. „Mein Gott, deswegen ist man hier so auf hundertachtzig! Sie können von Glück sagen, daß Sie noch leben. Was ist sonst noch in Borodino passiert?"

„Ich schreibe Ihnen einen vollständigen Bericht, ehe ich abfliege. Und im übrigen, Seth, ich mag einverstanden sein, Fisher zu vergessen, aber ich habe ein persönliches Interesse an Major Jack Dodson und anderen Amerikanern, die hier gegen ihren Willen festgehalten werden. Wir müssen noch mal darüber sprechen, ehe ich abfliege."

„Verstanden und einverstanden." Alevy stand auf und ging auf die gepolsterte Tür zu. „Samstag um halb sieben gibt's im Empfangsraum eine kleine Abschiedsparty. Macht euch auf Frotzeleien gefaßt, und

legt euch ein paar lustige Antworten zurecht." Er reichte beiden die
Hand und verabschiedete sie.

Hollis und Lisa fuhren mit dem Aufzug zum sechsten Stock. Auf
dem Flur blieben sie vor der Tür zu Lisas Büro stehen. „Du bist doch
nicht unglücklich, daß du fortmußt?" wollte Lisa wissen.

„Die Umstände gefallen mir nicht. Und du?"

„Ich bin ein bißchen traurig. Aber es freut mich, daß es uns beide
getroffen hat. Da können wir nämlich draußen zusammensein, Sam."
Sie lächelte. „Ich glaube, ich bin auf dem besten Weg, mich ernsthaft in
dich zu verlieben. Sehen wir uns heute abend?"

Er öffnete ihr die Tür. „Abendessen?"

„Bei dir. Ich kaufe im Gastronom eins ein und koche etwas Russisches."

„Du sollst die Botschaft nicht allein verlassen", erinnerte sie Hollis.
„Sei vorsichtig."

„Ja, Sir." Sie wandte sich ab und betrat ihr Büro.

Um achtzehn Uhr klingelte in Hollis' Büro das Telefon.

„Hier Alevy. Haben Sie Zeit, etwas Geschäftliches zu besprechen?"

Hollis ließ seinen Blick über die gepackten Kisten schweifen „Ich
dachte, ich bin nicht mehr im Geschäft."

„Ach, Sie dürfen nicht alles glauben, was man Ihnen erzählt. Bei mir
privat in zehn Minuten."

Hollis wählte Lisas Nummer, aber es meldete sich niemand. Daraufhin rief er Captain O'Shea an. „Ed, wenn sich Mrs. Rhodes meldet,
sagen Sie ihr, ich wäre erst gegen halb acht in meiner Wohnung."

„Jawohl, Sir."

Hollis griff nach seinem Mantel. „Sollte ein Oberst Burow anrufen,
stellen Sie ihn in Mr. Alevys Wohnung durch."

„Jawohl, Sir."

Alevy führte ihn ins Wohnzimmer. Hollis war noch nie bei Alevy
zu Hause gewesen; die Größe der Wohnung überraschte ihn, mehr
noch die Einrichtung. Da standen die wertvollsten russischen Anti-
quitäten. Neben den Möbeln waren es Gemälde, zwei Samarkandtep-
piche, Porzellan und Lackdosen auf jeder polierten Holzfläche. „Nicht
schlecht für einen Attaché für politische Angelegenheiten im mittleren
Dienst", meinte Hollis vielsagend.

Alevy bediente einen Wandschalter, woraufhin Balalaikamusik im Raum erklang. Hollis nahm in einem grünen Samtsessel Platz und ließ sich einen Scotch reichen. „Das Pentagon geht nicht so fürsorglich auf die Bedürfnisse von Zivilisten ein wie Ihre Firma."

Alevy lächelte und setzte sich auf einen schwarzen Lackstuhl. Er hob sein Glas. „Auf eine gesunde Rückkehr nach Hause." Die beiden Männer tranken sich zu.

Hollis schaute sich beeindruckt im Zimmer um. Alevy war seinem Blick gefolgt. „Das Zeug hier ist etwa eine Million wert", erklärte er. „Sie haben doch schon von den Kommissionsläden gehört, in die Sowjetbürger ihre Familienerbstücke und andere Dinge unbestimmter Herkunft einliefern können. Diese Läden sind ein Loch im sowjetischen System und bieten uns Gelegenheit, Gelder hierhin und dorthin fließen zu lassen."

„Sie schulden mir keine Erklärung."

„Trotzdem. Aber das ist alles streng geheim." Alevy erhob sich. „Nun, wir müssen noch einiges erledigen, wir beide, ehe Sie das Land verlassen."

„Und das wäre?"

„Nun ja, es geht um Ihren Borodino-Bericht. Wir sind allein und können mit dem Theater aufhören, das wir vor Banks und Lisa aufführen. Folgen Sie mir." Alevy öffnete eine schmale Tür im Flur und führte Hollis in einen kleinen, fensterlosen Raum. Die Wände waren gepolstert. Ein großer Videoschirm bildete die einzige Lichtquelle. „Dies ist mein kleines, abhörsicheres Reich, wo ich meine Hausaufgaben mache. Setzen Sie sich."

Alevy nahm neben Hollis Platz, griff nach der Fernsteuerung und drückte einen Knopf. Auf dem Schirm erschien das Bild eines Mannes in den Dreißigern. Er trug die Uniform eines Air-Force-Offiziers. „Major Jack Dodson", erklärte Alevy. „Vermißt seit dem elften November 1970. Zuletzt gesehen, als er sich in der Nähe von Haiphong aus einer beschädigten Phantom katapultierte. Er schien unverwundet zu sein. Dodson tauchte aber nie auf in Hanois Gefangenenliste. Inzwischen glauben wir zu wissen, wohin er verschwunden ist."

„Mein Kopilot Ernie Simms ist ähnlich spurlos abgegangen."

„Ja, ich weiß." Anstelle von Dodson erschien jetzt Ernie Simms auf dem Bildschirm. „Ich weiß nicht, ob er in der Sowjetunion ist, Sam."

Hollis antwortete nicht.

„Damit ist die Videoschau noch nicht zu Ende, aber zunächst sind Sie an der Reihe. Borodino. "

Hollis starrte einen Augenblick lang ins Dunkle, dann schilderte er die Erlebnisse bei Borodino und seine Schlußfolgerungen über das Lager im Wald.

„Mehr Gefängnis als Sperrzone?" fragte Alevy schließlich.

„Eindeutig. Ein Gulag mit KGB-Grenzsoldaten. "

„Sie haben keine Spur der Roten Luftwaffe gesehen – keine Abzeichen oder Schilder?"

„Nein. "

Alevy nickte. „Wir begannen uns erst kürzlich für das Gebiet zu interessieren. Bis vor etwa fünfzehn Jahren befand sich dort wirklich eine Einrichtung der sowjetischen Luftwaffe. Dann aber wechselten die Uniformen, KGB und Zivil tauchten auf. Den Aussagen der Einheimischen zufolge hat das Personal der Anlage praktisch keinen Kontakt mit der Bevölkerung. Schlußfolgerung: streng geheim. "

Wieder drückte Alevy auf die Fernbedienung, und eine sich in Zeitlupe entwickelnde Aufnahme von weitläufigen Feldern lief ab. „Der Aufklärungssatellit bewegt sich von Nordosten nach Südwesten", kommentierte Alevy. „Ein schöner Sommertag. Das ist die Moskwa. "

Das Bild schien aus etwa sechshundert Meter Höhe aufgenommen worden zu sein, obwohl der Satellit bestimmt hundertfünfzig Kilometer hoch gestanden hatte.

„Hier beginnt der Kiefernwald", erklärte Alevy. „Nun sehen Sie, was Sie auch schon vom Boden gesehen haben – einen etwa fünfzig Meter breiten, gerodeten Ring ... und dort ... der Wachturm. " Alevy hielt das Band an. „Die Lichtung am oberen Bildschirmrand ist ein Hubschrauberlandeplatz. Und hier sehen wir ein Stückchen Bauwerk, eine Blockhütte – ansonsten steckt alles unter den immergrünen Bäumen. " Alevy schaltete den Videoapparat aus. „Das wär's. Natürlich haben wir den Kiefernwald spektral und mit Infrarot analysiert. Auf den knapp drei Quadratkilometern verteilen sich allerlei Wärmequellen: Fahrzeuge, viele kleine Bauten, einige größere, vorwiegend aus Holz. Bevölkerung: vier- bis achthundert Menschen. "

„Im Lager befinden sich etwa dreihundert amerikanische Kriegsgefangene", erklärte Hollis.

Alevy warf ihm einen Blick zu. „Woher wissen Sie das?"

„Hat mir die Französin aus dem Hotel mitgeteilt. Fisher sagte ihr, er hätte das von Dodson."

Alevy nickte. „Nun ja, den Rest können Sie sich denken, Sam. Natürlich handelt es sich nicht um Überläufer, sondern um Kriegsgefangene aus Vietnam. Die Nordvietnamesen haben sie den Russen übergeben, wahrscheinlich als Gegenleistung für die hübschen Boden-Luft-Geschosse, die euch so zu schaffen machten."

Hollis nickte. „Und die Sowjets eröffneten ein Pilotenschulungslager mit ihren potentiellen Feinden als Ausbilder."

„Schön, aber was nützt das, wenn sich Flugzeuge und taktische Anweisungen verändern?" meinte Alevy. „Die Vietnamflieger sind vor fast zwei Jahrzehnten auf MiGs ausgebildet worden."

Das Telefon klingelte. „Könnte für mich sein", sagte Hollis.

Alevy deutete auf den Apparat, und Hollis meldete sich.

Captain O'Shea sagte nur ein Wort: „Burow."

„Stellen Sie durch." Hollis nickte Alevy zu. „Das Phantom aus dem Moschaisker Leichenschauhaus."

„Seien Sie nett zu ihm", meinte Alevy und steckte sich einen Mithörknopf ins Ohr.

„Colonel Hollis?" Es war Burows Stimme. „Ich habe mit Major Dodson gesprochen, und er ist nicht willens, mit jemandem von Ihrer Botschaft zu sprechen. Er sieht keinen Sinn darin."

„Was ist mit dem Foto mit der *Prawda?*" fragte Hollis.

„Das kann ich Ihnen zeigen."

„Unretouchiert. Mit Negativ."

„Das geht nicht."

„Wie würde es Ihnen gefallen, wenn ich Ihnen jetzt sage, daß sich Major Dodson bereits in unserer Botschaft befindet und daß er uns eine unglaubliche Geschichte erzählt hat?"

Burow zögerte. „Das ist nicht möglich, Colonel", meinte er schließlich. „Ich habe erst vor zwanzig Minuten mit dem Mann gesprochen."

„Das glaube ich nicht."

Burows Stimme klang beherrscht, aber auch angespannt. „In der Sache Major Dodson melde ich mich wieder."

„Schön. Und wo kann ich Sie erreichen?"

„Rufen Sie im Lefortowo an, und hinterlassen Sie eine Nachricht. Das Büro ist rund um die Uhr besetzt. Ach übrigens, ein Freund aus dem Außenministerium hat mich angerufen und mir mitgeteilt, daß Sie leider vorzeitig Ihren Dienst hier beenden. Mit wem habe ich es nach Ihnen zu tun?"

Alevy deutete auf sich.

„Mit Seth Alevy", antwortete Hollis. „Sie kennen ihn bereits."

„Bitte übermitteln Sie ihm meine Grüße. Und falls wir uns nicht mehr sehen, wünsche ich Ihnen einen angenehmen Heimflug. Guten Abend."

„Ihnen auch, Oberst Burow." Hollis legte auf.

Alevy grinste. „Wegen Dodson haben Sie ihn hübsch in den Schwitzkasten genommen. Er fragt sich jetzt bestimmt, ob wir über das Lager nur wenig oder alles wissen. Er scheint mir ein brauchbarer Kontaktmann zu sein. Wenn diese Sache aus der Welt ist, könnte ich mir vorstellen, ganz gut mit ihm auszukommen."

„Gleich und gleich gesellt sich gern, was?"

Alevy antwortete nicht.

„Es wird Zeit für mich." Hollis erhob sich und öffnete die gepolsterte Tür.

Alevy folgte ihm durch den Flur. „Ich muß heute abend noch Depeschen absetzen und empfangen. Aber kommen Sie noch einmal gegen ein Uhr früh vorbei. Vielleicht habe ich dann schon mehr Informationen."

SAM HOLLIS konnte kein Geschirrtuch finden und wischte den Küchentresen mit seinem Taschentuch ab. Er vermißte die russischen Hausmädchen, doch war die Zahl der Ausländer in der Botschaft aus Sicherheitsgründen auf etwa ein Dutzend abgebaut worden. Das amerikanische Paar, das jetzt bei ihm saubermachte, Mr. und Mrs. Kellum, war zwar sehr gründlich, leider kamen die beiden nur etwa alle zwei Wochen. Es klingelte. Er eilte die Treppe hinab und riß die Tür auf. „Hallo."

Lisa trug einen knöchellangen weißen Wollmantel und eine russische Silberfuchsmütze. In der Hand hielt sie einen Leinenbeutel. Sie küßte Hollis auf die Wange und verkündete: „Es schneit."

Hollis half ihr aus dem Mantel, unter dem sie einen schwarzen Hosenanzug trug. Er führte sie die Treppe hinauf und fragte: „Was hast du denn da alles im Beutel?"

„Die besten Sachen, die der Laden zu bieten hatte."

Lisa folgte Hollis in die Küche und packte die Lebensmittel aus. Sie hatte allerlei Töpfchen und Dosen eingekauft: eingelegtes Gemüse, Meerrettich, eingemachte Würstchen, ein Stück geräucherten Hering und eine Schachtel Kekse. „Wo ist das Fleisch?" wollte Hollis wissen.

„Ach, die haben dort keine richtigen Lebensmittel. Nur Spezialitäten. Ich mache uns ein paar Häppchen. Ich hatte nämlich plötzlich gar nicht mehr so großen Hunger. Geht es dir nicht auch so?" Sie legte ihm die Arme um den Hals und blickte ihn gespielt verführerisch an. Sie roch nach frischer Luft und einem duftigen Parfüm, und Hollis fand sie überaus begehrenswert ...

KURZ vor ein Uhr stand Sam auf und zog sich leise an. Lisa erwachte. „Wohin willst du?"

„Zigaretten holen."

„Mit wem triffst du dich?"

„Mit der Frau des Botschafters. Ich will endlich Schluß machen."

„Du triffst dich mit Seth."

„Richtig. Bist du eifersüchtig?"

Lisa schloß lächelnd die Augen und drehte sich auf die andere Seite.

ALEVY legte ein Band mit Rockmusik auf und drückte auf den Knopf. Dann wandte er sich an Hollis. „Um da weiterzumachen, wo wir vor ein paar Stunden aufgehört haben: Was müssen die dreihundert amerikanischen Piloten in dem Lager leisten, um nicht erschossen zu werden?"

„Hinterfragen wir die Sache noch weiter", sagte Hollis. „Wenn wir wissen, daß dort amerikanische Kriegsgefangene festgehalten werden, warum tut unsere Regierung nichts dagegen?"

Alevy goß sich Cognac in den Kaffee und setzte sich auf die Couch. „Wissen tun wir das erst seit Freitag abend."

„Euer Verein hatte doch sicher schon Vorahnungen."

„Was sollten wir unternehmen? Würde sich der Präsident mit diskreten Fragen an die Sowjetregierung wenden, hieße es: ‚Wovon reden Sie da? Wollen Sie den Frieden gefährden?' Sehen Sie, Sam, ich vertrete lediglich die offizielle Linie. Ich tue, was man mir sagt. Es heißt, man dürfe die Sowjets nicht mit Enthüllungen in Verlegenheit bringen. Also tue ich es auch nicht." Alevy streckte sich auf der Couch aus.

„Aber all die vermißten Air-Force-Männer und die dreihundert, die jetzt im Lager sitzen! Ich finde, es liegt an uns, sie zu retten, Seth", wandte Hollis ein.

Alevy musterte Hollis wortlos. „Um die Piloten rauszuhauen, sind Sie bereit, alle Vorschriften in den Wind zu schlagen, Ihre Karriere, den Weltfrieden und das eigene Leben aufs Spiel zu setzen?"

Hollis antwortete nicht.

„Nehmen wir an, wir kriegen die Männer raus", fuhr Alevy fort, „auf dem Verhandlungsweg oder sonstwie. Können Sie sich vorstellen, was das für einen Aufschrei geben würde? Es wäre das Ende der Gipfelgespräche, Abrüstungsverhandlungen, Reisemöglichkeiten, Geschäftsbeziehungen. Unsere Ehre mag dann ja intakt sein, aber für den Frieden würde ich keinen roten Heller mehr geben."

„Wollen Sie damit sagen, daß Washington die Leute gar nicht nach Hause holen will?"

„Auf einige Antworten müssen Sie schon selbst kommen", entgegnete Alevy. „Diese Kriegsgefangenen können uns Schaden zufügen – Gott steh ihnen bei. Unsere Sorge gilt also nicht rein menschlichen Mißständen, denn die nationale Sicherheit steht auf dem Spiel. Um es ganz kraß auszudrücken: Wir glauben, daß das verdammte Gefängnislager eine Ausbildungsstätte ist für Sowjetagenten, die wie Amerikaner reden, aussehen, denken, handeln. Verstehen Sie?"

Hollis nickte. „Eine weiterführende Schule, Oberschule, was auch immer."

„Genau. Wenn unsere Theorie stimmt, läßt sich jemand, der durch diese Schule gegangen ist, nicht von einem Mann unterscheiden, der in den USA geboren und aufgewachsen ist. Wenn ein Mann hier sein Examen macht, hat er einen Südbostoner Akzent wie Major Dodson, oder er spricht wie jemand aus Miami oder aus Montana."

Hollis nickte. „Sie glauben also, die Schüler dieser Institution sind bereits drüben ins tägliche Leben integriert?"

„Wir gehen davon aus. Mag sein, daß sie nicht gerade für den CIA arbeiten, aber dann vielleicht für Bauunternehmer, die wir beschäftigen; vielleicht sind sie meine Nachbarn in Washington oder räumen im CIA-Hauptquartier den Müll fort. Womöglich schließen sie bei mir das Telefon an oder beraten mich in Steuersachen. Sie können Computerschulen besuchen und wahrscheinlich auch dem Militär beitreten."

„Wie viele Abgänger werden geschätzt?"

„Das Lager existiert seit zwölf bis fünfzehn Jahren. Die Ausbildungszeit beträgt mindestens ein Jahr. Wahrscheinlich wird je ein Ausbilder als Bezugsperson herangezogen. Um Ihre Frage zu beantworten – ich sehe die Zahl bei fünfzehnhundert bis zweitausend. Vielleicht sind es auch mehr."

„Soll das heißen, daß sich bis zu zweitausend russische Agenten bei uns herumtreiben und amerikanische Bürger spielen?"

„,Spielen' ist nicht das richtige Wort", widersprach Alevy. „Sie *sind* Amerikaner. Die ersten Abgänger leben schon seit fast fünfzehn Jahren in den USA. Diese Zeit reicht aus, um durch Heirat ins bürgerliche Lager Eingang zu finden und sich Kinder anzuschaffen. Sie reicht aus, um Positionen zu erlangen, in denen echter Schaden angerichtet werden kann."

„Und kein einziger ist bisher entdeckt worden?"

Alevy schüttelte den Kopf. „Nicht daß ich wüßte. Wahrscheinlich spionieren unsere Kandidaten gar nicht im klassischen Sinn. Ihre Tarnung ist perfekt und stets unauffällig. Sie müssen ihre Ergebnisse weiterreichen und mündlich Bericht erstatten. Dazu machen sie Urlaub im Ausland wie viele andere Amerikaner auch. Soweit wir wissen, finden sämtliche Agentenkontakte außerhalb des Landes statt."

Hollis konnte sich die Angst und das Mißtrauen der Bevölkerung Amerikas vorstellen, wenn bekannt würde, daß zweitausend KGB-Leute das Land unterwandert hätten. „Aber irgendwann müssen sich diese Leute doch verraten", meinte er.

Alevy nickte. „Mag sein. Ich denke, daß wir sogar schon zwei gefunden haben. Hier in der Botschaft. Unter unserer Nase. Können Sie sich denken, wen ich meine?"

Hollis überlegte. Nicht in Frage kamen Männer und Frauen mit hoher Geheimhaltungsstufe. Plötzlich kamen ihm zwei Namen in den Sinn. „Unser fleißiges Hauspersonal, die beiden Kellums."

„Genau. Als man die beiden einstellte, wurden sie sicherheitsmäßig nur auf unterer Ebene durchleuchtet, wie es ihrem Job entsprach. Nun scheinen ihre Angaben aber doch nicht zu stimmen."

Hollis stellte sich kurz vor, wie die Kellums seinen Schreibtisch durchsuchten. Burow wußte also, wieviel Scotch er trank und welche Marke Unterhosen er am liebsten trug. Die Kellums, ein freundliches Ehepaar mittleren Alters, allem Anschein nach aus Milwaukee.

Alevy schien seine Gedanken zu lesen. „Na, haben Sie gleich bemerkt, daß die Kellums anders sind als wir?"

„Nein, aber wir sind nun mal nicht alle genau gleich. Das ist in den USA nicht anders als in der Sowjetunion. Ich gebe zu, die Kellums haben mich hinters Licht geführt."

„Mich auch. Aber da wir nun Bescheid wissen, können wir unsererseits ein bißchen saubermachen. Allerdings ist der Schaden schon ziemlich groß. Wir haben erst zwei erwischt – von etwa zweitausend. Wir müssen uns wesentlich bessere Spürmethoden ausdenken."

Hollis überlegte und sagte dann: „Aber das ganze Unternehmen muß doch einen Schwachpunkt haben, Seth."

„Ich kenne ihn nicht. Aber ich kenne unsere beiden Hauptprobleme. Erstens geht es darum, das bereits bestehende Agentennetz aufzudecken und zu zerschlagen. Und zweitens müssen wir dafür sorgen, daß diese Schule schließt."

„Sie haben das dritte Problem vergessen, Seth. Die Piloten rauszuholen."

Alevy fixierte Hollis. „Ja. Aber das gehört zum Dichtmachen der Schule. Vor einigen Tagen hatten wir noch mehrere Möglichkeiten. Nachdem Dodson frei herumläuft, Sie da draußen herumgeschnüffelt haben und nun aus dem Land müssen, weiß man, daß wir Bescheid wissen. Nun bleibt uns keine Wahl. Wir müssen schnell handeln."

„Warum fangen wir nicht damit an, indem wir die Kellums verhaften und zum Reden bringen?" fragte Hollis.

„Das täte ich ja gern, aber wir wollen dem KGB nicht noch mehr Hinweise geben."

„Läuft das Ganze darauf hinaus, daß ich Ihnen helfen soll?"

„Sie können mir helfen, indem Sie nicht auch noch Teil des Problems werden", erwiderte Alevy. „Ich habe Ihnen alles gesagt. Ich wollte Ihnen klarmachen, daß wir nicht schlafen. Wir arbeiten daran, die Piloten nach Hause zu holen. Ich möchte von Ihrer Zusage ausgehen, daß Sie sich vernünftig verhalten werden. Hetzen Sie Ihre Leute im Pentagon nicht zu sehr auf, ja?"

„In Ordnung." Hollis glaubte nicht einen Moment, daß Seth Alevy ihn eine Stunde lang ins Bild gesetzt hatte, nur um ihn aufzufordern, den Mund zu halten. Ihm blieben noch einige Tage bis zur Abreise, und er war sicher, daß er von der „Fabrik der Spione" und Seth Alevy bestimmt noch nicht das letzte Wort gehört hatte.

Es war Samstag. Hollis knöpfte seine blaue Air-Force-Uniform zu. „Wie sehe ich aus?"

„Umwerfend." Lisa lächelte. „Hilfst du mir mal mit dem Reißverschluß?"

Hollis zog das schwarze Seidenkleid zu, küßte ihren Nacken, und sie gingen nach unten, wo Lisa zwei Scotchs mit Soda zubereitete.

„Diese Umzugskisten gehen mir auf die Nerven", sagte sie.

„Wo ist denn die Ikone?"

„Drüben im Bücherregal. Ich schicke sie meinem Chef, dem Leiter der US-Informationsbehörde in Washington. Der soll sie aufbewahren. Steckst du sie in das Diplomatengepäck?"

„Gern." Hollis nahm die Ikone in die Hand und betrachtete sie. Das Holz maß etwa sechzig Zentimeter im Quadrat; das Gemälde zeigte einen Heiligen, den Hollis nicht kannte.

Lisa trat neben ihn. „Das ist der Erzengel Gabriel. Siehst du dort seine Trompete? Das Bild ist auf Lärchenholz gemalt. Ein Kunsthistoriker war der Ansicht, sie stamme aus dem sechzehnten Jahrhundert und sei etwa fünfundzwanzigtausend Dollar wert."

„Himmel!" Vorsichtig stellte Hollis die Ikone wieder ins Regal.

Lisa zündete sich eine Zigarette an. Im selben Augenblick klingelte es. „Ich gehe." Kurz darauf kehrte sie mit Charles Banks zurück.

„Hallo, Sam", sagte Banks. „Lisa meinte, ich störe nicht. Es dauert nur fünf Minuten." Er schaute sich im Zimmer um. „Ein bißchen Musik wäre schön."

Lisa nickte. Sie ging zum Regal, wo ein Kassettenrecorder stand, und legte ein Band ein. Gitarrenklang und eine wunderschöne, klare russische Stimme füllten den Raum.

„Ich glaube, das ist laut genug", sagte Hollis. „Also?"

Banks räusperte sich. „Ja, hm. Also erstens: Der Botschafter hat die Bitte geäußert, daß Sie auf dem Gelände bleiben, bis Sie Montag früh von Sicherheitsleuten zum Flughafen gebracht werden."

„Das geht nicht", entgegnete Hollis. „Lisa und ich gedenken Sonntag in der Stadt in die Kirche zu gehen. Sie glauben doch nicht im Ernst, daß die Sowjetregierung einen Anschlag auf uns plant."

„Die Sowjetregierung vielleicht nicht", erwiderte Banks kühl, „aber ich weiß nicht, was der KGB im Schilde führt – und Sie ebenfalls nicht. Noch etwas anderes. Wie Sie wissen, haben Gregory Fishers Eltern eine Autopsie durchführen lassen. Im Bericht des Mediziners steht, daß nicht die Verletzungen die unmittelbare Todesursache waren, sondern Herzversagen. Vor allem aber Alkohol. Mr. Fisher hatte eine tödliche Menge Alkohol im Blut."

„Den Alkohol haben sie ihm vor dem Tod eingeflößt", sagte Hollis. „Das ideale, weil unauffällige Gift, denn beinahe jeder trinkt ab und zu mal."

„Wir haben keine Beweise, die sich vor Gericht verwenden ließen", überlegte Lisa. „Glauben Sie, daß Fisher ermordet wurde?"

Banks zögerte nicht lange. „Die Begleitumstände scheinen in diese Richtung zu deuten. Ich bin kein Dummkopf, Lisa."

„Das ist beruhigend", erwiderte sie und fügte hinzu: „Ich kann Ihre Zurückhaltung verstehen."

Banks lächelte verkniffen. „Ach, wirklich? Glauben Sie mir, daß ich persönlich Ihre Integrität und Ihren Mut bewundere. Allerdings bin ich jetzt hier, um Ihnen mitzuteilen, daß Sie beide arbeitslos sind und bleiben und vielleicht sogar vor Gericht kommen werden, wenn Sie in den Staaten auch nur ein Wort über die hiesigen Vorfälle verlauten lassen. Ist das klar?"

Lisa stellte ihr Glas ab. „Mir scheint, Charles, Sie leben schon zu lange in der Sowjetunion. In *meinem* Land gibt es keine solchen Drohungen."

Banks schien ein bißchen aus der Fassung zu geraten. „Entschuldigen Sie, ich gebe nur Anweisungen weiter." Es trat ein peinliches Schweigen ein, dann streckte Banks die Hand aus. „Wir sehen uns nachher."

Lisa ergriff seine Hand. „Sie gefallen mir trotzdem, Charles."

Banks lächelte verlegen und schüttelte dann auch Hollis die Hand. „Die unfreiesten Menschen in einer freien Gesellschaft sind Leute wie wir, deren Pflicht es ist, die Verfassung zu verteidigen", sagte er in der Absicht, eine versöhnliche Stimmung aufkommen zu lassen.

DER Empfangssaal war ein eleganter, moderner Anbau des Botschaftsgebäudes mit hohen, schmalen Fenstern, marmorverkleideten Wänden und drei großen Stahlkronleuchtern.

Sämtliche dreihundert Männer und Frauen, die in der Botschaft lebten, waren eingeladen worden, und Hollis schätzte, daß fast alle gekommen waren. An den Wänden hatte man runde Tische aufgestellt, doch der größte Teil der Gäste stand in Gruppen zusammen und unterhielt sich. Viele tanzten auch zur Musik einer Viermann-combo, die sich aus Botschaftspersonal rekrutierte.

An der Stirnwand war ein langes Buffet aufgebaut, an dem lebhafter Betrieb herrschte. Die Abschiedsparty war in vollem Gange; der Botschafter war gekommen und gegangen, lustige Reden waren gehalten, die Anspielungen belacht worden. Protokollchef Martindale hatte den Abend eröffnet, indem er Lisa und Hollis nachgemachte Frackschärpen mit der Aufschrift *Persona non grata* überreichte. Mit den nachfolgenden Reden und Antwortsprüchen war die Stimmung immer besser geworden.

Lisa und Hollis hatten ihre Schärpen vergnügt angelegt und tanzten schon seit einer Weile.

„Ich will mich ja nicht in Selbstgefälligkeit ergehen", sagte Lisa gerade zu Hollis, „aber wenn ich mich so umschaue, scheint es doch eine gewisse Ehre zu sein, aus der Sowjetunion verbannt zu werden. Trotzdem fällt mir der Abschied ein bißchen schwer. Eigentlich möchte ich nicht fort."

„Es könnte schlimmer stehen", entgegnete Hollis. „Wir könnten tot sein." Er sah ihr in die Augen. „Lisa – ich würde gern einen Teil meines Urlaubs mit dir verbringen."

„Ich denke darüber nach", meinte Lisa nach kurzem Zögern.

„Was gibt es darüber nachzudenken?"

„Ach, ich weiß nicht ..., also ... Du bist immerhin ein bißchen älter als ich und verheiratet ..."

„Hast du das eben erst gemerkt?"

Lisa lächelte, ohne ihn anzusehen. „Laß mich darüber nachdenken, wie wir es richtig anfangen."

„Ja, tu das." Hollis' Stimme klang gereizt.

„Haben wir etwa unseren ersten Streit?"

„Durchaus möglich." Hollis wandte sich ab und ging zur Bar.

Mike Salerno hielt ihn unterwegs auf. Er war Reporter für den *Pacific News Service*. „Die Stimmung ist wirklich gut heute abend, Colonel. Solche Partys sollte es öfter geben."

Hollis war Salerno schon bei verschiedenen Gelegenheiten begegnet. Er fand ihn ein wenig aufdringlich, aber im Grunde ehrlich und zuverlässig.

„Was ist der eigentliche Grund für Ihre Ausweisung?" wollte Salerno wissen.

„Mehr oder weniger das, was in der amtlichen Verlautbarung steht, Mike. Wir sind von unserer genehmigten Reiseroute abgewichen. Wir wollten uns das berühmte Schlachtfeld in Borodino ansehen. In Moskau kriegt man ja Platzangst."

„Ganz ehrlich, Sam?" fragte Salerno, nahm sich zwei Gläser Champagner vom Tablett eines vorbeigehenden Kellners und reichte Hollis eines. „Sie waren doch unterwegs, um die Leiche Gregory Fishers zu übernehmen."

„Stimmt."

„Und machten einen Umweg über Borodino und wurden entdeckt."

„Richtig. Aber jetzt entschuldigen Sie mich bitte."

„Warten Sie, Sam. Ich weiß, hinter der Sache steckt mehr, als man herausläßt. Ich habe Fishers Eltern in Connecticut angerufen und dabei herausgefunden, daß eine Autopsie stattgefunden hat. Da stell ich mir nun diesen jungen Burschen vor, wie er hoch alkoholisiert – das beweist ja die Autopsie – über die Landstraße Minsk–Moskau rast, und ich kann das einfach nicht glauben."

„Wir dürfen hier nicht über Dienstliches sprechen", sagte Hollis.

„Moment noch, Sam. Neulich habe ich mich selbst auf eine ungenehmigte Autofahrt begeben. Zuerst schaute ich mich in Moschaisk um, und für ein paar Rubel brachte mich ein Lkw-Fahrer zum Unfallort westlich von Moschaisk. Der Wagen war natürlich nicht mehr da, aber ich konnte sehen, wo er in östlicher Richtung von der Straße gerast und gegen einen Baum geprallt war. Dann aber machte der Lkw-Fahrer eine Bemerkung darüber, daß der Wagen des Jungen in Moschaisk großes Aufsehen erregt hatte. Wie ist der Bursche nach Moschaisk gekommen, wenn er westlich von der Stadt gestorben ist? Und warum soll er so spät auf der Landstraße hin und her fahren? Hatte er vielleicht einen kleinen Geheimauftrag von den Spähern hier in der Botschaft?"

„In der US-Botschaft befinden sich keine Angehörigen der Geheimdienste", erwiderte Hollis. „Und wenn es sie gäbe, würden sie ihre Leute nicht in einem Pontiac TransAm losschicken."

„Das klingt einleuchtend. Hören Sie, Sam, ich bin morgen auf denselben Flug nach Frankfurt gebucht wie Sie. Wir können uns ja zusammensetzen, dann erzähle ich Ihnen noch ein paar Kleinigkeiten, die ich in dieser Sache herausgefunden habe."

„Mal sehen." Hollis wandte sich ab und ging zur Bar. Seth Alevy schien ihn dort bereits erwartet zu haben. „Was wollte Salerno?"

„Er weiß ein paar Kleinigkeiten, Seth. Jeder Reporter, der sein Lehrgeld wert ist, könnte die Löcher in der Fisher-Story finden."

„Mag sein. Übrigens, wenn Sie heute abend nichts anderes vorhaben, kommen Sie doch mal gegen Mitternacht bei mir vorbei. Privat." Alevy lächelte bedeutungsvoll und fügte hinzu: „Kennen Sie sich mit dem Mi–28-Hubschrauber aus?"

„Nur in technischer Hinsicht. Er ist der neueste sowjetische Transporthubschrauber. Wieso?"

„Ich muß einen Bericht abfassen. Bringen Sie mir Ihre Unterlagen mit?" Alevy stand auf und verließ den Saal.

EINIGE Zeit später saß Hollis in seinem Büro, um noch ein wenig aufzuräumen, ehe er zu Alevy ging. Das Telefon klingelte.

„Kommst du heute nacht noch nach Hause?" fragte Lisa.

Nach Hause. Ihre Ausdrucksweise überraschte und versöhnte ihn. „Ich habe eine Mitternachtskonferenz mit dem Attaché für politische Angelegenheiten."

„Wo?"

„Bei ihm."

„Ich würde dich gerne vor Morgengrauen noch sehen . . ."

„Ich werde darüber nachdenken." Hollis konnte die Stichelei nicht lassen.

„Was gibt es darüber nachzudenken?" fragte Lisa empört. „Ach so . . ." Sie schwieg verlegen.

„Nichts für ungut." Hollis lächelte. „Bis später."

9. Kapitel

DER blaue Ford stand in der Tiefgarage der Botschaft. Betty Eschman, die Frau des Marineattachés, saß am Steuer. „Fertig, Sam?"

„Fertig." Sam Hollis hockte hinten im Wagen auf dem Boden, mit dem Rücken zur Tür, Lisa saß ihm gegenüber.

Der Ford rollte die Rampe hinauf in den grauen Morgen, passierte die Marinesoldaten und fuhr die Straße entlang. Niemand folgte ihnen. Betty Eschman bog auf die nördliche Uferstraße ein, die um

diese Zeit noch ziemlich leer war. Sie führte direkt an dem Kloster-
friedhof vorbei, wo Gogol begraben lag. Wenige Minuten später hielten sie vor einem kleinen Park. Hollis und Lisa stiegen hastig aus, und
der Wagen schoß davon.

Langsam gingen sie durch den Park auf die hohe, mit Zinnen
bewehrte Kalksteinmauer zu, die das zwanzig Morgen große Areal
des Neuen Jungfrauenklosters umschloß. Hollis betrachtete die goldenen Zwiebeltürme, die sich vor dem grauen Moskauer Himmel über
der Mauerkrone abzeichneten. „Also hier liegt Gogol begraben. Wo
ist denn der Eingang?"

„Folge mir."

Sie betraten das Klostergelände durch einen Toreingang. Hollis fiel
in seinem weiten grauen Mantel, dem schmalkrempigen Hut und den
quietschenden Schuhen aus Schweinsleder nicht weiter auf, aber
einige Passanten musterten Lisas gutgeschnittenen Mantel.

Hollis und Lisa folgten einem kopfsteingepflasterten Weg, der mit
abgebrochenen Zweigen und Laub bedeckt war, und Lisa sagte, auf
ihre Umgebung deutend: „Das Neue Jungfrauenkloster war früher
nicht nur ein Nonnenkloster, sondern zugleich auch eine Festung, die
Moskaus Südflanke schützte. Nach der Revolution wurde die Anlage
zu einer Abteilung des Staatlichen Historischen Museums."

Der Weg führte auf einen gepflasterten Platz, auf dem sich ein
prächtiger Glockenturm erhob. Auf der anderen Seite stellte eine weiß
und golden bemalte Kirche ihre zahlreichen Kuppeln zur Schau. Langsam brach die Sonne durch und ließ das Gold glänzen. Lisa führte Hollis über den Platz auf die Kirche zu. „Dort ist der Gottesdienst, den ich
besuchen will", sagte sie. „In der Smolensker Kathedrale."

Etwa zehn Meter vor der Kirche blieb Lisa jedoch abrupt stehen.
Sechs Männer standen vor der Tür, hielten einige jüngere Leute und
Familien an, verlangten Ausweise und machten sich Notizen.

„Normalerweise übersehen die jeden, der aus dem Westen zu kommen scheint."

„Na, so dürfte ich ja aussehen. Ich werde einfach lächeln."

„Dafür quietschen deine Schuhe wie bei einem Russen." Lisa hakte
sich bei Hollis unter.

Ein KGB-Agent wandte sich an Hollis. *„Kartotschka!"*

„Ich versteh keins von deinen verdammten Wörtern, mein Sohn",
meinte Hollis auf englisch.

Der junge Mann musterte ihn kurz und winkte sie weiter. Sie betraten die Kirche. Der schwache Sonnenschein, der durch die Buntglasfenster fiel, bildete die einzige Beleuchtung. Dafür schimmerte der Altar im Licht von vielen hundert dünnen weißen Kerzen. Es gab keine Sitzbänke. Im großen Mittelschiff drängten sich die Menschen Schulter an Schulter. Hollis nahm einen starken Weihrauchgeruch wahr. Das Innere des Gotteshauses hätte dringend einer Renovierung bedurft. Gleichwohl strahlte die Kirche für ihn etwas Prachtvolles aus. Der Goldzierat des Altars schimmerte, der Ikonostas – eine stufenförmige Altarwand, die aus einzelnen Ikonen bestand – bannte seinen Blick. Lisa ergriff Hollis' Hand und führte ihn ins Gedränge, bis es etwa in der Mitte des Kirchenschiffes nicht mehr weiterging.

Langbärtige Priester in goldbestickten Gewändern schwangen Weihrauchgefäße und reichten sich edelsteinbesetzte Bibeln. Die Litanei begann und dauerte etwa eine Viertelstunde. Danach sang ein Chor. Hollis schaute auf die Umstehenden und wurde sich bewußt, daß er in den zwei Jahren, die er nun schon in Moskau lebte, noch nie solche russischen Gesichter gesehen hatte.

Plötzlich verstummte der Gesang. Ein Priester in prachtvollem Gewand trat an den Rand des erhöhten Altars und breitete die Arme aus. Er begann zu predigen, und es war totenstill bis auf das Knistern der Kerzen.

Gegen Ende der Predigt kam ein Augenblick, da sich viele Leute betend niederknieten. Hollis blieb stehen und hatte nun einen besseren Überblick. Weiter vorn, etwa zwanzig Schritt entfernt, erblickte er einen gekrümmten alten Mann. Er trug einen schäbigen dunklen Mantel, der ihm beinahe bis zu den Knöcheln reichte. Neben dem Alten stand eine junge Frau. Hollis schätzte sie auf siebzehn. Sie trug ebenfalls einen zerschlissenen Mantel aus rotem Synthetikmaterial. Doch ihre Haltung und vor allem ihre ungewöhnliche Schönheit wiesen sie als einen besonderen Menschen aus. Hollis erkannte mit einem Mal, daß der krumme alte Großvater in Wahrheit jünger war, als er aussah. Und daß es sich um General Walentin Surikow handelte.

Hollis und Lisa setzten sich draußen auf eine Steinbank zu einer stämmigen alten Frau, die im Sitzen eingenickt war. „Hat dir der Gottesdienst gefallen?" fragte Lisa.

„Sehr. Bei uns im Westen gilt so vieles als selbstverständlich."

„Ich bin dir dankbar, daß du mitgekommen bist, auch wenn es dir ja eigentlich um deinen Friedhofsbesuch bei Gogol geht. Es ist doch nicht gefährlich, oder?"

„Nein. Ich muß mich nur von einem alten russischen Freund verabschieden." Hollis schaute auf die Uhr. „Es dauert nicht länger als eine halbe Stunde. Wie komme ich zum Friedhof?"

„Bleib auf diesem Weg. Du erreichst dann eine weitere Torkapelle in der Mauer. Auf der anderen Seite ist der Friedhof."

Er küßte sie auf die Wange. „Bis später."

Hollis folgte dem Weg. Er schaute sich um und ging dann hinter drei jungen Paaren zur Torkapelle. Der tunnelartige Durchgang führte in den ruhigen Friedhof. Er bog in einen Kiesweg ein. Die meisten Gräber waren zugewachsen. Die Grabsteine ragten hoch empor und schufen ein Labyrinth aus Kalk- und Granitsteinen. Es waren nicht viele Leute unterwegs – das war günstig für ein ungestörtes Gespräch. Surikow hatte einen guten Treffpunkt gewählt.

Hollis sah die Gräber Tschechows, Stanislawskis und des Filmregisseurs Sergei Eisenstein. Nach einer Weile bog er auf einen Querweg ab. Unter einer großen Kiefer stand Surikow. Er rauchte eine Zigarette und betrachtete einen verwitterten, flechtenbewachsenen Kalksteinquader. Hollis stellte sich neben ihn.

„Die toten Seelen", murmelte Surikow, ohne sich zu Hollis umzuwenden. „Die toten Seelen." Er starrte noch ein Weilchen auf das Grab, dann machte er kehrt und entfernte sich. Hollis wartete eine ganze Minute, ehe er ihm folgte.

Surikow erwartete ihn am Fuß des Wehrturms an der Ecke, wo die Ziegelmauer des Friedhofs endete. Er zog ein in eine *Prawda* gewickeltes Paket aus der Manteltasche. „Möchten Sie einen frischen Karpfen?"

Hollis konnte den Fisch riechen. „Warum nicht?"

Surikow klopfte auf das Paket, als priese er die Vorteile des Fisches. „Also, mein Freund, in der *Prawda* habe ich gelesen, daß Sie die Sowjetunion verlassen. Ich habe mir Sorgen gemacht."

Hollis konnte sich denken, worum Surikows Sorgen kreisten.

„Ich bin mehr denn je entschlossen, von hier zu verschwinden", fuhr Surikow fort. „Können Sie mich denn noch rausschaffen?"

Hollis hatte keinerlei Vollmacht, doch war es an der Zeit, die Sache abzuschließen. „Ja, wenn Sie Ihr Fahrgeld parat haben."

„Die Hälfte jetzt, die andere Hälfte im Westen. Ist die Flucht gefährlich? Ich meine, ich habe nicht um mich Angst."

Das ahnte Hollis bereits. „Ist sie Ihre Enkelin?"

Surikows Kopf fuhr herum. Er öffnete den Mund, brachte aber kein Wort heraus. Schließlich nickte er zögernd. „Wenn Sie uns gesehen haben, wissen Sie, warum ich das Land verlassen will." Blicklos starrte Surikow auf den eingewickelten Karpfen und sagte leise vor sich hin: „Meine Enkelin Natascha. Die einzige Tochter meiner einzigen, verstorbenen Tochter. Die Sonne meines Lebens."

„Nun, um Ihre Frage zu beantworten, General, es ist durchaus gefährlich, aber man braucht eigentlich nur gute Nerven."

Surikow wanderte den Weg zwischen den Grabsteinen entlang. Der Himmel hatte sich verdüstert, und es begann zu nieseln.

Hollis ging an Surikow vorbei und blieb vor dem nächsten Grabstein stehen. „Borodino, General."

„Einige Kilometer nördlich von Borodino gab es früher eine Schule der Roten Luftwaffe. Theorie über Taktik, Leistungsfähigkeit und Bewaffnung amerikanischer Jagdflugzeuge." Surikow machte eine Pause, um die Wirkung zu erhöhen. „Die Ausbilder waren Amerikaner."

Hollis atmete auf. Das einzige, worum er in der Kirche gebetet hatte, war eine Bestätigung der Entdeckungen, die er und Alevy gemacht hatten. „Das soll das halbe Geheimnis sein?" fragte er kühl. „Diese Dinge wußte ich längst."

Surikow fuhr sich mit der Zunge über die Lippen. „Die Schule ... Sie wissen, daß man dort keine Piloten mehr ausbildet ... "

„Ja. Mir ist bekannt, daß dort KGB-Leute zu Amerikanern gemacht werden. Woher wissen Sie das?"

„Ich ..., ich liefere die Studenten. Sie kommen nicht aus den Reihen des KGB, der seinen eigenen Anwerbungsmethoden nicht mehr traut. Für diese Sache braucht man ehrliche russische Patrioten. Männer, die wohl auch gewisse Dinge mit ihren amerikanischen Ausbildern gemein haben. Die Personalabteilung der Luftwaffe wickelt den Papierkrieg der Kandidaten für diese Schule ab. Ich muß also –" Surikow hielt inne. „Ich habe noch mehr Informationen, viel mehr."

„Sie wissen, was ich brauche. Die Namen der Sowjetagenten, die bereits in den USA sind. Die Namen. *Die* sind Ihre Fahrkarte in den Westen, General."

„Aber, wenn ich Ihnen die gebe, woher weiß ich dann, daß Sie mich und meine Enkelin nicht einfach im Stich lassen? Wenn ich Ihnen die Namenliste schon jetzt überließe, hätte ich kein Pfand für meine Ausreise in der Hand."

„Sie müssen mir eben vertrauen", entgegnete Hollis.

General Surikow schien ein wenig in sich zusammenzusinken. Unter der aufrechten militärischen Gestalt steckte ein müder alter Großvater, der ein letztesmal das Richtige zu tun versuchte und sich selbst deswegen verfluchte. „Also gut. Sie bekommen folgendes: einen Mikrofilm der Personalakten aller Männer, die die amerikanische Bürgerschule besucht haben – so nennt der KGB die Einrichtung. Auf dem Mikrofilm finden Sie Fotos der Männer, ihre russischen Namen, die Fingerabdrücke, Geburtsort, Geburtstag, Blutgruppe, unveränderliche Merkmale, Angaben über Gebiß und so weiter. Nicht enthalten sind die neuen amerikanischen Namen oder Adressen. Diese Angaben hat allein der KGB. Ihre Leute – das FBI – werden also alle Hände voll zu tun haben."

Hollis nickte. Das war ein Anfang. „Wie viele Leute sind es?"

„Knapp über dreitausend. Offiziell sind diese Männer übrigens tot. Die Rote Luftwaffe hat jedem einzelnen ein militärisches Begräbnis ausgerichtet. Da haben wir viel Sand unter die Erde gebracht."

Hollis nickte bedächtig. „Morgen früh um neun gehen Sie in den Antiquitätenladen in der Arbatstraße. Ein Mann wird Sie fragen, wo er Münzen aus der Zarenzeit finden kann. Er spricht fließend Russisch. Sie geben ihm den Film."

Surikow zündete sich eine neue Zigarette an. „Und dieser Mann wird mir auch sagen, wie ich in den Westen komme?"

„Ja."

„Ich habe eine bessere Idee. Sie sagen es mir gleich. Ich will es wissen. Bevor ich den Mikrofilm mitbringe."

Hollis fand, daß General Surikow einen kleinen Sieg verdient hatte. „Na schön", meinte er, „im Grunde ist es einfach. Sie fahren nächsten Sonnabend mit Ihrer Enkelin nach Leningrad. Gehen Sie mit Angelzeug in einen der Freizeitparks der Kirow-Insel. Sie und Natascha mieten ein Boot und fahren damit in die Mündung der Newa, aber nicht so weit, daß die Patrouillenboote aufmerksam werden. Sie angeln in der markierten Schiffahrtsstraße. Jedesmal wenn Sie einen Frachter mit einer NATO-Flagge sehen, geben Sie das Signal, das Ihnen der Mann in Leningrad verrät. Einer dieser Frachter wird Sie und Natascha aufnehmen, und jemand an Bord wird sich weiter um Sie kümmern. Wenn die Behörden Ihr Boot kieloben treibend auffinden, sieht es so aus, als wären Sie ertrunken. Klappt das Rendezvous am Sonnabend nicht, versuchen Sie es Sonntag noch mal. Mit Glück befinden Sie sich nächste Woche um diese Zeit schon in einer westlichen Hafenstadt."

„Wir werden sehen …" Surikow versuchte zu lächeln. „Gute Reise, Colonel Hollis. Ich hoffe, wir sehen uns in London wieder." Er reichte Hollis den Karpfen. „Kocht man mit saurer Sahne."

Die beiden Männer gaben sich die Hand, dann machte Surikow kehrt und ging durch die Grabreihen fort.

10. Kapitel

Begleitet von Alevy, seinem Stellvertreter Bert Mills und einigen anderen Sicherheitsbeamten, betraten Hollis und Lisa das Hauptgebäude des Flughafens Scheremetjewo. Alevy eilte voraus, und Bert Mills sagte: „Bitte warten Sie einen Augenblick."

Sie befanden sich in der Haupthalle des großen neuen Terminals. Hollis schaute sich um. Überall waren graugekleidete Milizionäre zu sehen, dazwischen KGB-Grenzsoldaten in grünen Uniformen. Er bemerkte, daß sich die Sicherheitsbeamten der Botschaft strategisch rings um ihn und Lisa postiert hatten.

Endlich kehrte Alevy zurück. „Alles geregelt. Gehen wir."

Hollis und Lisa nahmen ihr Handgepäck und folgten Alevy mit sechs Sicherheitsbeamten als Geleit zum Diplomatenwarteraum. In der Nähe des Eingangs saß ein KGB-Grenzsoldat in Uniform.

Hollis, Lisa und Alevy nahmen in dem kleinen Raum Platz. Ein Sicherheitsbeamter der Botschaft baute sich am Eingang neben dem KGB-Grenzsoldaten auf. „Wozu der Aufwand?" fragte Hollis. „Ein oder zwei Mann hätten genügt."

„Eine kleine Machtdemonstration." Alevy grinste. Er holte eine Flasche Wodka und drei Gläser aus seiner Aktentasche, schenkte ein, hob sein Glas und prostete Hollis und Lisa zu: „Gute Rückreise! Ich freue mich für euch. Für euch beide."

Ein verlegenes Schweigen trat ein.

Hollis hielt es für angebracht, sich einen Augenblick zu empfehlen, um Seth und Lisa die Gelegenheit zu geben, allein miteinander zu reden. Er entschuldigte sich und verließ den Raum.

„Es fällt mir wirklich nicht leicht, dich gehen zu lassen, Lisa", sagte Alevy nach einer Weile. „Ich dachte immer, wir könnten es noch einmal miteinander versuchen."

„Darüber hatte ich auch nachgedacht. Aber dann ist alles anders gekommen."

„Ich weiß. Nun ja ..., vielleicht laufen wir uns mal wieder über den Weg, in irgendeinem gottverlassenen Winkel dieser Erde. Wir haben uns wirklich ein seltsames Leben ausgesucht."

„Ja, aber du genießt es, ein Meisterspion in der Hauptstadt dieses Schreckensreichs zu sein." Lisa legte Alevy die Hand auf den Arm. „Sieh dich vor, Seth. Ich mache mir deinetwegen Sorgen."

„Wirklich? Paß du auch auf dich auf. Du bist noch nicht zu Hause. Und noch ein kleiner Rat, Lisa. Sams Alter ist nicht so wichtig. Auch nicht sein derzeitiger Ehestand. Aber sollte er wieder in die Macho-Welt der Düsenjockeys zurückkehren, hast du ein Problem."

„Laß das meine Sorge sein. Was habt ihr übrigens schon wieder bis spät in die Nacht zu besprechen gehabt? Ihr seht aus wie ausgespuckt."

„Ich brauchte Informationen über die Rote Luftwaffe." Seth schaute auf die Uhr. „Ich gehe mich jetzt von Sam verabschieden. Du bist hier sicher."

Lisa stand auf und umarmte ihn. „Leb wohl, Seth."

Alevy zog sie an sich, legte seinen Mund an ihr Ohr und flüsterte: „Hör zu. Du brauchst nicht diesen Flug zu nehmen. Es gibt heute noch zwei andere Flüge nach Frankfurt. Sag Sam, du fühlst dich nicht wohl. Hollis steht im Fadenkreuz. Mir gefällt der Gedanke nicht, daß du in seiner Nähe bist. Es ist gefährlich für dich."

„Das weiß ich. Aber ich bin nicht wetterwendisch, Seth. Ich war bereit, Gefahren mit dir zu teilen, jetzt gebe ich Sam die gleiche Loyalität."

Um Alevys Lippen spielte ein trauriges Lächeln. „Deshalb liebe ich dich", sagte er und riß sich von ihr los.

ALEVY fand Hollis in dem schmalen Korridor, der in die Terminalhalle führte, deutete vielsagend zur Decke, um auf versteckte Mikrofone hinzuweisen, und ging ihm voraus in die große Halle. Dort blieben die beiden Männer inmitten der Menschenmasse stehen.

„Ich nehme an, die Verabredung heute morgen mit General Surikow ist positiv verlaufen", meinte Hollis. „Sie haben den Mikrofilm?"

„Ja. Gutes Material. Die Regierung möchte, daß das FBI die Leute
in aller Stille aufspürt."

Hollis nickte. „Und wie kann jemand das Problem des Lagers lösen,
ohne den Teufel von der Leine zu lassen?"

„Es gibt Methoden, die Sache still beizulegen – solange Dodson
nicht auftaucht. Sollte er das Botschaftsgelände erreichen, dann hat
unser guter Freund Banks den Befehl, ihn zum Schweigen zu bringen." Alevy warf Hollis einen vielsagenden Blick zu. „Sie halten mich
für überdreht und unmoralisch? Unsere Regierung ist bereit, dreihundert amerikanische Luftwaffenangehörige im Stich zu lassen – nur
wegen eines abstrakten Traums, den man Entspannung nennt!"

„Wie recht Sie haben", stimmte Hollis ihm zu. „Was sagen Sie übrigens zu General Surikow?"

„Ich habe mich eine halbe Stunde lang im Keller des Antiquitäten-
ladens mit ihm unterhalten. Ich teile Ihre Ansicht, daß er ein echter
Überläufer ist. Der Mikrofilm stellt einen unglaublichen Erfolg unserer Gegenspionage dar. *Dreitausend* Agenten! Mein Gott, Sam, das ist
der größte Fang der Geschichte. Und wo wir nun diese russischen
Amerikaner in der Tasche haben, können wir auch das Problem des
eigentlichen Lagers angehen."

„Ein Austausch?"

Alevy nickte. „Dreitausend von denen für dreihundert von uns.
Eine Möglichkeit wär's immerhin. Und dafür haben wir Ihnen zu
danken. Sie haben das möglich gemacht, Sam. Sie holen Ihre ehemaligen Kameraden in die Heimat zurück."

„Aber ich dachte, Washington will sie nicht zu Hause haben."

„Wir arbeiten daran. Ihr Wort hat jetzt auch mehr Gewicht. Der
Präsident wird Sie empfangen, und es sollte Sie nicht überraschen,
wenn er Ihnen den Generalsstern anheftet."

„Surikow ist mir mehr oder weniger in den Schoß gefallen, Seth.
Das wissen Sie so gut wie ich."

„Seien Sie nicht so bescheiden. Nun ja ..., und was Lisa betrifft:
Viel Glück und Zufriedenheit für euch beide."

„Danke." Hollis streckte dem anderen die Hand hin.

„Wir sehen uns wieder – an einem besseren Ort", sagte Alevy und
schlug ein.

EIN Russe in einem dicken Mantel öffnete die Tür zum Warteraum. „Pan-Am-Flug nach Frankfurt. Folgen Sie mir bitte."

Hollis und Lisa nahmen ihr Handgepäck. Bert Mills schloß sich ihnen an. Alle drei folgten dem Russen zu einem kleinen Flughafenbus. Pulverschnee trieb über die Asphaltfläche. Sie waren die einzigen Passagiere, die der Bus zu einer riesigen Boeing 747 der Pan Am brachte, die von vier bewaffneten Grenzsoldaten bewacht wurde.

Der Wagen hielt vor der Gangway, und sie stiegen aus. „Ich bleibe noch ein Weilchen hier", sagte Mills. „Aber ich glaube, Sie haben es geschafft." Er schüttelte Hollis und Lisa die Hand. „Guten Flug."

Oben an der Treppe wurden Hollis und Lisa von einer lächelnden Frau mit amerikanischem Tonfall begrüßt. „Guten Tag, ich heiße Jo und bin Ihre Stewardeß. Zur Clipper-Klasse gelangen Sie über die kleine Wendeltreppe dort. Machen Sie es sich oben in der ersten Reihe gemütlich. Sobald die anderen Passagiere hier sind, komme ich nach."

Die Clipper-Klasse befand sich in der kleinen Kuppel der 747. Hollis und Lisa verstauten Mäntel und Handgepäck und setzten sich.

Die anderen Passagiere kamen an Bord. Als erster tauchte Mike Salerno auf und nahm sofort auf der anderen Seite des Ganges neben Hollis und Lisa Platz.

„Wie sind Sie hier so schnell heraufgekommen?" fragte Hollis.

„Mit Schubsen und Drängeln. Ich bin schließlich Reporter."

„Fliegen Sie für immer nach Hause?" fragte Lisa.

„Nein, ich habe zwei Wochen Urlaub."

Inzwischen hatten sechs weitere Passagiere in der Clipper-Klasse Platz genommen. An der Treppe saß ein Paar mittleren Alters, dem Akzent nach Engländer, und auf der anderen Gangseite hatten sich vier deutsche Geschäftsleute niedergelassen.

Jo kam aus dem Cockpit und verkündete: „Der Start ist freigegeben. Bitte anschnallen und nicht mehr rauchen." Die 747 rollte an. Hollis schaute aus dem Fenster, sah Bert Mills winken und erwiderte die Geste. Das Flugzeug bog auf die Startbahn ein, dann raste die schwere Maschine die Piste entlang. Niemand sagte etwas, als das Flugzeug abhob.

Lisa betrachtete die schneeweiße Landschaft. Im Süden entdeckte sie die Landstraße Minsk–Moskau sowie zahlreiche winzige Dörfer wie Punkte im offenen Gelände, dazwischen die dunkelgrünen Kiefernwälder, die weite Flächen bedeckten.

„Ich werde das alles nie wiedersehen", sagte sie mehr zu sich selbst.

„Da haben Sie Glück", bemerkte Salerno.

„Sie mag Rußland", erklärte Hollis.

Salerno lachte. „Geben Sie es zu, Lisa: Dort unten" – er deutete mit dem Daumen aus dem Fenster – „ist alles verkrampft. Beherrscht von Paranoia. Erst wenn man abreist, atmet man wieder normal."

Hollis gähnte, und Lisa zuckte die Achseln und griff nach einer Zeitschrift.

„Ich wollte Ihnen doch noch erzählen, was ich über den Fisher-Fall herausgefunden habe." Salerno beugte sich vor. „Ich erfuhr von den Eltern, daß der Junge eine Zimmerreservierung im Rossija hatte, und sah mich mal ein bißchen dort um. Und stellen Sie sich vor – ich fand einen englischen Touristen, der sich daran erinnerte, einen Pontiac TransAm vor dem Rossija gesehen zu haben."

„So?" Hollis blickte Salerno erstaunt an. „Und was schließen Sie daraus, Mike?"

„Mich würde viel mehr interessieren, was Sie davon halten", entgegnete Salerno. „Sie wissen genau, daß Fisher im Rossija war. Er rief sogar von dort in der Botschaft an und sprach mit Ihnen, Lisa."

Lisa senkte ihre Zeitschrift. „Und woher wissen *Sie* das?"

„Sie haben eine undichte Stelle. Was geschieht jetzt? Wie wird die Botschaft den Fall behandeln?"

Hollis überlegte einen Augenblick. Wie hatte die Nachricht von Fishers Anruf durchsickern können? Nur er, Lisa, Alevy, Banks und der Botschafter wußten davon.

„Und noch etwas Seltsames ist mir zu Ohren gekommen", fuhr Salerno fort. „Angeblich wird in der US-Botschaft ein Amerikaner festgehalten. Ich weiß nicht, ob der Kerl Spion sein soll oder ob er in Moskau Schwierigkeiten bekommen und sich in die Botschaft geflüchtet hat – oder beides. Eine sehr seltsame Geschichte."

„In der Tat", entgegnete Hollis und nickte.

Lisa griff nach einer Zigarette. „Hätten Sie was dagegen, wenn ich rauche? Mike, Sie rauchen doch auch."

„Ja." Salerno zog ein Päckchen Zigaretten hervor und zündete sich eine an. „Na, kommen Sie schon, geben Sie mir doch mal einen Hinweis. Wird jemand in der Botschaft festgehalten?"

Hollis musterte Salerno und fragte sich, ob der Journalist die Kellums oder Dodson meinte. Und woher bezog er seine Informationen?

Hollis bemerkte, wie Salerno geistesabwesend mit den Fingern an seiner Zigarette entlangstrich, wie um zu verhindern, daß das Papier zusammenschrumpfte. Da es sich aber um eine amerikanische Zigarette handelte, war sie prall gestopft – und daraus zog Hollis den Schluß, daß Mike Salerno manchmal Zigaretten rauchte, die zusammenschrumpften. „Rauchen Sie ab und zu auch russische Marken?"

Salerno warf ihm einen erstaunten Blick zu. „Nein, wieso?"

„War nur eine Frage."

Salerno drückte die Zigarette aus und griff nach einem Buch.

In diesem Augenblick kam die Stewardeß auf Lisa zu. Sie trug ein braunes Paket. „Man hat mich gebeten, Ihnen das zu geben, sobald wir in der Luft sind", meinte sie. „Eigentlich ist es ja gegen die Vorschriften, solche Pakete an Bord zu nehmen, aber es kam von einer Amtsperson, die mir bestätigt hat, es wäre durchleuchtet worden."

Lisa betrachtete das Paket und meinte zu Hollis: „Meine Ikone, adressiert an die United States Information Agency, die Informationsbehörde in Washington." Sie schaute Hollis erstaunt an. „Du hast doch gesagt, sie ginge mit der Diplomatenpost."

„Sollte sie auch", entgegnete er. „Ich habe beim Versand Bescheid gegeben. Was hat man dir gesagt, als du die Ikone brachtest?"

„Ich . . . bin nicht selbst gegangen. Mrs. Kellum meinte, sie würde sowieso zur Versandabteilung gehen, und hat sie mitgenommen." Lisa blickte Hollis an. „Das Paket wurde geöffnet. Das Klebeband ist beschädigt." Sie riß das Papier auf, schlug es zurück und schluchzte unterdrückt auf. „Mein Gott!"

Hollis betrachtete die Ikone, die auf dem Klapptischchen lag. Über dem Gesicht des Erzengels hatte man Hammer und Sichel eingekerbt.

Lisa brachte kein Wort heraus. Ihre Augen füllten sich mit Tränen. Hollis ergriff ihre Hand.

Salerno hob den Blick von seinem Buch. „Was ist los?"

Da meldete sich eine Stimme über Lautsprecher. „Meine Damen und Herren. Hier spricht Kapitän Johnson. Es ist ein kleines technisches Problem aufgetreten. Wir sind angewiesen, in Minsk zu landen. Es besteht kein Grund zur Beunruhigung. Bitte schnallen Sie sich zur Landung an."

Salerno legte sein Buch zur Seite. „Sieht so aus, als wäre Ihr Abschied von der Sowjetunion voreilig gewesen." Er schaute Hollis an und lächelte.

11. Kapitel

DIE Boeing 747 landete in Minsk. Vier Gangways wurden angerollt – sehr ungewöhnlich bei einem unvorhergesehenen Zwischenstopp. Den Treppen folgten vier Busse. Hollis fiel auf, daß die 747 in einiger Entfernung vom Terminal zum Stillstand kam.

Lisa schaute nicht auf. Sie konnte den Blick nicht von der Ikone lösen. „Ich behalte das Ding, wie es ist", meinte sie schließlich.

Hollis drückte ihre Hand. „Gut."

Die Stewardeß erschien an der Wendeltreppe und verkündete: „Meine Damen und Herren, die Reparaturen können ein Weilchen dauern. Wir verlassen also die Maschine. Bitte nehmen Sie alle Ihre Sachen mit."

Hollis, Lisa und die anderen Passagiere der Clipper-Klasse stiegen die Wendeltreppe hinab zum Ausgang und von dort über die Gangway zum Bus, in dem sich noch andere Fahrgäste aus der ersten Klasse befanden. Sofort schloß sich die Tür hinter ihnen, und der Bus fuhr zum Terminal, wo sie in einen kleinen Raum geführt wurden, der für sie alle eigentlich nicht groß genug war. Hollis hatte das unangenehme Gefühl, daß man ihn und Lisa bald von den anderen Passagieren absondern würde unter dem Vorwand, ihnen eine diplomatische Vorzugsbehandlung zuteil werden zu lassen.

Kurze Zeit später marschierte ein untersetzter Mann in einem senffarbenen Anzug herein. „Ich bin Mr. Martschenko, der hiesige Intourist-Vertreter", erklärte er. „Ich muß Ihnen leider sagen, daß es mit der Maschine keine technischen Probleme gegeben hat. Die sowjetischen Behörden haben eine Bombendrohung erhalten . . ."

Die Passagiere schnappten hörbar nach Luft.

„Bitte, bitte! Sie brauchen keine Angst zu haben. Allerdings muß das ganze Flugzeug durchsucht werden, ebenso das Gepäck. Das kann einige Zeit dauern. Intourist wird Sie zum Mittagessen ins Hotel *Sputnik* bringen, vielleicht müssen Sie dort auch über Nacht bleiben." Er wiederholte seine Ansage noch auf deutsch und französisch.

„Das gefällt mir nicht, Sam", stellte Lisa beunruhigt fest.

Hollis nickte. „Ich bin gleich zurück", entgegnete er.

„Wohin gehen Sie?" wollte Salerno wissen.

„Aufs Klo." Hollis öffnete die Tür des Warteraums; im Korridor stand ein Grenzsoldat mit einer Pistole im Gürtel. „Ich muß auf die Toilette", sagte Hollis auf russisch.

Der Uniformierte deutete den Gang entlang.

Hollis lief in die Abflughalle des Flughafens. In einer Nische fand er einen Münzfernsprecher, steckte zwei Kopeken hinein, wählte das Fernamt Minsk und bat um eine Verbindung mit der Botschaft in Moskau.

Eine Hand griff über Hollis' Schulter und drückte die Telefongabel nieder. Hollis fuhr herum und sah sich Martschenko gegenüber, der einen Mantel angezogen hatte und von zwei Grenzsoldaten begleitet wurde. „Colonel Hollis, es ist bereits alles arrangiert. Sie brauchen nicht anzurufen", sagte Martschenko höflich.

„Wie können Sie sich unterstehen, mein Gespräch zu unterbrechen!"

„Das sowjetische Außenministerium hat telegrafiert und mich angewiesen, Sie und Mrs. Rhodes besonders zuvorkommend zu behandeln. Würden Sie mir bitte folgen?"

„Wir brauchen keine Sonderbehandlung. Wir bleiben hier im Flughafen."

Martschenko schüttelte den Kopf. „Nein, Colonel. Ich habe strikte Anweisungen. Mrs. Rhodes sitzt bereits im Wagen und wartet auf Sie. Kommen Sie bitte. Wir kommen sonst zu spät!"

„Zu spät wozu?"

„Zum Hubschrauber, Sir, der Sie nach Scheremetjewo bringt. Um fünf vor vier startet eine Lufthansa-Maschine nach Frankfurt."

Plötzlich kam Salerno um die Ecke des Korridors. „Da sind Sie ja. Was soll das alles?"

„Es sieht so aus, als biete man Lisa und mir einen Hubschrauberflug nach Scheremetjewo, damit wir eine Lufthansa-Verbindung nach Frankfurt erwischen."

„Na, das nenne ich Glück! Während ich hier sitze und Fettsauce mit Pilzgeschmack esse, landet ihr schon in Frankfurt. In meinem nächsten Leben werde ich Diplomat."

„Was waren Sie denn in Ihrem letzten?"

„Russe." Salerno lachte und deutete auf das Telefon. „Ich rufe sofort die Botschaft an und gebe Bescheid, daß Intourist Ihnen den roten Teppich ausgerollt hat. Sie können ganz beruhigt sein."

Auf russisch antwortete Hollis: „Es war die Zigarette, Mike. Sie haben sie immer wieder mit den Fingern glattgestrichen.“

Salerno kniff ein Auge zu. „Verraten Sie's niemandem, dann schulde ich Ihnen einen Gefallen. Könnten Sie bald mal brauchen.“ Er machte kehrt und entfernte sich.

Martschenko deutete auf den Haupteingang. Flankiert von drei KGB-Grenzsoldaten, ging Hollis durch die Halle. Draußen öffnete Martschenko die hintere Tür einer Wolga-Limousine. Lisa saß mit ängstlicher Miene auf dem Rücksitz. Hollis nahm neben ihr Platz und nickte ihr beruhigend zu. Martschenko stieg vorn ein, und der Wagen fuhr an. Lisa umfaßte Hollis' Hände. „Werden wir entführt?“ flüsterte sie.

Hollis schaute durch die Rückscheibe und sah einen zweiten Wolga mit den drei KGB-Soldaten. „Schwer zu sagen. Vielleicht sollten wir fragen.“ Er beugte sich nach vorn. *„Komitet?“*

Martschenko drehte sich lächelnd um. „Nein, nein. Bitte! Intourist! So wahr Sie Luftwaffenattaché sind.“ Er lachte leise vor sich hin.

Der Wolga erreichte eine betonierte Fläche, auf der ein großes gelbes X leuchtete. „Da wären wir“, sagte Martschenko.

Eine schwarze Silhouette tauchte am grauen Himmel auf, und Hollis erkannte einen Mi-28, einen sechssitzigen Helikopter mit Turbinenantrieb. Der anfliegende Hubschrauber wies die Markierungen der Roten Luftwaffe auf.

„Bitte, verlassen Sie den Wagen“, sagte Martschenko jetzt.

Hollis und Lisa stiegen aus. Der Fahrer holte das Handgepäck und Lisas Ikone aus dem Kofferraum und stellte alles auf den Boden. Das übrige Gepäck war noch in der Boeing 747.

Einer der Männer aus dem anderen Wolga baute sich hinter Hollis auf. Martschenko versuchte den Lärm des anfliegenden Hubschraubers zu übertönen: „Der Herr hinter Ihnen heißt Wadim. Er wird uns begleiten. Also – vorwärts!“

Der Mi-28 landete auf dem gelben X. Ein Besatzungsmitglied öffnete die Tür. Hollis stieg als erster ein und half Lisa hoch. Man wies ihnen die beiden hinteren Sitze zu. Wadim setzte sich vor Lisa. Martschenko hatte Mühe, den Eingang zu erklimmen, und ließ sich ächzend in den Sitz vor Hollis fallen. Dann schloß der Flugbegleiter die Tür und nahm neben dem Piloten Platz. Der Hubschrauber stieg auf und flog nach Osten, in Richtung Moskau.

Hollis legte Lisa den Arm um die Schultern. „Alles in Ordnung?"

„Ich habe Angst." Sie betrachtete die Ikone auf ihrem Schoß. „Darum geht es doch, wenn man wirklich gläubig ist, nicht wahr? Um die Überzeugung, daß es da oben jemanden gibt, der über einem wacht."

„Ja."

„Diese Ikone", sagte Lisa, „ist in den letzten drei Jahrhunderten wahrscheinlich zehntausendmal von Gläubigen geküßt worden. Vielleicht hilft sie auch uns." Sie berührte das Bild mit den Lippen.

„Schaden wird sie uns auf jeden Fall nicht." Hollis zog Lisa näher an sich heran. „Wir müssen jetzt Ruhe bewahren."

Lisa musterte Hollis von der Seite. Dann entgegnete sie leise: „Du und Seth, ihr habt geahnt, daß so etwas passieren würde, nicht wahr?"

Hollis starrte einen Augenblick lang ins Leere und sagte dann: „Geahnt haben wir so etwas schon."

„Ich glaube, es war mehr als eine Ahnung. Weißt du, daß Seth mich davon abhalten wollte, mit der Boeing zu fliegen?"

„Nein." Hollis fand die Information aber sehr interessant. „Keiner hat je versprochen, dich voll einzuweihen. Das gibt es in unserer Branche nicht. Nicht einmal ich weiß alles über diese Sache."

Sie nickte. „Er sagte, du stündest im Fadenkreuz."

„Aber du bist trotzdem mitgekommen." Er drückte ihre Hand.

„Ich liebe dich, du Dummkopf!"

„Hören Sie auf mit dem Geflüster!" rief Martschenko. „Sofort!"

„Ach, geh zum Teufel", entgegnete Hollis.

„Genau dorthin gehen wir, Freundchen."

12. Kapitel

BEINAHE drei Stunden nach dem Aufstieg verlor der Hubschrauber an Höhe. Hollis entdeckte die alte Minskstraße und etwa ein Dutzend Häuser, die sich kaum voneinander unterschieden. Wenige Minuten später erkannte er das schneebedeckte Schlachtfeld von Borodino, die Denkmäler, dann das Museum. Der Kiefernwald kam näher, und der Hubschrauber sank schnell. Hollis erblickte den Drahtzaun und den Todesstreifen, dann die Hubschrauberlandestelle, die Alevy ihm schon auf dem Satellitenfoto gezeigt hatte.

Lisa beugte sich vor und schaute aus dem Fenster. „Wo sind wir?"
„In der ‚Fabrik der Spione'", murmelte Hollis.

Der Hubschrauber näherte sich der Landestelle. Am Südrand stand
eine Blockhütte, und ein schmaler Waldweg führte von der Hütte zur
Hauptstraße des Lagers. Die eigentliche Hauptstraße, die sich von
Westen nach Osten durch die Anlage wand, war recht breit und gut
asphaltiert. Sie stellte die Verlängerung der Zufahrt dar, der Hollis
und Lisa vom Schlachtfeld Borodino gefolgt waren.

Hollis entdeckte etwa in der Mitte des Lagers ein häßliches Betonge-
bäude, vermutlich das Hauptquartier. Unweit davon erhob sich ein
langgestrecktes weißes Holzbauwerk mit grüner Dachverkleidung,
dessen Funktion er nicht erraten konnte. Südlich davon lag ein Fußballfeld. Gleich darauf bemerkte Hollis auch offene Tribünen, die
etwa fünfhundert Menschen Platz boten. Zwischen dem Fußballfeld
und dem Zaun der Anlage sah er lange, kasernenähnliche Gebäude,
wahrscheinlich die Unterkünfte der KGB-Grenzsoldaten.

Als der Hubschrauber noch etwa fünfzehn Meter über dem Boden
schwebte, machte Hollis eine erstaunliche Entdeckung. Er blickte auf
ein gewaltiges Tarnnetz, gehalten von Kiefern, deren Wipfel durch die
Tarnung emporragten. Der Hubschrauber setzte auf dem schneebedeckten Landeplatz auf. Martschenko stieg aus, dann Wadim. Lisa
nahm ihre Tasche und die Ikone und sprang auch hinaus. Hollis folgte
ihr. Der Hubschrauber hob sofort wieder ab.

Martschenko öffnete die hintere Tür eines bereitstehenden Sil-6,
eines Fahrzeugs der Roten Armee, das eine gewisse Ähnlichkeit mit
einem Jeep hat, aber größer ist, und sagte zu dem Mann am Steuer nur:
„Hauptquartier." Der Sil rollte zu dem unbefestigten Weg, der durch
den dunklen Kiefernwald führte.

Hollis nahm Lisas Hand und flüsterte ihr ins Ohr: „Sie werden dich
verhören. Du mußt jetzt tapfer sein." Sie atmete tief durch und nickte.

Der Wagen hatte das Ende des Weges erreicht und bog nun auf die
Asphaltstraße ein. Auf beiden Seiten ragten Kiefern zwölf bis fünfzehn
Meter hoch und bildeten eine dichte Abschirmung, die wenig Licht
durchließ. Hier und dort zweigten Wege ab – Hollis war nur leicht
überrascht, ein amerikanisches Farmhaus und gleich darauf einen weißen Holzbungalow zu sehen. Vermutlich Unterkünfte für die Schüler
des Lagers und ihre amerikanischen Ausbilder.

Langsam fuhr der Sil an dem langen Gebäude mit dem grünen Dach vorbei, das Hollis schon aus der Luft gesehen hatte. Das einstöckige Bauwerk hatte weiße Bretterwände und eine gemütlich aussehende Frontveranda mit Schaukelstühlen und einem rot-weißen Coca-Cola-Automaten neben dem breiten Eingang. Durch ein großes Fenster erblickte Hollis einige Männer und Frauen und eine große amerikanische Flagge an der Wand. Man hatte den Eindruck, ein amerikanisches Kleinstadt-Veteranenheim vor sich zu haben.

Der Sil hielt schließlich vor einem massigen Gebäude aus vorgefertigten, zum Teil beschädigten Betonplatten. Ein KGB-Grenzsoldat stand in einem Holzhäuschen Wache, links davon befand sich der Eingang zum Hauptquartier. Vor dem Gebäude wartete Oberst Burow in einem langen grünen KGB-Mantel mit roten Achselklappen.

Martschenko stieg aus; Lisa und Hollis folgten ihm.

Burow betrachtete die beiden und sagte zynisch: „Willkommen. Sie wollten doch schon immer hierher, Hollis, nicht wahr?"

Hollis antwortete nicht.

Burow bemerkte die Ikone, die Lisa in der Hand hielt. „Wenn Sie Katholikin oder Protestantin wären, bräuchten Sie nur ein kleines Kreuz zu tragen statt so eines schweren Stücks Holz."

Martschenko fiel in sein hämisches Lachen ein.

„Gehen Sie zum Teufel!" entgegnete Lisa auf russisch.

Burow schlug ihr so heftig ins Gesicht, daß sie zu Boden stürzte. Hollis versuchte, ihr aufzuhelfen, aber da holte Burow gegen ihn aus, erwischte ihn am Kinn und ließ ihn zurücktaumeln.

„Das war für Lefortowo", sagte Burow und rieb sich die Knöchel. Dann wandte er sich an Martschenko: „In den Bauch!"

Martschenkos rechter Fuß zuckte hoch und traf Hollis in den Magen. Hollis brüllte auf und krümmte sich gleich darauf schmerzerfüllt am Boden. Er hörte Lisa schreien – und einen dumpfen Schlag. Sie fiel neben ihm zu Boden, die Hände auf den Magen gepreßt.

Hollis kam mühsam auf die Beine und half Lisa aufzustehen. Martschenko salutierte und stieg in den Sil.

Burow sah Hollis und Lisa kalt an. „Ins Haus!" befahl er.

Der Grenzsoldat öffnete die Tür zu einem Vorraum, wo der diensthabende Offizier saß. Beim Anblick Burows stand der Mann auf. „Lassen Sie Ihre Taschen und das religiöse Ding hier!" befahl Burow.

Hollis stellte seine Tasche ab und erblickte durch eine offene Tür zur Linken eine Telefonzentrale und eine Funkanlage.

„Mäntel und Schuhe ausziehen!"

Hollis und Lisa gehorchten. Der Diensthabende riß Hollis die Krawatte herunter und zog ihm den Gürtel aus den Hosenschlaufen. Zuletzt nahm er den Gefangenen die Uhren ab.

„Hier entlang!" befahl Burow. Er ging durch einen schmalen Korridor in den hinteren Teil des Gebäudes. Ein mit einer AK 47 bewaffneter Grenzsoldat schloß sich der Gruppe an. Er öffnete eine Stahltür und schob Lisa hinein. Burow schlug die Tür zu. Dann öffnete er die nächste Tür und stieß Hollis in eine kleine, fensterlose Zelle. „Zu Ihrer Information", sagte er, „ich bin hier der Lagerkommandant. Seit zehn Jahren. Bisher gab es keinen einzigen Fluchtversuch. Dodson war der erste. Und zwei meiner Leute wurden ermordet. Mir ist klar, daß Sie sie getötet haben, und ich finde, Sie und Ihr Freund Alevy wissen zuviel über das Lager. Darüber sollten Sie mir ein bißchen erzählen."

Hollis schwieg, und Burow versetzte ihm wütend einen Hieb in den Magen. „Sie halten sich wohl für sehr schlau, was?" fuhr er fort. „Ich darf Ihnen verraten, daß ich Sie und Ihre hochnäsige Freundin schon von Anfang an hier im Lager haben wollte. Die Zentrale hielt das für unmöglich, aber ich habe nunmehr bewiesen, daß es geht. Gerade jetzt wird Ihrer Botschaft gemeldet, daß Sie beide bei einem Hubschrauberabsturz ums Leben gekommen sind. Zwei verkohlte Leichen – ein Mann und eine Frau hier aus dem Lager – wird man am Unfallort bergen. Niemand weiß, daß Sie hier sind, Hollis. Niemand sucht Sie. Sie sind tot. Jetzt gehören Sie mir."

Hollis versuchte, einen klaren Gedanken zu fassen. Er schloß aus Burows Tirade, daß der Mann in der Klemme steckte und sich bei der Zentrale wieder in ein gutes Licht rücken wollte. Bis jetzt schien ihm das vorzüglich zu gelingen.

„Ziehen Sie sich aus, und geben Sie mir Ihre Sachen!" befahl Burow. Hollis befolgte die Anweisung. Dann verließen Burow und der Grenzsoldat den Raum. Die Tür knallte zu, der Riegel wurde vorgeschoben.

Hollis schaute sich um. Vier kahle Betonwände umschlossen die etwa neun Quadratmeter große Zelle. Licht lieferte eine in die Decke eingelassene Glühbirne, geschützt mit einem Stahlgitter. Außerdem befand sich dort oben eine versteckte Kamera und belauerte ihn.

Die Zelle war unmöbliert und wurde, soweit er ausmachen konnte, auch nicht beheizt. In der linken Ecke ragte etwa einen Meter über dem

Boden ein Wasserhahn aus der Wand, darunter befand sich ein großes Abflußloch. Hollis drehte den Hahn auf und spülte sich das Blut aus dem Mund. Seine Wange begann anzuschwellen, und ein Zahn war locker. An der Hüfte bildeten sich blaue Flecken.

Mit den Fäusten schlug er an die Mauer, die seine und Lisas Zelle trennte; aber die Steine waren dick, und er hörte kein Antwortsignal.

Schließlich hockte er sich in eine Ecke, zog die Beine an und legte die Arme um die Knie. Er fiel in einen unruhigen Schlaf.

NACH Hollis' Berechnung war es der zweite Tag, als die Tür aufging. Jemand warf ein Bündel Kleidung auf den Boden und schloß die Tür. Hollis zog einen blauen Trainingsanzug und Socken an und trank einen Schluck Wasser. Er fühlte sich sehr schwach. Das Deckenlicht ging wie schon mehrfach zuvor zu beliebigen Zeiten aus, offenbar, um seinen Biorhythmus durcheinanderzubringen. Er wanderte eine Zeitlang in der Dunkelheit durch die Zelle und schlief dann erschöpft ein.

AM MUTMASSLICH dritten Tag ging wieder die Tür auf, und ein Schlafsack flog herein. Eine große gekochte Kartoffel, die in der kühlen Luft dampfte, folgte hinterher. Ehe Hollis zugreifen konnte, ging das Deckenlicht aus, und er mußte auf Händen und Knien herumkriechen, bis er die Kartoffel fand. Er stieg in den Schlafsack und aß heißhungrig. Einige Stunden später öffnete sich die Tür erneut, und eine Wache brüllte auf russisch: „Aufstehen! Rauskommen!"

Hollis stand auf und folgte dem Wachposten durch den Korridor und eine schmale Betontreppe hinauf. Er wurde in einen kleinen Raum geführt. Hinter einem langen Tisch saßen fünf uniformierte KGB-Offiziere. Burow hatte den Platz in der Mitte. Sonnenschein fiel durch das Fenster, aber so schwach, daß es frühmorgens oder früh am Abend sein mußte.

Oberst Burow blickte kurz auf und sagte auf russisch: „Dieses Sondertribunal des Komitees für Staatssicherheit ist mit dem Ziel zusammengetreten, Colonel Samuel Hollis des Mordes an den Gefreiten Nikolai Kulnow und Michail Kolotilow anzuklagen." Burow schilderte Daten und Sachverhalte und fragte dann: „Colonel Hollis, bekennen Sie sich schuldig?"

„Ja", antwortete Hollis nur.

Wenn Burow oder die anderen Männer überrascht waren, ließen sie es sich nicht anmerken. Burow räusperte sich. „Schön. Es gibt nur eine Strafe für den Mord an KGB-Angehörigen: Tod durch ein Erschießungskommando."

Hollis blickte starr geradeaus.

„Sie müssen vorher noch ein umfassendes schriftliches Geständnis ablegen", ordnete Burow an. Er winkte der Wache. „Bringen Sie den Gefangenen in seine Zelle, und führen Sie die andere Gefangene vor!"

Der Wachposten schob Hollis zur Tür, die im selben Augenblick aufging und den Blick auf Lisa freigab. Sie trug einen grauen Gefängniskittel, war bleich, zittrig und wirkte verwirrt. „Erklär dich schuldig", flüsterte Hollis ihr im Vorbeigehen zu. „Sei tapfer. Ich liebe dich."

Sie starrte ihn an, als versuche sie sich darüber klarzuwerden, wer er sei. Aber schon hatte der Posten ihn weitergeschoben, und Hollis fand sich im Korridor wieder. Er wurde in seine Zelle gebracht, wo jetzt ein Schreibblock auf dem Boden lag, daneben ein amerikanischer Kugelschreiber.

Hollis setzte sich auf den Schlafsack und legte sich den Block auf die Knie. Sein Ziel war die Flucht, dazu mußte er Leib und Seele in Form halten. Als Geheimdienstoffizier hatte er Instruktion, alles zu gestehen und alle verlangten Geständnisse aufzusetzen, solange andere Gefangene oder die nationale Sicherheit nicht gefährdet wurden. Kurz, er sollte das Spiel der Gegenseite mitmachen. Hollis lächelte bitter. Vermutlich war sowieso alles egal. Am Ende würde ihn die Kugel treffen. Er begann sein Geständnis zu verfassen. Eigentlich hatte er nicht viel zu gestehen. Er hatte das Lager ausgekundschaftet, war dabei von zwei Grenzsoldaten überrascht worden und hatte sie erschossen.

Schließlich las er den Text noch einmal durch. Es war ein gutes Geständnis geworden, eine Mischung aus konkreten Tatsachen und schwer zu beweisenden Erfindungen. Hollis unterschrieb und legte sich hin. Er dachte an Lisa, verdrängte dann jeden Gedanken an sie und fiel in einen unruhigen Schlaf, der ihm aber doch Träume von ihr bescherte.

AM FÜNFTEN oder sechsten Tag seiner Gefangenschaft ging die Zellentür abermals auf; eine Wache trat ein und befahl: „Kommen Sie mit!" Hollis richtete sich auf und folgte dem Mann in den Korridor und in ein kleines, spartanisch eingerichtetes Büro. Oberst Burow saß hinter dem Schreibtisch. Durch das einzige Fenster drang fahles Abendlicht.

„Setzen Sie sich, Hollis!"

Hollis nahm auf einem Holzstuhl Platz.

Burow hielt das Geständnis in der Hand. „Es freut mich zu sehen, daß Sie in einigen Punkten die Wahrheit gesagt haben. Sie wissen, daß wir Ihren Wagen am Bahnhof von Gagarin gefunden haben. Dagegen wissen Sie nicht, daß wir auch den Abstecher nach Jablonja aufklären konnten. Ganz anders das Geständnis Ihrer Freundin. Es enthält weniger interessante Details als das Ihre."

„Sie weiß eben nicht viel."

Burow musterte sein Gegenüber nachdenklich. „In Ihrem Geständnis steht, daß Sie bereit wären, hier zu arbeiten, wenn man Sie nicht erschießt. Was tun wir denn Ihrer Meinung nach hier?"

„KGB-Agenten ausbilden, damit sie als Amerikaner auftreten können."

Nach kurzem Schweigen fragte Burow: „Woher wissen Sie das?"

„Wir haben unsere Schlüsse gezogen."

„Verstehe. Und haben Sie schon ehemalige Schüler dieses Lagers geschnappt?"

„Ja. Die Kellums. Und Mike Salerno scheint mir auch ein ehemaliger Absolvent zu sein."

Burow grinste und beugte sich über den Schreibtisch. „Und Dodson? Wo ist Dodson?"

„Keine Ahnung."

Burow stand auf und trat ans Fenster. „Wenn Ihre Leute über dieses Lager Bescheid wissen, warum unternehmen sie nichts dagegen?"

„Meine Regierung verfolgt im Augenblick eine Politik der Entspannung. Man will die Sache vertuschen."

Hollis wußte, daß seine Aussage aufgezeichnet wurde. Später würde man ihn an einen Lügendetektor anschließen und ihm dieselben Fragen vorsetzen. Etwaige Differenzen, die dabei auftraten, würde man wahrscheinlich mit Elektroschockbehandlung klären.

„Ich kann mir nicht vorstellen, daß Ihre Regierung unser Unternehmen weiterlaufen lassen würde", erklärte Burow. „Nicht einmal mit Rücksicht auf den Frieden. Tausende unserer Agenten arbeiten bereits in den USA. Was gedenkt Washington dagegen zu tun?"

Genau das war die entscheidende Frage. „Soweit ich weiß",

antwortete Hollis, „strebt das Außenministerium eine Regelung auf dem Verhandlungsweg an."

„Ach? Und was plant der CIA? Und der Geheimdienst des Pentagons? Will man ein oder zwei von den Männern, die hier sind, befreien und der Welt als lebenden Beweis vorführen?"

„Nicht daß ich wüßte. Soweit ich es beurteilen kann, wäre das auch unmöglich."

„In der Tat." Burow schwieg eine Weile. „Sie werden mir die Namen aller Sowjetbürger nennen, die als amerikanische Spitzel beschäftigt sind."

„Warum sollte ich Ihnen etwas erzählen, wenn ich doch erschossen werde?"

„Weil Erschossenwerden nicht so schlimm ist wie manche anderen Dinge, die ich Ihnen antun könnte. Aber Sie sind ja ein kluger Kopf. Was schlagen Sie denn vor? Von Geheimdienstler zu Geheimdienstler?"

„Ich weiß, daß ich offiziell tot bin. Also würde ich lieber hier arbeiten, als erschossen zu werden. Und ich möchte Lisa Rhodes bei mir haben."

„Ja, offiziell sind Sie tot. Die Zentrale möchte, daß Sie nach den Verhören auch wirklich sterben. Aber vielleicht kann ich die Leute davon überzeugen, daß Sie und Ihre Freundin uns lebendig nützlich sein könnten."

Hollis schwieg.

Burow kam zu ihm herüber und sah ihn an. „Wer ist Simms?"

„Ich weiß es nicht."

„Aber ich glaube, ich weiß es." Burow lächelte zynisch. „Nun, Hollis, wir werden schon miteinander klarkommen. Wollen Sie Ihre Freundin mal sehen?"

Hollis nickte.

Burow öffnete die Tür und sagte etwas zu der Wache, die Hollis daraufhin die Betontreppe hinabführte. Der Mann öffnete Lisas Zelle und stieß Hollis hinein. Die Tür wurde von außen verriegelt.

Lisa hockte in ihrem Schlafsack in einer Ecke. Sie schaute Hollis stumm an. Ihre Wangen waren eingefallen, die Augen lagen tief in den Höhlen. Hollis setzte sich und legte Lisa einen Arm um die Schultern. Sie blieb starr sitzen. Schweigend verbrachten sie die nächsten Minuten, dann barg Lisa das Gesicht plötzlich in den Händen und begann leise zu weinen. „Man hat mich zum Tode verurteilt", sagte sie mit kaum hörbarer Stimme.

Hollis antwortete nicht. Er wußte, daß die Mikrofone auch das leiseste Flüstern auffangen konnten. Er hätte sie so gerne getröstet, doch war es ratsam, nichts zu sagen, was Burow später gegen sie verwenden konnte. Welch unseliger Gedanke, Lisa aufzusuchen!

„Es tut mir leid." Hilflos strich er ihr über das Haar.

Sie zuckte wortlos die Achseln. Schließlich ergriff sie seine Hand. „Dir muß kalt sein. Komm zu mir in den Schlafsack."

Er schob sich neben sie.

„Ich gebe dir keine Schuld", sagte sie. „Du hattest mich gewarnt." Hollis antwortete nicht. Sie umarmten sich stumm.

13. Kapitel

HOLLIS hörte Schritte, dann ging die Tür auf. „Aufstehen!" befahl der Wachposten. „Folgen Sie mir! Und sprechen Sie nicht."

Hollis half Lisa auf die Beine. „Ich liebe dich, Sam", sagte sie leise.

„Ich dich auch."

„Nicht sprechen!"

Sie gingen den langen Korridor entlang, und ein zweiter Wachposten öffnete die Tür zu einem fensterlosen Raum.

Auf einem Holztisch standen heißer Tee, gekochte Eier, Brot und Marmelade. Der Posten forderte sie auf, Platz zu nehmen. „Essen Sie, soviel Sie können", fügte er hinzu.

Hollis und Lisa aßen langsam, soviel sie konnten. Anschließend führte der Posten sie in eine Art Umkleideraum. Er wies auf eine Dusche in der Ecke. „Los, duschen Sie!"

Lisa und Hollis zogen sich aus und seiften sich unter dem heißen Wasser ein. Eine Helferin brachte Handtücher, Rasierapparat, Unterwäsche und saubere Trainingsanzüge. Hollis trocknete sich ab und rasierte sich. Lisa mied den Blick des Wachpostens und zog sich hastig an. Die Helferin deutete auf einen Karton mit zahlreichen Turnschuhen, und Hollis und Lisa suchten sich die passenden Paare heraus.

„Folgen Sie mir!" befahl der Wachposten und führte seine Gefangenen in Burows Büro.

„Guten Morgen", sagte Burow, als sie eintraten. „Setzen Sie sich."

Hollis und Lisa nahmen auf den Stühlen vor seinem Schreibtisch Platz.

„Sie werden sich freuen zu hören, daß Ihr Todesurteil unter bestimmten Bedingungen zu lebenslänglichem Gefängnis umgewandelt werden kann."

„Wie sehen diese Bedingungen aus?" erkundigte sich Hollis.

„Erstens müssen Sie sich einem Lügendetektortest unterziehen. Zweitens müssen Sie für uns arbeiten. Wenn Sie ablehnen, werden Sie wegen Mordes hingerichtet."

„Sie verlangen von uns, daß wir zu Verrätern werden?" fragte Lisa empört.

Burow antwortete nicht sofort. „Sie sollten wissen, Mrs. Rhodes, daß Ihr Freund bereits angedeutet hat, er würde, wenn wir ihm das Leben schenkten, für uns arbeiten."

„Ich habe nicht gesagt, daß ich mich einem Lügendetektortest unterziehe", entgegnete Hollis.

„Das stimmt", erwiderte Burow, „aber Sie werden trotzdem gründlich verhört. Es gibt andere Verhörmethoden, aber mir ist der Lügendetektor immer noch lieber als Drogen, Elektroschocks oder der Knüppel – zumal die Ergebnisse der genannten Verfahren nicht so zuverlässig sind. Ich bin sicher, Sie und Mrs. Rhodes denken da ähnlich."

„Für Sie zu arbeiten ist eine Sache", meinte Hollis, „aber ich kann keine Geheimnisse verraten, die andere Agenten enttarnen oder gefährden würden."

Burow schlug mit der Faust auf den Tisch. „Es ist nicht an Ihnen, Forderungen zu stellen!" Er wandte sich an Lisa. „Wollen Sie leben und hier arbeiten oder erschossen werden? Antworten Sie!"

„Ich ..., ich möchte bei Colonel Hollis sein."

Burows Blick richtete sich auf Hollis. „Und wofür entscheiden Sie sich?"

„Es wäre mir am liebsten, wenn wir beide aus den Zellen herauskämen und ein Weilchen hier leben dürften, ehe wir uns entscheiden, ob wir Ausbilderfunktionen übernehmen."

Burow lächelte. „Sie spielen auf Zeit."

„Zu welchem Zweck denn? Ich bin offiziell tot. Wir sind beide tot."

Burow nickte. „Einverstanden. Ich glaube nämlich, daß Sie lieber nicht vor das Erschießungskommando wollen, wenn Sie erst erkannt haben, wie angenehm das Leben hier sein kann. Ich gebe Ihnen eine Woche. Dann müssen Sie sich dem Verhör unterziehen. Sollte ich aber zu der Überzeugung gelangen, daß Sie etwas im Schilde führen oder mich belügen" – Burow deutete auf Lisa –, „dann stirbt sie. Und nicht durch das Erschießungskommando. Ich werde sie vor Ihren Augen zu Tode foltern."

Hollis und Lisa schwiegen.

Burow sprang auf und fuhr in beinahe freundlichem Ton fort: „Fühlen Sie sich kräftig genug für einen kleinen Spaziergang an der frischen Luft? Sie sind doch bestimmt neugierig." Er winkte seine Gefangenen zur Tür und sprach kurz mit dem Wachposten. Dann sagte er zu Hollis und Lisa: „Ich komme gleich nach."

Der Mann führte sie nach unten in eine Art Foyer, deutete auf eine Bank neben dem Haupteingang und ließ sie allein.

Der kleine Vorraum war nüchtern eingerichtet; über dem Empfangstresen hing ein Leninbild. Im Dienst war ein Leutnant. Durch die offene Tür konnte Hollis einen Mann an der Telefonvermittlung sitzen sehen. Er stellte gerade eine Verbindung her. Links von dem Mann befand sich die Funkkonsole, die Hollis schon bei seiner Ankunft gesehen hatte. Er identifizierte ein Kurzwellengerät.

Sie setzten sich und schwiegen eine ganze Weile. Dann sagte Lisa: „Sam, ich weiß, daß wir schlimm in der Klemme stecken. Aber ich werde mich nicht auf Burows Plan einlassen."

Hollis rieb Daumen und Zeigefinger aneinander, das Zeichen, mit dem in der Botschaft an die Abhörgeräte erinnert wurde.

Lisa berührte ihr Kinn, um zu zeigen, daß sie verstanden hatte, und flüsterte: „Du hast doch nur geschauspielert, nicht wahr? Ich meine, deine..., deine..."

„Nachgiebigkeit." Hollis nickte. „Wir reden später darüber."

Oberst Burow erschien, in einen dicken Mantel gehüllt. Der Diensthabende sprang auf und nahm Haltung an. „Besorgen Sie den beiden Parkas, Tschelzow!" befahl Burow.

Der Leutnant brachte zwei grüne Parkas.

Hollis und Lisa folgten Burow in den kalten Morgen. Die Sonne leuchtete schwach und ließ Lisas Gesicht besonders bleich erscheinen. Hollis atmete die nach Kiefern duftende Luft tief ein.

Burow lächelte. „Ein schöner Morgen, nicht wahr? Wenn Sie vernünftig sind, werden Sie noch viele schöne Morgen erleben." Er machte eine kurze Pause. „Eines sollten Sie allerdings nie vergessen. Die Ausbilder hier haben keine persönliche Vergangenheit, nur eine allgemein-kulturelle, die sie auf die Studenten übertragen. Die Studenten haben weder eine persönliche noch eine kulturelle Vergangenheit, nur eine politische, die sie in ihrem Herzen bewahren, niemals aber offen zu erkennen geben."

Hollis und Lisa folgten Burow um das Hauptquartier herum und erreichten einen mit Holzplanken ausgelegten Weg. Bald hatten sie das große Spielfeld erreicht, auf dem zwei Mannschaften Football übten. Hollis sah vier Männer mittleren Alters; zwei standen an der gegenüberliegenden Seitenlinie, zwei liefen im Feld zwischen den jüngeren Spielern. Burow folgte seinem Blick. „Die Trainer. Ich wünschte, die Studenten könnten wie früher mit ihren Ausbildern spielen. Aber inzwischen sind die Ausbilder zu alt dafür."

„Sie meinen die Amerikaner?"

„Ausbilder und Studenten sind Amerikaner, da machen wir keinen Unterschied mehr. Wir trainieren amerikanische und andere westliche Sportarten. Wegen der Satelliten müssen wir uns allerdings vorsehen. Deshalb können wir hier keinen Baseball-Rhombus anlegen."

Burow führte seine Besucher über das Spielfeld. „Heutzutage wird in Amerika auch viel europäischer Fußball gespielt, da werden einige unserer Studenten direkt glänzen können."

Sie ließen das Spielfeld hinter sich und folgten einem Waldweg. Der Pfad endete an einem kleinen Betonbauwerk, das wie ein Bunker aussah. Burow führte seine Begleiter hinein und drückte einen Knopf an der Wand. Der mit Stahlplatten bedeckte Boden setzte sich in Bewegung. Zu dritt versanken sie in einem Schacht, in dem sich nach einigen Sekunden eine Tür öffnete. Burow führte seine Begleiter in einen modern eingerichteten Raum. Ein junger Mann saß in der Ecke hinter einem Schreibtisch. Er trug ein T-Shirt und las die *New York Times*. „Willkommen im Fitneßcenter", sagte Burow zu Hollis und Lisa.

Der junge Mann legte die Zeitung aus der Hand. „Hallo, Oberst. Wen hätten wir denn da?" fragte er in munterem Englisch.

„Neue Mitglieder, Frank. Colonel Hollis und Mrs. Rhodes."

„Großartig." Der junge Mann sprang auf. „Frank Chapman."

Hollis zögerte, dann gab er dem Mann die Hand und sagte: „Wenn Sie Frank Chapman sind, bin ich Leo Tolstoi."

Chapman verzog keine Miene.

Burow führte seine Besucher durch eine beschlagene Glastür in einen Vorraum. „Umkleiden für Männer hier, Damen dort. Wir haben leider nicht viele Studentinnen, weil wir nur sechs Ausbilderinnen aufbieten können." Er sah Lisa an. „Jetzt vielleicht sieben."

Lisa schwieg.

„Diese Anlage ist unser besonderer Stolz", erklärte Burow beim Weitergehen. „Kostenpunkt: über eine Million Rubel. Saunen, Dampfbäder, Höhensonnen, Whirlpools. Hier der Fitneßraum. Die beiden Frauen dort sind Neuzugänge. Sie wollen sich eine Traumfigur zulegen wie die Ihre, Mrs. Rhodes." Grinsend schaute Burow zu, wie zwei russische Frauen auf Trainingsfahrrädern schwitzten, und fuhr fort: „Wir wissen, daß die meisten erfolgreichen Amerikaner sich sportlich betätigen."

Sie gelangten in eine große Turnhalle. Im hinteren Teil spielten sechs junge Männer Basketball. Ihre Kurzhaarfrisuren entsprachen der amerikanischen Mode, und Hollis war überrascht von ihrer Körpersprache: Gang, Lächeln, Gesichtsausdruck, Handbewegungen – alles stimmte. Die jungen Männer hatten nichts Russisches mehr an sich.

Als sie die Besichtigung der unterirdischen Sportanlagen beendet hatten, wußte Hollis, warum Burow das Lager nicht so schnell aufgeben wollte; einer der Gründe waren die aufwendigen Häuser und Sporteinrichtungen.

Sie verließen den unterirdischen Komplex und fuhren mit dem Fahrstuhl in den Betonbunker zurück. Burow führte Hollis und Lisa ins Freie und deutete nach Süden. „Der Stacheldraht markiert das Terrain des KGB-Grenzschutzes. Diese Leute machen Dienst in den Wachtürmen und patrouillieren am Zaun. Viele bei uns arbeitende Russen, einschließlich des gesamten ärztlichen Personals, sind politische Gefangene, die aus dem Gulag kommen."

Über den Fußballplatz kehrten sie zur Hauptstraße zurück, auf der Burow sich nach links wandte, zum Haupttor. Etwa hundert Meter weiter tauchte das lange weiße Holzgebäude mit der Veranda und dem Cola-Automaten auf. Burow führte sie hinein. In dem hellerleuchteten Raum des fingierten Veteranenheims saßen etwa zwanzig zumeist ältere Männer. An der Wand hing die große amerikanische Flagge, die Hollis schon von draußen gesehen hatte. Hier und dort waren Pappdekorationen angebracht, die die Jahreszeiten symbolisierten: Kürbisse, Vogelscheuchen, Truthähne und Herbstblumen.

In einem Fach lagen Dutzende von amerikanischen Zeitschriften, und in der hinteren Ecke waren Regale voller Bücher zu sehen. Es gab Tische für Karten- und Brettspiele, einen Billardtisch, einen Fernseher und sogar ein Videospiel. „Die älteren Männer hier sind Ihre Landsleute", erklärte Burow. „Sie halten sich über das amerikanische Leben mit Videobändern auf dem laufenden, die wir durch unser Botschafts- und Konsularpersonal in Washington, New York und San Francisco bekommen."

Einige der älteren Männer musterten Hollis und Lisa interessiert. Hollis fiel auf, daß Burow keines Blickes gewürdigt wurde. Als Hollis die Amerikaner, seine ehemaligen Fliegerkameraden, betrachtete, fühlte er Rührung in sich aufsteigen. Unvermittelt umfaßte er Lisas Arm und schob sie zur Tür hinaus. Burow folgte. Er sah Hollis scharf an. „Stimmt etwas nicht? Ach ja – die Männer da drinnen. Wie gefühllos von mir! Es geht ihnen gut, Hollis. Sie haben sich angepaßt. Kommen Sie weiter."

Burow ging ihnen wieder voraus und bog in einen anderen Waldweg ein. Die Bauten des Lagers waren so weit voneinander entfernt, daß Hollis zuweilen den Eindruck hatte, durch einen unbewohnten Wald zu wandern. Bis dann plötzlich wieder ein Gebäude auftauchte oder Gestalten, die diesem oder jenem Weg folgten. Drei Männer näherten sich. „Ausbilder", erklärte Burow. Die beiden Gruppen begegneten sich, und Burow stellte vor: „Commander Poole, Captain Schuyler, Colonel Mead – ich möchte Ihnen Colonel Hollis von der US Air Force vorstellen, ehemaliger Luftwaffenattaché der US-Botschaft in Moskau. Außerdem Mrs. Lisa Rhodes; sie war ebenfalls bis vor kurzem an der amerikanischen Botschaft beschäftigt."

Die fünf Amerikaner tauschten Blicke; schließlich brach Colonel Mead das Schweigen. „Zum Teufel, wie kommen Sie hierher?"

„Wir wurden entführt", antwortete Hollis.

Burow lächelte dünn. „Wenn Sie die Zeitungen genauer lesen würden, wie man es von Ihnen erwartet, meine Herren, wüßten Sie, daß Colonel Hollis und Mrs. Rhodes bei einem Hubschrauberabsturz ums Leben gekommen sind."

„Dann sind Sie beide echt?" fragte Commander Poole. „Ich hatte schon vermutet, Sie könnten zwei von Oberst Burows fliegenden Kreaturen aus einem früheren Jahrgang sein."

„Nein, wir sind echt", bestätigte Hollis.

Poole sah ihn ernst an. „Es tut mir leid, Ihnen hier zu begegnen."
„Mir auch", erwiderte Hollis. Er spürte, daß die Männer viele Fragen hatten – vor allem wollten sie sicherlich wissen, was aus Dodson geworden war. „Wir unterhalten uns bald mal", versprach er.

Burow drängte Lisa und Hollis zum Weitergehen. „Wie Sie sehen, sind die meisten Häuser im amerikanischen Stil gebaut. Außerdem gibt es eine zweite unterirdische Anlage mit verschiedenen Übungsszenarien: amerikanische Küchen, Büro- und Ladenkulissen, Räume mit amerikanischen Geräten aller Art. Dorthin führe ich Sie ein andermal. Wir konzentrieren uns hier allerdings in erster Linie auf die Nuancen von Sprache und Kultur: Gesichtsausdruck, Kleidung, zwischenmenschliche Beziehungen und dergleichen."

„Und was passiert, wenn es Ihren ‚Schülern' in Amerika zu gut gefällt?"

„Das", antwortete Burow, „kann zum Problem werden. Aber auch dafür haben wir Vorsorge getroffen. Unsere Absolventen wissen, daß man sich hier um ihre Familien kümmert. Sie verstehen?"

Wieder überquerten sie die Hauptstraße und folgten einem leicht abschüssigen Waldweg hinter dem Veteranengebäude. „Wir versuchen inzwischen etwas Neues", fuhr Burow fort. „Abgänger unserer Schule, die mindestens sechs Jahre in Amerika gelebt haben, kehren als Ausbilder hierher zurück. Dieses Programm müssen wir unbedingt ausbauen; es wird der Tag kommen, da diese Schule zweitausend Amerikaner im Jahr hervorbringt. Am Ende des Jahrhunderts wird es in Ihrem Land eine fünfte Kolonne geben, die der Sowjetunion von Größe und Einfluß her eine Art Minderheitsbeteiligung an den Vereinigten Staaten schafft. Sie wird dann eines Tages vielleicht die politischen Größen stellen." Er deutete auf ein Holzhäuschen mit grünen Fensterläden und Dachschindeln aus Zedernholz. „Hier war Major Dodson untergebracht. Sie dürfen das Haus in der Woche bis zu Ihrer Entscheidung bewohnen. Treten Sie ein." Burow öffnete die Tür und forderte sie auf, die Parkas auszuziehen; im Kamin flackerte ein Feuer.

Hollis schaute sich um. Der Raum war rustikal und gemütlich eingerichtet.

„Hinter der Tür befindet sich eine kleine Küche." Burow wandte sich an Lisa. „Könnten Sie uns etwas zu trinken holen?"

Lisa warf ihm einen unfreundlichen Blick zu und verschwand.

„Diese Frau ist sehr . . . eigenwillig", bemerkte Burow und fügte hinzu: „Ein kleiner Rat, Hollis: Sorgen Sie dafür, daß sie den Mund nicht zu weit aufreißt. Wir sind hier sehr großzügig. Es hat allerdings auch Ausbilder gegeben, die zu weit gegangen sind."

„Und die erschossen werden mußten?"

„Das war immer der allerletzte Ausweg", entgegnete Burow. „Setzen Sie sich. Sie scheinen noch nicht recht wieder zu sich selbst gefunden zu haben."

Hollis ließ sich auf ein kleines Sofa gegenüber dem Kamin fallen.

Lisa brachte ein Metalltablett mit drei Gläsern herein. „Cognac." Sie stellte das Tablett auf den Tisch. Burow hob sein Glas. „Auf Ihr neues Zuhause." Er trank allein. „Na, finden Sie das nicht besser als Folter, Hunger und Tod?"

„Das wird sich erst noch zeigen", entgegnete Lisa und setzte sich neben Hollis. „Erzählen Sie uns mehr über das Leben im Lager."

Burow starrte sie einen Augenblick lang an und sagte dann: „Das Zusammenleben von Männern und Frauen. Sie haben sich schon darüber Gedanken gemacht, denn Sie wissen, daß es einige Studentinnen gibt, daneben noch die erwähnten sechs weiblichen amerikanischen Ausbilder, die Sie noch nicht kennen. Außerdem leben hier viele andere Frauen. Russische Frauen. Es wäre unrealistisch zu erwarten, daß die Männer Jahr für Jahr ihre Arbeit ohne Frauen tun." Burow trank einen Schluck. „Die meisten Männer haben inzwischen feste Beziehungen. Die russischen Frauen stammen ausnahmslos aus dem Gulag, fast alle sind politische Gefangene, vorwiegend aus der höheren Bildungsschicht." Er lächelte spöttisch. „Sie sehen, hier läßt es sich leben. Fast so gut wie im goldenen Westen."

Hollis konnte Burow nicht mehr länger ertragen. „Wir wären jetzt gern allein", sagte er.

Burow stand auf. „Selbstverständlich." Er ging zur Tür. „Melden Sie sich beim Quartiermeister im Hauptquartier, wenn Sie etwas brauchen. Am Ende der Hauptstraße gibt's Einkaufsmöglichkeiten. Jeder hier bekommt ein Gehalt. Ich lasse Ihnen Ihr Geld für diese Woche im voraus auszahlen. Ihr Handgepäck finden Sie nebenan im Schlafzimmer. Ihre Koffer mußten wir bedauerlicherweise an Ihre Familien weiterleiten."

„Und Mrs. Rhodes' Ikone?" fragte Hollis.

„Ach, die lasse ich Ihnen noch bringen. Wer hat denn Hammer und Sichel darauf eingekerbt?"

„Ich nehme an, die Kellums."

„Die Kellums?" fragte Lisa entsetzt. „Dick und Ann?"

Hollis nickte.

„Mein Gott ..., mein Gott ..., ich glaube das einfach nicht!"

Burow lächelte entzückt. „Und von der Sorte haben wir noch dreitausend in Amerika sitzen, in Ihren Botschaften, in Ihren Militärstützpunkten, überall auf der Welt. Phantastisch, nicht wahr? Kommt nicht oft vor, daß wir die Leute paarweise losschicken, aber die beiden hatten es sich in den Kopf gesetzt, bei einer politisch einflußreichen Person im Haushalt zu arbeiten." Burow öffnete die Tür. „Nun ja, ich hatte einen angenehmen Vormittag. Ich hoffe, Sie auch." Mit diesen Worten verließ er das Haus.

Lisa legte Hollis die Arme um den Hals. „Was auch passiert, ich liebe dich."

„Das will ich hoffen. Sieht nämlich so aus, als säßen wir für den Rest unseres Lebens hier fest."

„Nein! Wir kehren nach Hause zurück, und wenn wir dabei draufgehen."

„Sei nicht dumm!" Hollis rieb die Fingerspitzen gegeneinander. „Wir machen nachher einen Spaziergang. Komm, leg dich auf das Sofa." Hollis deckte Lisa mit einem Parka zu und setzte sich in einen Sessel. „Schlaf ein bißchen. Wir unterhalten uns später." Er starrte in den Kamin und dachte an die drei amerikanischen Offiziere, denen er begegnet war. Sie wirkten seltsam entwurzelt, heimatlos, gefangen zwischen dem Reich der Lebenden und der Toten. Er versuchte sich einen Aufenthalt von beinahe zwanzig Jahren an diesem Ort vorzustellen, aber es gelang ihm nicht. Er bemühte sich, einen Ausweg zu finden – und sah keinen.

14. Kapitel

GEGEN Abend verließen Hollis und Lisa ihr Häuschen. Sie wanderten in südlicher Richtung, bis Hollis vom Weg abbog und Lisa auf einen Hang führte. Dort setzten sie sich nieder. „Vielleicht gibt es Abhörgeräte an den Wegen", sagte er leise, „vielleicht verfolgt man uns auch mit Richtmikrofonen, aber hier müßten wir sicher sein, wenn wir nicht zu laut sprechen."

Lisa stocherte mit einem Ast im nadelbedeckten Boden herum. „Müssen wir wirklich bis an unser Lebensende hier schmoren?"

„Ich hoffe nicht."

„Weiß Seth, wo wir sind?"

„Er dürfte wissen, daß wir nicht bei dem Absturz umgekommen sind."

„Also werden wir gerettet oder ausgetauscht?"

Hollis ergriff Lisas Hand. „Je weniger du weißt, desto besser. Je weniger *ich* weiß, desto besser. Burow ist noch lange nicht mit uns fertig."

Lisa nickte. „Ich habe Burow alles gesagt, was ich wußte, Sam. Ich konnte nicht anders."

„Wir haben es hier mit Profis zu tun, die mit jedem fertig werden. Nimm's nicht so schwer. Wir werden die Rechnung irgendwann begleichen."

Sie schüttelte den Kopf. „O Sam! Ich habe diese ewige Vendetta satt. Ich will nichts weiter als hier weg und unsere Leute nach Hause holen."

„Gut", meinte Hollis und stand auf. „Dann wollen wir uns mal mit unseren Leuten unterhalten. Nur so ist zu erfahren, was wir tun können."

Hollis und Lisa schlugen die Richtung ein, aus der sie gekommen waren, bogen dann aber auf einen Querweg ab. Nach einer Weile erreichten sie ein im Farmstil erbautes Haus, das zwischen den Bäumen stand. Es war aus rotem Backstein mit weiß abgesetzten Ziegelsteinen an den Rändern und hatte ein grünes Dach. Ein Kiesweg führte zu einer Garage, doch gab es kein Anzeichen, daß hier jemals ein Auto gefahren war. Rechts von der Garage stapelte ein etwa fünfzigjähriger Mann Feuerholz.

„Hallo, ich bin neu hier", begrüßte ihn Hollis.

Der Mann drehte sich zu seinen Besuchern um. „Sam Hollis! Ich habe schon gehört, daß Sie hier sind." Er wischte sich die Finger an der Kordhose ab und gab Hollis die Hand. „Ich bin Tim Landis", stellte er sich mit breitem texanischem Akzent vor. „Ich glaube, wir kennen uns, Sam."

Hollis starrte Landis an, als sähe er ein Gespenst. „Ja ..., bei Gott ... Sie waren Commander in unserer Kampfstaffel!" Hollis brauchte einige Minuten, um sich zu fassen. Dann stellte er Lisa vor.

Lisa reichte Landis die Hand. „Ist das hier wie der Tod mit anschließendem Fegefeuer oder wie die Hölle auf Erden?"

Landis schien zu verstehen, was sie meinte. „Nun ja, das hängt davon ab, was man nachts geträumt hat. Wissen Sie, ich lebe fast zwanzig Jahre im Lager und habe nicht das Gefühl, daß ich hier zu Hause bin, aber ich weiß nicht mehr recht, wie das Gefühl eigentlich sein müßte. Nur manchmal weiß ich es doch – dann wache ich nachts auf und kann mich an alles erinnern ..." Landis lächelte wehmütig, dann riß er sich zusammen. „Sam, es freut mich jedenfalls, daß Sie damals nicht abgeschossen wurden!"

„Wurde ich aber. Über dem Hafen von Haiphong. Beim letzten Angriff. Ich wurde von unseren Leuten rausgefischt." Er zögerte und fuhr fort: „Mein Kopilot war Ernie Simms. Ist er hier?"

„Nicht mehr. Er kam direkt aus Hanoi hierher. Ja, richtig, er sprach davon, daß er mit Ihnen zusammen geflogen war. Seine Schlagader war angeritzt, aber die Gelben haben ihn wieder zusammengeflickt, und als er zu uns kam, war er gut in Form." Landis schien sich plötzlich unbehaglich zu fühlen. „Er wollte allerdings nicht mitmachen. Er sagte unserem Obermacker, einem Miesling von der Roten Luftwaffe, dessen Namen ich nicht mehr weiß, daß er auf keinen Fall mitspielen würde. Und da hat man ihn erschossen." Er schwieg einen Moment. „Dann ging der Krieg zu Ende, und im Lager kam der KGB ans Ruder. Wir haben wahrscheinlich noch mehr Leute hier, die Sie von früher kennen." Landis zählte etwa ein Dutzend Namen auf, von denen Hollis vier wiedererkannte. Die beiden Männer begannen Erinnerungen an die Kampfzeit in Vietnam auszutauschen, und es kam eine kameradschaftliche, leicht nostalgische Stimmung auf.

„Ach", sagte Landis in einer Gesprächspause, „haben Sie wohl mal etwas von meiner Frau gehört – von Maggie?"

„Nein, leider nicht."

„Wissen Sie, ich hatte zwei Söhne, Timothy ... und Josh. Die sind inzwischen ja längst erwachsen. Tim muß jetzt dreißig sein und Josh vierundzwanzig. Ich hoffe wirklich, daß sie es auch ohne ihren Vater geschafft haben. Und daß Maggie wieder geheiratet hat und glücklich ist." Landis' Augen wurden feucht, und er rang um Fassung.

Hollis hatte plötzlich ein flaues Gefühl im Magen. „Hören Sie, Tim, wir können auch ein andermal weitersprechen. Ich glaube, unser Besuch regt Sie auf ..."

Landis nickte verlegen. „Ja, vielleicht, na, auf jeden Fall war es nett, daß Sie vorbeigeschaut haben." Er machte ein paar Schritte auf sein Haus zu, kam dann aber wieder zurück. „Ach, mir ist noch etwas eingefallen, Sam. Was Simms betrifft." Landis schwieg einen Moment. „Simms hat erzählt, daß, nachdem Sie beide ins Meer abgestürzt waren, die Vietnamesen Boote ausgeschickt hätten. Sie seien auf ihn zugeschwommen, um ihn zu warnen. Er sagte, er habe Sie zurückgewinkt, weil es für ihn ohnehin keine Rettung mehr gegeben habe. Aber Sie seien immer weiter auf ihn zugeschwommen und hätten Warnungen gerufen. Er hat oft gemeint, er sei so glücklich gewesen, als er sah, daß Sie gerettet wurden. Glücklich für Sie und glücklich, daß da jemand war, der bezeugen konnte, daß er noch lebte, als man ihn gefangennahm." Landis sah Hollis an. „Simms hatte eine hohe Meinung von Ihnen, Sam."

Hollis nickte bewegt. „Danke."

Zusammen mit Lisa machte er sich auf den Rückweg. Heute also, dachte er, während sie schweigend voranschritten, werde ich die letzte Eintragung in das Pilotenlogbuch machen können, um es dann für immer zu schließen.

Lisa nahm seinen Arm. „Eines Tages werden wir frei sein. Das weiß ich genau."

„Ich fühle mich jetzt schon frei", entgegnete er. „Landis hat mir meine Freiheit zurückgegeben."

„Ich weiß."

HOLLIS und Lisa saßen auf dem kleinen Sofa vor dem flackernden Feuer. Die Kaminuhr zeigte Viertel nach zehn. Plötzlich klopfte es.

Hollis ging zur Tür und öffnete. In der Dunkelheit stand ein etwa fünfzigjähriger Mann in einem Parka. „Es tut mir leid, wenn ich Sie störe, Colonel. Ich bin Lewis Poole. Wir sind uns heute kurz im Wald begegnet."

„Kommen Sie rein."

Poole begrüßte Lisa, stellte sich vor das Feuer und streckte die Hände aus, um sich zu wärmen. „Könnten wir ein bißchen Musik anmachen?"

Lisa schob eine von Dodsons Kassetten in ein tragbares Abspielgerät. Gospelgesang erklang.

„Mit Wanzen im Haus hält man sich inzwischen zurück, weil wir die meisten aufspüren und zerstören. In acht nehmen müssen Sie sich draußen vor den Richtmikrofonen."

„Wir müssen hier bestimmt noch viel lernen", entgegnete Hollis. „Danke für den Hinweis, Commander."

„Nennen Sie mich Lewis. Ich bin der Adjutant von General Austin. Sagt Ihnen der Name etwas?"

„Natürlich. Er war Kommandeur in Cu Chi. Der einzige General der US Air Force, der abgeschossen wurde. Vermißt, angeblich tot."

„Ja. Aber in Wirklichkeit ist er bei bester Gesundheit. Nach den Vorschriften hier im Lager gibt es weder einen Ranghöchsten noch sonstige Hierarchiestrukturen. Aber wir haben heimlich eine Lagerorganisation geschaffen, wie es uns für den Fall der Kriegsgefangenschaft beigebracht worden ist. Allerdings muß ich ganz offen zugeben, daß wir nicht viel erreicht haben. Jack Dodson ist erst der zweite erfolgreiche Versuch, einen Mann hier rauszubekommen."

„Was wurde aus dem ersten Mann, der fliehen konnte?" fragte Lisa.

„Man hat ihn wieder gefangen und auf dem Sportplatz erschossen – zusammen mit fünf anderen zur Abschreckung. Das war vor neun Jahren."

„Und Dodson?" fragte Hollis. „Wie ist der rausgekommen?"

„Ich bin nicht ermächtigt, Ihnen das zu sagen." Pooles Blick wanderte zwischen Hollis und Lisa hin und her. „Ihr Auftauchen hat neue Hoffnungen geweckt. Sind sie berechtigt?"

„Ich kann im Augenblick nichts darüber sagen", antwortete Hollis. Poole schien sich mit der Antwort zu begnügen. „Nun ja", fuhr er fort, „ich bin gekommen, um Sie zu einer Zusammenkunft mit General Austin jetzt gleich einzuladen."

Hollis nahm die beiden Parkas vom Haken. „Gehen Sie voraus, Commander."

Poole, Hollis und Lisa traten in die kalte Nacht hinaus. Poole leuchtete mit einer Taschenlampe.

„Gibt's hier keine Ausgangssperre?" fragte Hollis.

„Nein. Früher hatten wir viele Vorschriften; die sind aber inzwischen auf sehr wenige zusammengestrichen worden. Den Russen ist schließlich aufgegangen, daß totalitäres Gehabe ihnen hier nichts nützt und viel Zeit kostet. So viele Freiheiten wie auf diesen vier Quadratkilometern gibt es in der ganzen Sowjetunion nicht." Poole lachte freudlos.

In der Nähe des Veteranenhauses bogen die drei nach rechts auf die Hauptstraße ein. Plötzlich tauchten Scheinwerfer vor ihnen auf. Der Wagen fuhr langsamer, hielt an, und Hollis erkannte, daß es sich bei dem Fahrzeug um einen metallicblauen Pontiac TransAm handelte. Am Steuer saß Oberst Burow. „Guten Abend zusammen!" rief er. Mit einem zufriedenen Grinsen lehnte er sich aus dem Wagenfenster. „Tja, der gute alte TransAm. Mr. Fisher ist wohl doch nicht in einen Unfall geraten. Jedenfalls nicht mit seinem Wagen." Burow tätschelte das Lenkrad. „Hübsches Maschinchen." Er richtete den Blick auf Hollis und Lisa. „Sie wollen vermutlich General Austin einen Höflichkeitsbesuch abstatten. Oder geht es wieder zum Pilzesuchen?"

„Heute nicht. General Austin erwartet uns", erwiderte Hollis. „Nehmen Sie uns ein Stück mit?"

Burow lachte. „Da wäre wohl die Versuchung für Sie zu groß, etwas Dummes anzustellen. Sie müssen also zu Fuß gehen, tut mir leid." Er legte den Gang ein, gab Gas und fuhr mit quietschenden Reifen los. Hollis schaute den Rücklichtern nach.

„Ungeheuerlich", meinte Lisa. „Fährt mit dem Wagen eines Mannes herum, den er umgebracht hat. Der Kerl ist unmenschlich."

Sie kamen am Hauptquartier vorbei. Die Straße beschrieb eine Kurve und wurde abschüssig.

„Schau mal, Sam!" rief Lisa.

Im Licht schwacher Straßenlaternen erblickte Hollis weiter vorn einen Parkplatz mit weißen Leitlinien. An der hinteren Seite wurde der Platz von etwa zehn Läden begrenzt. Hollis glaubte, vor sich ein amerikanisches Einkaufszentrum zu sehen. Der große Supermarkt wies sich durch sein weiß-grün-rotes Schild als zur „7-Eleven"-Kette gehörend aus.

„Unglaublich!" rief Lisa staunend aus und ging auf die Geschäfte zu. Hollis und Poole folgten.

Links an den Supermarkt schlossen sich eine Wäscherei, eine Filiale der „Bank of North America", ein Friseur und ein Schönheitssalon an. Rechts vom „7-Eleven" lagen „Krugers Eisenwarenladen", ein Schreibwaren- und Tabakgeschäft, ein Drugstore und ein Buchladen, in dem auch Musik- und Videokassetten angeboten wurden. Das Ende der Häuserzeile bildete ein Schnellimbiß.

„Die Geschäfte hier sind alle mehr oder weniger echt", erklärte Poole. „Bis auf den Buchladen braucht man zum Einkaufen überall

Lagergeld. Musikkassetten, Videobänder und Lesestoff kann man kostenlos ausleihen."

„Und woher kommen all die amerikanischen Firmenschilder und Ladeneinrichtungen?" fragte Lisa.

„Das ,7-Eleven'-Schild stammt aus dem Requisitenlager der Filmgesellschaft Mosfilm. Ebenso die Embleme der ,Bank of North America'. Kleinere Elektrogeräte und Waren erreichen uns mit der Diplomatenpost oder über das Internationale Handelszentrum in Moskau."

Hollis ging die Läden entlang. „Da soll es doch noch andere Ausbildungsstätten geben, Büros, Handwerksbetriebe, Küchen . . ."

„Ja sicher, die liegen direkt unter uns in einer großen, unterirdischen Anlage. In einer Büroetage mit Empfangszimmer sollen sich die Studenten mit den entsprechenden Umgangsformen und Geräten vertraut machen: mit Computer-Textsystemen, Fotokopierern, Eiswasserspendern, elektrischen Heftern. Dort unten gibt's auch zwei Küchen wie aus einem modernen Privathaus, eine umfangreiche Bibliothek mit Nachschlagewerken, eine Rezeption für Hotel und Motel, eine Zollabfertigung, wie man sie am Flughafen findet, eine Autoreparaturwerkstätte. Außerdem werden da Häuser versteigert, Einstellungsgespräche geführt und so weiter. Der Lehrplan ist sehr vielseitig."

Hollis nickte. Als Fachmann erkannte er, daß hier ein ausgeklügeltes Programm geschaffen worden war.

„Eine seltsame, kleine Welt, vorwiegend gutbürgerlich, wohl weil die meisten von uns aus diesem Milieu stammen", erklärte Poole weiter. Nach kurzem Nachdenken fuhr er fort: „Wir zählen etwas über tausend Einwohner. Nach letzter Zählung gab es zweihundertzweiundachtzig ehemalige amerikanische Piloten und etwa die gleiche Zahl russischer Frauen. Kinder gibt's hier übrigens nicht. Dafür hat Burow von Anfang an gesorgt. Dann die sechs entführten Amerikanerinnen, russisches Dienstpersonal, Ärztinnen und Krankenschwestern. Und natürlich die Studenten. Außerdem ungefähr fünfzig sowjetische Kontrolloffiziere, jeweils einer für sechs Studenten. Das sind KGB-Offiziere, die Englisch sprechen. Das KGB-Grenzschutz-Bataillon – ungefähr sechshundert Mann, die vorwiegend in ihrem eigenen Lager leben und unseren Zaun bewachen – rechnen wir eigentlich nicht zum Lager, denn wir haben mit ihnen nichts zu tun, und sie dürfen keinen Kontakt zu uns aufnehmen." Er atmete tief

durch. „Das wär's. Tausend Seelen auf diesen wenigen Quadratkilometern, tausend Leute, die sich jeden Tag etwas vormachen. Sich
etwas vormachen, bis die Illusion als Wirklichkeit erscheint."

Hollis räusperte sich. „Ich sehe das Problem eher darin, daß der
ganze Laden zu laufen scheint."

Commander Poole nickte. „Das tut er in der Tat. Wir haben Tausende von Agenten hervorgebracht."

Sie gingen quer über den Parkplatz zur Hauptstraße zurück.

„Wie viele von unseren Leuten haben hier gelebt?" fragte Hollis.

Poole senkte die Stimme. „Schwer zu sagen. Ganz zu Anfang, zwischen 1965 und dem Ende des Luftkrieges über Nordvietnam, kamen
Hunderte von Männern hier an. Die meisten sind tot. Wir haben eine
Liste von etwa vierhundertfünfzig Piloten und Besatzungsmitglie-
dern, von denen wir wissen, daß sie erschossen wurden, an Unterernährung starben oder sich umbrachten."

Hollis blieb stehen. „Kann ich diese Liste haben? Und eine Aufstellung der Männer, die heute noch hier sind?"

„Gewiß. Sehen Sie eine Möglichkeit, diese Information aus dem
Lager zu schmuggeln?"

„Beschwören möchte ich das nicht, aber ganz bestimmt werde ich
es versuchen."

Sie waren am Ende eines Waldweges angekommen. Dort stand eine
heruntergekommene Hütte. Ein Fenster war schwach erleuchtet,
Rauch stieg aus dem Schornstein. „Eine der letzten ursprünglichen
Lagerhütten", erklärte Poole. „General Austin wohnt lieber hier als in
einem sogenannten amerikanischen Haus." Sie näherten sich der Tür,
und Poole fuhr fort: „Der General lebt allein. Er sagt, er wäre schließlich noch mit Mrs. Austin verheiratet." Poole lächelte und fügte hinzu:
„Er weigert sich außerdem, Unterricht zu erteilen."

„Warum hat der KGB ihn nicht beseitigt?" fragte Hollis.

„Wir haben keinen Zweifel daran gelassen, daß wir dann streiken
oder einen Aufstand anzetteln würden. Immerhin sind wir hier von
einem gewissen Wert. Außerdem scheint man uns diesen kleinen Sieg
zu gönnen." Poole klopfte.

Die Tür wurde von einem etwa siebzigjährigen Mann geöffnet. Er
hatte kurze graue Haare und stahlgraue Augen und wirkte sehr rüstig.
Er war recht blaß – trotzdem machte er keinen kränklichen Eindruck.
Man hatte eher das Gefühl, daß er nicht oft nach draußen in die Sonne

ging. Er sah aus wie ein Mann, der zu lange eine zu große Last getragen hatte – allein.

General Austin musterte seine Besucher und winkte sie wortlos herein. Dann ging er zu einer Stereoanlage und legte eine Platte auf. Vivaldis „Vier Jahreszeiten" erklangen. Austin deutete auf drei Holzstühle vor einem rissigen Steinkamin und setzte sich selbst in einen Schaukelstuhl. Bis auf den Schaukelstuhl und die Stereoanlage gab es keinerlei Komfort, nicht einmal einen Teppich und auch keine Kücheneinrichtung.

„Nett, daß Sie gekommen sind, Colonel, Mrs. Rhodes", sagte General Austin so leise, daß er durch die Musik kaum zu verstehen war. Er beugte sich vor. „Haben Sie Neuigkeiten über Major Dodson?"

„Nein, General", entgegnete Hollis.

„Was wird unsere Regierung Ihrer Ansicht nach unternehmen, sollte Major Dodson Kontakt zur Botschaft aufnehmen?"

„General, ich kann mich mit Ihnen, einem Mann, den ich eben erst kennengelernt habe, nicht auf solche Gespräche einlassen. Ich bin Geheimdienstoffizier und habe die Instruktion, mit niemandem über Dinge zu sprechen, die der Betreffende nicht zu wissen braucht, ungeachtet seines Ranges. Aber ich würde gerne von Ihnen hören, wie Dodson aus dem Lager gekommen ist."

„Darin sind nur wenige eingeweiht", antwortete Austin zögernd.

Poole fügte hinzu: „Sollte Jack Dodson erwischt werden, wird man ihn foltern und zwingen, die Namen der Männer preiszugeben, die ihm zur Flucht verholfen haben. Zu diesen Männern werden General Austin und ich gehören. Unter Zwang werden wir dem KGB vielleicht sagen müssen, daß Sie das Geheimnis auch kennen. Wollen Sie unter diesen Umständen immer noch wissen, wie Jack Dodson das Lager verlassen hat?"

Lisa nickte, als Hollis sie fragend anschaute.

„Na gut", meinte Austin. „Er entkam mit einem Katapult. Wir zersägen unser Kaminholz selbst. Dabei haben wir ein Katapult entworfen, die Teile einzeln angefertigt und im Wald verteilt. Einige Wochen bevor die Kälte einsetzte, bauten wir das Ding zusammen, wickelten Major Dodson in gepolsterte Decken und schossen ihn quasi über den Stacheldraht. Wir wollten gerade das Katapult auseinandernehmen und anschließend in den Häusern verbrennen, als eine motorisierte

Patrouille kam. Zwar konnten wir ungesehen verschwinden, aber das Katapult mußten wir zurücklassen. Es gab Großalarm." Austin schaute von Hollis zu Lisa. „Die Lagerführung hat natürlich erraten, wie wir Dodson zur Flucht verholfen haben."

„Und das Katapult", schaltete sich Poole ein, „steht zur Zeit hinter dem Hauptquartier und wird rund um die Uhr bewacht. Können Sie sich den Grund denken?" Er lachte verbittert. „Wenn man Dodson erwischt, kommt er als erster auf das Katapult – diesmal ohne Polsterung. Erwischt man ihn nicht und stellen sich auch die Fluchthelfer nicht, greifen die Sowjets sich willkürlich zehn Mann heraus. Auch wenn Sie uns als Verräter oder Mitläufer verachten mögen, dürfen Sie nicht glauben, daß wir uns schon zu Haustieren haben degradieren lassen. Wir haben etwas getan, wofür wir zu sterben bereit sind."

„Ich maße mir kein Urteil über Sie an", entgegnete Hollis zögernd. „Ich muß Sie aber daran erinnern, daß Sie den Verhaltenskodex für Kriegsgefangene verletzt haben, indem Sie mit dem Feind zusammenarbeiteten."

Poole stand empört auf. „Lassen Sie mich ein paar andere Vorschriften in Erinnerung rufen – nämlich die Verpflichtung der Heimatregierung, Gefangene nicht zu vergessen, sondern sie aufzuspüren und nach Möglichkeit freizubekommen. Schauen Sie mir in die Augen, Colonel, und versichern Sie mir, daß meine Regierung ihre Verpflichtung uns gegenüber eingehalten hat. Können Sie das?"

Hollis erwiderte Pooles Blick. „Wenn man wüßte, daß Sie hier sind, Commander, hätte man schon etwas unternommen, um Sie herauszubekommen." Er erhob sich ebenfalls. „Sie haben mein persönliches Wort, daß ich alles in meiner Macht Stehende tun werde, um Sie alle nach Hause zu holen. Guten Abend, General Austin, Commander Poole." Hollis nahm Lisa beim Arm, und sie verließen die Hütte.

„Du warst grausam", meinte Lisa vorwurfsvoll, als sie sich auf den Weg machten. „Dabei haben diese Männer soviel durchgemacht."

„Was sie getan haben, kann ich nicht gutheißen", entgegnete Hollis heftig.

Lisa spürte, daß das Gespräch ihn tief aufgewühlt hatte. „Du hast dich an ihrer Stelle gesehen, nicht wahr?" fragte sie. „Es waren früher deine Leute. Du siehst sie nicht mit Zorn und Verachtung, sondern empfindest Mitleid, so tiefes Mitleid, daß du mit dem Gefühl nicht fertig wirst. Ist es das?"

Hollis nickte und legte ihr den Arm um die Schultern. „Ich kann diesen Menschen keine Hoffnung machen, Lisa. Das wäre grausamer als alles andere. Und das Schreckliche ist, daß sie es wissen."

15. Kapitel

HOLLIS und Lisa joggten die Hauptstraße entlang. Andere morgendliche Jogger, meistens Männer, kamen ihnen entgegen oder überholten sie. Alle grüßten freundlich.

„Wohin wollen wir eigentlich?" fragte Lisa, während sie ein Stück im Schritt gingen, um zu Atem zu kommen.

„Wir besuchen Burow zu Hause. Er hat uns zu sich gebeten."

Die Hauptstraße endete an einem großen Platz, an dem sich ein Wachgebäude und ein hoher, stacheldrahtbewehrter Zaun befanden. Zwei KGB-Grenzwachposten schauten den beiden Ankömmlingen entgegen. Einer nahm das Gewehr von der Schulter und klemmte es unter den Arm. „*Stoi!*"

„Wir haben eine Verabredung mit Oberst Burow", sagte Hollis auf russisch. „Ich bin Colonel Hollis."

Der Wachposten nickte und winkte Hollis und Lisa an dem Wachgebäude vorbei durch das Gittertor. Die beiden folgten einem Asphaltweg, der für ein Auto gerade breit genug war. An das Wachhaus schloß sich ein Zwinger mit zwei Schäferhunden an. Die Hunde schlugen sofort an und sprangen knurrend am Zaun hoch.

Burows Haus stand zwischen hohen Kiefern. Unter einem Schutzdach entdeckten sie den Pontiac TransAm.

Hollis klopfte an die Haustür, die sofort aufging. Ein KGB-Grenzsoldat winkte die Besucher herein. Durch einen Vorraum wurden sie in ein gemütliches Wohnzimmer geführt, dessen Wände mit stark gemasertem Kiefernholz verkleidet waren.

Burow stand in der Mitte des Raumes. Er trug seine Uniform und Stiefel. „Guten Morgen."

Hollis schaute sich um. Die Einrichtung war russisch: kompakte, solide gearbeitete Möbel aus den dreißiger Jahren in einem Stil, den man im Westen Art deco hätte nennen können. An den Wänden hingen großflächige Bilder mit gesund aussehenden Bauern, fröhlichen Fabrikarbeitern und Soldaten der Roten Armee, die sich auf einen

Kampf vorbereiteten. Was in diesem Museum der dreißiger Jahre noch fehlte, war ein Bild des lächelnden Stalin.

„Sind Sie Stalinist, Oberst?" fragte Hollis trocken.

„Wir benutzen dieses Wort hier nicht", antwortete Burow. „Setzen Sie sich." Er deutete auf eine Sitzgruppe am anderen Ende des Raums, dicht neben einem alten Kachelofen, in dem ein Holzfeuer knisterte.

„Ich habe Sie beide hergebeten, weil ich etwas mit Ihnen besprechen möchte", erklärte Burow und setzte sich auf ein Sofa.

Eine ältere Frau trat ein, brachte ein Tablett mit Tee und zog sich leise wieder zurück.

Burow stand auf und schenkte drei Tassen Tee ein. Er reichte Lisa und Hollis den Tee und setzte sich wieder. Andächtig schlürfte er seinen Tee. Um seine Lippen spielte ein unangenehmes Lächeln.

Hollis stellte seine Tasse ab. „Darf ich fragen, warum Sie uns herbestellt haben?"

Burow nickte bedächtig. „Leider hat sich etwas Unerwartetes ergeben. Meine Vorgesetzten in Moskau waren nicht mit meiner Entscheidung einverstanden, Ihnen eine Woche Bedenkzeit zu geben. Ich brauche Ihre Entscheidung also sofort. Wenn Sie bis achtzehn Uhr nicht eingewilligt haben, für uns zu arbeiten, kommen Sie wieder ins Gefängnis. Verstanden?"

Lisa nickte. Hollis sah starr geradeaus.

„Ich bin gut gelaunt und will Ihnen auch den Grund verraten. Major Dodson ist wieder in Gewahrsam. Unsere Leute haben ihn keine zweihundert Meter von Ihrer Botschaft entfernt geschnappt. Für welche Seite hat sich also das Schicksal entschieden?" Er lächelte. „Sie dürfen jetzt gehen. Melden Sie sich um achtzehn Uhr bei mir im Büro."

Hollis und Lisa kehrten in den Vorraum zurück, wo der Posten ihnen die Tür öffnete. Sie folgten dem Weg zum Wachgebäude. Der KGB-Beamte winkte sie durch. Als sie die Hauptstraße entlanggingen, sagte Hollis: „Wirklich Pech für Dodson. Aber vielleicht sieht Burow jetzt von der Notwendigkeit ab, das Lager zu verlegen."

„Wenn dir daran gelegen ist, daß das Lager hier bleibt, nimmst du offenbar an, daß jemand uns holen kommt."

„Eine gute Schlußfolgerung. Du beginnst wie ein Geheimdienstler zu denken." Hollis lächelte. Alevy mußte wissen, daß er und Lisa entführt worden waren; er mußte sogar damit gerechnet haben, sonst hätte er nicht versucht, Lisa von dem Flug abzuhalten. In den beiden nächtlichen Gesprächen, die Hollis mit ihm geführt hatte, war schon eine „Operation ‚Fabrik der Spione'" umrissen worden. Vielleicht wollte man zwei oder drei Mann als Beweis herausholen. Deshalb hatte Alevy ihm wohl auch so viele Fragen über den sowjetischen Mi-28-Helikopter gestellt, der offenbar mit zu diesem Plan gehörte.

Andererseits hatte Alevy auf dem Scheremetjewo-Flughafen einen Austausch angedeutet, nachdem er durch General Surikows Namenliste nun die Möglichkeit hatte, die dreitausend Absolventen der „Fabrik" in den USA aufzuspüren. Alevy belog niemals Kollegen; er gab nur zehn richtige Antworten auf dieselbe Frage.

Lisa unterbrach Hollis' Gedanken. „Was machst du bis sechs Uhr?"

„Ich schaue mir das Lager genau an. Bist du fit für einen langen Tag?"

Lisa nickte. Sie näherten sich dem Veteranengebäude. „Ich bin hier heute morgen mit Poole verabredet", erklärte Hollis. „Wir wollen uns wie zufällig begegnen."

Im Aufenthaltsraum saßen etwa ein Dutzend Ausbilder und doppelt so viele Studenten. Vier Mann spielten Billard, eine Gruppe hockte vor dem Fernseher und schaute sich eine amerikanische Serie an.

Poole pokerte mit drei Studenten. Er hatte einen großen Stapel Chips vor sich liegen. Als Hollis und Lisa an den Tisch traten, schaute er von seinen Karten auf. „Hallo, Colonel, Mrs. Rhodes. Möchten Sie mitmachen?"

„Nein, vielen Dank. Man hat mir gesagt, daß Sie dem Feuerholzkomitee angehören", sagte Hollis.

„Ja, richtig. Moment noch, ich komme gleich."

Hollis und Lisa setzten sich an den Nebentisch. Die Männer spielten die Runde zu Ende, und einer der Studenten gewann mit Assen und Sechsen.

„Sie haben mit einem ‚Totenblatt' gewonnen", erklärte Poole. „Bill Hickcock hatte genau diese Karten, als er in Deadwood in den Rücken geschossen wurde. Daher gilt es als Pechblatt, selbst wenn man damit gewinnt. Asse und Sechsen." Poole stand auf. „Ich bin gleich wieder da. Klaut mir nicht mein Geld."

Poole führte Hollis und Lisa vor das Haus auf die Veranda.

„Das ‚Totenblatt' sind aber Asse und Achten", bemerkte Hollis.

„Ach, wirklich? Wie dumm von mir!" Poole grinste und flüsterte: „Ich muß die Leute mindestens einmal am Tag ein bißchen reinlegen, sonst bin ich deprimiert. Ihnen mag das alles nicht weiter großartig erscheinen – die kleinen Lügen wie die mit den Assen und Sechsen. Aber wenn zum Beispiel einer der Kerle da drinnen mal mit einem CIA-Mann Poker spielt und den falschen Spruch über die Asse und Sechsen losläßt ... Verstehen Sie ...“

„Ich verstehe.“

„Ich versuche es eben.“ Poole zog unauffällig zwei Aluminium-röhrchen aus der Brusttasche seiner Trainingsjacke und reichte sie Hollis, der sie sofort wegsteckte. „Alle Namen der Amerikaner, die in diesem Lager waren und noch sind“, erklärte Poole. „Unterschriften, wo immer sie zu bekommen waren, Todesdatum, soweit wir es genau wissen. Wenn Sie das in die Botschaft schaffen könnten, wär's ein Haufen Dynamit. Aber vielleicht will man gar kein Dynamit in der Botschaft haben. Na ja, ich frage nicht weiter danach. Wie haben Sie den Vormittag bisher verbracht?“

„Sie wissen vielleicht, daß Burow uns zu sich bestellt hat. Wir müssen uns jetzt bis sechs Uhr entscheiden, ob wir hier mitmachen. Wir werden zustimmen, aber bis zum Lügendetektortest und dem Verhör muß ich dann noch möglichst viel Zeit herausschinden.“

Poole blickte ihn erstaunt an. „Wozu denn?“

Hollis wich der Frage aus, indem er sagte: „Burow erzählte, man hätte Dodson erwischt.“

„Dodson erwischt?“ Poole schien wie betäubt zu sein. „Jetzt geht das Gemetzel los“, sagte er tonlos.

„Ich spreche heute abend mit Burow. Mal sehen, was ich erreichen kann.“

„Na gut ... Heute abend ist mal wieder so eine idiotische Party. Um sieben. Es müssen alle teilnehmen, mit Frauen.“

„Wir unterhalten uns dann dort weiter“, entgegnete Hollis.

Poole entfernte sich wie in Trance.

Sam Hollis und Lisa Rhodes saßen in Oberst Burows Büro.

„Sie haben sich also entschieden, für uns zu arbeiten?“ fragte Burow. „Und werden Sie sich beide einem Verhör mit Wahrheitsdro-gen und Lügendetektoren stellen?“

„Ja“, entgegnete Hollis.

„Gut. Wenn Sie zum erstenmal lügen, verpassen wir Ihnen Elektro-schocks. Beim zweitenmal stelle ich Sie an die Wand. Verstanden?“

„Ja."

„Ich möchte zunächst einige Fragen ohne solcherlei Unterstützung an Sie richten. Ihre Antworten sollten sich bereits jetzt in Ihrem Interesse als wahr erweisen, vor allem im Hinblick auf den späteren Lügendetektortest." Er sah Hollis an. „Erstens: Wissen die amerikanischen Geheimdienste von den Zielsetzungen dieses Lagers?"

„Ja", antwortete Hollis.

„Man weiß, daß hier amerikanisches Flugpersonal festgehalten wird?"

„Ja."

„Und weiß man, wieviel Leute hier sind?"

„Nein."

„Was will man wegen der Amerikaner hier unternehmen?"

„Das ist mir nicht bekannt."

„Ach? Ich wünsche Ihnen, daß diese Antwort die Nadel des Lügendetektors nicht ausschlagen läßt." Burow beugte sich vor. „Wußten Sie und Alevy, daß man Mrs. Rhodes und Sie möglicherweise entführen würde?"

„Nein."

Der Oberst fixierte Hollis und blieb lange stumm. Schließlich fragte er: „Ist eine amerikanische Geheimdienstaktion gegen diese Anlage geplant?"

„Nicht daß ich wüßte."

„Nun ja, wir werden sehen. Morgen früh kommen zwei Verhörspezialisten aus Moskau. Der eine kennt sich mit Lügendetektoren und Drogen aus, der andere ist Elektroschockexperte. Er hat Dinge gesehen, bei denen uns drei übel würde." Mit einem dünnen Lächeln fügte Burow hinzu: „Zum Glück liegt der Ausgang des Verhörs bei Ihnen, nicht bei mir."

„Wir haben uns entschieden", stellte Lisa fest.

Burow musterte sie spöttisch. „Ich frage mich, was aus Ihrem Kampfgeist geworden ist." Er zuckte die Achseln. „Jedenfalls beglückwünsche ich Sie zu Ihrer weisen Entscheidung."

„Was wird aus Major Dodson?" fragte Hollis.

„Der Verräter wird morgen früh hingerichtet."

„Wenn Sie ihn umbringen, könnte es hier zu Unruhen kommen", wandte Hollis ein.

„Ach? Haben Sie das gehört? Na, dann sagen Sie Ihren Landsleuten, daß ich so viele von ihren Frauen oder Freundinnen töten werde, wie es nötig ist, um die allgemeine Ruhe wiederherzustellen."

Hollis atmete tief ein. „Können wir jetzt gehen?"

„Einen Moment noch. Melden Sie sich morgen nach der Hinrichtung im Hauptquartier zum Rapport. Die Hinrichtung ist übrigens eine öffentliche Veranstaltung. Auf dem Fußballfeld, um acht Uhr früh. Sagen Sie überall Bescheid. Wer nicht erscheint, dessen Frau wird erschossen. Zweihundert bewaffnete Soldaten haben Dienst."

„Werden noch andere hingerichtet?"

„Ja. Außer Dodson noch zehn Personen. Major Dodson wird zur Zeit über seine Komplizen verhört. Wenn er keine Namen preisgibt, suche ich mir einfach zehn Personen heraus, auch Frauen. Die Leute brauchen Ihnen nicht leid zu tun. Sie kannten die Spielregeln. Guten Abend."

Hollis und Lisa standen auf.

„Vergessen Sie übrigens nicht, heute abend an der Party teilzunehmen. Sie können jetzt gehen."

HOLLIS war die ganze Zeit über nicht so deprimiert gewesen wie jetzt. Er dachte an die Geheimnisse, die er unter keinen Umständen preisgeben durfte. Er mußte General Surikow decken für den Fall, daß dieser noch nicht außer Landes war. Er durfte nicht verraten, daß die dreitausend Absolventen des Lagers in Kürze enttarnt und gegen Burows dreihundert Amerikaner ausgetauscht werden sollten. Und er mußte Burow außerdem in dem Glauben lassen, daß Alevy nichts gegen das Lager unternehmen würde. Das Dumme war nur, daß Burow mit Hilfe von Drogen, Knüppeln, Elektroschocks oder sonstigen miesen Methoden am Ende doch alles erfahren würde, was er wissen wollte. Anschließend würde er das Lager evakuieren und veranlassen, daß der KGB seine dreitausend Agenten in Amerika alarmierte. Damit wäre das Unternehmen beendet, und die letzten amerikanischen Vermißten wären für immer verloren.

Auch Lisa sah man die Verzweiflung an. Sie ging stumm und in Gedanken neben Hollis her. Schließlich sagte sie zögernd: „Sam . . ., ich habe überlegt . . . Wenn wir heute abend ins Bett gingen und einfach weiterschliefen . . ., wir beide . . . bis in alle Ewigkeit. Wäre das nicht besser?" Sie fügte hinzu: „Wir könnten einen Propangasheizofen nehmen und dann . . ."

Hollis schaute sie an, und sie verstummte. Sie war unendlich tapfer — aber er war für sie beide verantwortlich, und er wollte die Verantwortung tragen. „Lisa", sagte er mit fester Stimme, „es hat in meinem Leben viele Sonnenaufgänge gegeben, die ich lieber nicht erlebt hätte. Aber den nächsten werden wir erleben. Gemeinsam!"

16. Kapitel

SETH ALEVY zog den Trenchcoat an, ergriff seinen Aktenkoffer und verließ das Zimmer im zwölften Stockwerk des Hotels, das zum Gebäudekomplex des Internationalen Handelszentrums gehörte.

Trotz des späten Abends wimmelte es in der großen Hotelhalle von Menschen — vorwiegend westliche und japanische Geschäftsleute. Alevy begab sich in den Einkaufsbereich. An den sauberen Ladenscheiben klebten die Zeichen großer Kreditkarten-Organisationen.

Der Amerikaner suchte den Juwelier auf und ließ sich eine Bernsteinkette zeigen. Er bezahlte sie mit einer auf den Namen Thornton Burns ausgestellten Kreditkarte. Die Verkäuferin legte die Kette in ein mit Samt ausgekleidetes Kästchen, das sie in eine bunte Papiertüte steckte. „Noch einen schönen Abend", wünschte sie auf englisch.

„Vielen Dank." Alevy kehrte ins Foyer zurück und entdeckte sein Gepäck, das man inzwischen aus dem Zimmer heruntergeholt hatte. Er winkte einem Pagen, der ihm das Gepäck zu dem kleinen weißen Aeroflot-Bus hinaustrug, der draußen bereitstand.

Alevy bestieg den Kleinbus und nickte drei anderen Männern zu, die bereits Platz genommen hatten. Der Page verstaute Handgepäck und Koffer hinten im Wagen. Den Aktenkoffer behielt Alevy bei sich. Der Fahrer ließ den Motor an, und der Bus fuhr die Auffahrt hinunter. Die vier Amerikaner kamen ins Gespräch und plauderten über ihren Aufenthalt in Moskau. Dabei stellte sich heraus, daß alle den Nachtflug der Finnair um Viertel vor elf nach Helsinki gebucht hatten, den sie mit Hilfe des Hubschrauberzubringers erreichen würden.

Der Bus brachte sie westlich vom Hotel zu einem betonierten Landeplatz. Ein Mi–28-Hubschrauber stand auf dem angestrahlten Platz und ließ die Turbinen warmlaufen. Wie die meisten sowjetischen Hubschrauber besaß die Maschine keine Landekufen, sondern Räder. Der Mi–28 kam beim sowjetischen Militär, aber auch bei der Aeroflot als Lufttaxi für wichtige Geschäftsleute zum Einsatz, denn er war schnell, bequem und zuverlässig.

Der Bus hielt zehn Meter vor dem Hubschrauber, und die vier Amerikaner stiegen aus und holten ihr Gepäck. Der Hubschrauberpilot öffnete die Kabinentür und verstaute die Gepäckstücke in dem schmalen Freiraum unter den letzten beiden Sitzen.

Alevy saß direkt hinter dem Piloten. Der Kopilotensitz war leer, wie meistens bei den kurzen Flügen nach Scheremetjewo.

Der Hubschrauber hob ab. Alevy beugte sich vor. „Sprechen Sie Englisch?" fragte er den Piloten. *„Angliiski?"*

Der Pilot schaute kurz über die Schulter. *„Njet."*

Alevy nickte zufrieden und lehnte sich zurück. Bis jetzt läuft alles gut, überlegte er. Er, sein Stellvertreter Bert Mills und Hollis' Adjutant O'Shea waren in der letzten Woche nach Helsinki geflogen und einzeln nach Moskau zurückgekehrt – mit neuen Pässen und gefälschten Visa. Sie hatten im Handelszentrum gewohnt.

Der hinter Alevy sitzende Mann, der Fahrer Bill Brennan, hatte gerade seinen Genesungsurlaub in London beendet. „Ich möchte Ihnen für die Gelegenheit danken, eine Rechnung zu begleichen", sagte er jetzt zu Alevy.

Dieser nickte und schaute aus dem Fenster. Rechts voraus sah man bereits den Flughafen Scheremetjewo. „Also, meine Herren, sind wir soweit?"

Die anderen nickten. Alevy holte aus einem luftdichten Umschlag einen chloroformgetränkten Wattebausch, griff dem Piloten über die Schulter und drückte ihm die Watte auf die Nase. Gleichzeitig kletterte O'Shea nach vorn auf den Kopilotensitz und übernahm die Steuerung des schwankenden Hubschraubers.

Der Pilot begann zu strampeln, trat in die Pedale und zerrte am Steuerknüppel. Der Helikopter geriet in eine gefährliche Schräglage, ehe O'Shea seiner Herr wurde. „Nach hinten mit dem Kerl!" brüllte er.

Alevy sprang auf, streifte dem Piloten die Kopfhörer ab und zerrte ihn mit Brennans Hilfe nach hinten. Ächzend sackte der Pilot zu Boden und rührte sich nicht mehr.

Alevy atmete tief durch und beugte sich vor. „Alles klar, Captain. Die Maschine gehört Ihnen."

„Verstanden." O'Shea schob sich seitlich auf den Pilotensitz, angelte mit den Füßen nach den Pedalen und übernahm gleichzeitig

die Steuerung. Der absinkende Hubschrauber pendelte und schwankte, ehe er wieder in eine ruhige Lage kam.

Alevy rutschte auf den Kopilotensitz, und Bert Mills und Bill Brennan rückten nach vorn auf. „Na, läßt sich das Ding so einfach fliegen,
wie es aussieht?" fragte Alevy.

O'Shea lächelte grimmig. „Ja. Dauert nur ein Weilchen, bis man
dran gewöhnt ist." Er bewegte den Steuerknüppel nach links. In weitem Bogen flog der Hubschrauber nach Westen, weg von Moskau.

Alevy setzte die Kopfhörer auf und begann den Funkverkehr des
Towers in Scheremetjewo abzuhören. Der Himmel war ungewöhnlich klar und sternenübersät, doch leuchtete der Mond nur als schmale
Sichel, und das war gut so. Im Westen berührte der dunkle Himmel
den schwarzen Horizont. Bald würden sie in diese dunkle Leere fliegen. „Wir sind in Scheremetjewo jetzt seit etwa fünf Minuten überfällig", sagte Alevy zu O'Shea. „Machen wir alle Lichter aus."

O'Shea starrte auf die Instrumententafel und versuchte sich zu
orientieren.

„Hier", stellte Alevy fest. „Hier steht ,Navigationslichter'." Er
legte den Schalter um. Die Außenlichter erloschen. „Konzentrieren
Sie sich aufs Fliegen." Alevy machte auch die Innenbeleuchtung aus.
Nun warfen nur noch die Instrumente einen rötlichen Schimmer auf
die vier Amerikaner. Nach einem letzten Blick auf die Instrumente
drückte Alevy den Sendeknopf am Steuerknüppel. Auf russisch rief er
in das Mikrofon seines Kopfhörers: *Kontroler! Kontroler!"*

Wenige Sekunden später meldete sich der Kontrollturm Scheremetjewo: *„Kontroler."*

Erregt stotterte Alevy auf russisch: „Hier Aeroflot P eins-eins-
drei – verlieren Motorkraft ..." Er hörte auf zu reden, drückte aber
weiter auf den Knopf, wie es jeder Pilot getan hätte, der den Boden auf
sich zurasen sieht. Dann schrie er auf russisch: „Gott ...!", nahm den
Finger vom Knopf und schaltete die Funkanlage aus. „Daran dürften
sie zu knabbern haben. Die Suche nach dem Wrack wird vergeblich
sein. Also los, Captain O'Shea, jetzt nach Westen!"

DER Mi-28 war in einem tiefen Steinbruch gelandet. Langsam liefen
die Rotoren aus, und der aufgewirbelte Staub begann sich zu senken.
Links neben Raupen und Schaufelbaggern waren einige Holzhütten zu
sehen, doch schienen darin keine Arbeiter oder Wächter zu hausen.

O'Shea atmete tief durch und wischte sich die verschwitzten Hände an der Hose ab. Es war ein scheußlicher Landeanflug gewesen, und er hatte mit der Maschine große Mühe gehabt.

Brennan öffnete die Schiebetür und trug zusammen mit Mills den bewußtlosen Aeroflot-Piloten ins Freie. Sie schleiften den Mann durch den Schotter, zogen ihm die Uniform aus und fesselten ihn an Händen und Füßen.

Währenddessen luden Alevy und O'Shea das Gepäck aus und stapelten es ein Stück vom Hubschrauber entfernt auf. Alevy öffnete einen Koffer und nahm drei KGB-Grenzschutz-Uniformen heraus, mit schwarzen Stiefeln, Mützen, Pistolen und KGB-Mänteln. Im Koffer lagen außerdem vier sowjetische Uhren. Alevy, Mills und Brennan zogen die Uniformen an, während O'Shea in die Uniform des Aeroflot-Piloten stieg.

Brennan lachte leise vor sich hin, während er sich einen Ledergürtel umschnallte, in dessen Halfter eine 9-mm-Makarow-Automatik mit Schalldämpfer steckte. Alevy und Mills bewaffneten sich auf gleiche Weise, während O'Shea eine Automatik in die Tasche steckte. Die Männer stellten ihre Uhren auf die gleiche Zeit ein und legten Zivilkleidung, Pässe, Visa, die Brieftaschen und ihre westlichen Uhren oben auf den Gepäckstapel. Die Aktenkoffer bildeten den Abschluß. Das Kästchen mit der Bernsteinkette steckte Alevy in die Außentasche seines KGB-Mantels.

Brennan griff in den offenen Koffer und nahm die letzten beiden Objekte heraus: zwei zylindrische Phosphorbrandsätze mit Zeitzündung. Er stellte die Zündung auf drei Stunden ein und schob die Granaten in den großen Haufen aus Gepäck und Kleidung.

„Das wär's", sagte Alevy. Die Männer kehrten zum Hubschrauber zurück und nahmen ihre Plätze wieder ein. Jetzt hieß es warten.

Brennan wühlte in Alevys großer schwarzer Tasche, die an Bord geblieben war, und nahm die Teile des Scharfschützengewehrs heraus, die er im Dunkeln zusammensetzte. Er befestigte ein Nachtzielfernrohr, das vierfach vergrößern konnte, auf der Waffe. Dann suchte er weiter in der Tasche. „Landkarten, Phosphorgranaten, zusätzliche Munition, ein bißchen dies, ein bißchen das. Inventur abgeschlossen." Er wandte sich an Alevy. „Es geht mich zwar nichts an, aber woher haben Sie die Uniformen und die Knarren?"

„Der kleine Antiquitätenladen in der Arbatstraße hat im Keller eine

Kostümabteilung", antwortete Alevy. „Die Waffen sind mit der Diplomatenpost ins Land gekommen."

Sie schwiegen eine Weile. Dann sagte Brennan: „Damit Sie es wissen, Mr. Alevy: Ich habe großes Vertrauen zu Ihnen. Wenn ich nicht fest daran glauben würde, daß wir diese Selbstmordtour überleben, wäre ich nicht dabei. Außerdem mag ich Colonel Hollis. Er ist anständig. Und seine Freundin auch."

Alevy nickte Brennan dankbar zu. Für das Gelingen des Plans war es wichtig, daß jetzt keiner die Nerven verlor. Dann blickte er die anderen fest an. „Wir werden es schaffen. Jetzt heißt es: ruhig bleiben."

Im Versammlungssaal des Veteranenhauses hielten sich etwa tausend Personen auf, aber es war die traurigste Feier, die Hollis je erlebt hatte. Das Gebäude war von bewaffneten KGB-Grenzsoldaten umstellt, die vor Mitternacht niemanden hinausließen. Im eigentlichen Aufenthaltsraum, in den Bars und Nebenräumen unterhielten sich Männer und Frauen in unterdrücktem Zorn. Immer wieder hörte man Schluchzen. Kaum jemand beachtete die bereitstehenden Speisen und Getränke, nicht einmal die Studenten, die sich sehr unbehaglich zu fühlen schienen. Burow war nicht in Erscheinung getreten.

Hollis, der genau wußte, daß er nicht zu den zehn willkürlich herausgesuchten Erschießungsopfern zählen würde, fühlte sich irgendwie schuldig, daß er sich nicht wie die anderen Sorgen um sein Leben machen mußte. Lisa ging es genauso. Zunächst hatten sie gemeinsam mit Poole überlegt, ob man Burows Hinrichtungspläne nicht geheimhalten sollte. Dann waren sie aber doch zu dem Schluß gekommen, daß die Lagerinsassen Bescheid wissen mußten.

Hollis holte sich ein Bier von der Bar. Lisa tauchte neben ihm auf und umfaßte seinen Arm. „Sam, ich halte es nicht mehr lange aus."

Hollis schaute auf die Uhr. „Noch ein paar Minuten. Um Mitternacht ist der Spuk vorbei."

Hinter ihnen tauchte Commander Poole auf. „Die Männer und Frauen sind bereit zusammenzuhalten", erklärte er. „Es wäre kein Problem, einen Aufstand anzuzetteln."

Hollis schaute den anderen an, und beide wußten, daß Poole keine sinnvolle Alternative vorschlug, sondern nur eine andere Art zu sterben. „Die Kerle haben die Waffen, Commander", sagte Hollis.

Poole senkte den Kopf. „Wir sollen also elf Tote akzeptieren?"

„Ja. Wir müssen weiterleben, um immer wieder den Widerstand zu versuchen. Außerdem nehme ich an, daß hier im Lager nach dem heutigen Abend eine völlig neue Atmosphäre herrschen wird."

„Allerdings", antwortete Poole nachdenklich. „Eigentlich bin ich irgendwie erleichtert. Wir hatten uns schon viel zu gut mit diesen Leuten arrangiert." Er blickte Hollis und Lisa an. „Ich glaube, Ihr Auftauchen hat uns aus unserer Lethargie herausgerissen."

Hollis räusperte sich. „Möglich, daß ich bei General Austin harte Worte gebraucht habe, aber an meiner Meinung hat sich bis heute nichts geändert. Nur wollte ich nicht den Eindruck erwecken, als wäre mir egal, was mit Ihnen passiert."

„Ich verstehe."

Es wurde Mitternacht, und die ersten Gruppen verließen still den Saal. Poole verabschiedete sich mit den Worten: „Wir können heute nacht nur noch beten. Wir sehen uns dann morgen früh auf dem Fußballplatz." Er machte kehrt und ging.

Wenig später wanderten auch Hollis und Lisa durch die kalte, feuchte Luft nach Hause. Sie schwiegen. Keiner wollte dem anderen seine Angst und Unsicherheit eingestehen. Wie um sich Trost zu übermitteln, hielten sie sich an den Händen. Hollis starrte in die Dunkelheit. Nicht zum erstenmal mußte er daran denken, daß Alevy Lisa und ihn allem Anschein nach im Stich gelassen hatte.

In der Kabine des Mi-28 war es kalt geworden. Alevy, Mills, Brennan und O'Shea stiegen aus und wanderten abwechselnd um den Hubschrauber herum. Mit dem Nachtzielfernrohr des Dragunow-Gewehrs suchten sie den Rand des Steinbruchs ab.

Um halb zwei meinte Alevy schließlich: „Es ist soweit, Bill." Er gab Bill Brennan, der gerade Wache stand, ein Zeichen. Brennan faßte sein Gewehr fester und lief in die Dunkelheit, dorthin, wo Gepäck und Kleidung neben dem bewußtlosen Piloten aufgestapelt waren. Man hörte ein leises Plopp. Brennan kam mit undurchdringlicher Miene zurück, und die Männer bestiegen den Hubschrauber, der kurz darauf in einer Wolke aus Staub senkrecht startete.

Tief unten explodierten die Phosphorgranaten mit hellem Schein und vernichteten Gepäck und Kleidung.

In achthundert Meter Höhe schwenkte O'Shea die Maschine nach Westen und ging auf Horizontalflug. „Bill und Bert", wandte er sich nach hinten, „Sie achten auf andere Flugobjekte. Die können uns ohne Lichter nicht sehen. Seth, Sie suchen mir die Landstraße Minsk–Moskau oder die Moskwa."

Alevy schaute durch die Frontscheibe. Der Mond war beinahe schon untergegangen, aber die Sterne sorgten für ein schwaches Licht. Alevy entdeckte schließlich die Moskwa, die sich wie ein dünnes Zinnband durch dunkle Felder und Wälder schlängelte. „Nach Süden über den Fluß", sagte er zu O'Shea.

Dieser steuerte die Maschine auf Südwestkurs. Der Hubschrauber verlor an Höhe und überflog den Fluß. Keiner sagte ein Wort. Dann schaute Alevy auf die Uhr und seine Karte und verkündete: „Meine Herren, wir sind gleich da." Niemand antwortete. Jeder dieser Männer hatte Angst, war aber zugleich auch seltsam erregt. Sie spürten förmlich, wie sie alle der Entscheidung entgegenfieberten, ob in der Praxis auch tatsächlich funktionieren würde, was sich theoretisch so gut angehört hatte.

Alevy suchte aufmerksam das Südufer der Moskwa ab. „Unser Ziel liegt irgendwo in dem Kiefernwald. Tiefer gehen, Ed! Über dem Wald einschwenken!"

„Verstanden." O'Shea nickte.

Plötzlich ging der Wald in hügeliges, offenes Terrain über: das Schlachtfeld von Borodino. „Wir sind schon vorbei!" rief Alevy. O'Shea ging in den Schwebeflug, zog den Helikopter um hundertachtzig Grad herum und flog wieder an.

Mills bemerkte es als erster. „Dort. Zehn Uhr, einen Kilometer voraus."

Die Männer schauten nach links und sahen einen gerodeten Streifen zwischen den dicht stehenden dunklen Bäumen. Der Lagerzaun war nicht beleuchtet, was im Zeitalter der elektronischen Bewegungssensoren, Geräuschdetektoren und der Nachtsichtgeräte wohl auch nicht nötig war. Gefängnisse verfügten über die modernste Technik, besonders in der Sowjetunion.

„Bestimmen wir die Windrichtung", meinte Alevy zu Brennan.

Brennan griff in die Ledertasche und holte eine Rauchpatrone heraus. Er schob sein Plexiglasfenster hoch, zog den Sicherungsstift und warf die Patrone aus dem Fenster.

O'Shea ließ den Hubschrauber in zweihundert Meter Höhe schweben und beobachtete den weißen Rauch. „Wind aus nördlicher Richtung, etwa fünf Knoten." Dann fügte er hinzu: „Beim Landeanflug brauchen wir Beleuchtung."

„In Ordnung." Alevy betätigte den Hebel für die Scheinwerfer. „Sie wissen, was zu tun ist."

„Jawohl." O'Shea ging wieder in den Geradeausflug. Er näherte sich dem Nordrand des Lagers auf parallelem Kurs von Westen nach Osten. Nun waren sämtliche Wachtürme, die den Todesstreifen säumten, zu sehen.

Alevy nahm vier unbeschriftete Metallkanister aus seiner Bordtasche, entfernte einen schützenden Plastikstreifen von der Oberseite und stellte die Zeitschaltung ein. Dann öffnete er sein Lüftungsfenster und warf den ersten Kanister etwa fünfhundert Meter vom Nordrand des Lagers entfernt ab. Er wartete einige Sekunden und ließ in gleichen Abständen die anderen Behälter folgen, den letzten etwa gegenüber dem Wachturm an der Nordostecke der Anlage. Von den Türmen war bestimmt nicht zu sehen, daß etwas abgeworfen wurde. „So, das wär's", meinte Alevy schließlich. „Und nun ins Lager."

O'Shea bog nach rechts ab und überflog in hundertfünfzig Meter Höhe Wachtürme und Stacheldraht. Alevy schaltete den Landescheinwerfer ein. Das grelle Licht huschte über die Baumwipfel. Inzwischen versuchten die Russen bestimmt schon Funkkontakt aufzunehmen, doch kannte Alevy die vorgeschriebene Frequenz nicht. Er hoffte, daß hier im Herzen Rußlands erst gefragt und dann geschossen wurde. Er vertraute auch darauf, daß man die Rauchbombe, wenn man sie gesehen hatte, für eine Landehilfe hielt und nicht das wahre Motiv erriet, nämlich die beste Abwurfstelle für die Kanister zu ermitteln, damit das Gas später ins Lager wehen konnte . . .

Plötzlich zuckte etwa hundert Meter voraus ein Lichtstrahl auf, erfaßte die Maschine und damit auch das bekannte Aeroflot-Zeichen. „Wahrscheinlich die Landeplatzbeleuchtung", meinte O'Shea.

„Gut." Alevy entdeckte knapp dreihundert Meter entfernt die große Lichtung. Er gab mit dem Schalter das internationale Lichtzeichen für „Funkversagen, erbitte Landeerlaubnis". Dann sagte er zu O'Shea: „Also los, Ed, runter mit der Maschine!"

Langsam schwebte der Hubschrauber der Landefläche entgegen.

Der Bodenscheinwerfer schwenkte auf die Lichtung und zeigte den Weg.

Brennan schaute durch das Zielfernrohr des Gewehrs und teilte den anderen mit, was er sah: „Auf der Lichtung ist niemand. Am Rand steht eine Blockhütte. Der Scheinwerfer ist auf einer fahrbaren Platt-form montiert. Der Mann da unten hat eine AK-47 neben sich liegen. Sonst kann ich nichts erkennen."

O'Shea legte die Maschine schräg nach rechts, um gegen den Wind landen zu können.

Alevys Herzschlag beschleunigte sich, der Mund wurde ihm trok-ken. Er räusperte sich und sagte: „Meine Herren, diese Operation bringt Ihnen weder Geld noch Orden, noch Ruhm, auch keine offizi-elle Auszeichnung. Dafür erwarten uns hier jede Menge Gefahren und vielleicht ein namenloses Grab in diesem russischen Wald. Deshalb möchte ich Ihnen noch einmal für Ihr Mitmachen danken."

Niemand antwortete.

Alevy blickte auf die Uhr. Es war drei Minuten nach zwei. Die Amerikaner lagen bestimmt in den Lagerbetten und hatten keine Ahnung, daß ihre lange Gefangenschaft bald zu Ende sein würde.

17. Kapitel

DER Hubschrauber stand in der Mitte der freien Fläche. Brennan und Mills duckten sich, so daß sie von draußen nicht gesehen werden konnten. Alevy gab O'Shea letzte Anweisungen. „Um spätestens drei Uhr fünfundvierzig starten Sie, Captain – mit oder ohne Passagiere, womit ich auch jeden von uns dreien meine. Verstanden?"

„Verstanden." O'Shea schluckte. „Viel Glück."

Alevy sprang aus dem Hubschrauber, setzte seine Offiziersmütze auf und ging mit energischen Schritten auf die Blockhütte zu.

Der Mann am Scheinwerfer schaltete das Licht aus, kam herunter und lief Alevy entgegen. Es war ein junger KGB-Grenzsoldat; er hielt seine AK-47 quer vor der Brust und rief: „Halt! Identifizieren Sie sich!"

Alevy blieb stehen und entgegnete barsch auf russisch: „Major Woronin. Ich bin hier, um Ihren Oberst zu sprechen. Hat er mir einen Wagen geschickt?"

„Nein, Major. Ich habe auch keine Anweisungen wegen Ihrer Ankunft."

„Wie bedauerlich für Sie. Wie heißen Sie, Gefreiter?"

„Froljow."

„Also, Froljow, besorgen Sie mir einen Wagen, aber schnell."

„Jawohl, Major." Froljow machte auf dem Absatz kehrt und marschierte zur Funkhütte. Die Hütte hatte grobgezimmerte Balkenwände und das übliche Wellblechdach. Froljow öffnete die Tür und ließ Alevy vor sich in den einzigen Raum eintreten. Eine nackte Glühbirne beleuchtete zwei Männer. Einer schlief auf einem Feldbett an der hinteren Wand. Der zweite, ein Feldwebel, hockte über einem Schachspiel. Rechts stand ein langer Tisch mit UKW- und Kurzwellenfunkgeräten und zwei Telefonen.

Froljow zog die Tür zu und brüllte: „Achtung!"

Der Feldwebel sprang auf, der Schläfer rollte von seiner Liege und nahm Haltung an.

Froljow erstattete hastig Meldung: „Dies ist Major Woronin, der zu Oberst Burow möchte. Er braucht einen Wagen."

Der Feldwebel nickte und wandte sich an den Mann neben dem Feldbett: „Kanawski, rufen Sie Leutnant Tschelzow an."

Alevy atmete auf. Die Dinge liefen gut. Unauffällig trat er zur Seite, so daß er alle drei Männer im Blickfeld hatte. Kanawski griff nach dem Telefonhörer. Geschmeidig zog Alevy seine Automatik mit Schalldämpfer und schoß Froljow in die Brust. Im nächsten Augenblick traf eine Kugel Kanawski, der überrascht aufschrie, den Telefonhörer fallen ließ und sich an die Seite faßte.

Der Feldwebel wollte seine Pistole ziehen, aber Alevy war schneller und traf ihn in den Bauch. Der KGB-Unteroffizier brach zusammen.

Alevy legte den Telefonhörer auf und trat ins Freie. Brennan und Mills kamen ihm bereits entgegen. Brennan hielt das Dragunow-Gewehr im Anschlag. Mills schleppte die schwarze Bordtasche. „Bill, Sie räumen da drinnen auf und halten die Stellung", befahl Alevy leise.

„Soll ich nicht doch lieber mitkommen?" fragte Brennan.

Alevy schüttelte den Kopf. „Wir wissen nicht, ob hier regelmäßig Meldeanrufe einlaufen oder gemacht werden müssen. Wenn sich jemand meldet und einen Lagebericht haben will, sagen Sie einfach: *Nitschewo* – Nichts zu melden. Das ist die übliche Funkmeldung, wenn nichts Besonderes anliegt. *Nitschewo*. Sagen Sie das gelangweilt und müde. Gähnen Sie dabei. Sie melden sich mit *da*. Nicht mit *allo*. Einfach *da*."

„*Da. Nitschewo*", wiederholte Brennan.

„In Ordnung. Und wenn jemand kommt, lassen Sie ihn rein, aber nicht wieder raus."

Brennan nahm die Bordtasche und verschwand in der Hütte. Alevy und Mills folgten dem schmalen Waldweg, der von der Hubschrauberlichtung fortführte, bis sie die asphaltierte Hauptstraße des Lagers erreichten. Alevy orientierte sich mit Hilfe eines Kompasses. Rechts mußte das Haupttor liegen. Links führte der Weg ins Zentrum des Lagers. Hastig folgten sie der waldgesäumten Straße.

Kurze Zeit später entdeckten sie ein langgestrecktes weißes Holzgebäude und schlichen vorsichtig näher. Alevy deutete vielsagend auf die Veranda und den Cola-Automaten. Mills nickte.

Dann holte Alevy einen Piepser aus der Manteltasche, schaltete ihn ein und lauschte. „Wir haben das Signal. Hier in der Nähe muß es sein." Nach einiger Zeit wurde das Signal lauter. Alevy schaute sich um und entdeckte ein Holzhaus zwischen den Bäumen. Beim Näherkommen hörte man das Funkzeichen immer deutlicher. Alevy ging zur Vordertür. Der Türknauf ließ sich drehen. „Bleiben Sie draußen", flüsterte er Mills zu.

Alevy öffnete die Tür und glitt lautlos in das dunkle Haus. Er schaltete eine Infrarotlampe ein und ließ den Strahl über Wände und Möbelstücke gleiten. Rechts sah er durch eine offene Tür einen elektrischen Heizofen glühen. Der Lichtstrahl fiel auf die über dem Doppelbett hängende Ikone. Leise trat Alevy an das Bett und schaute auf Lisa Rhodes nieder, die unter der Steppdecke lag und schlief.

Im selben Augenblick fuhr ihm ein Arm um die Kehle, und ein langes Brotmesser wurde auf sein Herz gerichtet. Alevy drehte den Kopf, so gut es ging, und sagte leise: „Hallo, Sam."

Hollis ließ ihn sofort los. „Hallo, Seth!" Er deutete zur Tür. Die beiden Männer gingen ins Wohnzimmer, wo Hollis eine Tischlampe einschaltete. Alevy sah, daß der andere einen Trainingsanzug trug. Hollis rieb Daumen und Zeigefinger gegeneinander und schob eine Kassette in den Recorder. „Mein Gott, bin ich froh, Sie zu sehen", sagte er dann. „Ich begann mir schon Gedanken zu machen."

„Ich bin so schnell gekommen, wie es ging, Sam. In Washington habe ich fünf Tage gebraucht, um die Aktion durchzubringen. Wecken Sie Lisa auf."

Hollis verschwand im Schlafzimmer; ein paar Minuten später kehrte er zurück. „Sie kommt sofort."

Alevy machte eine umfassende Handbewegung. „Nicht übel hier."

„Sie machen Witze, Seth! Ich könnte Ihnen stundenlang über dieses Irrenhaus erzählen, aber vermutlich ist die Zeit knapp. Wie sind Sie hergekommen?"

„Ich habe mir am Internationalen Handelszentrum einen Aeroflot-Hubschrauber ausgeliehen. Einen Mi-28."

„Ach ja – über den hatte ich Sie ja neulich informiert. Wer ist mitgekommen?"

„Ihr Adjutant, Captain O'Shea, mein Stellvertreter Bert Mills und Bill Brennan."

„Ein gutes Team. Erklären Sie mir Ihren Plan."

„Ich habe vier Behälter THX abgeworfen – ein neues Schlafgas –, Kodebezeichnung Sandmann. Sehr wirkungsvoll. Die Kanister sind mit Zeitschaltungen versehen. Wir haben noch etwa fünfundsiebzig Minuten."

„Wen werden Sie mitnehmen?"

„Sie und Lisa und zwei andere. Mehr schafft der Mi-28 nicht, und mehr Beweise brauche ich nicht, um alle anderen freizubekommen."

Hollis nickte. „Sie müssen auch Frauen in Ihren Verhandlungen berücksichtigen, Seth, Russinnen. Meistens politische Gefangene. Außerdem befinden sich im Lager sechs entführte Amerikanerinnen. Die werden in den Tausch gegen die dreitausend Maulwürfe mit einbezogen."

Alevy musterte Hollis. „Na schön, wenn alles klappt, haben wir eine gute Verhandlungsposition."

In diesem Augenblick betrat Lisa den Raum. Sie trug ihren blauen Trainingsanzug und Turnschuhe. Sie zögerte kurz, dann eilte sie auf Alevy zu und umarmte ihn. „Seth! Mein Gott . . ."

Alevy löste sich sanft von ihr. „Wir müssen uns beeilen."

Lisa nickte und nahm ihren Parka vom Haken. „Ich hole nur noch meine Ikone."

Alevy hielt sie am Arm fest. „Das ist nicht deine Ikone, Lisa. Es ist eine Imitation. Mit einem Peilsender. Auf diese Weise haben wir euch gefunden."

Lisa blickte ihn unsicher an.

„Es war ein Plan für den Notfall", erklärte Alevy und fügte hinzu: „Ich hatte darauf gesetzt, daß man dir das verschandelte Bild lassen würde. Vermutlich nimmt man an, die Kellums hätten sich ausgetobt.

Die echte Ikone ist in Sicherheit." Er zog zwei Tokarew-Pistolen aus der Brusttasche seines Mantels und gab sie Lisa und Hollis.

Hollis nahm seinen Parka und wandte sich zur Tür. Lisa schaltete Recorder und Lampe aus.

Draußen wurden sie von Bert Mills erwartet. „Hallo, Leute. Es geht nach Hause."

Die vier schlugen den Weg zur Hauptstraße ein. „Wohin?" fragte Hollis leise, als sie die Straße erreichten.

„Zum Hauptquartier", erwiderte Alevy.

Hollis führte die Gruppe nach rechts. Nach wenigen Minuten tauchte die beleuchtete Fassade des grauen Betongebäudes auf. Sie kauerten sich in den Straßengraben. „Wenn die Sache klappen soll, müssen wir das Hauptquartier mit sämtlichen Kommunikations- und Peilanlagen außer Gefecht setzen", erklärte Alevy. „Dann brauchen wir zwei weitere Passagiere für den Hubschrauber."

„Eine schwere Entscheidung, Seth", entgegnete Hollis.

„Ich kann Ihnen die Wahl ein bißchen erleichtern. Ist Burow im Lager?"

Hollis nickte. „Von der Sachlage her wäre diese Lösung wohl am vernünftigsten. Als zweiten Mann möchte ich Jack Dodson mitnehmen."

Hastig wurde der Plan durchgesprochen, dann richteten sich die vier auf und marschierten auf das Gebäude zu. Lisa und Hollis hatten die Hände auf den Rücken gelegt und gingen voraus.

Der Wachposten nahm das Gewehr vor die Brust und verstellte ihnen den Weg.

Alevy deutete auf den Eingang. „Zwei für die Zellen. Aufmachen."

Nach kurzem Zögern befolgte der Wachposten den Befehl. Alevy winkte ihn mit ins Haus. Mills bildete die Nachhut und schloß die Tür.

Hinter dem Tisch des Diensthabenden saß Leutnant Tschelzow, der sofort aufsprang und Haltung annahm. Mit Blick auf Hollis und Lisa sagte er: „Schon wieder?" und schaute dann den Wachposten fragend an, der nur die Achseln zuckte.

Mills zog seine schallgedämpfte Automatik und schoß dem Soldaten eine Kugel in den Kopf. Leutnant Tschelzow wurde von Alevy mit einem Schuß in die Stirn getötet.

Lisa hob eine Hand an den Mund und wandte sich ab.

„Haupttür verriegeln, einen Moment warten, dann die Toten in die

Funkzentrale schaffen", befahl Alevy. Er durchquerte den Vorflur, öffnete die Tür zur Kommandozentrale und hob die Automatik. Der Funker hatte nicht einmal mehr Zeit, sich umzudrehen. Getroffen prallte er rücklings gegen die Funkkonsole und war augenblicklich tot.

Hollis und Mills schleiften die Leichen Leutnant Tschelzows und des Wachpostens herein. Alevy schaute sich die Telefonvermittlung an, die von Hand bedient werden mußte. Er fand einen Schalter mit der Abkürzung *Wjerto* für Hubschrauber. Er stöpselte ein und drückte den Rufknopf.

„*Da. Nitschewo*", meldete sich eine Stimme, die gelangweilt und müde klang.

„Bill, ich bin's. Gibt's was Besonderes?"

„Gott sei Dank nicht. Aber aus beiden Funkgeräten kommt ständiges Gequassel."

„Moment." Alevy ging zur Funkkonsole und drehte die Lautstärke hoch. Nachdem er kurz zugehört hatte, sagte er zu Brennan: „Normaler Funkverkehr. Machen Sie sich deswegen keine Gedanken. Ab jetzt besetzt Lisa die Telefonzentrale. Bis später."

Alevy wandte sich an Lisa. „Überwache den Funkverkehr auf diesen beiden Geräten. Wenn es Ärger gibt, ruft Brennan und seht, daß ihr in den Hubschrauber kommt. Wir sind in fünfzehn Minuten zurück."

Lisa schaute fragend zu Hollis hinüber, der ihr zunickte.

Hollis öffnete vorsichtig die Tür und spähte hinaus. „Freie Bahn." Er winkte den anderen, ihm zu folgen.

Vom Vorraum aus führte Hollis Alevy und Mills in einen kleinen Korridor, der an einer schwarzen Metalltür mit der Aufschrift KONTROLLSTATION endete. Die drei Männer zogen ihre Waffen, und Hollis klopfte.

Eine Stimme fragte: „Wer ist da?"

„Burow", antwortete Hollis.

Hollis trat aus dem Blickfeld, und seine Begleiter steckten die Waffen fort. „Bleiben Sie hier", flüsterte Alevy Hollis zu.

Die Tür ging auf und zeigte einen jungen Mann in Hemdsärmeln. Er sah Alevy und Mills in ihren Uniformen, trat hastig zurück und salutierte. Dabei wanderte sein Blick unruhig hin und her, offenbar suchte er Burow.

Alevy und Mills stürmten hinein. Einen Moment später hörte Hollis, der draußen vor der Tür Wache hielt, das Geräusch aufschlagender Körper. Dann kamen Alevy und Mills wieder heraus und zogen die Tür hinter sich zu.

„Nun zu den Gefangenenzellen", meinte Alevy.

Hollis führte die Männer in den hinteren Teil des Gebäudes, wo sich die Zellen befanden. Hastig schritten sie den langen Korridor ab und überprüften die Türen, bis sie die eine fanden, die verriegelt war. Sie schoben den Riegel zurück. Drinnen lag ein Mann auf dem Boden. Trotz der schlechten Beleuchtung konnte Hollis erkennen, daß er zerfetzte Kleidung trug und übel zugerichtet worden war.

„Das dürfte Dodson sein", meinte Alevy.

Hollis kniete nieder und fühlte dem Mann den Puls. „Er lebt."

„Bringen Sie Dodson in den Funkraum", sagte Alevy zu Mills. „Geben Sie Brennan Bescheid, und zerstören Sie dann die Funkgeräte." Er wandte sich an Hollis. „Wo kriegen wir einen Wagen her?"

„Draußen müßte ein Sil stehen."

„Gut", Alevy nickte Mills zu. „Bis gleich! – Sam, Sie kommen mit mir. Los geht's!"

Mills hatte sich Dodson über die Schulter geworfen und schleppte ihn in den vorderen Flur. Er kam zur Tür des Funkraums und rief: „Lisa, ich bin's!"

Die Tür ging auf, und Lisa trat zur Seite. Sie hielt eine Pistole in der Hand. Mills ließ Dodson auf den Boden gleiten. „Jack Dodson", erklärte er knapp. „Es geht ihm schlecht."

„Wo ist Sam?" fragte Lisa.

„Bei Seth. Die beiden holen einen Wagen."

Mills setzte sich den Kopfhörer der Telefonvermittlung auf und drückte den Rufknopf. Eine Stimme meldete sich: *„Da. Nitschewo."*

„Bill, hier Bert Mills. Alles klar?"

„Ich weiß nicht recht . . . Eben hat einer der Wachtürme den Scheinwerfer kurz auf den Hubschrauber gerichtet. Ich höre noch immer allerlei Funksprüche."

„Passen Sie auf, Bill, ich störe jetzt beide Apparate, und Sie tun dasselbe. Dann mache ich aus der Telefonzentrale Kleinholz. Dies ist also der letzte Funkkontakt. Wir sehen uns später."

„Da", erwiderte Brennan und lachte leise.

Mills zielte mit seiner Automatik auf die Telefonzentrale und schoß. Funken sprühten, und der Geruch durchschmorender Leitungen erfüllte den Raum. Anschließend ging Mills zu den beiden Funkgeräten und drehte bei jedem die Lautstärke hoch. „Was wird gesagt?" fragte er Lisa.

Lisa konzentrierte sich auf den Lautsprecher, aus dem eine Stimme tönte. „Jemand, der sich ‚Turm eins' nennt, ruft den Hubschrauberlandeplatz."

„Das hatte ich befürchtet." Mills griff in die Tasche und zog eine Klebebandrolle hervor. An beiden Funkgeräten klebte er einen Streifen über die Sendeknöpfe. Er deutete auf ein Metallschild. „Was steht dort?"

„Automatischer Sucher . . . oder so ähnlich."

„Genau das Richtige." Mills legte bei beiden Geräten den Hebel über dem Schild auf die andere Seite, und sofort begann die Frequenzanzeige zu wandern. „Diese Einrichtung benutzt man", erklärte er, „um den stärksten Sender der Gegend herauszufinden, ähnlich wie bei Autoradios. Ist dabei das Mikro eingeschaltet, wandert der Sucher ständig zwischen den Frequenzen hin und her. Das dürfte den Funkverkehr ziemlich durcheinanderbringen."

„Es kann die anderen allerdings auch warnen, daß etwas nicht stimmt", gab Lisa zu bedenken.

Aber Mills hatte bereits das unbehagliche Gefühl, daß die KGB-Grenzsoldaten längst mißtrauisch geworden waren.

Hollis und Alevy parkten den Sil vor dem Hauptquartier und stiegen aus. Lisa und Mills warteten schon an der Tür. Sie nahmen Dodson auf und eilten die Stufen der Veranda hinunter. Hollis klappte den Rücksitz des Sils zurück und half ihnen, Dodson auf die freie Fläche zu legen. Alevy setzte sich auf den Beifahrersitz neben Mills; Hollis und Lisa stiegen hinten ein.

Dann glitt der Sil die dunkle Straße entlang, die zu Burows Haus führte.

„Seth, am Landeplatz scheint's kritisch zu werden", berichtete Mills und schilderte den Vorfall mit dem Scheinwerfer und den Versuch der Soldaten im Wachturm, Funkkontakt aufzunehmen.

Nach kurzem Schweigen meinte Alevy: „Nur nicht nervös werden. Bald haben wir die Befreiungsaktion des Jahrhunderts geschafft."

Wenige Minuten später deutete er nach vorn. „Ist das die Wache von Burows Datscha?"

Hollis schaute mit zusammengekniffenen Augen durch die Windschutzscheibe. „Ja. Sein Haus ist von Stacheldraht umgeben. Innerhalb der Umzäunung laufen zwei Schäferhunde frei herum. Zwei KGB-Wachposten befinden sich im Wachhaus, einer im Haus."

Alevy wandte sich an Mills. „Sie übernehmen den Wachposten, der als erster zum Wagen kommt, ich den anderen. Hinten alles runter!"

Mills hielt vor dem Wachhaus an und legte sich die Waffe schußbereit in den Schoß. Einer der Wachposten kam zur Fahrerseite. „Ja, Hauptmann?"

Mills jagte ihm einen Schuß zwischen die Augen. Der zweite Mann war noch im Wachhäuschen, und Alevy sah, wie er energisch die Kurbel des Feldtelefons drehte. Alevy sprang aus dem Wagen und feuerte in das Häuschen. Lautlos sackte der Mann zu Boden.

Hollis stieg ebenfalls aus und packte Alevy an der Schulter. „Burow gehört mir."

Alevy überlegte einen Moment. „Einverstanden. Aber wir brauchen ihn lebend." Er blickte auf die Uhr. „Noch vierunddreißig Minuten, bis wir am Hubschrauber sein müssen."

„Laß mich mitgehen, Sam", bat Lisa. „Ich kann dir helfen, den Wachposten im Haus zu überlisten."

Hollis nickte und öffnete das Gittertor. Dann wandte er sich an Alevy. „Unter einem Schutzdach steht Gregory Fishers Pontiac TransAm. Der Schlüssel dürfte stecken. Vielleicht brauchen wir ein schnelles Auto."

„Eine gute Idee", entgegnete Alevy.

Hollis nahm Lisa am Arm und lief mit ihr auf das Haus zu.

Plötzlich preschten zwei Schäferhunde aus unterschiedlichen Richtungen heran. Hollis ließ sich auf ein Knie fallen, zielte sorgfältig und feuerte. Die schallgedämpfte Automatik stieß zweimal ein leises Keuchen aus; die Hunde heulten nicht einmal auf.

Hollis und Lisa erreichten den Eingang. Lisa drehte am Türknauf, steckte ihre Pistole in den Parka und schlüpfte ins Haus.

Der Wachposten saß in dem Vorraum, der nur durch eine schwache Lampe erhellt war. Er zielte mit dem Gewehr auf Lisa und fragte: „Was wollen Sie?"

Lisa zog die Tür nur halb hinter sich zu und blieb stehen. Sie lächelte und sagte leise auf russisch: „Ich bin Lisa Rhodes, die neue Amerikanerin. Der Oberst möchte mich sehen."

„Davon hat er mir nichts gesagt."

„Die Männer draußen wußten aber Bescheid."

„Und was mag der Oberst um diese Zeit von Ihnen wollen?"

„Na, was wohl?"

Der Mann grinste, legte das Gewehr auf den Tisch und stand auf. „Der Oberst schläft oben in seinem Bett. Er hat einen guten Geschmack, scheint mir." Langsam ging der Mann auf Lisa zu, die in eine Ecke des Vorraums zurückwich. „Na, warum denn so schüchtern, Kleine?" Er lachte.

Mit einemmal flog die Tür auf. Lisa sprang zur Seite, und Hollis stürmte ins Haus und feuerte, während der Wachposten vergeblich nach seinem Gewehr zu greifen versuchte. Er stürzte. Hollis fing ihn auf, ehe er auf dem Boden aufschlug, und setzte ihn wieder auf seinen Stuhl.

Dann schob er Lisa zur Tür. „Keine Widerworte – du verschwindest jetzt."

„Bitte . . . Sam, sei vorsichtig . . ."

Hollis drängte sie hinaus, dann huschte er zur Treppe. Eine Stufe knarrte. Er blieb stehen und lauschte. Einen Moment lang glaubte er, leise Schritte zu hören. Doch es blieb totenstill. Wahrscheinlich spielte seine Phantasie ihm einen Streich. Leise huschte er in die obere Etage. Von einem Flur ging links eine halboffene Tür ab, hinter der man ein Badezimmer erkennen konnte. Rechts befand sich eine geschlossene Tür, vermutlich Burows Schlafzimmer. Hollis lauschte kurz, dann öffnete er die Tür mit einem Ruck und ließ sich über die Schulter abrollen. In Schußstellung kam er hoch und zielte auf das Bett: „Keine Bewegung!" Im Mondlicht leuchtete nur der kleine rote Stern auf dem Holzmodell des Borowizki-Torturms aus dem Kreml. Hollis fand das ziemlich seltsam – aber noch seltsamer war das leere Bett. Als Hollis die Lage begriff, war es bereits zu spät.

Er hörte hinter sich den Hammer eines Revolvers klicken. „Waffe fallen lassen", sagte Burow. „Auf die Knie und umdrehen!"

Hollis gehorchte. Langsam drehte er sich herum. Burow schaltete das Deckenlicht ein. Er stand barfuß und im Schlafanzug an der Tür und zielte mit einem großen Revolver auf den Eindringling.

„Manche Leute üben den Feueralarm. Wir haben hier andere

Vorsichtsmaßnahmen." Burow sah Hollis kalt an. „Jacke und T-Shirt ausziehen!"

Hollis richtete sich langsam auf und tat, was ihm gesagt worden war. Burow entriß ihm die Jacke. „Auf den Rücken legen!" befahl er. „Hände nach hinten." Dann durchsuchte er Hollis' Parka. Er warf ein Ersatzmagazin zur Seite und bekam die Aluminiumröhrchen in die Finger. „Was ist denn das?"

Hollis antwortete nicht, woraufhin ihm Burow gegen den Kopf trat. „Was ist in diesen Zigarrenhülsen, Hollis? Namen . . ., ah, Listen, Lebendige und Tote. Wohin wollten Sie damit?"

„Eine Kopie geht nach Washington, eine nach Moskau."

„Ach, wirklich? Das glaube ich nicht." Wütend trat Burow nach Hollis. Doch dieser rollte sich blitzschnell zur Seite und ließ den Angriff ins Leere gehen. Burow verlor das Gleichgewicht, Hollis stemmte sich hoch und riß dem KGB-Mann die Beine unter dem Körper weg. Seine rechte Hand umklammerte Burows Revolver, hielt den Zylinder fest und verhinderte auf diese Weise einen Schuß. Gleichzeitig stieß er Burow mit den Fingern der linken Hand gegen den Kehlkopf. Burow japste, ließ den Revolver aber nicht los. Die beiden Männer rollten auf dem Boden herum, wobei Hollis Burows Revolver und Handgelenk umklammerte. Beide versuchten, mit den Knien zu stoßen; beide wußten, daß der andere die gleichen tödlichen Tricks kannte. Die Männer kämpften verbissen. Kein Wort, kein Schmerzenslaut war zu hören.

Hollis mußte erkennen, daß Burow in körperlicher Bestform war. Der Oberst lag schwer auf ihm und schien allmählich die Hand, in der er die Waffe hielt, freizubekommen. Die beiden Männer starrten sich haßerfüllt in die Augen. In diesem Moment ließ Hollis Burows Hand los und versetzte ihm einen Karateschlag in den Nacken; er griff um Burows Kopf herum, faßte sein Kinn und zerrte den Kopf zur Seite. Burow versuchte Hollis' Hand abzustreifen, dann ließ er unvermutet die Pistole los, drehte sich blitzschnell aus Hollis' Würgegriff und rollte auf den Rücken. Sofort sprang er auf.

Hollis sprang ebenfalls hoch. Schwer atmend standen sich die beiden Männer gegenüber.

Burow schwankte. Er schien mit den Kräften am Ende zu sein. Seine Augen waren blutunterlaufen, und er atmete stockend. Aus der Nase floß Blut. Hollis trat einen Schritt vor und sagte: „Für Dodson,

Fisher, die Piloten, ihre Frauen und Kinder." Mit voller Wucht schlug er dem anderen die Faust ins Gesicht.

Burow kippte nach hinten und rührte sich nicht mehr. Hollis sank erschöpft neben ihm auf die Knie.

Plötzlich erschien Alevy im Türrahmen. Hinter ihm kam Lisa, die sich neben Hollis niederkniete. „Alles in Ordnung, Sam?"

Er nickte schwerfällig und stand schwankend auf. Lisa half ihm, Hemd und Parka anzuziehen. Hollis steckte die Zettel ein, die aus den Aluminiumröhrchen gefallen waren.

Alevy wollte Burow aufheben, aber Hollis schob ihn zur Seite und warf sich den Bewußtlosen nicht ohne Mühe über die Schultern. Gemeinsam gingen sie ins Erdgeschoß.

Der Pontiac TransAm stand mit offener Heckklappe vor der Tür. Mills stieg aus und half Hollis, Burow neben Dodson zu verstauen. Hollis betrachtete die beiden. Dodson im zerrissenen Trainingsanzug, Burow im blutbefleckten Pyjama. Der Kreis schloß sich. Die Ereignisse, die mit Dodsons Katapultflug begonnen hatten, näherten sich ihrem Ende.

„Ich fahre, Bert", sagte Hollis. „Sie setzen sich hinten zu Lisa. Los jetzt, schnell!"

Alevy sprang auf den Beifahrersitz, Hollis legte den Gang ein und brauste in hohem Tempo durch das Gittertor auf die dunkle, gewundene Straße. „Noch zweiundzwanzig Minuten bis zur Operation Sandmann", meldete Alevy. „Zeit genug."

Sie waren kurz vor dem Hauptquartier, als eine Sirene losheulte. Vor dem erleuchteten Gebäude standen mehrere Sils. Ein Dutzend KGB-Grenzsoldaten lief durcheinander. Einer kam an den Straßenrand und winkte den Pontiac zum Parkplatz hinüber. Hollis trat das Gaspedal durch und raste vorbei. Er schaute in den Rückspiegel. „Zwei Fahrzeuge verfolgen uns."

„Denen zeigen wir's", meinte Alevy und gab Mills seine Mütze. „Nehmen Sie die."

„Verstanden." Mills löste eine Phosphorgranate aus ihrem Klettverschluß an seinem Knöchel, stellte den Timer auf sieben Sekunden und legte die Granate in die Mütze. „Würden Sie mal die Tür einen Spalt öffnen?" sagte er zu Alevy.

Dann machte Mills die Granate scharf, zählte laut bis vier und warf die Mütze zum Türspalt hinaus. „Fünf, sechs."

Das vordere Fahrzeug, ein Sil, lag etwa zweihundert Meter zurück und hupte und blinkte unentwegt.

„Sieben."

Die Granate explodierte unter dem ersten Verfolgerfahrzeug, das sofort von der Straße abkam und krachend gegen die Bäume prallte. Gleich darauf explodierte der Benzintank. Der zweite Wagen, ein robuster Truppentransporter, setzte die Verfolgung fort.

„Sam!" rief Lisa. „Da ist die Straße zum Landeplatz!"

Hollis stieg auf die Bremse und zog das Lenkrad herum. Der Pontiac geriet ins Schleudern, brach aber nicht aus. Hollis raste weiter. Etwa zweihundert Meter weiter vorn tauchte die Funkhütte auf. Ein Fenster war schwach erleuchtet.

Alevy schaute nach hinten. „Der verdammte Transporter bleibt dran. Halten Sie hier, wir müssen ihm den Weg versperren, sonst folgt er uns bis zum Hubschrauber."

„Verstanden." Hollis trat auf die Bremse und brachte den Wagen rutschend zum Stehen. Er zog den Zündschlüssel ab und löschte das Licht. Alle stiegen hastig aus.

Der nachfolgende Transporter stoppte etwa hundert Meter entfernt. Seine Scheinwerfer beleuchteten die Szene. Alevy trug Dodson, Hollis hatte sich Burow übergeworfen. „Lisa", befahl Alevy, „du läufst voraus zur Funkhütte und gibst Brennan Bescheid."

Lisa zog ihre Pistole und lief los.

Hollis zählte etwa zehn schemenhafte Gestalten, die aus dem Transporter sprangen.

„Halten Sie sie ein paar Minuten auf, Bert", sagte Alevy.

Gebeugt von ihrer Last, eilten Alevy und Hollis auf die Hütte zu.

Mills stützte seinen Arm ab und verfeuerte die acht Schuß seiner schallgedämpften Pistole. Ein Mann schrie auf, und sofort füllte sich die Luft mit dem hohlen Schmettern der automatischen AK 47. Es klang, als würden ganze Ketten von Knallkörpern gezündet.

Hollis und Alevy liefen in geduckter Haltung weiter und versuchten, auf dem lockeren Kies Halt zu finden. Lisa hatte sich der Hütte bereits auf etwa zwanzig Meter genähert und rief: „Bill! Bill Brennan!"

„Lisa?" antwortete eine Stimme. „Los! Laufen Sie!"

Lisa sprintete die letzten zwanzig Meter und fiel Brennan in die Arme. „Seth und Sam kommen ..., sie schleppen Dodson und Burow."

„Gut. Gehen Sie in die Hütte, und behalten Sie den Kopf unten." Brennan lief Alevy und Hollis entgegen. Eine MG-Salve fetzte über den drei Männern durch die Bäume; sie gingen sofort in Deckung.

„Brennan, übernehmen Sie Dodson, und kehren Sie zur Hütte zurück", keuchte Alevy.

Brennan stützte sich auf ein Knie, und Alevy rollte ihm Dodson auf den Rücken. Hollis lud sich Burow wieder auf die Schultern und folgte Brennan, so schnell er konnte. Plötzlich gab es eine Explosion, und ein Feuerball stieg empor. Der Pontiac stand in Flammen. Alevy rief Mills' Namen, bekam aber keine Antwort. Hastig schob er das letzte Magazin in seine Pistole und zog sich schießend zur Hütte zurück.

Hollis hatte es geschafft. Brennan nahm ihm Burow ab und legte den Bewußtlosen hinter der Tür neben Dodson nieder. An der Wand lehnten die drei AK 47 der erschossenen KGB-Grenzsoldaten. Lisa hockte unter einem Fenster.

Brennan schaute durch das Zielfernrohr seines Gewehrs und schlug das Fensterglas ein. „Einer von euch sollte mal nachsehen, ob O'Shea noch im Lande ist! Er muß wissen, was hier läuft!"

Hollis nahm Lisa bei der Hand und führte sie zur Tür. „Tief bücken." Er zog sie von der Hütte fort zur Lichtung und duckte sich mit ihr im kniehohen Gras nieder. Etwa hundert Meter entfernt konnte man den hellen Hubschrauber vor der schwarzen Baumfront auf der anderen Seite der Lichtung erkennen. „Sag O'Shea, daß wir kommen."

Sie schaute ihn an. „Du kommst mit!"

„Später." Hollis packte sie an den Schultern und schaute ihr tief in die Augen. „Es ist wichtig, daß du zum Hubschrauber gehst und O'Shea sagst, daß wir kommen, sonst startet er vielleicht. Ich muß den anderen helfen, Lisa!"

„Ich springe wieder runter, Sam, das schwöre ich! Wenn du nicht kommst, springe ich wieder runter ..." Lisa hatte Tränen in den Augen und begann zu zittern.

„Lauf! Duck dich. Mach schon!"

Sie schaute noch einmal zu ihm zurück und setzte sich gehorsam in Bewegung. Hollis lief zur Hütte zurück und sah Alevy auf sich zukommen. Das Schießen war lauter geworden, und man sah Leucht-spurgeschosse im Wald.

„Es kommen immer mehr Grenzsoldaten", meldete Brennan. „Sie sind im Wald ausgeschwärmt und rücken von Baum zu Baum vor."

„Wir müssen sie aufhalten", fauchte Alevy, rannte in die Hütte, schnappte sich eine AK 47, schob den Lauf durch ein Fenster und feuerte zwischen die Bäume. Der Beschuß aus dem Wald ließ einige Sekunden nach, während die Grenzsoldaten Deckung suchten. Alevy lud nach. „Bill, Sie nehmen Dodson und verschwinden zum Hubschrauber. Ich warte noch auf Bert. Bis später."

Brennan warf sich Dodson, der noch immer bewußtlos war, über die Schultern und ging zur Tür. „Also, wir sehen uns dann an Bord", meinte er ohne rechte Überzeugung und verschwand in der Dunkelheit.

Hollis kniete neben dem bewußtlosen Burow nieder.

Alevy sah ihn an. „Also, Sam, jetzt sind Sie dran. Schaffen Sie Ihre Beute nach Hause."

„Warum kommen Sie nicht mit?" fragte Hollis. „Wer weiß, ob Mills noch lebt."

„Das steht nicht zur Debatte. Gleich geht das Schlafgas hoch. Ich schaffe es schon. Hauen Sie ab!"

Hastige Schritte waren zu hören, und die Männer griffen nach ihren Waffen. Eine Stimme rief: „Ich bin es!" Den Kopf voran warf Mills sich durch die Tür. „Sie sind verdammt dicht dran. Keine hundert Meter mehr!" Er schaute auf die Uhr. „Himmel . . ., wir müssen los!"

Er blutete an der Hand und am Nacken und roch nach verbranntem Benzin. Seine Kleidung war angesengt. „Worauf warten wir noch?"

„Auf Sie", entgegnete Alevy. „Nehmen Sie Burow. Wir geben Ihnen Deckung."

Hollis hievte Mills den bewußtlosen Burow auf den Rücken, während Alevy eine Rauchbombe aus der Ledertasche nahm. Er baute sich seitlich von der Tür auf, zog den Sicherheitsstift des Wurfkörpers und schleuderte ihn hinaus. Schwarzer Rauch wallte auf und wehte den vorrückenden Grenzsoldaten ins Gesicht. Alevy nickte. „Los jetzt, Bert, bis gleich."

„Viel Glück!" sagte Mills, faßte Burow fester und lief, geschützt von dem Rauch, aus der Hütte. Hollis hatte sich mit einer AK 47 in den Türrahmen gelegt und feuerte in weitem Bogen auf den Waldrand. Dann schaute er in die andere Richtung und sah, daß Mills verschwunden war. „Also, Mills und Burow sind an Bord", meldete

Hollis. „Wollen Sie als erster gehen, Seth? Ich gebe Ihnen Feuer-
schutz."

Alevy schaute auf die Uhr. „Nein, gehen Sie. Wir haben noch ein
paar Minuten."

Hollis kroch zur Tür und schaute zu Alevy zurück. Von der Lichtung tönte das Jaulen der Hubschrauberturbinen herüber. „Er startet
gleich. Kommen Sie!"

Alevy saß mit dem Rücken zur Wand neben der Tür und antwortete
nicht. Er schien sehr entspannt zu sein, sehr mit sich im reinen –
eigentlich zum erstenmal, seit Hollis ihn kannte.

„Sie haben kein Schlafgas abgeworfen, nicht wahr?" fragte er.

„Nein", erwiderte Alevy.

„Nervengas?"

„Ja, Sarin. Es wirkt so gut wie schmerzlos und schnell."

„Warum, Seth? Fast dreihundert Amerikaner ... Frauen ..."

„Sie können nicht mehr nach Hause, Sam. Nie mehr. Sie haben kein
Zuhause mehr. *Dies* ist ihr Zuhause. Das wissen Sie genausogut wie
ich!"

„Das Außenministerium und das Weiße Haus haben sich also
durchgesetzt! Dieses Lager hat es nie gegeben. Und Sie haben da mit-
gemacht?" Hollis wußte nicht, was er sagen sollte.

Alevy schaute auf die Uhr. „Verschwinden Sie, Sam! Ich verlange
nicht von Ihnen, daß Sie hier sterben." Er blickte Hollis fest an. „Das
Giftgas war mein Vorschlag. Für unser Land wird die ganze Operation einen Kompromiß bringen. Zum Ausgleich dafür, daß der CIA
und das Pentagon die Friedensinitiativen nicht stören, können wir von
den Maulwürfen, die wir in Amerika aufspüren werden, so viele
behalten, wie wir wollen. General Surikows Dokumente haben uns
entscheidend weitergebracht. Wir gründen unsere eigene ,Fabrik' in
den Vereinigten Staaten. Und Burow und Dodson werden dort so
etwas wie Dekane sein. Verstehen Sie?"

„Ich fürchte, ja. War das auch Ihr Vorschlag, Seth?"

„Natürlich. Aber etwas anderes ist nicht auf meinem Mist gewachsen. Weder Sie noch Lisa sollten hier lebend herauskommen. Ihre eigenen Leute vom Militärgeheimdienst waren damit einverstanden."

„Warum also ...?"

„Ach, ganz so unmenschlich bin ich nun wirklich nicht, Sam. Meinen Sie, ich würde es fertigbringen, Lisa hier sterben zu lassen? Und

was Sie betrifft . . ., nun, Sie gefallen mir eben, und da gebe ich Ihnen die Chance zu verschwinden."

Hollis starrte Alevy fassungslos an. „Begreifen Sie eigentlich, was Sie da *getan* haben? Sind denn in Washington alle total verrückt geworden?"

„Die Leute sind außer sich vor Angst, das ist es", gab Alevy zurück. „Für moralische Vorträge ist jetzt keine Zeit, Sam. Hier geht's ums nackte Überleben!"

Draußen kamen die Schüsse näher. Männer brüllten Befehle. Vermutlich sammelten sich die Sowjets zum letzten Sturm auf die Hütte. Hollis atmete tief durch. Er dachte an Tim Landis, an General Austin und Lewis Poole, an die menschliche Tragödie aller Amerikaner, die er hier kennengelernt hatte. „Verdammt! Verdammt!"

Alevy stand am Fenster und schoß, bis die Waffe heiß wurde und Ladehemmung bekam. Er bückte sich nach einem anderen Gewehr; im selben Augenblick fegte eine Salve durch das zerbrochene Fenster.

Hollis ergriff die letzte AK 47 und zertrümmerte mit dem Kolben das Fenster auf der dem Gewehrfeuer abgewandten Seite. „Also, Seth, geben Sie mir Deckung?"

Alevy musterte den anderen. „Klar. Habe ich doch immer getan."

„Danke, Seth."

„Ich bin dicht hinter Ihnen, Sam. Wir sehen uns an Bord."

Hollis kletterte aus dem Fenster und verharrte kurz am Boden. Da setzte verstärktes Gewehrfeuer ein. Offenbar rückten die Soldaten jetzt über das freie Gelände zur Hütte vor.

Hollis rannte über die Lichtung, wobei er die Hütte zwischen sich und den Angreifern wußte. Links und rechts schwirrten vereinzelte Kugeln vorbei, doch achtete er nicht darauf. Alevy folgte ihm, stolperte aber plötzlich und blieb im hohen Gras liegen. Hollis hörte ihn fallen, drehte sich wie in Trance um und lief auf ihn zu. Das hohe Gras wurde plötzlich zum Meer im Hafen von Haiphong, und die Gestalt, die versuchte, sich über Wasser zu halten, war nicht Alevy, sondern Ernie Simms. Eine Stimme rief: „Sam! Sam!" Und Hollis vermochte nicht zu sagen, ob es Alevys oder Simms' Stimme war, die an sein Ohr drang. Er rannte weiter zurück, bis er Alevy erreicht hatte. Hollis riß Seths Jacke auf und sah den dunklen Blutfleck, der sich rasch ausbreitete. „Still liegen, Seth. Nur ganz flach atmen. Ganz ruhig. Es wird alles gut."

Alevys Blick war verhangen, und er atmete keuchend. „Geh ...,
geh ..., sie warten ..., laß sie nicht warten."

„Diesmal nicht! Wir schwimmen weiter oder gehen gemeinsam
unter." Hollis machte Anstalten, Alevy aufzunehmen. Da spürte er,
wie der andere erschlaffte. Er schaute in Seth Alevys tote Augen und
ließ ihn sanft wieder auf den feuchten russischen Boden gleiten. „Du
wirst mir fehlen, mein Freund", sagte er und atmete tief ein.

Hinter ihm stieg der Hubschrauber senkrecht empor. Es war drei
Uhr achtundvierzig. Die anderen hatten gewartet – aber nicht lange
genug.

Jenseits der Lichtung bewegte sich eine zweite Kette von Grenzsoldaten auf ihn zu. Zwei Suchscheinwerfer tasteten die freie Fläche ab.
Es dauerte nicht lange, bis ein Lichtstrahl ihn eingefangen hatte.

Von der Hütte rief eine Stimme auf russisch: „Ergeben Sie sich! Sie
sind umstellt!"

Hollis schoß das Magazin leer, dann zog er die Pistole und wartete.
Die KGB-Soldaten waren an beiden Seiten keine fünfzig Meter mehr
entfernt und verständigten sich mit Zurufen. Jemand gab einen
Befehl, und die Gruppe, die von der Lichtung her anrückte, ließ sich
mit dem Gewehr im Anschlag zu Boden fallen – aber nichts geschah.
Keine Schüsse fielen.

Er wartete und hörte, wie sich jemand übergab, ein anderer auf-
stöhnte. Plötzlich begriff er. Das aus dem Norden herbeiströmende
Nervengas hatte die erste Angreifergruppe erreicht.

Hollis schaute zu den Soldaten, die von der Hütte her vorrückten,
offenbar im Windschatten. Er selbst stand mit gezogener Waffe im
Gras und wartete.

Der Himmel war klar, und von Norden wehte ein leichter Wind. Er
hatte keine besondere Angst vor dem Sterben, denn er wußte tief
innen, daß er, wenn einige entscheidende Minuten in der Bucht von
Haiphong anders verlaufen wären, vielleicht die letzten fünfzehn Jahre
hier verbracht hätte. Er hatte sich auf Alevys Spiel eingelassen, und
jetzt war es ganz in Ordnung, daß er bei den Männern blieb, die niemals nach Hause zurückkehren würden.

Hollis schloß die Augen und beschwor ein Bild von Lisa herauf.
Wenn er sich in diesem Augenblick etwas wünschte, dann, daß er sie
noch mehr geliebt hätte, daß er ihr mehr von dem gegeben hätte, was
sie ihm so bedingungslos geschenkt hatte.

Der Wind frischte auf, und Hollis atmete tief ein. Er spürte leichte Übelkeit aufsteigen und ein seltsames Kribbeln auf der Haut. In der Ferne schrie ein Mann auf, ein anderer stöhnte. Er fragte sich, wie es kam, daß das Gas schon auf der windabgewandten Seite wirkte, ohne ihm zu schaden.

Irgendwo im Hintergrund seines Bewußtseins vernahm er ein gleichmäßiges Schlagen, als bewegten sich die Flügel schwarzer Engel, die seine Seele holen kamen. Er öffnete die Augen. Der Himmel über ihm war pechschwarz, und er sah die Schwärze wie etwas Greifbares niederstoßen. Dann begriff er, daß es der Hubschrauber war, der die Luft rings um ihn reinigte und inmitten des tödlichen Gases eine kleine Zone des Lebens freihielt.

Der Hubschrauber glitt ein wenig zur Seite, und Hollis sah drei Meter über sich Brennan in der offenen Tür knien. Er warf Hollis eine Leine mit Schlinge zu. Hollis schob sich die Schlinge unter die Arme und spürte, wie er hochgerissen wurde und durch die Luft schwang. Dann fühlte er gar nichts mehr.

18. Kapitel

SAM HOLLIS öffnete die Augen und gewahrte die vertrauten Konturen eines Armaturenbretts. Er konzentrierte den Blick auf ein Zifferblatt und sah, daß es beinahe sechs Uhr war. Als er den Kopf drehte, erblickte er O'Shea im Pilotensitz neben sich.

O'Shea bemerkte, daß Hollis wach war. „Willkommen unter den Lebenden. Wie geht's?"

„Bestens. Wohin fliegen wir?"

Lisa beugte sich zwischen den Sitzen nach vorn und küßte ihn auf die Wange. „Hallo, Sam."

Er spürte, wie Lisa ihm die Hand drückte, und erwiderte die Geste. Er hatte nicht vergessen, was ihm durch den Kopf gegangen war. „Es ist so schön, dich zu sehen."

„Wir haben auf dich gewartet, aber . . ."

„Das solltet ihr eigentlich nicht – und auch nicht zurückkommen und alles aufs Spiel setzen. Trotzdem vielen Dank."

Hollis bewegte Arme und Beine und hatte keine Koordinationsprobleme. Sehen konnte er auch gut, und die anderen Sinne schienen ebenfalls zu funktionieren. Sie hatten ihm wohl ein Medikament gegen das Nervengas verabreicht. Hollis blickte sich in der dunklen Kabine um. Lisa hockte zwischen den Sitzen auf dem Boden, Mills saß hinter ihm, und Brennan schlief hinter O'Shea. In den beiden hintersten Sitzen wurden Dodson und Burow von den Sicherheitsgurten aufrecht gehalten.

Hollis schaute wieder nach vorn. „Wie weit noch bis zum Meer?"

„Ungefähr hundertfünfzig Kilometer", entgegnete O'Shea. „Wir haben Kurs auf Leningrad. Sobald wir die Lichter der Stadt sehen, gehen wir auf neuen Kurs."

Hollis studierte Geschwindigkeits- und Höhenmesser. Das einzige Problem war der Treibstoffvorrat. Der würde knapp werden.

Eine Zeitlang herrschte Stille in der Kabine. Hollis vermutete, daß seine Begleiter sich in Gedanken mit dem Lager und dem, was vor ihnen lag, beschäftigten.

Er wandte sich an Mills. „Wenn ich es richtig verstanden habe, sollen Burow und Major Dodson in einer amerikanischen ‚Fabrik der Spione' verschwinden?"

Mills nickte zögernd.

„Und Lisa und ich werden die Medienstars sein. Ich weiß von Alevy, daß wir beide eigentlich gar nicht hier an Bord sein sollten. Aber da wir nun einmal hier sind ... "

Lisa schaute zwischen den beiden Männern hin und her. „Wie so oft verstehe ich nicht, wovon hier gesprochen wird."

Hollis klärte sie auf. „Es war kein Betäubungsgas, sondern Nervengas. Gift. Alle im Lager sind tot, auch Seth."

„Nein!" Lisa schaute Mills an. „Seth ist tot? Das ist unmöglich! Sie sagten doch, wenn er gefangengenommen würde, könnte man ihn gegen Burow austauschen."

Mills seufzte. „Das ist sehr schwer zu erklären, Lisa."

„Nein, das finde ich nicht", warf Hollis ein. „Die Sache ist ganz einfach." Er richtete das Wort an Lisa. „Das Außenministerium, das Weiße Haus, der Pentagon-Geheimdienst und der CIA haben einen Handel verabredet. Die ‚Fabrik der Spione', Abteilung UdSSR, wird für immer geschlossen. Dafür eröffnet in Kürze die ‚Fabrik der Spione', Abteilung USA." Hollis erzählte Lisa, was Alevy ihm offenbart hatte. „Zu Alevys Ehre sei gesagt, daß er bezüglich der Konsequenzen ein schlechtes Gewissen hatte. Und er brachte es nicht übers

Herz, dich in den Tod gehen zu lassen." Hollis wandte sich an Mills: „Ich nehme an, Lisa und ich sind noch immer in Gefahr?"

Mills schien sich unbehaglich zu fühlen. „Die Gefahr geht nicht von mir aus. Ich glaube, Seth wollte von Ihnen beiden nichts anderes als das Versprechen, bis in alle Ewigkeit den Mund zu halten."

Hollis drehte sich zu Lisa um. Sie hatte die Hände vor das Gesicht geschlagen. Tränen rannen ihr über die Wangen.

Er richtete den Blick wieder nach vorn und konzentrierte sich auf das dringendste Problem. Die Treibstoffanzeige stand bereits im roten Bereich. „Wir verbrauchen zuviel Treibstoff. Gehen Sie doch mit der Geschwindigkeit herunter", forderte er O'Shea auf.

„Das geht nicht. Nach meinem Marschbefehl, den ich erst in der Luft geöffnet habe, muß das Rendezvous mit dem Schiff vor Beginn der Morgendämmerung stattfinden. Bei Tag gibt sich unser Kontakt nicht zu erkennen, denn es könnten sowjetische Marine- und Handelsschiffe in der Nähe sein. Da oben setzt die Dämmerung erst um sieben Uhr zweiundzwanzig ein. Doch selbst beim jetzigen Tempo und Rückenwind wird das knapp."

Hollis nickte und schaute nach vorn. Dünne Wolken huschten vorbei, und von Zeit zu Zeit spürte er die Windstöße, gegen die die Maschine ankämpfen mußte. Er griff nach der Steuerung. „Machen Sie mal Pause, O'Shea. Strecken Sie sich aus." Hollis wußte, daß ein Hubschrauberpilot ständig konzentriert sein mußte und oft schon nach einer Stunde erschöpft war. O'Shea saß jetzt fast zwei Stunden am Knüppel – allein mit dem sinkenden Treibstoffanzeiger.

„Gehen wir mal rauf", sagte Hollis. Bei dreitausend Metern beendete er den Steigflug und erhöhte das Tempo wieder auf hundertfünfzig Stundenkilometer. Hier oben war praktisch kein Gegenwind zu spüren. „So ist's besser", meinte er befriedigt.

Nach einer Weile wandte er sich an O'Shea. „Wie soll das Rendezvous mit dem Schiff stattfinden?"

O'Shea blickte auf ein Stück Papier, das er vor sich an die Instrumententafel geklemmt hatte. „Zuerst müssen wir den Flughafen Pulkowo bei Leningrad finden. Etwa einen Kilometer südlich des Towers gehen wir auf Kurs dreihundertzehn Grad. Der führt uns westlich von Leningrad über die Küste. Wir fliegen weiter, bis wir den Leuchtturm auf der langen Pier erkennen. Direkt über dem Leuchtturm schwenken wir auf dreihundertvierzig Grad und halten zehn Minuten lang eine Geschwindigkeit von achtzig Stundenkilometern. Dann sollen wir irgendwo auf der Hauptschiffahrtsstraße drei gelbe Lichter sehen, die ein Dreieck bilden. Sie befinden sich auf dem Heck eines Frachters, der aus Leningrad kommt. Wir landen in der Mitte des Dreiecks und lassen den Hubschrauber über Bord gehen. Das Schiff bringt uns nach Liverpool."

Hollis nickte stumm.

Fünfzehn Minuten später flackerte die Warnlampe über der Treibstoffanzeige auf. Sekunden darauf meldete sich eine dünne Computerstimme auf russisch: „Treibstoffvorrat fast zu Ende. Bereiten Sie sich darauf vor, den Flug zu beenden."

Sie flogen weiter durch die schwarze Nacht. Niemand sagte etwas, und Hollis hatte das Gefühl, als warteten alle auf den Augenblick, da die Turbinen auslaufen würden.

„Der Treibstoffvorrat ist fast zu Ende", wiederholte die Computerstimme. „Bereiten Sie sich darauf vor, den Flug zu beenden."

Hollis schaute auf die Uhr am Armaturenbrett. 6 Uhr 59. Sonnenaufgang in dreiundzwanzig Minuten. Dann würde der Frachter die Positionslichter löschen und sich nicht mehr von den anderen Schiffen auf See unterscheiden. Mit der jetzigen Geschwindigkeit konnte die Maschine bis Sonnenaufgang noch etwa sechzig Kilometer zurücklegen. In den letzten zehn Minuten mußten sie das Tempo allerdings auf achtzig Stundenkilometer zurücknehmen.

„Wir haben zwei Möglichkeiten", sagte er zu O'Shea. „Entweder fliegen wir langsamer, sparen Treibstoff und schaffen es vermutlich bis zum Treffpunkt, allerdings erst kurz nach Sonnenaufgang. Oder wir steigern Tempo und Treibstoffverbrauch, und das wäre die einzige Möglichkeit, den Treffpunkt noch vor Beginn der Morgendämmerung zu erreichen. Aber wahrscheinlich geht uns dann vorher der Treibstoff aus."

„Ich möchte wetten, daß wir mehr Treibstoff haben, als wir glauben", entgegnete O'Shea. „Die Anzeigen sind nie völlig korrekt. Ich wäre für Vollgas."

„Na, dann volle Kraft voraus", meinte Hollis und drückte den Steuerknüppel nach vorn. Sie flogen weiter in Richtung Norden.

Das Warnlicht der Treibstoffanzeige leuchtete gleichmäßig rot, und die Computerstimme wiederholte monoton ihre Warnungen.

„Seht!" rief O'Shea plötzlich.

Rechts voraus hatte der Horizont zu schimmern begonnen. „Leningrad", verkündete Hollis. Er schaute auf die Uhr. Vier Minuten nach sieben. Noch achtzehn Minuten bis Sonnenaufgang.

„Ich glaube, das da unten ist die Fernstraße nach Moskau!" rief O'Shea. „Pulkowo müßte also links liegen."

Hollis erblickte die vertraute blau-weiße Landbefeuerung des Flughafens. „Richtig." Er steuerte im Bogen nach links und ging gleichzeitig weiter hinunter. Dann wählte er Kurs dreihundertzehn Grad. Er flog so tief, daß er die Fahrgäste in einem Bus erkennen konnte.

„Ich glaube, ich sehe das Meer", sagte O'Shea.

Hollis entdeckte vereinzelte Lichter an der Küste, dann eine riesige schwarze Fläche. In den nächsten Minuten wurde nicht gesprochen. Die Küste glitt vorbei, plötzlich hing die Maschine über dem Wasser.

O'Shea deutete nach vorn. „Der Leuchtturm."

„Schon gesehen." Etwa einen halben Kilometer vom Leuchtturm entfernt, begann Hollis das Gas zurückzunehmen und zog die Maschine auf den neuen Kurs von dreihundertvierzig Grad. Er schaute nach Südosten. Ein schmaler roter Streifen hatte sich am flachen Horizont gebildet und tauchte Leningrad in ein rosa Zwielicht. Sieben Uhr einundzwanzig. Noch etwa sechs Minuten Flugzeit bis zum Treffpunkt, doch nur noch eine Minute bis zum Sonnenaufgang. Sie würden den Frachter vor Tagesanbruch nicht mehr erreichen. Er blickte auf das dunkle Meer. Viele Lichter waren dort unten auszumachen, Boote und Bojen – aber kein gelbes Lampendreieck.

„Vermutlich haben sie die Lampen ausgemacht", sagte Brennan. „Sie können es nicht riskieren, daß ein sowjetisches Schiff beobachtet, wie ein Aeroflot-Hubschrauber auf ihrem Deck landet. Und das kann ich ihnen nicht verdenken."

„Aber weit und breit ist nichts zu sehen, das wie ein Frachter aussieht", meinte Lisa. „Wir haben den Frachter sicher verpaßt."

„Vielleicht liegt er noch in Leningrad und wartet auf Papiere zum Auslaufen", überlegte O'Shea „Vielleicht ist er vom Kurs abgekommen, vielleicht wir."

Hollis schaute auf das unruhige Meer hinunter. Schaumgekrönte Wellen bewegten sich von Norden nach Süden. Aus zweihundert Meter Höhe war sein Blickfeld so groß, daß er den Frachter hätte sehen müssen, selbst wenn er zwei oder drei Kilometer vom Kurs abgekommen wäre. Abrupt zog er die Maschine in eine steile Rechtskurve und

flog auf südöstlichen Kurs zurück in Richtung Leningrad, genau in die
aufgehende Sonne.

„Was soll das?" fragte Mills.

Hollis leitete einen steilen Abstieg ein. Etwa fünfzehn Kilometer
voraus waren die Lichter Leningrads zu sehen. „Ich gehe von zwei
Dingen aus", erklärte er. „Daß der Frachter den Treffpunkt nicht
rechtzeitig erreicht hat und noch auf dem Weg aus dem Hafen ist. Und
daß der Kapitän – wenn das stimmt – das Gefühl hat, etwas wiedergut-
machen zu müssen, und uns hilft, wenn er uns sieht."

Sie flogen weiter auf Leningrad zu. Es wurde kein Wort gesprochen. Das gleichmäßige Pfeifen der Turbinen erfüllte die Kabine und
ließ die Insassen auf nichts anderes mehr hören, so sehr befürchteten
sie, daß das Geräusch plötzlich enden würde.

O'Shea räusperte sich und sagte mit gepreßter Stimme: „Zwölf
Uhr – einen Kilometer voraus." Ein mittelgroßer Frachter pflügte
durch die See. Am Heck schimmerten drei gelbe Lampen.

Hollis schwenkte nach rechts, fort von dem sich nähernden Schiff.
Bei direktem Anflug über den Bug wäre es vermutlich mit dreißig
Sekunden Flugzeit zu schaffen gewesen. Aber wenn im falschen
Moment der Treibstoff ausging, stürzten sie über dem Frachter ab –
und das hatten Schiff und Besatzung nicht verdient. Deshalb näherte
er sich im rechten Winkel und flog in den starken Wind hinein, der ihm
zusätzlichen Auftrieb gab.

„Geschwindigkeit dreißig, Flughöhe dreißig", meldete O'Shea.

Plötzlich begann etwas zu tuten. „Öldruck fällt", sagte O'Shea.
„Eine Leitung oder Dichtung dürfte geplatzt sein."

Die Computerstimme, die sich zum Thema Treibstoff mittlerweile
ausgeschwiegen hatte, ertönte wieder: „Maschinenversagen steht
bevor. Vorbereiten auf Notlandung."

Der Hubschrauber war noch knapp zehn Meter vom Oberdeck des
Frachters entfernt. Hollis zog den Bug hoch und brachte die
Geschwindigkeit auf beinahe Null. Das Schiff glitt unter ihm vorbei,
und plötzlich hatte er das Achterdeck vor sich. Er tastete sich darauf
zu, doch als er über das Deck schwebte, geriet der Helikopter in den
Einfluß seines eigenen Boden-Luft-Polsters und wurde aufwärts
gedrückt. „Verdammt!" Das Schiffsheck glitt vorbei, und der Hubschrauber sackte über dem Wasser ab.

Hastig gab Hollis Gas und ließ die Maschine wieder aufsteigen. Er peilte erneut das Heck des Frachters an, schob den Steuerknüppel nach vorn, gab Gas und stürzte förmlich vorwärts, wobei er die Heckreling nur mit knapp einem Meter überflog.

O'Shea stellte die Turbinen ab, als die hinteren Räder auf das Deck prallten und der Mi–28 in die Luft hüpfte. Das schwankende, rollende Deck kippte unter dem Hubschrauber hinweg, stieg dann wieder hoch, knallte gegen die beiden Steuerbordräder und ließ den Helikopter beinahe umstürzen. Hollis zerrte den Bremshebel hoch und blockierte die Räder. Schließlich kam der Hubschrauber auf dem schwankenden Deck pendelnd zur Ruhe. Hollis schaute zum Hauptmast des Schiffes empor und entdeckte den Union Jack. Von der Besatzung war niemand zu sehen. Vermutlich waren alle Mann unter Deck befohlen worden.

Lisa warf Hollis die Arme um den Hals. „Du hast es geschafft! Du hast es geschafft! Ihr beide." Sie umarmte auch O'Shea und gab ihm einen Kuß auf die Wange. „Mein Gott, bin ich froh!"

Mills griff unter seinen Sitz und zog eine Plastiktüte mit schwarzen Skimasken hervor. „Hier, jeder setzt sich so ein Ding auf. Kein Wort an die Besatzung, keine Namen." Er ging nach hinten und zog auch Dodson und Burow eine Maske über das Gesicht.

Brennan schob die Tür auf und sprang auf das schwankende Deck; Lisa, O'Shea und Hollis folgten. Mills verließ die Maschine als letzter und sagte: „Ich lasse Dodson und Burow ins Schiffslazarett schaffen."

Die Tür zum Quarterdeck ging auf. Sechs Seeleute kamen auf den Hubschrauber zu und betrachteten neugierig die fünf Passagiere: vier Männer und eine Frau, alle mit schwarzen Masken. Drei Männer trugen russische Uniformen. Mills hielt zwei Finger hoch und deutete zum Hubschrauber. Die sechs Männer gingen zur Maschine, holten Dodson und Burow heraus und legten sie auf das Deck.

Hollis kletterte ins Cockpit und gab die Bremse frei, dann half er O'Shea, Brennan und den sechs Seeleuten, den Hubschrauber zur Backbordreling zu rollen. Einer der Männer klappte die Gangwaytür auf. Schließlich schoben alle mit voller Kraft und ließen den Mi–28 mit dem Bug voraus über Bord kippen. Der Hubschrauber schwamm einige Augenblicke auf den Wellen, bevor er im Meer versank.

Hollis trat von der Reling zurück und wandte sich um. Vier Seeleute hatten Tragbahren geholt und brachten Dodson und Burow unter Deck.

IN DEN WÄLDERN VON BORODINO 165

Ein anderer Seemann führte die Maskierten ein Deck höher in einen weißgestrichenen Kartenraum hinter der Brücke. Als der Matrose gegangen war, nahm Hollis seine Skimaske ab. Lisa, O'Shea, Mills und Brennan folgten seinem Beispiel.

Die fünf schauten sich an und wußten nicht recht, in welcher Stimmung sie eigentlich waren. Schließlich begann Mills zu grinsen. „Also, meine Freunde, unser nächster Halt ist Liverpool!"

Brennan stieß einen schrillen Schrei aus und rief: „Wir haben's geschafft!"

Man schüttelte sich die Hände, schlug sich auf die Schultern, umarmte sich.

Mills lachte. „He, da gibt's Kaffee und Brandy." Er ging zu einem Tisch an der Steuerbordwand, auf dem eine Kaffeemaschine stand. Er schenkte fünfmal ein, gab zu jeder Portion einen Schuß Brandy hinzu und verteilte die Becher. Dann hob er sein Getränk. „Auf . . ."

„Auf Seth Alevy", meinte Hollis ernst, „und auf die Männer und Frauen, die wir zurücklassen mußten."

Einen Augenblick später ging die Tür auf, und ein großer rotbärtiger Mann von etwa fünfzig Jahren trat ein. „Willkommen an Bord der *Lucinda*", sagte er mit britischem Akzent. „Ich bin Kapitän Hughes. Wer Sie sind, so hat man mir bedeutet, geht mich nichts an."

„Ich möchte Ihnen danken, daß Sie die Lampen auch nach Sonnenaufgang noch brennen ließen", sagte Hollis.

Hughes zuckte die Achseln. „Wir waren selbst ein bißchen spät dran. Sie wissen ja – diese Russen und ihr ewiger Papierkram! Außerdem kam das Lotsenboot nicht rechtzeitig."

„Läßt sich am Radar erkennen, ob Schiffe näher kommen?" fragte Hollis.

„Nein, aber Sie können sich darauf verlassen, daß wir den Marinestützpunkt Kronstadt aufmerksam beobachten. Sobald wir dort vorbei sind, kann ich aufatmen."

„Wir auch."

Hughes räusperte sich und sagte: „Ehe ich heute früh Leningrad verließ, drückte mir ein Hafenarbeiter dieses Stück Papier in die Hand." Er reichte es Hollis.

Hollis faltete den Zettel auseinander, der sich als Verschlüsselungsformular der Botschaft entpuppte. Unter dem Datum und einer Frequenzangabe standen die Worte: „Lageber. z.Hd. C.B."

Hollis blickte auf. „Ich habe eine Nachricht, die Ihr Funker gleich für mich durchgeben müßte."

„Verstanden." Hughes nickte und verließ den Raum.

Hollis setzte sich an den Kartentisch, nahm Bleistift und Papier zur Hand und begann einen Brief an Charles Banks zu schreiben.

> Lieber Charles,
> diese Nachricht schickt Ihnen Sam Hollis – nicht aus dem Grab, sondern von Bord der *Lucinda*. Bei mir sind Lisa Rhodes, Bill Brennan, Bert Mills und Captain O'Shea. Außerdem Major Jack Dodson und Oberst Petr Burow als unser Gefangener. Seth Alevy ist tot. Das Lager ist für immer geschlossen. Ich muß Ihnen sagen, Charles, ich halte Sie und Ihre Horde für weitaus verräterischer und kaltblütiger als jeden General oder Spion, den ich je im Einsatz erlebt habe. Ich verlange, daß Sie heute in vier Tagen persönlich mit uns in London zusammentreffen.
>
> gez. Hollis

Hollis reichte O'Shea das Schreiben. „Captain, bitte gehen Sie in die Funkzentrale und verschlüsseln Sie den Text. Bleiben Sie beim Funker, bis der Spruch raus ist, und warten Sie auf Antwort."

„Jawohl, Sir."

Sie schwiegen alle und hingen ihren Gedanken nach, bis schließlich O'Shea zurückkehrte und Hollis ein Stück Papier überreichte.

Hollis überflog den Text und las vor:

> „Erfreut, von Ihnen zu hören. Gratulation zu guter Arbeit. Sehr betrübt, von Seth Alevys Tod zu erfahren. Er wird uns fehlen. Freue mich darauf, Sie alle in London zu begrüßen. Getränke gehen auf meine Kosten. Unterschrift: Charles."

Hollis ließ den Blick über die Runde wandern. Der Funkspruch war dermaßen typisch für Banks, daß alle am liebsten gelacht hätten.

Ein älterer Steward brachte einen riesigen Krug Orangensaft und heißen, gebutterten Toast. Er stellte das Tablett ab und sagte: „Empfehlung von Kapitän Hughes. Der Erste Offizier stellt der Dame sein Quartier zur Verfügung. Für die Herren sind in der Offiziersmesse Betten aufgestellt worden."

Mills dankte dem Mann, der an der Tür grüßte und verschwand.

Alle setzten sich um den großen Kartentisch und aßen und tranken beinahe andächtig.

Nach einer Weile stand O'Shea auf und meinte zu Mills und Brennan: „Warum gehen wir nicht in die Offiziersmesse und legen uns hin?"

Als die drei Männer gegangen waren, sahen sich Lisa und Hollis über den Tisch hinweg an. „Du siehst traurig aus", bemerkte Lisa schließlich.

Hollis antwortete nicht.

„Wir sind alle traurig, Sam. Wir sind froh, daß wir davongekommen sind, aber traurig wegen der anderen."

Hollis nickte. „Einen größeren Verrat gibt es nicht. Die Regierung hatte diese Menschen schon einmal verraten – und jetzt wieder. Wir haben die letzten Überreste dieses Krieges für immer unter den Teppich gekehrt."

„Du wirst darüber hinwegkommen, Sam."

„Ich werd's versuchen. Ich muß es versuchen."

Lisa zog ein Kästchen aus der Tasche, legte es auf den Kartentisch, öffnete den Deckel und hob eine Bernsteinkette heraus. „Seth hat mir die Kette geschenkt, als wir vor Burows Haus auf dich warteten. Macht es dir etwas aus, wenn ich sie behalte?"

„Nein." Hollis fügte hinzu: „Solange du sie nicht trägst."

Lisa blickte ihn forschend an, konnte aber nicht erkennen, ob er es ernst meinte. Sie legte den Schmuck in die Schachtel zurück und klappte sie zu.

Hollis zog zerknitterte Zettel aus der Tasche und breitete sie auf dem Tisch aus. „Die Namen aller Männer, die jemals im Lager gefangen waren. Ich möchte, daß diese Männer jetzt offiziell als tot registriert und ihre Familien verständigt werden. Diesen Nutzen soll die Liste immerhin haben."

Lisa nickte. „Ist es gefährlich, diese Liste zu besitzen?"

„Es wäre wohl eher gefährlich, die Liste nicht zu haben", antwortete Hollis. „Sie ist der einzige konkrete Beweis, daß das Lager existiert hat. Gewissermaßen unsere Versicherungspolice."

Lisa nickte. Sie verstand.

„Ich schicke die Unterlagen an meinen Rechtsanwalt", fuhr Hollis fort. „Den Brief wird ein Seemann aufgeben, wenn wir in Liverpool an Land gehen. In London besprechen wir dann alles mit unserem Mr. Banks." Er schaute Lisa an, die lächelte. „Und was wünschst du dir nach alledem für die Zukunft?"

„Mein Wunsch ist schon erfüllt. Dich.“

Er erwiderte ihr Lächeln.

„Und wir haben Gregory Fishers Mörder“, fuhr sie fort. „Wenigstens ein bißchen Gerechtigkeit hat sich doch durchgesetzt.“

Ein Matrose erschien an der Tür und meldete: „Kapitän Hughes läßt sagen, daß wir Kronstadt passiert haben. Wir befinden uns nun in internationalen Gewässern.“

„Vielen Dank.“

„Ein weiterer Schritt nach Hause“, stellte Lisa erleichtert fest.

„Wir haben es wirklich geschafft.“ Hollis schaute durch das Bullauge. Lange starrte er auf das Meer, dann drehte er sich um und sah Lisa dicht neben sich stehen. Ihre Blicke begegneten sich, und sie umarmten sich.

Lisa drückte den Kopf an Hollis’ Brust. „Sam, darf ich um Seth weinen?“

„Natürlich, Lisa. Du zitterst ja. Komm, ich bringe dich in deine Kabine.“

„Nein, halt mich fest! Sam, könnten wir nicht so tun, als wären wir nach dem Mittagessen damals im Arbatviertel nach New York geflogen, als wäre nichts geschehen?“ Sie fragte es ganz leise.

„Nein“, erwiderte Hollis ernst. „Aber wir können versuchen, den Dingen einen Sinn zu geben, diesen ganzen Sumpf zwischen uns und der anderen Seite zu begreifen. Vielleicht erzähle ich dir mal was über die Sowjetunion als Luftstreitmacht, und du erklärst mir, warum die Leute so gern Gogol lesen. Da lernt jeder von uns Dinge, die dem anderen am Herzen liegen.“

Sie lächelte und verstärkte ihre Umarmung. Lange standen sie eng umschlungen da, lauschten auf die Geräusche des Schiffes und der See und spürten das Rollen und Stampfen des Frachters, der nach Westen fuhr, weg von Rußland.

Nelson DeMille

Nichts in Nelson DeMilles Lebenslauf weist auf eine Karriere als Schriftsteller hin. Er war kein stolzer Herausgeber einer Schülerzeitung; an der Universität bekam er keine Auszeichnungen für besondere literarische Leistungen. Im Gegenteil – er spezialisierte sich auf Naturwissenschaft und Geschichte. Nach dem Kriegsdienst in Vietnam arbeitete er in der Versicherungsbranche. Nie hatte er in jenen Jahren eine Zeile zu Papier gebracht – bis er plötzlich den Drang verspürte zu schreiben. Was dabei herauskam, war sogleich ein Bestseller. Der Erfolg seines ersten Romans *An den Wassern von Babylon* ermutigte den gebürtigen New Yorker, bei der schreibenden Zunft zu bleiben.

Doch Nelson DeMille ist kein typischer Schreibtischmensch. Vielleicht liegt das Geheimnis seines Erfolgs gerade darin, daß er mit offenen Augen durch die Welt geht. „Wenn man an einem Buch arbeitet", so der amerikanische Autor, „kann jeder, mit dem man sich unterhält, zu einer wertvollen Quelle für Informationen werden. Sogar bei zufälligen Begegnungen erhält man oft überraschende Einblicke in Themen, die einem selbst nicht so vertraut sind." Nelson DeMille spricht aus Erfahrung. Als er in die Sowjetunion flog, um für sein Buch *In den Wäldern von Borodino* zu recherchieren, entpuppte sich der Passagier neben ihm als ehemaliger US-Militärattaché. Der Mann hatte lange Jahre in der amerikanischen Botschaft in Moskau gearbeitet und berichtete erstaunlich offen von seinen Erlebnissen. Als die Maschine zur Landung ansetzte, hatte Nelson DeMille eine Fülle von Informationen erhalten, mit der er die Welt seines Romanhelden Sam Hollis ausschmücken konnte. Doch als ehemaliger Naturwissenschaftler gibt sich ein Mann wie Nelson DeMille mit Informationen aus zweiter Hand nicht zufrieden. Er will den Dingen auf den Grund gehen, recherchiert selbst und, wann immer das möglich ist, vor Ort. Fast alle Schauplätze seines neuen Romans hat er aufgesucht. Das Ergebnis: neben einer spannenden Handlung ein faszinierendes Porträt der Sowjetunion.

CHICO

Eine Kurzfassung des Buches von
ELIZABETH WEBSTER

Nach der Übersetzung von
Christiane Kashin

Illustrationen von John Hancock

Hart und gefährlich ist das Leben in den Slums
von Bogotá. Schon der achtjährige Chico, eines von
zahllosen Straßenkindern, weiß, was es heißt, sich
hier jeden Tag aufs neue durchschlagen zu müssen.
Daher erscheint es ihm wie ein Wunder, als plötzlich
Señor Tancred auftaucht. Der englische Ingenieur,
der sich rührend um ihn kümmert und ihn auch
in der Gefahr nicht im Stich läßt, wird für Chico
zum leuchtenden Vorbild. Der Junge beschließt,
Tancred zu seiner Baustelle in den Hochanden
zu folgen. Und schon bald kann er seinem neuen
Freund zur Seite stehen, als dieser selbst in eine
lebensbedrohende Situation gerät.

I

ER HATTE sich gerade am Tisch des kleinen Straßenlokals niedergelassen, als er das Augenpaar bemerkte. Etwa in Höhe der Tischkante beobachtete es ängstlich und stumm jede seiner Bewegungen, als er nach seinem Campari mit Eis langte. Die braunen Augen erschienen ihm viel zu groß für das kleine Gesicht.

Es war angenehm warm auf dem ausgedehnten Platz, zumindest erschien es ihm so nach dem durchdringenden, unablässig blasenden Wind des Hochgebirges. Und trotzdem war die Luft an diesem geschützten Ort erfrischend klar, denn die Stadt lag immerhin gut 2600 Meter hoch in den Bergen. Die weißen Wolkenkratzer in den neuen Stadtteilen reflektierten ein mildes, milchiges Sonnenlicht, auf der Plaza Bolivar sprudelten verspielte Springbrunnen, und überall saßen Menschen an Cafétischen, nippten an ihren Drinks, plauderten und fotografierten mit ihren Touristenkameras.

Er selbst war allerdings kein Tourist, sondern verbrachte ein paar freie Tage in der Stadt. Seinen kühlen Drink hatte er sich in langen, mühsamen Tagen und Nächten auf der Baustelle hoch oben in den Anden verdient.

Als leitender Ingenieur des ganzen Projekts hatte er die Bauaufsicht über das Aquädukt, die Brücke und die Straße und brachte einen großen Teil seiner Zeit damit zu, in seinem Jeep die erst halbfertige Straße hinauf- und herunterzufahren. Daneben mußte er aber auch wie seine Männer die Berge hinaufsteigen, über Felsen klettern, um nachzusehen, ob die Baumaschinen sinnvoll eingesetzt wurden, oder um sich zu vergewissern, daß die Stahlträger von den Lastwagen an der richtigen Stelle abgeladen wurden, so daß der Kran sie problemlos anheben konnte. Unermüdlich kletterte er auf den bröckelnden Schieferhängen umher, stets mit Staub bedeckt, und seine Kehle war ausgedörrt von Sonne und Wind. Ja, seinen Drink hatte er sich verdient, und auch das handfeste, gut zubereitete Essen, das er bestellt hatte. Er hatte die ewigen Maispfannkuchen ebenso satt wie die *frijoles,* diese ständig aufgetischten Bohnengerichte in allen Variationen: Bohnen mit Kartoffeln, Bohnen mit Maniok und Pfeffer, Bohnen mit zähem Hühnerfleisch. Es wurde Zeit, daß er sich mal ausruhte und zu einer anständigen Mahlzeit kam.

Da wurde auch schon das Essen gebracht. Domingo, der Wirt des „Buena Vista", kannte ihn mittlerweile von seinen häufigen Besuchen. „Lassen Sie es sich schmecken, Señor Tancred", meinte er freundlich, „für Sie hab ich mir besondere Mühe gegeben."

Tancred Hammond, blond und blauäugig wie seine schwedischen Vorfahren, nickte ihm lächelnd zu und spießte die Gabel in sein saftiges Steak. Da sah er aus den Augenwinkeln, wie sich etwas bewegte. Eine kleine Hand streckte sich bittend in seine Richtung. Aber Tancred schob sie gedankenlos zur Seite und führte die Gabel zum Mund. Die großen braunen Augen füllten sich mit Tränen. Ach du liebe Güte! dachte Tancred, das ist ja ein Kind – ein Kind, das um Essen bittet, und ich habe es weggescheucht wie eine lästige Fliege. Er blickte nach unten und sah einen kleinen schmächtigen braunen Jungen, der sich offenbar kaum noch auf den Beinen halten konnte. Und dann sank er tatsächlich auf die staubigen Fliesen des Vorplatzes, schlug die dünnen Ärmchen über dem Kopf zusammen und weinte.

Tancred war entsetzt. „Domingo!" rief er. „Kommen Sie doch bitte einen Augenblick herüber!" In den letzten beiden Jahren hatte er ziemlich gut Spanisch gelernt.

Der Wirt eilte herbei. „Señor?"

„Domingo, was macht denn dieses Kind hier?"

Der Wirt war ein fröhlicher, untersetzter Mann mit krausem braunem Haar, das sich bereits ein wenig lichtete. Sein freundliches Lächeln schwand jedoch, als er mit prüfendem Blick den weinenden Straßenjungen zu seinen Füßen musterte.

„Der da? Wir nennen ihn Chico, also ‚Kleiner'. Er treibt sich eigentlich ständig hier herum."

„Wo kommt er denn her?"

Domingo zuckte die Achseln. „Das weiß niemand. Er ist nur einer von vielen . . ."

„Was soll das heißen?"

„Die Stadt ist voll von ihnen, Señor Tancred. Hier gibt es überall Kinder. Sie kommen aus den Dörfern. Ihre Eltern können sie nicht mehr ernähren und schicken sie deshalb weg, damit sie sich ihren

Lebensunterhalt in der Stadt verdienen. Aber was können sie hier schon tun? Zum Arbeiten sind sie noch zu jung – oder zu schwach. Also bleibt ihnen nur übrig zu betteln."

„Sie meinen – dieser Junge hat keine Eltern hier? Kein Zuhause? Wo wohnt er dann?"

Domingo hob die Hände hilflos gen Himmel. „Wo? Überall und nirgends, Señor Tancred. Auf der Straße, auf einem Parkplatz, auf der Müllhalde. Und dann gibt's auch noch die *tugurios,* die ärmlichen kleinen Hütten in den Slums. Haben Sie die schon mal gesehen?"

Tancred schüttelte den Kopf. Wo bin ich bloß die ganze Zeit gewesen? dachte er. Zwei Jahre lebe ich nun schon in diesem Land, und alles, was ich bisher gesehen habe, sind meine gut ausgerüstete Baustelle und die Hotels und Lokale der Stadt. Wie konnte ich nur so blind sein?

Domingo deutete auf die steilen Berghänge am nördlichen Stadtrand. „Da oben am *Barrio Flora* leben Hunderte von Menschen. Es gibt nicht genug Arbeit für sie und auch keine Häuser, also bauen sie sich selber Unterkünfte aus Wellblech oder Pappe. Außer einer Zapfstelle am Fuß des Hügels haben sie da oben kein Wasser, deshalb können sie sich nicht oft waschen und werden auch dauernd krank. Viele der kleineren Kinder sterben, besonders die Babys." Er blickte Tancred verbittert an. „Sie sollten sich das einmal selber anschauen, Señor Tancred. Die Einwohner von Bogotá gehen da nur selten hin."

„Domingo, wie viele solcher Kinder gibt es in der Stadt?"

„Das weiß ich nicht, Señor, ich kann nur schätzen ..., zwei- oder dreihundert heimatlose Kinder, *abandonados,* und Tausende von *gamines,* Straßenjungen, die hier herumstrolchen."

„Zwei- oder dreihundert heimatlose Kinder?"

„Aber die gibt's doch nicht nur hier, Señor Tancred, sondern in jeder Stadt."

Tancred war bestürzt. Wieder blickte er zu dem kleinen Jungen auf den staubigen Fliesen hinunter. „Wie alt mag der wohl sein, was glauben Sie?"

„Hm ..., acht oder neun Jahre, vielleicht auch zehn. Sie sind klein, diese *abandonados,* weil sie so wenig zu essen bekommen. Meist werden sie von den Dörfern hierhergeschickt, wenn sie sieben sind – angeblich zur Schule. Aber nur ganz wenige haben je eine Schule von innen gesehen."

„Domingo, Sie kennen den Jungen doch. Tun Sie mir den Gefallen, und fragen Sie ihn, wann er das letzte Mal etwas gegessen hat."

Domingo stieß den Jungen mit dem Fuß sachte an. „He, Kleiner, wann hast du das letzte Mal gegessen?"

Der Junge gab eine undeutliche Antwort.

„Er sagt, vor drei Tagen."

„Vor drei Tagen?" Tancred blieb das Steak fast im Hals stecken. „Domingo, bringen Sie ihm irgendwas. Was wäre denn das beste für ihn?"

Der Wirt schüttelte den Kopf. „Señor Tancred, wenn wir anfangen, ihn zu füttern, dann werden wir belagert. Sämtliche Kinder der *tugurios* werden sich auf uns stürzen."

„Das kann ich nicht ändern", entgegnete Tancred. „Ich werde ihn auf einen Stuhl setzen, dann sieht er wie ein Gast aus. Bitte, Domingo, wir können ihn doch nicht hier vor unseren Augen verhungern lassen!" Er bückte sich, hob den kleinen Jungen sanft auf und setzte ihn auf einen der weißen Plastikstühle am Tisch. Dabei spürte er, wie sich der Junge vor Angst völlig verkrampfte.

„Hab keine Angst", beruhigte er ihn. „Ich tu dir nichts. Domingo bringt dir gleich etwas zu essen. Schau, ich schneide dir ein Stück von meinem Steak ab und geb dir ein paar Pommes frites. Magst du *patatas?*"

Die Augen des Kindes wurden noch größer. Aber er rührte das Essen nicht an, bis Tancred ihm ein paar Pommes frites in die Hand drückte. Dann erst stopfte er sie, als könne er es immer noch nicht glauben, hastig in den Mund und streckte die Hand nach mehr aus.

Domingo kam zurück mit einem Teller voll Maiskuchen, den unvermeidlichen Bohnen und einem Hackfleischfladen.

Der Junge blickte auf den Teller voll Essen und dann auf Tancred. „Für mich?"

Tancred nickte. „Für dich. Iß nur alles auf, das wird dir guttun."

Während er zusah, wie das Kind aß, dachte er darüber nach, was Domingo ihm erzählt hatte. Was wurde schließlich aus solchen *abandonados?* Wie viele von ihnen blieben am Leben? Wie viele fanden Arbeit? Konnten sich überhaupt welche von ihnen so etwas wie ein eigenes Leben aufbauen?

Sein Blick schweifte über den bevölkerten Platz. Die meisten Vorübergehenden waren gut gekleidet und machten einen wohlhabenden

Eindruck – wie in jeder westlich-zivilisierten Stadt. Überall erhoben sich weiße Gebäude: Geschäfte und Büros, riesige Wolkenkratzer und kompakte Häuserblocks, dazwischen alte Häuser im Kolonialstil und schmale Gassen aus vergangenen Zeiten. Durch die Straßen brausten Autos und Lastwagen und viele geräuschvolle kleine Motorroller.

Sein Blick kehrte zu dem Jungen zurück, und er mußte ein wenig lächeln. Der Teller war leer, und die braunen Augen, die noch immer mit schüchterner Aufmerksamkeit auf ihn gerichtet waren, blickten nun fast schläfrig. An einen vollen Magen war der Junge nicht gewöhnt.

„Könnte ich vielleicht Ihre Schuhe putzen?" fragte er plötzlich.

Tancred verstand ihn sofort. Der Junge wollte nicht betteln, er wollte lieber für sein Essen arbeiten. So schüchtern und müde das Kind da auf seinem Stuhl saß – es hatte doch eine sonderbare, unbewußte Würde an sich.

Tancred, der erfahrene Ingenieur, der schon zahllose schwierige Aufgaben hinter sich gebracht hatte, war gerührt. „Ich weiß was Besseres, Chico", sagte er und legte einen Geldschein zum Begleichen der Rechnung auf den Tisch. „Du könntest mir die Stadt zeigen. Ich meine, die anderen Stadtteile, nicht die schönen Straßen, wo die Touristen immer hingehen. Ich möchte die Müllhalde sehen und die *tugurios* und den *Barrio Flora* und die Stelle, wo du schläfst. Kannst du mir das alles zeigen?"

Der Junge blickte ihn ernst an und rutschte von seinem Stuhl. „*Sí*, Señor", antwortete er.

Tancred streckte ihm seine große, sonnengebräunte Rechte hin, und der Junge ergriff sie mit seiner kleinen braunen Hand. Zusammen überquerten sie den Platz und betraten die schattige schmale Straße auf der anderen Seite.

CHICOS wirklicher Name war Ricardo, aber das wußte niemand in der großen Stadt, und so hatte er sich daran gewöhnt, daß man ihn „der Kleine" oder „Kleiner" nannte. Auch an viele andere Dinge hatte er sich gewöhnen müssen, seit er in die Stadt gekommen war: an den Hunger etwa, an Kälte, bisweilen an Nässe, und manchmal fühlte er sich auch verloren und elend. Aber wie die meisten seiner Landsleute hatte er eine gelassene Einstellung zu diesen Härten des Lebens entwikkelt. Meistens war es warm genug, um draußen zu schlafen; tagsüber schien oft die Sonne, und manchmal warf ihm ein Tourist eine Münze zu, oder er wusch ein Auto oder machte Botengänge für die Marktfrauen. Er war immer bereit, für jeden noch so kleinen Auftrag loszulaufen. Am Ende des Tages gab man ihm dann meist ein oder zwei Münzen oder auch ein paar Überreste, die sonst niemand essen wollte und die er eigentlich bevorzugte. Verdiente er nämlich Geld, so nahmen es ihm die anderen Jungen regelmäßig ab; sie lauerten ihm irgendwo auf, überfielen ihn und zwangen ihn mit Tritten und Armverdrehen, seine kleine Barschaft herauszurücken. Geld zu besitzen war gefährlich.

Das Dumme war nur, daß sein Vater gesagt hatte, er müsse eine Menge Geld verdienen, bevor er zu dem kleinen Hof in den Bergen zurückkommen dürfe. Mindestens fünftausend Pesos, hatte er gemeint, damit der Hof, die *finca,* besser in Schuß gehalten werden könne. Aber wie sollte ein kleiner Junge so viel Geld verdienen?

Wenn er müde und hungrig war, hatte er oft Heimweh. Er sehnte sich nach den kahlen Bergrücken, ihren schroffen, felsigen Hängen und den Ziegenglocken, die in der Stille bimmelten. Am meisten vermißte er seine Familie: seine Mutter, die krank und erschöpft war und sich um ein Baby kümmern mußte, die aber nie zu müde und zu beschäftigt war, um ihn anzulächeln und ihm übers Haar zu streichen; seinen Vater, der zwar ein bißchen streng war und ständig draußen auf den steinigen Feldern arbeitete, der aber genau wußte, wie man Fallen für die wilden Kaninchen aufstellen mußte; und seine Brüder und Schwestern. Besonders oft dachte er an seine große Schwester Pepita, die sehr an ihm hing und geweint hatte, als er in die Stadt geschickt worden war. Pepita war liebevoll und immer freundlich und gut gelaunt; wenn sie beide die Ziegen nach Hause trieben, hatten sie oft zusammen Unfug getrieben und darüber gelacht.

Aber dann kam plötzlich ein Unglück nach dem anderen. Ein herabstürzender Felsbrocken hatte seinem Vater das Bein gebrochen, und es wollte und wollte einfach nicht heilen. Weil er sich nicht mehr um die Felder kümmern konnte, gab es auch keine Ernte. Dann wurde das Wasser im Dorfbrunnen ungenießbar, und zwei Babys im Dorf starben daran. Auch Luisa, ihr eigenes Baby, wurde krank. Um überhaupt noch etwas zu essen zu haben, mußten sie eine ihrer Ziegen schlachten und alle übrigen außer einer ihrem Nachbarn verkaufen. Nun war nicht mehr genug Milch für die Kinder da, und bald gab es

überhaupt nichts mehr zu essen, außer ein paar Kartoffeln vom letzten Jahr. Und seine Mutter hatte sich von ihrer letzten Geburt nicht mehr richtig erholt, so daß sich nun Pepita um alles kümmern mußte, sogar um die vernachlässigten Felder.

Der Vater hatte daher beschlossen, daß Chico mit seinem Onkel Baptisto in die Stadt gehen und sich nach Arbeit umsehen sollte. Er mußte zu viele Münder satt bekommen, und schließlich war Chico schon sieben – fast ein Mann. Man gab ihn in die Obhut seines Onkels, des Führers der Maultierkarawane, die Waren zum Markt brachte, und so wanderte er neben den schwerbeladenen Tieren über die steilen Saumpfade, bis er zu der großen Straße kam, die zur Stadt führte. Dort ließ ihn sein Onkel am Rande des *Barrio Flora* in den überfüllten, stinkenden Gassen des Slums zurück, nachdem er sich mit einem gemurmelten „Viel Glück!" und einem fröhlichen Winken verabschiedet hatte.

Doch als das Kind ins Stadtzentrum kam, gab es dort keine Arbeit für einen kleinen, siebenjährigen Jungen. Und es bestand auch keine Hoffnung, jemals reich zu werden und wieder nach Hause zurückzukehren.

„Das ist der Markt", erklärte Chico. „Manchmal bekomme ich hier Arbeit."

Tancred blickte auf die säuberlich aufgeschichteten Berge von Gemüse und Früchten, die Stände, an denen Fleisch, Hühner und Fische von den Weihern und Seen angeboten wurden, und auf die Gestelle voller Schals und Hüte. „Was für eine Arbeit?" fragte er.

„Botengänge", erwiderte Chico. „Oder Körbe und Kisten schleppen." Er deutete auf die Stapel von Kisten und Körben, die hinter den Ständen lagen und mit Kartoffeln und Maniok gefüllt waren.

Tancred betrachtete sie prüfend. Sie kamen ihm ziemlich schwer vor. „Und die mußt du tragen?"

Der Junge nickte gleichmütig. „Manchmal darf ich sie auch wiegen."

Sie gingen weiter, und während sie den stetig ansteigenden Pfad erklommen, entfernten sie sich immer mehr von dem wohlhabenden Stadtzentrum. Schließlich kamen sie zur Müllkippe. Es wimmelte dort von Kindern und auch von Erwachsenen, die etwas zu essen suchten oder weggeworfene Gegenstände, die man noch in den *tugurios* verkaufen konnte.

Tancred beobachtete die Kinder, die *abandonados* der Stadt, wie sie in dem Abfall nach alten Brotkrusten und Kartoffelschalen wühlten. „Sie können doch unmöglich etwas von diesem stinkenden Haufen essen!" entsetzte er sich. „Werden sie denn nicht krank davon?"

„O doch", gab Chico gleichmütig zu. „Viele von uns werden krank."

„Das glaube ich", murmelte Tancred.

Chico zog an seiner Hand. „Es ist nicht gut, hier stehenzubleiben. Der Wind bläst in diese Richtung." Er rümpfte die Nase. „Kommen Sie, sonst werden Sie auch noch krank", fügte er ernst hinzu.

Sie verließen die Müllhalde, umrundeten den Hof einer Fabrik und kletterten einen steilen Schieferhang hinauf, vorbei an mehreren noch unfertigen Häusern. Schließlich gelangten sie zu einer hochgelegenen Terrasse am Rande der Stadt. Hier begann ein Stadtteil, in dem elegante Villen mit blühenden Gärten, Springbrunnen und hübschen Innenhöfen mit Rundbögen lagen, doch hier, zwischen den schönen, wohlhabenden Häusern, begannen auch die Slums.

Dies war der *Barrio Flora,* das „Blumenviertel", und obwohl es hier tatsächlich Blumen in den gepflegten Gärten gab, sah man doch überall Anzeichen von Verwahrlosung. Die *tugurios* waren aus den unwahrscheinlichsten Gegenständen und Materialien zusammengebastelt: Ein altes eisernes Bett diente als Wand, ein großes Stück verrostetes Blech als Dach, eine schmutzige Decke oder ein paar Pappkartons und ein kaputter Autositz als zweite Wand.

Und überall standen die Menschen in Gruppen herum, alte Männer, junge Männer, Frauen und Kinder, schreiende Babys und alte Großmütter, und sie alle versuchten in der Unordnung und dem Schmutz am Leben zu bleiben. Selbst die kleinsten Kinder waren damit beschäftigt, Eimer, Blechbehälter und alte Kessel den Hügel hinaufzuschleppen, in denen sie das kostbare Wasser aus der einzigen Quelle am Fuße des Berges transportierten.

Wortlos stand Tancred da und sah sich alles an. Dann wandte er sich ab, denn es wurde ihm peinlich, diesen sich klaglos abmühenden, geduldigen Menschen zuzusehen. Er schämte sich seiner guten Kleidung, seiner sicheren, gutbezahlten Stellung und des Geldes in seiner Tasche.

„Kommen Sie", forderte ihn Chico auf und zog wieder an seiner Hand, „hier ist es nicht sicher."

„Wieso nicht?"

„Die Banden!" flüsterte Chico und schaute sich ziemlich ängstlich um. „Wenn sie sehen, wie gut Sie angezogen sind, werden sie Ihnen die Kleider wegnehmen und auch all Ihr Geld."

Chicos wissender Blick zeigte Tancred, daß der Junge sich in diesen Dingen auskannte. „Es hat hier auch schon Morde gegeben, Señor, und man ist nie dahintergekommen, wer sie begangen hat."

Tancred sah ihn selbstbewußt an. „Die sollen bloß mal versuchen, mich umzubringen!" meinte er herausfordernd. Aber er bemerkte die Furcht in Chicos Augen, und so faßte er die kleine Hand fester und schritt rascher aus.

„Sie sagten, Sie würden gern sehen, wo ich schlafe?" Chico blickte Tancred an.

„Ja", bestätigte dieser. „Laß uns als nächstes dorthin gehen."

Chico führte ihn den Hang noch höher hinauf, zur offenen Hochebene ganz oben. Der steile, staubige Saumpfad, der von der Straße hinaufgeführt hatte, verschwand nun gänzlich, und zu beiden Seiten ragten Sandsteinfelsen auf. Mit seinen nackten braunen Füßen stieg Chico vorsichtig über die scharfen Disteln hinweg und führte Tancred weiter über einen Streifen Brachland zu einem Steinhaufen, der einst die Mauer eines inzwischen verfallenen Kuhstalls gewesen war. Nun war nur noch eine winklige Ecke der Mauer übrig, und hier hatte Chico seinen Schlafplatz aufgeschlagen.

Auf der Erde lag eine kleine einfache Decke, und ein Ring aus Steinen umgab eine Stelle, wo er ein Feuer entzündet hatte. Von der Müllhalde hatte er einen verrußten alten Kochtopf geholt, und wenn er genügend Reisig oder brennbaren Abfall fand und auch ein paar Streichhölzer ergattert hatte, konnte er manchmal sogar ein paar erbettelte Kartoffeln oder Bohnen über seinem kleinen Feuer kochen.

Tancred stand fassungslos da. War das alles, was der Junge besaß? Wahrscheinlich. Das und die Kleidung, die er am Leibe trug: dünne, abgetragene Jeans und ein verschlissenes Hemd.

„Sehr schön", lobte er. „Wie ich sehe, verstehst du, wie ein richtiger Jäger in der Wildnis zu leben!"

Chico lächelte. „Hier oben ist es besser. Hier riecht es nicht so schlecht, und nachts kann ich die Sterne sehen."

Dann standen sie beide da und bewunderten den Ausblick, der sich ihnen bot. Unter ihnen lag im Sonnenlicht die riesige Stadt Bogotá.

Die weißen Wolkenkratzer ragten aus den regelmäßig angeordneten Straßenzügen empor, im Stadtzentrum sahen sie große Plätze und von Bäumen gesäumte Alleen, und dahinter war ein wirres Durcheinander von bunt zusammengewürfelten Häusern, engen Straßen und Fabriken. Jenseits der Stadt erstreckte sich die weite *Sabana de Bogotá* mit ihren Weizenfeldern, Zitronenhainen und Orangengärten und den Kaffeeplantagen an den Hängen der Hügel. Und noch weiter entfernt lagen die Berge, deren Gipfel sich grandios über der Stadt auftürmten.

Tancred ließ sich auf den Mauersteinen nieder. „Erinnerst du dich noch an dein Zuhause?" fragte er Chico freundlich.

„O ja!" Das klang sehr bestimmt.

„Könntest du dein Dorf noch allein finden?"

„*Sí,* ich glaube schon. Aber ich kann nicht zurückgehen. Erst wenn ich fünftausend Pesos habe. Und es wird lange dauern, soviel Geld zu verdienen." Wenn er es überlegte, schien es ihm, als müsse noch eine Ewigkeit vergehen, bis er diese Summe beisammenhatte, aber das sagte er nicht. Und ihm war natürlich auch nicht klar, daß der Gegenwert dreißig Dollar betrug und damit für Tancred eine ziemlich niedrige Summe war. „Außerdem will mein Vater mich jetzt gar nicht zu Hause haben, erst wenn ich größer bin. Wir haben nur ein paar Felder auf dem Berg, mit denen wird er allein fertig. Wenn ich das Geld hätte, könnte ich ein neues Feld kaufen, aber das müßte ich dann selbst bestellen. Und um das Land zu bestellen, muß man stark sein."

Tancred nickte. Diese Logik leuchtete ihm ein. Und er sah auch, daß der Junge unter diesen Bedingungen möglicherweise nie groß oder stark genug werden würde, um seine eigenen Felder auf diesen steinigen Terrassen zu bewirtschaften – falls er überhaupt so lange lebte.

„Soll ich Sie wieder zum Platz hinunterbringen?" fragte Chico höflich. „Sonst verlaufen Sie sich womöglich."

„Ja, das ist wahr", stimmte Tancred zu, der sich niemals verirrte. „Also, komm, zeig mir den Weg."

Sie wanderten wieder zurück zum Stadtzentrum. Unterwegs erzählte Chico Tancred von seiner Familie: von den Zwillingen Marcos und Lucas und von der kleinen Luisa, die vom Brunnenwasser so krank geworden war, sich aber wieder erholt hatte. Und von seiner großen Schwester Pepita. Und Tancred erzählte ihm, wie man Brükken baut, daß die schöne neue Straße durch das Hochgebirge führen werde und wie das Aquädukt den durstigen Städten Wasser bringen werde. Der Junge hörte aufmerksam zu und stellte viele Fragen.

Der Abend war schon angebrochen, und die Straßen schienen noch überfüllter als sonst. Sie waren gerade wieder auf der Plaza Bolivar angelangt, als ein Trio von Ingenieuren, die auf seiner Baustelle arbeiteten, Tancred lauthals von der anderen Straßenseite begrüßte. „Hallo, Tancred! Kommen Sie mit zu einem Drink?" Fröhlich lachend überquerten sie die Straße und gesellten sich zu ihm. „Wir gehen zu Harrys Bar. Kommen Sie mit?"

„Ich . . ., nein", lehnte Tancred ab. „Das heißt, ich muß . . . "

Aber als er nach unten blickte, um eine Erklärung über Chico abzugeben, stellte er fest, daß der Junge fort war. Schon beim ersten Begrüßungsruf war er offenbar verschwunden. Hilflos wanderte Tancreds Blick über die breiten Straßen, die vom Platz abzweigten, aber nirgendwo sah er einen kleinen braunen Jungen davonlaufen.

„Ach, verdammt!" fluchte er. „Da haben Sie was angerichtet!"

„Was denn?" fragten seine Freunde verwundert.

„Sie haben das Kind eingeschüchtert, und jetzt ist es weggelaufen", beschwerte er sich. „Nun werde ich es nie mehr wiederfinden."

„Was für ein Kind denn?" fragte Ben, sein Stellvertreter und bester Freund. „Wo denn?"

„Ben, hast du gewußt, daß es über dreihundert heimatlose Kinder in dieser Stadt gibt – und Tausende, die wild herumstreunen?" antwortete Tancred. „Man nennt sie *abandonados*. Und ich habe nicht die geringste Ahnung, was man dagegen unternehmen könnte!"

„Sprechen Sie doch mal mit Margaret Watson", schlug einer der anderen vor.

„Wer ist denn das?"

„Eine Ärztin – ich glaube, eine Kinderärztin, die schon jahrelang hier ist. Sie hat ihre eigene Praxis; außerdem ist sie ärztliche Beraterin bei einem Krankenhaus und leitet sogar noch eine Kinderklinik."

„Komm mit!" Ben steuerte Tancred in die entgegengesetzte Richtung. „Ich sehe schon, daß du nicht in der Stimmung bist, das Nachtleben der Stadt zu genießen. Wir wollen schauen, ob wir sie finden."

Die andern zogen ab in Richtung auf Harrys Bar. Doch Tancred und Ben gingen über den Platz auf das Hotel Continental zu, einen gepflegten modernen Bau, in dem die Ingenieure während ihres Wochenendurlaubs in der Stadt üblicherweise wohnten.

ALS Margaret Watson das Hotelfoyer betrat, kam sie geradewegs vom Krankenhaus und machte einen zwar müden, aber zufriedenen Eindruck. Schon bei der Begrüßung spürten die beiden Männer, daß sie es mit einer ruhigen, entschiedenen und tüchtigen Person zu tun hatten.

Sie war eine große schlanke Frau in den Fünfzigern, mit kurzgeschnittenem Haar, das an den Schläfen bereits ergraute, einem energischen, geraden Mund und ruhigen grauen Augen.

Sie sah sich zwei kräftigen, freundlich dreinblickenden Männern gegenüber. Der dunkelhaarige Ben Wainwright zeigte ein lebhaftes Mienenspiel und ein gewinnendes Lächeln, aber seine hellbraunen Augen blickten doch ernsthafter drein, als er persönlich wahrhaben wollte. Der große, ruhige Tancred Hammond hingegen war blond, und sein von der Sonne gebleichtes Haar bot jeder Bürste heftigen Widerstand. Sein Lächeln wirkte ansteckend.

„Es ist nett von Ihnen, daß Sie gekommen sind", begrüßte er sie. „Was möchten Sie gern trinken?"

Margaret seufzte und ließ sich in einen Sessel sinken. „Kaffee, bitte."

Ben ging fort, um einen Kellner aufzutreiben.

Margaret blickte Tancred fragend an. „Also?"

Tancred erzählte ihr alles über Chico und schilderte die Eindrücke seiner Entdeckungsreise durch die Stadt.

„Ja", bestätigte die Ärztin bedauernd, „das ist wahr. Es gibt sicherlich einige hundert *abandonados* hier und Tausende von Kindern, die in den Straßen herumlungern. Und es ist die gleiche Geschichte im ganzen übrigen Land. Es gibt über fünf Millionen *abandonados* in Brasilien. Und *tugurios,* die armseligen Behausungen der Slums, findet man in fast allen großen Städten Südamerikas. Die Behörden wissen einfach nicht, was sie mit ihnen machen sollen."

„Können sie für die Leute denn nicht Häuser bauen? Das würde viele neue Arbeitsplätze schaffen."

„Ja, aber dafür braucht man Geld."

Ben kam mit einem Kellner zurück, der ein Tablett mit Kaffeetassen trug. Als er sah, daß die beiden sich bereits angeregt miteinander unterhielten, ließ er ihnen den Kaffee servieren und setzte sich zu ihnen, um zuzuhören.

„Die Sache ist so", fuhr Margaret fort, „wenn man ein paar Blocks mit modernen Wohnungen baut, in die die Slumbewohner einziehen könnten – und ab und zu geschieht das sogar –, dann kommen weitere Ströme von Dorfbewohnern hierher und nehmen einfach ihren Platz ein. Ein Ende ist da nicht abzusehen. Diese Zuwanderer sind meist *campesinos,* ehemalige Bauern auf einem eigenen kleinen Stück Land. Oft kam eine Dürre, die Ernte war schlecht – oder die Großgrundbesitzer vertrieben sie. Der kleine Mann hat einfach keine Chance: Er muß entweder für die großen Bosse arbeiten oder sein Land verkaufen und weggehen. In gewisser Weise sind die Kinder besser dran – wenn sie überleben. Sie sind noch jung genug, um sich dem städtischen Leben anzupassen."

„Ja, aber wie schaffen sie es denn zu überleben? Woher bekommen sie genügend zu essen? Wo lernen sie irgend etwas – außer zu stehlen? Gehen sie irgendwann einmal zur Schule?"

„Selten. Aber manchen gelingt es, ein Handwerk zu erlernen, indem sie es einem anderen abgucken, oder sie arbeiten irgendwo als Lehrling, falls ihre Gesundheit mitmacht."

Tancred nickte düster. „Sie leiten eine Klinik für sie, nicht wahr?"

„Ja, ich bin zweimal in der Woche am *Barrio Flora.* Mehr Zeit kann ich von meiner eigenen Arbeit und der im Krankenhaus leider nicht abzweigen."

„Was ist denn das Hauptproblem der Slumbewohner? Die Unterernährung?"

„Nicht nur die. Sie kriegen Durchfall von dem schlechten Wasser, Malaria durch die Sümpfe in den Bergen, Rachitis, Diphtherie, sogar Typhus. Und ich habe nicht genug Medikamente. Aber die *abandonados . . .* , sie stellen ein spezielles Problem dar. Was sie am meisten brauchen, sind Nahrung und Unterkunft – und ganz gewöhnliche menschliche Wärme und Zuneigung."

„Gibt es denn kein Waisenhaus oder etwas Ähnliches?"

Margaret lachte. „Doch, sogar ein gutes, das von katholischen Nonnen geleitet wird. Aber es platzt aus allen Nähten. Da schlafen zwei, manchmal auch drei Kinder in einem Bett, auf den Korridoren, sogar auf den Veranden! Die Nonnen nehmen so viele auf, wie sie nur können, und sogar noch mehr, aber es bleiben immer noch etwa dreihundertfünfzig übrig, denen nicht geholfen werden kann. Sie wissen auch, daß es schrecklich ist, aber was sollen sie tun?"

„Was kann ich denn tun?" fragte Tancred unvermittelt.

Sie lächelte ihm zu. „Sie bauen Aquädukte, um Wasser von den Seen in den Bergen herzubringen, und Brücken und Straßen für den Transport, nicht wahr? Das hilft der Wirtschaft enorm und damit auch den Menschen hier." Sie blickte gedankenvoll auf ihre Kaffeetasse und runzelte die Stirn. „Sicher, es gibt bestimmt Mittel und Wege, den Dorfbewohnern besser zu helfen, indem man die Probleme an der Wurzel anpackt. Eine bessere Wasserversorgung für die Bergbauern-höfe wäre wichtig. Und Pumpen, stabilere Gerätschaften und ergiebi-geres Saatgut." Sie blickte wieder auf Tancred. „Ich weiß, jetzt kön-nen Sie sie dabei noch nicht unterstützen . . ."

„Aber eines Tages könnte ich es", beendete Tancred den Satz. „Wenn das Aquädukt, die Brücke und die Straße fertig sind, könnte ich hierbleiben und helfen, statt nach Hause zu fahren."

Sie blickte ihn nachdenklich an. „Haben Sie keine Verpflichtungen Ihrer Familie gegenüber?"

Er lächelte. „Nicht direkt. Allerdings habe ich eine Freundin in den Staaten."

„In den Staaten? Ich dachte, Sie seien Engländer."

„Das bin ich auch, aber sie ist Amerikanerin. Sie ist die Tochter mei-nes Chefs. Ihr Vater leitet sämtliche Bauprojekte hier."

„Ach so. Und wie würde sie in Ihre Pläne passen, in ein Leben in einem Bergdorf?"

„Gar nicht", bekannte Tancred freimütig. „Sie bevorzugt Groß-stadtvergnügungen und teure Penthousewohnungen." Er seufzte. „Ich schlage Ihnen folgendes vor: Ich komme hierher zurück und spreche noch mal mit Ihnen, wenn ich das Brückenprojekt ab-geschlossen habe."

„Fein!" sagte Margaret und streckte ihm die Hand hin. Tancred schüttelte sie herzlich.

„Da ist nur noch eins", fügte er hinzu. „Ich habe mir überlegt, ob man nicht, noch bevor ich in die Berge zurückgehe, eine Art tägliche Mahlzeit für die Kinder einführen könnte."

Sie zog fragend die Augenbrauen hoch. „Und wie wollen Sie das organisieren?"

„Ich weiß nicht recht. Ich dachte nur, die Lokale müssen doch eine Menge Essensreste und Überbleibsel haben. Wenn ich nun mit allen Wirten spräche und sie ihre Reste zur Verfügung stellen würden, wäre das vielleicht ausreichend für die *abandonados*."

„Hm . . ., gar keine üble Idee. Wann fahren Sie denn zurück?"

„Ende der Woche."

„Dann haben Sie aber nicht mehr viel Zeit", gab sie zu bedenken. „Ich werde sehen, was ich bei den offiziellen Stellen ausrichten kann, und Sie nehmen sich die Lokale vor. Außerdem müssen wir einen Platz ausfindig machen, wo wir das Essen austeilen. Treffen wir uns doch hier morgen abend wieder, dann erzähle ich Ihnen, was ich erreicht habe."

AM NÄCHSTEN Morgen stand Tancred früh auf und verließ das Hotel, um zu dem Straßenlokal auf der anderen Seite des Platzes zu gehen und mit Domingo zu sprechen. Doch kaum war er auf die Straße getreten, da trat ein Schatten hinter einem steinernen Bogen hervor, und eine kleine braune Hand ergriff die seine.

„*Buenos dias,* Señor Tancred", sagte Chico und lächelte ihn an. „Kann ich Ihnen heute wieder behilflich sein?"

Auch Tancred lächelte und war sehr erleichtert, daß der Junge wieder aufgetaucht war. „Ja, Chico, ich glaube, du kannst mir helfen. Komm mit."

Sie gingen zusammen über den Platz und machten sich auf die Suche nach Domingo. An den Tischen saßen bereits Menschen, die Kaffee tranken und die kleinen goldenen *buñuelos* aßen, die aus Maismehl und Käse bestehen und hier zum Frühstück gehören.

Sie fanden den Wirt in der Küche. Tancred erklärte ihm sein Anliegen, und Domingo hörte ernst zu.

„*Sí*", pflichtete er Tancred schließlich bei, „das wäre eine gute Sache. Aber es ginge nur entweder ganz früh am Morgen oder spätabends, wenn wir schließen. Alle Restaurantbesitzer werden das gleiche sagen. Sie führen ihre Lokale meistens ganz allein und können nicht einfach aufhören zu arbeiten. Und wir müßten einen Platz für die *abandonados* finden, der abseits vom Stadtzentrum liegt, sonst fallen sie wie die Heuschrecken über uns her."

„Und woher erfahren die Kinder, wohin sie gehen sollen?" fragte Tancred.

„Keine Sorge, Señor Tancred, sie werden es wissen", erwiderte Domingo lachend. „So etwas spricht sich schnell herum."

„Dann geben Sie mir jetzt bitte die Namen aller anderen Wirte, von denen Sie glauben, daß sie helfen werden."

„*Sí*", stimmte Domingo zu und kratzte sich am Kopf. „Aber sagen Sie ihnen nicht, daß ich Sie geschickt habe."

„Warum nicht?"

„Weil sie mich sonst womöglich am nächsten Baum aufhängen."

Tancred lachte.

DEN ganzen Tag lang wanderten er und Chico von Lokal zu Lokal. Die meisten Wirte begrüßten Tancreds Vorschlag, nur zwei lehnten ab.

Als Tancred abends zurück zum Hotel ging, um Margaret Bericht zu erstatten, verschwand Chico wieder in einer der dunklen Seitenstraßen, doch diesmal verabredeten sie sich vorher noch für den nächsten Morgen.

„Die meisten haben zugestimmt", konnte Tancred Margaret erzählen. „Aber sie wollen wissen, wo sie das Zeug hinschicken sollen und wer es einsammeln wird. Und alle sagen, daß die Lebensmittel aus hygienischen Gründen nochmals aufgekocht werden müßten."

„Ja, das stimmt. Und das bedeutet, daß wir ziemlich große Kessel brauchen und einen großen Herd."

Tancred sah niedergeschlagen aus. „Daran habe ich nicht gedacht."

„Ich schon." Sie lächelte verschmitzt. „Ich habe einen unserer Beamten vom städtischen Gesundheitsdienst bearbeitet. Er hat uns gleich eine alte Stallung angeboten, und in einem der Ställe steht sogar ein großer kupferner Kessel. Den Hof will er uns gratis überlassen, und er beschafft auch das Brennmaterial für den Kessel, wenn wir uns um das übrige kümmern. Und dann habe ich noch mit ein paar Sozialarbeitern gesprochen und mit den Nonnen im Waisenhaus, und sie werden eine tägliche Schicht von Freiwilligen organisieren, die kochen und Essen austeilen."

„Das ist ja fabelhaft –", setzte Tancred an, aber Margaret unterbrach ihn.

„Hören Sie mir noch einen Moment zu. Wir brauchen auch ein paar starke Burschen, die das Ganze kontrollieren. Die *abandonados* sind eine wilde Bande, besonders die größeren Jungen. Aber ich glaube, es gibt genug Leute, die uns bereitwillig helfen werden."

„Kann ich sonst noch etwas tun?" fragte Tancred.

„Morgen habe ich etwas Freizeit", antwortete sie freundlich. „Ich nehme Sie mit und zeige Ihnen den Stall. Anschließend können Sie zu Ihren Lokalbesitzern gehen und ihnen sagen, was sie machen sollen. Holen Sie mich in meiner Wohnung ab. Hier ist die Adresse."

Doch am nächsten Morgen kam alles ganz anders als erwartet.

Zunächst einmal tauchte Chico nicht auf. Tancred wartete eine Weile und ging dann zu Domingo hinüber, um einen Kaffee zu trinken und ihn zu fragen, ob er den Jungen schon gesehen habe.

Domingo war gerade dabei, vor seinem zerbrochenen Fenster Scherben zusammenzukehren. Man sah ihm an, daß er vor Wut fast zerplatzte.

„Was ist denn passiert?" fragte Tancred.

„Es ist so, wie ich befürchtet habe." Domingos Stimme war ganz heiser vor unterdrücktem Ärger. „Die älteren Jungen – hat Chico es Ihnen denn nicht erzählt? Sie zwingen die kleineren, für sie zu stehlen. Sie nehmen ihnen das ganze Geld weg und alles andere, was die armen Knirpse sonst noch erbeuten, und lassen ihnen nur so viel, daß sie sich etwas zu essen kaufen können – einen Maiskuchen oder etwas anderes. Auf diese Weise üben sie ständig Druck auf sie aus."

Tancred war entsetzt. „Das ist ja ungeheuerlich!"

„Sí." Domingo nickte. „Und jetzt haben sie gehört, daß wir die *abandonados* füttern wollen, und diese Vorstellung gefällt ihnen gar nicht. Die kleinen Straßenjungen sorgen ja für ihren Lebensunterhalt. Also haben sie sich heute nacht zusammengerottet und alle unsere Fenster zerschlagen."

Tancred blickte erschrocken drein. „Bei allen Lokalen?"

Domingo nickte. „Bei allen, die zugestimmt haben."

„Ach, du lieber Gott!" rief Tancred entsetzt aus. „Das ist dann meine Schuld. Vermutlich bedeutet das auch, daß sie das Essen nun nicht mehr liefern wollen."

Domingo zuckte die Achseln. „Für die anderen kann ich nicht sprechen, die müssen Sie selber fragen. Aber ich lasse mich nicht von einer Handvoll junger *malcriados* und *rateros,* von Herumtreibern und Strolchen, einschüchtern! Ich will immer noch helfen. Und die Polizei hat gesagt, sie ist mit unserem Vorhaben einverstanden, denn wahrscheinlich stehlen die Kleinen weniger, wenn sie nicht mehr so hungrig sind."

Tancred blickte ihn verblüfft an. „Das heißt, Sie . . ."

„Sagen Sie mir, wo ich das Essen hinschicken soll, und ich schicke es!" erklärte Domingo und stampfte mit dem Besen auf den Fußbo-

den. „Und wenn ich einen von diesen *matónes,* diesen elenden Halunken, zu fassen bekomme, dann soll er diesen Besenstiel zu spüren kriegen!"

Tancred mußte lachen. „Dann mache ich mich jetzt am besten auf
den Weg."

Er ging zu jedem Lokal, das er am Tag zuvor besucht hatte – und
überall bot sich ihm das gleiche Bild: zerbrochene Fensterscheiben und
vor Wut kochende Lokalbesitzer. Doch zu seiner Überraschung
schlossen sich die meisten von ihnen Domingos grimmigem Entschluß an und ließen sich nicht einschüchtern. Nur zwei wollten nicht
mehr mitmachen.

Auch mit zwei Polizisten, die die eingeschlagenen Fenster begut-
achteten, führte Tancred ein kurzes Gespräch.

„Da haben Sie eine gute Idee gehabt", bemerkten sie höflich,
„wenn's auch so aussieht, als ob es einigen Ärger gegeben hat. Auf der
anderen Seite ist es aber vielleicht für uns sogar von Nutzen."

„Wie denn das?" fragte Tancred zweifelnd.

„Wir haben nun einen Grund, die betroffenen Lokale überwachen
zu lassen", meinte der jüngere der beiden. „Und falls diese *malcriados*
nochmals zuzuschlagen versuchen, werden wir schon auf sie warten."

Tancred nickte.

„Sie terrorisieren jeden", stellte der ältere Polizist düster fest.
„Besonders die kleinen Kinder. Es ist höchste Zeit, daß wir sie zu fas-
sen kriegen. Ich versichere Ihnen, wir werden alles tun, was in unserer
Macht steht, um Ihnen zu helfen."

„Vielen Dank", erwiderte Tancred und machte sich auf den Weg zu
Margarets Wohnung.

Während er mit zügigen Schritten die Stadt durchquerte, machte er
sich allmählich Sorgen um Chico. Wo steckte der Junge nur? Er hatte
so fest versprochen, am Morgen dazusein. Warum war er nicht
gekommen? Konnte ihm etwas zugestoßen sein? Tancred wußte, er
mußte etwas unternehmen. Margaret Watson und die Besichtigung
der Stallung mußten eben warten, zuerst wollte er Chico finden.
Einen Augenblick zögerte er, dann eilte er zurück zu seinem Hotel und
bat den Portier, ihm Margarets Telefonnummer herauszusuchen.

Gleich darauf war sie am Telefon: „Hier ist Dr. Watson."

„Margaret", begann Tancred hastig, ohne darüber nachzudenken,
wieso er sich plötzlich die Freiheit nahm, sie beim Vornamen zu

nennen. „Ich bin's, Tancred. Ich fürchte, ich kann unser Treffen heute nicht einhalten. Es hat eine Menge Ärger gegeben ...", und er erklärte ihr alles und beschrieb, was sich bei den Restaurants zugetragen hatte. Er hörte, wie sie seufzte.

„Ich habe schon befürchtet, daß etwas Derartiges geschehen könnte", bemerkte sie traurig. „Meine Klinik haben sie auch schon mal demoliert. Diese halbwüchsigen Banden sind skrupellos, so etwas wie eine Miniaturmafia in den *tugurios.*"

Tancred fühlte Angst in sich aufsteigen. „Ja, das ist auch der Grund, warum ich mich nicht mit Ihnen treffen kann. Der Junge ist nicht gekommen. Er hatte versprochen, heute morgen vor dem Hotel zu warten, wie gestern. Aber er war nicht da. Ich mache mir Sorgen."

„Haben Sie mir nicht erzählt, daß er Ihnen gezeigt hat, wo er meistens schläft, oberhalb von *Las Flores?*"

„Ja. Dort will ich auch zuerst nachschauen."

„Wo sind Sie denn jetzt?"

„In meinem Hotel."

„Warten Sie dort auf mich. Ich komme mit. Es könnte gefährlich werden." Und bevor Tancred noch etwas sagen konnte, hatte sie schon aufgelegt.

Kurze Zeit später betrat Margaret das Hotelfoyer. Sie sah Tancred sofort und winkte ihn zu sich. „Kommen Sie. Ich habe unseren Krankenwagen dabei." Tancred folgte ihr nach draußen. Vor dem Hoteleingang stand ein ziemlich verbeulter weißer Sanitätswagen mit einem roten Kreuz auf jeder Seite. Sie stiegen ein, und Margaret startete den Wagen. Zügig fädelte sie sich in den starken Verkehr ein. „Einmal ist das Auto schon gestohlen worden, aber die Polizei hat es uns zurückgebracht", erzählte sie Tancred. „Das war, nachdem sie uns die Klinik demoliert hatten."

„War es schlimm?"

„Nun ja, Glasscherben auf dem Fußboden, zertrümmerte Regale. Glücklicherweise haben wir nie wichtige Medikamente oder Apparaturen dort gelassen. Trotzdem hat es eine Woche gedauert, um alles wieder aufzuräumen."

„Aber warum das Ganze? Inwiefern waren Sie denn für die Jungen eine Bedrohung?"

Sie konzentrierte sich auf den lebhaften Verkehr der modernen *carretera,* und ihr Gesichtsausdruck war grimmig. „Ich nehme an ...

durch mich wurden die Kinder gesünder, stärker und weniger ängstlich. Und diese gewalttätigen Jungen wollen nicht, daß ihre Macht
geschmälert wird, egal auf welche Weise."

Sie war in eine Seitenstraße eingebogen und hielt vor einer kleinen
Garage mit zwei ziemlich alt aussehenden Tanksäulen und einer schäbigen Reparaturwerkstatt im Hintergrund.

„Wir lassen den Wagen hier, das ist sicherer", erklärte sie. „Jorge
kennt mich." Margaret stieg aus und holte vom Rücksitz ihre kleine
Arzttasche. „Vielleicht brauche ich sie", murmelte sie. Dann drehte sie
sich um und rief über die Schulter einem unsichtbaren Menschen in der
Werkstatt in schnellem Spanisch zu: „Paß auf ihn auf, Jorge. Bin bald
zurück!"

Sie machten sich auf den Weg hügelan, in Richtung auf den *Barrio
Flora*. Gemeinsam kletterten sie die Geröllhalde hinauf, kamen an der
Müllkippe vorbei, an den Villen und schließlich auch an der ersten und
der zweiten Terrasse mit den verwahrlosten Häusern.

Doch schon bald hatten sie diese Häuser hinter sich gelassen, und
nun übernahm Tancred die Führung, denn er erinnerte sich an den
Weg, den Chico ihm gezeigt hatte.

„Hier entlang", sagte er leise und führte Margaret um die bröckelige
Mauer herum zu dem geschützten Platz, den Chico zu seinem
Zuhause gemacht hatte.

Plötzlich stieß er einen lauten Ruf aus und kniete rasch nieder. Chico
lag vor ihm auf dem staubigen Boden, den einen Arm über sein zer-
kratztes und zerschlagenes Gesicht gelegt, den anderen sonderbar ver-
dreht unter seinem Körper. Sein Atem ging schwach, und er schien die
beiden Schatten, die sich über ihn beugten, nicht zu bemerken.

„O mein Gott!" entsetzte sich Tancred. „Was haben sie bloß mit
ihm gemacht?"

„Lassen Sie mich mal sehen." Margaret ergriff vorsichtig das dünne
Handgelenk des Jungen.

Bei dieser Berührung nahm Chico den Arm vom Gesicht und öffnete die Augen. Er blickte Tancred an. „Gehen Sie weg. Hier ist es
gefährlich", brachte er heiser flüsternd hervor und versuchte sich aufzusetzen. Es gelang ihm nicht, und das Atmen schien ihm Schmerzen
zu bereiten.

„Wahrscheinlich sind ein paar Rippen gebrochen", vermutete Margaret.

„Sie werden wiederkommen!" Der Junge sah Tancred noch immer voll Furcht und Verzweiflung an.

Tancred lächelte beruhigend und ergriff seine kleine braune Hand. „Ich bin stark, Chico. Ich kann auf mich aufpassen."

„Ich glaube, wir müssen ihn ins Krankenhaus bringen", stellte Margaret fest. „Können Sie ihn tragen?"

„Natürlich." Tancred hob das zerbrechlich wirkende Kind auf und nahm es in die Arme. Margaret nahm ihre Tasche und ging voraus. Sie stiegen den Berg hinab, Terrasse um Terrasse, und gaben acht, daß sie auf dem glatten, steinigen Grund nicht ausrutschten.

Schließlich erreichten sie wieder Jorges Garage. Nachdem Tancred Chico sanft auf den Rücksitz des Krankenwagens gesetzt hatte, nahm er neben ihm Platz, um ihn während der holprigen Fahrt nach unten festzuhalten. Margaret setzte sich hinters Lenkrad und schlug die Tür zu. Dann fuhr sie schnell und sicher zur Stadt zurück und bog in die Straße zum Krankenhaus ein.

„Ist es schlimm?" fragte Tancred. Er hatte es nicht über sich bringen können, wieder in sein Hotel zu gehen, solange er nichts über Chicos Zustand wußte, und so hatte er mehrere Stunden damit verbracht, in dem Wartezimmer des Krankenhauses auf und ab zu laufen. Zwischendurch hatte er sich einen Kaffee geholt und schließlich sogar versucht, eine Zeitung zu lesen – umsonst, nichts konnte ihn ablenken. Doch nun stand Margaret in ihrem weißen Arztkittel vor ihm. Sie war gerade aus der Notaufnahme gekommen.

Sie lächelte beim Anblick seines besorgten Gesichtsausdrucks. „Es ist nicht allzu schlimm", beruhigte sie ihn. „Wir haben den Jungen geröntgt. Ein Arm ist gebrochen, und ein paar Rippen sind angeknackst, aber offensichtlich hat er zumindest keine Schädelfraktur, wie wir befürchtet hatten, sondern nur eine schwache Gehirnerschütterung. Und natürlich jede Menge Schrammen. Man hat ihn brutal zusammengeschlagen." Ihre Stimme klang professionell und sachlich, aber Tancred hörte den zornigen Unterton heraus. „Schrammen heilen, aber es wird seine Zeit dauern."

Tancred nickte. „Was haben Sie mit ihm vor?"

„Ich werde ihn wohl ein paar Tage dabehalten, ‚unter Beobachtung', sagen wir mal. Auf jeden Fall wird er sich ausruhen und jeden Tag drei gute Mahlzeiten bekommen."

„Haben Sie denn Platz für ihn?"

„Nein", entgegnete sie. „Aber wir werden eben Platz schaffen", fügte sie lachend hinzu.

Auch Tancred mußte lachen. Aber dann wurde er wieder ernst. „Und danach? Was geschieht mit ihm, wenn Sie ihn entlassen haben?"

Margaret seufzte. „Ich weiß es nicht. Meiner Meinung nach sollte er nicht zurück zum *Barrio Flora* gehen. Ich könnte versuchen, ihn im Waisenhaus unterzubringen. Es ist zwar schon schrecklich überfüllt, aber die Nonnen sind sehr nett."

Tancred überlegte, wie Chico sich wohl in diesen überfüllten Räumen zusammen mit vielen anderen heimatlosen Kindern vorkommen würde. Konnte ihm das gefallen, nachdem er so lange in der Stadt völlig ungebunden und ohne Aufsicht umhergelaufen war?

„Zumindest wäre er dort sicher", wandte Margaret ein, die an Tancreds Gesicht ablesen konnte, was in ihm vorging.

Der Ingenieur schien plötzlich ratlos. „Wenn ich nur wüßte, was ich für ihn tun kann", dachte er laut. „Natürlich werde ich das alles hier bezahlen. Kann ich ihn sehen?"

„Er schläft im Augenblick. Wir haben ihm eine Spritze gegeben, als wir seinen Arm geschient haben. Kommen Sie mit."

Gemeinsam standen sie vor dem schmalen Bett, das zusätzlich im Krankensaal aufgestellt worden war. Chico schlief fest, das zerschrammte Gesicht dem Licht zugewandt. Sein eingegipster Arm hing in einer Schlinge. In den weißen Kissen wirkte er noch kleiner und zerbrechlicher als sonst.

Tancred mußte schlucken. Mit seiner großen Hand strich er sacht über Chicos zerzaustes schwarzes Haar. Margaret beobachtete ihn dabei, sagte aber nichts. Als er sich seufzend abwandte, führte sie ihn behutsam nach draußen.

Während seines kurzen Urlaubs besuchte Tancred Chico täglich. Am ersten Tag war der Junge noch sehr verschüchtert und schläfrig; doch als Tancred an sein Bett trat, strahlte sein Gesicht vor Freude. Er versuchte nicht zu sprechen, sondern drückte Tancred nur die Hand.

Tags darauf war er zwar schon lebhafter, aber Tancred merkte, daß seine Verletzungen ihn ziemlich schmerzten. Doch Chico lächelte Tancred an: „*Buenos dias,* Señor Tancred, es geht mir schon viel gut."

„Besser", korrigierte Tancred freundlich und überreichte Chico das Geschenk, das er ihm mitgebracht hatte. Es war ein großes Bilderbuch über die Straßen und Brücken im Hochgebirge. Eigentlich war es ein Schulbuch für Kinder, und der schlichte Text in Großschrift war in einfachem Spanisch geschrieben, unter jedem Satz stand die englische Übersetzung.

Tancred wußte, daß Chico nicht lesen konnte, aber er hielt den Jungen für wißbegierig genug, sich selbst etwas beibringen zu wollen.

„Schau", sagte er. „So sieht meine Arbeit aus. Siehst du, hier ist eine Brücke für die Straße durch die Berge, genau wie die, die wir bauen."

„Ist das für mich?" Chico bekam große Augen. Er deutete auf die Brücke und murmelte: „*Puente*." Dann schaute er auf die Buchstaben. „*Puente*", wiederholte er und fuhr mit dem Finger das gedruckte Wort entlang. Er war fasziniert. Nur das englische Wort machte ihm Schwierigkeiten. „B – ?"

„*Bridge*", ergänzte Tancred und freute sich über Chicos Beharrlichkeit. Seine Ausbildung hatte begonnen.

An den beiden nächsten Tagen verbesserte sich sein Zustand weiter, doch am vierten Tag entdeckte Tancred Anzeichen von Traurigkeit in Chicos braunen Augen.

„Was hast du?" fragte er sofort. „Geht es dir hier nicht gut?"

„Doch", erwiderte Chico. „Es ist sehr schön hier, und es gibt so viel zu essen, den ganzen Tag. Es ist nur, *la doctora* Margarita sagte, Sie gehen schon bald fort, und ich müßte in den *orfanato,* ins Waisenhaus, wenn es mir bessergeht."

Tancred seufzte. „Chico, ich muß wieder zu meiner Arbeit zurück. Die Brücke muß doch gebaut werden."

Chico nickte und versuchte, die Tränen zurückzuhalten.

„Und was das Waisenhaus betrifft", fuhr Tancred traurig fort, „es wäre bestimmt besser für dich, wenn du nicht zum *Barrio Flora* zurückgingst. Vielleicht verprügeln dich diese Halbstarken sonst noch mal. Die Nonnen im Waisenhaus sind sehr nett. Möglicherweise bringen sie dir sogar das Lesen bei. Und du bekommst jeden Tag genug zu essen."

Chicos Blick wurde trotzig und fast ein wenig wild. „Ich will aber nicht jeden Tag genug zu essen haben. Ich möchte bei Ihnen sein . . ., jeden Tag."

Tancred versetzte es einen Stich – auch vor Schuldgefühl, denn seine eigene spontane Freundlichkeit hatte diese unerschütterliche Anhänglichkeit ja erst bewirkt. Was hatte er nur getan, daß der Junge ihn nach so kurzer Zeit schon derart ins Herz geschlossen hatte? Doch dann wurde ihm klar, daß Chico ja ganz allein war, weit weg von seiner Familie, und daß gerade Kinder nun einmal jemanden brauchten, den sie lieben konnten. Es war nur natürlich, daß Chico sich dem ersten Menschen zuwandte, der freundlich zu ihm war. Aber was sollte Tancred jetzt tun? Er mußte wieder zu seiner Baustelle, seine Männer warteten dort auf ihn.

„Weißt du, Chico", sagte er langsam, „manchmal müssen wir tun, was unsere Pflicht uns vorschreibt. Aber wenn du im Waisenhaus bist, kann ich dich immer besuchen, wenn ich in die Stadt komme. Außerdem kannst du viel lernen und zur Schule gehen. Und eines Tages wirst du zu deinem Dorf zurückgehen und ihnen allen helfen können. Würde dir das nicht gefallen?"

Chico dachte darüber nach. „Ich würde gern Brücken bauen – wie Sie. Für die Menschen in den Bergen. Und Brunnen ... Können Sie auch Brunnen bauen?"

„O ja", erwiderte Tancred lächelnd. „Allerdings baut man keine Brunnen. Man muß eine Quelle ausfindig machen, und dann bohrt man einen Brunnen."

Chico hörte diesen Erklärungen genau zu. „Wie lange würde es dauern, bis ich ein Ingenieur wäre?" fragte er schließlich.

„Lange", antwortete Tancred und ergriff Chicos Hand. „Ich habe viel Zeit dafür gebraucht. Du müßtest zur Schule gehen und dann zur Universität. Aber wenn du es wirklich willst, wirst du es auch schaffen. Und ich werde dir dabei helfen."

Chico dachte an seinen Vater, der auf seinem schlimmen Bein herumhumpelte, die selbstgemachte Krücke unter dem Arm, und der nicht fähig war, seine Kartoffelernte einzubringen. Für ihn und auch für seine Mutter, Pepita und die anderen Geschwister wäre das zu spät.

„Ich kann aber nicht so lange warten!" widersprach er heftig. „Meine Familie braucht jetzt Hilfe."

Tancred verstand ihn. Aber er wußte auch, daß er im Augenblick nichts weiter tun konnte, und er hielt die kleine Hand noch ein bißchen fester in der seinen. „Zuerst mußt du wieder gesund werden, Chico. Wenn du deiner Familie helfen willst, mußt du stark sein. Lerne, soviel du kannst, und dann werden wir weitersehen."

Chico blickte ihn starr an. „Wann müssen Sie denn fort?"

„Übermorgen, ganz früh. Die Jeeps fahren schon um fünf Uhr

morgens von der Plaza Bolivar ab, damit wir bei Tageslicht im Lager ankommen. Es ist ein ziemlich langer Weg."

Chico versuchte zustimmend zu nicken, aber sein Kopf war zu schwer. Während er noch immer Tancreds Hand hielt, schlief er ein.

Als Tancred am Spätnachmittag in sein Hotel zurückkam, lag beim Portier eine Nachricht für ihn. Er wollte den Umschlag gerade öffnen, da trat Ben mit sorgenvoller Miene auf ihn zu.

„Ich habe auf dich gewartet", begrüßte er Tancred. „Komm, gehen wir doch da drüben hin." Er führte Tancred zu einem Sessel in einer ruhigen Ecke des Hotelfoyers.

„Was ist los?" wollte Tancred wissen.

„Ich möchte dich warnen. McPherson kommt nach Bogotá – und Cressy begleitet ihn."

„Um Himmels willen, wozu denn das?"

„Um dich zu sehen."

Tancred stöhnte auf. „Wieso? Die Arbeit läuft bestens, und ich habe einen sehr günstigen Zwischenbericht abgeliefert. McPherson wollte doch frühestens im Juni wiederkommen, wenn der erste Abschnitt des Projekts beendet ist."

„Ich habe den Verdacht, das war Cressys Idee."

„Da kannst du recht haben." Tancred war der Unmut deutlich anzumerken. Mit James McPherson, seinem Chef, und seiner eigenwilligen Tochter, der blonden Cressida, kam er an sich gut zurecht, aber er mochte es nicht, wenn man ihm auf Schritt und Tritt folgte. „Darauf brauche ich dringend einen Drink", meinte er und winkte einem Kellner. „Und du kannst mir berichten, was passiert ist."

Ben nickte und bestellte zwei Campari mit Orangensaft. „Sie haben gegen Mittag angerufen", erklärte er. „Ich war gerade in der Bar, und als sie dich ausriefen und du nicht zu erreichen warst, habe ich den Anruf angenommen. Es war der alte Herr höchstpersönlich. Er sagte, er sei wegen einer Konferenz in Cartagena, aber er fliege heute nach Bogotá – nur für eine Nacht – und er und Cressy würden im Hilton wohnen. Und sie erwarten dich zum Abendessen."

„Dich nicht?"

„O doch, mich hat er auch herzlich eingeladen. Ich vermute, er erwartet von mir, daß ich ihm Gesellschaft leiste, während du mit Cressy händchenhaltend das Mondlicht über den Bergen betrachtest."

Tancred stöhnte erneut und wandte sich dann kopfschüttelnd seinem Drink zu.

Als sie abends in ihren besten Sommeranzügen im Hilton ankamen, fühlten sie sich reichlich unbehaglich. An der Rezeption teilte man ihnen respektvoll mit, sie würden bereits erwartet und man werde sie gern zu Señor McPhersons Suite bringen.

Sie wurden in einen luftigen, eleganten Salon mit Blick über die Stadt geführt, und James McPherson kam ihnen mit ausgestreckten Armen entgegen.

„Tancred, mein Junge, freue mich, Sie zu sehen – und Sie auch, Ben. Cressy wirft sich gerade in Schale. Was möchten Sie trinken?"

Die Atmosphäre war herzlich und entspannt, doch Tancred musterte James McPherson, den mächtigen Boß des Konsortiums, mit kritischem Blick und überlegte, was wohl hinter diesem unerwarteten Besuch stecken mochte. McPherson war ein großer, blendend aussehender Mann mit einem schwach ergrauten Haarkranz und einer kleinen sonnengebräunten Glatze. Sein Gesicht trug die Züge eines Kämpfers – und James McPherson hatte auf seinem Weg nach oben sicherlich so manchen Kampf bestanden. Zugleich spiegelte seine Miene die Rücksichtslosigkeit und Schläue eines hartgesottenen, erfolgreichen Geschäftsmannes wider. Doch Tancred kam es so vor, als fühle sich McPherson diesmal wegen irgend etwas unwohl. Seine lebhaften wasserblauen Augen wichen Tancred immer wieder verlegen aus.

Dann kam Cressy ins Zimmer. Sie war ganz in Schwarz und Silber gekleidet, wodurch das Goldblond ihres Haares besonders vorteilhaft zur Geltung kam. Durch die schwarzen, silbern bestickten Samthosen wirkten ihre ohnehin schon langen Beine noch länger und schlanker, und eine silberne Schärpe sowie ein enganliegendes ärmelloses schwarzes Oberteil, das ebenfalls silberne Verzierungen aufwies, trug dazu bei, daß ihre Aufmachung der eines spanischen Toreros ähnelte.

„Tancred, mein Schatz", begrüßte sie ihn überschwenglich und schlang ihm die schlanken Arme um den Hals. „Wie braungebrannt du bist! Und dein Haar ist von der Sonne noch heller geworden. Du siehst wie ein richtiger Löwe aus."

Tancred grinste. „Zugegeben, ich habe einen schlimmen Haarschnitt, aber dafür brülle ich nur selten." Wieder einmal mußte er sich eingestehen, daß Cressy wirklich sehr schön war.

„Erzähl mir, was du gemacht hast", bat sie und hakte sich bei ihm ein. „Ich habe dich vermißt."

Er wußte, welche Antwort sie von ihm erwartete, aber alles in ihm sträubte sich gegen dieses „Ich habe dich auch vermißt". Hoch oben in den Kordilleren hatte er gar keine Zeit, jemanden zu vermissen. Seine Tage dort waren mit harter Arbeit ausgefüllt. Immerhin war er als leitender Ingenieur dafür verantwortlich, daß kein Unglück passierte, denn alles hing davon ab, daß seine Leute mit vollem Einsatz und äußerster Konzentration ihre Arbeit verrichteten. Er, Tancred, mußte gleichzeitig die Männer bei Laune halten, vor allem wenn Mario, sein Vorarbeiter, sie besonders hart rannahm, und darauf achten, daß die Ingenieure nicht zu müde wurden, damit sie nicht begannen, Fehler zu machen. Eine einzige Unachtsamkeit auf dieser Baustelle konnte tödlich sein . . .

Und schließlich gab es noch den *Barrio Flora,* das Elendsviertel – und Chico. Wie sollte er dieser reichen, selbstbewußten jungen Frau die Notlage der Kinder in den *tugurios* erklären? Konnte er ihr von einem tapferen, halbverhungerten kleinen Jungen erzählen, den man verprügelt hatte, weil er, Tancred, etwas gegen diese Mißstände unternehmen wollte? Und daß dieser Junge in diesem Augenblick im Krankenhaus lag und auf Tancreds nächsten Besuch wartete?

„. . . ziemlich still", meinte Cressy gerade. „Hast du da draußen in der Wildnis die Sprache verloren?"

„Tut mir leid", entschuldigte sich Tancred. „Mir geht gerade so viel durch den Kopf . . ." Er nahm sich zusammen. „Erzähl mir doch, was du in der letzten Zeit gemacht hast."

„Nicht viel", erwiderte sie und schnitt eine Grimasse zu ihrem Vater hinüber. „Er hat nämlich beschlossen, daß ich bei seinen langweiligen Konferenzen als Gastgeberin auftreten soll."

„Das tust du doch gern, Cressy", konterte ihr Vater lächelnd. „Jedesmal was Neues anzuziehen und haufenweise Männer zum Flirten . . ."

„Daddy!" protestierte sie, konnte dabei aber ein Lachen nicht unterdrücken. Es gab an diesem Abend nichts, was ihr heiteres Gemüt hätte trüben können.

Gleich darauf zog sie Tancred mit sich, angeblich, um ihm vom Fenster ihres Zimmers den Ausblick auf die Stadt zu zeigen. Als sie am Fenster standen, wurde sie plötzlich sehr ernst und legte ihm die Hand auf den Arm. „Tancred, ich glaube, Daddy möchte, daß du dir etwas überlegst."

„Was denn?"

„Er will dir einen Vorschlag machen. Es geht wohl um eine neue Aufgabe ..."

„So?" Tancreds Stimme klang reserviert. Er liebte es nicht, wenn man ihn herumzuschieben versuchte – ganz besonders, wenn es um seine Arbeit ging.

Cressy sah sein Zögern. „Er wird dir später darüber berichten", fuhr sie rasch fort. „Ich wollte im Augenblick nur sagen, daß sich für uns dadurch einiges verändern würde."

„In welcher Beziehung?"

Seine ruhige Stimme und sein kühler Blick verunsicherten sie ein wenig. „Ich meine – wir beide könnten uns viel öfter sehen. Du hättest ... eine wunderbare Zukunft vor dir."

„So?"

„Ich weiß, Schatz, ich weiß. Du möchtest gern frei und unabhängig sein, und du magst es nicht, wenn andere für dich Entscheidungen treffen. Du solltest es ja nur erfahren, bevor er dich fragt, und ich wollte nur bitten, daß du auch an mich denkst."

„Cressy –", begann er.

„Schließlich und endlich", unterbrach sie ihn hastig, „haben wir doch letztes Mal einige Pläne geschmiedet, nicht wahr?"

„Du hast Pläne geschmiedet, Cressy", wandte er, ein wenig lächelnd, ein.

„Und du bist Hals über Kopf nach Kolumbien geflüchtet." Auch sie lächelte zaghaft.

„Das ist nicht fair", beschwerte er sich. „Dein Vater hat mich hergeschickt."

„Das wollte ich dir ja gerade sagen." Cressys Stimme klang nun sehr bestimmt. „Diesmal wird er das nicht tun."

„Was nicht tun?"

„Uns trennen", erwiderte Cressy, legte die Arme um seine Schultern und küßte ihn leidenschaftlich.

Eigentlich wollte Tancred das nicht zulassen, aber unwillkürlich schlang auch er seine Arme um sie und erwiderte ihren Kuß. Doch gleich darauf befreite er sich wieder aus ihrer Umarmung. „Ich glaube, wie müssen wieder zurück."

„Denk darüber nach", flüsterte sie ihm mit einem vielsagenden Seitenblick zu, als sie den hellerleuchteten Salon betraten.

Das Abendessen wurde an dem großen Mahagonitisch vor den Fenstern von James McPhersons luxuriöser Suite serviert. Nach dem Dessert – es gab Früchte, Cognac und Kaffee – standen sie, ihre Gläser in der Hand, vor den Fenstern und blickten schweigend auf die Lichter der märchenhaft wirkenden Gebirgsstadt hinunter. Plötzlich wandte sich McPherson Cressy zu.

„Cressy, geh doch bitte mit Ben für einen Augenblick nach nebenan. Ich habe etwas mit Tancred zu besprechen."

Ben warf Tancred einen mitfühlenden Blick zu und folgte Cressy in ihr Zimmer.

McPherson deutete einladend auf einen Sessel und nahm selbst Platz. „Also, Tancred", begann er, „wie läuft unser Projekt?"

Tancred sah ihn überrascht an. Die Fortschritte des Projekts hatte er in seinem Bericht genau geschildert. „Sehr gut, wir sind unserem Zeitplan sogar voraus. Abschnitt eins sollte Ende Juni beendet sein."

McPherson musterte ihn scharf. „Es gefällt Ihnen in den Bergen, nicht wahr?"

„Ja, sehr sogar."

„Würde es Ihnen sehr schwerfallen, von dort fortzugehen?"

Tancred starrte vor sich hin. „Meine Arbeit im Stich lassen? Bevor sie fertig ist? Das könnte ich nicht."

„Ich meine – am Ende von Abschnitt eins."

„Aber dann kommt Abschnitt zwei und danach drei. Es ist doch alles genau geplant."

„Das heißt aber nicht, daß Sie dort weitermachen müssen."

„Ich würde aber gern das Ganze zu Ende bringen. Außerdem läuft mein Vertrag noch drei Jahre."

McPherson nickte. „Das ist mir klar."

„Sind Sie mit meiner Arbeit nicht zufrieden?" Tancreds Stimme klang belegt.

„Im Gegenteil, ich bin sehr davon beeindruckt. Ich habe nur überlegt – würde es Ihnen gefallen, in der Zentrale in San Francisco zu arbeiten?"

„Ein Schreibtischjob? Nein, ich arbeite lieber vor Ort. Für den Papierkram bin ich nicht zu gebrauchen."

„Sie haben aber einen ausgezeichneten Bericht geschrieben."

Tancred stöhnte kurz auf. „So gut, daß Sie mir eine Arbeit wegnehmen wollen, die mir Spaß macht. Da müßte ich mir ja wünschen, ich hätte einen schlechten Bericht geschrieben!"

McPherson lachte. „Mein Vorschlag gefällt Ihnen also nicht?"

Tancred schüttelte den Kopf. „Nicht besonders. Was würde er denn konkret für mich bedeuten?"

„Mehrere tausend Dollar pro Jahr mehr. Und ein eigenes Haus an der Küste . . ."

„Das habe ich nicht gemeint. Wie sähe die Arbeit aus?"

„Sie wären Chef der Planungsabteilung. Sie würden alle Projekte in der ganzen Welt beaufsichtigen, Probleme auf Baustellen begutachten, viel reisen . . ."

„Kann ich mir vorstellen." Tancreds Stimme klang trocken. Er war schon mehrmals in der Zentrale gewesen und konnte sich alles ziemlich genau ausmalen: ein großes, elegantes, gläsernes Büro im sechsunddreißigsten Stock, sein Name an der Tür – und eine ganze Horde flotter, gepflegter Sekretärinnen, Assistenten, Buchhalter und Ratgeber. Karten mit Projektentwürfen an den Wänden, Pläne auf allen Tischen, die ganze Welt in Reichweite – und nie und nirgendwo auch nur ein Hauch frischer Luft.

„Und da ist natürlich auch noch Cressy", fügte McPherson hinzu.

„Was ist mit Cressy?" Tancred verzog keine Miene.

McPherson schien sich unbehaglich zu fühlen. „Sie ist eine Spur . . . haltlos, Tancred. Ich mache mir Sorgen um sie. Ich nehme sie hauptsächlich deshalb überallhin mit, damit sie keine Dummheiten anstellt."

„Und Sie glauben, ich könnte sie daran hindern?"

„Sie würde auf Sie hören. Ich glaube sogar, sie würde so ziemlich alles tun, was Sie sagen." Er wirkte verlegen. „Seit ihre Mutter fort ist, seit der Scheidung und alldem Drumherum, durfte sie immer tun, was sie wollte. Sie ordnet sich nirgendwo ein. Aber sie hält eine Menge von Ihnen."

Tancred sah klar, was ihm da angeboten wurde. Ein hochbezahlter Schreibtischjob – wahrscheinlich noch mit Aufstiegsmöglichkeiten – und ein Anteil an einem Familienunternehmen, die Tochter des Chefs als Dreingabe. Eine Traumhochzeit mit einem Traummädchen – und sie würden in einem Traumhaus an einer Traumküste wohnen . . .

Er runzelte die Stirn. „Was passiert, wenn ich ablehne?"

McPhersons Blick zeugte von Respekt. „Ich würde Sie nicht rauswerfen, falls Sie das meinen."

„Ich könnte weitermachen wie bisher?"

„Ja, wenn Sie das möchten."

Tancreds Blick wurde freundlicher. Eigentlich bedauerte er seinen Chef. Es war ein unangenehmes Gespräch gewesen, und er wußte nur zu gut, daß Cressy ihren Vater dazu gedrängt hatte.

„Es tut mir leid", sagte er, „für eine solche Spitzenposition im Jetset bin ich nicht geschaffen. Da ziehe ich doch meinen Schlafsack und die Wildnis vor. Was Cressy betrifft . . .", er zögerte und fuhr dann langsamer fort, „Sie wissen, daß ich sie sehr gern habe. Sie ist ein liebes Mädchen. Aber ich meine, sie sollte noch viel herumkommen, viele Menschen kennenlernen und viele Erfahrungen machen, bevor sie sich endgültig bindet."

In gewisser Weise war McPherson sogar froh, daß Tancred das Angebot abgelehnt hatte. Er akzeptierte seine Entscheidung. Aber sein Wunsch, ihn als Schwiegersohn zu bekommen, wurde nur noch stärker. Ein unbestechlicher Bursche, dieser Tancred.

„Cressy wird das gar nicht gefallen", murmelte McPherson beunruhigt.

„Sie wird's überstehen", erwiderte Tancred trocken. „Irgendwann muß sie mal lernen, daß sie nicht alles haben kann, was sie sich wünscht", fügte er freundlicher hinzu.

Nun lachte McPherson. „Sie haben recht. Mir ist es nur unangenehm, daß ich ihr das beibringen muß."

„Wenn Sie wollen, sage ich es ihr", bot Tancred an. „Ich verspreche, daß sie keinen Wutanfall bekommen wird."

McPhersons Lachen klang erleichtert. Er stand auf und klopfte Tancred auf die Schulter. „Sie sind ein feiner Kerl, Tancred. Ich will Sie nicht mehr weiter in Verlegenheit bringen. Gesellen wir uns also wieder zu den anderen. Ich habe uns einen Tisch in der Bar reservieren lassen. Von jetzt an wollen wir uns nur noch amüsieren!"

Cressy sprach ihn erst später am Abend auf die Unterredung mit ihrem Vater an. „Du hast das Angebot abgelehnt, nicht wahr?"

„Ja", entgegnete er. „Tut mir leid, Cressy. Das ist einfach nicht mein Lebensstil, so in Glanz und Flitter."

„Du meinst – ich passe nicht zu deinem Lebensstil?"

Er nickte. „Überleg doch mal, Cressy. Ein primitives Lager auf bloßem Felsboden – oder auf Morast, je nach Wetter. Rund um dich nur Berge. Ständig Staub, Wind und die sengende Sonne. Der nächste Laden ist fünfzehn Kilometer weit entfernt und der Weg dahin holprig und gefährlich. Könntest du so leben?"

„So müßte es aber nicht sein!"

„O doch!" Tancreds Stimme klang fest. „Für mich muß es genau so sein."

„Könntest du dich nicht . . . ändern?"

„Nein, das kann ich nicht, Cressy. Und du?"

„Nein", gab sie zögernd zu. Sie blickte ihn an. Bis jetzt war er für sie einfach ein gutaussehender Mann gewesen, den sie unbedingt haben wollte. Noch nie hatte sie ernsthaft darüber nachgedacht, wie er eigentlich wirklich war. Und jetzt sah sie, daß er ganz anders war, als sie es sich vorgestellt hatte. Nicht fügsam, pflegeleicht und stets voller Bewunderung für sie, sondern stark, unbeugsam und von einem unbändigen Idealismus erfüllt, an den sie nicht herankam. Und dabei stellte sie fest, daß ihr an diesem Mann noch viel mehr gelegen war – und daß sie absolut nicht wollte, daß er aus ihrem Leben verschwand.

„Tancred, ich sehe das ja alles ein. Keine Angst, ich werde dir nicht auf die Nerven gehen." Sie lächelte ihn an. „Aber ich werde dich auch nicht ohne weiteres aufgeben", fügte sie hinzu.

Es wurde ein langer Abend, und Tancred begann sich zu fragen, ob er wohl jemals enden würde. Vor allem befürchtete er eine schwierige Abschiedsszene. Aber dann ging doch alles ohne Probleme ab. Cressy schlang einfach die Arme um ihn und küßte ihn. „Ich gebe noch nicht auf!" flüsterte sie ihm dabei ins Ohr. James McPherson schüttelte Ben kräftig die Hand, und dann klopfte er Tancred noch einmal kräftig auf die Schulter. „Nichts für ungut! Ich melde mich wieder."

Nach diesem Abschied fuhren die beiden Männer im Aufzug hinunter, durchquerten das Foyer und traten in die kalte Nachtluft hinaus. Dann machten sie sich gemeinsam auf den Weg zu ihrem Hotel.

„Puh!" stöhnte Ben. „Ich bin froh, daß das vorbei ist." Fragend blickte er Tancred an. „Was wollte der Alte denn?"

„Mich", entgegnete Tancred.

„Soso, Daddys Liebling . . . Und du hast bestimmt abgelehnt, was?! Du hast wirklich Nerven! Meinst du, daß er es dir übelnimmt?"

„Ich glaube nicht. Er hat nur große Angst, daß Cressy sich aufregt."

„Und hat sie sich aufgeregt?"

„Nein, sie hat's ganz gut verdaut. Aber ich fürchte, sie wird nicht so ohne weiteres aufgeben."

Inzwischen waren sie angekommen und blieben vor ihrem Hotel stehen. Über ihnen funkelten die Sterne am Himmel, der schon die Morgendämmerung ahnen ließ, und von den Hängen der Stadt leuchteten Myriaden von Lichtern zu ihnen herüber. Dahinter standen schwarz und hoch die Berge. All diese Probleme werden sich am Ende von selber lösen, dachte Tancred. Das tun sie immer . . ., selbst für Chico. Trotzdem wünsche ich mir, daß ich ihm und seinen Leuten irgendwie helfen kann, bevor es zu spät ist.

Seufzend wandte er sich um und wollte gerade mit Ben das Hotel betreten, als er es sich plötzlich anders überlegte. Er wünschte Ben eine gute Nacht und begab sich auf einen Morgenspaziergang durch die Straßen der Stadt.

Lange Zeit wanderte er so dahin und versuchte sich zu beruhigen. Er mußte zugeben, daß McPhersons Vorschlag und sein eigenes Verhalten gegenüber Cressy ihn doch stärker verwirrt hatten, als er zunächst gedacht hatte. Es lag ihm nicht, andere zu verletzen, aber manchmal war es eben unvermeidlich.

Tancred wußte, daß ein einsamer Spaziergang durch die noch schlafende Stadt kein besonders guter Einfall war. Doch er fühlte sich in diesem Augenblick stark und unschlagbar. Als er sich genauer umsah, stellte er ohne großes Erstaunen fest, daß sein Weg ihn unwillkürlich zu einer der kleinen Nebenstraßen in der Nähe des Krankenhauses geführt hatte. Aber es war noch zu früh, um hineinzugehen und Chico zu besuchen.

Er wollte gerade wieder umdrehen, da bemerkte er in einer kleinen dunklen Gasse eine Bewegung und hörte die wütende Stimme eines Mädchens. „*Rateros!* Diebsgesindel!" rief sie zornig. „Laßt mich los!"

Offenbar kämpften dort mehrere Gestalten miteinander, und als Tancreds Augen sich an die Düsternis gewöhnt hatten, sah er, daß einer der Angreifer ein Messer in der erhobenen Hand hielt. Das Opfer war ein Mädchen mit langem schwarzem Haar, das sich mit wütendem Mut zur Wehr setzte.

Ohne zu zögern, stürzte Tancred auf die Gruppe zu und riß die Angreifer auseinander. „Diebe", schrie er, „Halunken!" Mit seinen harten braunen Fäusten verlieh er seinen Worten Nachdruck. Die Diebe rannten davon, und noch im letzten Moment versuchte ein

Junge, mit seinem Messer den Lederbeutel vom Gürtel des Mädchens abzuschneiden.

Tancred bückte sich und half ihr auf. Er sah, daß sie sehr jung war, schlank und geschmeidig. Sie trug ein einfaches Baumwollkleid und einen hübschen schwarzen Schal. Wie schön sie ist, dachte er bei sich. „Sind Sie verletzt?" fragte er sie dann besorgt.

„Nein", antwortete sie, hielt aber ihr Handgelenk, und Blut quoll ihr durch die Finger.

„Zeigen Sie mal her!" forderte Tancred sie auf und schaute sich die Verletzung an. Es war ein tiefer, glatter Schnitt, der möglicherweise genäht werden mußte. „Das Krankenhaus ist ganz in der Nähe." Er lächelte ihr aufmunternd zu. „Kommen Sie mit, ich bringe Sie hin."

Das Mädchen schaute auf sein Handgelenk und blickte dann zu Tancred auf. Trotz ihrer tiefschwarzen Haare waren ihre Augen überraschenderweise nicht braun, sondern von einem dunklen Grau. Ihr feines, ovales Gesicht erschien im frühen Morgenlicht blaß und ernst, doch Tancred hatte den Eindruck, daß Lachen viel besser zu ihr paßte als Ärger und Zorn.

„Ich danke Ihnen, Señor", entgegnete sie. „Ich glaube, Sie haben mir fast das Leben gerettet."

„Unsinn!" Tancred nahm sie am Arm und machte sich mit ihr auf den Weg in Richtung Krankenhaus. „Das waren nur kleine Diebe." Doch dann fiel ihm das Messer wieder ein, und er erschauderte bei diesem Gedanken. „Haben sie Ihnen irgend etwas weggenommen?" fragte er und blickte auf den Lederbeutel, der heil geblieben war.

„Nein, dazu hatten sie keine Zeit mehr – dank Ihnen." Nun lächelte sie ihn plötzlich strahlend an.

Sie kamen zu dem hellerleuchteten Eingang des Krankenhauses, und Tancred ging hinein und erklärte der diensttuenden Schwester den Fall. Kurz darauf wurde das Mädchen in einen kleinen Raum geführt, um das Handgelenk zu verbinden. Tancred beschloß zu warten.

Wenig später kam sie wieder heraus und trug den Arm in einer Schlinge. Eine freundliche junge Schwester begleitete sie.

„Es ist nicht allzu schlimm", erklärte die Schwester. „Sie hat Glück gehabt. Wir haben einen Sprühverband aufgetragen, dadurch bleibt ihr das Fädenziehen erspart. Aber sie muß den Arm ein oder zwei Tage ruhighalten."

Sie sprach mit Tancred, als sei er ein Verwandter des Mädchens oder zumindest für deren Schutz verantwortlich – und er merkte, daß ihr das ein wenig peinlich war. Er sah aber auch, daß ihr Gesicht noch blasser war als zuvor; offensichtlich hatte sie einen leichten Schock erlitten. Er lächelte ihr freundlich zu und legte seinen Arm beruhigend um ihre Schultern. „In der Halle ist eine Kaffeemaschine, am besten setzen Sie sich da eine Weile hin und beruhigen sich erst einmal", schlug er vor.

Sie nickte dankbar. „Eine gute Idee, Señor ..., ich bin gleich wieder in Ordnung."

In den Korridoren des Krankenhauses war alles still, nur in der Halle hielten sich einige Besucher auf, die offenbar ängstlich auf Nachrichten warteten. Tancred holte für das Mädchen und sich selbst einen Becher Kaffee und setzte sich neben es.

Inzwischen hatte sie sich gefaßt, hatte ihr langes schwarzes Haar geglättet und den Schal um ihre Schultern zurechtgezogen.

„Trinken Sie das", forderte Tancred sie fürsorglich auf, „und erzählen Sie mir, wie es kommt, daß Sie so früh am Morgen allein in der Stadt spazierengehen."

Sie sah ihn ernsthaft an, dann lächelte sie wieder. „Ich war auf dem Weg zur Bushaltestelle. Der gelbe Bus fährt sehr früh in die Berge ab."

„Sie leben in den Bergen?"

„Ja, und der Hof meines Vaters ist schwer zu erreichen. Es gibt keine Straße. Aber mein Vater ist krank und kann nicht reisen; deshalb bin ich für ihn in die Stadt gefahren." Sie machte eine kurze Pause. „Aber ich habe nichts erreicht!" fügte sie dann erbittert hinzu.

„Inwiefern?"

Plötzlich begann sie, offener mit ihm zu sprechen. „Er hat einen kleinen Hof, ist aber krank, und das macht die Arbeit für ihn noch schwerer. Die Regierung versucht den *campesinos* zu helfen, aber um diese Hilfe in Anspruch nehmen zu können, muß mein Vater zuerst in die Stadt fahren und sein Land registrieren lassen. Ich hatte gehofft, daß ich das für ihn erledigen könnte. Aber sie haben gesagt, er muß selber kommen und eine *declaración,* eine Erklärung, abgeben. Leider ist er zu krank für diesen langen Weg."

„Kann er sich nicht von einem Arzt ein Attest ausstellen lassen?"

Sie seufzte. „Bei uns gibt es keinen Arzt. Der nächste ist in der Stadt auf der anderen Seite des Berges. Und da kommt man noch schwerer hin, es geht nur mit einem Maultier . . ., und mein Vater ist sehr eigensinnig!"

Tancred kannte diese dunkelhäutigen stolzen Männer aus dem Gebirge und ihr *machismo*-Selbstverständnis, das ihnen keinerlei Schwächen erlaubte.

Als das Mädchen aufstand, erhob sich Tancred ebenfalls.

„Ich begleite Sie zur Bushaltestelle", bot er ihr an.

„Das ist aber wirklich nicht nötig."

„Doch, ist es!" Seine Stimme duldete keinen Widerspruch. „Sie haben ein abscheuliches Erlebnis hinter sich und stehen immer noch unter Schock."

Sie nahm sein Anerbieten schweigend an und folgte ihm von der Halle auf die Straße.

„Haben Sie sich den ganzen Tag mit Beamten herumgeschlagen?" fragte Tancred, als sie zur Haltestelle gingen.

„Nicht den ganzen Tag. Ich habe auch meine Brüder besucht. Sie arbeiten auf einer Kaffeeplantage; es ist nicht sehr weit entfernt. Ich wollte fragen, ob einer von ihnen vielleicht nach Hause kommen kann, um Vater zu helfen. Aber sie haben zuviel zu tun, und wenn sie schon einmal einen guten Job haben, wollen sie ihn nicht einfach aufgeben."

Tancred nickte verständnisvoll. „Ist das Ihre ganze Familie?"

„O nein! Ich habe noch Brüder und Schwestern zu Hause. Und ein Bruder ist in die Stadt gegangen, aber ich konnte ihn leider nicht finden. Bogotá ist eine schrecklich riesige Stadt."

Tancred stimmte ihr zu. Mittlerweile hatten sie die Bushaltestelle erreicht. „Und wie kommen Sie nach Hause?"

„So, wie ich hergekommen bin. Ich fahre mit dem gelben Bus bis zur Endstation, und dann gehe ich zu Fuß."

„Über den Berg? Ganz allein?"

„Das tue ich nicht zum ersten Mal." Ihre ganze Haltung verriet Mut und Unabhängigkeit.

„Sind Sie sicher, daß Sie zurechtkommen?"

„Natürlich. Ich komme sehr gut zurecht." Sie hielt ihm ihre unverletzte Hand hin. „Ich danke Ihnen vielmals für Ihre Hilfe, Señor."

Tancred schüttelte ihr die Hand. „Gehen Sie mit Gott." Ernst schwang in seiner Stimme mit, als er diesen gebräuchlichen spanischen Abschiedsgruß aussprach. Er sah ihr nach. Sie hielt sich sehr aufrecht. Vor dem gelben Bus stand bereits eine Warteschlange, in die sie sich einreihte. Kurz vor dem Einsteigen wandte sie sich noch einmal um und hob die Hand zu einem letzten Lebewohl. Dann war sie nicht mehr zu sehen.

WÄHREND der ganzen Woche hatte Tancred viel mit Domingo und den anderen Wirtshausbesitzern zu tun. Der Kessel für das Essen wurde aufgestellt. Irgendwie hatte sich die Nachricht, daß Chico von einer Jungenbande zusammengeschlagen worden war, unter den Gastwirten verbreitet. Sie waren entrüstet, obwohl dergleichen öfter vorkam, und es herrschte eine Stimmung zornigen Widerstandes gegen die halbwüchsigen Unterdrücker.

Die meisten Lokalbesitzer kannten Chico. Er war ein netter Junge, er stahl nicht, und er war immer bereit, für ein paar Centavos Botengänge zu machen, Kartoffeln zu schälen oder den Gehsteig zu fegen. Deshalb mochten sie ihn und waren empört, daß „ihr" Kleiner auf diese Weise angegriffen worden war.

Wie Tancred feststellte, unternahm die Polizei kaum Nachforschungen. Aber immerhin standen ab und zu demonstrativ schwerbewaffnete Polizisten vor den Lokalen.

Tancred hatte auch einige soziale Organisationen besucht und festgestellt, daß ihre Mitglieder äußerst hilfsbereit waren. Binnen kürzester Zeit war die Essensausgabe vorbereitet und die Schicht der Helfer organisiert. Tancred war sehr zufrieden und bedankte sich bei allen. Er verbrachte eine Weile in dem ehemaligen Stall, um die ersten Essen auszuteilen; dann ging er fort, um Chico davon zu erzählen.

Es war sein letzter Tag in der Stadt, und Tancred wußte, daß er schwer werden würde. Er beschloß aber, so heiter und gelöst wie möglich zu berichten, was für die Kinder der *tugurios* erreicht worden war. Außerdem brachte er Chico wieder ein Geschenk mit, diesmal eine Mappe mit Stiften, einen Schreibblock und sogar ein paar kleine, adressierte Briefumschläge.

„Hör zu", erklärte er, „Frau Doktor Margaret wird mir schreiben, und du kannst mir auch schreiben. Ein oder zwei Wörter aus dem Buch genügen, dann weiß ich, daß es dir gutgeht."

Chico blickte ihn ernst an. „Ich werde schreiben lernen", bestätigte er. Damit war das für ihn bereits eine beschlossene Sache. Señor Tancred wünschte es, also würde er es tun.

Kritisch begutachtete er das Brückenbuch und schüttelte den Kopf. „Aber ich brauche viel mehr Wörter, als hier drin sind", stellte er fest.

„Das habe ich mir schon gedacht. Deshalb habe ich dir das hier mitgebracht."

Tancred zeigte ihm ein illustriertes Wörterbuch für Kinder, das Margaret in der Universitätsbuchhandlung für ihn aufgetrieben hatte. Er legte es vor Chico hin und erklärte ihm, wie er es benutzen mußte. Insgeheim befürchtete er zwar, daß es dem Jungen Schwierigkeiten bereiten werde, ganze Sätze zu bilden, da er die Wörter ja nur durch Abbildungen finden konnte und keinerlei Grammatik kannte. Aber immerhin, es war ein Anfang.

„Jetzt muß ich leider gehen", bedauerte Tancred und strich dem Jungen zärtlich über das dunkle Haar. „Sei ein guter Junge, bis ich wiederkomme." Er ging zur Tür und drehte sich noch einmal um, um Chico ein fröhliches Lebewohl zuzuwinken.

„Señor Tancred! Sehe ich Sie bald wieder?"

„Natürlich!" versicherte Tancred. „Sehr bald!"

„*Vaya usted con Dios!*" rief Chico ihm nach.

Tancred warf ihm noch einen letzten liebevollen Blick zu, dann drehte er sich um und ging.

Chico starrte auf die leere, offene Tür des Krankenzimmers. Señor Tancred war fort.

II

PEPITA lehnte sich schwer auf den Griff des Pfluges, damit er möglichst gerade Furchen zog. Bruno, der knochige alte Gaul, kämpfte mühsam gegen den schlechten Boden an, der voller Steine und Felsbrocken war. Die Erde war sehr unergiebig an diesem abfallenden Berghang, und es gedieh hier kaum etwas außer Kartoffeln.

Außerdem waren da noch zwei weitere Felder, die nun brachlagen. Aber Pepita allein konnte nicht alles schaffen, und so war sie gezwungen gewesen, einen Teil ihrem Nachbarn Francisco zu überlassen. Er war ein netter Mann, und obwohl er selbst viele Kinder zu ernähren hatte, gab er Pepita ab und zu ein paar Zwiebeln oder Bohnen von seiner eigenen Ernte. Ohne diese Gaben hätte sie kaum gewußt, wie sie ihre Familie hätte durchbringen sollen.

Pepita mußte sich ausruhen. Sie streckte ihren schmerzenden Rükken, hob den Kopf und blickte zu den Bergen empor. Gipfel um Gipfel ragten sie riesenhaft in den fernen Himmel. Pepita liebte die Berge. Sie liebte ihre Kraft und ihre Großartigkeit, die Art, wie sie über der Welt standen, erhaben und stolz, unberührt von den Dingen, die der Mensch tat.

Bevor die Familie in die Berge zurückgekommen war, hatte ihr Vater auf einer gepachteten *finca* gearbeitet, einem kleinen Hof in einem fruchtbaren Tal unterhalb des Regenwaldes. Sie waren damals noch nicht so viele Kinder gewesen und hatten auch noch genug zu essen gehabt. Pepitas Mutter war zu jener Zeit jung und schön und hatte den ganzen Tag neben ihrem Mann in der Sonne gearbeitet. Sie hatten ein hübsches kleines Ziegelhaus besessen und bauten auf den geschützten Hängen Mais, Bohnen und Kaffee an. Außerdem hielten sie Hühner und auch Ziegen. Das Leben war schön gewesen, und Ricardo – ihr Bruder, der später in die Stadt gehen mußte – war noch ein kleines Kind gewesen und im Staub zwischen den Hühnern herumgestolpert. Pepita und die älteren Jungen waren sogar zur Schule gegangen. Pepita lernte gern – sie konnte gar nicht genug davon bekommen. Sie brachte so gute Noten heim, daß schon davon gesprochen wurde, sie zur großen staatlichen Schule in die Stadt zu schicken. Ja, der Direktor und ihre Mutter unterhielten sich bereits über einen Studienplatz an der Universität für sie.

Doch dann kam ein reicher Großgrundbesitzer in das Tal und kaufte das ganze Land auf. Er nahm auch die Felder ihres Vaters und die Kaffeeterrassen und sogar das Haus. Dem Vater bot er an, er könne entweder als Arbeiter für ihn tätig sein oder seinen Hof verlassen. Pepitas Vater war stolz. Er hatte noch niemals zuvor für einen anderen Mann gearbeitet, und das harte Lächeln und die gierigen Augen des reichen Großgrundbesitzers gefielen ihm gar nicht, ganz besonders dann nicht, wenn sie auf Pepita ruhten. Doch er mußte an seine wachsende Familie denken und daran, wie schwer das Leben in den Bergen war. So willigte er schließlich doch ein, eine Zeitlang im Tal zu bleiben und für Gonzalez, den Landeigner, zu arbeiten. Zumindest war ihm ein guter Lohn versprochen worden.

Und Pepita ging als Hausmädchen zu dem neuen Eigentümer.

Aber natürlich war dann alles anders gekommen, als der Grundbesitzer es versprochen hatte. Der Lohn war armselig, und wenn einer der Dorfbewohner zu protestieren wagte, wurde er sofort hinausgeworfen. Es gab immer genügend andere arme arbeitssuchende *campesinos*. Pepitas Familie wurde aus ihrem kleinen Haus vertrieben und zog in einen Schweinestall hinter der *finca*. Und Pepita wurde klar, daß sie in der schönen Hazienda des Großgrundbesitzers in der Falle saß. Denn von ihr wurde erwartet, daß sie mehr war als nur eine Magd . . .

Aber sie war stolz wie ihr Vater. Und die tätschelnden Hände und der heiße Blick ihres Arbeitgebers waren ihr unerträglich. Eines Tages verlor sie die Geduld und schlug ihm ins Gesicht. Sie sagte ihm geradeheraus, die Bergbewohnerinnen schliefen nicht mit geilen alten Ziegenböcken aus den Ebenen, stürmte aus dem Haus und ging zurück zum Schweinestall ihres Vaters. Natürlich weigerte sie sich, zu dieser Arbeit zurückzukehren.

Damit war alles aus. Am nächsten Morgen wurde die Familie aufgefordert fortzugehen. Sie packten ihre wenigen Habseligkeiten zusammen und beluden damit Amelia, den Esel. Bruno, der damals schon nicht mehr der Jüngste war, trug Maria Consuela, Pepitas Mutter, die den kleinen Ricardo im Arm hielt. Die andern machten sich zu Fuß auf den mühseligen Marsch. Den sich schlängelnden Pfad entlang, fort von dem grünen Tal, stiegen sie die schwarzen Schieferhänge hinauf in die Berge, die sie kannten und liebten.

Die Luft ist klar hier oben, dachte Pepita. Und es war besser, bis zum Umfallen auf den eigenen steinigen Feldern zu arbeiten, als sich an einen wie Gonzalez zu verkaufen. Dieses Land gehörte ihnen wenigstens. Es war seit Generationen im Besitz ihrer Mutter, und sie konnten es sogar durch ein Dokument beweisen.

Aber Pepita hatte sich in letzter Zeit immer mehr Sorgen machen müssen. Wie lange konnte sie das alles allein noch schaffen? Seit ihr Vater sich das Bein gebrochen hatte, war er nie wieder richtig gesund geworden. Sein Bein war so angeschwollen, daß er kaum auftreten konnte, nicht einmal mit einer Krücke. Und der Husten ihrer Mutter wurde auch in der Sommersonne nicht besser. Maria Consuela gab sich zwar die größte Mühe, nach wie vor für ihre Kinder zu sorgen, aber sie war langsam geworden, erschreckend langsam. Und dann war da noch Rosa, das Baby, das vom schlechten Wasser des Dorfbrunnens krank geworden war. Aber wenigstens den anderen in der Familie ging es einigermaßen gut. Luisa, die jetzt drei Jahre alt war, fehlte nichts, und Marcos und Lucas, die fünf Jahre alten Zwillinge, waren drahtig und rannten mühelos die Abhänge hinauf und herunter. Aber nach dem Abendbrot sahen sie immer noch hungrig aus, wenn sie auch nicht wagten, um mehr zu bitten. Die beiden älteren Brüder, Carlos und Pedro, waren ins Tal hinabgegangen und hatten auf der Plantage eines Kaffeepflanzers Arbeit gefunden.

Und dann war da noch ihr Lieblingsbruder Ricardo – aber er war nicht mehr da, denn er hatte in die Stadt gehen müssen. Insgeheim hatte sie deshalb schon viele Tränen vergossen. Wo mochte er jetzt wohl sein? War er in Sicherheit? Hatte er Arbeit finden können, wie der Vater behauptet hatte? Onkel Baptisto, der Führer der Maultierkarawane, der Ricardo mitgenommen hatte, hatte ihre Fragen mit einem Achselzucken beantwortet. „Ich habe ihn bei Freunden in der Stadt gelassen. Es geht ihm bestimmt gut", hatte er sie zu beruhigen versucht. Einen Augenblick lang hatte er seine Hand auf ihren Arm gelegt, und es sah so aus, als wolle er noch mehr sagen. Doch dann war seine Frau Manuela gekommen und hatte eine bissige Bemerkung gemacht über alte Männer, die dauernd mit jungen Mädchen schwatzen, und hatte ihn fortgezogen.

Pepita hatte nie Zeit, sich Gedanken darüber zu machen, daß sie außergewöhnlich schön war. Die kolumbianischen Mädchen sind für ihre Schönheit berühmt, besonders wenn sie spanischer Abkunft sind, doch selbst mit vielen von ihnen verglichen war Pepita etwas Besonderes. Ihr schwarzes Haar fiel gerade herab wie ein Wasserfall im Gebirge, und ihre Augen hatten das gleiche Wolkengrau wie die ihrer Mutter, die eine reinrassige Spanierin war. Pepitas zartbraune Haut war trotz des unablässig wehenden Bergwindes und der sengenden Sonne makellos schön geblieben.

Doch Pepita hatte fast nie die Gelegenheit, in einen Spiegel zu schauen, und sie hatte auch gar keine Zeit, besonders auf ihr Aussehen zu achten. Sie arbeitete unablässig, ging ständig auf den steinigen Terrassen hinter dem Pflug her, las Steine vom Acker auf, hackte, pflanzte oder erntete Kartoffeln. Und so war sie immer vom Wind zerzaust und staubig. Ihr langes schwarzes Haar versteckte sie unter einem Schal, über dem sie einen schwarzen Filzhut trug, und ihre langen, schlichten Röcke waren gewöhnlich braun und erdverkrustet. Wann hätte sie sich wohl herausputzen und abends ausgehen sollen, um vor den jungen Männern des Dorfes einherzustolzieren? Das Leben war hart und viel zu schwer, um an derartige Vergnügungen zu denken.

Wenn ihre Eltern nur wieder gesund würden, dann wäre alles einfacher. Sie brauchten einen Arzt – oder zumindest mußten sie endlich einmal über den Berg nach El Máta gehen, das ein kleines Krankenhaus besaß. Es war zwar ein langer Weg über den Paß und den *camino de herradura,* den gefährlichen Saumpfad, der sich zwischen Felsen und Abgründen hindurchschlängelte. Aber es war wahrscheinlich besser, ihren Vater dorthin zu schicken, als alles beim alten zu lassen. Ja, dachte Pepita, ich muß endlich Entschlossenheit zeigen und meinen Vater veranlassen, daß er dorthin geht. Es muß etwas geschehen.

Sie ließ Bruno anhalten und stellte den Pflug am Rand des Terrassenmäuerchens ab, das das Feld ihres Vaters begrenzte. Dann ging sie mit raschen, energischen Schritten zu dem kleinen Steinhaus, das ihr Heim war.

Federico, ihr Vater, war damit beschäftigt, neben dem Haus Holz zu hacken. Viel gab es nicht hier oben auf dem Berg, meist mußten sie Dung als Brennmaterial verwenden oder die knochentrockenen kleinen Stämme der *frailejones,* der Kerzen-Schopfbäume, die auf den Berghängen wuchsen. Diesmal aber hatte er einen langen trockenen Ast gefunden und ihn zu der windgeschützten Seitenwand gezerrt.

„Bist du fertig?" brummte der Vater, ohne von seiner Arbeit aufzuschauen.

„Bis zum Ende der *terraza.*" Pepita begann, die fertig gehackten Holzstücke zu einem säuberlichen Stapel aufzuschichten. „Aber dann habe ich aufgehört, Vater, weil mir etwas Wichtiges eingefallen ist. Ich bin der Meinung, daß du unbedingt in das Krankenhaus nach El Máta gehen solltest."

„Ich brauche kein Krankenhaus."

„Doch, Vater. Sie bringen dein Bein dort bestimmt wieder in Ordnung. Und auch Mutter und die kleine Rosa könnten mit. Sie brauchen Medizin. Aber ohne dich würden sie nicht gehen."

Ihr Vater schwieg und schaute düster auf sein geschwollenes Bein.

„Die kleine Rosa ist sehr krank", fuhr Pepita beharrlich fort. „Sie hat die ganze Zeit Durchfall. Möchtest du, daß sie stirbt wie die vielen anderen Kinder im Dorf?"

„Nein", murrte ihr Vater.

„Und Mutter hustet ununterbrochen. Sie verträgt den Bergwind nicht mehr. Sie kann nicht einmal mehr Rosa stillen. Was soll mit den Kindern geschehen, wenn sie zu krank ist, um sie zu versorgen?"

Der Vater richtete sich auf und blickte sie an. „Ich werde hingehen", lenkte er ein.

„Wann?" fragte Pepita hartnäckig.

„Morgen", erwiderte er, und die Andeutung eines Lächelns flog über sein wettergegerbtes Gesicht. „Du bist ein gutes Mädchen, Pepita, und du hast recht. Bring Bruno vom Feld hierher, und laß ihn sich ausruhen. Morgen brechen wir auf."

Für Pepita war es ein kleiner Sieg. Und einen Tag später brachen sie tatsächlich auf. Es war eine schwierige Reise. Maria Consuela kam zu dem Schluß, daß sie die anderen Kinder nicht einfach zurücklassen konnte; wer konnte schon wissen, wie lange die Reise über die Berge dauern würde? Und es gab keine Nachbarn in der Nähe, bei denen die Kinder hätten bleiben können. Sie hätte sie ins Dorf bringen und jemanden bitten müssen, sich um sie zu kümmern. Aber Maria Consuela war trotz ihrer Gebrechlichkeit und ihres bösen Hustens eine stolze Frau. Sie bat nicht gern andere Menschen um einen Gefallen.

So machten sie sich also auf den mühevollen Weg, den steinigen Saumpfad entlang, über den Kamm des Berges durch den Paß und auf der anderen Seite des Berges hinunter. Federico, der Vater, ritt auf Bruno. Sein schlimmes Bein stand auf der einen Seite steif ab, und er konnte deshalb nur schwer das Gleichgewicht halten.

Maria Consuela und Pepita trugen abwechselnd das Baby. Die Zwillinge trotteten fröhlich vor sich hin. Man hatte ihnen gesagt, sie müßten nah bei der Familie bleiben und dürften sich auf keinen Fall zu dicht an die steilen Abhänge heranwagen. Aber das Hauptproblem war Luisa. Sie bestand darauf zu laufen, doch die kurzen Beinchen der Dreijährigen konnten mit den anderen nicht Schritt halten, und immer wieder stolperte sie über Felsstücke und -brocken auf dem Pfad. Obwohl sie sehr dünn war, war sie doch wiederum zu schwer, als daß man sie hätte auf Dauer tragen können. Und ebensowenig wagte Pepita, sie vor ihren Vater auf Bruno zu setzen; das Gewicht konnte für das alte Pferd doch zuviel sein, und falls der Vater Luisa nicht fest genug hielt, weil er selbst um sein Gleichgewicht kämpfen mußte, würde sie herunterfallen. Schließlich nahm Pepita selbst das kleine Mädchen auf ihren Rücken. Doch das bedeutete, daß Maria Consuela das Baby die ganze Zeit allein tragen mußte, und sie war schon zu Beginn der Reise müde. Selbst dieses geringe Gewicht schien für sie zuviel zu sein.

Sie wanderten weiter, und die Sonne schien an den steilen Flanken des Berges heiß auf sie herab. Pepita hatte vorgesorgt und abgekochtes Wasser für das Baby mitgenommen. Jemand im Dorf hatte ihr dazu geraten; es sei besser, das Wasser abzukochen, obwohl es ein Gebirgsbach war, der den Brunnen füllte. Irgend etwas Schlechtes war hineingeraten, und es war nicht gut für die kleinen Kinder, dieses Wasser zu trinken. Sie hatte auch den Kräutertee ihres Vaters mitgenommen, außerdem ein paar *arepas,* Maisfladen, und einen Teil ihres bereits schwindenden Vorrats an Maismehl.

Sie waren schon alle erschöpft, bevor sie den Kamm des Berges erreicht hatten. Der Pfad war sehr schmal und felsig geworden. Unter ihnen gähnten schwindelerregende Abgründe, und über ihnen ragten drohend kahle Felswände gen Himmel. Niemand wagte es, nach unten zu schauen; selbst die Zwillinge mußten nun vorsichtig im Gänsemarsch gehen.

Erst am Nachmittag erreichten sie den Paß. Pepita wußte, daß sie für den Weg abwärts nicht mehr soviel Zeit brauchen würden, aber bis zu den tieferliegenden Hängen würde es gefährlich bleiben, und sie mußten noch vor Anbruch der Nacht im Dorf El Máta sein.

Sie ließ daher keine allzu lange Rast zu, obwohl sie sah, daß ihre Mutter einem Zusammenbruch nahe und das Gesicht ihres Vaters ganz blaß geworden war. Sie aßen die *arepas* und tranken ein wenig von Federicos Tee. Pepita bemerkte, daß ihr Vater etwas von dem Koka kaute, das er in seinen Lederbeutel getan hatte, und hoffte, das würde seine Schmerzen ein wenig lindern.

Die Schatten wurden schon länger, und es ging auf den Abend zu, als die kleine Gruppe den staubigen Pfad hinabwanderte, der in die einzige Straße von El Máta mündete.

Die Einwohner des Dorfes hatten sich offenbar alle vor der kleinen Wirtschaft am Ende der Straße versammelt und blickten der Familie neugierig entgegen. Pepita ließ Bruno anhalten und wollte ihrem Vater beim Absteigen helfen. Doch da wandte sich Maria Consuela würdevoll an die Umstehenden. „Mein Mann hat sich das Bein verletzt. Kann ihm wohl jemand helfen?" fragte sie ruhig und selbstbewußt.

Vielleicht lag es an ihrer stolzen Erhabenheit, vielleicht auch an Pepitas Lächeln – noch bevor Federico sich überhaupt gerührt hatte, waren schon zahllose hilfsbereite Dorfbewohner zur Stelle und halfen ihm herab. Aus dem Lokal wurde ein Stuhl für ihn herbeigeholt, und ein zweiter wurde für Maria Consuela und das Baby hingestellt. Jemand ließ eine Flasche mit selbstgebrautem Bier herumgehen, und die Zwillinge bekamen eine Dose amerikanische Cola.

„Wir wollen zum Krankenhaus", erklärte Pepita. „Ist das wohl möglich?"

„Morgen wird es nicht gehen", antwortete ein Mann von einem der Tische aus. „Morgen ist es nicht geöffnet. Erst wieder am Donnerstag. Das ist der Tag, an dem *el medico* immer kommt."

Pepita war enttäuscht. Das bedeutete, daß sie noch einen ganzen Tag und zwei Nächte warten mußten. Wo sollten sie solange bleiben? Sorgenvoll schaute sie von ihrem erschöpft dreinblickenden Vater zu ihrer Mutter, die gleichfalls bleich und müde aussah, aber sehr gerade und stolz auf ihrem Stuhl saß. Sie hielt das Baby Rosa im Arm; Luisa klammerte sich schüchtern an ihren Rock.

Hier auf der windigen Straße konnten sie nicht schlafen. „Es ist zu kalt", flüsterte sie vor sich hin und schaute die staubige Straße entlang, um einen schützenden Unterschlupf zu entdecken. Unversehens blickte sie dabei direkt in die Augen einer alten Frau, deren Gesicht so braun und runzlig war wie eine alte, verschrumpelte Kartoffel. Ein schlaues schwarzes Augenpaar musterte Pepita genau. Doch Pepita spürte, daß in diesem Blick Freundlichkeit lag.

„Ich habe einen Schuppen", bot ihr die alte Frau an. „Mein eigenes Haus ist leider zu klein. Aber so hätten Sie wenigstens einen Unterschlupf."

Pepita lächelte sie an. „Wir wären Ihnen äußerst dankbar", entgegnete sie. „Ich bin Pepita. Das ist mein Vater, Federico Garcia, und das meine Mutter, Maria Consuela Garcia. Darf ich fragen, wie Sie heißen?"

Das uralte Gesicht verzog sich zu einem zahnlosen Grinsen. „Man nennt mich ‚Ana Vieja', die alte Anna", stellte sie sich vor. „Ich bin die älteste Frau im Dorf." Mit einem Blick hatte sie Maria Consuelas Erschöpfung erkannt. „Kommen Sie mit mir. Ich zeige Ihnen, wo Sie sich ausruhen können."

Sie gingen mit Ana Vieja durch den rotbraunen Staub der ausgetretenen Straße in eine kleine Gasse mit ein paar armseligen Häuschen aus Lehmziegeln mit Strohdach. Nur Federico blieb bei den Männern vor dem Wirtshaus zurück. Schließlich kamen sie zum Haus der alten

Frau, das offenbar nur ein einziges kleines Zimmer hatte, aber weiß gestrichen und sauber war. Es hatte ein altes Terrakottadach, das auf einer Seite weiter hinausreichte. Darunter befand sich ein primitiver Schuppen, dessen eine Wand aus bröckelnden Lehmziegeln und eine andere nur aus einem Stück rostigen Blechs bestand. Aber dieser Unterschlupf war mehr oder weniger windgeschützt, und auf dem Fußboden lag ein Haufen sauberer Maishülsen und Stroh.

„Treten Sie ein!" forderte sie Ana Vieja auf und winkte mit ihrer knochigen Hand. „Es ist nicht viel, aber es steht Ihnen zur Verfügung."

„Wir sind Ihnen sehr dankbar. Sie sind wirklich überaus freundlich", erwiderte Maria Consuela höflich.

„*De nada*, keine Ursache", meinte Ana Vieja, die dieser überschwengliche Dank verlegen machte. „Ruhen Sie sich nun gut aus. Die Männer werden Ihren Mann später herbringen." Dann wandte sie sich zur Tür und ließ sie allein.

Pepita half ihrer Mutter, das Baby sauberzumachen, das noch immer Durchfall hatte und weinte. Außerdem wies sie die beiden Jungen und Luisa an, das Stroh zu einem Behelfslager anzuhäufen, auf das ihr Vater sich später niederlegen konnte. Dann ging sie nach draußen, um vom Dorfbrunnen Wasser zu holen.

Pepita befand sich bereits wieder auf dem Rückweg, als jemand aus der offenen Küchentür der kleinen Wirtschaft ihren Namen rief. Ein rundgesichtiger Mann in einem lose herunterhängenden Hemd stand dort und wischte sich die Hände an einer schmierigen Schürze ab.

„*Buenas tardes*", begrüßte er sie fröhlich. „Ich bin Diego, und ich habe Ihrem Vater erzählt, daß ich heute abend *ajiaco*, Eintopf, koche. Es gibt genug für alle."

„Aber –", begann Pepita, der entsetzt einfiel, wie wenig Geld sie bei sich hatten.

„Es ist schon alles abgemacht." Diego winkte beschwichtigend ab. „Ihr Vater schickt mir mit dem nächsten gelben Bus Kartoffeln ins Tal, und ich hole sie dann ab, wenn ich mit den Maultieren runterkomme."

„Vielen Dank", erwiderte Pepita erleichtert. „Sie sind sehr gut zu uns."

„*De nada*", erwiderte er wie Ana Vieja. „Auch schöne Menschen müssen essen."

Pepita wurde rot und machte sich mit ihrem Wasserkrug hastig wieder auf den Weg.

Am späten Abend saßen sie dann alle vor der Wirtschaft an einem großen Tisch, und Diego füllte die Teller mit schmackhaftem Hühnerragout mit Mais und Kartoffeln. Pepita wußte, daß ihre Mutter vor Erschöpfung fast umfiel, aber sie wollte die Gruppe nicht verlassen, denn die Feier fand ja hauptsächlich zu Ehren der Familie statt. Das Baby war im Schal auf ihrem Rücken eingeschlafen, und auch Luisa lehnte fest schlafend an ihrem Stuhl.

Es war schon spät, als das Essen schließlich vorüber war, doch es wurde auch danach noch weiter getrunken. Zum Schluß begleiteten alle Maria Consuela und die schläfrigen Kinder zu Ana Viejas Schuppen. Die Männer, die ein wenig angeheitert waren, trugen gemeinsam Federico Garcia und legten ihn behutsam auf den Strohhaufen. Nicht einmal Bruno hatte man vergessen: Jemand hatte ihm einen Sack Kleie hingeschüttet.

Am nächsten Morgen war Maria Consuelas Husten noch schlimmer, und sie war so erschöpft, daß sie sich nur noch um das Baby kümmern konnte, das den ganzen Tag lang immer wieder jämmerlich wimmerte.

Federico schlief seinen Kater aus und wachte schließlich schlecht gelaunt auf, weil sein Bein schmerzte. Die Zwillinge und Luisa flohen vor seinem Zorn wie aufgescheuchte Hühner und gingen nach draußen auf die staubige Straße, um mit den Dorfkindern zu spielen. Pepita klopfte schüchtern an Ana Viejas Tür und fragte, ob sie irgend etwas helfen könne.

Zuerst lehnte die alte Frau ab, doch dann ließ sie zu, daß Pepita ihre Wasserkrüge füllte, und danach war es nur noch ein kleiner Schritt zu fragen, ob sie etwas für sie waschen könne.

Es dauerte nicht lange, da plauderten die beiden wie zwei alte Freundinnen miteinander, während Pepita Kleidungsstücke auf den Waschsteinen ausklopfte, Teppiche und Decken ausschüttelte und den Fußboden kehrte. So verging der Tag rasch.

Bevor Pepita an diesem Abend schlafen ging, machte sie noch einen kleinen Spaziergang, um den Sternenhimmel über den sich dunkel erhebenden Bergen zu bewundern. Da drüben, dachte sie, jenseits dieses großen schwarzen Schattens, ist unsere Seite des Berges und unser Heim. Und wenn wir nach Hause kommen, werde ich noch viel pflügen müssen. Aber wir kommen schon zurecht ..., irgendwie werden wir zurechtkommen.

Sie hatten vorgehabt, sehr früh aufzustehen, um sich mit den anderen Dorfbewohnern vor dem Krankenhaus anzustellen, bis der Arzt Zeit für sie hatte. Aber nun warf sich Federico mit hohem Fieber auf seinem Strohbett herum und konnte nicht aufstehen. Daher stellte sich nur Maria Consuela mit dem Baby an, und Pepita kümmerte sich um die drei anderen Kinder und paßte gleichzeitig auf ihren Vater auf in der Hoffnung, daß der Arzt irgendwann kommen und nach ihm schauen würde.

Schließlich kam der Arzt – und es stellte sich heraus, daß es sich um eine Ärztin handelte, die eine Assistentin mitgebracht hatte. Zuerst war Pepita enttäuscht, weil die Ärztin ihr zu jung erschien, doch dann kam sie durch das Verhalten der Dorfbewohner zu dem Schluß, daß sie eine kluge und anscheinend vertrauenswürdige Person war. Außerdem war sie Kolumbianerin und kannte daher die *campesinos* und die Probleme, die sich in den Bergen ergaben.

Hinter ihr stand Maria Consuela, die Rosa trug; sie wirkte verwirrt und aufgeregt. Pepita stellte sich neben sie und legte ihr beruhigend den Arm um die Schultern.

Die junge *doctora* untersuchte Federicos Bein, maß seine Temperatur und seinen Puls, horchte sein Herz ab und sah seine Augen an. Dann wandte sie sich – nicht an Maria Consuela, sondern an Pepita. „Sie sind einen langen Weg über die Berge gekommen, hat man mir erzählt. Glauben Sie, daß Sie es schaffen, allein mit den Kindern zurückzukehren?"

Pepita bekam Angst, und sie mußte heftig schlucken, bevor sie antworten konnte. „*Sí* ..., das schaffe ich schon."

„Und wenn Sie wieder zu Hause sind – schaffen Sie's dann auch?"

„*Sí*." Plötzlich verstand sie den Sinn dieser Fragen und versuchte abermals, ihre Mutter zu beruhigen. „Ich hab ja schon auf dem Feld gearbeitet, seit Vater krank ist. Und die Jungen werden mir helfen."

„Gut", meinte die junge Ärztin und lächelte dieses mutige, schöne Mädchen, das da vor ihr stand, kurz an. „Verstehen Sie, Ihr Vater ist sehr krank, und ich muß ihn mit in die Klinik nach Bucaramanga nehmen."

„Ich verstehe", flüsterte Pepita.

„Und Ihre Mutter ..." Die Ärztin seufzte ein wenig. „Mit ihren

Lungen sieht es nicht gut aus", erläuterte sie dem Mädchen, „sie braucht Medikamente und viel Ruhe. Außerdem sollte sie auch bei ihrem Mann sein, solange er krank ist."

Pepita nickte. „Und was ist mit dem Baby?"

„Ich habe ihm eine Arznei gegeben. Es wird ihm bald bessergehen. Ihre Mutter hat mir gesagt, daß sie es nicht mehr stillt und daß es verdünnte Ziegenmilch und ein bißchen Maisbrei verträgt. Stimmt das?"

„*Sí.*"

„Sie können ein paar Dosen Milchpulver mitnehmen. Außerdem werde ich Ihnen etwas mitgeben, was Sie ins Wasser mischen, dann wird das Kind nicht mehr krank davon." Sie blickte von Pepita auf Maria Consuela, die vor Angst wie gelähmt zu sein schien. „Sie könnten sich in der Klinik nicht um das Baby kümmern", erklärte sie der erschrockenen Frau geduldig. „Und Sie müssen selbst eine Zeitlang im Bett liegen. Und falls Ihr Mann Sie braucht, dann ist es besser, wenn Sie sich sonst um nichts kümmern müssen."

In Maria Consuelas Augen standen Tränen, aber sie bewahrte ihre Haltung. Würdevoll legte sie das schlafende Baby ihrer Tochter in die Arme. „Ich werde mit Federico gehen", verkündete sie. „Möge der liebe Gott euch beschützen." Rasch trat sie auf die Straße und wandte ihr Gesicht der hohen schwarzen Bergkette zu.

Bald darauf kam die Ärztin mit ihrem Jeep die Straße heraufgefahren, und mehrere Dorfbewohner trugen Federico aus dem Schuppen und legten ihn auf Decken auf den Rücksitz. Der Kranke stöhnte ein paarmal, wachte aber nicht auf.

Maria Consuela stand währenddessen wie versteinert da. Dann umarmte sie wortlos ihre Kinder und wandte sich zuletzt an Pepita. Mutter und Tochter hielten einander einen Augenblick lang ganz fest in den Armen, und Pepita flüsterte ihrer Mutter ins Ohr: „Ich werde gut auf sie aufpassen. Hab keine Angst. Geh mit Gott."

Maria Consuela stieg hinten in den Jeep, und die Ärztin und ihre Assistentin luden noch die Medizinbehälter und Schachteln ein. Dann fuhren sie den langen, sich windenden staubigen Weg hinunter, der zur Straße führte.

Pepita schaute ihnen nach. Dann sammelte sie rasch die Kinder um sich. „Jetzt kommt!" befahl sie. „Wir wollen Bruno holen und aufbrechen. Der Rückweg ist lang, und wir müssen vor der Dunkelheit zu Hause sein."

Sie war erneut überrascht von der Wärme und Freundlichkeit der Dorfbewohner von El Máta. Sie brachten ihr eine Decke für das Baby, Maisfladen und Maispasteten und von der Wirtschaft ein paar *arepas* und *tamales* als Wegzehrung. Jemand steckte ein Beutelchen mit gelbem Maismehl in Brunos Satteltasche und meinte, das würde sicher für ein oder zwei Tage reichen. Die Zwillinge füllten ihre Wasserflaschen am Brunnen.

Es bekümmerte Pepita, daß sie Ana Vieja nichts dafür geben konnte, daß sie ihnen Unterkunft gewährt hatte. Doch dann fiel ihr das Medaillon aus Türkisen und roten Karneolen ein, das an einem Lederriemchen um ihren Hals hing. Ihre beiden älteren Brüder hatten es ihr vor langer Zeit einmal zu ihrem Namenstag geschenkt, und es war der einzige wertvolle Gegenstand, den sie besaß. Schüchtern reichte sie es Ana Vieja, und Luisa drückte ihr ein kleines Sträußchen wilder Blumen in die Hand, die sie am Berghang gepflückt hatte. Der Blick der alten Frau wurde ganz verklärt und gerührt, aber sie erlaubte schließlich schweigend, daß ihr das Medaillon um den Hals gehängt wurde. Die Blumen nahm sie in die Hand und roch an ihnen.

„Das wäre nicht nötig gewesen", murmelte sie, „aber Gott schütze dich dafür, Kind ..."

Pepita schaute sie lächelnd an. Dann richtete sie sich auf und wandte sich den Bergen zu.

Sie hatten ausgemacht, daß jeweils einer der Jungen abwechselnd mit Luisa auf Bruno reiten und das Mädchen festhalten sollte. Der andere Zwilling ging dann neben Pepita, die Rosa auf den Armen trug – nicht in einem Schal auf dem Rücken, da sie fürchtete, das Baby könne ihr auf dem steinigen Pfad entgleiten. Und so brach die kleine Gruppe auf.

ALS Tancred und sein Jeepkonvoi zur Baustelle fuhren, hatte die Arbeit gerade erst wieder begonnen. In der vorhergehenden Woche waren Feiertage gewesen, und Tancred hatte den meisten seiner Arbeiter erlaubt, nach Hause zu fahren. Sie besuchten ihre Familien, wenn sie nicht zu weit entfernt waren. Nur der Vormann und ein paar Gelegenheitsarbeiter blieben in den Bergen, um ein wachsames Auge auf Steinschlag und Erdrutsche zu haben. Es war noch immer die trockene Jahreszeit, daher war die Gefahr nicht allzu groß. Trotzdem mußte man vorsichtig sein.

Tancred suchte seinen Vormann Mario auf, um sich bei ihm und dem halben Dutzend Arbeitern, die geblieben waren, zu bedanken. Er hatte ihnen ein paar Fäßchen Wein aus der nächstgelegenen Stadt mitgebracht, da er wußte, daß sie den Wein dieser Gegend allem vorzogen, was er ihnen sonst hätte schenken können.

Bevor die Tagesarbeit so richtig begann, wollte Tancred zunächst einmal die Brückenpfeiler inspizieren. Er wendete den Jeep und fuhr holpernd die noch unbefestigte Straße entlang. Die Räder des Wagens rutschten über den unebenen Grund und wirbelten ganze Wolken roten Staubs empor.

Die ersten Teile der Brücke – die Tancred gewissenhaft inspizierte – machten einen recht guten Eindruck. Während die Pfeiler zu beiden Seiten der Schlucht in kleine Betonsockel eingelassen worden waren, ragten die mittleren aus starken Betonfundamenten heraus und machten den Eindruck, als könnten sie jedes Gewicht tragen.

Zufrieden kletterte Tancred schließlich wieder in seinen Jeep und fuhr ins Camp.

Als er sich den geparkten Fahrzeugen näherte, sah er, daß es dort Unruhe gab. Mehrere Männer standen beieinander und hatten offenbar eine Auseinandersetzung. Mitten unter ihnen befand sich Tancreds Vorarbeiter Mario, der ärgerlich gestikulierte, ohne dabei jemanden direkt anzusprechen.

Tancred parkte seinen Jeep, sprang hinaus und bahnte sich den Weg durch die laut redenden Männer. „Was ist denn hier los?" fragte er scharf.

Dann blieb er plötzlich stehen. Jetzt sah er, wer neben Mario stand: ein kleiner Junge mit zerschrammtem Gesicht, einen Arm in einer Schlinge, der ängstlich all diese empörten, heftig redenden Männer anblinzelte und doch so zu tun versuchte, als sei er nicht eingeschüchtert.

„Chico!" rief Tancred erschrocken aus. „Es ist schon in Ordnung, Mario. Überlassen Sie das mir", erklärte er dann den Männern.

Mario wies auf Chico. „Er war *escondido*", erklärte er, „versteckt hinter den Vorräten im letzten Jeep, ein blinder Passagier. Was sollen wir mit ihm machen?"

„Ich werde mich darum kümmern", antwortete Tancred. „Und sorgen Sie dafür, daß die Männer wieder an ihre Arbeit gehen, Mario. Ich kenne diesen Jungen."

Er wartete, bis die Männer sich wieder ihren Aufgaben zugewendet hatten, dann faßte er Chico an der Hand und nahm ihn hinüber zu den Zelten, den Schuppen und den modernen Wohnwagen, aus denen das Lager bestand. Dort setzte er sich auf einen umgestülpten Korb und zog den Jungen zu sich.

„Was soll ich denn jetzt mit dir machen?" fragte er, halb lächelnd, halb streng.

„Es tut mir so leid, Señor Tancred", entschuldigte sich Chico, ließ den Kopf hängen und schaute auf seine nackten Füße.

„So? Warum bist du hergekommen?"

Der Junge blickte ihm ins Gesicht. „Um bei Ihnen zu sein", erwiderte er schlicht.

Tancred seufzte. „Chico, du solltest immer noch im Krankenhaus sein. Was wird Frau Doktor Margarita sagen, wenn sie feststellt, daß du fort bist?"

„Ich habe ihr einen Brief hinterlassen", erzählte Chico nicht ohne Stolz. „Ich habe Ihr neues Papier benutzt und einen weißen Umschlag."

„Was hast du denn geschrieben?"

„Ich habe geschrieben: *Muchas gracias!*"

„Hast du ihr denn mitgeteilt, wohin du gehen wolltest?"

„Nein. So viel konnte ich nicht schreiben. Ich wußte die Wörter nicht."

„So ist das also. Aber hier kannst du eigentlich nicht bleiben, Chico. Es gibt auch keine anderen Kinder hier."

„Ich will gar keine anderen Kinder", entgegnete Chico entschieden. „Ich möchte arbeiten."

Tancred war verblüfft. „Arbeiten? Was denn?"

„Ich kann mich um die Maultiere kümmern", schlug Chico bittend vor. „Oder Steine tragen. Ich kann Botschaften überbringen oder auch Kartoffeln schälen. Ich werde niemandem auf die Nerven fallen. Und ich kann lernen."

Das beeindruckte Tancred am meisten. „Lernen?"

„*Sí.*" Man merkte, es war dem Jungen völlig ernst. „Sie haben gesagt, ich sollte eines Tages mal Ingenieur werden. Und Sie haben gesagt, ich muß in die Schule gehen ... und auf die Universität. Erinnern Sie sich noch?"

„Ja, ich erinnere mich", gab Tancred zu.

„Und ich habe Ihnen gesagt, das würde zu lange dauern", fuhr Chico fort. „Hier kann ich viel schneller lernen."

„Aber, Chico – alles, was du hier siehst, sind Bulldozer, Felsen und Staub. Die Arbeit, die Ingenieure machen, wird lange vorher geplant, in einem Büro, mit Zeichnungen, Papieren und vielen Zahlen."

„Zahlen?" Chico blickte ihn fragend an. „Sie meinen – wie viele Pesos es kostet, um eine Brücke zu bauen?"

Tancred nickte. „Und wieviel Beton man braucht und wie stark die Pfeiler sein müssen – es gibt viele, viele Dinge zu entscheiden, lange bevor man dann in den Bergen mit der Arbeit beginnt."

Aber es war hoffnungslos. Er konnte dem Jungen beim besten Willen die Verzwicktheit technischer Arbeit nicht verständlich machen – jedenfalls nicht in wenigen Worten, hier, inmitten einer Steinwüste.

„Trotzdem kann ich lernen", widersprach Chico eigensinnig. „Ich kann Ihnen was abgucken, Señor Tancred, und auch den Arbeitern. Und ich weiß dann auch schon, was die Zahlen bedeuten, wenn ich sie lernen muß, wenn ich zuerst die Arbeit in den Bergen gesehen habe."

Das klingt vernünftig, dachte Tancred.

„Und irgendwann, Señor Tancred, können Sie mir vielleicht auch beibringen, wie man einen Brunnen macht." Hoffnungsvoll lächelte er Tancred an. „Ich habe Ihre Bücher mitgebracht, damit ich lesen lernen kann", fügte er hinzu.

Tancred war gerührt und widerstand gerade noch der Versuchung, dem Jungen mit seiner Hand liebevoll durch das Haar zu fahren. „Ich muß Frau Doktor Margarita anrufen", erklärte er streng. „Wir müssen ihr sagen, wo du bist."

Das Strahlen auf Chicos kleinem braunem Gesicht erlosch. „Ich darf nicht hierbleiben?"

„Ich weiß nicht, Chico. Wir werden sehen. Im Augenblick bist du mal hier, also kannst du dich auch nützlich machen. Mario wird sicher auch was zu essen für dich auftreiben."

Er ging zu seinem Vorarbeiter hinüber und sprach mit ihm. Mario war damit beschäftigt, die Lastwagenkolonne zusammenzustellen. Er hörte Tancred einen Augenblick lang schweigend zu, dann glitt ein Lächeln über sein tiefbraunes, sonnenverbranntes Gesicht. „Sí, Señor Tancred, ich finde schon was für ihn, und ich habe auch ein paar gegrillte Pasteten mit Hackfleischfüllung, *empañadas,* übrig. Die kann er essen."

Mario hob Chico in den ersten Lastwagen und kletterte neben ihm auf den Fahrersitz. „Dann mal los, *amigo*", meinte er, „wir werden eine kleine Fahrt machen."

Tancred war zufrieden. Plötzlich stellte er fest, daß sein Freund Ben neben ihm stand.

„Kann ich irgendwas tun?"

Tancred fuhr sich geistesabwesend durchs Haar. „Dieses Kind ... Was mache ich bloß mit ihm? Ich werde zum Dorf hinuntergehen und Margaret anrufen müssen. Sie wird sicher wissen, was zu geschehen hat. Hast du viel zu tun?"

„Ich wollte gerade den Damm inspizieren."

„Das können wir zusammen machen, er liegt auf meinem Weg. Also komm, steig ein!"

Sie kletterten in Tancreds Jeep und fuhren, in eine Staubwolke gehüllt, die Bergstraße hinunter.

Der Damm lag am Ende eines kleinen Sees, in den ein reißender Gebirgsbach mündete. Dieser war jetzt von den schweren Regenfällen, die von Westen über die Berge kamen, angeschwollen. In Dürrezeiten trocknete der Wildbach zu einem dünnen Rinnsal aus, aber der Wasserspiegel des kleinen Sees blieb gewöhnlich trotzdem ziemlich hoch, da der See auch durch unterirdische Quellen gespeist wurde. Der Damm hatte den Pegel bereits steigen lassen, und bald würde das Wasser über das neue Aquädukt zu der durstigen Stadt nach unten fließen.

Tancred und Ben musterten mit erfahrenem Blick die Staumauer und hielten Ausschau nach Rissen oder Anzeichen von Senkungen, kamen aber zu dem Schluß, daß im Augenblick alles in Ordnung war. Sie stiegen wieder in den Jeep und fuhren mit Geholper die sich windende Gebirgsstraße hinunter zum Dorf Lomíca de Robléda und seiner winzigen Kneipe, in der es ein Telefon gab.

Dort setzte sich Ben an einen der kleinen Tische, während Tancred sich mit den Telefonistinnen auseinandersetzte, die die Ferngespräche vermittelten.

Es war schwierig, Margaret Watson ausfindig zu machen. Sie war nicht zu Hause, und ihr Anrufbeantworter teilte ihm mit, er solle es im Krankenhaus versuchen. Tancred mußte lange warten, während die Vermittlung sich bemühte, sie im Krankenhaus aufzutreiben. Schließlich teilte man ihm mit, die Ärztin sei nicht im Hause, heute sei der

Tag, an dem sie in der *Barrio-Flora*-Klinik arbeite. Doch als die Telefo-
nistin merkte, wie drängend Tancreds Stimme klang, fügte sie freundlich hinzu, *la doctora* Margarita rufe manchmal auf dem Rückweg hier
an und sie könne ihr etwas ausrichten. Ob sie den Señor irgendwo
anrufen solle?

Tancred blickte zu Ben und Pablo, dem Kneipenwirt, hinüber, die
sich miteinander unterhielten, sagte: „Ja", und gab die Nummer des
Lokals an.

Dann setzte er sich zu Ben und bestellte auch einen Kaffee. Da er
wissen wollte, wie die Einheimischen das Problem eines kleinen „blinden Passagiers" beurteilten, erzählte er Pablo von Chico.

„Was meinen Sie denn, was sollen wir mit ihm tun?" fragte er ihn.

„Behalten Sie ihn", erwiderte Pablo prompt. „Es ist nicht gut für
ihn, wenn Sie ihn zu den *tugurios* zurückschicken. Es ist doch nicht
weiter schlimm, oder?"

Hinter ihnen schrillte das altmodische Telefon. Pablo erhob sich
und nahm den Hörer ab. „*Sí? Sí*, er ist hier." Er gab Tancred den
Hörer. „Es ist *la doctora* von der Klinik."

„Margaret?" Tancred war sehr erleichtert, als er ihre Stimme hörte.
„Es tut mir leid, daß ich Sie stören muß. Ich dachte aber, Sie sollten
doch wissen, daß Chico bei uns im Lager aufgekreuzt ist."

Margaret lachte herzlich. „Tatsächlich? Das hätte ich mir denken
können. Geht's ihm gut?"

„Ich glaube schon. Mein Vorarbeiter Mario hat ihn inzwischen
unter seine Fittiche genommen. Was soll ich denn jetzt tun? Ist es in
Ordnung, wenn er eine Weile bei uns bleibt, oder soll ich ihn in die
Stadt zurückbringen?"

Margarets Antwort kam ebenso spontan wie die Pablos. „Bei Ihnen
ist er bestimmt besser aufgehoben."

„Aber was ist mit den Behörden?"

„Ich bezweifle, daß er in Bogotá überhaupt registriert ist. Seine
Familie hat wahrscheinlich eine Geburtsurkunde von ihm, aber sonst
existieren sicherlich keine Papiere. Wenn er je hätte auf eine Schule
gehen wollen, so hätte er natürlich welche vorzeigen müssen. Aber ich
glaube, bis er soweit ist, werden ein paar Monate Freiheit in den Bergen und gute Ernährung ihm nur nützen."

„Soll ich versuchen, seine Familie ausfindig zu machen?"

Am anderen Ende der Leitung schien Margaret einen Augenblick zu zögern. „Vielleicht …, aber das hat Zeit bis zu Ihrem nächsten Urlaub. Wenn Sie etwas tun möchten, was dem Jungen längerfristig hilft – etwas in bezug auf seine Ausbildung –, dann wäre es sicher leichter für Sie, wenn Sie die Einwilligung seiner Eltern hätten. Aber denken Sie daran, man hat ihn in die Stadt geschickt, damit er seinen Lebensunterhalt verdient. Wenn Sie ihn mit leeren Händen zu seinem Dorf zurückbringen, gilt er wieder nur als Last, als zusätzlicher Esser."

„Ja", seufzte Tancred. „Das ist wohl richtig. Aber wir finden schon eine Möglichkeit, ihm hier etwas Lohn zu verschaffen. Es gibt alles mögliche Nützliche für ihn zu tun."

Margaret lachte. „Das kann ich mir vorstellen."

„Dann halten Sie es also für richtig?"

„Ich halte es sogar für eine ausgezeichnete Idee! Und sollte die Polizei jemals nach ihm fragen, werde ich ihr sagen, daß Sie ihn an einen Ort mitgenommen haben, wo er sich erholen kann und Arbeit findet."

„Das klingt vernünftig."

„Ja. Die Polizei kann ja jederzeit zu Ihnen kommen und sich selbst davon überzeugen."

„Glauben Sie denn, daß sie das tun würde?" fragte Tancred, den diese Vorstellung aufschreckte.

„Ach wo. Die sind viel zu beschäftigt – beziehungsweise zu faul. Also behalten Sie ihn ruhig bei sich! Und vielleicht …, vielleicht unternehme ich eines Tages einen kleinen Ausflug und fahre hinauf in die Berge, um zu sehen, wie er sich macht. Passen Sie auf sich auf, Tancred, und richten Sie Chico, dem kleinen Schlingel, meine herzlichsten Grüße aus!"

„Ich danke –", begann Tancred, aber sie hatte aufgelegt, bevor er den Satz beenden konnte.

Er drehte sich zu Ben und Pablo um, die offensichtlich darauf warteten zu erfahren, was Frau Doktor Margaret gesagt hatte.

„Sie denkt das gleiche wie Sie, Pablo, bei uns wird's ihm viel bessergehen. Also soll er lieber hierbleiben."

„Darauf sollten wir anstoßen", erwiderte Pablo und goß Wein in drei Gläser.

„Auf gutes Gelingen", stimmte Ben zu und hob sein Glas.

Als Tancred Chico berichtete, daß er bleiben könne, sah der Junge einen Augenblick drein, als wolle er gleich in Tränen ausbrechen, und unmittelbar darauf strahlte er so überschwenglich, daß Tancred ganz gerührt war.

Der Ingenieur zeigte ihm das Lager und fragte sich, wie Chico dieses improvisierte Camp nach den verrotteten Hütten und den überfüllten Elendsquartieren des *Barrio Flora* vorkommen mochte.

„Chico, was meinst du – wird es dir hier gefallen?" fragte er.

„Gefallen?" entgegnete Chico verwundert. „Es ist wunderschön hier!"

Wunderschön? dachte Tancred. Eine Reihe khakifarbener Zelte neben zwei Wohnwagen in einem Steinbruch, hier in dieser öden, windigen Wildnis, meilenweit von allem entfernt, hoch oben in den dunklen, unbarmherzigen Anden?

Und doch ist es schön, dachte er, als er auf die weit entfernten Berge blickte, an deren Fuß Schwarz in Grau und in ein rauchiges Blau überging und deren Gipfel oben ganz weiß waren, da, wo Schnee lag.

„Ich verstehe, was du meinst", stimmte er leise zu. „Aber ich dachte mehr an das Lager – wirst du denn hier glücklich sein?"

„Sie sind doch hier, Señor Tancred", erwiderte Chico sofort. Dann fiel ihm ein, daß er vielleicht auch noch praktischere Gesichtspunkte anführen könnte als bloße Zuneigung zu Tancred. „Hier gibt es immer Arbeit, und ich kann an einem Feuer sitzen", fügte er daher schüchtern hinzu. „Jeden Tag gibt's was zu essen, und ich habe einen Schlafplatz ..." Er blickte Tancred an, und seine braunen Augen waren voll Zuversicht und Freude. „Mehr kann man sich doch nicht wünschen", meinte er schlicht.

Tancred seufzte. Wenn das Leben nur immer so einfach wäre, dachte er bei sich.

Von da an war Chicos Welt in Ordnung. Der Junge war den ganzen Tag glücklich und vollauf beschäftigt.

Er hielt sich nicht allzuviel in Tancreds Nähe auf, denn er schien zu verstehen, daß Tancred an allen möglichen Stellen für zahlreiche wichtige Entscheidungen gebraucht wurde und daß er ihn nicht stören durfte. Außerdem dachte sich Mario eine ganze Reihe einfacher Aufgaben aus, um ihn zu beschäftigen. Doch wenn sich eine Gelegenheit bot, kletterte Chico in einen der Lastwagen oder Jeeps und brauste mit den Männern los, um zu sehen, was Tancred tat.

Meistens kümmerte sich Chico um die Maultiere und die Pferde: Er tränkte und fütterte sie, wenn sie von der Arbeit zurückkehrten, und er führte sie auch den steinigen Bergpfad entlang, der oft schwierig zu begehen war. Der Junge war gut zu den Tieren, und schon bald betrachteten sie ihn als Freund. Ganz besonders ins Herz schloß ihn ein rauhbeiniges und eigensinniges Maultier, das die Männer *El Martillo,* Hammer, getauft hatten. Nichts tat es lieber, als nach hinten auszuschlagen, und oft sah es sich mit einem unternehmungslustigen Glitzern in den Augen nach Chico um und warf die Hufe in die Luft, um zu zeigen, daß es ein Maultier war, mit dem man nicht spaßen durfte – aber es keilte niemals nach Chico aus.

Außerdem waren da noch die Baumaschinen. Mario brachte Chico bei, wie man den rotbraunen Staub entfernte, der in jede Ritze der Maschinen eindrang. Und wenn eine Maschine kaputtging, dann durfte Chico Mario, der ein ausgezeichneter Mechaniker war, meist die Werkzeuge reichen, während Mario die Maschine auseinandernahm und wieder zusammensetzte.

Eines Tages stieß einer der Bulldozer, der Felsgestein wegschob, auf eine unterirdische Quelle, und das Wasser ergoß sich in das neue Straßenbett. Es überschwemmte das letzte Stück der Straße mit einer Mischung aus Schlamm, Schiefer und Kies, und im Handumdrehen war die neue Haarnadelkurve voll mit Wasser, das stetig stieg.

„Wir müssen die Pumpen einsetzen", stellte Mario fest.

Bald darauf waren einige kleine Pumpen in Betrieb, und das schlammige Wasser ergoß sich hangabwärts, ohne Schaden anzurichten. Doch der neue Wasserlauf strömte immer weiter. Er mußte irgendwie umgeleitet werden, und die Männer arbeiteten den ganzen Tag an einer Lösung des Problems.

Von den Pumpen war Chico fasziniert. Sie waren klein und sehr einfach zu benutzen, aber ihn beeindruckte vor allem die Kraft, mit der sie Wasser von einer Stelle zur anderen beförderten, und er überlegte, wie nützlich sie auf dem trockenen Stück Land seines Vaters mit den steinigen Terrassen sein würden.

Am Abend traf Tancred ein und ließ den Wasserstrom in einen rasch ausgehobenen Kanal umleiten. Chico paßte gut auf und hörte genau zu, als Tancred den Männern erklärte, daß sie durch jenen Fels einen Tunnel sprengen und Rohre verlegen sollten, an welcher Stelle sie graben und wo sie betonieren mußten.

Die Männer schafften eine Bohrmaschine und Rohre heran und auch einen Behälter mit Beton. Und alles ging genau so vonstatten, wie Tancred angeordnet hatte: Der Wasserlauf wurde abgelenkt und floß in den neuen Kanal.

„Wenn ich eine Pumpe hätte …“, begann Chico.

„Ja, Chico? Was wäre, wenn du eine Pumpe hättest?“ Tancred war neben ihm stehengeblieben.

„Könnte sie auch Wasser herbringen und nicht nur fortfließen lassen?“

„Aber ja.“ Tancred war sofort klar, was Chico im Sinn hatte. „Wenn du Wasser für dein Haus oder deine Felder bräuchtest, könntest du dafür eine Pumpe benutzen.“

„Und wo würde ich das Wasser finden?“

Tancred nahm ihn mit zu einem großen Felsstück, das Bulldozer beiseite geschafft hatten. „Du müßtest etwas über Gesteinsarten lernen, Chico. Manche Felsarten sind hart, und manche sind weich. Wir nennen sie wasserdurchlässig. Es gibt fast immer Wasser in den Bergen; man muß nur wissen, wo man danach suchen soll.“

Chico dachte angestrengt nach. Er fuhr mit der Hand über den Felsen und tastete das Oberflächenrelief der verschiedenfarbenen Schichten ab. „Wir hätten zu Hause einen neuen Brunnen nötig“, murmelte er nachdenklich.

Tancred war ein Gedanke gekommen. „Ich muß mit Ben sprechen“, meinte er. „Möchtest du mitkommen?“

„*Sí!*“ stimmte Chico sofort zu.

Sie verließen mit ihrem Wagen den morastigen Weg und fuhren die holprigen Haarnadelkurven der neuen Straße hinunter, bis sie auf Bens Jeep stießen, der oberhalb des neuen Staudammes geparkt war.

An den Pfeilern und Querträgern des neuen Aquädukts waren die Männer immer noch mit Betonieren beschäftigt. Tancred und Chico stießen auf den staubbedeckten Ben, der die Arbeiten überwachte. Als er sie kommen sah, ging er ihnen entgegen.

„Hallo!“ Er klang etwas überrascht. „Gibt's was Besonderes?“

„Ich hab nur was überlegt“, begann Tancred. „Und zwar geht es um den Grundwasserspiegel …“

„Was ist damit?“

„Wenn der See voll ist und wir das Wasser zum Aquädukt durchlassen – was passiert dann mit dem Wasservorrat unten im Dorf?“

Ben dachte nach. „Mm ..., ich verstehe, was du meinst. Vielleicht sollten wir mal runterfahren und Pablo fragen."

Tancred nickte.

Mit Chico fuhren sie in Tancreds Jeep die Bergstraße hinab zu dem ruhigen Dorf Lomíca de Robléda.

Pablo fegte gerade mit einem Besen den Staub aus seinem Lokal. „Willkommen", begrüßte er sie und stützte sich auf den Besenstiel. „Wie geht's unserem Kleinen heute?"

„Unserem Kleinen geht es sehr gut", antwortete Tancred. „Pablo, wie steht's mit eurem Wasservorrat?"

„Wie immer", erwiderte Pablo und zuckte die Achseln. „Der Brunnen ist tief, und es dauert lange, das Wasser hochzuziehen. Die Frauen ziehen am Seil – wenn sie nicht gerade schwatzen."

Ben lachte.

„Aber ist der Wasserspiegel gefallen?" hakte Tancred nach.

Pablo kratzte sich verwirrt am Kopf. „Das weiß ich nicht. Aber wir können ja fragen."

Zusammen gingen sie die Straße zum Brunnen hinunter.

„Guten Tag", grüßte Pablo die dort versammelten Frauen höflich. „Señor Tancred möchte etwas über den Brunnen wissen. Ist alles so, wie es sein sollte? Füllt sich der Eimer so rasch wie immer?"

„Nein", entgegnete eine der Frauen. Die Hände auf den Hüften, drehte sie sich zu Tancred um und funkelte ihn an. Sie war eine kräftige, derbe Frau mit pechschwarzem Haar unter dem unvermeidlichen schwarzen Filzhut. „Wir müssen die Eimer viel tiefer hinablassen. Bald werden wir das Seil verlängern müssen."

„Und der Bach beim Bergpfad führt viel weniger Wasser", ergänzte eine andere Frau.

„Das habe ich mir gedacht", murmelte Tancred, und er und Ben warfen sich vielsagende Blicke zu.

„Wenn man Ihnen einen neuen Brunnen bauen würde", fragte Ben und lächelte die ungehalten dreinblickenden Frauen an, „wo hätten Sie ihn dann gern?"

„So nah bei unseren Häusern wie möglich", erwiderte die erste Frau.

Tancred und Ben sahen sich wieder an und nickten. Dann wandte sich Tancred den Frauen zu. „Es tut mir leid, daß wir Ihnen durch unsere Bauarbeiten Ungelegenheiten bereitet haben", erklärte er sehr höflich. „Sie hätten uns darüber informieren sollen. Aber jetzt würden wir Ihnen gern einen neuen Brunnen bohren, wenn wir nahe genug am Dorf Wasser finden." Dann blickte er Chico freundlich an. „Und du wirst deinen Wunsch erfüllt bekommen, Chico. Du kannst zusehen, wie ein Brunnen entsteht."

Die nächsten Tage vergingen mit verschiedenen Probebohrungen und Sondierungen. Endlich verkündete Ben, daß sie auf ein ausreichend ergiebiges Wasservorkommen gestoßen seien, und sie begannen, systematisch zu bohren.

Chico rannte unermüdlich umher und beobachtete jede Phase der Entwicklung. Ben war zu der Überzeugung gelangt, daß ein Röhrenbrunnen mit Betondeckel und eingebauter Handpumpe für diese Art von felsigem Untergrund das beste sei. Außerdem sei ein solcher Brunnen für die Dorfbewohner sehr viel hygienischer als der alte offene.

Aber ein einfacher neuer Röhrenbrunnen war ihm noch nicht genug. Ben hatte außerdem festgestellt, daß er eine zweite kleine Wasserader, die von oberhalb des Tals kam, mühelos umleiten und in ein Reservoir lenken konnte. Er wollte den Dorfbewohnern zeigen, wie eine Pumpe benutzt werden sollte, um die steinigen Felder während einer Dürre zu bewässern.

„Wer von Ihnen kann mit Maschinen umgehen?" fragte er eines Abends die Männer, die in Pablos Kneipe saßen.

Jemand deutete auf einen kleinen, drahtigen Mann. „Emilio – er hat ein Auto."

„Ich fahre Taxi", bemerkte Emilio stolz. „Und wenn es stehenbleibt, kann ich es meistens selbst reparieren."

„Kommen Sie mit!" forderte ihn Ben auf. „Ich werde Ihnen erklären, wie diese Pumpe arbeitet. Sie ist benzingetrieben, genau wie ein Automotor."

Ernsthaft hörte Emilio zu und beobachtete alles, genau wie Chico. Es schien ganz einfach, einfacher jedenfalls, als mit einem Automotor fertig zu werden.

So wurde Emilio, der Taxifahrer, der erste Mann an der Pumpe.

IN KOLUMBIEN dauert der Sommer, der *verano,* von November bis März und der Winter, der *invierno,* von April bis Oktober. Im *verano* scheint die Sonne, und der Wind bläst den ganzen Tag unaufhörlich, die Erde wird von der Hitze ausgedörrt, und ein trockener, feiner Staub setzt sich überall ab. Und mit dem *invierno* kommt der Regen; Wasser läuft von den Hügeln; Senken und kleine Täler werden zu Sümpfen und Morasten, und während auf den höchsten Gipfeln die Schneegrenze sinkt, bekommen auf den unteren Hängen die Büsche plötzlich grüne Blätter, und die Bergblumen blühen.

Tancred, der das Wetter ständig beobachtete, trieb seine Männer mehr an als sonst. Er wollte, daß die Erdarbeiten beendet waren, bevor die Regenzeit einsetzte und alles in Schlamm verwandelte.

Chico kümmerten Tancreds Sorgen wenig. Er lief den ganzen Tag fröhlich umher, während die Sonne herniederbrannte und der Wind blies.

Der Junge blühte in dieser rauhen Umgebung regelrecht auf. Sein Gesicht wurde voller, und mit jedem Tag, an dem er gut aß und unermüdlich in der klaren Luft in den Bergen herumkletterte, schienen auch seine Beine kräftiger zu werden. Er war sogar etwas gewachsen. Die Kratzer im Gesicht waren verheilt, seine Rippen schmerzten ihn nicht mehr, und selbst der gebrochene Arm störte ihn kaum noch – nur der Gips war lästig und behinderte ihn.

Tancred bemerkte mit Freude, wie gut der Junge sich entwickelte. Aber er sah auch den Gips und wußte, daß es an der Zeit war, ihn abzunehmen. Andererseits zögerte er, das neue schöne Leben des Jungen zu stören, indem er ihn wieder in die Stadt zum Krankenhaus zurückbrachte, selbst wenn es nur für kurze Zeit war. Außerdem stellte es für ihn ein Problem dar, die Baustelle für ein paar Tage zu verlassen. Daher war er ungeheuer erleichtert, als ihn eines Tages eine Botschaft aus dem Dorf Lomíca de Robléda erreichte, in der es hieß, *la doctora* Margarita aus Bogotá sei in Emilios Taxi angekommen und wolle mit ihm sprechen.

Tancred fuhr mit Chico im Jeep hinunter ins Dorf. Margaret war in Pablos Lokal. Sie hatte ihre medizinischen Utensilien um sich ausgebreitet und war damit beschäftigt, eine Reihe kleinerer Leiden und leichterer Krankheitsfälle unter den Dorfbewohnern zu behandeln.

„Du liebe Güte!" staunte Margaret, als sie die beiden erblickte. „Ist das wirklich Chico? Jetzt können wir ihn wohl kaum noch ‚den Kleinen' nennen, oder? Vielleicht sollten wir ihn umtaufen in ‚El Grande'?"

Alle lachten. Das halbe Dorf hatte sich in Pablos Lokal versammelt, um die Ärztin aus Bogotá zu sehen, ganz gleich, ob man nun an einem Wehwehchen litt oder nicht.

„Muß ich mit Ihnen kommen?" fragte Chico voller Angst.

„Nein, mach dir keine Sorgen", beruhigte ihn Margaret. Es rührte sie, wie sein Gesicht sich aufhellte und vor Freude strahlte.

Der Junge blickte Tancred fragend an. „Dann darf ich also bleiben?"

Tancred nickte lächelnd. „Wenn Frau Doktor Margaret es sagt . . ."

Chico führte zwischen den schäbigen Holztischen von Pablos Lokal einen Freudentanz auf.

„Komm hierher!" rief ihn Margaret lachend herbei. „Ich möchte mir deinen Arm anschauen."

Bald darauf war der Gips ab, und der Arm wurde sorgfältig inspiziert. Er sah ein bißchen dünn und weiß aus und ließ sich auch noch nicht ohne weiteres bewegen. Aber er schien gut verheilt zu sein.

„Ich glaube, wir brauchen den Arm nicht noch einmal röntgen zu lassen", meinte Margaret, „vorausgesetzt, du bist ein braver Junge und tust, was Señor Tancred dir sagt. Und gib auf den Arm acht, bis er wieder kräftig ist."

„Mach ich, mach ich", sang Chico, der sich vor Freude nicht beherrschen konnte. „Und ich werde immer tun, was Señor Tancred sagt!"

Tancred und Margaret schauten sich an und lachten.

„Erzählen Sie mir doch, was in Bogotá los ist", bat Tancred. „Klappt es mit der Essensverteilung? Und wie steht's mit den *tugurios?"*

„Die Essensverteilung ist ein großer Erfolg", berichtete Margaret. „Wir haben sogar schon eine zweite Ausgabestelle auf der anderen Seite der Stadt eingerichtet. Als andere Lokalbesitzer gesehen haben, daß die Aktion funktionierte, haben sich immer mehr der Sache angeschlossen, und jetzt hat eine Sozialstelle das Ganze übernommen."

„Das ist doch gut, nicht wahr?"

„Ja, sicher. Aber es löst noch immer nicht das Problem der *tugurios* oder der *abandonados.*"

„Wird's denn schlimmer mit denen?"

„Ich fürchte, ja. Die Leute kommen immer noch in Scharen in die Stadt und suchen Arbeit. Und sie haben nach wie vor keine Unterkunft. Meist finden sie auch keine Anstellung. Die Kinder werden weiterhin ausgesetzt wie unerwünschte Haustiere."

Kurz nachdem Margaret wieder nach Bogotá zurückgekehrt war, schlug das Wetter um. Blauschwarze Wolken hingen über den Bergen, der Wind war einem heftigen Sturm gewichen, der heulend durch das Gebirge fegte, und es begann zu regnen.

Tancred stand vor seinem Wohnwagen und schaute sorgenvoll in Richtung Norden. Der Himmel schien ihm nichts Gutes zu verheißen.

Ben trat zu ihm. „Steh doch nicht hier im Freien herum, du wirst ja naß bis auf die Knochen", meinte er. „Was beunruhigt dich denn so?"

„Ich habe ein ungutes Gefühl", erwiderte Tancred. „Aber vielleicht zieht das Unwetter ja vorüber."

Inzwischen hatten sich die Wolken immer mehr über ihnen zusammengezogen. Der Regen klatschte nun heftig auf die Felsen und lief in Sturzbächen über den ausgetrockneten Boden. Blitze zuckten grell über den Himmel, und Donner grollte und krachte überall in den Bergen; sein Echo hallte dröhnend in den tiefen, engen Schluchten wider, durch die die Wassermassen nun ungebändigt dahinschossen.

„Hol die Männer zurück!" befahl Tancred plötzlich, rannte zu seinem Jeep und ließ den Motor an.

„Was?" rief Ben ihm nach.

„Hol die Männer zurück! Da kommen Unmengen von Wasser runter, und nichts kann sie aufhalten. Lauf zum Damm hinunter, und schau ihn dir an! Sag allen, die dort sind, sie sollen ins Dorf gehen. Ich kümmere mich um die andern ... Los, lauf schon!"

Tancred trieb sich selbst zu höchster Eile an. Obwohl er nicht genau hätte sagen können, warum, hatte er das Gefühl, als sei Gefahr im Verzug. Sie hatten auch früher schon Stürme erlebt und immerhin zwei Regenzeiten durchgestanden. Aber dieses Unwetter kam ihm anders vor als sonst.

Als er die Hauptbaustelle an der Straße erreichte, sah er, daß Mario die Arbeiter bereits anwies, zum Lager zurückzukehren. Auf den Lastwagen drängten sich schon die Männer.

„Was ist mit der Brücke?" rief er einem der Ingenieure von seinem Jeep aus zu.

„Da bin ich noch nicht gewesen!" Die Stimme des Mannes verlor sich fast im Sturm.

„Ich werde hinfahren!" schrie Tancred. „Bringen Sie die Männer zurück." Dann fiel ihm noch etwas ein, und er rief Mario zu: „Ist der Junge bei Ihnen?"

„*Sí.*" Mario nickte und deutete auf einen der Lastwagen. „Da drin ist er in Sicherheit."

Mit dieser Auskunft war Tancred zufrieden. Er legte den Gang ein und brauste im Regen die Straße entlang bis zur Brückenbaustelle am Ende des kleinen Tals. Als er um die letzte Kurve bog, sah er, daß die Männer mit der Arbeit bereits aufgehört hatten und in die Lastwagen stiegen, um nach oben zum Camp zu fahren.

Einer von ihnen bemerkte, wie Tancreds Jeep näher kam, und hob die Hand zum Gruß. In diesem Augenblick hörte Tancred das Poltern herabstürzenden Felsgesteins.

Er trat heftig auf die Bremse, sprang aus dem Jeep, winkte mit beiden Armen und schrie: „Steinschlag! In Deckung! Runter! Runter!"

Aber es war schon zu spät. Eine riesige Lawine aus Felsen, Geröll, losen Schieferstücken, Matsch und Wasser donnerte den Berghang herab, walzte alles unter sich nieder und bewegte sich über die Straße auf die weiträumige Anfahrt der neuen Brücke zu. Tancred sah sie wie eine riesige Wand auf sich zukommen. Er hatte gerade noch Zeit, seinen Männern eine weitere Warnung zuzuschreien, dann warf er sich am Ende der Straßenbiegung hinter seinem Jeep nieder und hoffte inständig, daß seine Männer vom Schlimmsten verschont bleiben würden. Im nächsten Moment stürzte eine ungeheure Masse losen Schiefers, nassen Gesteins und Morasts herab und begrub ihn unter sich. Er verlor die Besinnung.

Als er wieder zu sich kam, hörte er Chicos Stimme. „Señor Tancred! Señor Tancred!" rief Chico drängend, wieder und immer wieder. „Wachen Sie auf!"

Endlich öffnete Tancred die Augen und erblickte im ersten Augenblick nichts als Steine, auf die immer noch der Regen herniederprasselte. Dann sah er, daß Chico mit seinen kleinen Händen den Morast und das Geröll wegschaufelte, deren erdrückendes Gewicht Tancred zu ersticken drohte. Und dann entdeckte er auch das Maultier und den Esel, die sich auf dem aufgehäuften Schutt des Bergrutsches zu halten versuchten.

„Geh zurück!" preßte Tancred mühsam hervor, als er wieder zu Atem kam und sprechen konnte. Sein Mund war voller Schlamm. „Es ist zu gefährlich ..., der Erdrutsch!"

„Nein", widersprach Chico und grub mit den Händen weiter. „Es kommt kein Erdrutsch mehr. Ich bin leicht, Señor Tancred, und Celestina und El Martillo wissen, wo sie hintreten müssen. Wir werden Sie hier herausschaffen."

„Was ist mit den übrigen?" flüsterte Tancred. „Sind sie in Sicherheit?"

„Mario ist bei ihnen", berichtete Chico, „und ein paar von den anderen. Als wir den Erdrutsch hörten, sind wir zurückgelaufen. Er wird die Männer da schon herausholen."

Tancred versuchte, sich zu konzentrieren, aber es fiel ihm schwer. Er war völlig verwirrt, und seine Gedanken liefen ihm davon. Schließlich kehrte ein Bild immer wieder vor sein geistiges Auge zurück: Ben, der in seinem Jeep zum Damm raste und die Kurve zur Straße in Richtung Dorf nahm.

„War der . . . Erdrutsch nur auf dieser Seite?"

„Ich weiß es nicht, Señor Tancred. Aber der Krach war schrecklich. Unten im Dorf haben sie's bestimmt gehört. Sie werden raufkommen und uns helfen."

Während der Junge sprach, war er die ganze Zeit weiter damit beschäftigt, das Geröll um Tancred herum zu lockern. Nun ging er zu Celestinas Tragkörben und holte einen kurzen Spaten und ein Stück Seil heraus. Er trat sehr vorsichtig auf, damit die losen Felsbrocken und das Geröll nicht wieder in Bewegung gerieten, und kam zurück zu Tancred. Es gelang dem Jungen, das Seil unter Tancreds Achseln hindurch und um seine Schultern zu schlingen.

„Wir ziehen jetzt noch nicht", meinte er. „Sie stecken noch zu tief drin. Es würde Ihnen weh tun." Er nahm den Spaten und begann, die Schieferstücke fortzuschaufeln, die Tancred bedeckten. Es war eine sehr langwierige Arbeit, aber Chico verlor nicht die Geduld. Er arbeitete und arbeitete an dem Geröllhaufen, bis er den Verschütteten schließlich weitgehend befreit hatte.

„Und jetzt", entschied er, „werden wir ein bißchen ziehen . . ., aber ganz langsam." Vorsichtig ging er zurück zu El Martillo, der stärker als Celestina war, und band das Seilende um seine knochigen Flanken. „Zieh, amigo!" rief er dem Maultier zu. „Zieh, El Martillo! Zieh vorsichtig!" Das Maultier wandte kurz seinen Kopf zu Tancred um, dann begann es zu ziehen.

Einen Augenblick lang hatte Tancred das Gefühl, er werde auseinandergerissen, doch Zentimeter um Zentimeter begann ihn El Martillo aus dem klebrigen Matsch herauszuziehen.

„Halt!" befahl Chico plötzlich, und El Martillo hielt inne. Chico ließ das Seil gespannt und ging zurück zu Tancred. „Ich glaube, ich grabe lieber noch ein bißchen", sagte er.

Nach kurzer Zeit lockerte sich der Druck um Tancred.

„Jetzt!" rief Chico. „Zieh, El Martillo!" Das Maultier zog Tancred mit einem plötzlichen Ruck nach vorne, das Gestein löste sich, und Tancred war endgültig befreit.

Chico kletterte über das immer noch rutschende Schiefergestein hinauf zu Celestina und faßte sie am Zaum. Behutsam führte er sie nach unten zu Tancred.

„Señor Tancred, Señor Tancred! Können Sie sich bewegen?" fragte er besorgt. „Hier ist Celestina; sie wird Sie tragen. Bitte, Señor Tancred, versuchen Sie, sich zu bewegen."

Obwohl Tancred noch sehr schwach war, brachte der Junge es tatsächlich fertig, ihn aufzurichten und auf Celestinas Rücken zu setzen. Dem kleinen Esel machte das Gewicht offenbar wenig aus, aber er kam nur langsam voran, da seine Hufe auf dem glitschigen Gestein immer wieder ausglitten und dann im matschigen Grund einsanken. Daher nahm Chico das Seil, das noch immer um Tancreds Schultern gehangen hatte, und band es um Celestinas Hals. Nun waren der Esel und das Maultier besser miteinander verbunden. Dann befahl er El Martillo, noch stärker zu ziehen. Er kletterte den Hang hinauf, nahm den Zaum des Maultiers in die Hand und begann auch selbst zu ziehen. Gemeinsam bewegten sich Chico und das Maultier bergan und zogen Celestina nach oben, während Tancred vornübergebeugt auf dem Esel saß und seine Arme um dessen Hals schlang.

So erreichten sie den Gipfel der Anhöhe. Dort hielten sie inne. Chico stützte Tancred und half ihm, von Celestinas Rücken sachte auf den durchweichten Boden zu gleiten. Es regnete in Strömen.

Einen Augenblick lang lag Tancred da und rang nach Luft, doch dann blickte er empor. „Mir geht's schon besser . . ., aber die anderen . . ., bitte, stell fest, was mit den anderen ist."

Chico sah Tancreds bleiches und erschöpftes Gesicht und erkannte, daß er sich ernsthaft Sorgen machte. Deshalb holte er die Maultiere und Esel, die er oben zurückgelassen hatte, und rannte mit ihnen, so schnell er konnte, zur Brücke, um nach Mario zu sehen.

Nach etwa einer Viertelstunde erschien Mario überraschend selbst oben bei Tancred, triefend vor Nässe und von Kopf bis Fuß mit

Matsch bedeckt. Er kniete sich neben Tancred auf den durchweichten Boden.

„Sieht es schlimm aus?" flüsterte Tancred fragend und blickte in Marios düsteres Gesicht.

„Wie steht es denn mit Ihnen, Señor Tancred?" gab Mario zurück.

„Habe wohl ein paar Rippen gebrochen", ächzte Tancred. „Nichts Ernsthaftes. Was ist mit Martin Lewis, Tony Lyle, Ben Wainwright und den anderen?"

„Die meisten sind gerettet worden, dank Ihnen. Die Männer haben Sie schreien hören und hatten gerade noch Zeit, in Deckung zu gehen." Mario zögerte, sah aber rasch, daß es keinen Zweck hatte, Señor Tancred etwas zu verheimlichen. „Ein Lastwagen ist umgestürzt, und Señor Lewis saß am Steuer. Er und zwei Arbeiter wurden verschüttet. Wir sind dabei, sie herauszuschaufeln. Chico hilft uns mit seinem Maultier, er ist ein gescheiter kleiner Junge."

„Sind die drei Männer noch am Leben?"

„Wir glauben, ja. Señor Lewis und einer von ihnen auf jeden Fall. Vom dritten wissen wir es nicht genau."

„Wieso nicht?"

Wieder machte Mario eine Pause. Dann erklärte er zögernd mit leiser Stimme: „Wir können ihn nicht finden, Señor Tancred. Jedenfalls bis jetzt noch nicht ... Aber Chico hat einen Hund, Pietro, der ihm im Dorf zugelaufen ist, und der sucht nach ihm."

„Der Hund? Wie ist denn der hergekommen?"

„Er ist Chico nachgelaufen, als er zurückging, um die Maultiere und Esel zu holen. Was für ein Junge! Er ist den ganzen Weg den Berg hinauf gerannt, als er das Getöse hörte. Er sagte, Lastwagen seien ganz schlecht bei einem Erdrutsch, und er hatte recht."

„Sind alle anderen im Lager in Sicherheit?"

Mario warf ihm einen empörten Blick zu. „Natürlich nicht, Señor Tancred! Sie helfen mit, ihre Freunde auszugraben. Sobald sie gemerkt hatten, daß der Berg in Bewegung geriet, machten sie mir klar, daß wir zurückfahren und nach Ihnen schauen mußten. Aber unsere Lastwagen kamen natürlich nicht durch. Wir mußten außen um den Erdrutsch herumklettern, um zu Ihnen zu gelangen. Chico war klüger als wir. Er hat die Maultiere einfach über den Kamm des Berges mitgenommen, statt es erst auf der Straße zu versuchen, und er hat Sie ja auch als erster erreicht."

„Ist es immer noch gefährlich, dort herumzuklettern? Wir dürfen ihn nicht –" Tancred versuchte mühsam aufzustehen, doch Mario legte ihm rasch die Hand auf den Arm.

„Sie können es ihm nicht verbieten, Señor Tancred. Er ist mit Feuereifer dabei. Und wenn's irgend jemand schaffen könnte, die Leute herauszuholen, dann ist er es."

„Ich muß ... helfen", murmelte Tancred. Es war ihm gelungen, auf die Beine zu kommen, aber er schwankte noch unsicher hin und her. Er fühlte sich schrecklich elend. Wenn er sich bewegte, tat ihm fast jeder Körperteil weh. Er blickte den Hang hinunter und fragte sehr eindringlich: „Was ist mit dem Damm und mit Señor Ben? Hat jemand was von ihm gehört?"

„Ich, Señor Tancred", antwortete plötzlich eine Stimme hinter ihm, und Emilio, der Taxifahrer, der hinter ihnen im Regen gestanden hatte, trat vorsichtig über die Geröllmassen zu ihnen. „Señor Ben ist am Leben."

„Was ist geschehen?" Tancreds Stimme klang erregt und angstvoll.

„Wir wissen es nicht genau, Señor. Er hat die Männer aufgefordert, ins Dorf hinunterzufahren, wie Sie es angeordnet hatten. Sie waren gerade im Lastwagen unterwegs, als sie das Getöse hörten. Es war so laut, daß selbst wir im Dorf es gehört haben. Ich habe also ein paar Männer zusammengetrommelt, und wir haben uns auf den Weg gemacht, um zu helfen. Dann trafen wir auf die Männer im Lastwagen, und sie kehrten um und begleiteten uns. Wir stießen auf den zweiten Erdrutsch auf der Straße. Señor Bens Jeep war umgestürzt und lag auf dem Dach, halb unter Geröll begraben. Wahrscheinlich hat er versucht, Ihnen zu Hilfe zu kommen."

„O Gott!" murmelte Tancred. „Wie geht's ihm?"

„Es könnte schlimmer sein, Señor Tancred. Er ist bei Bewußtsein. Wir haben ihn zu Pablo gebracht. Dort kann er bleiben und wird versorgt, bis sich die Situation entspannt hat."

„Was für Verletzungen hat er?"

„Wir glauben, daß ein Knöchel gebrochen ist. Er hatte sich den Fuß unter den Pedalen des Jeeps eingeklemmt. Außerdem hat er eine Platzwunde am Kopf, weil ihn ein herabstürzender Stein erwischt hat. Und seine Rippen sind angeknackst wie bei Ihnen, Señor Tancred. Aber er sagt, es gehe ihm gut – wie Sie!" Emilio schaute nicht so düster drein wie Mario. Er lächelte sogar, und Tancred erwiderte sein Lächeln.

„Und jetzt", fuhr Emilio aufmunternd fort, „werde ich Sie zu Pablo bringen, damit auch Sie versorgt werden, einverstanden?"

„Nein!" widersprach Tancred. „Nicht bevor die anderen Männer in Sicherheit sind. Ich kann sie jetzt nicht einfach im Stich lassen. Kommen Sie, Emilio, wir wollen sehen, was wir tun können."

Da ihn ganz offensichtlich nichts davon abbringen konnte, gaben Emilio und Mario nach und halfen ihm über den Erdrutsch hinweg auf die andere Hangseite, wo die Rettungsmannschaft aus dem Dorf noch immer zugange war. Zwei Gruppen von Männern räumten hastig Geröll und Felsbrocken beiseite, und Chico hatte bereits zwei Maultiere dorthin dirigiert, wo die beiden Männer bis zu den Schultern im Erdreich begraben waren. Dann hatte er aber die Tiere den anderen überlassen und war den Hang weiter hinuntergestiegen bis zu der Stelle, wo Pietro, der Hund, aufgeregt mit den Pfoten scharrte. Nur Chico konnte diesen trügerischen Hang, der jederzeit wieder in Bewegung geraten konnte, hinuntergehen, und Tancred hielt den Atem an, als er sah, wie der Junge vorsichtig, Schritt für Schritt, zu dem Hügel aus Morast, Sand und aufgetürmten Steinen hinunterstieg, wo der Hund eifrig wühlte.

Tancred erblickte El Martillo und Celestina, führte sie auf eine kleine Anhöhe oberhalb der Stelle, an der Chico sich befand, und stieg dann selbst vorsichtig den steilen Hang ein Stückchen hinunter, bis er so stand, daß er das Maultier und den Esel beim Ziehen unterstützen konnte. Weiter wagte er sich nicht vor, denn mit jedem Schritt trat er Steine los, die nach unten in die Richtung des Jungen und des Hundes rollten.

„Hier ist er!" schrie Chico plötzlich und begann hastig, mit den Händen zu graben.

Tancred ließ El Martillo und Celestina stehen; langsam ging er in die Hocke und setzte sich behutsam auf den losen Schiefer. Dann rutschte er vorsichtig zentimeterweise nach unten.

Als er Chico erreicht hatte, legte er sofort mit Hand an, um den Mann auszugraben. Es war ein dunkelhäutiger *mestizo,* der mehr indianisch als spanisch aussah. Tancred kannte ihn, er war kein Gelegenheitsarbeiter, sondern einer von den Dorfbewohnern, ein verläßlicher Mann, der von Anfang an beim Brückenbauteam dabeigewesen war. Er war bewußtlos. Tancred mühte sich verzweifelt ab, um den Mann so weit freizubekommen, daß er mit der künstlichen Beatmung beginnen konnte. Aber als er sah, daß es noch eine Weile dauern würde, wagte er es doch nicht abzuwarten, bis der Mann gänzlich freigeschaufelt war, und beschloß, sofort mit der Mund-zu-Mund-Beatmung zu beginnen.

Er öffnete den Mund des Mannes und stellte fest, daß er voll Dreck und Schlamm war. Ohne lange zu überlegen, fuhr er mit dem Finger hinein und entfernte den Matsch, dann legte er seinen Mund eng auf den des Bewußtlosen und begann, gleichmäßig und kräftig Luft einzublasen. Eine Zeitlang geschah gar nichts, doch dann bewegte sich der Mann schwach und begann zu husten.

Tancred richtete sich auf und blickte Chico erschöpft, aber erleichtert an. „Jetzt wird er's schaffen", murmelte er und versuchte, wieder ruhiger zu atmen, denn seine Rippen schmerzten höllisch, wenn er tief Luft holte. „Aber wir müssen ihn so schnell wie möglich hier herausbringen."

„Warten Sie hier, Señor Tancred", bat Chico, als er bemerkte, daß Tancreds Gesicht zusehends bleicher wurde. „Ich hole Celestina." Rasch kletterte er den Hang hinauf, und wenig später hatte er Tancred wieder auf die Anhöhe hinaufgezogen.

Bald darauf lagen auch die drei geborgenen Männer sicher auf dem Brückenfundament. Emilio und seine Helfer wickelten sie in Decken und wasserdichte Capes ein. Dann hoben sie die Verletzten vorsichtig auf improvisierte Tragbahren und machten sich auf den gefährlichen Weg am Erdrutsch vorbei zur Straße ins Tal.

Tancred blieb bei Mario, um sich zu vergewissern, daß der Abtransport sicher vonstatten ging. Chico kümmerte sich um die Maultiere und Esel und wartete, was Tancred als nächstes anordnen würde.

„Was ist mit der Brücke?" fragte Tancred Mario. „Ist sie beschädigt worden?"

„Ich glaube nicht. Es scheint fast, als hätten Sie für die Ewigkeit gebaut, Señor Tancred!" Der Anflug eines Lächelns umspielte Marios Lippen.

„Wenn der Berg zur Ruhe gekommen ist, müssen wir auf jeden Fall die Pfeiler prüfen." Tancred spürte selbst, daß seine Stimme belegt klang und daß er völlig überhastet sprach, und er merkte, wie Mario ihn beunruhigt anblickte, als er über den felsübersäten Boden weiterstolperte.

Als die beiden Männer die Straße erreichten, sah Tancred, wie die

Verletzten in den ersten der bereitstehenden Lastwagen gehoben
wurden, und er nahm Mario beiseite. „Wie viele Männer sind noch im
Lager, Mario?"

„Keine, Señor Tancred. Alle sind mitgekommen, um hier zu helfen."

„Dann sagen Sie ihnen, sie sollen in die übrigen Lastwagen einsteigen und zum Dorf hinunterfahren. Wir werden das Camp für ein paar
Tage evakuieren, bis sich die Lage hier entspannt hat und das Wetter
besser ist."

Mario nickte.

„Es wird am besten sein, wenn ich den Leuten ihren Monatslohn
jetzt schon auszahlen lasse", überlegte Tancred. „Sie sollen sich unten
in Pablos Lokal versammeln, dann können sie sich im Dorf gleich ein
paar Sachen kaufen. Wo ist übrigens Chico?"

„Hier bin ich, Señor Tancred", erwiderte Chico, der offenbar schon
eine Weile unbemerkt neben ihm gestanden hatte.

„Du fährst besser mit uns –", begann Tancred, aber Chico unterbrach ihn.

„Das geht nicht, Señor Tancred. Ich muß die Maultiere und die
Pferde hinunterbringen. Und Celestina. Wir können sie nicht einfach
hier oben lassen."

Tancred musterte den Jungen, der ihm im strömenden Regen
gegenüberstand. Er war am ganzen Körper voller Matsch, sein Haar
klebte ihm am Kopf, und seine schäbigen Jeans waren vom Regen
durchnäßt und starrten vor Dreck. Er hatte an diesem Tag vier Männern das Leben gerettet, weil er so leicht und behende auf den Bergen
umherklettern konnte und weil er auf die Idee gekommen war, die
Maultiere für die Bergungsaktion einzusetzen.

„Du kannst nicht den ganzen Weg ins Dorf zu Fuß gehen, Chico,
schon gar nicht bei diesem Wetter. Fahr mit Mario im Lastwagen
zurück. Ich werde die Maultiere selbst hinunterbringen."

Mario und Emilio blickten einander schweigend an. Sie waren beide
mit Tancreds Vorhaben nicht einverstanden, denn sie sahen nur zu
gut, wie mühsam er sich jetzt auf den Beinen hielt. Chico hingegen
schaute Tancred nur kurz an, folgte dann Mario brav zum Lastwagen
und kletterte auf die Ladefläche. Ganz offensichtlich ließ er die Maultiere und Tancred im Stich, ohne sich auch nur umzublicken. Doch als
der Motor aufheulte, wandte er sich an den Fahrer. „Fahren Sie lang-

sam, Mario!" rief er. „Ich glaube nicht, daß Señor Tancred sehr weit kommt."

Die anderen Lastwagen waren schon losgefahren und hatten die Dorfbewohner, die Bauarbeiter und die Ingenieure mitgenommen. Nur Emilio war noch dageblieben. Auf den Rücksitzen seines Taxis lag ein Verletzter, und neben ihm war noch ein Platz frei. Mario blickte erst auf Chico und danach auf Tancred, der nun mit unsicheren Schritten auf El Martillo und die übrigen Tiere zuwankte, die im Regen eng beieinanderstanden.

Im Schrittempo fuhr Mario los und ließ Tancred und die Tiere im Regen zurück. Doch Chico saß hinten im Lastwagen und behielt ihn im Auge. Durch den dicht fallenden Regen hindurch erkannte er, wie Tancred El Martillos Zügel auf einmal losließ und sich an den Kopf faßte. Und dann sah er ihn zu Boden stürzen.

„Kommen Sie!" drängte er Mario. „Wir müssen Señor Tancred helfen!"

Er und Mario sprangen aus dem Lastwagen, und zusammen mit Emilio, der beim Taxi geblieben war, rannten sie zu Tancred zurück. Gemeinsam trugen sie ihn zu Emilios Taxi, hoben ihn auf den Beifahrersitz und schlugen die Autotür zu. Emilio startete und fuhr dann schnell talwärts, während Mario ihm langsamer folgte. Chico aber ergriff El Martillos Zügel und führte die triefenden Tiere vorsichtig den glitschigen Bergweg hinab.

Als Tancred endlich wieder zu sich kam, fand er sich in eine Decke gewickelt auf einem Behelfsbett in einem kleinen Zimmer, das zum hinteren Teil von Pablos Lokal gehörte. Neben ihm lag Ben auf einem ähnlichen Bett.

„Ben?" sprach er ihn leise an.

Ben lächelte schläfrig. „Aha, du bist also wieder unter den Lebenden."

„Wie fühlst du dich?"

„Scheußlich. Aber keine Angst, Unkraut vergeht nicht." Er lachte.

Tancred war immer noch etwas durcheinander. „Was ist eigentlich passiert? Ich kann mich noch erinnern, daß ich die Maultiere nach unten bringen wollte."

„Wolltest du auch. Aber dann bist du umgefallen und warst bis eben bewußtlos."

Tancred runzelte die Stirn. „Soll das heißen . . ., hat denn der Junge etwa . . . Ist Chico schon wieder hier?"

„Nein. Aber ein paar Männer aus dem Dorf sind ihm entgegengegangen."

„Was ist mit Martin Lewis?"

„Dem geht's schon wieder ganz gut. Er hat sich nur den Arm gebrochen, glaube ich. Tony Lyle war übrigens vor kurzem hier und hat gesagt, du sollst dir keine Sorgen machen, er wird auf alles aufpassen, bis du wieder fit bist."

Tancred seufzte gequält. „Das Ganze ist ein schrecklicher Schlamassel."

„Es hätte schlimmer kommen können. Immerhin, wir haben keinen einzigen Mann verloren, und das verdanken wir dir, Chico und den anderen, die geholfen haben. Die Rettungsaktion soll ganz phantastisch gelaufen sein, hat man mir gesagt!"

„Das stimmt, die Leute hier halten gerade in solchen Notsituationen fest zusammen", bestätigte Tancred. „Aber wie geht's jetzt weiter? Ich sollte unbedingt –"

„Du solltest gar nichts", unterbrach ihn Ben. „Es ist alles bereits geregelt. Der Chef hat schon dafür gesorgt."

„Was? McPherson selbst?"

„Ja, der Alte höchstpersönlich."

„Aber – woher wußte er denn davon?"

„Pablo hat offenbar in Bogotá angerufen und um Hilfe gebeten. Die Polizei hat daraufhin die Nachricht von dem Erdrutsch an das Krankenhaus weitergegeben, und ein Reporter hat's zufällig mitgekriegt. Und im Rundfunk haben sie dann natürlich sofort darüber berichtet. Als sie mich herbrachten, dachte ich, ich müßte schleunigst bei der Firmenleitung anrufen und sie von dem Unglück verständigen, mußte dabei aber feststellen, daß sie bereits informiert war. Man teilte mir mit, McPherson schicke einen Hubschrauber, um die Verletzten abzutransportieren, und er werde selbst herfliegen, um dir in Bogotá einen Besuch abzustatten, sobald du ins dortige Krankenhaus überführt worden seist."

Tancred schüttelte ungläubig den Kopf.

„Ich fürchte, auch Cressy wird zu dir herbeigeeilt kommen", fügte Ben boshaft hinzu.

Tancred stöhnte gequält auf.

In diesem Augenblick betrat Pablo das kleine Zimmer. In der einen Hand hielt er ein Stück Seife, in der anderen einen Stoß Kleidungsstücke.

„Ich habe Sie sprechen hören, Señor Tancred. Ich hätte Ihnen ja gerne einen Drink gebracht, aber *la doctora* Margarita hat mir verboten, Ihnen Alkohol zu geben."

„Margaret?" Tancred schaute ihn überrascht an. „Haben Sie denn mit ihr geredet?"

„*Sí*, Señor. Als sie die Nachricht erfuhr, hat sie sofort hier angerufen. Sie hat versprochen, Sie im Krankenhaus zu besuchen, aber sie hat mir auch strenge Anweisungen gegeben, was ich bis dahin tun soll. Außerdem wollte ich Ihnen noch sagen, daß draußen ein heißes Bad auf Sie wartet. Die Leute haben das Wasser extra vom neuen Brunnen für Sie geholt. Vielleicht hilft es Ihnen, sich ein wenig besser zu fühlen. Außerdem habe ich saubere Hemden und Jeans besorgt, die Ihnen wahrscheinlich passen werden."

Tancred und Ben nahmen Pablos großzügige Gastfreundschaft dankbar an. Ihre Kleider, die völlig durchnäßt und dreckig gewesen waren, hatte man ihnen ausziehen müssen, und jetzt waren sie in Decken eingewickelt. Und auch auf das warme Bad freuten sich die beiden Männer, denn sie waren noch immer am ganzen Körper mit verkrustetem Schlamm bedeckt.

Bald darauf saßen sie in großen Zinkbadewannen voll heißem Wasser in Pablos Scheune. Tancred hatte Ben ins Bad hineinhelfen müssen, denn sein Knöchel war stark geschwollen, und er konnte mit dem Fuß nicht auftreten. Und beide mußten nun feststellen, daß sie von dem Erdrutsch am ganzen Körper Schrammen und Schnitte davongetragen hatten.

Sie saßen noch wohlig in ihrem Bad, da hörten sie draußen freudige Begrüßungsrufe und das Klappern von Hufen auf steinigem Grund.

„Das wird Chico sein", vermutete Ben.

Tancred stieg mühsam aus der Badewanne. Während er sich abtrocknete und rasch ein Handtuch um seine Hüften schlang, schaute er sich nach seinen neuen Kleidern um. In diesem Augenblick trat Pablo ein. Er trug Chico, der völlig durchnäßt war, auf den Armen. „Hier ist noch ein Held für die Badewanne!" verkündete er lachend.

Obwohl Chico so erschöpft war, daß er am ganzen Körper zitterte, bemühte er sich, den beiden Männern freundlich zuzulächeln.

Tancred atmete erleichtert auf. „Chico, welch ein Glück, daß du wieder da bist!"

Gemeinsam mit Pablo zog er dem Jungen die schäbigen, verschmierten Jeans aus, und dann hoben sie ihn in das warme Wasser und seiften ihn ein. Chico thronte in der Wanne wie ein König und genoß es, von den beiden Männern umsorgt zu werden.

Tancred mußte Ben auch wieder aus dem Bad heraushelfen und ihm die neue Hose anziehen, damit der Fuß nicht zu sehr belastet wurde. Es war ihm gerade gelungen, Ben auch ein Hemd überzustreifen, als jemand von draußen rief, der Hubschrauber sei schon zu sehen und werde jeden Moment landen. Da hörten sie auch schon das Schwirren der Rotoren, als der Helikopter aufsetzte. Kurz darauf traten der Pilot und ein Sanitäter ein, um die beiden Männer an Bord zu bringen.

Chico hatte inzwischen sein Bad beendet. Er steckte nun ebenfalls in neuen Kleidern, die Pablo ihm gebracht hatte, und offensichtlich gefiel es ihm, so schick auszusehen. Aber sobald der Hubschrauber eintraf, der Tancred und Ben mitnehmen sollte, verflog seine Freude, und er wurde plötzlich traurig. Tancred bemerkte es, als er gerade Ben nach draußen folgen wollte. So kehrte er noch einmal um und fuhr Chico freundlich durch das zerzauste nasse Haar. Der Junge, so müde und erschöpft er auch sein mochte, setzte jetzt alles daran, daß er sich nicht von Tancred trennen mußte.

„Kann ich nicht mitkommen, Señor Tancred?" bat er inständig. „Vielleicht muß mich *la doctora* auch noch mal untersuchen", fügte er treuherzig hinzu.

„Das wird sie sicher müssen", bestätigte ihm Tancred, der Chicos Absicht sofort durchschaut hatte, und zwinkerte dem Piloten vielsagend zu.

„Der Junge kann ruhig mitkommen", erlaubte dieser denn auch prompt und lächelte. „Ein kurzer Flug ist wohl das mindeste, was er sich verdient hat."

So traten die drei frisch gewaschen und neu eingekleidet, aber noch sehr erschöpft, vor Pablos Lokal. Auf der Straße wurden sie lautstark von einer fröhlichen Menschenmenge empfangen, die ihnen ihre guten Wünsche für den bevorstehenden Flug mit auf den Weg geben wollte. Während die Dorfbewohner noch riefen und zum Abschied winkten, stiegen die drei Passagiere in den Helikopter, der abhob und in Richtung Bogotá flog.

PEPITA unterbrach ihre Arbeit auf dem Kartoffelacker für einen Augenblick, richtete sich auf und hob ihre schlanke braune Hand, um die Augen vor der Sonne zu schützen. Wie so oft in letzter Zeit hielt sie Ausschau, ob nicht jemand Nachricht von ihren Eltern aus Bucaramanga brachte. Aber auf dem steinigen Pfad, der zum Dorf führte, war niemand zu sehen. Sie wollte sich schon abwenden, da tauchte plötzlich die Gestalt eines Mannes auf, der den Bergpfad herauf auf sie zukam. Pepita legte die Hacke hin und wartete. Als der Mann näher kam, erkannte sie, daß es ihr Onkel Baptisto war. Er lebte in einem Dorf, das in dem fruchtbareren Tal jenseits des östlich aufragenden Berges gelegen war.

Sie mochte Onkel Baptisto nicht sonderlich. Er war es gewesen, der Ricardo, ihren Bruder, in die Stadt mitgenommen hatte. Und obwohl er sich freundlich und besorgt gegeben hatte, konnte sie sich des Gedankens nicht erwehren, daß er sich mehr um den Jungen hätte kümmern können.

„*Buenos dias,* Pepita, mein Kind", grüßte Baptisto, als er herangekommen war.

„Hast du etwas von meinen Eltern gehört?" fragte Pepita ängstlich. Er nickte und blieb stehen, um zu Atem zu kommen.

„Bist du im Krankenhaus gewesen? Hast du sie gesehen?"

„Nein, Pepita, gesehen habe ich sie nicht. Ich weiß nur, was Julio, der mit der Maultierkarawane gekommen ist, mir berichtet hat, und er hatte es vom Fahrer des gelben Busses erfahren, dem der Postbote auch einen Brief für dich mitgegeben hat."

„Wo ist der Brief? Gib ihn mir."

„Ich habe ihn hier." Er zog einen zerknitterten Umschlag unter der *ruana,* seinem Poncho, hervor.

„Und was hast du von Julio erfahren?" Pepita hatte den Brief genommen und traute sich kaum, ihn zu öffnen.

„Das Bein deines Vaters war sehr schlimm – und man hat sogar befürchtet, daß er es vielleicht verlieren würde."

Pepita war betroffen. Das Bein verlieren? Wie würde ein stolzer Mann wie ihr Vater das verkraften?

„Und – meine Mutter?"

„Auch sie war wohl sehr krank, aber jetzt erholt sie sich allmählich. Du solltest den Brief lesen. Er ist wahrscheinlich von deiner Mutter."

Maria Consuela konnte lesen und schreiben. Sie hatte vor ihrer Ehe eine recht gute Schulbildung genossen, und sie hatte versucht, ihr Wissen an ihre Kinder weiterzugeben. Federico hatte überhaupt keine Möglichkeit zum Lernen gehabt, und es paßte ihm nicht besonders, daß seine Frau klüger war als er. Letztlich sah er ohnedies keinen Sinn darin, daß seine Kinder lesen und schreiben lernen sollten – die Kartoffeln gediehen davon auch nicht besser. Aber als sie noch unten im Tal gelebt hatten und die Schule in Reichweite gewesen war, hatte er ihnen immerhin widerwillig erlaubt, sie zu besuchen. Pepita, das wußte auch Baptisto, hatte dort viel gelernt. Sie war ein sehr intelligentes Mädchen.

„Nun lies schon!" drängte Baptisto neugierig.

> Liebe Pepita, wir fühlen uns hier wohl, und wir werden gut versorgt. Das Bein Deines Vaters sah sehr schlimm aus, aber bis jetzt haben sie es noch nicht abnehmen müssen. Sie hoffen, daß es von selber heilt. Er hat immer noch Fieber. Aber er sendet Dir liebe Grüße und hofft, daß Du viel arbeitest, um die *finca* instand zu halten, bis er wieder zurück ist. Ich muß noch viel ruhen, aber mein Husten ist fast schon verschwunden. Wie geht es den Kindern? Ist das Baby gesund? Ich würde gern von Euch hören, denn wir sind ja hier so weit von Euch fort. Ich habe die Adresse des Krankenhauses in Druckbuchstaben oben auf den Brief geschrieben. Vielleicht kann irgend jemand aus dem Dorf ein paar Zeilen von Euch zu uns hinabbringen. Ich denke an Dich und bete immer für Dich. Deine Dich liebende Mutter Maria Consuela Chavez de Garcia.

„Gute oder schlechte Nachrichten?" fragte Baptisto.

„Ich lese dir den Brief vor", antwortete sie.

Als sie fertig war, nickte ihr Onkel und seufzte.

„Möchtest du auf eine Erfrischung ins Haus kommen?" lud sie ihn höflich ein.

„Das ist sehr lieb von dir", nahm ihr Onkel die Einladung an und folgte ihr den staubigen Pfad entlang zum Haus.

Hastig überlegte Pepita, was sie Onkel Baptisto wohl anbieten könnte. Dann fiel ihr ein, daß ihr Vater ein paar Flaschen Wein in einer Nische hinter dem Bett aufbewahrte. Sie fand eine mit Spinnweben bedeckte Flasche, die sie säuberte und öffnete. Dann holte sie zwei Gläser.

„Magst du vielleicht ein Glas Wein?" fragte sie und reichte ihrem Onkel lächelnd die Flasche. Er nahm sie, füllte die Gläser und betrachtete das schöne Mädchen mit einer Mischung aus Bewunderung und

Bedauern. Sie war schon viel erwachsener, als er erwartet hatte, und auch viel schöner ..., und sehr viel selbstbewußter war sie inzwischen auch geworden.

„Ich habe mir überlegt", begann er und nippte genießerisch an seinem Wein, „daß es sicher sehr schwierig ist, hier ganz allein mit allem fertig zu werden. Eigentlich bräuchtest du einen Mann, der dir hilft."

„Ich habe dieses Land wochenlang alleine bearbeitet, während mein Vater krank war", bemerkte Pepita ruhig. „Und ich werde es weiterhin so halten, bis er zurückkehrt."

Ihr Onkel blickte ein wenig verlegen drein, ließ sich aber nicht beirren. „Trotzdem", beharrte er, „es ist nicht richtig. Und du mußt dich ja auch noch um die Kinder kümmern. Du brauchst Schutz."

Pepita fühlte sich auf einmal sehr unwohl. Sie kannte dieses Wort „Schutz" – und auch das seltsame, begierige Glitzern im Blick ihres Onkels. Beides war ihr schon einmal begegnet, nämlich damals im Tal, als sie im Haus von Gonzalez, dem reichen Landbesitzer, gearbeitet hatte.

„Ich brauche keinen zusätzlichen Schutz", erklärte sie mit entschlossener, beherrschter Stimme. „Meine Brüder sind ja da. Sie sind zwar noch klein, aber für ihr Alter schon ganz schön kräftig. Außerdem helfen mir die Leute vom Dorf, Mateo und Felipe Mendez, jederzeit, wenn es nötig sein sollte." Der Blick, mit dem sie ihren Onkel bedachte, war stolz und unnahbar. „Du brauchst dir meinetwegen wirklich keine Sorgen zu machen."

„Aber", setzte Baptisto noch einmal an, „wäre es nicht klüger, wenn ich die Angelegenheit für eine Weile in meine Hände nähme?"

„Nein, das wäre es nicht." Pepitas Tonfall wurde noch schärfer. „Mein Vater wird bald zurückkommen. Und bis dahin hat er alles allein mir anvertraut." Sie erhob sich und wartete höflich, bis Onkel Baptisto seinen Wein ausgetrunken hatte und ebenfalls aufgestanden war. Sie traten vor das Haus. „Ich begleite dich noch zum Weg", sagte sie mit frostiger Höflichkeit. Sie wandte sich Luisa zu, die im Hof auf die kleine Rosa aufpaßte. „Luisa, sag deinem Onkel *adiós*."

Baptisto bückte sich, um das Kind zu küssen, und streichelte dem Baby über den Kopf. Dann kramte er in seiner Jacke nach seiner ledernen Geldbörse.

„Nein, danke, Onkel Baptisto", lehnte Pepita ab, die seine Handbewegung sofort richtig gedeutet hatte. „Wir haben alles, was wir brauchen." Dann fügte sie versöhnlicher hinzu: „Es war lieb von dir, daß du gekommen bist."

Baptisto küßte seine schöne Nichte auf ihre zarte Wange und machte sich auf den Heimweg.

Pepita blickte ihm nach und seufzte. Vielleicht hätte sie sein Geld annehmen sollen, aber sie hatte es einfach nicht gekonnt. Es widerstrebte ihr zutiefst, Onkel Baptisto etwas schuldig zu sein. Lieber war sie hungrig, als daß sie sich kaufen ließ.

„Schau", sagte sie zu Luisa, „wir haben einen Brief von unserer Mutter bekommen. Sag Marcos und Lucas Bescheid, dann lese ich ihn euch vor."

McPHERSON war gut gelaunt, als er das Krankenhaus in Bogotá betrat, um Tancred zu besuchen. „Sie haben sich fabelhaft verhalten", lobte er ihn. „Keinem der Männer ist etwas Ernstes zugestoßen, und offensichtlich hat auch die Brücke keinen größeren Schaden davongetragen."

„Sie muß aber trotzdem noch einmal gründlich inspiziert werden", stellte Tancred fest. Er lag immer noch im Bett, denn bisher hatte man ihm noch nicht erlaubt aufzustehen.

„Natürlich. Aber soviel ich weiß, haben Sie die Brücke schon angeschaut."

„Mario, unser Vorarbeiter, hat sie oberflächlich überprüft. Mehr konnte er nicht tun, weil wir uns zuerst um die Männer kümmern mußten. Wo ist eigentlich Chico? Ich würde gern mit ihm sprechen."

„Hier, Señor Tancred." Er hörte ein Paar nackter Füße über den Boden tapsen, und da stand Chico schon an seinem Bett, einen Strauß Blumen in der Hand. „Die sind für Sie", sagte er schüchtern und streckte sie ihm entgegen.

Tancred nahm die Blumen lächelnd an. „Das ist Chico", erklärte er McPherson. „Man nennt ihn zwar ‚den Kleinen‘, aber inzwischen ist er schon ziemlich groß geworden. Ihm haben die Männer ihre Rettung zu verdanken – ihm und seinen Freunden, Celestina, dem Esel, und El Martillo, dem Maultier."

McPherson streckte Chico die Hand hin. „Es ist mir eine Ehre, einen solch mutigen jungen Mann kennenzulernen. Und ich freue mich zu sehen, daß du dich so um Señor Tancred kümmerst!"

Chico strahlte. „Er wird bestimmt versuchen aufzustehen und die

andern zu besuchen. Aber *la doctora* hat gesagt, er muß heute liegen-
bleiben und darf die Männer erst morgen sehen, *mañana*. Deshalb
werde ich auf ihn aufpassen, damit er schnell wieder gesund wird."

„Sehr richtig!" stimmte McPherson zu, der mit Chico ganz von
Mann zu Mann sprach. „Ein eigensinniger Bursche, dieser Señor
Tancred. Man muß auf ihn achtgeben!"

Chico bemerkte das Zwinkern in McPhersons Augen und antwortete mit einem Lachen.

„Was für Verletzungen haben Sie eigentlich?" fragte McPherson
und wandte sich wieder Tancred zu.

„Ein paar angeknackste Rippen und eine Gehirnerschütterung.
Nichts Ernstes."

„Na ja, einige Tage Ruhe sind sicher angebracht."

Tancred war von dieser Aussicht nicht besonders begeistert. „Der
Tag heute muß ausreichen. Ben ist bedeutend schlechter dran als ich.
Wenn ich nur wüßte, wie es ihm im Augenblick geht . . ."

McPherson klopfte ihm väterlich auf die Schulter. „Ich werde es
herauskriegen. Ich hatte sowieso vor, Sie fünf nacheinander zu besuchen."

„Danke. Das ist sehr freundlich von Ihnen." Tancred klang müde
und zugleich erleichtert.

McPherson wandte sich zur Tür. „Und jetzt hören Sie auf, sich Sorgen zu machen. Wegen der Baustelle sprechen wir später noch miteinander. Auf jeden Fall war es richtig, die Bauarbeiten vorübergehend
einzustellen." Dann verabschiedete er sich von Tancred.

CRESSY durfte Tancred an diesem Tag zunächst nicht besuchen; man
hatte ihr mitgeteilt, er brauche dringend Ruhe. Doch am Abend setzte
sie dann schließlich ihren ganzen Charme ein, und es gelang ihr, endlich zu ihm vorzudringen.

„Tancred, Liebling!" rief sie und umarmte ihn stürmisch. „Du
siehst blaß aus. Ich habe gehört, du seist bei einem Erdrutsch verschüttet und von den Steinen beinahe erdrückt worden!"

„Nur beinahe", beruhigte Tancred sie. „Aber wenn du so weiter-
machst, werde ich dieses Mal wohl nicht so glimpflich davonkom-
men", fügte er scherzend hinzu.

Cressy lachte und ließ ihn los. Aber Tancred merkte doch, daß sie
ihm mit ihrer Munterkeit etwas vormachte und in Wirklichkeit sehr

um ihn besorgt war. „Erzähl mir, was geschehen ist", bat sie und setzte sich auf den Bettrand.

„Lieber nicht. Ich hab schon zuviel darüber geredet. Erzähl lieber du mir was. Zum Beispiel, warum dein Vater um die ganze Angelegenheit so ein Theater macht. Das hier ist doch nicht der erste Unfall auf einer Baustelle, den er miterlebt hat." Er blinzelte ihr verschwörerisch zu. „Mal ehrlich: Ist das nicht vor allem dein Verdienst?"

Sie schlug ihre schlanken Beine übereinander und sah ihn schelmisch an. „Na ja, nicht nur ..., ich gebe zu, ich wollte sehen, ob es dir wirklich schon bessergeht. Aber Papa hat sich auch Sorgen gemacht. Wie geht es denn den anderen?"

„Ich weiß es nicht genau. Dein Vater hat versprochen, noch einmal bei mir vorbeizukommen und mir von ihnen zu berichten. Chico hat behauptet, sie seien alle auf dem Weg der Besserung, und Bens Knöchel sei bestens versorgt und in Gips."

„Wer ist Chico?" fragte Cressy. Und so erzählte Tancred ihr schließlich die ganze Geschichte, von dem Jungen, seinem bemerkenswerten Mut und seinen Hilfsaktionen während des Erdrutsches.

Cressy hörte aufmerksam zu, aber er hatte den Eindruck, daß sie nicht wirklich verstand, was für ein zähes, tapferes Kerlchen dieser Chico war und welch eiserner Wille, welch unerschütterliches Durchhaltevermögen und welcher Mut dazu gehörten, dieses ärmliche und zugleich gefährliche Leben in den *tugurios* durchzustehen.

In diesem Augenblick stand Chico in der Tür des Krankenzimmers. Als er sah, daß Cressy auf Tancreds Bett saß, wollte er schon wieder gehen.

Aber Tancred bat ihn hereinzukommen. „Keine Angst, du störst überhaupt nicht."

„Ganz im Gegenteil", meinte auch Cressy. „Es freut mich, dich kennenzulernen. Ich muß mich wohl bei dir bedanken. Gerade habe ich erfahren, daß du bei dem Bergrutsch Señor Tancred das Leben gerettet hast."

„Eigentlich hat El Martillo ihn herausgezogen", berichtigte Chico bescheiden. „Ich war nicht stark genug."

Tancred schwieg, aber er lächelte. Dann winkte Cressy Chico zu sich, und er kam gehorsam näher. „Chico, ich habe versucht, Señor Tancred zu überreden, daß er die Berge aufgibt und in der Stadt arbeitet, wo es sicherer ist. Was hältst du davon?"

Es ist ein verdammt schlauer Schachzug von ihr, mit meiner Sicherheit zu argumentieren, dachte Tancred. Es wird Chico schwerfallen, darauf eine Antwort zu finden.

„Ich glaube, die Berge werden Señor Tancred nicht loslassen", erwiderte Chico schlagfertig. „Er hat ihnen viel zu geben und sie ihm auch."

Tancred nickte. „Das stimmt." Seine Stimme klang gerührt.

„Und was die Sicherheit angeht", fuhr Chico fort, „das muß Señor Tancred allein entscheiden. Aber wirklich sicher ist es nirgends!"

MARGARET kam noch am späten Abend vorbei, als alle anderen bereits fort waren. Tancred hatte gerade geschlafen und erwachte nun, als sie das Zimmer betrat.

„Schön, daß Sie bei mir vorbeischauen!" begrüßte er sie erfreut. „Vielleicht kriege ich jetzt endlich einmal ein paar vernünftige Informationen über die anderen."

Margaret lachte. „Es geht allen gut, Tancred – auch dem Mann, den Sie durch Mund-zu-Mund-Beatmung wiederbelebt haben, Manuel heißt er wohl. Er hat Staub in den Lungen und eine leichte Kopfverletzung, aber er wird wieder ganz gesund. Und von den anderen haben einige ein paar angebrochene Rippen, so wie Sie."

„Und Ben?"

„Ich fürchte, sein Knöchel muß sechs Wochen in Gips bleiben. Aber immerhin hat er schon einen Gehgips bekommen und kann in wenigen Tagen herumhumpeln. Man hat auch die Platzwunde an seinem Kopf genäht, und sie wird bald heilen. Alles keine schweren Verletzungen." Sie blickte Tancred streng an. „Aber Sie rennen mir nicht zu bald in der Gegend herum, Tancred. Sie müssen sich jetzt wirklich schonen. Reden Sie nicht zuviel, und schlafen Sie sich erst mal aus. Verstanden?"

„Ja, Frau Doktor", erwiderte Tancred gehorsam.

Aber trotz aller Proteste bestand Tancred bereits am nächsten Morgen darauf, aufzustehen und die anderen Verletzten zu besuchen.

Ben humpelte gerade auf dem Gang herum, um sich an seine Krücken zu gewöhnen. Mit seinem blauen Auge und dem Kopfverband sah er ein wenig wie ein verwundeter Pirat aus. Sie unterhielten sich eine Zeitlang, dann ging Tancred weiter zu den drei anderen Verletzten. Sie spielten gerade Domino und lachten, als wäre nichts geschehen.

Manuel, der dem Tod nur um Haaresbreite entgangen war, lachte am lautesten. Allerdings hustete er auch häufig.

„Señor Tancred", keuchte er, ergriff Tancreds Hand und schüttelte sie heftig. „Ist es nicht schön, am Leben zu sein?"

„Allerdings!" stimmte Tancred lächelnd zu.

Als er in sein Zimmer zurückkam, saß dort James McPherson auf einem Stuhl und unterhielt sich mit Chico.

„So, Sie sind also bereits ungehorsam?" bemerkte er, als er Tancred sah. „Setzen Sie sich, mein Junge. Ich möchte mit Ihnen sprechen." Er wandte sich an Chico. „Womit könnten wir wohl Señor Tancred und den Männern eine Freude machen, ohne daß die Krankenschwester etwas dagegen haben kann? Was meinst du, Chico?"

Chico dachte einen Augenblick nach. „Eiskrem", schlug er dann vor. „Das mögen die Männer. Es ist gut gegen den Staub."

„Gut, dann geh und kauf die größte Portion Eiskrem, die du kriegen kannst", stimmte McPherson zu und hielt ihm ein paar Dollarscheine hin. „Und beeil dich, damit es nicht schmilzt!"

„*Sí*, Señor!" antwortete Chico begeistert und rannte gehorsam los in die Stadt.

Einen Augenblick lang machte Tancred sich Sorgen, weil der Junge so viel Geld bei sich trug. Hoffentlich passierte ihm nichts . . .

„. . . sage ich Ihnen, was ich vorschlage", meinte McPherson gerade.

„Ja?" Tancred versuchte, wieder zuzuhören.

„Zunächst einmal werde ich jedem einen Monat Urlaub bei voller Bezahlung geben –"

„Jedem?" Tancred starrte ihn entgeistert an. „Das kostet einen Haufen Geld!"

„Es ist nichts im Vergleich zu dem, was wir verloren hätten, wenn der Erdrutsch schlimmer gewesen wäre", entgegnete McPherson nüchtern. „Und ich bestehe darauf, daß auch Sie und Ben diesen Urlaub nehmen", fügte er gebieterisch hinzu.

„Aber –".

„Kein ,Aber'. Bevor Sie ihn antreten, machen wir noch eine sorgfältige Inspektion, einfach, um sicherzugehen, daß nichts Dringendes unternommen werden muß."

„Wir?" Tancred war verwundert.

„Ja, wir. Ich komme mit. Ich möchte mir alles selber ansehen.

Außerdem will ich Sie etwas entlasten und Ihnen nicht allein die ganze Verantwortung aufbürden. Zumindest werden wir gemeinsam entscheiden, wann die Arbeit wiederaufgenommen wird. Der Berg muß erst mal zur Ruhe kommen, und vielleicht hat es bis dahin auch aufgehört zu regnen. "

Tancred nickte.

„Haben Sie schon irgendwelche Pläne für Ihren Urlaub?" fragte McPherson beiläufig – zu beiläufig, dachte Tancred.

Er lächelte und beschloß, ganz offen zu sein. „Wenn ich wirklich einen ganzen Monat zur Verfügung habe, so möchte ich gern Chicos Familie ausfindig machen. "

McPherson schaute ihn interessiert an. „Dem Jungen verdanken wir viel. Erzählen Sie mir von ihm. "

Tancred erzählte James McPherson alles: wie er den Jungen gefunden hatte, von den stinkenden Slums am Rand dieser schönen Stadt, von den umherziehenden Banden jugendlicher Diebe, wie Chico zusammengeschlagen worden war, wie er sich als blinder Passagier in Marios Lastwagen versteckt hatte, wie sehr er an Tancred hing und von seinem Lerneifer. Und auch davon, wie er mit bloßen Händen Tancred freigeschaufelt hatte.

„Du meine Güte!" murmelte McPherson. „So einen Jungen hätte ich gerne als Sohn. "

„Ich auch!" stimmte Tancred lächelnd zu.

„Was können wir für ihn tun? Ich würde dem Jungen gern helfen. "

„Ich auch, aber es hängt alles davon ab, daß ich seine Familie finde und sie dazu ihre Zustimmung gibt. Er sollte zur Schule gehen. Und später vielleicht sogar auf die Universität . . . Er möchte nämlich gern Ingenieur werden wie ich – und ich bin sicher, er wäre ein guter Ingenieur. Das größte Problem bei der ganzen Sache ist, daß Chico seiner Familie unbedingt jetzt helfen will. Er hat es sich in den Kopf gesetzt, daß er für sie einen Brunnen bohren und ihnen helfen muß, den Hof rentabler zu bewirtschaften – und zwar so bald wie möglich. Und dabei hat sein Vater ihm gesagt, er dürfe nicht zurückkehren, bevor er fünftausend Pesos beieinanderhat. "

McPherson blickte verblüfft drein. „Ach herrje, das ist doch nicht viel!"

„Ich weiß. " Tancred seufzte. „Ein solcher Betrag ist für die Leute hier in den Bergen eben viel mehr wert als für uns in der Stadt. Mit fünftausend Pesos könnten sie ein paar Ziegen kaufen oder einige Hühner, oder Saatkartoffeln oder Mais ..., vielleicht auch alles auf einmal. Es wäre für sie ein kleines Vermögen."

„Das habe ich gar nicht gewußt ... Ja, dann sollten Sie unbedingt seine Familie ausfindig machen – und dem Jungen seine fünftausend Pesos geben, damit er nach Hause zurückkehren kann."

Tancred lächelte. „Ich habe schon seinen Lohn beiseite gelegt. Vor dem Erdrutsch hat er oben bei uns gearbeitet, und er hat sich jeden Peso wirklich verdient."

„Das glaube ich Ihnen gern. Aber erklären Sie ihm doch, daß er für seine Hilfe bei den Bergungsarbeiten noch eine Belohnung erhält."

„Ich kann es versuchen, aber es wird nicht leicht sein. Wissen Sie, diese Leute sind sehr stolz."

Im gleichen Moment, als McPherson aufstand, um sich zu verabschieden, kam Chico mit zwei riesigen Kartons voll Eiskrem herein.

„Schauen Sie, Señor Tancred, es ist grün und rosa – Pistazie und Erdbeere. Domingo, der Wirt, sagt, es ist was Besonderes, für Festtage und Geburtstage, und er ist froh, daß Sie am Leben sind!"

„Komm, Chico", meinte Tancred, „wir schauen, wo Señor Ben und die anderen sind, und dann essen wir mit ihnen das Eis."

DIE Rückkehr von Tancred und seinen Begleitern zum Dorf Lomíca de Robléda erregte ebensoviel Aufsehen wie ihre Abreise, denn sie landeten in zwei von McPhersons Hubschraubern. Tancred hatte Pablo ihre Ankunft bereits telefonisch angekündigt und gefragt, was sie an Lebensmitteln mitbringen sollten, da der größte Teil der Belegschaft im nächsten Monat wahrscheinlich im Dorf bleiben wollte. Auch über ihre Unterbringung machte er sich Gedanken, denn das Dorf war klein, und die Häuschen waren schon überfüllt genug. Doch Pablo versicherte ihm, alles sei arrangiert; sie hätten eine alte Scheune als Schlafquartier für die Männer umgebaut. Sie brauchten nur noch ein paar Luftmatratzen und Schlafsäcke mitzubringen.

Aber wo sollte James McPherson wohnen? Es gab kein Hotel und keine Gasthäuser im Dorf, und ihm würde selbst das beste und sauberste Haus wie ein Loch erscheinen. Und zu Tancreds Bestürzung hatte auch noch Cressy darauf bestanden, ihn zu begleiten. Tancred konnte sich noch viel weniger vorstellen, wie er sie unterbringen sollte. Aber eigentlich müßte sie allmählich in der Lage sein, auch unter diesen

Bedingungen zurechtzukommen, dachte er und beschloß, den Dingen einfach ihren Lauf zu lassen.

Das ganze Dorf hatte sich versammelt, um ihre Ankunft mitzuerleben. Die Leute standen vor Pablos Lokal, und Begrüßungsrufe ertönten, als die Türen des Hubschraubers zurückglitten und die Männer ausstiegen. Auch Martin Lewis war da, den Arm in einer Schlinge, und Ben humpelte an Krücken auf sie zu.

Für jeden gab es eine Blumengirlande; eine besonders große bekam Chico, den die Männer auf ihren Schultern vom Hubschrauber bis zu Pablos Lokal trugen. Dort stellte Chico zu seiner Zufriedenheit fest, daß auch Celestina und El Martillo mit Girlanden geschmückt worden waren, und selbst Pietro, die Promenadenmischung aus dem Dorf, trug um den Hals einen Blumenkranz, den er zu fressen versuchte.

Pablo hatte die Fässer mit dem besten Wein aus einer dunklen Ecke hervorgeholt und mehrere Hühner geschlachtet, und sein *ajiaco,* eine Art Eintopf mit Fleisch, brodelte bereits auf dem Herd. Flöten spielten, Gitarren erklangen, und die Menschen tanzten, schwatzten und lachten. James McPherson hatte ein Glas *aguardiente,* einen Zuckerrohrschnaps, in seiner Hand und unterhielt sich blendend, und Cressy tanzte schwungvoll mit den jungen Männern in Pablos Lokal.

Später am Abend nahm Pablo Tancred beiseite. „Wir haben keinen sehr großartigen Platz für *el jefe,* euren Chef", erklärte er freundlich, aber besorgt. „Wir können ihm höchstens ein kleines Haus anbieten. Würden Sie mitkommen und es sich ansehen?"

Im flackernden Schein einer Fackel, die Pablo vorantrug, gingen sie durch die dunkle Dorfstraße, bis sie zu einem quadratischen, schmuck aussehenden Haus mit rotem Ziegeldach und einer blauen Tür kamen, das ein wenig abseits am Ende des Dorfes lag. Es war tatsächlich nicht sehr groß, aber es wirkte sauber und gepflegt, und die Mauern waren erst kürzlich weiß getüncht worden.

„Es war das Haus des Pfarrers", erzählte Pablo, und betrübt fuhr er fort, „aber wir haben leider keinen Pfarrer mehr – nur den, der manchmal an Sonntagen herkommt."

„Hat denn jetzt niemand drin gewohnt?"

„Doch, hier im Dorf ist ja immer zuwenig Platz. Aber wir haben die Bewohner woanders einquartiert und alles gereinigt und neu angestrichen."

Sie gingen zusammen in das kleine Haus und sahen sich um. Es war

CHICO

blitzsauber – die Wände schimmerten weiß, und der Steinfußboden schien frisch geschrubbt zu sein. Das Erdgeschoß bestand nur aus einem einzigen großen Raum mit einem einfachen Bett. In einer Ecke befand sich ein Holztisch mit vier Stühlen, und daneben war eine winzige Küche mit einem Herd, der an eine Propangasflasche angeschlossen war. Steinstufen führten nach oben zu zwei kleinen Schlafzimmern. In jedem von ihnen stand ein altmodisches Messingbett, auf dem eine funkelnagelneue Wolldecke lag. Den Fußboden bedeckten Ziegenfelle, und die weitere Möblierung bestand aus einem Stuhl und einem handgefertigten Hocker.

„Meinen Sie, daß das gut genug ist?" Pablos Stimme klang noch immer ängstlich.

Tancred faßte ihn am Arm. „Aber das ist ja ein Palast! Sie haben bestimmt hart gearbeitet, daß alles so schön geworden ist!"

Pablo war hoch erfreut über diese Antwort. „Aber wird es *el jefe* gefallen – und seiner hübschen Tochter?"

Tancred lachte. „Sie werden es wundervoll finden, ganz bestimmt!"

Als McPherson das kleine Pfarrhaus besichtigt hatte, schien er ganz zufrieden. Nicht so Cressy. „Hier soll ich schlafen?" beschwerte sie sich. „Also wirklich, Tancred, gibt es denn nichts Besseres?"

„Nein." Tancreds Stimme klang verärgert. „Es ist das beste Haus im ganzen Dorf. Sie haben es extra euch überlassen. Und sie haben es von oben bis unten geschrubbt und alle Wände frisch getüncht. Was willst du noch mehr?"

„Aber wo soll ich mich waschen? Hier gibt es ja nirgendwo ein Badezimmer!"

„Im Waschbecken, mit kaltem Wasser vom Brunnen. Du kannst es dir aber auch warm machen."

Cressy war kurz davor, vor Wut zu explodieren, da mischte sich ihr Vater ein. „Nun beruhige dich mal, Cressy. Diese Leute haben sich sehr viel Mühe gegeben. Es ist doch schließlich nur für zwei Nächte!"

Cressy folgte Tancred, der ihnen mit einer Öllampe leuchtete, die Treppe hinauf, um die Schlafzimmer anzusehen. Sie probierte die Matratzen aus und befühlte die Decken. „Hier werde ich kein Auge zutun", erklärte sie schließlich.

„Das bleibt ganz dir überlassen", erwiderte Tancred kurz angebunden und wandte sich wieder der Treppe zu.

„Wirst du auch hiersein?"

„Ich werde unten im Wohnzimmer schlafen, wenn du dich dann sicherer fühlst."

Sie lächelte. „Oh, sicherer ..., verdiene ich nicht einen Trost, wenn ich mich mit diesem Loch zufriedengebe?"

Da verlor Tancred die Geduld. „Nein, Cressy!" fuhr er sie an. „Ich wüßte nicht, wofür. Du wolltest unbedingt hierherkommen, obwohl dich niemand darum gebeten, geschweige denn dazu gezwungen hat. Aber jetzt bist du eben hier, und es wird dir sehr guttun, einmal zu sehen, wie einfach die Menschen hier leben müssen. Die Dorfbewohner haben sich alle Mühe gegeben und dir das einzige gute Haus im ganzen Dorf überlassen. Und warum ist es das einzige? Weil sie es sich nicht leisten können, mehr solcher Häuser zu bauen. Du hast Glück, daß du überhaupt Wasser hast, um dich zu waschen – ob nun heiß oder kalt –, und du hättest überhaupt keins, wenn ich ihnen nicht einen neuen Brunnen gebohrt hätte. Genauso ist es alles andere als selbstverständlich, daß du Propangas für deinen Herd hast. Es muß extra auf einem Lastwagen von der Stadt hergebracht werden, und die meisten Dorfbewohner feuern ihren Herd entweder mit Holz oder Holzkohle, wenn sie welche auftreiben können, oder ansonsten mit Dung. Die Decken auf deinem Bett sind von Frauen in dunklen Winternächten gewebt worden, und dabei sind ihnen fast die Hände erfroren. Und was den Ziegenfellteppich betrifft – weißt du eigentlich, was eine Ziege in einem Dorf wie diesem bedeutet? Eine solche Ziege ist die Milchquelle für die Kinder des Dorfes und wird erst geschlachtet, wenn sie zu alt und damit nutzlos wird. Und du wagst es, dieses Haus ein Loch zu nennen! Für sie ist es ein Palast – und dich haben sie wie eine Prinzessin behandelt, obwohl du das weiß Gott nicht verdienst! Warum versuchst du nicht, ein bißchen Verständnis aufzubringen?"

Er drehte sich auf dem Absatz um und stieg die Stufen hinunter. Cressy blieb wie betäubt stehen und starrte ihm hinterher.

Am nächsten Morgen traf Tancred in der Küche auf Chico, der dabei war, Kaffee zu kochen. Auf dem Tisch lag ein Berg frisch gemachter *buñuelos,* kleiner Brötchen aus Maismehl und Käse.

„*Buenos dias*", begrüßte Chico ihn lächelnd. „Der Kaffee ist gleich fertig. Die *buñuelos* hat Pablo geschickt. Haben Sie gut geschlafen?"

„Ja, ausgezeichnet", erwiderte Tancred. Er war erst sehr spät ins Bett gegangen und dann auf der Stelle eingeschlafen. „Wo hast du eigentlich die Nacht verbracht?" fragte er.

„Hier, Señor Tancred.“ Chico deutete auf eine Ecke der kleinen Küche, wo ein ordentlich zusammengerollter Schlafsack lag.

Tancred nickte beruhigt und wechselte dann das Gesprächsthema. „Chico – du weißt, daß *el jefe* die Brücke und den Damm inspizieren möchte. Wir werden heute früh mit den Ingenieuren hinfahren, aber ich möchte nicht, daß du mitkommst.“

„Warum nicht, Señor Tancred?“

„Weil der Berg noch nicht sicher ist.“

„Wenn er für Sie ausreichend sicher ist“, widersprach Chico, „dann ist er auch für mich sicher genug. Sogar noch sicherer“, fügte er hinzu, „weil ich leichter bin.“

Tancred schüttelte ablehnend den Kopf. „Trotzdem – ich möchte, daß du hierbleibst.“

Chico öffnete schon den Mund, um zu protestieren, aber dann unterließ er es doch. Er merkte, daß Señor Tancred an diesem Morgen keinen Widerspruch duldete. „Also gut, Señor Tancred“, gab er gehorsam nach. Er schenkte Tancred heißen Kaffee ein und stellte ihm den Becher hin.

Nachdem McPherson und Cressy nach unten gekommen waren und die meisten von Pablos *buñuelos* verzehrt und sie mit Chicos Kaffee hinuntergespült hatten, ergab sich ein neues Problem. Cressy wünschte, den Schauplatz des Unglücks zu sehen – aber Tancred wollte nichts davon wissen.

„Er hat völlig recht, Cressy“, bestätigte McPherson. „Du bleibst hier und unterhältst dich mit Pablo. In ein paar Stunden sind wir wieder zurück.“

Es gelang ihr nicht, die beiden Männer umzustimmen, und so stand sie da und mußte zusehen, wie die Ingenieure – Tancred, Ben, Martin Lewis und Tony Lyle – mit ihrem Vater in einen Jeep stiegen und auf der Bergstraße davonfuhren.

Aber als sie außer Sicht waren, nahm Chico sie bei der Hand. „Kommen Sie, Señorita Cressy“, meinte er verschmitzt, „Emilio, der Taxifahrer, ist ein Freund von mir . . .“

Die Ingenieure fuhren zuerst zum Damm. Ben hatte darauf bestanden mitzukommen und humpelte nun auf der Baustelle auf seinen Krücken herum. Sie inspizierten sorgfältig jeden einzelnen Pfeiler der Staumauer und jedes Mauerstück. Alles schien intakt zu sein, kein Riß war zu erkennen.

Als sie fertig waren, stiegen sie wieder in den Jeep und fuhren vorsichtig die Haarnadelkurven der Straße hinauf. McPherson musterte alles mit seinen scharfen blauen Augen: den schwarzen überhängenden Fels, das trügerisch-bröcklige Schiefergestein und die exakten Kurven der neu angelegten Bergstraße.

Sie ließen den großen Wendeplatz vor dem Camp hinter sich. Tancred fuhr mit dem Jeep so weit, wie es gefahrlos möglich war. Dann hielt er an.

„Von hier aus sollten wir lieber laufen", empfahl er McPherson. „Um die Brücke zu erreichen, müssen wir um den Erdrutsch herumklettern. Die Baustelle liegt hinter der nächsten Kurve."

Nachdem sie ausgestiegen waren, blieben sie einen Augenblick lang stehen und blickten den Berghang hinab. Auch Ben war aus dem Jeep geklettert und stand nun neben Tancred.

„Wo hat es dich erwischt?" fragte er ihn.

Die Antwort gab eine klare Kinderstimme hinter ihrem Rücken. „Es war dort unten, Señor Ben, auf dem letzten Stück Straße bei der Brücke. Und er hielt in seinem Jeep an, um die Männer zu warnen. Deshalb ist er unter den Erdrutsch geraten."

Die Ingenieure drehten sich überrascht um und erblickten Chico und neben ihm Cressy, die ebenfalls den gefährlichen Abhang hinunterschaute und vor Schreck ganz bleich geworden war.

„Ich zeige Ihnen, wo es genau war", erklärte Chico eifrig, und ehe jemand protestieren konnte, kletterte er bereits den Hang hinunter.

Die Männer folgten ihm vorsichtig, nur Cressy und Ben blieben oben und schauten ihnen ängstlich nach. Martin Lewis ging voran, denn für die Brücke war er zuständig, und deshalb wollte er bei der Inspektion als erster den Schauplatz erreichen.

Abermals hielten sie Ausschau nach Rissen in den Pfeilern. McPherson blickte Tancred ungläubig an. „Alles in Ordnung! Der Erdrutsch ist tatsächlich auf der anderen Seite heruntergekommen und nicht hier bei der Brücke."

„Wir haben Glück gehabt", murmelte Tancred.

„Es ist ein Wunder", stimmte ihm James McPherson zu, schaute erst seine Ingenieure an und blickte dann auf den furchterregenden Haufen von Geröll und Felsbrocken hinter ihnen. „Und ein unfaßbares Glück, daß Sie alle noch einmal davongekommen sind. Aber jetzt nichts wie fort von hier!"

Tancred war froh über diesen Vorschlag, denn es machte ihn nervös zuzusehen, wie die Ingenieure und auch noch James McPherson auf dem Geröll hinauf- und herunterkletterten. Cressy und Ben, die oben warteten, waren nicht viel sicherer. Der Berg war immer noch völlig unberechenbar ... Aber sie erreichten ohne Zwischenfälle die Straße. Oben angekommen, trafen sie auf Emilio und Mario, der auch mitgefahren war. Beide entschuldigten sich, daß sie Cressy und Chico mitgebracht hatten. Tancred schimpfte mit ihnen und fragte Mario grimmig, was er wohl mit einem Vorarbeiter machen solle, der seine Anordnungen mißachte. Aber dann ließ er die Angelegenheit doch auf sich beruhen.

„Lassen Sie uns ins Lager hineinfahren", schlug McPherson vor. „Wir sollten dort allerdings nicht lange bleiben. Nehmen Sie nur die Sachen mit, die Sie dringend benötigen. Alles übrige können wir in der Stadt kaufen."

Rasch und routiniert packten die Männer die nötigsten Utensilien zusammen. Tancred und Tony Lyle sammelten alle wichtigen Werkzeuge ein, die noch nicht in den Jeeps und Lastwagen ins Tal befördert worden waren. Martin Lewis inspizierte die Zelte und erklärte, es sei kein Wasser eingedrungen. Und Ben hinkte zu den Wohnwagen hinüber, um ein paar persönliche Sachen zusammenzupacken, stellte aber fest, daß er auf Tancreds Hilfe warten mußte, da er mit seinen Krücken die Stufen zu den Wagen nicht hinaufkam.

Schließlich war alles erledigt, und die Gruppe fuhr im Jeep und in Emilios altem Taxi die Bergstraße hinunter.

An diesem Abend gab James McPherson ein Fest. Er hatte sich darüber mit Pablo beraten, und den ganzen Tag über waren aus der Stadt Lastwagen voller Vorräte im Dorf eingetroffen.

Nun flossen Wein und Bier in Strömen, und es wurden gewaltige Mengen zu essen aufgefahren. Ein solches Fest hatten die Dorfbewohner noch nie erlebt. Ganze Körbe voll von *arepas, empanadas* und *almojábanas,* einer Art Pfannkuchen, waren hergebracht worden. Ungezählte Fleischfladen und Hähnchenkeulen brutzelten in Pfannen über rauchenden Feuern. Saftige Steaks schmorten über Holzkohlenfeuern, und kleine gelbe Kartoffeln wurden in der Glut gebacken. Und schließlich gab es auch Früchte in Hülle und Fülle, ein wirklicher Luxus in den Bergen, wo der Transport so schwierig war. Orangen, Bananen, Melonen und Guaven prangten in ihren leuchtenden Farben. McPherson hatte nichts vergessen, nicht einmal Cola und Tüten mit gebrannten Mandeln für die Kinder.

Alle waren da: die Ingenieure, die Arbeiter und die Dorfbewohner, und sie aßen, tranken, plauderten, sangen und tanzten. Pablo war noch nie so emsig damit beschäftigt gewesen, Essen auszuteilen. Aber man sah ihm an, daß es ihm nichts ausmachte; er strahlte gut gelaunt übers ganze Gesicht.

„Das ist sehr großzügig von Ihnen", meinte Ben zu McPherson, eine Hähnchenkeule in der einen Hand, ein Glas Wein in der anderen.

„Nein, ist es gar nicht", widersprach McPherson lachend und prostete Ben mit seinem Glas zu. „Alle hier verdienen es!" Er wandte sich Tancred zu, der neben ihm stand. „Sie hatten recht mit dem, was Sie über diese Leute gesagt haben, Tancred. Die Menschen sind fabelhaft – und ich bin stolz darauf, daß ich sie kennengelernt habe!" Und er trank der fröhlichen Runde zu.

Cressy hatte Tancred seit seinem Wutanfall am Abend zuvor zwar nicht gerade gemieden, aber sie war doch eindeutig auf der Hut gewesen – ganz besonders oben in den Bergen, da sie wußte, daß sie nicht hätte dort sein dürfen. Jetzt, auf dem Fest, warf sie immer wieder verstohlene Blicke zu ihm hinüber, und Tancred wußte, daß er sich mit ihr versöhnen mußte, bevor sie wieder nach Hause fuhr. So forderte er sie zum Tanzen auf, und während einer Pause führte er sie aus dem Gewühl der Tanzenden heraus, und sie gingen die dunkle Straße hinunter.

„Es tut mir leid wegen gestern abend", entschuldigte er sich, „schreib es meiner Gehirnerschütterung und meinen sonstigen Wehwehchen zu."

„Nein, du hattest ganz recht", entgegnete Cressy versöhnlich. „Ich hatte wohl einfach nichts verstanden, nicht wahr?"

„Siehst du jetzt ein, warum ich gesagt habe, daß das hier nicht dein Lebensstil ist?"

„Ja." Sie seufzte. „Dieses Lager in den Bergen sah ja schrecklich aus. Wie kannst du das nur ertragen!"

Tancred lachte. „Das habe ich ja damit gemeint, als ich sagte, wir seien zu verschieden, Cressy. Siehst du: Ich gehöre dorthin, ja, es gefällt mir sogar!"

Sie schaute ihn ungläubig an. „Trotz all der Gefahren?"

„Gerade deshalb", erwiderte er lächelnd.

Sie verstand seine Antwort zwar nicht ganz, aber etwas in seinem Gesichtsausdruck flößte ihr wieder einmal Respekt ein.

„Laß uns den Dingen doch ins Auge sehen, Cressy", fuhr er leise und geduldig fort. „Dieses windumtoste kleine Dorf, das winzige Haus des Pfarrers ..., das gefällt dir doch alles nicht besonders, stimmt's?"

„Nun ja, nicht sehr", gab Cressy zu. „Dieses einfache Leben, das ist zu spartanisch für mich ..., und die Dorfbewohner kommen mir auch ziemlich simpel vor."

„Vielleicht sind sie es sogar." Er schaute wehmütig drein. „Aber sie sind warmherzig, Cressy, und hinter ihrem rauhen Äußeren immer hilfsbereit und zuverlässig. Sie und ich, wir kommen gut miteinander aus." Er legte ihr den Arm um die Schultern und drehte sie behutsam zu sich. „Verstehst du, was ich sagen will? Unsere Vorstellungen vom Leben sind einfach zu verschieden, als daß sie sich miteinander vereinbaren lassen könnten."

Sie nickte, und Tancred sah mit einem Anflug von Mitgefühl, daß Tränen in ihren Augen standen.

„Traumhaft schöne Cressy", murmelte er, „geh lieber wieder zurück in deine schöne Traumwelt. Du findest bestimmt jemanden, der sie mit dir teilt – jemanden, der viel besser zu dir paßt als ich." Er trocknete ihr die Tränen ab, und sie kehrten langsam ins Licht des Festes zurück.

AM NÄCHSTEN Morgen regnete es wieder, aber das konnte James McPhersons fröhlichen Abschied nicht beeinträchtigen. Er verließ das Dorf in einer Atmosphäre der Herzlichkeit und Freundschaft. Doch zuvor hatte er noch eine halbe Stunde lang ernsthaft mit Tancred in einer ruhigen Ecke von Pablos Kneipe über die zukünftige Arbeit auf der Baustelle geredet.

„Ich bin von dem, was ich gesehen habe, sehr beeindruckt", betonte er aufgeräumt. „Ich kann mich in keinerlei Hinsicht beklagen. Sie liegen mit allem gut in der Zeit, und wenn dieses Unglück nicht passiert wäre, dann wären Sie unserer Planung sogar voraus. Wir können uns ruhigen Gewissens einen Monat Atempause erlauben." Er blickte Tancred mit einer gewissen väterlichen Strenge an. „Also schonen Sie sich noch ein wenig. Und vergessen Sie nicht: Ich möchte erfahren, was mit dem Jungen geschieht – ich bin wirklich daran interessiert!"

Tancred lächelte. „Das sind Sie nicht allein. Selbstverständlich werde ich es Sie wissen lassen."

McPherson nickte und stand auf. „Übrigens", meinte er beiläufig, „ich finde es gut, daß Cressy mitgekommen ist, und ich bin froh, daß Sie ihr die Meinung gesagt haben."

„So? Ich fürchtete schon, ich sei zu grob gewesen."

„Nein, keine Sorge, das schadet ihr nichts. Bisher ist das Leben viel zu sanft mit ihr umgegangen. Sie sind aber doch als Freunde voneinander geschieden, nicht wahr?"

„Ja, natürlich", erwiderte Tancred lächelnd.

„Dann bleiben Sie Freunde", meinte McPherson und stapfte davon, um Cressy zu holen, die sich gerade von Ben und den anderen Ingenieuren verabschiedete.

Wie Tancred nun erfuhr, hatte Ben vor, während seines Urlaubs im Dorf zu bleiben. Er sagte, ihm sei nicht danach zumute, auf Krücken in Bogotá herumzuhumpeln. Martin Lewis hingegen wollte McPherson nun nach Bogotá begleiten und seinen Urlaub bei einer befreundeten Familie in der Stadt verbringen. Tony Lyle beabsichtigte, zum Guatavitasee zu fahren und zu fischen.

Inzwischen war der Hubschrauber gelandet, und McPherson stieg ein, wobei er allen fröhlich zuwinkte.

„*Adiós!*" riefen die Dorfbewohner ihm zu. „*Adiós, el jefe! Hasta la vista!*"

Dann war Cressy an der Reihe. Sie umarmte Tancred, riß sich dann los und stieg rasch in den Helikopter ein. Martin Lewis und Tony Lyle bildeten den Schluß. Die Türen des Hubschraubers wurden geschlossen, die großen Rotoren begannen sich zu drehen, und der glänzende Metallvogel stieg geräuschvoll in den Regenhimmel. Einen Augenblick lang schwebte er noch über dem kleinen Dorf, dann wurde er stetig kleiner und entschwand hinter den Bergen.

Alle waren inzwischen an ihre Alltagsarbeit gegangen, nur Tancred war als einziger am Landeplatz zurückgeblieben. Da zupfte ihn jemand am Hemdsärmel. „Señor Tancred, sind Sie traurig?" fragte Chico betrübt.

„Nein, Chico, nicht traurig." Er blickte in das besorgte braune Kindergesicht und lächelte. „Nur ein bißchen müde vom vielen Reden."

Doch Chicos Miene war noch immer bekümmert. „Kommt Señorita Cressy bald wieder?"

Nun verstand Tancred. Dem Jungen war offenbar nicht entgangen, welch verlockende Angebote Tancred gemacht worden waren, und nun fragte er sich, warum Tancred sie nicht angenommen hatte.

„Nein, Chico, sie wird nicht zurückkommen", beruhigte Tancred den Jungen. „Wir zwei sind nun wieder ganz auf uns gestellt. Im übrigen muß ich eine Menge mit dir besprechen. Am besten, wir gehen zum Pfarrhaus, sonst weicht uns der Regen noch völlig auf."

Das braune Kindergesicht strahlte vor Glückseligkeit. „Sí, Señor Tancred", antwortete Chico und machte vor Freude einen Hüpfer.

Zusammen gingen sie Hand in Hand die Dorfstraße hinauf und betraten dann durch die kleine blaue Tür das Pfarrhaus.

III

TANCRED hatte seine topographischen Karten vor sich auf dem Tisch ausgebreitet. Er wußte, er würde Chico sehr eingehend befragen müssen, um das Dorf des Jungen ausfindig zu machen. Gleichzeitig spürte er aber, daß Chico sich auffallend zurückzog, wenn es um diese Fragen ging, und er beschloß daher, ihn direkt darauf anzusprechen. Er blickte von seinen Karten auf.

„Was ist eigentlich los, Chico?" fragte er. „Bist du nicht froh, daß wir diese Reise machen?"

„Doch, Señor Tancred, eigentlich schon."

„Was ist dann mit dir los?"

Der Junge stand neben dem Tisch, auf dem die Karten aufgehäuft waren, und schien sich mit etwas herumzuquälen, was er nicht aussprechen konnte. Schließlich legte er schüchtern die Hand auf Tancreds Arm und blickte ihn unglücklich an. „Ich muß nur daran denken, Señor Tancred, daß ich – wenn wir hinkommen – dort bleiben und meiner Familie helfen muß. Und daß Sie dann wieder weggehen."

Das war es also. Nun verstand Tancred die qualvolle Unentschlossenheit und den Zweifel, die er dem Verhalten des Jungen die ganze Zeit über angemerkt hatte. „Möchtest du lieber nicht hingehen?" fragte er.

Chico sah erschrocken aus. „O doch, Señor Tancred. Ich weiß, wir müssen hin. Es ist bloß zu früh. Ich habe noch nicht genug gelernt!"

Tancred lächelte. „Hör mir mal gut zu, Chico. Wir haben fast vier Wochen. Und ich werde die ganze Zeit bei dir sein. In einem Monat können wir eine Menge unternehmen."

„Sie bleiben bei mir?"

„Aber klar. Wir können deiner Familie einen neuen Brunnen bohren, und eine kleine Pumpe können wir auch mitnehmen. Du hast eine schöne Summe Geld verdient, Chico, als du für uns gearbeitet hast. Außerdem hat *el jefe* McPherson bestimmt, daß du für die Rettungsaktion genau wie die anderen Männer eine Belohnung bekommst." Er zog ein kleines rotes Notizbuch aus der Tasche, schlug es auf und studierte es aufmerksam. „Hier steht etwas von . . . , warte mal . . . , über fünftausend Pesos, die wir dir schulden für die Arbeit, die du bei Mario geleistet hast. Und Señor McPherson hat allen Männern für die Rettungsaktion hundert Dollar zusätzlich ausbezahlt."

Chico sperrte Mund und Augen auf. „Hundert Dollar? Das ist ja ein Vermögen!"

Tancred lachte. Dann wurde er wieder ernst. „Das hast du dir redlich verdient, mein Junge, wirklich und wahrhaftig verdient!"

Beim Gedanken an solchen Reichtum war Chico völlig sprachlos. Aber Tancred sah, daß ihn immer noch etwas beschäftigte, und er ahnte auch, was es war. „Der Hauptgrund, warum ich deine Familie besuchen will, ist, sie um Erlaubnis zu bitten, daß ich dich bei mir behalten darf", fuhr er daher fort. „Aber du müßtest zur Schule gehen und später zur Universität."

Chico schluckte und sagte schüchtern, doch vollkommen ernst, ja fast feierlich: „Ich werde arbeiten, Señor Tancred. Ich werde studieren. Sie sollen stolz auf mich sein."

Tancred lächelte und fuhr ihm liebevoll durchs Haar. „Ich bin jetzt schon sehr stolz auf dich, Chico. Aber nun wollen wir endlich feststellen, wo dein Dorf eigentlich liegt."

Es war keine leichte Aufgabe. Chico erinnerte sich zwar an den Namen, Vellora de las Nubes, und er erinnerte sich auch an das nahe gelegene andere, größere Dorf, das La Floresta hieß. Aber er konnte sich an keine einzige Straße erinnern, nur an die Saumpfade, die die Maultiere benutzten. Auf seinem Weg in die Stadt waren ringsumher sehr hohe Berge gewesen.

„Hatten die Berge Namen, an die du dich erinnern kannst?" fragte ihn Tancred.

Das Gesicht des Jungen hellte sich auf. „*Sí*. Da war einer, ein sehr hoher, weit weg, der hieß Santa Rosa."

„Aha! Santa Rosa …" Tancred fuhr auf einer Karte mit dem Zeigefinger die Bergketten entlang und hielt an einer als besonders hoch bezeichneten Stelle der Kordilleren inne. „Wo stand die Sonne, als ihr aufgebrochen seid?"

„Wir sind jeden Morgen dem Sonnenaufgang entgegengewandert", antwortete Chico, ohne zu zögern. „Wir haben den *camino de herradura* genommen, den Saumpfad durch die Berge."

„Und die Straße, ging die auch nach Osten, zum Sonnenaufgang?"

„Nein, Señor Tancred. Die große Straße, auf der die gelben Busse fahren, ging vom Saumpfad so ab", und er zeigte mit zwei Fingern der rechten Hand einen Winkel.

„Also südlich", murmelte Tancred und nickte nachdenklich. „War es von da an, wo ihr auf die Straße gestoßen seid, noch weit bis zur Stadt? Seid ihr unterwegs durch andere Orte gekommen?"

Chico dachte angestrengt nach. „*Sí,* Señor Tancred, aber ich erinnere mich nicht an ihre Namen."

Tancred klopfte ihm aufmunternd auf die Schulter. „Zerbrich dir den Kopf nicht allzusehr. Wir sind schon ein gutes Stück weiter. Kannst du dich noch daran erinnern, von woher die Straße nach Bogotá kam? Von Norden? Durch den schönen Bezirk, wo die Villen und die Gärten sind, oder von Süden, dem Viertel mit den Häusern der Arbeiter und den Fabriken?"

Das konnte Chico sofort beantworten: „Von Norden. Die Straße war breit und neu. Und die Autos und Lastwagen fuhren sehr schnell, so schnell, daß die Maultiere Angst bekamen."

„Die Autopista del Norte!" Tancred lächelte triumphierend. „Auf der seid ihr also gekommen." Liebevoll legte er den Arm um den Jungen und zog ihn an sich. „Chico, mein Freund, ich glaube, wir wissen jetzt, wo wir starten müssen. Was hältst du eigentlich davon, wenn wir El Martillo und Celestina mitnehmen?"

Chico strahlte über das ganze Gesicht. „Das wäre toll! Darf Pietro auch mitkommen? Er könnte Wache halten und uns vor wilden Tieren beschützen." Bittend sah er Tancred an. „Bestimmt sind in den Bergen Jaguare, Pumas und sogar Bären."

Tancred mußte lachen. „Also gut. Pietro kommt als Wachhund mit." Er schaute nachdenklich die steilen Abhänge und schmalen

Pässe der gewaltigen Kordilleren auf der Karte vor sich an. „Wir müssen noch sorgfältig beraten, was wir an Ausrüstung und Werkzeugen mitnehmen sollen. Und was die Tiere tragen können!"

Sie warteten drei Tage in der Hoffnung, daß der Regen nachlassen werde. Diese Zwangspause bot Tancred immerhin die Möglichkeit, sich etwas zu schonen, denn seine Rippen mußten weiter verheilen, und auch die Auswirkungen der Gehirnerschütterung waren noch nicht abgeklungen; er litt fast ständig unter Kopfschmerzen. Aber sie packten schon alles Notwendige zusammen: Schlafsäcke und ein Zelt für den Fall, daß es kalt oder regnerisch bleiben sollte. Hinzu kamen Proviant und Kochgeschirr. All dieses Gepäck sollte die geduldige kleine Celestina tragen. El Martillo, dessen kräftiger Rücken schwere Lasten eher verkraften konnte, beluden sie mit Werkzeug und einem kleinen benzingetriebenen Motor, der den Versuchsbohrer antreiben sollte. Diesen Motor konnte man auch an die kleine Pumpe anschließen, die sie ebenfalls mitnehmen wollten. Schließlich kamen noch ein Kunststoffschlauch, Plastikplanen, ein Kanister Benzin und eine Packung Dynamit hinzu, das in wasserdichte Folie gehüllt war. Als sie mit dem Packen fertig waren, gab Tancred Chico seinen Lohn, einen Teil in Dollarnoten und einen Teil in Pesos – alles säuberlich gebündelt und in einem kleinen ledernen Brustbeutel verstaut. Chico war begeistert. Aber er nahm sofort ein paar Scheine wieder heraus und steckte sie in seine Hosentasche. Bevor er sich den Lederbeutel um den Hals hängte, nahm er noch einige Dollars heraus und hielt sie Tancred hin.

„Behalten Sie etwas von dem Geld, Señor Tancred", bat er. „Bei Ihnen ist es sicher." Tancred nahm es an sich und versprach Chico lächelnd, gut darauf aufzupassen.

Am vierten Tag brachen sie bereits bei Morgengrauen auf. Der Himmel war verhangen, doch der Regen hatte aufgehört, und der Wind war weniger stürmisch als vorher. Die spärliche Gebirgsvegetation hatte nach dem Regen angefangen zu blühen, und sogar das Gras, das sonst trocken und von Staub bedeckt war, glänzte in einem nassen Grün. Tancred und Chico wanderten mit den Packtieren durch eine Wildnis, die vor kurzem noch tot und öde ausgesehen hatte und nun auf geheimnisvolle Weise zum Leben erwacht war.

Zunächst stiegen sie oberhalb des Erdrutsches und der neugebauten Brücke die neue Straße hinauf. Dann folgten sie dem Maultierpfad, der sich zwischen den steilen Berghängen hindurchwand und sie immer höher hinauf in die Berge führte. Er mündete schließlich in einen schmalen Paß, auf dessen beiden Seiten sich schroffe Felswände in schwindelnde Höhen erhoben.

Von dort aus stiegen sie wieder hinab in ein flaches, fruchtbareres Tal. Grün schimmerte zwischen den Steinen, kleine Blumen blühten in leuchtender Farbenpracht entlang des Weges, und weiter entfernt am Hang weideten ein paar magere Schafe.

In schweigender Kameradschaft setzten sie ihren Weg fort. Pietro folgte ihnen dicht auf den Fersen, Celestinas Geschirr klirrte, und El Martillos Hufe schlugen Funken auf dem Felsgestein.

Durch den Grund des kleinen Tales schlängelte sich ein schmaler Gebirgsbach, und Tancred entschied, dies sei ein guter Platz für ihre erste Rast. Als sie das Wasser erreicht hatten, führte Chico Celestina und El Martillo zu einem Teich und ließ sie trinken. Tancred holte ein paar Brötchen und etwas Käse aus der Satteltasche.

Immer noch beeindruckt von der plötzlichen Üppigkeit dieser kleinen grünen Welt, setzten sie sich zwischen Farne und Gräser und beobachteten Eichhörnchen, die zu ein paar verkrüppelten Eichen nahe bei dem Flüßchen sprangen. Chico hatte Zweige und trockene Blätter gesammelt und ein Feuer gemacht. Er holte Tancreds alten schwarzen Wasserkessel aus Celestinas Gepäck und kramte auch die Kaffeedose hervor. Bald darauf stand er mit einem dampfenden Becher Kaffee neben Tancred. „Sehen Sie, Señor Tancred, wie nützlich ich auf dieser Reise bin?" meinte er stolz.

Tancred grinste und nahm seinen Kaffee. „*Evidamente*", stimmte er zu, „ganz offensichtlich."

Den ganzen Tag wanderten sie weiter durch die Berge. Der Pfad stieg immer wieder steil an, und die Luft wurde dünn und kalt und der Weitermarsch beschwerlich. Führte der Weg jedoch hinab in eines der verborgenen, fruchtbaren Täler, so stießen sie auf kleine grüne Oasen in der felsigen Wildnis, in denen sie rasten und neue Kraft schöpfen konnten. Als der Abend herannahte, durchquerten sie gerade eines der Täler. Plötzlich hörten sie aus dem Geäst einer verkrüppelten Eiche vor ihnen ein schrilles Fauchen und Zischen, das Pietro sofort mit wütendem Gebell beantwortete. Im gleichen Augenblick stürzte er auf den Baum los.

Chico blieb wie erstarrt stehen und schaute einen Moment lang Tancred entsetzt an, dann rannte er voller Angst seinem Hund nach.

„Nicht, Chico!" rief Tancred gebieterisch – aber vergebens. Der Junge war bereits an der Eiche angelangt und versuchte, Pietro von den niedrigen Zweigen fortzuziehen, auf denen das fauchende Geschöpf saß.

„Komm, Pietro! Komm mit! Das Biest kratzt dir die Augen aus!" schrie Chico und versuchte, den Hund am Nacken wegzuzerren.

Blitzartig fuhr eine gestreifte Pfote herab, und scharfe Krallen hinterließen rote Striemen auf Chicos erhobenem Arm.

„Paß auf!" rief Tancred, stürzte vorwärts, ergriff Chico am anderen Arm und zog ihn weg.

Chico fiel hin, stand aber sofort wieder auf und versuchte abermals, seinen Hund in Sicherheit zu bringen.

Doch der Hund war außer sich vor Wut und Enttäuschung. Immer wieder sprang er nach dem krallenbewehrten Biest über seinem Kopf.

„Ich glaube, es ist eine Art Wildkatze", befürchtete Tancred. „Geh ja nicht zu nahe ran!" Er legte Chico die Hand auf die Schulter und hielt ihn fest. „Pietro wird nicht verletzt, wenn er unten bleibt, wo ihn dieses Tier mit seinen Krallen nicht erreichen kann." Er schaute sich Chicos blutenden Arm an. „Tut es sehr weh?" fragte er besorgt.

„Nein!" erwiderte Chico trotzig. „Aber Pietro wird's schlimm ergehen, wenn er weiter da hochspringt. Wir müssen ihn unbedingt daran hindern!"

In diesem Augenblick schlug die Wildkatze abermals plötzlich zu und riß mit ihren Krallen Schrammen in das Gesicht des Hundes. Aus den Kratzern an Pietros Kopf lief Blut, und er stieß ein lautes Schmerzgeheul aus. Aber er sprang weiter an dem Baum hinauf und versuchte, den Angreifer zu erwischen.

Chico entwand sich Tancreds Griff, raste zum Baum, und diesmal bekam er den Hund zu fassen und zog ihn aus der Gefahrenzone.

Tancred nahm ein Stück Seil aus dem Gepäck, und gemeinsam banden Chico und er den wütenden Hund am starken Ast einer anderen Eiche fest, die ein Stück entfernt stand.

„Wir müssen zuerst diese Katze verscheuchen. An ihr kriegen wir Celestina nie vorbei, sie wird scheuen."

Als Chico sich umschaute, fiel sein Blick auf hohe Büschel von *frailejones,* die direkt unterhalb der Eichen wuchsen. Sie waren trocken wie Zunder. Ihm kam eine Idee.

„Vielleicht können wir das Biest ausräuchern", schlug er vor. „Alle

Tiere haben doch Angst vor Feuer, nicht wahr?" Er lief zu Celestina
zurück und holte Tancreds Streichhölzer aus dem Gepäck. Dabei streichelte er mit einer Hand die Ohren des Esels und versuchte das zit-
ternde kleine Tier zu beruhigen. „Ist doch alles gut", murmelte er. „Es
ist nur eine dumme Katze ..."

„Leg das Feuer in einem Halbkreis", wies ihn Tancred an. „Dann
bleibt der Katze ein Ausweg, und sie kann weglaufen."

„Hoffentlich läuft sie so weit wie möglich fort", bekräftigte Chico
und bückte sich, um die ausgetrockneten Stengel der *frailejones* nacheinander anzuzünden. Sie flammten in leuchtendem Blau und Grün
auf, ihre hochsitzenden Köpfe zischten und knisterten in der Hitze,
und Rauch stieg empor.

Tancred versuchte, Chico und gleichzeitig das auf dem Baum lau-
ernde Tier im Auge zu behalten. Er sah es nun deutlicher mit seinem
gelben, getigerten Fell und den scharfen Krallen. Es fauchte und
scheute vor den Flammen zurück. Die spitzen Ohren hatte es flach
angelegt, und seine schrägliegenden Augen schimmerten goldgelb in
dem sonderbaren blaugrünen Feuer der brennenden *frailejones*.

Die Katze merkte offenbar auf einmal, daß sie auf dem Baum in der
Falle saß und den Flammen zum Opfer fallen würde, wenn sie noch
länger dort blieb. Mit einem wütenden und zugleich angstvollen Krei-
schen sprang sie vom Ast – unmittelbar über die züngelnden Flammen
hinweg – und sauste den felsigen Berghang hinunter, zu einer Gruppe
von Bäumen und Büschen, wo sie verschwand.

Tancred und Chico sahen der Katze nach, dann blickten sie einander
an und seufzten erleichtert auf.

„Puh", meinte Tancred, „bin ich froh, daß das Biest weg ist!"

„Die kommt nicht mehr zurück", ergänzte Chico.

„Und jetzt", bestimmte Tancred, „werde ich mir endlich deinen
Arm ansehen. Ich muß die Wunden desinfizieren."

ALS sie die Talsohle erreicht hatten, war es fast dunkel, und so entschied Tancred, hier zu lagern. Es war noch nicht sehr kalt, aber trotzdem zeigte er Chico, wie man das Zelt aufschlug, und rollte schon ihre
Schlafsäcke auseinander. Chico machte Feuer und ging zu einem Wasserlauf, den Tancred entdeckt hatte. Er füllte den schwärzlichen Kessel
und setzte Kaffee auf. Dann gab er Celestina und El Martillo Wasser
und auch etwas Maisschrotmehl aus dem Futtersack.

Es war friedlich in dem kleinen Tal, denn die schneidenden Berg-
winde wurden von den steilen felsigen Flanken abgehalten. Sie saßen
still und zufrieden beieinander an diesem ruhigen und luftigen Plätzchen, müde von dem langen Tagesmarsch. Chico aß die letzten Reste
der *arepas,* dann streckte er sich neben dem Feuer in seinem Schlafsack
aus und seufzte genußvoll.

„Señor Tancred . . . "

„Mm?" Auch Tancred war angenehm satt von den *arepas* und dem
Kaffee und döste neben dem Feuer vor sich hin.

„Ich wünschte, diese Reise könnte für immer so weitergehen."

Tancred lachte. „Da würdest du aber ganz schön müde werden!
Und Celestina und El Martillo auch."

Chico verschränkte die Hände hinter dem Kopf und blickte zum
Himmel auf. Weit, weit über den Bergen konnte er die ersten schimmernden Sterne sehen. „Nein, würde ich nicht", murmelte er. „Wir
wären sehr glücklich . . ., einfach immer weiter und weiter laufen . . . "
Seine Stimme wurde leiser und undeutlich.

Bevor Tancred noch etwas entgegnen konnte, war der Junge schon
eingeschlafen. Und so stieg auch Tancred in seinen Schlafsack und
schlief auf der Stelle ein.

Tancred erwachte schlagartig. Sein Spürsinn warnte ihn, daß
Gefahr drohte. Er setzte sich auf und blickte sich um. Das Feuer war
nur noch ein kleiner Gluthaufen mit weißer Asche; Chico lag daneben
zusammengerollt auf der Erde. Was hatte ihn eigentlich aufgeweckt?
Ein Tier auf Beutejagd vielleicht? Er konnte Celestinas Geschirr leise
klirren hören, und auch El Martillo scharrte mit den Hufen auf dem
Felsgrund, als sei er gestört worden. Und Pietro, der zu Chicos Füßen
lag, hatte den Kopf gehoben und lauschte aufmerksam.

Und dann sah Tancred im Schatten etwas metallisch schimmern . . .
und noch etwas . . ., und plötzlich erkannte er mit einem Gefühl von
Angst, daß Chico und er von bewaffneten Männern umzingelt waren,
die ihre Gewehre auf sie gerichtet hielten.

Was soll ich nur machen? überlegte er entsetzt. Am besten warte ich
ab. Gegen so viele können wir nichts ausrichten.

In diesem Augenblick rollte sich Chico schläfrig herum, so daß er
unmittelbar neben Tancred zu liegen kam, ergriff heimlich dessen
Hand und drückte sie warnend.

Er ist also auch wach, dachte Tancred.

„Aha", bemerkte eine Stimme in der Dunkelheit, „unsere Reisenden sind aufgewacht. Vielleicht erzählt ihr uns jetzt mal, wo ihr hinwollt."

Ein Mann, der hinter einer kleinen Baumgruppe nahe beim Wasserlauf gestanden hatte, trat näher. Er war jung und schlank und ganz in Schwarz gekleidet: schwarze Hose, schwarzes Hemd, schwarz-graue *ruana* und schwarzer Filzhut. In der Hand trug er ein Gewehr, und um seine Schulter hing ein Patronengürtel. Als er sprach, traten mit ihm mehrere ähnlich ausgerüstete junge Männer einen Schritt vor und schlossen so einen engen Kreis um sie.

„Wir gehen nach Hause", entgegnete Chico, bevor Tancred antworten konnte. „Dürfen ein Mann und ein Junge nicht mal in den Bergen, wo sie zu Hause sind, schlafen?"

Tancred war vollkommen überrascht über das völlig veränderte Benehmen des Jungen. Seine Stimme war hart und frech, ja geradezu absichtlich aggressiv, und sein ganzes Gebaren wirkte städtisch und erinnerte an die Atmosphäre in den *tugurios*.

„Zu Hause?" erwiderte der junge Mann und blickte Chico aufmerksam an. „Und wo soll das sein?"

„Mein Vater hat in der Nähe des Dorfes Vellora de las Nubes ein *minifundio*, ein kleines Stück Land", erklärte Chico leichthin. „Seid ihr Freiheitskämpfer? Wenn ja, könnte ich bei euch mitmachen und auch ein Gewehr tragen . . ."

„Schon möglich, Kleiner."

„Ihr habt recht, daß ihr mich ‚Kleiner' nennt", meinte Chico betont naiv und tat, als fühle er sich geschmeichelt. „Ihr verteidigt die Kleinen gegen die großen Bosse, nicht wahr?"

Doch statt zu antworten, musterte der Anführer Chico amüsiert. Tancred, der erkannte, wie geschickt Chico die Unterhaltung führte, mischte sich wohlweislich nicht ein.

„Vielleicht tun wir das", stimmte der junge Mann vage zu. „Und dein Vater gehört also auch zu den Kleinen, wie?"

„Man hat ihm schon einmal sein Land weggenommen", erzählte Chico, „und der Boß hat sich an meine Schwester herangemacht."

Der junge Anführer lachte grimmig. „Die Geschichte kommt mir bekannt vor." Und dann tat er genau das, was Chico versucht hatte zu verhindern – er wandte sich Tancred zu. „Und wer ist dieser *gringo?* Doch wohl nicht dein landloser Vater?"

„Nein." Chico stand plötzlich auf und stellte sich vor Tancred. „Er ist ein Ingenieur, der unserem Dorf helfen will. Er ist noch krank, weil ein Erdrutsch seine neue Straße verschüttet und ihn dabei unter sich begraben hat. Nur um mich zu begleiten und meinen Leuten zu helfen, hat er seinen ganzen Urlaub geopfert."

„Aber er ist doch Amerikaner", gab der junge Mann voller Argwohn zu bedenken und schaute dabei auf Tancreds blondes Haar. „Bist du denn sicher, daß er dich nicht ausbeutet?"

Chico lachte. „Mich ausbeuten? Er hilft mir. Im übrigen ist er Engländer, kein Amerikaner, und alle Engländer sind *loco*, harmlos ..."

Der Fremde sah Chico mit wachsendem Respekt an. Jemand wie Chico war ganz nach seinem Geschmack – selbstbewußt und entschlossen, aus jeder Gelegenheit das Beste herauszuholen. Doch dann dachte er an seine Aufgabe und an seine Männer, die hinter ihm vor dem glimmenden Feuer standen. „Wenn er die Absicht hat, euch zu helfen", begann er verschlagen, „dann führt er doch sicher irgendwelche Waren für euer Dorf mit? Und bestimmt auch etwas Geld?" Er trat näher und griff nach Tancreds dicker Jacke, in der er eine wohlgefüllte Brieftasche vermutete. Zwei seiner Männer wies er an, die Satteltaschen und Tragkörbe zu durchsuchen, die in der Nähe von Celestina und El Martillo im Gras lagen.

Und plötzlich brach die Hölle los.

Als erstes ließ Chico einen raschen, ununterbrochenen Wortschwall gemeiner *tugurio*-Beschimpfungen vom Stapel. „Ihr nennt euch Freiheitskämpfer!" schrie er. „Beschützer der Armen! Und was tut ihr? Ihr raubt die Armen aus! Ihr seid nicht besser als Diebe! *Vagabundos! Ladrones! Hurtadores! Robadores! Rateros puercos!*" Es schien, als wolle er gar nicht mehr aufhören.

Im gleichen Moment, in dem Chico mit seinen Verwünschungen begonnen hatte, schlug El Martillo mit seinen Hinterhufen nach einem der Banditen aus, der gerade auf ihn zukam. Celestina ließ ein ängstliches Wiehern hören, und Pietro stellte sich neben Chico und begann wie rasend zu bellen.

Einen Augenblick lang ging es zu wie in einem Irrenhaus, und Tancred hatte ernsthaft Angst, daß der junge Anführer oder einer seiner bewaffneten Männer abdrücken würde. Bis jetzt hatte Tancred geschwiegen, um keinen zusätzlichen Ärger heraufzubeschwören und um Chicos Taktik nicht zu stören. Doch nun stand er rasch auf, stellte sich neben Chico und legte ihm den Arm um die Schultern, um ihn zu beruhigen.

„Das reicht, Chico", murmelte er.

Doch Chico wußte ganz genau, was er tat. Er fuhr mit seinen Beschimpfungen fort, bis er den Gesichtern der Männer ansah, daß sie anfingen sich unsicher zu fühlen oder sogar zu schämen.

Und dann warf der Anführer plötzlich den Kopf zurück und lachte lauthals los. Er lachte und lachte und warf sein Gewehr ins Gras, und auch die anderen Männer begannen zu lachen und ließen ihre Gewehre sinken.

„Du – *guerrerito!*" brachte der Anführer hervor, während er vor Lachen kaum noch Luft bekam. „So ein Zwerg! Und gewinnt ganz allein eine Schlacht!" Er wischte sich mit dem Handrücken die Tränen aus den Augen und lachte weiter. „Also gut, du Held, wir werden eure Sachen nicht anrühren! Vielleicht kannst du sogar später, wenn du älter bist, zu uns kommen. Kämpfer wie dich können wir gebrauchen!" Er blickte Tancred an und hielt ihm plötzlich die Hand hin. „Señor *Gringo,* wir leben in schwierigen Zeiten – aber ich bin froh, daß Sie einem solchen Streitgenossen helfen!"

Tancred ergriff seine Hand und drückte sie erleichtert. „Glauben Sie mir", versicherte er, „ich weiß bei diesem Jungen nie, was ihm als nächstes einfällt!" Dann wandte er sich Chico zu. „Versuch die Tiere zu beruhigen! Inzwischen möchte ich unsere Freunde hier zu einer Tasse Kaffee an unserem Feuer einladen!"

Mit einem Schlag war die Gefahr vorbei, und die Situation hatte sich entspannt. Während Tancred noch etwas Holz nachlegte und das Kaffeewasser aufsetzte, sprach Chico sanft mit Celestina, die zu wiehern aufhörte und ihn vorwurfsvoll anblickte. Dann tätschelte er El Martillos Hals und flüsterte ihm etwas ins Ohr. Das knochige Maultier blickte sich zornig um und schnaubte in Richtung der Männer. Pietro, der merkte, daß seinem Herrn nun keine Gefahr mehr drohte, ließ sich am Feuer nieder und legte den Kopf auf die Pfoten.

Die Männer holten inzwischen einige Becher aus den Satteltaschen ihrer Pferde und gaben sie Chico. Nachdem seine Beschimpfungen den gewünschten Zweck erreicht hatten, war der Junge die Freundlichkeit in Person. Er füllte die Becher mit dem heißen Kaffee und ging reihum, um sie an die Männer zu verteilen, die diese Stärkung dankend annahmen, und zwischendurch achtete er immer wieder darauf, daß das Feuer nicht ausging, und warf von Zeit zu Zeit ein paar Zweige in die Flammen.

Wenn Tancred ihn ansah, konnte er ein Grinsen kaum unterdrücken. Sein Blick begegnete dem des jungen Anführers, und er merkte, daß auch dieser lächelte. Beide waren schnell miteinander ins Gespräch gekommen, das sich in erster Linie um die Ideale der *guerilleros* und weniger um deren praktische Durchführbarkeit drehte, wie Tancred feststellte. Die Mischung von utopisch anmutenden Wunschvorstellungen – eine Neuverteilung von Land und Reichtum, Gleichheit für alle – und dem Einsatz von Gewehren, um sie gewaltsam zu erzwingen, war gefährlich. Ja, wenn er ihren ungebärdigen Argumenten und der rücksichtslosen Verdammung der „Reichen und Korrupten" zuhörte, fragte er sich mit Schaudern, wie knapp er und Chico wohl dem Tod entronnen sein mochten.

Als die Morgendämmerung anbrach, saßen sie noch immer einträchtig um das Feuer herum, redeten miteinander und tranken Kaffee. Schließlich warf der junge Anführer einen prüfenden Blick auf den Himmel und erhob sich. Auf dieses Signal hin standen auch die anderen Männer auf und nahmen ihre Gewehre wieder an sich. „Wir müssen euch jetzt verlassen, Freunde", verabschiedete er sich. „Wir haben noch viel vor uns. Viel Glück auf eurer Reise!" Sie bestiegen ihre Pferde und setzten ihren Weg fort. Der Anführer bildete die Nachhut, und bevor auch er hinter der nächsten Biegung verschwand, hob er noch einmal die Hand zu einem letzten Gruß.

Chico und Tancred schliefen noch einige Stunden, ehe sie weiterwanderten. Auch an diesem Tag regnete es glücklicherweise nicht, aber die Sonne versteckte sich hinter einer grauen Wolkendecke, und ein bitterkalter Wind fegte durch die Berge.

Tancred wußte nicht, ob es an der langen kalten Nacht am Lagerfeuer lag, am ständigen Auf- und Absteigen oder an der großen Höhe, aber seine Rippen schmerzten heftiger als sonst, und das Atmen fiel ihm schwer. Er hoffte inständig, daß er nicht krank würde.

An diesem Tag begegneten sie keinem Lebewesen außer ein paar vereinzelten Schafen hoch oben auf einem Hang und einigen grauen Vögeln, die erschrocken aufflatterten, als sie sich näherten.

Schließlich wurde der Boden morastig, und der Saumpfad führte in weitem Bogen um das schlüpfrige Terrain herum zu einem Wasserfall und einem kleinen torffarbenen See. Tancred beschloß, hier eine kurze

Rast einzulegen, um sich von den Schmerzen im Brustkorb etwas zu erholen. Chico beobachtete ihn heimlich, sagte aber nichts, obwohl er sah, wie mühsam Tancred atmete.

Die Sonne brannte heiß auf dieses geschützte Tal hernieder, und Tancred, der ohnehin das Bedürfnis verspürte, all den Staub und Schmutz, der durch jedes Kleidungsstück drang, einmal abzuwaschen, warf bald einen sehnsüchtigen Blick auf den kleinen See. „Hast du Lust, ein bißchen zu baden?" fragte er Chico. Der Junge stimmte begeistert zu, und so planschten sie bald darauf glücklich im flachen Wasser herum. Das Wasser, offensichtlich Schmelzwasser von dem ewigen Schnee auf den hohen Gipfeln und Gletschern der Sierra Nevada de Cocuy, war sehr kalt, aber auch das konnte ihr Vergnügen nicht schmälern. Es war allerdings nur von kurzer Dauer, denn vor ihnen lagen ein weiterer Paß und ein anstrengender Aufstieg. Deshalb gestattete Tancred keine allzulange Rast. Bald waren sie wieder unterwegs. Es war nun bereits später Nachmittag, und Tancred warf einen besorgten Blick auf die tiefstehende Sonne. Sie mußten den Saumpfad noch vor der Dunkelheit hinter sich bringen.

Als der Abend anbrach, bog der Pfad in ein weiteres Tal ein, und sie gelangten in ein kleines Dorf. Eigentlich war es mehr eine Ansammlung baufälliger Hütten, die sich, dem Wind zugewandt, an die Berghänge kauerten.

Tancred war sehr erleichtert, daß sie diese Ansiedlung entdeckt hatten. Vielleicht kannten die Dorfbewohner Vellora de las Nubes. Und zumindest bot dieser Weiler ihnen für die Nacht Schutz vor dem schneidenden Wind der Anden.

Zunächst kam niemand aus den Hütten hervor, und auch an den Hängen war kein Mensch zu sehen. Chico musterte das Dorf nachdenklich. „Ich werde beim Flüßchen ein Feuer machen, und Sie können sich dort ausruhen", schlug er Tancred vor. „Und dann seh ich mich mal um, wo wir unser Zelt aufschlagen können."

„Hier wäre es nicht schlecht, Chico. Das Tal ist geschützt."

„Für mich wär's schon recht, Señor Tancred. Aber ich bin auch nicht von einem Erdrutsch verschüttet worden und muß mich nicht mit den Folgen herumplagen."

Tancred seufzte. Chicos scharfen Augen entging offensichtlich nichts. „Also gut", gab er nach und ließ sich auf dem grasbewachsenen Boden nieder.

Dann fiel ihm ein, daß Margaret ihm schmerzstillende Medikamente mitgegeben hatte für den Fall, daß es ihm schlechter ginge. Er wühlte in Celestinas Satteltaschen, fand bald den kleinen Beutel mit den Tabletten und schluckte sie mit Wasser hinunter.

Chico war inzwischen fortgegangen, um den ungepflegten Hütten und behelfsmäßigen Behausungen an den Hängen einen Besuch abzustatten. Nachdem er drei Hütten umrundet hatte, verschwand er hinter einer vierten und war nicht mehr zu sehen.

Tancred machte sich am Feuer und dem alten Wasserkessel zu schaffen. Er spürte, daß ihm jetzt etwas Heißes guttun würde.

Dann ruhte er sich eine Weile aus. Mit geschlossenen Augen lag er auf seinem Schlafsack und lauschte dem Klirren von Celestinas Geschirr und El Martillos gelegentlichem Schnauben. Der Hund hatte Chico begleitet.

Plötzlich hörte er Chicos klare Kinderstimme. Eine tiefere antwortete ihm, und es erklangen Schritte von zwei Paar Füßen – oder waren es drei? – auf dem steinigen Pfad. Tancred öffnete die Augen und erblickte Chico und den Hund mit einem alten, gebeugten Mann und einem kleinen Mädchen mit runden Augen, das ein schäbiges Schürzenkleidchen trug und barfuß war. Sie kamen sachte heran, blieben vor ihm stehen und blickten auf ihn nieder.

„*Buenos días*", sagte Tancred höflich und erhob sich. „Hoffentlich stören wir Sie nicht."

Der alte Mann lachte und zeigte dabei seine Zahnlücken, und auch das kleine Mädchen lächelte. „Nein, überhaupt nicht!" Er machte mit dem Arm eine weit ausholende Geste. „Die Berge sind für alle da!"

Das Kaffeewasser war inzwischen heiß, und der Junge holte schon die beiden Blechbecher heraus.

„Mögen Sie auch etwas Kaffee?" fragte Tancred. Als er dabei das kleine Mädchen ansah, fiel ihm ein, daß er eine Tafel Schokolade dabeihatte. Er holte sie aus der Satteltasche hervor und reichte sie dem Mädchen. Die beiden Besucher freuten sich und strahlten über das ganze Gesicht.

„Das ist übrigens Christina", stellte der alte Mann das Mädchen vor, und es lachte wieder und versteckte sich hinter dem Ärmel seines Großvaters.

„Er weiß nichts über Vellora de las Nubes", berichtete Chico. „Aber er hat schon von La Floresta gehört."

„*Sí.*" Der alte Mann nickte nachdrücklich. „Es gibt dort einen Markt. Meine Söhne gehen manchmal dorthin und verkaufen Waren. Aber es ist ein weiter Weg über den Berg." Er deutete zunächst nach Norden und dann leicht östlich. „Da drüben ist es", erklärte er. „Man muß zwei hohe Pässe überqueren."

Tancred seufzte. Hoffentlich taten die Tabletten ihre Wirkung. Der alte Mann musterte ihn eingehend. „Sie sind krank, Señor?"

„Nein", erklärte Tancred entschieden, „nur ein bißchen müde." Er lächelte den alten *campesino* an. „Wir haben einen langen Weg hinter uns."

„Die anderen Männer kommen bald von den Feldern zurück, und dann gibt's für uns alle *sopa*", fuhr der Alte fort und schwenkte dabei seinen Kaffeebecher. „Nach einer solchen Reise können Sie sicher eine Stärkung vertragen, und außerdem ist bei diesem Wind alles Heiße angenehm."

Tancred stimmte ihm zu.

In diesem Augenblick erklangen Stimmen und Gelächter, klappernde Hufe, Schafglocken und das Bellen eifriger Hunde. Die Männer waren von ihrer Tagesarbeit auf den grünen Terrassenfeldern heimgekehrt.

An diesem Abend erhielten Tancred und Chico reichlich heiße Bohnensuppe und Maisbrot, und der alte Mann schlug vor, sie sollten in seiner Scheune auf dem frisch duftenden Maisstroh schlafen. In dem Stroh waren Büschel getrockneter Bergkräuter – und vielleicht lag es an ihrem betäubenden Geruch, daß Tancred traumlos und tief schlief, und als er in der Morgendämmerung des folgenden Tages erwachte, fühlte er sich unerwartet erfrischt und ausgeruht.

Weder Chico noch der alte Mann waren zu sehen, und Tancred wollte sich gerade aufraffen, um sie zu suchen, da kam der Junge mit einem Becher dampfendem Kaffee in die Scheune. Als Tancred ausgetrunken hatte, gingen sie zusammen zu dem alten Mann und der kleinen Christina, um sich von ihnen zu verabschieden und ihnen für ihre Gastfreundschaft zu danken.

Während Tancred, der sicher war, daß der stolze alte Mann Geld ablehnen würde, noch überlegte, wie er sich ihnen erkenntlich zeigen könnte, hatte Chico bereits eine Idee gehabt. „Ich habe etwas Salz mitgebracht, Señor Tancred, und eine Dose Kaffee", meinte er leise. „Wir haben noch zwei übrig."

Tancred nickte ihm anerkennend zu. „Gib du es ihnen", schlug er flüsternd vor. „Von dir werden sie es eher annehmen."

Ernsthaft überreichte Chico seine kleinen Geschenke, und der alte Mann nahm sie dankbar und erfreut entgegen. Er lächelte Tancred zu und deutete auf Chico. „Der da ist ein echtes Kind der Berge!" stellte er fest. Chico strahlte. Dann brachen sie auf.

Den ganzen Tag marschierten sie zügig weiter. Gegen Abend erreichten sie den zweiten Paß, der ihnen einen weiten Ausblick bot. Sie schauten nach unten.

Vor ihren Augen lag, in Nebel gehüllt, ein Dorf – und wenn Tancred mit seiner Vermutung recht hatte, so mußte es La Floresta sein, die letzte Siedlung auf ihrer Route, bevor sie zu dem *camino de herradura* kamen, der über den Berg bis zu Chicos Heimatdorf Vellora de las Nubes führte.

„Schauen Sie, Señor Tancred! An diesem Ort sind wir damals vorbeigekommen! Es muß La Floresta sein! Ich erinnere mich an den Marktplatz und an die kleine Kirche mit der Glocke unterm Dach."

Vorsichtig stiegen sie abwärts, und als endlich die steilen Hänge hinter ihnen lagen, folgten sie einem leicht begehbaren, grasbewachsenen Pfad. Er führte sie vorbei an Hängen mit dichten Baumgruppen und mündete schließlich in die breite, sandige Dorfstraße.

Einige Bewohner waren schon aus ihren Häusern getreten, um die Fremden zu begutachten, und säumten nun die Straße, auf der die beiden Wanderer zum Hauptplatz des Dorfes mit seinen Marktständen zogen. Die Leute wirkten nicht übermäßig neugierig, denn sie waren es gewöhnt, daß Fremde zum Markt in ihr Dorf kamen. In der Mitte des Platzes war ein *mercado,* und obwohl der Markthandel für diesen Abend schon fast vorüber war, waren dort noch Stände mit Früchten und Gemüse aufgebaut.

Während die Marktfrauen noch auf das eine oder andere Geschäft hofften, hatten sich die Männer bereits zur Dorfschenke begeben, auf deren Veranda sie sich nach getaner Arbeit allabendlich auf ein oder auch zwei Glas Wein trafen. Sie grüßten Tancred höflich, und einer von ihnen bot ihm einen Schluck aus seinem Weinschlauch an. Tancred nahm an und setzte sich. Chico band die beiden Tiere an das Geländer der Veranda und hockte sich neben Tancreds Stuhl auf den Boden, um der Unterhaltung zuzuhören.

Ja, bestätigten die Männer, dies sei tatsächlich La Floresta. Und es gebe wirklich auf der anderen Seite des nächsten Berges ein kleines Dorf namens Vellora de las Nubes. Aber man könne es jetzt nicht mehr über den normalen Saumpfad erreichen, denn vor zwei Tagen habe es einen schlimmen Steinschlag gegeben. Ein ganzer Maultierzug sei dabei abgestürzt, und der Weg selbst sei nun völlig unpassierbar.

„Wie können wir dann dieses Dorf erreichen?" fragte Tancred. „Gibt es noch eine andere Möglichkeit?"

„Sí", antwortete ein alter Mann und nickte. „Sie können um die Bergkuppe einen Bogen schlagen und den Paß auf der anderen Seite nehmen. Ich bin schon einmal dort gewesen, um meine Schafe zurückzuholen. Ich werd's Ihnen aufzeichnen." Er nahm seinen langen Schäferstab, stand auf und begann Linien in den Staub der Dorfstraße zu ziehen.

Nachdem der alte Mann die Strecke noch einmal ausführlich beschrieben hatte, bedankte Tancred sich bei ihm und beschloß, für alle Wein zu spendieren und eine kleine Feier zu veranstalten. Die Dorfbewohner waren davon begeistert, denn in ihrem eintönigen Leben voll harter Arbeit war ihnen jede Abwechslung willkommen.

Spät am Abend, als das improvisierte Fest vorüber war, brachten die Männer des Dorfes Tancred in einen Raum im Erdgeschoß des Lokals. Dort stand ein Bett, und auf dem Boden lag eine Strohmatratze für Chico. Es war warm und roch schwach nach getrocknetem Mais und nach Ziegen. Erleichtert ließ sich Tancred auf das Bett sinken und schlief fast im selben Augenblick ein. Er hatte gar nicht gewußt, wie müde er war, und das Bett kam ihm wunderbar weich vor.

Als er morgens aufwachte, war Chico fort, kehrte aber bald darauf mit einer Kanne heißem Kaffee und einigen *buñuelos* zurück. Der Junge ist bleich, stellte Tancred fest, bleich vor Hoffnung, bleich vor Erwartung und Sehnsucht ..., und Tancred bekam Mitleid mit ihm, als er sich überlegte, wieviel diese Heimkehr dem Kind bedeuten mußte. Schweigend strich er dem Jungen über das Haar. Dann machten sie sich für die letzte Etappe ihrer Reise fertig.

An diesem Tag erschien ihnen die Wanderung anstrengender als zuvor. Der Pfad war steil und gefährlich und schlängelte sich zwischen nackten Felswänden auf der einen und schwindelerregenden Abgründen auf der anderen Seite zwischen den Bergen hindurch. Als sie eine Weggabelung erreichten, sahen sie, wo der Steinschlag herniederge-

gangen war, der die eine Strecke unpassierbar gemacht hatte. Dem
geröllübersäten Talboden nach zu urteilen, mußte er langanhaltend
gewesen sein, und Tancred und Chico schauderten beide, als sie sich
vorstellten, wie hier die Maultierkarawane in die Tiefe gestürzt war.

Sie schlugen den anderen, ostwärts verlaufenden Pfad ein, wie es die
Wegskizze des alten Mannes im Dorf gezeigt hatte. Schließlich kamen
sie zu einem schmalen Felsdurchgang, der so eng war, daß El Martillo
nur gerade noch hindurchpaßte. Tancred hielt seinen Zügel und half
ihm über die herumliegenden Geröllbrocken hinweg; gleichzeitig
paßte er auf, daß Chico und Celestina mit der gleichen Vorsicht folgten. Es schneite jetzt sogar, und die Felsen waren schlüpfrig.

„Schau nicht nach unten!" wies er Chico an, denn selbst ihm war
schwindlig beim Anblick der tiefen, wolkenverhangenen Abgründe
unter ihnen.

Aber Chico hatte offenbar nicht die geringste Angst. Ruhig führte
er den kleinen Esel über den Paß und das felsige Gesims entlang, das
angeblich ein Pfad sein sollte, und Pietro folgte ihm vertrauensvoll auf
den Fersen.

Doch plötzlich rutschte Celestina aus.

Sie konnte sich nicht mehr auf ihren kleinen Hufen halten und
rutschte halb über den Rand des Weges. Dabei zog sie Chico mit sich.

Tancred ließ El Martillos Zügel los und stürzte zurück, um Chicos
Hand zu ergreifen. Er erwischte ihn gerade noch rechtzeitig, als Chico
mit den Beinen schon über dem Abgrund hing. Glücklicherweise war
der Junge sehr leicht, und so genügte ein Ruck, um ihn wieder sicher
auf den Pfad zu ziehen.

Mit Celestina hingegen war es nicht so einfach. Sie hing halb über
dem Abgrund. Tancred und Chico blickten sich besorgt an und schauten dann auf El Martillo. „Vielleicht kann er sie hochziehen?" schlug
Tancred vor.

Der felsige Sims, auf dem sie standen, bot ihnen nicht viel Platz. Sie
schoben El Martillo zurück, bis sie Celestinas Zügel über seine starken
Schultern schlingen konnten. Dann gingen Tancred und das Maultier
langsam vor, während Chico an Celestina zerrte und sie dabei laut auf-
forderte mitzuhelfen, denn der kleine Esel war wie gelähmt vor
Angst.

„Komm, *burrita,* komm doch, meine Kleine. Zieh ein bißchen . . . ,
nur ein bißchen . . . , versuch's doch, *jumenta,* zieh!"

Aber Celestinas Hufe rutschten wild auf den Felsen herum und konnten nicht Tritt fassen. El Martillo stemmte sich mit aller Macht nach vorn, doch gerade, als er ein winziges Stück Boden gewonnen hatte und Celestina sich aufwärts zu bewegen begann, rissen die ledernen Zügel. Chico verlor den Halt und stolperte rückwärts gegen El Martillo. Celestina fiel mit einem gellenden Schreckenslaut in die neblige Tiefe des Abgrundes.

„O nein!" schrie Chico und fiel auf die Knie. „Oh! Celestina! Meine arme Kleine ..." Und er begann bitterlich zu weinen.

Tancred hielt El Martillo noch immer mit eisernem Griff fest, denn er wußte, daß Angst und Schrecken sich schnell von einem Tier auf das andere übertragen können. „Steh auf, Chico!" fuhr er den Jungen an. „Beweg dich! Rasch! Wir müssen von diesem Pfad herunter!"

„Aber Celestina ..." Verzweifelt blickte Chico die steilen schwarzen Abhänge des Berges hinab. Unten war nichts zu sehen – nur Nebelschwaden, die die schroffen Felsen und Geröllbrocken auf dem Talboden verdeckten.

„Du kannst ihr nicht mehr helfen", erwiderte Tancred, und seine Stimme war nun wieder sanft. „Komm, Chico, fort von hier."

Gehorsam stand Chico auf und folgte Tancred und dem zitternden Maultier, bis sie zu einem breiteren Stück des *camino* kamen. Dort ließen sie sich zu Boden sinken, um zu verschnaufen, und Tancred stieß einen Seufzer der Erleichterung aus, daß sie heil bis hierher gelangt waren. In Gedanken rechnete er durch, was sie außer Celestina verloren hatten. Der Esel hatte die meisten ihrer Lebensmittelvorräte getragen, aber glücklicherweise hatte Tancred beide Wasserflaschen beim letzten Wasserlauf, an dem sie vorübergekommen waren, gefüllt und dem Maultier aufgebürdet. So mußten sie zumindest nicht Durst leiden. Außerdem besaßen sie auch noch ein paar Stücke *panela,* die dunkelbraunen Zuckerstückchen, die die *campesinos* herstellten. Tancred hatte sie im Dorf gekauft, denn dort hatte man ihm gesagt, sie seien – gerade für lange Reisen – ein guter Energiespender. Und neue Kraft konnten sie jetzt wirklich gebrauchen.

Er gab Chico ein paar Würfel und goß sorgsam etwas Wasser in ihren einzigen Becher. „Komm, trink das! Tränen bringen uns Celestina nicht zurück. Sie hat uns sehr tapfer so weit begleitet. Wir müssen jetzt unsere Reise zu Ende bringen."

Chico schluckte und nickte. „*Sí,* Señor Tancred. Ich weiß, das war dumm. Aber sie war so gut und so klug, meine kleine *burrita* ... Ich hätte es verhindern müssen."

„Du konntest nichts dafür, Chico. Der Pfad war zu schmal, und die Felsen waren glitschig. So ein Unfall ist schnell geschehen, besonders in den Bergen." Er beugte sich vor und wischte die Tränen von Chicos braungebrannten Wangen. „Weine nicht um sie. Sie ist zu dem großen grünen Feld gegangen, wo alle guten kleinen Esel hingehen." Er sah, wie sich hinter Chicos Stirn die Gedanken jagten, und bemerkte mit Erleichterung die Andeutung eines Lächelns.

El Martillo schien seine Gefährtin zu vermissen. Das Maultier stand wie verloren da und blickte zu Boden. „Schau", sagte Tancred, „El Martillo braucht eine Aufmunterung. Gib ihm auch ein Stück Zucker. Dann müssen wir weiter."

Chico stand auf und ging zu dem Maultier hinüber. Als er zu Tancred zurückkehrte, hielt er sich sehr aufrecht. „Es tut mir leid, Señor Tancred. Ich bin jetzt bereit."

Schweigend strich ihm Tancred übers Haar.

Dann gingen sie weiter. Der Pfad führte nun nach Osten, an der Flanke des Berges entlang. Es war noch immer ödes Terrain, felsig und kahl, und auf den Schieferhängen wuchs kaum etwas außer Grasbüscheln und hie und da ein paar aromatisch duftenden Kräutern, die Tancred nicht kannte. Und natürlich die hohen *frailejones,* die sich als zarte Silhouetten gegen den grauen Berghimmel abhoben.

Die Sonne stand schon im Westen, als sie auf die andere Seite des Berges gelangten. Sie passierten einen weiteren schmalen Felsdurchgang und blickten danach hinunter.

Und dort, tief unten, an die Felsen geschmiegt und halb verdeckt von vorüberziehenden Wolken, lag der Weiler Vellora de las Nubes. Und oberhalb, näher zu ihnen, konnten sie ein Häuschen mit rotem Dach sehen, das von einer schadhaften Mauer und ein paar steinigen Terrassenfeldern umgeben war.

Mit einem Aufschrei ließ Chico El Martillos Zügel fahren und deutete mit zitterndem Finger dorthin. „Da! Da, Señor Tancred! Das ist mein Zuhause! Da!" Er ließ jegliche Vorsicht außer acht und begann den Pfad hinabzurennen.

„Warte!" rief Tancred. Aber vergebens. Chico lief behende den Hang hinunter; mit instinktiver Sicherheit setzte er die Füße auf die Geröllbrocken, und Pietro rannte hinter ihm her.

Tancred lächelte ein wenig über das Ungestüm des Jungen und verfolgte geduldig, in gleichmäßigem Schritt, seinen Weg den Berg hinab, das hochbepackte Maultier am Zügel.

An diesem Tag arbeitete Pepita auf dem obersten Feld, und dort hörte sie das Geräusch laufender Füße, das fröhliche Bellen eines Hundes und das Klirren eines Maultiergeschirrs. Sie richtete sich auf, blickte den Berg hinauf und schützte mit der Hand die Augen vor der blendenden untergehenden Sonne.

So erblickte Tancred sie – jung, schlank und schön, und ihr langes schwarzes Haar fiel ihr auf den Rücken.

Und er erkannte sie ..., er erinnerte sich an das verschreckte, aber tapfere Mädchen im Krankenhaus, das aufrecht dagestanden und gesagt hatte: „Ich komme sehr gut zurecht ...“

Tancred wurde Zeuge, wie Bruder und Schwester sich wiedertrafen. Einen Augenblick herrschte atemloses Schweigen, dann umschlang das Mädchen den kleinen Jungen, und Chico umarmte sie, und sie wiegten sich hin und her und lachten und weinten und tanzten auf dem steinigen Boden herum wie zwei verrückt gewordene Kinder.

Als sie aufschauten, sahen sie Tancred langsam herankommen. Und auch Pepita erkannte ihn wieder. Sie erinnerte sich an das blonde, sonnengebleichte Haar, an das freundliche, mitfühlende Lächeln und an die blauen, aufmerksamen Augen. Sie hatte häufig an ihn gedacht und daran, wie er ihr bedenkenlos zu Hilfe gekommen war. Und oft hatte sie auch davon geträumt, ihn eines Tages wiederzutreffen.

Schüchtern ging sie auf ihn zu und hielt noch immer Chicos Hand. Und ebenso verlegen trat Tancred ihr entgegen.

„Das ist Señor Tancred, mein Freund, und dies ist meine Schwester Pepita“, stellte Chico die beiden einander vor.

Schweigend hielt ihr Tancred die Hand hin, und sein Lächeln war ebenso strahlend wie Chicos. „Es ist mir eine Ehre!“ brachte er schließlich hervor und verbeugte sich knapp vor ihr.

Pepita gab ihm die Hand. „Willkommen“, flüsterte sie. „Willkommen zu Hause – alle beide!“

An diesem ersten Abend erzählten sie sich ausführlich von allem, was Chico und Tancred zugestoßen war und was Pepita und ihre Familie erlebt hatten. Die Zwillinge führten einen Freudentanz um Chico herum auf, und ihre Augen glänzten vor Bewunderung für ihren zurückgekehrten Bruder, der ein richtiger Held war. Luisa kletterte auf Tancreds Knie, blieb dort sitzen und bestaunte ihn schweigend. Das Baby Rosa hatte sich in Pepitas Arme gekuschelt und lächelte vor sich hin. Es war ein fröhlicher Abend.

Tancred konnte seinen Blick nicht von Pepita wenden, die die zufriedene, schläfrige Rosa wiegte und ihn mit ihren grauen Augen ruhig anblickte. Mit Verwunderung stellte er fest, daß weder Pepita noch Chico über den sonderbaren Zufall erstaunt waren, daß sie sich schon von einer früheren Begegnung her kannten. Sie glaubten fest daran, daß der Lauf des Lebens schicksalhaft vorherbestimmt sei, und daher konnte sie eine solche Begebenheit nicht überraschen.

Tancred und Pepita sprachen nicht über persönliche Dinge, doch mit jedem Blick schienen sie sich näherzukommen. Tancred wollte nichts überstürzen. Eine Stimmung seltsamer Verzauberung hatte ihn ergriffen, und es erschien ihm, als habe er unendlich viel Zeit . . .

Eine einzige Meinungsverschiedenheit bahnte sich jedoch an, als Tancred, den der lange Marsch über die Berge doch sehr erschöpft hatte, sich kaum mehr wach halten konnte und beschloß, schlafen zu gehen. Chico schlug sogleich vor, Tancred das beste Bett zu geben, nämlich das, in dem sonst sein Vater und seine Mutter schliefen. Tancred jedoch lehnte dieses Angebot ab, wobei er Pepita mit rücksichtsvollem Respekt ansah. „Mir ist wohl bewußt, daß Sie ganz allein hier sind – ohne Schutz. Und Ihre Freunde im Dorf werden wissen, daß ich gekommen bin . . .", erklärte er förmlich in seinem besten Spanisch. Aber Pepita lächelte nur. „Das macht doch nichts", entgegnete sie. „Sie sind der Retter meines Bruders und der Beschützer meiner Familie. Und außerdem haben Sie sich im Gebirge verletzt und sind trotzdem den ganzen Weg hierhergewandert, um uns zu helfen. Selbstverständlich werden Sie so bequem wie möglich schlafen. Ich müßte mich ja sonst zu Tode schämen!"

„Müßten Sie sich nicht genauso schämen, wenn ich hier schlafe?" fragte Tancred und lachte plötzlich. Ihm war leicht und glücklich zumute.

Pepita warf den Kopf zurück und lachte ebenfalls. „Das ist mir egal", erwiderte sie. „Morgen gehen wir ins Dorf hinunter und stellen Sie den Einwohnern vor. Wenn wir ihnen erzählen, was Sie schon für unsere Familie getan haben und wie Sie dem Dorf helfen wollen, dann werden die Leute Sie ebenso willkommen heißen wie ich!"

Tancred sah das Leuchten in ihren Augen und wußte, daß weiterer
Widerspruch keinen Zweck hatte. Die Gesetze der Gastfreundschaft
waren hier oben in den Bergen heilig.

„Also gut", gab er nach, denn er mußte sich eingestehen, daß er
wirklich sehr müde war und daß seine Rippen wieder höllisch
schmerzten. Ohne weiteren Protest ließ er zu, daß Chico ihn zu dem
Bett führte.

Am nächsten Morgen schauten sich Tancred und Chico in Begleitung Pepitas und der Zwillinge das Stück Land an und staunten, wieviel Arbeit diese drei geleistet hatten. Gemeinsam machten sie Pläne,
welche Veränderungen vorgenommen werden sollten und wie
Tancred der Familie helfen könnte.

„Es wäre möglich, den Wasserlauf hier oben aufzustauen und ein
kleines Reservoir zu schaffen", überlegte Tancred, während er das
spärliche Rinnsal begutachtete. „Ich müßte einen Teich ausheben –
oder vielleicht ein Stück vom Felsen wegsprengen und eine Grotte
schaffen. Eine solche Vertiefung würde sich bald füllen. Dann könnte
ich in der Stadt einen kleinen Plastiktank besorgen . . ."

Pepita nickte lächelnd. Sie sah, wie er mit geübten Bewegungen den
Fels abtastete und nach Rissen in den Gesteinsschichten suchte. Es
wirkt so selbstverständlich, daß er hier ist, dachte Pepita, als ob er zu
den Bergen gehörte, als ob er . . . Aber sie konnte es noch nicht in
Worte fassen, wagte nicht, es sich vorzustellen.

„Ja, ich werde Ihnen einen kleinen Teich anlegen", fuhr Tancred
fort. „Außerdem werde ich eine Pumpe installieren, und wenn der
Wasserlauf zu schwach ist, können Sie damit Wasser auf Ihre Felder
leiten."

„Ist denn dafür genug Energie da?" fragte Chico.

„Da bin ich mir nicht sicher. Vielleicht müssen wir eine kleine
Windmühle bauen. Hier oben gibt's ja genug Wind."

„Ständig!" stimmte Chico zu.

„Wir könnten auch eine Art . . . Fahrrad bauen, mit dem wir das
Wasser pumpen . . ." Er blickte nachdenklich über die steinigen
Hänge. „Ein Fahrrad können alle antreiben", fuhr er fort, „das schaf-
fen sogar die Zwillinge."

„Natürlich können wir das!" antworteten die beiden prompt im
Chor.

Tancred wandte sich von dem kleinen Wasserlauf ab und schaute den Hang hinab zu dem kleinen ziegelgedeckten Bauernhaus. „Und dann müßten wir noch das Problem mit dem Brunnen lösen“, murmelte er vor sich hin, wobei er mit geübtem Auge Entfernungen und Neigungswinkel maß. „Möglichst nahe beim Haus.“

Den ganzen Vormittag mühten sich Tancred und Chico mit dem kleinen Teich ab, während Pepita und die Zwillinge ihrer gewohnten Arbeit auf dem Feld nachgingen. Gegen Mittag war bereits ein beachtliches Loch im Boden, und Tancred schickte Chico fort, um die Plastikplanen zu holen, die er in El Martillos Satteltasche verstaut hatte. Außerdem beauftragte er ihn, etwas Essen vom Dorfladen mitzubringen.

Etwa eine Stunde später kam Chico keuchend zurück. Er war vor Begeisterung den ganzen Weg bergan gerannt. „Pepita sagt, sie kocht uns ein Essen, und sie meint, sie habe noch nie soviel Lebensmittel gesehen wie die, die wir mitgebracht haben. Vielleicht könnten wir noch eine Ziege kaufen. Und ein paar Hühner mehr.“

„Warum nicht? Du kannst es dir doch leisten.“

Über diese Antwort war Chico sehr stolz.

Tancred zeigte ihm, wie er den Teichboden mit den Plastikplanen auslegen mußte. „Wenn wir zur Stadt gehen, bringen wir einen kleinen Tank mit, der hier hineinpaßt“, erklärte er, „und vielleicht auch etwas Zement, um die Ritzen auszugießen. Aber im Augenblick genügt es so. Siehst du? Er füllt sich bereits.“

Chico beobachtete, wie das kostbare Wasser in dem künstlichen Teich langsam anstieg. „Señor Tancred, Sie sind ein Genie!“ bewunderte er ihn.

Nachmittags wanderten sie alle zum Dorf hinunter. Zuerst gingen sie zu Mateos Laden, um ein paar Sachen zu kaufen. Mateo zeigte sich über die Rückkehr von Pepita Garcias Bruder erstaunt und erfreut. Kräftig sei er auf seinem Marsch über die Berge geworden, und wohlhabend sei er jetzt ja auch!

Dann stellten Chico und Pepita dem Ladeninhaber ihren Freund Tancred vor. Mateo musterte ihn gründlich, dann lachte er ihn freundlich an.

„Willkommen, Señor!“

„Er möchte für das Dorf einen neuen Brunnen machen“, warf Pepita eifrig ein.

Innerhalb kürzester Frist hatte sich das halbe Dorf in Mateos kleinem Laden versammelt, um Pepitas Bruder und seinen Freund, den englischen Ingenieur, zu begrüßen.

Tancred war bald mit Felipe Mendez in eine ernsthafte Unterhaltung vertieft über die Pflanzen, die hier in den Bergen gediehen, aber auch über Pepitas Kampf um den Hof und wie sehr das Dorf ihren Mut bewunderte. Außerdem sprachen sie über die Wasserversorgung und die Verschmutzung des Dorfbrunnens.

„Ich könnte sicherlich ein Stück weiter entfernt einen neuen Brunnen bohren", bemerkte Tancred nachdenklich. „Oberhalb des Dorfes wird das Wasser wohl in Ordnung sein. Auf jeden Fall werde ich eine Probe des Wassers aus dem alten Brunnen zur Stadt hinunterbringen und analysieren lassen. Dann wissen wir wenigstens, welches Gegenmittel wir hineintun müssen, damit es nicht mehr schädlich ist."

„Kann man so etwas machen?"

„O ja, wenn die Verschmutzung nicht zu schlimm ist."

„Sie ist immerhin so schlimm, daß die Babys davon krank werden."

Tancred seufzte. „Ich weiß. So etwas passiert leider auch woanders immer wieder. Ich kann etwas Chlor in den Brunnen tun – ich habe welches mitgebracht. Aber vor allem eins: Die Frauen müssen das Wasser aus dem alten Brunnen jedesmal abkochen, und bevor sie den neuen Brunnen benutzen, müssen sie all ihre Kessel und Eimer auskochen – oder neue kaufen. Werden sie das wohl tun?"

Felipe Mendez blickte nachdenklich drein. „Ich hoffe es . . ., was solche Dinge wie Töpfe und Kessel betrifft, da nehmen sie nicht gern einen Rat von einem Mann an. Aber auf Pepita werden sie hören."

Sie blieben eine ganze Zeitlang im Dorf, tranken Kaffee und unterhielten sich. Chico war verschwunden, und als er zurückkam, hatte er von einem der Dorfbewohner eine junge Geiß gekauft. Außerdem schleppte er drei Hühner herbei und Futter für Bruno, ihr Pferd, und die anderen Tiere.

Als sie aufbrachen, gab ihnen das ganze Dorf seine guten Wünsche mit auf den Weg. Dann wanderten sie den Saumpfad entlang und trieben die neue Geiß vor sich her.

Die Tage vergingen in Stille und Zufriedenheit. Tancred und Chico arbeiteten fleißig am Brunnen und an der Windmühle und verbrachten ihre Zeit damit, auf den steinigen Hangterrassen nach Wasser zu bohren und die Windstärke zu messen. Daneben übernahmen sie so viel von der harten Feldarbeit, wie Pepita zuließ. Und abends kamen dann alle staubig und glücklich in dem kleinen Bauernhaus wieder zusammen, um Eintopf zu essen und müde zuzusehen, wie die letzten Sonnenstrahlen langsam hinter den Gipfeln verschwanden.

Es war eine wunderschöne Zeit. Doch bei alledem vergaß Tancred nicht, daß er noch zum nächsten Ort gehen und Material besorgen mußte, wenn er das Versprechen einhalten wollte, das er der kleinen Dorfgemeinde gegeben hatte: die Versorgung mit Wasser und Energie. Er überlegte, ob er Pepita mitnehmen und Chico als Aufsicht zu Hause lassen sollte oder ob sie alle gemeinsam einen „Familienausflug" unternehmen sollten.

Er besprach die Angelegenheit mit Pepita. „Nein, Chico muß Sie begleiten!" erklärte sie sofort entschieden. „Schließlich ist es sein Geld, das wir ausgeben."

Tancred nickte. „Nur ..., ich lasse Sie ungern hier allein."

„Ich bin schon so viele Wochen allein gewesen ..., und außerdem bin ich ja jetzt nicht mehr wirklich allein!"

Spontan ergriff Tancred ihre Hand. „Pepita –"

Sie hob ihre andere Hand und legte sie sanft lächelnd auf seine Lippen. „Noch nicht", flüsterte sie. „Warten Sie noch etwas ... Wir können nicht an die Zukunft denken, bevor meine Eltern zurückgekehrt sind. Das verstehen Sie doch? Bis dahin wollen wir so glücklich sein, wie wir nur können!"

Am nächsten Morgen brachen Tancred und Chico schon früh mit El Martillo und Bruno, dem fleißigen Helfer Pepitas, auf. Das Pferd war nach der guten Ernährung der letzten Tage kaum wiederzuerkennen. Sie durchquerten Vellora de las Nubes und gingen den Saumpfad nach La Floresta hinunter, denn die Dorfbewohner hatten ihnen erzählt, daß die Spuren des Bergrutsches inzwischen beseitigt worden seien. Allerdings war der Untergrund nicht sehr stabil, und Tancred war froh, als sie das tiefer gelegene Dorf erreicht hatten.

Hier banden sie die Tiere an zwei Bäumen an, versorgten sie mit Wasser und Futter und warteten mit einer Reihe anderer Dorfbewohner, bis der gelbe Bus, dessen letzte Haltestelle am Ende der Straße war, eintraf. Mit ihm fuhren sie weiter. Die kleine Stadt, in der sie schließlich ankamen, war hübsch und altertümlich. Besonders fielen Tancred und Chico die schönen Gebäude aus der Kolonialzeit auf, an deren kunstvoll mit Holzschnitzereien verzierten Dachgiebeln große

Körbe mit Blumen hingen. Alles war frisch gestrichen und ungewöhnlich sauber. Die Läden waren gut sortiert und führten hauptsächlich nützliche Sachen und keine kitschigen Touristenandenken.

Sie verbrachten den ganzen Tag damit, die Läden nach den Dingen
zu durchstöbern, die Tancred brauchte. Endlich war er zufriedenge-
stellt, da er alles gefunden hatte, was er benötigte, einschließlich des
Plastiktanks und eines Sackes Zement. Als sie mit ihren Einkäufen fertig waren, gingen sie wieder zum Marktplatz zurück, wo sich die Haltestelle des gelben Busses befand.

Chico blieb bei einem Laden stehen, der einheimisches Kunsthand-
werk anbot, und kaufte für jedes der Kinder ein Geschenk: zwei schön
geschnitzte Wanderstöcke für die Zwillinge, eine lächelnde Puppe in
einheimischer Tracht für Luisa und ein Paar bemalte Rumbakugeln für
Rosa. Nach einigem Zögern erstand er für Pepita eine Kette aus violetten Perlen.

Tancred fand für die Zwillinge einen Ball mit Schlägern, denn ihm
war plötzlich der Gedanke gekommen, daß er sie noch nie hatte spielen
sehen. Für Luisa suchte er einen kleinen, geschnitzten Schaukelstuhl
aus, auf dem die Puppe sitzen konnte, und für Rosa einen bemalten
Holzesel an einer Schnur.

Er wußte, was er Pepita gern geschenkt hätte, aber dafür war die
Zeit noch nicht gekommen. Aber es konnte auch nicht schaden, sich
die wunderschönen Smaragde einmal anzusehen, die aus diesen Bergen stammten. Lange betrachtete er prüfend einen schimmernden,
fast durchscheinenden Stein, wog ihn in der Hand und ließ das Licht
auf seiner makellosen Oberfläche spielen. Leise fragte er den Ladeninhaber nach dem Preis und erklärte, es werde später jemand kommen
und den Stein für ihn kaufen. Aber im Moment ginge es nicht, noch
nicht ... So erstand er für Pepita einen handbemalten Seidenschal mit
einem Blumenmuster in der gleichen Farbe wie Chicos Kette. Beide
hofften, daß ihr diese neuen Sachen gefallen würden.

Und noch etwas erwarb Tancred. Sein Blick war auf die Replik
eines goldenen Medaillons gefallen, die Kopie eines indianischen
Ornaments, das an einem blauen Seidenband an der Rückwand des
Ladens hing, und während Chico gerade fasziniert einige geschnitzte
Holztiere betrachtete, kaufte er es.

Dann schulterten sie die schweren Bündel mit ihren Einkäufen und
gingen los, um den letzten Bus nach La Floresta zu erreichen.

Es gab gerade noch zwei freie Plätze in dem überfüllten Bus. In La Floresta angekommen, machten sie sich sofort auf den Weg, denn es war bereits spät. Sie erreichten Vellora de las Nubes erst bei Einbruch der Dunkelheit. Tancred hatte sich schon Sorgen gemacht, ob sie in der Dämmerung den Heimweg über den gefährlichen Bergpfad ohne Schwierigkeiten bewältigen würden, aber El Martillo schien die Strecke inzwischen beinahe auswendig zu kennen, und Bruno war brav hinter ihm hergetrottet.

Im Schein einer Laterne, die ihnen ein freundlicher Dorfbewohner überlassen hatte, näherte sich die kleine Karawane schließlich wieder dem Hof. Auf halber Strecke kam ihnen ein zweites Licht entgegen, und nach kurzer Zeit erkannten Tancred und Chico, daß es die Zwillinge waren. „Pepita hat uns geschickt, damit wir euch heimführen", erklärte einer von ihnen.

Heim! dachte Tancred und fühlte, wie sich auf einmal eine wohlige Wärme in ihm ausbreitete. Ja, es ist für mich wirklich schon ein Zuhause, dieses kleine windumtoste Steinhaus, in dem Pepita auf uns wartet.

Pepita stand in der Tür und hielt bereits Ausschau nach ihnen. „Willkommen daheim!" begrüßte sie die beiden herzlich. „Kommt herein, das Abendessen ist fertig!" Und während die Zwillinge sich um die Tiere kümmerten, betraten Tancred und Chico erschöpft, aber glücklich den warmen, gemütlich erleuchteten Raum.

Es FOLGTE eine weitere Woche angestrengter Arbeit. Tancred und Chico setzten den neuen Plastiktank in den künstlichen Teich ein und installierten eine kleine Pumpe, um das Wasser auf die steinigen Felder leiten zu können. Aus den verschiedensten Utensilien (einschließlich eines alten, kaputten Fahrrades), die Tancred im Dorf zusammengekauft hatte, konstruierte er außerdem eine pedalgetriebene Maschine, mit deren Hilfe sogar die Zwillinge Wasser pumpen konnten, wenn die Trockenzeit kam und der Wasserlauf versiegte.

Aber der Gedanke an die Trockenzeit beunruhigte Tancred trotzdem noch. Nach einigem Überlegen verwendete er schließlich einen Teil seines Dynamits, um aus dem Felsen eine kleine Kammer herauszusprengen. Ohne daß dadurch das stetig in den Teich fließende Rinnsal abnahm, füllte sie sich schon bald mit Wasser und bildete so ein gesondertes Reservoir unter dem überhängenden Felsen.

Dann machte Tancred sich an die beiden Brunnen. Der im Dorf war keine so schwierige Angelegenheit, denn der alte Brunnen gab Tancred die ungefähre Lage der Quelle an, und der Boden war weniger felsig als weiter oben am Berg. Mit seinem Sondierungsgerät, das auf einem dreifüßigen Gestell befestigt und von einem Benzinmotor angetrieben wurde, nahm er erste Probebohrungen vor. Als er schließlich die richtige Stelle ausgemacht hatte, holte er ein paar Männer aus dem Dorf, die das Bohrloch weiter ausgraben sollten. Er selbst machte sich an die Arbeit für den zweiten Brunnen auf Pepitas Hof.

Dieses Unternehmen entpuppte sich als weitaus schwieriger, denn Tancred mußte hier eine neue Quelle finden. Zweimal bohrte er vergeblich, bis er endlich fündig wurde. Ebenso wie beim anderen Brunnen dauerte auch hier das Bohren ziemlich lange, doch schließlich durchstieß der Bohrer den harten Fels und erreichte die Wasserader. Chico und die Zwillinge halfen ihm, das Loch zu erweitern und einen runden Schacht zu graben, in den dann der Röhrenbrunnen versenkt werden sollte.

Chico holte den Sack Zement, und sie dichteten das oberste Stück des Schachtes so gut wie möglich ab. Anschließend führten sie die einzelnen Röhren ein, deren unterstes Teil ein Netz mit Kieselsteinen enthielt, das als Filter diente. Dann warteten sie darauf, daß das Wasser stieg ..., und es stieg tatsächlich! Nach einiger Zeit hatten sie einen tiefen Brunnen voll klarem, kühlem Quellwasser. Die Zwillinge rannten davon, um Pepita zu holen. Tancred erklärte Chico, daß sie den Brunnen mit einem Betondeckel verschließen mußten, um das Wasser vor Verunreinigungen zu schützen. Über eine am Deckel befestigte Handpumpe könnten sie dann das Wasser entnehmen. Hand in Hand waren inzwischen Pepita und die Zwillinge angelaufen gekommen. „Schau!" riefen die Jungen. „Das Wasser ist gekommen! Das Wasser ist gekommen!" Und sie tanzten rund um den Brunnen und zogen dabei Pepita mit sich.

Tancred blickte sie mit einem liebevollen Lächeln an, obwohl ihm eigentlich mehr nach Weinen als nach Lachen zumute war. Es war so rührend – diese leidenschaftliche Freude über etwas so Einfaches und Selbstverständliches wie klares Wasser in einem neuen Brunnen. Flüchtig dachte er an Cressy, die verwöhnte, schöne Cressy, die in dem kleinen Pfarrhaus die Nase gerümpft und erwartet hatte, daß sie sich unter fließendem heißem Wasser waschen könne. Er konnte nicht umhin, sie mit diesem einfachen, hübschen Mädchen zu vergleichen, das gerade mit den Kindern lachend um den Brunnen tanzte. Und mit diesem Mädchen, diesem tapferen, selbstbewußten, unabhängigen Mädchen, wollte er sein Leben teilen, das wußte er. Tag um Tag war das Band zwischen ihnen enger geworden, und ihre Liebe wurde stärker, obwohl sie kein Wort darüber verloren.

Mit dem Dorfbrunnen ging es schnell voran, da sie dort viele Arbeitskräfte hatten, und als schließlich in dem Schacht das Wasser zu steigen begann, sprangen selbst die Männer vor Freude wie Kinder herum, schwenkten ihre Hüte und schrien hurra. Die Frauen kamen aus ihren Lehmziegelhäuschen, versammelten sich um das neue Brunnenloch und blickten voll Staunen und Ehrfurcht hinein.

Tancred, die anderen Männer und Chico arbeiteten rasch und emsig, um den Brunnen zu schließen und die neue Handpumpe anzubringen.

Mit Mateo, dem Ladeninhaber, hatte Tancred eine besondere Abmachung getroffen, und am Tag, als der Brunnendeckel aufgesetzt war, zog eine kleine Prozession die Dorfstraße herauf und blieb neben dem neuen Brunnen stehen. Sie bestand aus Chico und Pepita, die El Martillo und Bruno mit sich führten. Die Tiere trugen Dutzende neuer Töpfe und Wasserkrüge, die sorgfältig befestigt waren, damit sie auf dem gefährlichen Weg über den Bergpfad von La Floresta nicht herunterfielen und zerbrachen.

Pepita stand ein wenig schüchtern vor den zusammengerufenen Dorfbewohnern. „Señor Tancred hat uns gesagt, daß wir für den neuen Brunnen auch neue Töpfe verwenden müssen", verkündete sie. „Auf diese Weise können die Krankheitserreger nicht in das saubere Wasser gelangen. Daher hat mein Bruder Chico von dem Geld, das er für die Rettungsaktion beim Erdrutsch bekommen hat, für uns alle Töpfe gekauft."

Die Frauen waren völlig überwältigt und nahmen das Geschenk gerne an. Glücklich schwatzend luden sie die Töpfe von den geduldigen Tieren ab, bewunderten sie gebührend und verteilten sie untereinander.

Tancred seufzte vor Erleichterung auf. Es war eine ideale Lösung, und im stillen dankte er Pepita für diesen Einfall. Pepitas Augen glitzerten vor übermütiger Freude. Sie nahm einen der neuen Krüge und ergriff den Schwengel der Pumpe, um etwas Wasser in den braunen

Steinkrug zu füllen. „Und nun müssen wir den Erbauer dieses Brunnens taufen, sonst bringt uns diese Neuerung kein Glück!" verkündete sie und kippte den Inhalt des Krugs über dem überraschten Tancred aus.

Er schüttelte sich lachend, während die anderen ihm zujubelten, sich freuten und in die Hände klatschten. Der Beifall der Dorfbewohner begleitete sie noch lange auf ihrem Rückweg.

Am Abend machte sich die kleine Familie dann wieder auf zum Dorf. Für die bevorstehende Feier hatten alle ihre saubersten und ordentlichsten Kleider angezogen, und Pepita trug den schönen neuen Blumenschal und die Kette mit den violetten Perlen.

Die Dorfbewohner hatten selbst für die Musik gesorgt, und Gesang, Flöten- und Gitarrenklänge hallten durch das Dorf. Jeder beteiligte sich am Volkstanz, sogar Tancred, dem Chico lachend die Schritte erklärte, und Pepita wirbelte ihm gegenüber auf der Tanzfläche herum wie ein fröhliches Kind.

Es gab viel zu essen und zu trinken, und die Feier dauerte bis spät in die Nacht. Rosa war längst eingeschlafen. Man hatte sie abseits vom Trubel in einer halbwegs ruhigen Ecke auf eine Decke gelegt. Doch Luisa und die Zwillinge hüpften noch immer munter herum und wollten absolut nicht müde werden – und Chico hatte ganz schön damit zu tun, sie zu beruhigen, als Pepita meinte, es sei nun Zeit zu gehen.

Pepita hatte höflich mit jedem getanzt, der sie aufgefordert hatte, und die jungen Männer hatten bei ihr den ganzen Abend lang buchstäblich Schlange gestanden. Trotzdem hatte sie es fertiggebracht, die meiste Zeit mit Tancred zu tanzen. Nun wurde zum letzten Tanz aufgespielt; die Flöten ließen eine traurige Weise erklingen, und die Tanzenden wiegten sich langsam hin und her.

Als Tancred Pepitas schlanke Taille umfaßte, spürte er förmlich ihre Jugend und Frische. Sie schien so leicht und zerbrechlich zu sein wie ein Schmetterling, als sie in ihrem leichten, braun gestreiften Kleid und dem geblümten Schal dahinschwebte. Wenn es nach Tancred gegangen wäre, so hätte dieser Moment ewig angedauert. Er hielt Pepita in den Armen und hörte den melancholischen Klängen der Flöten zu. Chico war nicht weit von ihnen entfernt und vergnügte sich prächtig, schaute aber von Zeit zu Zeit mit einem zufriedenen, verständnisvollen Lächeln zu ihnen herüber.

Doch jedes Fest hat einmal ein Ende, und Pepita wußte, daß es nun an der Zeit war zu gehen, obwohl sie genauso ungern wie Tancred die romantische Stimmung zerstören wollte. Sie löste sich aus Tancreds Armen und lächelte ihm noch einmal kurz und vielsagend zu, ehe sie begann, sich reihum bei allen zu verabschieden. Dann rief sie die Kinder zusammen.

Als alle beieinander waren, machte sich die kleine Familie auf den Heimweg. Tancred nahm Luisa auf den Rücken, wo sie, die Arme um seinen Hals geschlungen, einschlief. Pepita trug Rosa, und Chico nahm die Zwillinge an der Hand.

Der Mond schien hell, und die Berge sahen in seinem Licht schwarz und silbern aus. Tancred sehnte sich danach, mit Pepita einen Spaziergang in der hellen, klaren Nacht zu machen, doch es war schon spät, und er wußte, zuerst mußten sie sich um die Kinder kümmern.

Zugleich spürte er aber auch auf einmal, daß jetzt der entscheidende Moment gekommen war und daß er nun etwas tun mußte. Vielleicht gab es keine so mondhelle Nacht mehr, solange er noch hier war.

Mit großer Erleichterung hörte er schließlich, daß sie die beiden schläfrigen Mädchen ins Bett gebracht hatte. „Bringst du die Zwillinge ins Bett, Chico?" bat sie dann. „Ich sehe noch nach den Tieren."

„Ich komme mit Ihnen", murmelte Tancred.

Die beiden traten hinaus ins Mondlicht. Sie vergewisserten sich, daß die Tiere wohlversorgt waren, dann schlenderten sie zusammen durch die nächtliche Bergwelt, die ganz in Schwarz und Silber getaucht schien.

Schließlich ergriff Tancred Pepitas Hände und zog sie an sich. „Pepita . . ., weißt du, was mit uns gerade geschieht?"

„Ja. Ich weiß."

„Hast du Angst davor?"

„Nein, wenn du keine hast."

„Ich habe aber ein bißchen Angst", gab er zögernd zu. „Deinetwegen."

Sie versuchte ihn zu unterbrechen, doch er fuhr fort zu reden und hielt sie dabei fest in seinen Armen, so daß sie einander in die Augen sahen. „Ist dir klar, wie mein Leben aussieht? Immer unterwegs, immer neue Lager und unbekannte Berge, neue Straßen, die gebaut werden müssen, niemals ein richtiges Zuhause – oder du müßtest daheim bleiben."

Das helle Mondlicht fiel auf Pepitas Gesicht, und er sah, daß sie lächelte. „Weißt du, das ist gar nicht sehr viel anders als mein bisheriges Leben, aber mit dir wäre es weitaus leichter zu ertragen."

„Trotzdem . . ." Tancred sah sie hilflos an. „Wünschst du dir nicht etwas anderes?"

Pepita schüttelte den Kopf. „Ich bin wie Chico", erwiderte sie einfach. „Ich möchte nur bei dir sein."

„Aber Chico sagt, daß du an die Universität gehen solltest. Möchtest du das nicht?"

Pepita dachte einen Augenblick nach, bevor sie antwortete. „Nein. Ich möchte gern Sozialarbeiterin werden. Es gibt Kurse dafür, die ich besuchen werde. Ich könnte dann an jedem Ort, wo auch immer du gerade bist, bei dir sein. Solche Leute werden immer gebraucht . . ." Sie blickte ihn liebevoll an. „Und es würde nicht so lange dauern wie ein Studium an der Universität. Aber mit Chico ist es etwas anderes", fügte sie hinzu. „Er hat viel mehr Zeit als ich – er will dich ja auch nicht heiraten!"

Endlich war es ausgesprochen. Tancred war froh, daß er sie nicht gedrängt hatte. Doch jetzt wollte er seiner Sache sicher sein.

Er strich ihr über das lange, seidenglatte schwarze Haar. „Und . . . du möchtest mich wirklich heiraten? Bist du ganz sicher?"

„Ja. Ich bin ganz sicher."

„Ach . . ., mein Liebling!" Er küßte sie zärtlich.

Schließlich aber mußten sie sich doch wieder Gedanken machen, wie sie die bevorstehenden Aufgaben einteilen sollten. „Ich muß dich etwas fragen", begann Tancred. „Ich habe nur noch eine Woche Urlaub, und ich muß so vieles planen. Möchtest du, daß Chico und ich hier bei den Kindern bleiben, während du in den nächsten Tagen nach Bucaramanga fährst, um deine Eltern im Krankenhaus zu besuchen, oder soll ich dorthin fahren?"

Es verstrich einige Zeit, ehe sie antwortete. „Ich kann die Kleinen nicht allein lassen. Du solltest sie besuchen. Aber nicht von hier aus. Das würde zu lange dauern. Chico und du, ihr habt noch viel zu tun, bevor dein Urlaub zu Ende ist und du uns verlassen mußt."

„Ja, das stimmt."

„Außerdem", sie blickte ihn im Mondlicht lächelnd an, „ich möchte dich nicht eher weglassen als nötig!"

Der bevorstehende Abschied stimmte sie jetzt schon ein wenig schwermütig.

„Es wird nicht für lange sein", meinte Tancred und schämte sich, daß seine Stimme bei diesen Worten bebte. Er zog sie an sich. „Und wir können warten", versicherte er tröstend. „Jetzt, wo wir einander sicher sind, können wir warten."

„Ich werde hiersein, wenn du zurückkehrst." Pepitas leise Stimme war sehr ruhig.

Tancred spürte, daß es ihr mit diesem Gelöbnis ebenso ernst war wie mit einem Eheversprechen. Er küßte sie und nahm ihre beiden Hände in seine. In seinem Blick lagen Zuversicht und Freude.

In den nächsten Tagen hatten sie alle Hände voll zu tun. Tancred und Chico waren damit beschäftigt, einen Plan aufzustellen, was man tun mußte, damit das Land bessere Erträge abwarf als bisher. Tancred war daher in erster Linie unablässig mit Bewässerungs- und Erntefragen beschäftigt. Doch trotz aller Arbeit fiel ihm auf, daß Chico nicht glücklich war.

Als er die Schweigsamkeit und den stillen Kummer des Jungen nicht mehr ertragen konnte, beschloß er, ihn direkt darauf anzusprechen. „Chico, was hast du denn?" fragte er, als sie sich allein beim Abmessen auf einer Felsenterrasse befanden.

Der Junge zuckte zusammen, und sein erschrockener Blick verriet eine heftige unausgesprochene Angst. Tancred zog den Jungen zu sich heran und legte ihm beruhigend seine Hände auf die Schultern.

„Was hast du?" wiederholte er sanft.

„Ach, Señor Tancred", flüsterte Chico und versuchte krampfhaft, seine Tränen zurückzuhalten. „Ach, Señor Tancred ..., ich kann nicht mit Ihnen zurückgehen."

„Wieso denn nicht?" Tancred versuchte, ganz ruhig zu bleiben.

„Ich kann meine Schwester nicht mit der ganzen Arbeit allein lassen. Das verstehen Sie doch?"

Nun standen wirklich die Tränen in seinen Augen, und er war sehr blaß geworden. Aber er stand noch immer kerzengerade vor Tancred und wich seinem Blick nicht aus.

Tancred verstand ihn sofort. Auch ihm war es nicht recht, Pepita ganz allein zurückzulassen, und er erkannte das schreckliche Dilemma, in dem der Junge sich befand – hin- und hergerissen zwischen seiner Zuneigung zu Tancred und dem Wunsch, seiner Schwester zu helfen, die er ebenfalls liebte.

Er drückte den Jungen einen Augenblick wortlos an sich. „Ja, du

hast recht", stimmte er ihm dann zu. „Du mußt hierbleiben. Ich sehe das ein. Aber es wird nicht für lange sein, Chico, das verspreche ich dir."

Der Junge blickte ihn mit tränenumflortem Blick an. „Sie kommen wieder zurück?"

„Natürlich komme ich zurück! Alles, was mir am Herzen liegt, ist doch hier! Was hast du denn erwartet?"

„Es ist nicht nur meinetwegen", erklärte Chico schüchtern und

ängstlich, „sondern vor allem wegen Pepita ... Ich möchte nicht gern, daß sie etwas hofft ..., daß sie auf etwas hofft, was nicht in Erfüllung geht ...“

„Du brauchst dir keine Sorgen zu machen, *amigo*. Pepita und ich haben uns ein Versprechen gegeben. Sie wird mich heiraten, wenn der richtige Zeitpunkt gekommen ist. Und du wirst dann bei uns leben, wenn deine Eltern es erlauben. Würde dir das gefallen?“

Chico lächelte unter Tränen. „Wirklich?“

„Wirklich!"

„Ach!" Er war vor Freude sprachlos.

„Aber wir müssen warten, bis deine Eltern gesund wieder zurück sind", schränkte Tancred ein. „Doch sobald ich kann, werde ich mich darum kümmern, daß sie bald wieder hiersein können. Bis dahin müssen wir alle Geduld haben."

Am Abend vor seinem Aufbruch erhielt Tancred Besuch von einer dreiköpfigen Abordnung der Dorfbewohner. Mateo händigte ihm mit einem wissenden Lächeln ein kleines Päckchen aus und einen Lederbeutel, in dem er es verwahren konnte. Felipe Mendez übergab ihm einen schönen, handgearbeiteten Ledergürtel, an dem er den neuen Beutel befestigen konnte, und Helena Mendez, seine Schwester und Anführerin der Frauen im Dorf, überreichte ihm eine dicke, weiche Decke in lebhaften Farben, die sie eigens für ihn gewebt hatten.

„Wir sind gekommen, um Ihnen eine gute Reise zu wünschen und zu sagen, daß morgen ein kleiner Maultierzug nach La Floresta geht", erklärte Felipe Mendez, der als Sprecher der Gruppe auftrat. „Wenn Sie bei Sonnenaufgang bereit sind, können Sie auf einem von unseren Tieren reiten, das wir dann wieder zurückbringen würden. Auf diese Weise kommen Sie viel schneller zum gelben Bus."

Tancred bedankte sich lächelnd. „Ich werde rechtzeitig dasein."

„Aber was ist mit El Martillo?" fragte Chico.

„Er bleibt bei dir", erwiderte Tancred. „Natürlich als Leihgabe – bis ich zurückkomme! Und natürlich auch Pietro", fügte er hinzu. „Er muß hierbleiben, um dich zu beschützen."

„Was das Beschützen betrifft", nahm Felipe Mendez Tancreds Gedanken auf, „also, da haben wir beschlossen, daß wir uns um Pepita und ihre Familie kümmern werden – wenn ihr tapferer junger Bruder das erlaubt." Er wandte sich mit tiefernster Höflichkeit an Chico und behandelte ihn wie einen verantwortungsbewußten Erwachsenen. „Falls du Hilfe brauchst, dann sag uns Bescheid, wann immer du willst."

Chico blickte von den Männern zu Tancred und wieder zurück. „Ihr seid alle sehr gut zu uns", antwortete er sehr nachdrücklich.

Dann kam Pepita aus dem Haus und forderte sie auf einzutreten. „Sie trinken doch noch ein Glas Wein zum Abschied von Señor Tancred mit?" forderte sie die Umstehenden auf.

Dem schönen Mädchen, dem man den Abschiedsschmerz anmerkte, konnte niemand widerstehen. Also traten sie alle in den sauberen weißen Wohnraum ein, setzten sich auf Maria Consuelas beste geschnitzte Stühle und tranken aus ihren besten Kristallgläsern feierlich auf Tancreds Wohl.

Schließlich stand Tancred auf, nahm aus dem Lederbeutel das Päckchen und gab es Pepita. „Ich weiß, eigentlich ist es so nicht richtig, Pepita", sagte er wehmütig, „aber ich habe dies hier in dem Städtchen gesehen, als ich mit Chico dort war. Damals habe ich noch nicht gewagt, es zu kaufen!"

Pepita, die während dieser Worte blaß geworden war, öffnete das Päckchen mit zitternden Fingern. Es enthielt eine kleine Schachtel, und als sie diese öffnete, sah sie auf dem schwarzen Samtfutter einen wunderschönen quadratischen Smaragd liegen, der im Licht grün funkelte.

Pepita sagte kein Wort. Sie blickte einfach nur voll Ehrfurcht auf den Stein, und eine Träne lief ihr übers Gesicht.

Sanft nahm Tancred ihre Hand. „Ich weiß, wir sollten jetzt allein sein", meinte er und lächelte ein wenig über ihre Bestürzung. „Aber ich wollte, daß unsere Freunde hier alles wissen ..." Er nahm den Stein aus dem Schächtelchen und hielt ihn Pepita hin. „Wenn dein Vater zurückkehrt, wird der Stein in einen Ring eingearbeitet, und du wirst ihn tragen, so daß jedermann ihn sehen kann. Aber bis dahin ist unsere Verbindung durch unser Gelöbnis besiegelt. Bist du damit einverstanden?"

Sie hob den Kopf und sah ihn stolz und froh vor allen anderen an. „Ja", erwiderte sie.

Tancred legte den Stein in ihre Hand, wo er in seinem geheimnisvollen grünen Feuer leuchtete. Dann wandte er sich ernst an Chico. „Chico, mein Freund, bist du auch einverstanden?"

Chicos Augen glänzten vor Freude. „Ich bin einverstanden", bestätigte er ernst.

„Dann, Pepita Garcia, ist alles endgültig beschlossen!" verkündete Tancred und küßte sie vor allen Anwesenden.

Beifall brach aus. Die Zwillinge und Luisa hüpften umher, umarmten Pepita und bewunderten den Stein. Auch die beiden Männer und Helena Mendez drückten Pepita an sich.

Aber nun zog Tancred ein weiteres Päckchen aus seiner Tasche hervor und reichte es Chico. „Dies ist für Pepitas tapferen Bruder, der so viel getan hat, um seiner Familie zu helfen", verkündete er.

Er sah zu, als Chico das kleine Päckchen öffnete und das glänzende goldene Medaillon an dem blauen Band herausholte.

„Laß mich das machen", bat er und legte es sorgfältig um Chicos Hals.

Alle klatschten, lachten und erhoben ihre Gläser. „Auf Pepita und Señor Tancred!" riefen sie. „Und auf Chico, den Kleinen! Allen ein langes Leben!"

Als sich die allgemeine Freude und Begeisterung ein wenig gelegt hatten, verabschiedeten sich Mateo, Felipe und Helena Mendez und gingen den Bergpfad zurück. Pepita und ihre Familie waren wieder allein.

„Und jetzt wollen wir uns hinsetzen und über den Hof reden", schlug Tancred lebhaft vor, als er sah, daß ein wenig Trübsal aufkam. „Chico, es wird viel für dich zu tun geben, während ich fort bin . . ." Er ließ nicht zu, daß die anderen traurig wurden. Er hatte bereits einen Arbeitsplan für Chico fertiggestellt und erklärte ihm genau, welches Saatgut er in La Floresta kaufen und was er pflanzen solle, um eine bessere Ernte zu erzielen.

Doch schließlich war alles gesagt und getan – und Tancred konnte den Abschied nicht mehr hinausschieben. Sie hatten die ganze Nacht geredet. Die Kinder gingen schlafen, und Tancred stand vor dem kleinen Haus, neben ihm Pepita und Chico, und alle drei blickten auf die Berge. Der Mond leuchtete klar und weiß am Himmel. Der Nachtwind war scharf und kalt und roch nach Regen. Aber die Dämmerung war nicht mehr weit – und Tancred mußte bei Sonnenaufgang unten im Dorf sein.

Pepita stand an der Tür und hob die Hand zum Abschied. Tancred, der sich nun nicht mehr zusammennehmen konnte, nahm sie noch einmal in die Arme und küßte sie lange und zärtlich. Dann hob er sein Gepäck auf, rief nach Chico und wandte sich zum Gehen.

Chico nahm Tancred an der Hand und führte ihn schweigend den Pfad hinab.

Im Dorf wartete schon ein kleiner Zug mit Packtieren, und für Tancred war eigens ein Pferd reserviert. Tancred strich Chico noch einmal übers Haar. „Paß gut auf sie auf!" bat er.

Chico umarmte Tancred. „Das werde ich, das werde ich, Señor

Tancred. Ich werde auf alles aufpassen, bis Sie zurückkehren. Kommen Sie bald zurück!"

Tancred stieg auf sein Pferd und lenkte es in die Richtung des gewundenen *camino herradura,* hinunter nach La Floresta.

Chico sah zu, wie die kleine Gruppe fortzog und immer kleiner und kleiner wurde, bis eine scharfe Biegung des Pfades sie verschluckte. Sie waren verschwunden.

Tancred kam am Sonntag abend in Lomíca de Robléda an. Er war müde, traurig und staubig, aber er wurde mit großem Hallo begrüßt; alle schienen froh zu sein, ihn wiederzusehen.

Bens Knöchel war fast verheilt, und schon bald sollte ihm der Gips abgenommen werden. Auch Martin Lewis' Arm war wieder in Ordnung, und die anderen Verletzten hatten sich ebenfalls erholt. Alle sahen braun gebrannt aus und wirkten ausgeruht und kräftig – und bereit, wieder mit der Arbeit anzufangen. Tancred übernachtete in dem kleinen Pfarrhaus, in dem auch Ben schlief, bevor er zum Lager zurückkehrte.

„Was hast du denn mit Chico gemacht?" fragte ihn Ben.

„Chico ist zu Hause geblieben", erwiderte Tancred. „Ich erzähl's dir später. Erst muß ich noch telefonieren."

In seinem Lokal begrüßte ihn Pablo mit offenen Armen. Er preßte Tancred vor Freude an sich und bot ihm sofort ein großes Glas Tequila an. „Señor Tancred! Willkommen! Sie sehen schon wieder viel besser aus. Was kann ich für Sie tun?"

„Viel, Pablo", entgegnete Tancred lachend. „Aber alles zu seiner Zeit. Ich muß erst mit *la doctora* Margarita in Bogotá telefonieren."

Dieses Mal wurde er sofort mit Margaret verbunden, und er freute sich, ihre ruhige, herzliche Stimme zu hören. „Margaret, es ist mir unangenehm, daß ich Sie schon wieder belästigen muß, aber wäre es Ihnen wohl möglich herauszufinden, wie es zwei bestimmten Leuten im Krankenhaus von Bucaramanga geht?"

„Wahrscheinlich schon. Warum?"

„Es sind Chicos Eltern – Federico und Maria Consuela Garcia. Sie wurden von der Ärztin in El Máta zur Behandlung dorthin gebracht. Chicos Schwester hat einmal einen Brief von ihrer Mutter bekommen, dann aber nichts mehr von ihnen gehört. Wir – das heißt, sie möchte gern wissen, wann ihre Eltern nach Hause kommen."

„Ich werde es feststellen. Rufen Sie mich doch bitte morgen um die gleiche Zeit wieder an. Übrigens habe ich strenge Anweisungen von Ihrem Chef, Sie zu einer Untersuchung hierherzubeordern", fügte sie hinzu.

Er lachte. „Das kommt mir gerade recht. Ich brauche sowieso einen Vorwand, um das Dorf zu verlassen und nach Bucaramanga zu fahren."

Am ersten Arbeitstag gab es viel zu erledigen, und er war dementsprechend anstrengend. Tancred mußte sämtliche Baustellen inspizieren und dafür sorgen, daß alles wieder in Gang kam. Mehr als einmal blieb er stehen und blickte mißtrauisch auf den Berg und die Massen von herabgestürztem Geröll und Gestein. Doch er kam zu dem Schluß, daß die Gefahr vorbei und das Gebiet wieder sicher war. Sie konnten eben nur das Beste hoffen und darauf setzen, daß der heftige Regen nicht wieder begann, bevor sie alles weggeräumt hatten.

Gegen Ende des Tages ging er zu Pablos Lokal, um Margaret wieder anzurufen. Doch sie war nicht zu Hause. Statt dessen ertönte ihre Stimme auf dem Anrufbeantworter und erklärte, sie sei zu einem Notfall gerufen worden und man möge später nochmals anrufen.

Er verabredete mit Pablo, daß er in etwa einer Stunde wiederkommen werde, und ging zunächst zu dem kleinen Pfarrhaus, um sich zu waschen und umzuziehen. Mit Ben hatte er ausgemacht, daß dieser noch im Dorf bleiben sollte, da sein Gehgips das Lagerleben nicht zuließ. Als Tancred eintrat, war Ben gerade mit Kaffeekochen beschäftigt. Er blickte auf und begrüßte ihn herzlich. „Tancred! Komm herein! Du siehst ziemlich abgespannt aus. Setz dich erst mal und trink eine Tasse Kaffee."

„Gleich ..." Tancred zog seine Jacke aus, setzte seinen Schutzhelm ab und warf beides auf den nächsten Stuhl. „Bin zu schmutzig ...", fügte er hinzu und stolperte die Treppe zu den kleinen Schlafzimmern hinauf. Dort zog er seine staubbedeckten Kleider aus und goß Wasser aus dem Steinkrug in das altmodische Waschbecken. Er wusch sich, zog saubere Sachen an und ging dann hinunter, um sich mit Ben zu unterhalten.

Nachdem er sich einen Becher Kaffee geholt hatte, machte er es sich bequem. „Jetzt erzähl mal, wie es dir ergangen ist", forderte ihn Ben auf.

Tancred berichtete ihm alles, und Ben hörte schweigend zu, bis

Tancred geendet hatte. Dann lächelte Ben ihm zu. „Na, du nimmst dir das Schicksal anderer aber wirklich zu Herzen!" meinte er. „Aber ich freue mich über das mit dir und Pepita."

Auch Tancred lächelte. „Da bist du nicht der einzige!"

Dann stand er auf, um zu Pablos Lokal zu gehen und Margaret abermals anzurufen. Diesmal war sie da und kam auch ohne Umschweife auf sein Anliegen zu sprechen. „Sie sind immer noch in dem Krankenhaus, Tancred. Aber es hat Komplikationen gegeben."

„Was für Komplikationen?" Vor Schreck war seine Stimme ganz belegt.

„Dem Mann, Federico, mußten sie einen Teil seines Fußes amputieren – der Wundbrand war schon zu weit fortgeschritten."

„O Gott! Wie schlimm ist es?"

„Es könnte viel schlimmer sein, sagen sie – eigentlich."

„Wieso ‚eigentlich'?"

Margaret seufzte. „Na ja, er bekommt einen Spezialschuh und wird wieder mühelos gehen können. Er wird auch arbeiten können ..."

„Aber?"

„Er will es gar nicht erst versuchen. Die Amputation hat seinen Stolz, sein Selbstverständnis als Mann so sehr verletzt, daß er sich einfach zur Wand gedreht und beschlossen hat zu sterben."

Tancred war außer sich vor Entsetzen. „Aber das kann er doch nicht tun! Er kann nicht einfach sterben! Er wird auf seinem Hof gebraucht!"

„Sie sollten schnell hinfahren und ihm das sagen", erwiderte Margaret ein wenig schroff. „Er will auf niemanden hören, nicht einmal auf seine Frau."

Tancred raufte sich vor Verzweiflung die Haare. „Aber ich kann die Baustelle im Augenblick nicht verlassen. Wir haben heute gerade wieder unsere Arbeit aufgenommen."

„Doch, Sie können!" Margarets Stimme klang fest. „Sie müssen sich auch noch mal untersuchen lassen, haben Sie das vergessen? Bringen Sie das hinter sich und fahren Sie dann hin. Und, Tancred –"

„Ja?"

„Schieben Sie es nicht zu lange auf. Der Mann verweigert jegliche Nahrungsaufnahme."

„Also gut. Lassen Sie mir noch drei Tage. Ich werde am Freitag kommen. Dann bleibt mir das ganze Wochenende."

„Gut." Sie klang nun wieder munterer. „Sie können jederzeit von hier aus nach Bucaramanga fliegen. Das spart viel Zeit. Ich warte auf Sie." Sie legte auf.

Am Freitag fuhr Tancred zum Krankenhaus in Bogotá und erfuhr dort, daß er schon für eine Röntgenaufnahme und eine Untersuchung bei einem Spezialisten angemeldet war. Er hatte nach der Untersuchung gerade sein Hemd wieder zugeknöpft und sich währenddessen einen Vortrag zum „Übernehmen-Sie-sich-nicht-Thema" anhören müssen, da klopfte es. Margaret öffnete die Tür, streckte den Kopf herein und schaute den Spezialisten fragend an. „Nun, wie lautet das Urteil?"

Der Arzt war ein dünner, drahtiger Kolumbianer, der allerdings auch gut Englisch konnte und sich in dieser Sprache mit Tancred unterhalten hatte. „Die meisten Rippen sind verheilt", berichtete er Margaret. „Das Atmen ist noch ein bißchen schmerzhaft. Er muß sich auch vor Erkältungen und Lungenentzündungen hüten."

„Tolle Aussichten, bei seinem Job", erwiderte Margaret spöttisch. „Aber wenn er es zuläßt, werde ich ein Auge auf ihn haben."

Als sie draußen waren, sah Tancred Margaret an und lachte. „Sie sind eine schreckliche Tyrannin", schimpfte er.

„Kommen Sie", gab sie zurück. „Auf zum Flughafen. Mein Wagen wartet. Am besten machen wir uns sofort auf den Weg."

„Begleiten Sie mich denn?" Er war sehr erleichtert.

„Ich hatte es vor. Ich habe ein freies Wochenende."

KRANKENHÄUSER sind doch alle gleich, dachte Tancred, als er mit Margaret den langen weißen Korridor hinunterging.

Man hatte ihnen behutsam beizubringen versucht, daß es Federico Garcia nicht wesentlich bessergehe. Und seine Frau brauche auch noch viel Ruhe.

Dann standen sie im Krankenzimmer und betrachteten Maria Consuela, die still unter ihrer gestreiften Krankenhausdecke lag. Sie schlief nicht, sondern blickte sie ängstlich an.

Tancred fühlte Mitleid mit ihr, denn sie ähnelte Pepita sehr: die gleichen grauen Augen und das gleiche klare Profil. Nur viel dünner, müder und verhärmter sah sie aus.

Tancred trat auf das Bett zu, und ohne zu zögern, nahm er ihre Hand. „Señora Maria Consuela Chavez de Garcia", sprach er leise,

„Sie kennen mich nicht, aber ich habe Ihren kleinen Sohn Ricardo gefunden. Es geht ihm glänzend, er wird gut versorgt, und er läßt Ihnen Grüße ausrichten."

Er sah, wie Unglauben und Freude zugleich in ihren Augen aufglommen. „Ich habe auch Ihre Tochter Pepita kennengelernt", fuhr er fort. „Auch von ihr soll ich Grüße ausrichten."

Maria Consuela blickte ihn wortlos an, und Tränen traten ihr in die Augen. Abwechselnd schaute sie Margaret und ihn an, als könne sie es immer noch nicht fassen. Dann wies sie mit einer anmutigen Geste auf zwei Stühle, als wolle sie ihnen in diesem kahlen Krankenzimmer ihre Gastfreundschaft anbieten.

„Erzählen Sie mir genauer davon", bat sie.

Tancred zog für Margaret und sich je einen der Stühle heran, und beide setzten sich. Er erzählte Maria Consuela die ganze lange Geschichte. „Daher bin ich gekommen, um mit Ihrem Mann zu sprechen", fügte er zum Schluß hinzu, „über Chico und über Pepita, denn ich liebe beide sehr."

Maria Consuela schüttelte den Kopf, ihre Augen noch immer voller Tränen. „Er wird Ihnen nicht zuhören", klagte sie und rang verzweifelt ihre Hände. „Auch wenn ich mit ihm spreche, hört er einfach nicht zu. Er wendet sich ab und will nichts hören." Sie blickte Margaret und Tancred flehend an. „Wie können wir ihn nur wieder zur Vernunft bringen?"

„Das weiß ich nicht", erwiderte Tancred. „Aber wir müssen es wenigstens versuchen." Margaret half Maria Consuela aufzustehen, und gemeinsam gingen sie, von einer Krankenschwester begleitet, hinüber in Federico Garcias Krankenzimmer.

Als sie ihn zu Gesicht bekamen, stellten sie fest, daß er sogar noch verhärmter und magerer als seine Frau aussah. Er war noch kein alter Mann, aber Tancred erschrak über die in sich zusammengesunkene Erscheinung.

„Er will nicht essen", bemerkte die Krankenschwester entschuldigend zu Margaret.

Federico lag ganz still da, und seine Augen waren geschlossen. Tancred erkannte, daß er tatsächlich sterben wollte. Und er wußte, daß die *mestizos,* Mischlinge mit halb indianischem Blut, ihren Tod auf diese Weise herbeiführen konnten, wenn sie es wirklich wollten.

Tancred begann mit Federico ein ähnliches Gespräch wie mit seiner

Frau. Er stellte sich vor und erzählte ihm dann, daß Ricardo, sein Sohn, gesund und gut versorgt sei und bei der Arbeit auf seinem Hof mithelfe.

Federico gab keine Antwort. Er schien Tancred nicht zu hören.

Dann sprach Tancred von dem Hof, von Pepita und ihrem Kampf ums Überleben. Auch hier zeigte der Mann keinerlei Regung.

Darauf berichtete er von dem Bergrutsch und Chicos tapferer Hilfeleistung. Doch nicht einmal die Tatsache, daß sein kleiner Sohn so heldenhaft gehandelt hatte, konnte Federico irgendeine Art von Reaktion entlocken.

Schließlich verlor Tancred die Geduld. „Und Sie nennen sich selbst einen Mann!" rief er. „Dabei wollen Sie nicht einmal von Ihrem Krankenbett aufstehen und sich um Ihre Frau und Ihre Kinder kümmern! Begreifen Sie denn nicht, daß Sie die Zukunft Ihrer Tochter zerstören? Und auch die Ihres kleinen Sohnes? Dank seiner Hilfe sind Sie jetzt wohlhabend. Er hat das Recht, über seinen weiteren Lebensweg selbst zu entscheiden. Und Sie liegen hier und wollen nichts von ihm wissen! Er ist intelligent, Ihr kleiner Junge, er braucht eine anständige Ausbildung. Er würde gern Ingenieur werden – wie ich – und seinem Volk helfen. Wollen Sie ihn davon abhalten? Ich kann nicht glauben, daß der Vater von Chico ein Feigling ist!"

Atemlos wartete Tancred das Ergebnis seiner Tirade ab. Und auch Maria Consuela und Margaret wagten kaum zu atmen.

Langsam öffnete der Mann im Bett die Augen und blickte Tancred ins Gesicht. „Ein Feigling?" fragte er flüsternd.

„*Sí! Cobarde!*" schnaubte Tancred und gab sich weiter wütend, obwohl er in Wahrheit lieber vor Erleichterung geweint hätte. Denn endlich hörte Federico Garcia ihm zu! „Es ist feige, wenn man sterben möchte, obwohl man gebraucht wird. Ihre Kinder brauchen Sie. Ihre Frau, Maria Consuela, ist auch sehr krank gewesen – braucht sie keinen Mann, der sie beschützt? Ihr Hof braucht Sie. Wie können Sie gerade jetzt aufgeben?"

Der verschleierte Blick wurde klarer und durchdringender. Federico musterte Tancred und schien eine Frage stellen zu wollen.

„Federico Garcia", fuhr Tancred fort, nun schon ruhiger, „in Ihrem Dorf Vellora de las Nubes sind Sie ein angesehener Mann. Alle warten auf Ihre Rückkehr. Sie haben jetzt einen gut bewirtschafteten Hof, und es gibt dort auch einen Brunnen. Die Felder werden bewässert. Sie haben Hühner und Ziegen, ein Maultier und einen Esel und außerdem noch den alten Bruno. Sie können jetzt Ihre Familie ernähren. Wenn Sie zurückkehren, werden Sie ein wohlhabender Mann sein."

Er wartete wieder, und alle warteten mit ihm. Schließlich flüsterte Federico mit halberstickter Stimme: „Und ich habe ihn gehen lassen ..."

Alle Besucher, Maria Consuela, Tancred und Margaret, wußten, was er meinte. Die ganze Zeit hatte dieser harte Mann in seiner Seele ein schreckliches Schuldgefühl mit sich herumgetragen, weil er seinen kleinen Sohn fortgeschickt hatte.

Einen Augenblick lang herrschte Schweigen. Dann richtete sich Federico Garcia auf: „Wo sind meine Kleider?" rief er.

GANZ so einfach war die Sache natürlich nicht. Die Ärzte entschieden, daß Federico Garcia noch vierzehn Tage dableiben müsse, bis er kräftig genug sei, um nach Hause zurückzukehren. Inzwischen mußte er lernen, mit seinem neuen orthopädischen Schuh zu gehen. Aber obwohl er noch schwach war, erlaubte man ihm an diesem Tag bereits, sich anzukleiden, damit er das Gefühl hatte, einen ersten Schritt hin zu seiner baldigen Entlassung selbst unternommen zu haben.

Tancred war nun sicher, daß Federico jetzt die Absicht hatte, wieder gesund zu werden, und daß er ihn ohne Angst vor einem Rückfall verlassen konnte. Doch bevor er aufbrach, führte er noch ein längeres Gespräch mit ihm, und am Ende drückte Federico kräftig Tancreds Hand.

„Sie sind ein guter Mensch, Señor Tancred", sagte er heiser, „und ich bin sehr dankbar dafür, daß mein Sohn Sie gefunden hat – und auch meine Tochter."

„Ja, das bin ich auch", murmelte Tancred und lächelte Maria Consuela an, die vor Erleichterung bereits zehn Jahre jünger wirkte und auch längst nicht mehr so verhärmt aussah.

Mit dem Krankenhaus vereinbarten sie, daß man Pablo in seinem Lokal benachrichtigen werde, sobald die Garcias zum Aufbruch bereit seien. Tancred sollte sie dann in seinem Jeep abholen.

Vor seiner Abreise stellte er allerdings noch zu seiner Bestürzung fest, daß das Krankenhaus nicht kostenlos behandelte, sondern daß die Garcias für Essen, Bettwäsche und für die Medikamente einen recht beachtlichen Betrag schuldeten. Doch Margaret war gut informiert und wies ihn darauf hin, daß die Ärztin in El Máta, die Federico und Maria Consuela in die Klinik gebracht hatte, zu einer Hilfsorganisation gehöre. Von dort hatte sie bereits Geld erhalten, um die Schulden der Garcias zu begleichen.

Da auch noch Tancred und Margaret einen großzügigen finanziellen Beitrag leisteten, konnten die Rechnungen schließlich stillschweigend bezahlt werden, ohne daß Federico Garcia je erfuhr, welche Unterstützung ihm zuteil geworden war.

Schließlich verabschiedete sich Tancred von Maria Consuela. Dann legte er für einen Augenblick die Hand auf Federicos Schulter. „Werden Sie schnell gesund", meinte er aufmunternd. „Ich komme bald wieder und hole Sie ab!"

Es WAR fast einen Monat her, seit Tancred den Hof der Garcias verlassen hatte, und es gab keine Nachricht von ihm außer einer Postkarte. Tancred hatte nur wenige Worte darauf geschrieben: „Alles ist in Ordnung mit Euren Eltern. Ich hoffe, bei Euch auch. Ich komme bald. Alles Liebe, Tancred." Das war alles.

Aber Pepita machte sich keine Sorgen. Sie vertraute Tancred vorbehaltlos, und sie wußte, er würde so bald wie möglich zurückkehren und dann auch genauere Nachrichten von ihren Eltern mitbringen. Außerdem war ihr klar, daß er auf einer Postkarte nur dann mehr schreiben würde, wenn es etwas Wichtiges zu berichten gäbe – und das war ganz offensichtlich nicht der Fall.

Auch Chico vertraute Tancred, aber er sehnte sich ebenfalls nach ihm – und nach der gewohnten, geordneten Tätigkeit im Baulager.

Eines Abends, als er in Richtung Süden über das Dorf Vellora de las Nubes hinwegschaute, bemerkte er, daß sich unten auf dem Pfad etwas bewegte. Als er näher hinsah, entdeckte er, daß es nicht eine Gestalt, sondern drei waren, die auf Ponys ritten und auf dem steilen Pfad stetig auf ihn zukamen. Da erkannte er sie, selbst auf diese Entfernung.

Den Mann weit voraus an der Spitze, dessen Haar in der untergehenden Sonne gelb aufleuchtete, hätte er überall erkannt: Es war Señor Tancred. Und hinter ihm ritt gerade und rüstig sein Vater, Federico Garcia. Neben ihm, ebenso aufrecht und stolz, war seine Mutter, Maria Consuela.

Mit einem Aufschrei warf Chico seine Hacke hin und rannte talwärts. Mitten im Lauf hielt er kurz inne. „Pepita! Pepita! Sie kommen!" schrie er mit schriller Stimme, die sich vor Freude fast überschlug.

Doch Pepita stand längst vor dem Haus und schaute nach unten, mit vor Freude strahlendem Gesicht.

Chico rannte weiter, den Schieferhang hinab, und unten stieg Tancred von seinem Pony und eilte ihm entgegen. Als sie einander erreichten, schlang Tancred die Arme um Chico, hob ihn hoch und drückte ihn dann fest an sich. Dann setzte er ihn wieder ab, ließ aber einen Arm um seine Schultern gelegt. Chico winkte seinen noch weit entfernten Eltern zu, und zusammen stiegen er und Tancred den Hang hinauf, wo Pepita ihnen bereits entgegenkam. Sie lief nicht, aber sie ging stetig auf sie zu, und als ihr Blick dem Tancreds begegnete, leuchteten ihre Augen auf.

Nun kamen auch die anderen Kinder aus dem Haus gestürzt. Pietro bellte, und El Martillo trampelte mit den Hufen auf den Boden. Die Kinder flitzten den Hügel hinab und umarmten ihre Mutter mit stürmischer Zärtlichkeit. Sie zogen sie vom Pony herunter, wandten sich dann ihrem Vater zu, halfen auch ihm herab und umarmten ihn.

Aber Federico stand nur da und blickte auf den hochgeschossenen, ernsten Jungen, seinen kleinen Sohn Ricardo. Er hatte Tränen in den Augen und konnte kein Wort hervorbringen.

Chico hatte mit raschem Blick alles erfaßt: den hohen orthopädischen Schuh und das steife Bein, und er bemerkte, wie die monatelangen Schmerzen das Gesicht seines Vaters gezeichnet hatten. Und ganz plötzlich ging ihm auf, daß sein Vater schüchtern war: Dieser stolze, ernste Mann war seinem Sohn gegenüber schüchtern.

Über Chicos Gesicht zog sich ein liebevolles Lächeln. Er trat auf Federico zu. „Willkommen zu Hause, Vater! Wir haben versucht, den Hof für dich zu führen. Hoffentlich bist du mit uns zufrieden!"

Federico betrachtete die sorgfältig gepflegten Terrassen, den neuen Brunnen und die Bewässerungskanäle, dann wanderte sein Blick zu seiner Familie zurück. Er sah Tancred und Pepita, die Hand in Hand dastanden, und blickte dann wieder auf Chico.

„Das kann man wohl sagen", bestätigte er, und ein Lächeln zeigte sich auf seinem Gesicht. „Ich glaube, ich kann mehr als nur zufrieden sein!" Er hängte sich bei Maria Consuela ein, und sein Lächeln schien immer stärker zu werden und seine ganze Familie einzuschließen. „Gott sei gedankt!" rief er. „Es ist schön, wieder zu Hause zu sein!" Und er ging langsam zu seinem Haus hinauf. Hinter ihm seufzte Tancred zutiefst erleichtert auf.

Pepita schaute auf die fernen Gipfel, die im Licht des Sonnenuntergangs erglühten. Majestätisch ragten sie in den Himmel. Die Luft war klar und kalt, und ein sanfter Abendwind fuhr durch das Gebirge. Es roch schwach nach Schnee.

Schweigend folgten Tancred, Pepita und Chico Federico zu dem kleinen Bauernhaus, dessen Fenster in der Abenddämmerung gelb und freundlich leuchteten.

Foto: Roger Barrett

Elizabeth Webster

Die Idee zu *Chico*, so erzählt Elizabeth Webster, verdanke sie eigentlich ihrer Tochter Joss. „Als sie von einem Urlaub aus Mexiko zurückkam, begrüßte sie mich mit den Worten: ‚Mutti, du mußt unbedingt eine Geschichte über die Kinder in den Slums schreiben!' Also bat ich eine Freundin um Rat, die sich sehr für die Kinder in der dritten Welt einsetzt, und sie hat mir vorgeschlagen, über Kolumbien zu schreiben, weil man hier in Europa noch viel zuwenig über die Probleme dieses Landes und seiner Bewohner – vor allem der armen Bergbauern – weiß."

Eines dieser Probleme ist die unvorstellbare Armut der Bevölkerung. Fast die Hälfte der dreißig Millionen Einwohner Kolumbiens verdient weniger als zweihundert Mark monatlich, und etwa zehn Millionen Kolumbianer hausen in den städtischen Elendsvierteln. Besonders betroffen sind die Kinder: Allein in der Hauptstadt Bogotá leben zehntausend „Gamines", obdachlose Straßenkinder wie Chico im Alter zwischen fünf und achtzehn Jahren.

Daß Elizabeth Webster immer wieder das Schicksal benachteiligter Kinder in den Mittelpunkt ihrer Bücher stellt (so auch in den Romanen *Ein Junge namens Brakken* und *Kein Platz für Johnnie?*, die bei den Auswahlbuchlesern großen Anklang fanden), liegt zweifellos daran, daß sie sich stets für Kinder und Jugendliche besonders engagiert hat. Bevor sie 1983 ihren ersten Roman veröffentlichte, hatte sie zunächst als Lehrerin gearbeitet und danach 1967 das „Young Arts Centre of Cheltenham" gegründet, in dem sie musisch begabte Jugendliche förderte. Erst vor kurzem beschloß sie schweren Herzens, die Leitung des Instituts abzugeben. „Es war an der Zeit, daß ein junger Mensch eine Chance bekommt", meint die immer noch äußerst vitale Autorin, die demnächst ihren zweiundsiebzigsten Geburtstag feiert. Fortan will sie sich vor allem ihrem Mann widmen, mit dem sie ein hübsches Haus in Südwestengland bewohnt, und – natürlich dem Schreiben! Ein neuer Roman, soviel verrät sie, ist bereits in Arbeit.

JEDER TAG ZÄHLT

Eine Kurzfassung des Buches von
RICHARD MARTIN STERN

Nach der Übersetzung von Wolfgang Rhiel

Illustrationen von Walter Rane

Für den jungen Geophysiker Pete Williamson ist die Sache klar: Die Gefahr lauert viereinhalbtausend Meter unter dem Meeresspiegel – ein locker geschichtetes Felsband in den Tiefen des Südpazifiks. Schon ein leichtes Seebeben kann Millionen Tonnen Gestein auf den Grund des Meeres hinabstürzen lassen und eine verheerende Flutwelle verursachen. Doch im fernen Encino Beach, einem kalifornischen Hafenstädtchen, glaubt niemand an eine mögliche Katastrophe. Die Warnungen des Wissenschaftlers – alles nur Hirngespinste?

Vorwort

ZWEIEINHALBTAUSEND Meter unter der Meeresoberfläche war alles Tageslicht verblaßt, und draußen vor den Bullaugen der kleinen Tauchkapsel herrschte völlige Finsternis. Die Wassertemperatur war, wie das Außenthermometer zeigte, bis in die Nähe des Gefrierpunkts gesunken. Der Druck auf den Rumpf der gepanzerten Kapsel nahm stetig zu, und bald würde er zehn Tonnen pro Quadratzentimeter erreichen. Ein weniger widerstandsfähiges Unterwasserfahrzeug wäre wie eine leere Bierdose zusammengedrückt worden.

Der enge, schwach erleuchtete Innenraum der Tauchkapsel war vollgestopft mit Anzeige- und Kontrollgeräten, die die beiden Insassen in ihren Bewegungen einschränkten. Nach einer Tauchzeit von mehreren Stunden wurde die Enge fast unerträglich.

Der Biologe Henry Larson war unrasiert und hatte Kopfhörer auf; wie sein Begleiter trug er ein T-Shirt, Jeans und Turnschuhe. „Sie sind erst das zweite Mal hier unten, stimmt's?" meinte er. „Ich hab zwar aufgehört mitzuzählen, aber auch für mich ist es immer noch ein bißchen aufregender, als im Laden an der Ecke einkaufen zu gehen."

„Das kann man wohl sagen", bestätigte Peter Williamson, genannt „Pete". Er war trotz seiner Jugend promovierter Geophysiker und Mitglied des Ozeanographischen Instituts von Encino Beach in Kalifornien.

Diese zweite Unterwasserexpedition faszinierte ihn genauso wie seine erste. Sein Puls ging schneller, der Blutdruck stieg, und er bemerkte auch ganz deutlich eine gesteigerte Aufmerksamkeit. Wie auf Knopfdruck hatte sich dieses Gefühl in dem Augenblick eingestellt, als sie auf Tauchstation gegangen waren.

„Dreitausend Meter", verkündete Larson nach einer Weile. „Draußen ist nichts zu sehen. Vielleicht sollten wir etwas Licht machen." Er schaltete die Außenscheinwerfer ein, die nun die eintönige Welt vor den Bullaugen erleuchteten. „Dort drüben, ein Hai! Sehen Sie ihn? Ganz schöner Bursche und ein phantastischer Schwimmer." Die elegante Erscheinung war dem Lichtkegel in Sekundenschnelle entschwunden und in der Dunkelheit untergetaucht.

Pete beobachtete schweigend den Tiefenmesser. „Viertausend Meter", bemerkte er nach einigen Minuten; noch immer sanken sie.

„Da!" rief Larson plötzlich. „Der Steilabbruch!"

„Stimmt." Pete betrachtete die Felsformation, die undeutlich vor ihnen sichtbar wurde. Sie näherten sich dem Grund eines riesigen submarinen Cañons, der sich bei Samoa in Nord-Süd-Richtung durch den Pazifik zieht und sechsmal tiefer ist als der Grand Cañon. Aber auch diese Unterwasserschlucht bildet nur einen winzigen Abschnitt innerhalb der größten geologischen Formation der Erde, eines unterseeischen Grabensystems von über 70 000 km Länge, das sich durch alle Weltmeere zieht.

Und von alldem, ging es Pete durch den Kopf, hat der Mensch bisher vielleicht gerade ein Tausendstel mit eigenen Augen gesehen. Das war auch der Grund für ihre jetzige Tauchfahrt, die siebte von fünfzehn geplanten. Das Verteidigungsministerium finanzierte die Expedition, während die führenden ozeanographischen Institute des Landes – Woods Hole, Scripps und Encino Beach – die Wissenschaftler stellten. Ziel dieser Bemühungen war es, den Geheimnissen des Bodenreliefs auf die Spur zu kommen, um so vielleicht eine endgültige Antwort auf die Frage nach dem Ursprung der Erde zu finden.

„Ich bin ein neugieriger Mensch", erklärte Larson. „Ich kenne die offiziellen Verlautbarungen, aber ich habe den Eindruck, daß Sie hier nicht nur eine Vergnügungsfahrt machen. Suchen Sie etwas Bestimmtes?"

„Nur Steine. Sie wissen doch, ich bin Geologe."

„Ich dachte, Geophysiker. Als Geologe würden Sie sich sicher eher für Öl und Mineralien interessieren."

„Nun ja, ich befasse mich mit der Beschaffenheit des Meeresbodens." Pete blickte angestrengt auf die Wand des submarinen Cañons und versuchte sich dabei möglichst genau daran zu erinnern, wie die Felsformation vor neunzehn Monaten ausgesehen hatte. Tatsächlich, es gab Veränderungen, wie er es befürchtet hatte! Pete bedauerte, keine Kamera mit einem speziellen Weitwinkelobjektiv zu haben, mit der er die Eindrücke viel besser hätte festhalten können als mit seinem Gedächtnis; denn die Fotoausrüstung der Tauchkapsel war für seine Zwecke leider vollkommen untauglich. Versuchen wir, das Beste

daraus zu machen, sagte er sich. Wahrscheinlich glaubt mir sowieso kein Mensch.

In fünftausend Meter Tiefe entdeckte der Geophysiker das breite Felsband, an das er sich so gut erinnerte; jenseits der Reichweite der Scheinwerfer verschwand es im trüben Dunkel. Er betrachtete das Gestein ganz genau, suchte nach den verräterischen Veränderungen.

„Ich interessiere mich für Tiere", sagte Larson. „Kaum zu glauben, aber selbst in dieser Tiefe gibt es welche. Hier unten wimmelt es geradezu von Lebewesen, trotz des gewaltigen Wasserdrucks."

Pete wußte, daß der Unterwassergraben tatsächlich eine fremde Welt darstellt – auf seinem Grund leben blutrote Riesenwürmer in einem Labyrinth aus weißen Röhren; große Muscheln, die nur entfernt mit denen verwandt sind, die man in seichten Gewässern findet; Krabbenarten, die dem unvorstellbaren Druck in diesen Tiefen standhalten, ja, bei geringerem Druck gar nicht leben können. Er dachte auch an die Regionen, wo Magma, das Schmelzgestein aus dem Erdinnern, aus Rissen im Meeresboden gequollen und zu seltsamen tuffartigen Gebilden erstarrt war. Diese Risse bilden die Nahtstellen zwischen den riesigen tektonischen Platten, die ganze Kontinente auf dem Rücken tragen. Die Kontinentalsockel sind ununterbrochen in Bewegung, driften auseinander, stoßen zusammen, verändern mit Erdbeben und Vulkanausbrüchen das Aussehen der Erde.

Ziel der Tauchfahrt war der Meeresboden, wo Pete und Larson vielfältige Aufgaben erwarteten – sie mußten Proben nehmen, messen, beobachten, Daten sammeln. Aber im Augenblick galt Petes ganze Aufmerksamkeit den Wänden des Cañons, die auf beiden Seiten immer näher kamen, während die Tauchkapsel in den gewaltigen Schlund hinabsank.

„Wir sind gleich bei neuntausend Metern", meldete Larson. „Ganz schön tief, was?"

Pete kam der Mount Everest in den Sinn, der den Meeresspiegel um 8848 Meter überragt. Sie waren jetzt schon weiter unten. Er sagte nichts. Sein Blick war noch immer auf die Wände des Cañons gerichtet; gespannt verglich er deren Erscheinungsbild mit seinen Erinnerungen von vor neunzehn Monaten. Er speicherte die Eindrücke in seinem Gedächtnis, um sie später abzurufen. Aber er fühlte bereits eine Beklommenheit, die nicht allein seiner wissenschaftlichen Skepsis entsprang.

Kapitel 1

IM RÜCKBLICK war es ein Tag wie jeder andere: Eine dicke Smogwolke verwischte die scharfen Konturen des Bergrückens, der das Tal vom benachbarten Los-Angeles-Becken trennt.

Dan Garfield war auf der Schnellstraße unterwegs; im Autoradio lief gerade Mozarts Klavierkonzert Nr. 19. Früher hatte er klassische Musik als altmodisch abgetan; damals trug er die Haare lang und war überzeugt, daß niemand ihm geistig das Wasser reichen könne. Aber der Geschmack eines Menschen ändert sich, und mit zweiundvierzig sieht man die Welt anders als mit zwanzig.

Die Wache am Tor der Elektronikfirma Garfield & Co. grüßte beinahe militärisch korrekt, als Dan die geöffnete Schranke passierte. Er fuhr die heckengesäumte Straße bis zum Hauptgebäude, wo er auf dem Platz mit seinem Namensschild parkte.

„Guten Morgen, Mr. Garfield." Der Portier an der Eingangstür bedachte ihn mit dem gleichen Gruß wie die Empfangsdame in der Halle und zwei Männer, die aus dem Fahrstuhl traten. Im Chefbüro im dritten Stock erwartete ihn Helen, seine tüchtige Sekretärin. Gleich nach der Begrüßung las sie vor, was auf dem Terminkalender stand.

„Baker, der Leiter von Werk drei, möchte Sie sprechen. Ich habe ihn mal für halb elf eingetragen."

„In Ordnung", erwiderte Dan und fragte sich, womit Baker wohl jetzt wieder ankam. „Sonst noch was?"

„Um halb zehn trifft sich der Ingenieursstab, falls Sie hingehen möchten."

„Halten Sie's offen. Was sonst?"

„Mr. Case und Mr. Carmichael würden Sie gern um neun sprechen", fuhr sie fort. „Mr. Case sagte, es sei dringend."

Er blickte auf die Armbanduhr. „Um neun, sagten Sie? Das ist ja schon in einer Viertelstunde! Was gab's an Post?"

„Liegt auf Ihrem Schreibtisch." Helen wandte sich zum Gehen. An der Tür blieb sie stehen und drehte sich noch einmal um. „Um zwölf sind Sie mit Miß Anderson zum Essen verabredet. Ich habe den üblichen Tisch bei Angelo reserviert."

Ein Tag also wie jeder andere.

Paul Case und Walker Carmichael, Dans Geschäftspartner, kamen Punkt neun. Typisch Paul, dachte Dan. Paul Case war Finanzexperte und nahm alles sehr genau. Walker Carmichael dagegen, der Vertriebschef, ging die Dinge gern etwas lockerer an.

„Guten Morgen, Paul . . ., hallo, Walker", begrüßte Dan die beiden Herren. „Nehmt Platz, bitte." Er betrachtete Case, der sorgfältig die Tür schloß und sich umständlich setzte. Carmichael ließ sich in einen Sessel fallen. Beide wirkten beunruhigt. Dan wartete.

„Das Angebot der Firma Atlas ist immer noch nicht vom Tisch, Dan", begann Paul Case zögernd.

„Darüber haben wir schon gesprochen."

Walker Carmichael räusperte sich. „Sie wollen uns das Geschäft schmackhafter machen. Sechseinhalb Prozent günstiger." Er betonte die Zahl ganz besonders.

„Womit beide Seiten leben können", meinte Case. „Wenn man Aktien und Bezugsrechte zusammennimmt, sind das fast –"

„Die Zahlen interessieren mich nicht", unterbrach ihn Dan. „Wir haben mit unserer Firma bei Null angefangen, aber inzwischen verdienen wir alle drei mehr Geld damit, als wir jemals ausgeben können."

„In den Zahlen", fuhr Case fort, „sind nicht einmal die Lizenzen für deine persönlichen Patente enthalten, Dan. Wenn du die dazurechnest, bist du nach dem Verkauf ein steinreicher Mann."

Dan beherrschte die Kunst, nie seine Stimmung oder Ungeduld zu zeigen. Wie ein Politiker konnte er ein freundliches Lächeln mit stillem Kalkül verbinden. Und wenn das nicht half, blieb ihm als letztes Mittel immer noch, seine Stärke auszuspielen. „Wir sind alle drei noch jung", sagte er. „Und die Zeichen stehen auf Wachstum. Unser ausgezeichneter Ruf – den und nichts anderes wollen die Leute von Atlas kaufen – ermöglicht uns auch weiterhin einen Expansionskurs, mit dem wir Erfolg haben werden."

„Wann bekommst du endlich genug, Dan?" fragte Carmichael, der Vertriebschef. „Die Welt ist groß und weit und herrlich, und ich für meinen Teil will sie genießen . . ." Er zögerte.

„Sprich ruhig weiter, Walker", meinte Dan.

„Gut", erwiderte Carmichael. „Ich habe die Nase voll. Ich will aussteigen. Keine Verkaufsgespräche mehr, keine Geschäftsflüge mehr, kein Geschachere mehr mit sturen Bürokraten. Das wär's im großen und ganzen, Dan."

Dan wußte, wann ein Entschluß endgültig war. „In Ordnung, Walker. Wenn das dein ausdrücklicher Wunsch ist –"

„Ja, Dan."

„Paul und ich können dich auszahlen. Unser Vertrag enthält eine solche Klausel."

Paul Case räusperte sich. „Nicht so eilig, Dan." Einen Augenblick war es beängstigend still im Büro. „Wir haben uns juristisch beraten lassen; es gibt keine Schwierigkeiten, wenn wir verkaufen wollen."

„Doch, es gibt Schwierigkeiten", erklärte Dan mit Nachdruck. „Ich mache nämlich nicht mit, Punkt!"

Paul Case erhob sich. „Dann hast du leider Pech gehabt, Dan. Wir haben uns deinen Entscheidungen bisher immer angeschlossen. Aber diesmal bist du überstimmt. Wir haben der Firma Atlas durch unsere Anwälte bereits zu verstehen gegeben, daß wir das Angebot annehmen und der notariellen Eigentumsübertragung nichts mehr im Weg steht. Mehr haben wir dazu nicht zu sagen."

Er ging und schloß behutsam die Tür hinter sich.

Carmichael wuchtete sich aus dem Sessel. „Tut mir leid, Dan, aber das Angebot war einfach zu gut." Er schüttelte den Kopf und lächelte. „Du wirst im Geld regelrecht schwimmen. Kannst dich ‚Scheich' Garfield nennen. Am besten, du versuchst, dich an den Gedanken zu gewöhnen."

So einfach geht das also, dachte Dan. Es war niederschmetternd.

„UNSERE Sitzung ist nicht offiziell", erklärte der Staatssekretär und blickte sich am Tisch um. „Alles deutet darauf hin, daß die Franzosen einen weiteren Atomtest im Südpazifik durchführen werden. Nun erhebt sich die Frage: Was können wir tun?"

„Was ist daran neu?" entgegnete der Vertreter des Verteidigungsministeriums. „Die Franzosen machen das seit Jahren. Es ist lästig, aber immerhin kündigen sie ihre Tests vorher an. Der Südpazifik ist groß, es gehen ein paar Fische drauf, das ist alles."

„Es sei denn –", begann der wissenschaftliche Berater, Harry Saunders. Dann hielt er jedoch inne und schüttelte den Kopf. „Handelt es sich um einen gewöhnlichen Atomtest, oder denken die diesmal womöglich an eine Kernfusion?"

„Gegenwärtig unklar", erwiderte der Staatssekretär. „Ist das von Bedeutung?"

„Der Unterschied liegt in der Sprengkraft", erklärte Saunders. „Bei der herkömmlichen Kernspaltung rechnen wir in Kilotonnen TNT, das heißt ein paar tausend Tonnen, bei der Kernfusion dagegen in Megatonnen, also Millionen von Tonnen."

Der Staatssekretär sah den wissenschaftlichen Berater eindringlich an. „Schildern Sie uns, was im schlimmstmöglichen Fall geschehen könnte."

„Dazu habe ich nicht genügend Daten", erwiderte Saunders.

„Schätzen Sie ganz grob. Was könnte passieren?" Der Staatssekretär zögerte. „Denken Sie etwa an eine Flutwelle?"

„Wir Wissenschaftler sagen dazu *Tsunami*", erklärte Saunders. „Ursache ist eine seismische Störung – ein Erdbeben, ein Vulkanausbruch oder so etwas. Tsunamis können verheerende Folgen haben."

„Zum Beispiel?"

„1960 löste ein Erdbeben an der Küste Chiles mehrere Tsunamis aus, die den gesamten Pazifik überquerten", berichtete Saunders. „Die Flutwellen zerstörten große Teile der Stadt Hilo auf Hawaii und richteten rund siebentausend Kilometer weiter auf den japanischen Inseln Honschu und Hokkaido schwere Schäden an – insgesamt legten sie eine Strecke von über sechzehntausend Kilometern zurück."

„Und Sie meinen", sagte der Mann aus dem Verteidigungsministerium, „ein Atomtest im Südpazifik könnte solche Flutwellen auslösen? Das ist doch dummes Zeug! Wir unternehmen selbst diese Tests, und nie ist etwas passiert."

Wenn Harry Saunders sich mit Laien unterhielt, ging er Streitgesprächen lieber aus dem Weg. „Sie haben wahrscheinlich recht", erwiderte er. „Ich habe ja auch nur ein Beispiel genannt."

NOCH nie war es Dan so schwergefallen, sich mit einer persönlichen Niederlage abzufinden. Hilflos stand er seinem Schicksal gegenüber. Dabei war er stets stolz darauf gewesen, daß er dank seines logischen Denkens und seines Faktenwissens so leicht durchs Leben kam. Ein kluger Kopf, dieser Dan Garfield! Und nun war er plötzlich und ohne Vorwarnung von seinen Partnern ausgetrickst worden. Von zwei Männern, die er vermeintlich im Griff gehabt hatte. Der Schock lähmte ihn noch immer.

Inzwischen glaubte alle Welt, der Verkauf wäre seine eigene Idee gewesen, und die Bewunderung, die ihm für diesen gelungenen

Schachzug gezollt wurde, machte alles nur noch schlimmer. Ich bin ein Blender, sagte er sich. Andererseits war er zu enttäuscht, um sich jemandem anzuvertrauen. Nicht einmal mit Maude wollte er darüber sprechen, obwohl er dazu Gelegenheit gehabt hätte, als sie sich bei Angelo zum Mittagessen trafen.

Maude trug ein hellblaues Kleid, das ihre sonnengebräunte Haut und ihre strahlendblauen Augen hervorragend zur Geltung brachte. „Du bist mit den Gedanken irgendwo anders", meinte sie. „Aber das bist du meistens, bis auf die wenigen Male, wenn ich zu spüren glaube, daß du mir wirklich deine ganze Aufmerksamkeit schenkst." Sie lächelte. „Dies geschieht dann allerdings zum Glück unter Ausschluß der Öffentlichkeit."

Im allgemeinen gefielen ihm Anspielungen auf ihre Vertrautheit, doch heute kamen sie ihm ungelegen. Alles erschien ihm plötzlich so verändert. „Du warst verreist", sagte er nur. „Ich habe dich vermißt. Wie war's?"

„Sehr schön. Ich habe alte Freunde am Lake Tahoe besucht. Ein bißchen Wasserski, ein Stellenangebot." Ihr Lächeln ließ ihre Augen leuchten. „Aber hier in Los Angeles gefällt es mir besser. Und wenn ich hin und wieder ein Haus verkaufe, habe ich auch genug zum Leben." Das Lächeln verschwand. „Du bist wirklich mit den Gedanken woanders, Dan. Was ist los?"

„Ich habe Hunger. Sollen wir bestellen?" So war die Gelegenheit vorbeigegangen und nicht wiedergekommen.

DASS Dan kurz nach dem Verkauf der Firma seinem alten Freund Dr. Tom Winslow über den Weg lief, war purer Zufall. Toms kritischem Blick entging kaum etwas. „Du schaust drein, als ob dir jemand deinen Lutscher weggenommen hätte", bemerkte der Arzt.

„Ich habe meine Vorliebe für Süßigkeiten schon vor Jahren aufgegeben."

„Dann schläfst du nicht gut." Toms Tonfall wurde ernst. „Und nach dem, was ich im Wirtschaftsteil der Zeitungen lese, verwundert mich das kaum. Wichtige Verhandlungen, 'ne Menge Geld. Clara hat mir erzählt, daß sogar ein Artikel im *Time*-Magazin erschienen ist, in dem du als Genie bezeichnet wirst."

„Wenn die das geschrieben haben", entgegnete Dan, „liegen sie schief."

Tom blickte auf die Uhr. „Wie wär's mit einer Tasse Kaffee? Mein nächster Patient ist erst in einer halben Stunde dran."

Sie fanden ein stilles Eckchen in einem Café in der Nähe. „Wie lange kennen wir uns eigentlich schon?" fragte Tom. „Zwanzig Jahre?"

Fast auf den Tag. Dan hatte gerade sein Doktorexamen in Ingenieurwissenschaft abgelegt und Tom seine Facharztausbildung in innerer Medizin abgeschlossen, als sie sich kennenlernten. „Ja", meinte Dan schließlich, „zwanzig Jahre könnte stimmen."

„Wir hatten beide große Pläne. Ich zum Beispiel wollte die Welt von allen Krankheiten befreien. Doch während du ein ungewöhnlich erfolgreicher Geschäftsmann geworden bist, habe ich nichts ausgerichtet gegen all die Kopfschmerzen und Magengeschwüre, die die Menschheit plagen." Tom betrachtete Dan immer noch, während er in beiläufigem Ton weitersprach. „Clara richtet gerade unser Ferienhaus in Encino Beach ein. Sie wird mit Lucy den Sommer dort verbringen. Ich fahre dann an den Wochenenden hin. Warum erholst du dich nicht ein bißchen und leistest den beiden Damen Gesellschaft? Wirklich, ich glaube, du könntest eine Luftveränderung vertragen."

Dan bemühte sich, gelassen zu wirken. „Sieht man mir den Streß so an?"

„Ja." Tom erhob sich unvermittelt. „Bin sofort wieder da", erklärte er und ging zielstrebig hinaus. Nach ein paar Minuten kam er zurück und nahm lächelnd wieder Platz. „Alles geregelt. Clara ist von der Idee begeistert. Sie freut sich immer, wenn sie Gäste hat."

„Langsam. Vielleicht komme ich mal an einem Wochenende mit, wenn du runterfährst. Aber du kannst mich nicht einfach so ankündigen, wenn Clara noch mit dem Einrichten beschäftigt ist."

„Ich sag dir doch, sie freut sich. Und du, mein Lieber, hast Erholung bitter nötig, auch wenn ich die Ursache nicht genau kenne." Tom machte eine Pause. „Was spricht denn dagegen?"

Eigentlich nichts, dachte Dan. Ein Urlaub in Encino Beach würde ihn von seinen düsteren Gedanken ablenken. Schweigend saß er da, uneins mit sich selbst.

„Du kannst dich ja nützlich machen und ein paar Glühbirnen reinschrauben", fuhr Tom fort. „Oder deine Elektronikkenntnisse darauf verwenden, den Toaster wieder in Gang zu bringen." In einem Zug trank er den Rest seines Kaffees und stand auf. „Ich habe Clara gesagt, du kämst heute nachmittag. Bis bald also!" Damit ging er.

Kapitel 2

FRÜHER war Encino Beach ein verträumtes Städtchen südlich von Los Angeles gewesen. Es besaß einen Anlegesteg, den sich die Fischer mit dem Jachtclub teilten, und einige verstreut liegende Ferienhäuser, deren Besitzer im Sommer zum Segeln oder Hochseeangeln kamen. Der Ort lag an einer Bucht, die eine vorgelagerte flache Landzunge gegen Wind und Wellen abschirmte. Später waren in diesem natürlichen Hafen zusätzlich Molen gebaut worden, die die Liegeplätze der Boote noch besser schützten.

Nach dem Zweiten Weltkrieg, als die Wirtschaft aufblühte, wurde das Städtchen plötzlich vom Bauboom erfaßt. Wie Pilze schossen Villen und Ferienhäuser aus dem Boden, und bald tummelten sich an den breiten Sandstränden auf der Westseite der Halbinsel, vor allem in der Feriensaison, unzählige Sommergäste. Nur die sportlichen jungen Leute fuhren zum Surfen nach San Onofre oder Malibu, wo die ankommende Dünung anders als in Encino Beach manchmal zur bedrohlichen Brandung anschwoll.

Eine Umgehungsstraße wurde gebaut, die die Küstenstraße entlastete. Die Verkehrsberuhigung machte den Ort ganzjährig als Wohngegend attraktiv, so daß viele Leute zuzogen, die in Los Angeles arbeiteten. Bald entstand ein reger Pendelverkehr, der in den Spitzenzeiten große Staus verursachte.

Jimmy Silva, der Bürgermeister von Encino Beach, war ein waschechter Einheimischer. Er stammte aus einer seit Generationen ansässigen Fischerfamilie und vermittelte Versicherungen. Silva hatte die Fünfzig überschritten und wurde ein wenig füllig in der Taille, was er dadurch zu verbergen suchte, daß er großgemusterte Hawaiihemden trug. Er kannte die meisten Einwohner des Städtchens persönlich. Mit Joe Hines zum Beispiel, dem Hafenmeister, war er seit frühester Kindheit befreundet. Jetzt saß Joe Hines in Silvas Büro; die Tür zum Empfangszimmer war geschlossen.

„Zu viele Boote im Hafen", sagte der Hafenmeister. „Wenn du mich fragst, gibt's bei uns zu viele Leute mit Geld." Hines war hochgewachsen und hager, sein Gesicht von Wind und Wetter gegerbt. Als junger Mann war er ein berühmter Regattasegler gewesen.

„Je mehr Leute hierherkommen", antwortete der Bürgermeister, „desto mehr Geld fließt in die Stadt. Das nennt man Fortschritt. Du mußt immer am Ball bleiben."

Hines ließ sich nicht beirren. „Kein freier Liegeplatz mehr im ganzen Hafen. Wenn du dir heute ein Boot kaufen willst, machst du dir am besten erst mal Gedanken darüber, wo du es unterbringst."

„Das werden wir lösen", erwiderte Jimmy Silva und nahm eine große Papierrolle aus einem Regal neben seinem Schreibtisch. Es war ein Bebauungsplan, der eine Reihe von Mehrfamilienhäusern zeigte, die unmittelbar ans Wasser grenzten. Zu jeder Wohneinheit gehörte ein privater Liegeplatz, an dem Segel- oder Motorboote festgemacht werden konnten. Joe Hines betrachtete den Plan eingehend.

„Toll, was?" meinte der Bürgermeister.

Der Hafenmeister schaute noch immer auf die Skizze. „Und wo in aller Welt willst du das hinsetzen?"

„Hinten in die Bucht, wo wir als Kinder immer im Schlamm Muscheln gesammelt haben."

Hines blickte auf. „Ausbaggern?"

„Ausbaggern, auffüllen und bauen. Wenn wir uns mit großem Tidenhub rumschlagen müßten, bekämen wir vielleicht Schwierigkeiten." Der Bürgermeister zuckte die Achseln. „Aber das ist in der Bucht ja nicht der Fall. Ein oder zwei Meter Gezeitenunterschied, das ist alles."

„Machst du jetzt in Immobilien? Da komm ich nicht mehr mit. An der Tür steht doch ,Versicherungen'."

„Ich verteile nur etwas das Risiko", meinte der Bürgermeister und grinste dabei.

Hines wandte sich erneut der Skizze zu. „Über fünfzig Häuser. Da muß ganz schön was ausgebaggert und aufgefüllt werden. Das kostet 'ne ganze Menge."

„Schuldverschreibungen", erklärte der Bürgermeister. „Ganz große Sache inzwischen, kommunale Schuldverschreibungen, steuerfreies Einkommen – Steuervermeidung nennt man das."

Joe Hines erhob sich seufzend. „Ich kann nur sagen, wir haben schon jetzt zu viele Boote im Hafen, und zu viele davon gehören Landratten, die nicht mit ihnen umgehen können. Wenn wir die Boote alle mal auf einen Schlag raus aufs Meer schicken müßten –"

„Was sollte uns dazu zwingen?"

„Wer weiß", entgegnete Hines und blickte wieder auf die Zeichnung. Er wirkte mürrisch. „Das ist also bei dir der Fortschritt?"

„Ganz genau." Immer noch grinste der Bürgermeister.

DAN GARFIELD bog von der Küstenstraße ab und fuhr langsam die Hauptstraße von Encino Beach entlang. Hier, an ihrem Anfang, bot sich ein phantastischer Blick auf den Hafen und die in der späten Nachmittagssonne glitzernde glatte Wasserfläche der Bucht, in der Hunderte von Freizeitbooten lagen. Die vertäuten Segelboote zeigten, wie Dan bemerkte, alle mit dem Bug landwärts, weil sie mit ihren langen Kielen auf die Ebbe reagierten. Den Kabinenkreuzern mit ihrem flachen Boden machte das vergleichsweise wenig aus; sie lagen so, wie der Wind sie gerade drehte. Die ehernen Gesetze der Physik mit ihrer Logik und Vorhersehbarkeit waren auch hier wirksam.

In den Naturwissenschaften fühlte sich Dan zu Hause, ganz im Gegensatz zur Welt der Menschen, die er im Augenblick nicht verstand. Das völlig unerwartete Verhalten seiner Partner erschien ihm äußerst befremdlich. Nun ja, vielleicht konnte er hier in Encino Beach etwas ausspannen, Kraft schöpfen und zu einem neuen Selbstbewußtsein finden.

Als er beim Haus der Winslows ankam, begrüßte ihn Clara in Jeans, Turnschuhen und einer kurzärmeligen Bluse. Sie ist schon immer eine erstaunliche Frau gewesen, dachte Dan, und die Jahre – sie war gerade vierzig – haben sie höchstens noch attraktiver gemacht.

„Willkommen, Fremder", begann sie. „Ich hab es kaum glauben können, als Tom mir sagte, daß du kommst."

„Nett, daß du mich aufnimmst."

„Lucy ist ganz aus dem Häuschen. Für sie bist du der Inbegriff eines Mannes von Welt."

„Nur schöner Schein. Ich zähle zur Zeit eher zu den Arbeitslosen."

„Prima. Dann können Lucy und ich dich ja mit Beschlag belegen." Sie blickte an ihm vorbei. „Da ist sie schon."

Dan drehte sich um und bekam große Augen. Er hatte Lucy als kleines Mädchen in Erinnerung, aber nun stand ihm ein hübscher sechzehnjähriger Teenager gegenüber, der offenbar alle backfischhafte Unbeholfenheit abgelegt hatte. Ungläubig schüttelte er den Kopf, wobei ihm auffiel, wie Clara ihn belustigt ansah. „Damit habe ich nicht gerechnet", meinte er.

„Große Sache", antwortete Lucy. „Trifft jeden von uns eines Tages." Sie machte eine kurze Pause. „Du hast uns eine halbe Ewigkeit nicht mehr besucht. Aber inzwischen bist du ja auch eine Berühmtheit!"

Dan hoffte, daß sein Lächeln nicht verlegen wirkte.

Clara schaltete sich ein. „Du weißt ja, wo dein Zimmer ist, Dan. Vor dem Essen hast du noch Zeit für einen Drink."

Als Dan nach dem Auspacken in die Küche ging, traf er dort auf einen jungen Mann. „Das ist Pete Williamson", stellte Clara den Besucher vor. „Pete ist unser Nachbar."

Pete, unrasiert und in Jeans und T-Shirt, schüttelte Dan die Hand. Er lächelte. „Willkommen bei den Sommerfrischlern!"

„Pete ist Wissenschaftler am Ozeanographischen Institut in Encino Beach", erklärte Lucy. „Er ist gerade von einer Tauchfahrt irgendwo im Südpazifik zurückgekommen. Hat mir ein paar Korallen mitgebracht."

„Hüte deine Schätze gut, Prinzessin. Du weißt ja, die gehören nur uns beiden." Ihre Zuneigung war offenkundig.

„Warum nehmen die zwei Herren nicht draußen auf der Veranda einen Drink", schlug Clara vor, „und lassen Lucy und mich das Essen vorbereiten? Du bleibst doch noch ein Weilchen, Pete?"

„Gerne."

Die Männer gingen hinaus, mixten sich einen Drink und setzten sich im schwindenden Licht des Tages auf die Veranda, blickten auf die Bucht, die Boote, die eng zusammengedrängten Häuser. „Der Ort ist mir ans Herz gewachsen", meinte Pete. „Hier lebt es sich gut."

„Ich kenne das Städtchen schon ziemlich lange."

Pete nickte. „Aber Encino Beach kennen und hier zu Hause sein sind zwei Paar Stiefel. Nach allem, was ich gelesen habe, sind Sie ein viel zu beschäftigter Mann für dieses lockere Leben."

Das kommt der Wahrheit beinahe allzu nahe, dachte Dan. Rasch wechselte er das Thema. „Sie waren auf Tauchfahrt, hat Lucy gesagt. Mit einem Spezial-U-Boot?"

Pete lächelte. „Ja, einer Tauchkapsel. Wir sind im Pazifik bis in etwa zehntausend Meter Tiefe vorgedrungen."

Dan blickte den jungen Wissenschaftler mit Interesse an. „Und warum? Oder ist das geheim?"

„Um Beweise zu sammeln – eine lange Geschichte." Pete machte eine unbestimmte Handbewegung. „Ich habe da eine Theorie entwikkelt, die man allerdings in gewissen Kreisen nicht gerne hört, auch in meiner Branche nicht. Ozeanographen neigen, wie wohl die meisten Wissenschaftler, zu konservativen Ansichten."

„Und Sie sorgen für ein bißchen Wirbel?"

„So könnte man's nennen."

„Ich würde mir Ihre lange Geschichte gern einmal anhören."

„Sie ist ziemlich spekulativ. Und die Daten, die ich habe, sind mager."

Dan nippte an seinem Glas. „Ich würde Ihre Theorie trotzdem gern kennenlernen."

„In Ordnung", sagte Pete. „Es macht mir Spaß, mich mit jemandem darüber zu unterhalten, der sich so dafür interessiert. Wie wär's morgen mit einem Spaziergang am Meer, sagen wir um zwölf?"

„Ich wüßte nicht, was ich lieber täte", erwiderte Dan und merkte plötzlich, daß er es ernst meinte.

Lucy werkelte in der Küche, als Dan am nächsten Morgen aus seinem Zimmer kam. „Mami ist in die Stadt gegangen", erklärte das Mädchen. „Ich komme gut allein zurecht. Was möchtest du frühstükken? Omelett mit Schinken vielleicht?"

„Klingt nicht schlecht", erwiderte Dan.

„Saft steht im Kühlschrank". Lucy machte sich am Herd zu schaffen. „Ich habe diesen Artikel im *Time*-Magazin über dich gelesen. Darin heißt es, du seist ein Genie."

„Ich bin ein Schwindler." Merkwürdig, es schmerzte nicht einmal, als er es aussprach.

„Schöner Schwindel, wenn jemand soviel Kohle einschiebt." Lucy wandte sich um und betrachtete Dans Gesicht. „Weißt du was? Bevor du kamst, hatte ich fast ein wenig Angst vor dir. Komisch, aber das ist jetzt ganz vorbei."

Dan fühlte sich geschmeichelt. Nach dem Frühstück half er abwaschen. Dann begab er sich zur Stadtbücherei, wo er in Pete Williamsons wissenschaftlichen Arbeiten las. Es war Viertel vor zwölf, als er sich zu ihrem Treffpunkt aufmachte. Viele Fragen gingen ihm durch den Kopf.

Pete erwartete ihn auf einer Bank am Meer. Er sah den Brandungswellen zu, die heranrollten, immer größer wurden, weiße Schaumkronen bekamen und dann nacheinander an den Strand stürzten. Man läuft Gefahr, davon hypnotisiert zu werden, dachte Dan. „Guten Morgen, Pete", grüßte er und setzte sich.

„Wollen Sie immer noch meine abenteuerliche Theorie kennenlernen?" fragte Pete.

„O ja, gerne."

Pete nickte. „Gut. 25. Juli 1963 – sagt Ihnen dieses Datum etwas?"

Dan schloß die Augen. „Da war ich gerade mit dem College fertig. Außerdem hatte ich mir einen Bart wachsen lassen." Er öffnete die Augen und lächelte. „Das Datum sagt mir nichts. Ich habe mich damals ohnehin nur für Elektronik interessiert, schwebte also stets in höheren Regionen."

„Die USA, die Sowjetunion und Großbritannien", erklärte Pete, „unterzeichneten einen Vertrag, der alle oberirdischen Atomtests verbot. Aber nur diese drei Länder haben unterschrieben. Frankreich zum Beispiel hat sich durch den Vertrag nie von seinen Kernwaffenversuchen abbringen lassen."

„Deshalb unternimmt das Land weitere Tests im Südpazifik?"

„Ganz genau."

„Ich habe heute morgen in der Bücherei in Ihren Arbeiten gelesen", erklärte Dan, „aber ich weiß nicht, ob ich einen Zusammenhang zu dem herstellen kann, was Sie jetzt erwähnen."

Pete nickte. „Nicht ohne zusätzliche Informationen. Vor der Unterzeichnung des Vertrags haben in Los Alamos amerikanische Geophysiker und andere Wissenschaftler diskutiert und die möglichen unterseeischen Auswirkungen der von den USA geplanten Tests durchgespielt. Man hatte große Bomben mit einem Detonationswert

von über hundert Megatonnen zünden wollen, auch im Südpazifik. Nach der Unterzeichnung des Vertrags wurde die gesamte Forschung eingestellt, aber die gesammelten Daten sind heute noch verfügbar. Soweit alles klar?"

Dan nickte.

„Als die Franzosen mit ihren Tests begannen", fuhr Pete fort, „warnten wir sie vor den möglichen Auswirkungen. Aber sie hörten nicht auf uns, und eine der Folgen war, daß eine kleine Insel, die sie für sicher hielten, heute zweieinhalb Meter unter Wasser liegt."

Dan dachte nach. „Ich glaube, ich erkenne allmählich, worauf Sie hinauswollen, aber –" Er schüttelte den Kopf. „Vielleicht ist es am besten, Sie fangen ganz von vorne an."

„In Ordnung. Ich werde ein wenig ausholen." Pete deutete auf das glitzernde Meer. „Der Pazifik bedeckt mit rund hundertachtzig Millionen Quadratkilometern über ein Drittel der Erdoberfläche und ist das größte und tiefste der Weltmeere. Diese Wellen, die Sie da sehen, sind schon acht- bis zehntausend Kilometer unterwegs gewesen, parallele Linien, die im allgemeinen so regelmäßig sind, daß die Polynesier ihre großen Auslegerboote über Hunderte von Kilometern von Insel zu Insel steuerten, indem sie in einem bestimmten Winkel zu den Dünungslinien segelten." Er machte eine Pause. „Das Meer ist also berechenbar, oder? Aber leider scheint das nur so."

Dieser Mann kennt sein Metier und ist imstande, Dinge zu erklären, dachte Dan, während er zuhörte.

Pete beschrieb einen Kreis in der Luft. „Von oben gegen den Uhrzeigersinn: Alaska und die russische Halbinsel Kamtschatka im Norden, Japan, die Philippinen und Indonesien im Westen, Australien, Neuseeland, die Antarktis im Süden, und im Osten die Küsten von Süd-, Mittel- und Nordamerika – und dazwischen liegt das Pazifische Becken. Es wird umgeben von einem Ring aktiver Vulkane, neben denen sich tiefe Grabenbrüche hinziehen; weitere teilen das Becken in der Mitte. Tektonisch gesehen ist das ganze Gebiet ständig in Bewegung."

Dan nickte schweigend.

„Ein Beispiel", fuhr Pete fort. „Die gesamten Kordilleren, die Gebirgskette, die sich von Alaska bis zur Spitze Südamerikas erstreckt, ist geologisch jung und in gewisser Weise noch im Entstehen begriffen. Das ist die Ursache, weshalb sich vor ein paar Jahren dieses schwere Erdbeben in Mexiko ereignete oder der Ausbruch des Mount Saint Helens. Und auch hier, in der San-Andreas-Verwerfung, müssen wir damit rechnen, daß eines Tages etwas passiert. Auf der anderen Seite des Ozeans haben wir den Krakatau, der 1883 mit dem lautesten Knall explodierte, den die Menschheit vermutlich je gehört hat. Das sind nur ein paar Beispiele, die aber alle demselben Phänomen zuzuschreiben sind – dem Vulkanismus."

„Ihren Arbeiten entnehme ich, daß Ihrer Meinung nach in einer dieser Bruchzonen im südlichen Pazifik eine große Bewegung fällig ist", sagte Dan. „Vielleicht sogar überfällig."

Pete hob in einer verzweifelten Geste die Hände. „Ich kann es nicht beweisen. Niemand kann das. Aber ich habe versucht, allen Dingen, die mit dieser südpazifischen Bruchzone zusammenhängen, auf den Grund zu gehen, selbst irgendwelchen Legenden oder Volkssagen. Ich habe mir von einem Freund an der Technischen Hochschule Computermodelle entwickeln lassen und habe bei dieser letzten Tauchfahrt, die ich jetzt im selben Gebiet unternahm wie vor neunzehn Monaten, auf eigene Faust einen kleinen Abstecher gemacht. Wir haben in der Zwischenzeit seismische Störungen im Südpazifik registriert. Wir leben auf einem ruhelosen Planeten. Seine Kruste ist ständig in Bewegung, zuckt wie das Fell eines Pferdes, auf das sich eine Fliege setzt. Aber ich wollte selbst sehen, ob ich nach neunzehn Monaten Veränderungen in diesem Gebiet feststellen könnte." Er machte eine Pause.

Dan wartete gespannt.

„Ich habe nur den Augenschein als Beweis", sagte Pete schließlich, „aber es hat Veränderungen gegeben. Und nach meinen Daten läßt sich die seismische Aktivität auf die Atomtests zurückführen, die die Franzosen im Südpazifik unternommen haben."

„Allmählich verstehe ich", warf Dan ein. „Erzählen Sie weiter."

Pete atmete tief durch. „Haben Sie schon mal gesehen, was eine Lawine anrichten kann? Eine große, die Bäume, Felsen, ganze Berghänge abrasiert wie ein riesiger Bulldozer? Im Frühling kommt Wasser, instabiler Schnee in den Gipfellagen ins Rutschen. Unterwegs nimmt er Tonnen von Schnee auf und saust talwärts. Und als Auslöser genügt eine kleine Erschütterung, etwa ein Gewehrschuß oder gar ein scharfer Pfiff."

„Und Sie meinen, eine Explosion könnte unter Wasser etwas Vergleichbares anrichten?" fragte Dan.

Pete war jetzt in seinem Element. „Der ganze südpazifische Graben ist eine Bruchzone. Ich habe Risse gesehen, die in etwa viertausendfünfhundert Meter Tiefe eine breite Felsbank entlanglaufen. Wie tief diese Risse gehen, weiß ich nicht. Unsere Scheinwerfer reichten nicht sehr weit. Aber die Felsbank ist um die hundertfünfzig Kilometer lang. Sie kann instabil sein wie der nasse Schnee im Gebirge. Und dann?" Er schwieg.

„Sie denken an Tsunamis", sagte Dan bedächtig. „In der Zeitung heißen sie meist Flutwellen, aber diese Bezeichnung ist nicht ganz korrekt, weil es sich ja um Wellen handelt, die durch seismische Bewegungen ausgelöst werden – ein Erdbeben, einen Vulkanausbruch, was auch immer. Tsunamis können in der Stunde bis zu tausend Kilometer zurücklegen, und sie behalten ihre enorme Kraft über große Entfernungen bei. Sie werden erst langsamer, wenn sie in flacheres Gewässer kommen, weil der Boden sie bremst, aber dafür türmen sie sich auf wie diese Brecher hier. Tsunamis haben schon Höhen von über dreißig Metern erreicht."

„Für einen Vormittag haben Sie eine ganze Menge gelesen", lobte Pete.

„Stimmt, und ich behalte auch, was ich lese", erklärte Dan ganz ohne Stolz.

„Nicht alle seismischen Störungen, nicht einmal alle unterseeischen, rufen Tsunamis hervor", fuhr Pete fort. „Es muß eine vertikale Bewegung sein, die zu Versetzungen in der unterseeischen Masse führt, eine Erschütterung von sieben Komma fünf Punkten und mehr auf der Richter-Skala."

„Könnte nicht genau das eintreten, wenn dieses Felsband auf seiner ganzen Länge den Halt verliert?" fragte Dan. „Das würde doch eine gigantische Wassermasse in Bewegung setzen, oder nicht?"

„O ja." Pete schwieg und blickte aufs Meer. „Merken Sie jetzt, wie wenig echte Beweise ich habe? Nur das, was ich recherchiert und abgeleitet habe, und dazu noch die Beobachtungen, die ich fast beiläufig bei der Tauchfahrt machen konnte." Er schöpfte eine Handvoll Sand und schleuderte sie mit einer heftigen Bewegung fort.

„Was geschieht, wenn der Fall eintritt – ein gewaltiges Seebeben in dem fraglichen Gebiet, das auf der Richter-Skala einen Wert von acht oder mehr erreichen würde?"

„Der Internationale Tsunami-Warndienst, der seinen Sitz auf Hawaii hat, würde sofort Daten von Meßstationen rund um das Pazifische Becken sammeln. Man würde das Epizentrum bestimmen und, falls Tsunamis ausgelöst werden, die Zeit vorausberechnen, zu der diese an verschiedenen Küstenorten einträfen. Dies geschieht, indem man die Wellenlänge – also die Entfernung zwischen zwei Wellenkämmen – und die Wellengeschwindigkeit mißt." Pete lächelte betrübt. „Aber es gibt nur wenige Maßnahmen, die man ergreifen kann, wenn man die Warnung erhält – zum Beispiel aufs Meer hinausfahren, falls man ein hochseetaugliches Boot hat, oder sich möglichst weit ins Hinterland zurückziehen."

„Aufs Meer rausfahren?"

„Die Flutwelle", erklärte Pete, „die sich mit etwa achthundert Stundenkilometern vorwärts bewegt, ist nur einen halben bis einen Meter hoch. Auf dem offenen Meer würden Sie nicht einmal merken, wenn sie unter Ihrem Boot durchzieht. Erst wenn sie in flaches Gewässer kommt und sich Millionen Tonnen Wasser zu einer Riesenwelle aufbauen – dann wird es sehr gefährlich. 1703 soll eine Reihe von Tsunamiwellen an einem Abschnitt an der japanischen Küste hunderttausend Menschen getötet haben. In Japan reichen die Berichte über Tsunamikatastrophen bis zurück ins zehnte Jahrhundert. Das Wort selbst kommt aus Japan, es bedeutet ,hohe Wellen im Hafen'. "

„Was würde hier passieren?" fragte Dan. „In Encino Beach zum Beispiel?"

„Der sogenannte Schelf", erklärte Pete, „also die seichte Küstenzone, reicht hier ziemlich weit in den Ozean hinein. Sie müßte eigentlich Schutz bieten."

„Müßte?"

„Nun ja", fuhr Pete ratlos fort, „wir haben es nicht mit Gewißheiten zu tun. Das ist nicht wie bei Ihren elektronischen Schaltkreisen, bei denen Sie genau voraussagen können, was passiert. Hier wissen wir es nicht." Er atmete hörbar aus. „Wellen verhalten sich periodisch. Sehen Sie die Dünung da draußen? Sie kommt mit der Gleichmäßigkeit eines Uhrwerks herein. Wenn jetzt aber ein Sturm das Meer aufwühlt und den Küstenwasserstand über normal steigen läßt und dies mit der Springtide, also der höchsten Tide im Monat, zusammenfällt, bekommen wir eine deutliche Verstärkung aller Kräfte. Dies tritt auch ein, wenn eine Tsunamiwelle mit einem Unwetter zusammentrifft."

Dan nickte. „Die Wellen würden sich also unverhältnismäßig hoch auftürmen."

„Wenn sich alles gleichzeitig ereignet, ja", erwiderte Pete. „Große Tsunamiwellen, verstärkt durch die Brandung einer Springtide und einen Hurrikan, könnten sogar diesen schützenden Schelf überwinden. Was eine solch verheerende Riesenwelle hier an der dichtbesiedelten kalifornischen Küste mit den vielen Menschen, Autos, Booten und Häusern anrichten würde . . ." Er schüttelte den Kopf. „Es hat keinen Sinn, darüber nachzudenken."

Petes Worte ließen Dan in diesem Augenblick zu dem unerbittlichen Schluß kommen, daß der Ort nicht gegen eine Katastrophe geschützt war. „Es ist alles nur Spekulation, und Sie wissen das", antwortete er. „Man muß erst darüber nachdenken."

Pete schwieg lange, blickte reglos hinaus auf das Meer. „Also gut", erklärte er schließlich fast zornig. Er drehte sich zu Dan um und sah ihn an. „Alles, was ich vorbringen kann, ist eine verwegene Theorie, die sich auf einige fragwürdige Daten stützt. Sie sind der Mann mit dem Überblick, der vorausschaut und Möglichkeiten sieht. Der Artikel im

Time-Magazin über Sie hat ja Ihre Weitsicht hervorgehoben. Ich" – er hielt inne und spreizte die Hände –, „ich bin nur ein Ozeanograph, kein großer Macher. Sicher, ich habe Ideen, aber das ist alles, was dabei herauskommt – Ideen. Was könnte man überhaupt unternehmen?"

„Ich weiß es noch nicht", antwortete Dan. „Aber Ihre Argumente klingen überzeugend, und wenn sie einer Prüfung standhalten, können Sie sie nicht einfach übergehen. Ich übrigens auch nicht." Er beschäftigte sich, wie er merkte, bereits mit dem Problem – dabei war das gar nicht seine Absicht gewesen. Oder doch? „Es ist nicht mein Fachgebiet, aber Tatsachen bleiben Tatsachen, und Logik bleibt Logik, egal, um welchen Gegenstand es geht."

„Meine Ideen", fuhr Pete fort, dessen Zorn sich gelegt hatte, „laufen den herkömmlichen Erkenntnissen zuwider. Seit Menschengedenken ist Südkalifornien nie von einem Tsunami heimgesucht worden, wahrscheinlich wegen dieses breiten Schelfs. Japan, Chile, Hawaii und vielleicht Teile von Mittelamerika sind viel gefährdeter."

„Aber im schlimmstmöglichen Fall", meinte Dan, „könnten auch wir hier betroffen sein."

Pete nickte. „So sehe ich es. Und was machen wir nun?"

„Wir prüfen zuerst Ihre Daten."

„Wir?"

„Sie haben einen Ausdruck Ihrer Computermodelle. Lassen Sie mich einen Blick darauf werfen. Ich bin in Datenanalyse nicht unbewandert, und das Fachwissen, das mir fehlt, können Sie beisteuern."

„Zuerst also die Daten verifizieren. Und dann?"

„Wir stellen fest, was getan werden kann, und tun es."

Pete schüttelte verwundert den Kopf. „Das gibt's doch nicht. Sie gehen vielleicht zur Sache! Der Mann, der auf alles eine Antwort weiß." Erleichtert spürte er, daß er mit seinen düsteren Gedanken nicht mehr allein war.

„Wir werden sehen", meinte Dan. „Vielleicht bin ich nur der Mann, der die richtigen Fragen stellt."

Auch Maude Anderson hatte den Artikel im *Time*-Magazin gelesen, in dem in allen Einzelheiten über den Verkauf von Garfield & Co. an die Firma „Atlas Telecommunications" berichtet worden war. Dan war darin für sein vermeintlich kalkuliertes Sträuben gelobt worden, das zu einem weit höheren Preis als dem ursprünglichen geführt hatte.

Sie dachte an ihr gemeinsames Mittagessen an jenem Tag. Seither hatte sie von Dan nichts mehr gehört. Lange saß sie da und blickte aus dem Fenster ihrer Wohnung in Westwood, einem Stadtteil von Los Angeles. Ihre Gefühle reichten von Freude für Dans Coup bis zu Befremden über sein langes Schweigen.

Sie konnte eigentlich nicht mehr von ihm verlangen, sagte sie sich nüchtern. Ihre Beziehung war frei von Bedingungen, eine Freundschaft zwischen einem erwachsenen Mann und einer Frau. Und genau das hatte sie immer gewollt. Essen in Restaurants wie Angelo, einen Logenplatz in einem Konzert, ein Wochenende auf Hawaii, aber kein tiefer gehendes persönliches Engagement. Nach ihrer Scheidung hatte sie Jahre gebraucht, das Gefühl zurückzugewinnen, wieder sie selbst zu sein, und sie war nicht bereit, ihre Unabhängigkeit zu opfern, nicht einmal für jemanden, den sie so gern hatte wie Dan Garfield.

Aber warum war Dan so unvermittelt aus ihrem Leben verschwunden? Weil er nicht mehr nur „gutsituiert" war, wie es so schön hieß, sondern inzwischen unvorstellbar reich, wenn man dem Zeitschriftenartikel glauben konnte? Sollte das der Grund sein, dachte sie, wäre mein Unmut berechtigt.

Da sie ein direkter, offener Mensch war, wollte sie sofort zum Telefon greifen und eine Erklärung fordern. Doch sie bremste ihren Eifer wieder. Schließlich war sie noch nie einem Mann nachgelaufen. Dan müßte schon sie anrufen. Aber er konnte tun und lassen, was er wollte, und damit hatte es sich.

Ein paar Tage später wurde sie von Freunden, Jack und Betsy Barnes, auf eine Party eingeladen. Die beiden erzählten ihr, daß sie im Sommer wieder in ihr Haus in Encino Beach zögen, und machten ihr das Angebot, doch ein, zwei Wochen zu ihnen zu kommen, um einmal richtig auszuspannen. „O gerne", antwortete sie spontan. Später kam sie zu dem Schluß, daß diese Einladung kein Zufall, sondern eine Fügung des Schicksals gewesen sein mußte.

PETE kehrte an jenem Nachmittag noch einmal in sein Büro im Institut zurück, nachdem er Dan Garfield den Computerausdruck gebracht hatte. Wie gewöhnlich schaute er kurz im Seismographenraum vorbei, um einen Blick auf die sich drehende Registriertrommel zu werfen, auf die die mechanische Schreibfeder eine durchgehende Linie zeichnete. Er entdeckte die üblichen Schnörkel und kleineren

Unregelmäßigkeiten; die Linie war nie völlig gerade, denn irgendwo auf der Welt wurde die Erdkruste immer erschüttert, und die Schwingungen wanderten als unterschiedliche Stoßwellen um den Erdball und wurden vom Seismographen aufgezeichnet.

Pete ging durch den Korridor zu seinem Büro, ließ sich in seinen Schreibtischsessel fallen und starrte auf die riesige Wandkarte des Pazifischen Ozeans. Dort, in dieser unermeßlichen Weite des Meeres, war er die beiden Male getaucht; er hatte die Stelle mit einem kleinen Kreuz markiert. Die Karte mit ihrem großen Maßstab zeigte ihm selbstverständlich nur die ungefähre Position. Natürlich gab es im Institut viel genauere Karten, auf denen die Ergebnisse unzähliger Lotungen mit modernster Technik festgehalten waren.

Das Felsband existierte, die Karten bestätigten das. Und es erstreckte sich über gut hundertfünfzig Kilometer. Wieviel davon ähnlich instabil war wie der kleine Abschnitt, auf den er kurz ein Auge hatte werfen können, ließ sich bisher nur schätzen.

Geh die Sache also ernsthaft an, sagte er sich. Das Szenario, das er Dan geschildert hatte, war denkbar. Und noch eine weitere Möglichkeit bestand, die er nicht erwähnt hatte, die aber die Situation noch verschlimmern konnte. Tropische Gewitter entwickeln sich manchmal zu Hurrikans, deren Bahn unvorhersehbar ist. 1939 hatte ein Hurrikan diesen kalifornischen Küstenstreifen heimgesucht, und heftige Wellen waren über die Halbinsel bis in den Hafen von Encino Beach gedrungen. Der Ort war damals noch nicht so dicht bewohnt gewesen wie heute, so daß sich der Schaden in Grenzen gehalten hatte.

Aber angenommen – nur einmal angenommen – ein solcher Hurrikan träfe mit Tsunamiwellen zusammen, die von jenem Kreuz auf der Karte ausgingen und sich in alle Himmelsrichtungen ausbreiteten wie Wasserringe in einem Teich. Was wäre dann die Folge?

Eine einzige unabsehbare Katastrophe.

Kapitel 3

JACK und Betsy Barnes waren Ende Dreißig, gutaussehend, gern in Gesellschaft und dank Jacks Geschick in Gelddingen auch wohlhabend. Sie besaßen ein Haus in Los Angeles, ein zweites im Hafengebiet von Encino Beach und ein Apartment im Wintersportort Big Bear. Im

Jachtclub von Encino Beach lag ihr elegantes Segelboot vertäut. Und beide fuhren teure Wagen.

Das Ehepaar kannte Maude Anderson durch deren Maklertätigkeit. Im Augenblick saßen die Barnes auf ihrer Terrasse, mit dem herrlichen Blick auf das Meer, nippten an ihren Drinks und genossen die Sonne, als Maude zu ihrem geplanten Besuch eintraf.

„Du siehst gut aus", sagte Barnes und küßte sie zur Begrüßung auf die Wange. „Richte dich häuslich ein, und mach dir's bequem."

Als Betsy später allein mit Maude am Strand war, konnte sie ihre Neugierde nicht mehr im Zaum halten. „Dan Garfield ist hier. Wußtest du das? Bist du eigentlich seinetwegen hergekommen? Du brauchst mir nicht zu antworten." Betsy hielt sich selten lange bei einem Thema auf. „Ist der Badeanzug neu?"

Maude nickte. Sie fühlte sich etwas verlegen.

Betsy plauderte weiter. „Ich habe Einteiler immer für viel kleidsamer gehalten als Bikinis. Die enthüllen doch nur." Und wieder etwas Neues: „Wir gehen heute abend essen. Jack hat ein tolles Restaurant entdeckt."

Das Restaurant hieß Harbor Haven und bot Spezialitäten an, wie Jack Barnes beim Essen erläuterte. „Entweder schwarze – das heißt halb verbrannte – Meeresfrüchte oder über Mesquiteholz gegrilltes Rindfleisch. Das sind die Gerichte, die diese Woche ,in' sind. Mal sehen, was es nächste Woche ist."

Jack, dachte Maude, stellt genau das dar, was die meisten Nichtkalifornier an den Einheimischen kritisieren – ihre Sprunghaftigkeit. Sie hatte an der Ostküste davon gehört, lange bevor sie nach Los Angeles gekommen war. Unzuverlässigkeit hätte man vielleicht auch dazu sagen können. Sie fragte sich, ob diese Eigenschaft auch auf Dan Garfield zutraf.

„Ein bißchen in Gedanken, meine Liebe?" fragte Betsy. „Hast du von unserem Sonnyboy seit seinem großen Coup nichts mehr gehört?"

Maude lächelte, ohne zu antworten.

„Falls du ihn siehst", ergänzte Barnes, „kannst du ihm ausrichten, daß ich einige Tips habe, die ihn vielleicht interessieren."

„Du hast versprochen, nicht von Geschäften zu reden, solange Maude hier ist", bemerkte Betsy.

„War nur ein Hinweis."

„Ich hab gehört, er wohnt bei den Winslows", sagte Betsy. „Ich war letztes Jahr zusammen mit Clara Winslow im Kunstausstellungsausschuß. Wir könnten sie fragen, ob sie nicht mal auf einen Drink rüberkommen."

Maude fühlte sich bloßgestellt und schüttelte schweigend den Kopf.

„Du willst nichts überstürzen, stimmt's?" meinte Betsy. „Wahrscheinlich hast du recht. Warten wir ein paar Tage, und sehen wir, was sich tut. Wenn er dich in dem Badeanzug von heute nachmittag zu Gesicht bekommt..."

Vielleicht ist es falsch gewesen herzukommen, dachte Maude, aber jetzt war es zu spät. „Ich freue mich schon auf diese ‚schwarzen Meeresfrüchte'", sagte sie und brachte ein Lächeln zuwege.

DER Staatssekretär unterhielt sich mit dem wissenschaftlichen Berater Harry Saunders in seinem Büro in Washington. „Ganz unter uns", begann der Beamte, „wir haben versucht, unsere französischen Freunde etwas unter Druck zu setzen. Aber sie haben uns höflich zu verstehen gegeben, wir möchten uns um unsere eigenen Angelegenheiten kümmern, und setzen ihre Tests fort. Was sagen Sie dazu?"

„Ich habe darüber nachgedacht", erwiderte Saunders. „Es gibt da am Ozeanographischen Institut von Encino Beach einen Mann, der einen Artikel geschrieben hat. Heißt Pete Williamson. Gilt als guter Wissenschaftler, wenn auch etwas eigenbrötlerisch. Ich könnte mal mit ihm sprechen. Vielleicht liefern uns seine Gedanken Munition."

„Glauben Sie wirklich, daß Gefahr besteht?"

„Ich weiß noch nicht genug, um mir eine Meinung zu bilden. Was wollen die Franzosen als nächstes testen? Eine Atom- oder eine Wasserstoffbombe? Wenn es sich um eine Wasserstoffbombe handelt, wie sicher sind sie sich dann hinsichtlich des Detonationswertes? Dann könnten nämlich eine ganze Menge Faktoren Bedeutung erlangen – Zeit, Wetter, Gezeiten, Bodenbeschaffenheit." Er sah sorgenvoll drein. „Keine ganz einfache Gleichung."

„Und tatsächlich auch nicht unser Problem", meinte der Staatssekretär. „Wenn aber etwas passiert, will der Kongreß wissen, warum wir es nicht vorausgesehen haben." Er schob seinen Sessel zurück, stand auf und reichte Saunders die Hand. „Danke, daß Sie reingeschaut haben. Sagen Sie mir Bescheid, wenn Sie mit Williamson gesprochen haben, ja?"

Dan saß auf der Veranda, die auf die glitzernde Bucht hinausging, hatte aber kein Auge für den herrlichen Ausblick. Er hatte sich in den dicken Computerausdruck vertieft, den Pete ihm gegeben hatte; ein gelber Notizblock und ein Bleistift lagen auf dem Tisch neben ihm.

Zunächst bereute er ein wenig, worauf er sich da eingelassen hatte – er sah sich gezwungen, Daten aus einem ihm nicht vertrauten Fachgebiet zu analysieren und anschließend seine Meinung dazu zu äußern. Doch dann erkannte er eine gewisse Logik darin. Schließlich konnte es ja sein, daß am Ende Entscheidungen getroffen werden mußten, die zu einer Aktion führten. Und dafür mußte jemand die Verantwortung tragen. Pete Williamson hatte das Problem erkannt, das seine Theorie aufwarf, und sich entschlossen, es zu übergehen, obwohl es nicht so einfach übergangen werden konnte. Genau darauf hatte Dan ihn hingewiesen, und jetzt saß er quasi da mit dem Schwarzen Peter in der Hand. Und für einen Rückzieher war es längst zu spät.

Also stürzte er sich in die Arbeit, und so fand Clara ihn, als sie von ihren Besorgungen im Ort zurückkam. Sie setzte sich still in einen Sessel in der Nähe und betrachtete ihn, wie er las, nachdachte und sich Notizen auf seinem Block machte.

Schließlich sprach sie ihn an. „Dan, das hier soll Erholung sein, weißt du das?"

Er hob abrupt den Kopf und blinzelte ein paarmal, als erwache er aus tiefem Schlaf. „Tut mir leid", erwiderte er verdutzt. „Ich habe gar nicht gemerkt, daß –"

„Du hast nicht gemerkt, daß ich da bin. Sehr schmeichelhaft!" Sie lächelte. „Aber sprechen wir nicht von mir. Sprechen wir von Maude Anderson. Sie ist hier im Ort, weißt du das?"

„Maude?" Er schüttelte den Kopf. „Nein, das wußte ich nicht."

„Ich bin ihr im Supermarkt begegnet." Sie betrachtete Dan prüfend, wie ihr Mann es vor einigen Tagen getan hatte. „Was bekümmert dich, Dan? Ich habe dich noch nie vor etwas weglaufen sehen. Was ist der Grund? Maude?"

„Nein." Und doch spielte Maude eine Rolle. Sie hatte an seinem früheren Leben teilgehabt, als er noch Chef einer großen Firma gewesen war. Ansonsten gab es hier in Encino Beach nichts, was Erinnerungen aufkommen ließ, die ihn bedrängten.

„Hast du Angst vor dir selbst, Dan? Du bist der einzige, vor dem du nicht weglaufen kannst." Clara erhob sich und fuhr ihm zärtlich mit der Hand über die Wange. „Wenn ich dir helfen kann, laß es mich wissen." Sie ging ins Haus.

Dan blickte wieder auf den Ausdruck. Die Zahlen und Symbole waren plötzlich fast bedeutungslos geworden.

Von den sieben Mitgliedern des Stadtrats von Encino Beach hatte Bürgermeister Jimmy Silva vier selbst für das Amt vorgeschlagen. Bei den übrigen handelte es sich ebenfalls um angesehene Bürger des Städtchens – einen Architekten, einen Arzt und einen Anwalt –, die ihrem Beruf in Los Angeles nachgingen. Alle drei waren engagierte Umweltschützer.

In einer nichtöffentlichen Sitzung hörten sich die Stadträte Jimmy Silvas Ausführungen über das Immobilienprojekt an, das dieser im schlammigen hinteren Teil der Bucht verwirklichen wollte. Als er geendet hatte, bat er um Meinungsäußerungen.

J. G. Brown, der Anwalt, meldete sich zu Wort. „In dem Gebiet nisten seltene Schnepfenvögel."

„Richtig", bestätigte der Bürgermeister. „Aber wenn es heißt, Vögel oder Menschen, bin ich für die Menschen. Außerdem" – er machte eine Kunstpause, um mehr Wirkung zu erzielen – „gibt es drei, vier Kilometer weiter nördlich an der Küste ein Vogelschutzgebiet mit den gleichen Sumpfzonen und ohne störende Boote oder Menschen."

Der Anwalt nickte, offenbar zufrieden mit der Antwort.

„Wer ist für die Planung verantwortlich?" fragte der Architekt.

„Eine große Firma aus Los Angeles." Jimmy Silva nannte den Namen. „Sie wollen sich mit jemandem beraten, der den Küstenbereich kennt. Ich habe ihnen Ihren Namen genannt. War doch richtig, oder?" Der zufriedene Gesichtsausdruck des Architekten ließ den Bürgermeister hoffen, daß aus dieser Ecke kein Widerstand kommen würde.

Der Arzt, der sich sehr gut in Gelddingen auskannte, erkundigte sich nach der Finanzierung.

„Gut, daß Sie das ansprechen", meinte Silva. „Ich habe einen Makler in der Stadt aufgesucht. Er hat mir alles über Obligationen für die Kommunalförderung erzählt und mir einen Plan ausgearbeitet. Ich habe ein paar Kopien machen lassen." Er verteilte sie. „Nehmen Sie sie mit nach Hause, und schauen Sie mal rein. Ich persönlich sehe keine Haken."

„Nur noch eine Frage", warf J. G. Brown, der Anwalt, ein. „Angenommen, das läuft alles so, wer erwirbt den Grund von der Stadt und
verkauft die Häuser? Mit anderen Worten, wer macht den Gewinn?
Sie?"

„Ich bin Versicherungsagent", erwiderte Silva, „und kein Immobilienmakler. Und so wie die Sache aufgezogen ist, verkauft die Stadt
das Land nicht; sie verpachtet es. Es ist ein städtisches Projekt, und
natürlich zahlen wir Provisionen, aber das ist alles. Wir bekommen
auch Pachtzinsen und verbessern unsere Grundsteuereinnahmen
durch diese Entwicklungsmaßnahme."

„Das können Sie, das muß man Ihnen lassen", sagte Brown. „Sie
stellen ja sogar die klugen Stadtplaner aus Los Angeles in den Schatten,
so wie Sie uns das Projekt verkaufen!"

„Und dabei sind wir nicht einmal an Abmachungen gebunden",
erklärte der Bürgermeister und breitete die Hände aus, um anzudeuten, daß er nichts zu verbergen hatte. Als er merkte, daß keine weiteren Fragen kamen, schloß er die Sitzung.

Am nächsten Tag bekam Silva Besuch von Maudes Gastgeber, Jack
Barnes. „Sie kennen mich nicht, Mr. Silva", begann Jack, „aber –"

„Jack Barnes", erwiderte Jimmy. „Mitglied im Jachtclub, Haus in
der Nähe des Hafens. Immobilienmakler, nicht wahr? Nehmen Sie
Platz."

Barnes setzte sich und revidierte im Geiste seinen Schlachtplan
ebenso wie das Bild, das er sich von Silva gemacht hatte. „Ich habe von
Ihren Plänen im hinteren Teil der Bucht gehört."

„Spricht sich so langsam rum, wie?" meinte der Bürgermeister.

„Ich habe auch gehört", fuhr Barnes fort, „daß Sie das Land ver-
pachten und nicht verkaufen wollen." Er nickte beifällig. „Das ist
klug. Wie lang soll die Pachtzeit sein?"

„Ist noch nicht entschieden", erwiderte Silva. „Wenn Sie die Häuser
verkaufen würden, was wäre Ihrer Meinung nach eine gute Pacht-
dauer?"

Barnes überlegte. „Vielleicht vierzig Jahre. Den wenigsten, die ein
Haus suchen, sind noch mehr als vierzig Jahre beschieden."

„Das klingt vernünftig", antwortete der Bürgermeister. „Ist das der
Grund, weswegen Sie hier sind? Sie wollen derjenige sein, der den
Verkauf der Häuser übernimmt?"

„Mir ist dieser Gedanke gekommen."

„Ihr Name gehörte zu denen, die mir genannt worden sind", sagte Silva.

Barnes atmete tief durch. Er hoffte, die Sache richtig angepackt zu haben. „Selbstverständlich", fuhr er fort, „wäre es nur recht und billig, daß der Urheber dieser Idee, der gewiß schon eine Menge Arbeit in das Projekt gesteckt hat, auch davon profitierte, meinen Sie nicht?"

„Denken Sie da an mich? Ich bin gewählter Beamter und tue das zum Wohle von Encino Beach."

Barnes nickte ernst. „Natürlich. Aber Sie haben viel Zeit investiert, möglicherweise Zeit, die Ihnen beim Versicherungsgeschäft abgegangen ist."

Silva seufzte. „Ja. Jetzt, da Sie es erwähnen – es ist was dran."

„Dann sollten Sie am Erfolg teilhaben", meinte Barnes. „Vielleicht ein halbes Prozent der Provision aus dem Verkauf jedes Hauses."

Der Bürgermeister zögerte gekonnt. „Ich glaube, wir könnten miteinander ins Geschäft kommen, Mr. Barnes", erklärte er schließlich.

PETE bekam an diesem Tag Besuch in seinem Büro im Institut. Es war Harry Saunders, der wissenschaftliche Berater aus Washington. Nachdem Saunders seine Visitenkarte überreicht hatte, setzte er sich. Sein Blick wanderte hinüber zu der großen Pazifikkarte an der Wand mit dem kleinen Kreuz in der südlichen Hälfte. „Das ist die Stelle, um die es geht, nicht wahr?" sagte er und zeigte darauf. „Wie ich gehört habe, gibt es schon Leute, die diesen Teil des submarinen Cañons den Williamsongraben nennen."

„Ich bin so fixiert darauf", erklärte Pete, „daß ich an gar nichts anderes mehr denken kann."

Saunders lächelte. „Man hat mir von Ihren Theorien erzählt. Und ich habe einige von Ihren Beiträgen gelesen. Dennoch würde ich alles gern aus Ihrem Mund hören, wenn Sie Zeit haben."

Pete legte seine Theorie dar, nach der die Atomtests im Pazifik drohten, geologische Veränderungen hervorzurufen, die wiederum zu einer gefährlichen Verschiebung riesiger Wassermassen führen konnten.

„Bedeutet das, daß Tsunamis ausgelöst werden?" fragte Saunders.

„Das ist meine Annahme."

Saunders' Miene wurde nachdenklich. „Ein schreckliches Phänomen, diese Tsunamis", meinte er. „Hawaii und Japan sind natürlich immer gefährdet, wenn irgendwo im Pazifischen Becken eine seismische Störung auftritt. 1964, nach dem Erdbeben von Anchorage, wurde sogar Crescent City an der nordkalifornischen Küste von einer Flutwelle überrascht."

Der Mann hat seine Hausaufgaben gemacht, ging es Pete durch den Kopf, aber das war zu erwarten gewesen. Pete wußte, daß es sich bei Saunders um einen erstklassigen Physiker handelte, der vom Massachusetts Institute of Technology für seine Beratertätigkeit in Washington vorübergehend beurlaubt worden war. „Was Ihnen vermutlich am meisten Sorge macht", fuhr Pete schließlich fort, „sind militärische Einrichtungen im Pazifik, oder?"

„Selbstverständlich. Bei Schiffen und Flugzeugen ist die Sache einfach: die Schiffe fahren raus aufs Meer, und die Flugzeuge fliegen an sichere Orte, sobald Tsunami-Alarm gegeben wird. Einrichtungen an der Küste sind schon problematischer." Er machte eine Pause. „Sie denken noch an andere gefährdete Punkte?"

„Allerdings", bestätigte Pete. „Encino Beach zum Beispiel."

Saunders zog die Augenbrauen hoch. „Ich wußte nicht, daß Südkalifornien von derartigen Katastrophen bedroht ist."

„Die Wahrscheinlichkeit ist gering", räumte Pete ein. Als Voraussetzung nannte er das Zusammentreffen eines Hurrikans, einer Springtide und eines Tsunamis von beträchtlicher Größe. „Dennoch", fügte er hinzu, „schließen wir nicht aus, daß der Fall eintreten könnte."

Saunders lächelte jetzt. „Murphys Gesetz", meinte er. „Was an Schlimmem passieren kann, wird auch passieren. Danach spricht vieles für Ihre Annahme." Saunders versank in Gedanken. „Sie sagen ‚wir'", bemerkte er schließlich. „Teilen andere Geophysiker Ihre Ansicht?"

„Nein. Bisher habe ich nur eine Person dafür gewinnen können, und der Betreffende ist nicht einmal vom Fach. Heißt Garfield, Dan Garfield." Er sah, wie sich Saunders' Miene aufhellte. „Sie kennen ihn?"

„Ja. Wir waren einmal vor etwa zwei Jahren im selben Ausschuß. Ein imponierender Mann. Wie ist er zur Geophysik gekommen?"

Pete erklärte ihm, wie er Dan kennengelernt hatte.

„Und Garfield prüft jetzt Ihre Daten?" fragte Saunders.

Pete nickte.

Saunders erhob sich. „Lassen Sie mich unbedingt wissen, zu welchem Schluß er kommt. Unter der Nummer auf der Karte bin ich zu erreichen." Er verabschiedete sich mit einem herzlichen Händedruck. „Danke, daß Sie mir soviel Zeit geopfert haben, um mich ins Bild zu setzen. Rufen Sie mich an?"

„Aber selbstverständlich", erwiderte Pete. „Ich glaube, wir brauchen alle Hilfe, die wir bekommen können."

DAN legte Computerausdruck und Bleistift beiseite, lehnte sich in seinem Sessel zurück und blickte auf die Bucht hinaus. Es war Morgen, und eine Brise kräuselte das Wasser im Hafen. Ein schnittiges Segelboot glitt am Jachtclub vorbei, kurvte langsam um die vertäute Flotte und hielt auf die Hafenausfahrt zu.

Dan betrachtete es unbeteiligt. In seinem Kopf stritten sich zwei Gedanken um die Vorherrschaft. Der erste hatte mit den Computerdaten zu tun, der zweite mit Maude Anderson.

Er warf einen flüchtigen Blick auf die Blätter und lächelte schwach. Nur Logik war nötig, um Daten analysieren zu können. Bei Maude und ihm ging es jedoch um die Beziehung zwischen zwei Menschen, und da versagten die Werkzeuge der Mathematik. Mit Daten und Fakten kenne ich mich aus, dachte er, mit Menschen nicht.

Ein bißchen mehr Menschenkenntnis, sagte er sich, und ich hätte voraussehen müssen, was meine beiden Partner im Schilde führen. Hätte ich ihren niederträchtigen Plan dann vereiteln können? Gab es etwa Anzeichen für ihre Unzufriedenheit, die ich nicht beachtet habe, bis es zu spät gewesen war?

Ich habe gemeint, alles liefe reibungslos, und habe mich dabei getäuscht. Logik und Verstand scheinen auf Menschen nicht anwendbar zu sein – nur auf Daten und Fakten.

Also gut, sagte er sich, es war mein Fehler. Und? Verringerte das den Schmerz und die Bitterkeit? Kein bißchen. Immerhin lenkten ihn diese Überlegungen vom Gedanken an Maude ab. Er blickte erneut auf den Computerausdruck. Damit konnte er wenigstens etwas anfangen. Er stemmte sich aus dem Sessel hoch und ging in Tom Winslows Arbeitszimmer zum Telefon.

Pete war im Büro im Ozeanographischen Institut. „Ich habe den Ausdruck durchgesehen", sagte Dan. „Wir sollten uns mal darüber unterhalten."

DAN hatte den Computerausdruck und seine Notizen bereitgelegt, als Pete ins Haus der Winslows kam.

„Bevor wir hiermit anfangen", erklärte Pete, „möchte ich Ihnen sagen, wer hier gestern zu Besuch war." Er zeigte Dan die Visitenkarte des wissenschaftlichen Beraters, während er Platz nahm.

„Harry Saunders ist an Ihrer Theorie interessiert? Nun, dann sehe ich schon ein bißchen rosiger."

„Sind Sie auch überzeugt, daß uns Gefahr droht?" fragte Pete.

„Sagen wir, zu etwa achtzig Prozent."

„Und was machen wir jetzt?"

Dan klopfte auf den Papierstapel. „Das Material hier ist gut, aber es ist nicht genau genug. Wir brauchen eine exaktere Analyse, die unter anderem die Veränderungen, die Sie gesehen haben, mit bekannten zeitlichen und inhaltlichen Daten der Atomtests in Verbindung bringt."

Pete stieß einen leisen Pfiff aus. „Sollen wir auf Verdacht loslegen? Sie reden da von einem komplizierten Programm, für das wir Rechenzeit auf einem Supercomputer benötigen."

„Harry Saunders könnte uns helfen. Deshalb bin ich jetzt auch optimistischer. Er ist ein kluger Kopf, der die Notwendigkeit erkennt, daß etwas unternommen werden muß. Ich rede mal mit ihm und erläutere ihm unser Problem."

Pete wirkte ein wenig verlegen „Da ist noch was. Ich bin an das Institut gebunden. Zwar habe ich viele Freiheiten, muß aber doch von Zeit zu Zeit Bescheid geben, in welche Richtung sich meine Forschungen bewegen. Howard Boggs –"

„Wer ist das?"

„Mein Chef, der Institutsdirektor. Er weiß immer gern, was läuft."

Dan überlegte. Wer A sagt, muß auch B sagen, dachte er. „Dann werden wir ihm eben eröffnen, daß das Institut die Chance hat, einen Sonderzuschuß zur Förderung Ihrer Untersuchungen zu erhalten."

Pete wirkte skeptisch. „Sie wollen ihm das sagen?"

„Ich glaube nicht, daß er sich dagegen wehrt", bemerkte Dan. „Machen Sie einen Termin aus?"

Pete stand auf. „Sobald ich wieder im Büro bin." Er blickte auf Saunders' Visitenkarte, die auf dem Tisch lag. „Die behalten Sie am besten. Bis dann."

Als er fort war, beschloß Dan, ein bißchen Luft zu schnappen. Er wollte nicht den ganzen Tag im Haus herumsitzen, schließlich war er Gast hier.

Clara war im Garten hinter dem Haus; sie kniete vor einem Beet und setzte Pflänzchen. Als sie Dan erblickte, hielt sie ihm ihre schmutzigen Hände entgegen. „Ich sollte eigentlich Handschuhe anziehen, aber ich kann in den Dingern nicht richtig arbeiten."

„Ich habe mir schon als Kind gern die Hände schmutzig gemacht, wenn ich an allerlei Geräten herumgebastelt habe." Dan lächelte. „Einmal habe ich unseren Fernseher auseinandergenommen, und da kam mein Vater nach Hause und wollte ein Baseballspiel sehen." Er schüttelte den Kopf. „Es hat einen Riesenkrach gegeben."

Clara drückte die letzte Pflanze in die Erde. „Seit wir uns kennen, habe ich dich nie von deinem Vater oder deiner Mutter reden hören." Sie stand auf, und sie gingen gemeinsam ins Haus.

„Da gibt's nicht viel zu erzählen", meinte Dan. „Mutter starb an Krebs, als ich knapp sechzehn war."

Clara schrubbte sich die Hände in der Spüle. Sie hatte ihm den Rükken zugekehrt. Damals war er also noch jünger als Lucy heute, dachte sie. Schließlich drehte sie sich um und trocknete sich die Hände ab. „Und dein Vater?"

„Er war Reserveoffizier in der Armee. Er meldete sich als Freiwilliger nach Vietnam. Ich glaube, er ist ohne Mutter nicht zurechtgekommen. Sein Name steht auf dem Mahnmal für die Gefallenen in Washington."

„Wie alt warst du bei seinem Tod?"

„Knapp achtzehn. Mir ging es soweit gut. Ich besuchte das College, bekam ein Stipendium und war vollauf mit meinen Untersuchungen und Experimenten beschäftigt." Er machte eine abwehrende Handbewegung. „Ich habe deine Gastfreundschaft schon ziemlich strapaziert, nicht wahr?"

„Du bist doch kein Gast, Dan, du gehörst zur Familie."

„Ich hatte an einen Spaziergang gedacht."

„Hast du mich da mit eingeplant?"

„Selbstverständlich."

Der Wind hatte aufgefrischt, und viele Boote tummelten sich in der Bucht. Bunte Segel blähten sich im strahlenden Sonnenschein. Dan und Clara schlenderten gemütlich am Wasser entlang und gingen dann über die Halbinsel zum Meer.

„Du hast mich neulich etwas gefragt", begann Dan unvermittelt, „wegen Maude."

„Wann hast du sie zuletzt gesehen, Dan?"

An dem Tag, als die Katastrophe über mich hereinbrach, dachte er. „Es ist über einen Monat her."

„Und vorher habt ihr euch regelmäßig getroffen, oder?"

„Ja."

„Dann lautet also die unvermeidliche Frage: Was ist passiert?"

„Ich habe den Glauben an mich selbst verloren."

Clara blieb stehen und sah ihn prüfend an. „Da ist eine Bank", sagte sie. „Setzen wir uns."

Es war, wie Dan erkannte, dieselbe Bank, auf der er mit Pete bei ihrem ausführlichen Gespräch gesessen hatte.

„Möchtest du mir nicht lieber alles erzählen, Dan?"

Er nickte bedächtig. Nachdem er einmal angefangen hatte, sprudelten die Worte aus ihm hervor wie ein Sturzbach. „Ich habe den Verkauf meiner Firma nicht selbst geplant und ausgehandelt. Ich habe sie vielmehr verloren. Oder vielleicht besser, sie wurde mir weggenommen. Von zwei Partnern, die ich in der Hand zu haben glaubte. Das war mein Fehler."

„Und seitdem grübelst du darüber nach?"

„So etwas geht nicht spurlos an einem vorüber." Er lächelte gequält. „Das einzig Positive daran: Ich bin jetzt steinreich. Ganz schön komisch, was?"

„Nein, eher traurig. Ist deshalb in deinem Leben kein Platz mehr für Maude?"

„So habe ich es noch gar nicht gesehen."

„Dann solltest du vielleicht darüber nachdenken, Dan. Wenn du mich fragst, hast du nicht den Glauben an dich selbst verloren, sondern lediglich etwas von der trügerischen Sicherheit, die deine Stellung mit sich gebracht hat. Aber ansonsten hast du dich überhaupt nicht verändert, finde ich; obwohl du jetzt nicht mehr Chef eines erfolgreichen Unternehmens bist. Ich habe dich beobachtet, als du mit Pete zusammen warst. Du bist so selbstbewußt wie eh und je."

Er lächelte. „Unausstehlich meinst du."

„Nein. Du vertraust auf deine Fähigkeiten. Mit gutem Recht." Sie ergriff sanft seinen Arm. „Du hast nichts verloren außer dem Flitter des Erfolgs, und der zählt kaum."

„Eine gute Aufmunterung."

Clara schüttelte heftig den Kopf. „Ich sage nur die Wahrheit. Du brauchst keine Stellung, um dich als Mensch zu beweisen, Dan. Du bist auch so jemand." Sie stand auf. „Wollen wir weitergehen?"

Eine erfrischende Brise wehte vom Meer her. Dan sah Clara mit unverhohlener Zuneigung an. „Tom und Lucy sind darum zu beneiden, daß sie dich haben."

„Ich schätze mich glücklich, daß ich sie habe." Sie hielt inne. „Lucy ist ganz vernarrt in dich. Ich hoffe, du hast das gemerkt. Du bist ja auch so etwas wie ein Teenageridol – ein Mann mittleren Alters, gutaussehend und noch zu haben –"

„Moment, Moment."

„Und reich bist du auch. Und dann dieser Artikel im *Time*-Magazin."

„Nichts als Lobhudelei."

„Aber alle Welt nimmt es für bare Münze. Du mußt dich damit abfinden."

Sie wandten sich wieder landeinwärts zur Bucht. Der Hafen bot ein bewegtes Bild von Formen und Farben. „Tom kommt dieses Wochenende", sagte Clara.

„Du freust dich sicher auf seinen Besuch."

Sie lächelte versonnen. „Ja. Wir haben nicht viel Zeit füreinander. Aber er soll dich auch sehen, und zwar erholt, Dan. Er hat sich Gedanken gemacht." Wieder ergriff sie seinen Arm mit sanftem Druck. „Wirst du dich mit Maude treffen, mit ihr reden? Bitte."

„Ich habe versucht mir vorzustellen, worüber wir reden könnten."

„Dir wird schon etwas einfallen, da bin ich ganz sicher." Sie war stehengeblieben. „Tu's, Dan. Sie wohnt bei den Barnes, da drüben in dem Haus mit den rotbraunen Dachziegeln." Sie zeigte darauf. „Ich lass' dich jetzt allein."

Dan stand unschlüssig da und blickte zu dem Haus hinüber. Clara hatte ihn überrumpelt, doch er empfand keinen Unmut deswegen. Er ging auf das Haus zu und kam sich plötzlich albern und unbeholfen vor wie ein Jugendlicher vor seiner ersten Verabredung.

Maude sonnte sich auf dem schmalen Sandstreifen zwischen der Promenade und dem Wasser. Sie hatte die Augen geschlossen. Dan stand vor ihr und blickte sie schweigend an. Sie trug den enganliegenden Badeanzug, den Betsy Barnes so an ihr bewundert hatte.

„Na? Habe ich die Prüfung bestanden?" Maude hatte die Augen geöffnet und schaute zu Dan auf, den sie mit ihrer Frage überraschte.

Er überlegte sich schnell eine Antwort. „Sogar mit Auszeichnung!"

Sie zögerte. „Ich hab dich lange nicht gesehen, Dan."

„Ja."

„Setz dich. Der Sand ist herrlich." Sie sah ihm zu, wie er sich ihr gegenüber niederließ. „Sicher hattest du viel zu tun", bemerkte sie. „Ich habe darüber gelesen."

„Ja, so war's." Er war noch immer unsicher, ganz und gar nicht Herr der Lage, und er empfand die Unterhaltung als beschwerlich.

„Du zählst jetzt zur Prominenz", fuhr Maude fort. „Bist du deswegen hier – auf der Flucht?" Sie setzte sich unvermittelt auf. „Ich sollte nicht so neugierig sein. Bleibst du länger?"

„Das kommt drauf an." Er dachte an Pete und dessen Chef, Howard Boggs, und an Harry Saunders in Washington.

„Du bist ja mit den Gedanken wieder ganz woanders", meinte Maude. „Wie beim letztenmal, als ich mit dir zusammen war." Sie lächelte ihn liebevoll an. „Es ist schön, dich wiederzusehen, Dan. Ich habe dich vermißt und mich gefragt, warum du dich nicht gemeldet hast. Aber du hattest viel zu tun, und das erklärt vielleicht manches."

„Ja, aber nicht alles." Es war die ehrliche Antwort, und er fragte sich, wie er es ihr erklären sollte. „Ich mußte in letzter Zeit über vieles nachdenken." Er stand wieder auf und betrachtete Maude sinnend, während er versuchte, sich Klarheit zu verschaffen. „Warten wir's ab, wie sich alles weiterentwickelt", meinte er schließlich.

„Ja", antwortete Maude langsam. „Warten wir's ab." Sie blickte ihm nach, den Tränen nahe.

Kapitel 4

HOWARD BOGGS, der Direktor des Ozeanographischen Instituts, empfing Pete und Dan am nächsten Morgen in seinem Büro. Er erhob sich, um ihnen die Hand zu schütteln. „Freut mich, Sie kennenzulernen, Mr. Garfield. Ich habe schon viel über Sie gehört. Dr. Williamson hat mir gesagt, daß Sie sich sehr für seine Forschungen interessieren."

„Ja, vor allem für seine Theorie. Ich habe mir den Computerausdruck angesehen und würde gern mehr darüber erfahren."

Boggs blickte Dan prüfend an. „Wir haben außer diesem Projekt noch eine Reihe anderer, die ebenfalls wichtig sind."

„Sicher. Aber im Moment interessieren mich hauptsächlich Petes Forschungen. Ich würde mir das Recht vorbehalten, meine finanzielle Förderung auf diesen Bereich zu beschränken."

„Darf ich fragen, an welchen Betrag Sie gedacht haben?" erkundigte sich Boggs.

„Hunderttausend Dollar, unter Umständen auch noch mehr."

Pete öffnete den Mund und schloß ihn wieder. Nicht gerade ein Pappenstiel, sagte er sich. Er sah Boggs an und wartete.

„Wir könnten das Geld selbstverständlich gebrauchen", erklärte Boggs. „Aber eine solche Summe einem einzigen kleinen Forschungsbereich zu widmen..." Er blickte kurz zu Pete hinüber, offensichtlich ungehalten. „Wir mißbilligen es im allgemeinen, wenn unsere Mitarbeiter aus Eigennutz die Werbetrommel rühren."

„Davon kann gar nicht die Rede sein", entgegnete Dan. „Der Gedanke ist allein von mir gekommen. Ich verstehe einiges von Datenanalyse. Und ich habe, wie ich schon erwähnte, Petes Computerausdruck studiert. Die Fakten lassen, wie ich meine, einen interessanten Schluß zu, der aber, wie ich glaube, noch nicht weitreichend genug ist. Ich möchte mit meinem Zuschuß erreichen, daß Petes Forschungsdaten unter seiner und meiner Leitung so gründlich wie möglich untersucht werden. Es kostet das Institut nur Petes Zeit."

„Und dann?"

„Wenn wir zu Ende gebracht haben, was wir für erforderlich halten, fließt das verbleibende Geld in Ihren allgemeinen Fonds zur Unterstützung anderer Projekte." Er sah Boggs lange an. „Kommen wir miteinander ins Geschäft, Herr Professor?"

Boggs nickte langsam. „Ich sehe keine Einwände gegen das Geschäft, wie Sie es nennen, Mr. Garfield."

Schweigend gingen Pete und Dan durch die Halle zu Petes Büro. Dort ließ sich Pete kopfschüttelnd in seinen Schreibtischsessel fallen. „Das war eine tolle Schau", bemerkte er. „Sie kommen immer gleich zur Sache, oder? Was jetzt?"

„Ich werde mit Harry Saunders in Washington sprechen."

„Von hier aus?"

Dan verneinte. „Das machen wir lieber zu Hause, privat."

Pete erhob sich. „In Ordnung. Aber vorher..." Er ging zum Fenster und zog die schweren Vorhänge zu, so daß sich der Raum verdunkelte. „Ich möchte Ihnen etwas zeigen, einen Ausschnitt aus einem Amateurfilm, den ich mir hin und wieder ansehe."

Die Leinwand hing bereits, und auf dem Tisch stand vorführbereit ein Filmprojektor. Pete betätigte einen Schalter, und der Film lief an.

Das Bild, das erschien, zeigte eine breite Wasserstraße, die von gras-bewachsenen Berghängen gesäumt wurde. Dann sah man eine kleine Siedlung. „Das ist auf den Aleuten hoch oben im Norden", erklärte Pete. „Ein Ort mit einem unaussprechlichen Namen, von dem kaum ein Mensch je etwas gehört hat. Diese Bilder wurden von einem erhöhten Standpunkt aus mit einer guten Filmkamera auf einem Stativ gedreht. Der Hobbyfilmer wollte den malerischen kleinen Hafen bei eintretender Flut aufnehmen." Der Projektor surrte und zeigte die glatte Wasserfläche, die von keinem Windhauch gekräuselt wurde. „Und das hat er dann auf den Film bekommen. Schauen Sie!"

Ungläubig beobachtete Dan, wie der Wasserspiegel plötzlich anfing zu fallen, wie etwa in einem Waschbecken, wenn der Stöpsel gezogen wird. „Sie sagten doch bei eintretender Flut."

„Ja. Nur der Pegel stieg nicht, sondern fiel."

Der schlammige Grund, der bisher verborgen gewesen war, kam zum Vorschein, als ob sich der Boden aus dem Wasser heben würde.

„Das war die Warnung", fuhr Pete fort. „Man glaubt fast, das sau-gende Geräusch des abfließenden Wassers zu hören. Passen Sie auf."

Aus dem Hafen war fast alles Wasser entwichen. Algenbedeckte Felsen und auf dem Grund liegende Trümmer kamen zum Vorschein, einige davon überkrustet und nicht mehr zu erkennen. Ein Boots-skelett ragte mit seinen kahlen Rippen bedrohlich empor.

Und dann stieg das Wasser, an den Rändern schäumend, schnell wieder an, ließ die Felsen, die Trümmer, den schlammigen Grund verschwinden, füllte die Wasserstraße bis zum normalen Pegelstand und darüber, überflutete die Ufer und stieg immer weiter.

Vom offenen Meer her kam eine flache Welle ins Bild. Sie rückte näher, baute sich auf, drängte mit Macht in die Zufahrt zum Hafen. Sie eilte heran und stieg immer höher, scheinbar unaufhörlich. Dan hielt den Atem an, wartete darauf, daß sich die Welle brechen würde wie die Dünung am Strand, doch sie schwoll weiter an zu einer monströsen, glatten, schimmernden Wasserwand, die direkt auf die Kamera zu kam.

„Die Welle kann sich nicht brechen, weil sie zuviel Wasser führt", erklärte Pete. „In diesem Stadium ist sie etwa zehn Meter hoch und steigt noch immer. Jetzt passen Sie auf, wenn sie in den Bereich des Hafens kommt. Hier wäre Platz genug, daß sie sich ausbreiten könnte und somit abschwellen würde, aber das tut sie nicht."

Die Woge war jetzt nicht mehr durch die Wasserstraße eingeengt und hätte ihre Kraft voll entfalten können. Dennoch behielt sie ihre Form und Größe bei.

Nur ein Boot lag im Hafen vor Anker, wie Dan bemerkte, ein kleiner Fischkutter, auf dessen Deck sich ein Mann befand. Landwärts erhoben sich ein Dock und ein Lagerschuppen. Dort waren einige Männer zu sehen, die der Kamera den Rücken zuwandten und auf das Meer hinausblickten.

„Achten Sie auf den Fischkutter", sagte Pete mit wachsender Erregung. „Und auf die Männer am Dock."

Die Flutwelle erreichte den Kutter zuerst. Gleichmäßig und mühelos hob sie das Boot immer höher, bis das Ankertau einen Augenblick deutlich sichtbar wurde, bevor es zerriß und durch die Luft peitschte. Der Fischkutter verharrte auf dem Kamm der Wasserwand, die ihn dem Dock entgegentrug, wo die Männer vor dem Schuppen standen. Sie blickten entsetzt zu dem Ungeheuer auf und zögerten, starr vor Schreck. Dann drehten sie sich um und flohen in Panik das Dock entlang auf die vermeintlich schützende Ortschaft zu.

„Es sind sieben", erklärte Pete mit ausdrucksloser Stimme. „Jetzt sind es noch sechs, vier, zwei und dann einer. Und weg ist er."

Die Männer verschwanden einfach. Sie rannten auf die Kamera zu und waren im nächsten Augenblick schon nicht mehr da. Die gewaltige Welle, auf deren Kamm noch immer der Fischkutter schwebte, überspülte das Dock und den Lagerschuppen.

„Zu diesem Zeitpunkt", warf Pete ein, „schätze ich die Höhe der Wand auf etwa fünfzehn Meter. Da die gesamte Fahrrinne dahinter voll Wasser ist, kann man nur ahnen, welche Wucht sie hat."

Der Film brach plötzlich ab, und Pete schaltete den Projektor aus. „Das", sagte er, „ist ein Tsunami. Die Filmspule war zu Ende gegangen, und der Hobbyfilmer hat es nicht einmal gemerkt. Das kann ich ihm nicht verdenken. Der Fischkutter landete schließlich zwei Kilometer hinter der Ortschaft. Er muß über ein halbes Dutzend Häuser hinweggetragen worden sein. Zwei Mann waren an Bord. Sie bekamen nicht einmal einen Kratzer ab."

Dan starrte noch immer wie benommen auf die Leinwand. „Ich hatte eine bestimmte Vorstellung davon, wie so eine Welle aussehen müßte", erklärte er langsam. „Aber zwischen der Vorstellung und der Wirklichkeit..." Er schüttelte den Kopf.

„Genau." Pete spulte den Film zurück. „Deshalb lass' ich diese Bilder so oft laufen – um mich daran zu erinnern, womit wir es zu tun haben." Er ging zum Fenster und zog die Vorhänge auf. „Wollen wir uns jetzt einmal erkundigen, ob Saunders uns behilflich ist?"

Auf der Fahrt zum Haus der Winslows schien Pete nicht müde zu werden, über Tsunamis zu reden. „Als erstes denkt man natürlich an irgendeine Möglichkeit, einen Tsunami aufzuhalten. Aber es gibt keine. Man hat nur eine Chance, wenn man sich auf höhergelegenes Gelände oder aufs offene Meer hinaus begibt, wo die Tsunamis harmlose kleine Wellen sind."

Dan hörte zu, unfähig, das Bild jener gigantischen, schnellen und unbarmherzigen Welle zu verdrängen.

„Wir wissen eine ganze Menge über Tsunamis", erzählte Pete weiter, „aber über die beiden wichtigsten Faktoren wissen wir nichts. Erstens, wann ein Tsunami entsteht. Und zweitens, was wir tun sollen, wenn hier in Encino Beach alle ungünstigen Umstände zusammenkommen, etwa ein schwerer Sturm und eine Springtide."

„Das überlegen wir uns", erwiderte Dan entschieden, „sobald wir wissen, wo wir stehen. Es hat keinen Sinn, Ängste zu schüren, bevor wir nicht sicher sind, daß diese Wahrscheinlichkeit sehr groß ist."

Clara war nicht zu Hause, als sie ankamen, aber Lucy lag auf dem Sofa und blätterte in einer Zeitschrift. „Hallo, ihr beiden", begrüßte sie Dan und Pete. Mit einem einzigen Satz war sie auf den Beinen. „Was gibt's Neues?" Ohne auf eine Antwort zu warten, redete sie weiter. „Ich hab gehört, in San Onofre sei die Surfsaison eröffnet." Sie sah Dan an. „Kannst du surfen?"

„Ja, als ich so jung war wie du, da konnte ich's gut. Aber jetzt bin ich ein alter Mann, Engelchen."

„Puuh! Pete surft ja auch. Viele machen's, die älter sind als du."

„Wir haben zu tun, Prinzessin", erklärte Pete. „Tut mir leid."

Er folgte Dan zum Arbeitszimmer, aber Lucy hielt ihn auf. „Todd hat angerufen und nach dir gefragt. Du weißt, Todd Wilson. Seine Familie ist gerade in ihre Sommerferien hierhergefahren."

„Was will er?"

„Hat er mir nicht gesagt."

„Eben typisch Mann", meinte Pete mit einem verschmitzten Lächeln.

„Stimmt. Dan und du, ihr seid da nicht viel besser." Lucy streckte ihm die Zunge heraus, während er die Tür zum Arbeitszimmer schloß.

Dan wählte bereits die Nummer auf Saunders' Visitenkarte. Saunders war sofort am Apparat. „Mr. Garfield, wie steht's?"

„Ich bin hier in Encino Beach mit Pete Williamson", erwiderte Dan.

„Haben Sie sich seinen Computerausdruck angesehen?"

„Ganz genau."

„Und?" Aus Saunders' Stimme klang Neugier.

„Ich habe schon zu Pete gesagt: Mit etwa achtzigprozentiger Wahrscheinlichkeit droht unserem Küstenabschnitt große Gefahr. Wir wollen dem Problem auf den Grund gehen. Mit Ihrer Hilfe, auf einem der Supercomputer im Verteidigungsministerium."

Es trat eine kurze Stille ein. „Geben Sie mir eine Viertelstunde Zeit", erwiderte Saunders schließlich. „Bleiben Sie in der Nähe des Telefons. Wie ist Ihre Nummer?" Er lauschte. „Es ist gut zu wissen, daß Sie sich der Sache angenommen haben, Mr. Garfield. Es gibt, ehrlich gesagt, nicht viele Leute, deren Urteil ich trauen würde, ohne mir selbst die Daten anzusehen. Ich werde Sie gleich zurückrufen lassen."

Dan legte auf und lehnte sich im Sessel zurück. „Er gibt uns in einer Viertelstunde Bescheid", erklärte er.

Aus Petes Stimme klang Achtung. „Sie haben wirklich Einfluß!"

„Saunders interessiert sich für unser Problem, das ist alles."

Der Anruf kam nach knapp fünfzehn Minuten. „Mr. Dan Garfield? Ich heiße Robinson, Bert Robinson. Man hat mich gebeten, Sie anzurufen."

„Sind Sie der Computerfachmann?"

„Genau."

„Wo und wann können wir Ihre Zeit in Anspruch nehmen?" fragte Dan. Den Hörer zwischen Wange und Schulter geklemmt, machte er sich schnell einige Notizen auf seinen Block. „Pasadena. Morgen um zwei. Wir sind da."

Als Dan auflegte, erhob sich Pete. „Jetzt kann ich mit ruhigem Gewissen mit der Prinzessin surfen gehen. Kommen Sie mit?"

„Diesen Anblick versäumen?" antwortete Dan. „Nie und nimmer."

IN DER engen, schwach erleuchteten Tauchkapsel saßen zwei Männer auf ihren Sitzen, während ihre Fahrt stetig abwärts ging. Der Zeiger des Tiefenmessers drehte sich unaufhörlich. Ähnlich wie Pete bei seiner zweiten Tauchfahrt blickte jetzt der Biologe Henry Larson, unrasiert und die Kopfhörer übergestülpt, durch sein kleines Bullauge in die Dunkelheit.

„Dreitausend Meter", sagte er und legte den Hebel um, mit dem er die Außenscheinwerfer einschaltete.

Der zweite Mann hieß Bill Vanden; auch er schaute fasziniert durch sein Bullauge. Es war seine erste Tauchfahrt. „Großer Tintenfisch da drüben. Möchtest du mit dem mal ringen?"

„Nein, danke." Larson warf einen Blick auf den Tiefenmesser. „Viertausend. Da ist der Steilabbruch. Siehst du ihn?"

Vanden betrachtete staunend die jäh abfallenden Felswände. „Erinnert mich an den Grand Cañon. Eine tolle Fahrt!"

Eine Weile beobachteten sie den Steilabbruch. Am Rand des erleuchteten Bereichs tauchten undeutliche Formen wie Schatten auf und verschwanden wieder.

„Viertausendfünfhundert Meter", verkündete Larson. „Da ist dieses große Felsband, das sich über hundertfünfzig Kilometer erstreckt. Es –" Er hielt unvermittelt inne. „Das ist mir noch nie aufgefallen. Es sieht so aus, als ob es gar nicht fest mit der Wand verbunden wäre. Überall Risse. Möchte wissen, woher die kommen."

„Fünftausend Meter", sagte Vanden. Das Band war nicht mehr zu sehen. „Was schwebt denn da in die Tiefe wie Herbstblätter?" Er spähte angestrengt durch das Bullauge. „Fallende Felsbrocken", erklärte er. „Müssen sich aus der Wand gelöst haben."

„Hab ich noch nie erlebt", meinte Larson. „Vielleicht hat eine Strömung sie herausgebrochen ... Sechstausend Meter. Zeit, daß wir uns fertigmachen. Wir haben 'ne Menge zu tun."

PETE, Lucy und Dan fuhren mit Petes Kabriolett nach San Onofre. Die Surfbretter von Pete und Lucy waren gegen die Rücksitze gestellt. Nach ihrer Ankunft schaute Dan den beiden zu, wie sie sich in die Brandung stürzten. Mit seiner Büroblässe kam er sich zwischen all den sonnengebräunten Menschen ziemlich fehl am Platz vor.

Als sie am späten Nachmittag zum Haus der Winslows zurückkehrten, begrüßte Todd Wilson sie, kaum daß sie angehalten hatten. Er war ein kräftiger, blonder junger Mann mit Kurzhaarschnitt. „Dr. Williamson, ich wollte mit Ihnen sprechen." Er wurde plötzlich etwas unsicher. „Natürlich nur, wenn Sie Zeit für mich haben, meine ich."

„Ja, ich glaube, es läßt sich einrichten", antwortete Pete und stieg aus dem Wagen. „Das ist Dan Garfield ... Todd Wilson."

Der Bursche machte große Augen. „Ich habe den Artikel über Sie gelesen – na ja, mehr oder weniger wie jedermann."

„Das hoffe ich nicht", erwiderte Dan leichthin.

„Was gibt's, Todd?" fragte Pete.

Der junge Mann holte tief Luft. „Ich habe auf dem College Geologie als Hauptfach. Ein paar Kommilitonen und ich haben so eine Art Exkursion gemacht, einfach so." Er deutete landeinwärts auf die flachen Hügel. „Da hinten – etwa elf, zwölf Kilometer von hier – das Gelände gehört einem Mann namens LaPorte – haben wir ein paar seltsame Felsbrocken entdeckt."

„Anstehendes Gestein?"

„Nein." Der Junge schüttelte nachdrücklich den Kopf. „Die liegen so rum, ganz verstreut, mächtige Dinger. Das Komische daran ist –" Er hielt inne. „Ich weiß, es klingt aberwitzig, aber es handelt sich um die gleiche Gesteinsart wie draußen auf der Landzunge. Eruptivgestein, stimmt's?"

Pete nickte.

„Das Gestein darunter ist alles Schichtgestein – Sandstein." Er holte wieder tief Luft. „Wie kommen also Felsbrocken dieser Größe von der Küste dorthin? Sie lagen nicht da, weil irgendwas gebaut wird. Und wer würde sich die Mühe machen, sie nur zum Spaß da rauszuschleppen?"

„Elf, zwölf Kilometer von der Küste weg, sagst du?"

Todd nickte. „Wollen Sie die Steine sehen?"

„Natürlich." Pete schaute Dan und Lucy an. „Kommt ihr mit?"

Sie stiegen in Petes Wagen und fuhren los. Die Findlinge lagen verstreut im Gelände, wie Todd erzählt hatte; zwei oder drei von ihnen wogen mindestens hundert Kilo, wie Pete schätzte. Er schlug mit der Hand auf den größten.

„Woher stammen die?" fragte Todd. „Ich würde sagen, von der Küste, aber das ist doch Unsinn, oder?"

Pete blickte sich um, schätzte die Entfernung zur Küste und die Höhe über dem Meeresspiegel ab. Dann sah er den Jungen an. „Du bist doch Surfer und kennst dich mit Wellen aus. Was für eine Welle wäre nötig, um diese Steine hierherzutransportieren?"

„Sie machen Witze! Eine Welle, die groß genug ist, um diese Steine zu bewegen, würde glatt über die Halbinsel hinwegfegen, als ob das Land gar nicht da wäre. Sie würde Encino Beach verwüsten. Sie machen doch Witze, oder?"

„O nein", erwiderte Pete. „Ich spekuliere nur. Solche Wellen gibt es. Ich erzähl dir auf der Rückfahrt davon."

Später saß Pete mit Dan auf der Veranda der Winslows. „Die zufällige Entdeckung eines neugierigen jungen Mannes bringt uns ein Stück weiter." Er nickte bedächtig. „Ein möglicher Hinweis darauf – ich sage bewußt, ein möglicher –, daß diese Küste irgendwann von einem Tsunami heimgesucht worden ist. Eine andere Erklärung für das Vorhandensein dieser Steine habe ich nicht."

Dan dachte wieder an jene monströse Flutwelle, die auf die Filmkamera zugekommen war. „Schaurig, wie?" meinte er.

BERT ROBINSON, der Computerspezialist aus Pasadena, hatte einen dichten schwarzen Bart und ziemlich lange Haare. Er saß an seinem Schreibtisch und studierte Petes maschinengeschriebene Daten, den Computerausdruck und Dans Notizen. Als er fertig war, sah er seine beiden Besucher an und lächelte.

„Ich bin versucht zu fragen, ob Sie scherzen", begann er, „aber nach alldem, was ich von Harry Saunders weiß, ist mir sehr wohl klar, daß Sie das nie tun würden. Nun, unser Großrechner ist für derlei Planspiele nicht eingerichtet, Rechenzeit ist sehr kostbar." Er erhob sich. „Aber, meine Herren, geben Sie mir ein paar Tage Zeit, eine Woche höchstens, dann habe ich ein spezielles Programm fertig."

„Wie lange braucht der Computer zur Auswertung, wenn alle Daten eingegeben sind?" fragte Pete.

„Ich schätze, etwa zwölf Minuten."

Pete schüttelte ungläubig den Kopf.

„Ich füttere den Kleinen mit den Daten", erklärte Robinson. „Wenn ich ihm dann Fragen stelle, antwortet er meist innerhalb von Sekunden. Wollen Sie dabeisein? Ich gebe Ihnen früh genug Bescheid, wann es losgeht."

Auf dem Rückweg nach Encino Beach schwelgte Pete in den höchsten Tönen. „Das hätte ich nie erwartet, eine Zusammenarbeit auf dieser Ebene! Sie –"

„Harry Saunders ist doch zu Ihnen gekommen", entgegnete Dan.

„Aber er wurde erst richtig munter, als ich ihm erzählte, daß Sie mitmachen." Pete sah Dan an. „Und ich weiß immer noch nicht, warum Sie das tun."

„Es macht mir Spaß", meinte Dan, und er merkte, daß es die Wahrheit war.

TOM WINSLOW kam an jenem Freitag nachmittag spät aus Los Angeles. Trotz der Klimaanlage in seinem Wagen fühlte er sich erhitzt und abgespannt, als er ins Haus ging. „Der Feierabendverkehr", erklärte er Clara. „Aber jetzt kann ich ja ausspannen." Er blickte hinaus auf die Bucht. „Und morgen können wir den ganzen Tag auf dem Wasser verbringen – kein Telefon, keine medizinischen Notfälle." Er sah seine Frau an. „Einverstanden?"

„Wunderbar", erwiderte sie. Dabei blickte sie ihren Mann so liebevoll an, daß Dan, der sie beobachtete, beinahe neidisch wurde.

Frisch geduscht kam Tom eine halbe Stunde später auf die Veranda. Er setzte sich und betrachtete Dan. „Wie ich höre, warst du schon in San Onofre. Hast sogar ein bißchen Farbe bekommen", bemerkte er anerkennend. „Aber wie man mir sagt, bist du viel mit Pete Williamson zusammen – um was für eine Forschung dreht es sich denn?"

„Pete hat eine Theorie entwickelt, an der man nicht so einfach vorübergehen kann." Dan beschrieb die mögliche Bedrohung durch einen Tsunami. „Diese Gefahr untersuchen wir jetzt, kurz gesagt."

Tom blickte auf das Wasser, die vertäuten Boote. „Kaum zu glauben, aber wenn du überzeugt bist –"

„Fast überzeugt", meinte Dan. „Wenn wir die genaue Analyse haben, schwinden vielleicht alle Zweifel."

Der Arzt nickte, doch er schien mit den Gedanken woanders zu sein. „Von Clara habe ich erfahren", bemerkte er, ohne Dan anzusehen, „daß auch Maude Anderson hier ist."

„Ja. Ich habe sie gesehen."

„Versteh mich nicht falsch, Clara und ich wollen dich nicht verkuppeln." Er blickte Dan an. „Aber wir kennen dich schon so lange, und es sah ganz so aus, als ob du endlich jemanden gefunden hättest, der deinen hohen Ansprüchen genügte."

„Bist du unter die Psychiater gegangen?" Dan lächelte. „Oder ist das ein Rat für einen Liebeskranken?"

„Himmeldonnerwetter, Dan, du hast zu lange allein gelebt! Ich wäre längst übergeschnappt, wenn ich Clara nicht gehabt hätte. Und

Lucy. Jeder Mensch braucht einen Partner." Er lächelte jetzt auch. „Und du darfst mich zitieren."

„Ich werde es gebührend beachten, Herr Doktor."

„Maude ist eine phänomenale Frau. Sehr attraktiv und gescheit dazu."

„Zugegeben."

„Und ich glaube, sie liebt dich. Das meint Clara auch."

„Dann bin ich also das Problem? Vielleicht hast du recht. Wahrscheinlich sogar. Ich werde also einfach so lange hier herumhängen, bis sich das Problem von selbst gelöst hat."

„Versuchst du überhaupt, es zu lösen?"

„Im Moment", erwiderte Dan, „bin ich mit meinen Gedanken zu sehr bei Petes Theorie, um mich noch mit etwas anderem befassen zu können."

„Mit deiner Firma war's genauso – immer bis zum Hals in der Arbeit."

Doch für Dan gab es einen Unterschied zwischen seiner augenblicklichen Beschäftigung und dem, was er früher getan hatte. „Das kann man nicht vergleichen", widersprach er. „Was Pete entdeckt hat, ist etwas sehr Reales. Und in der Rückschau erscheint mir meine frühere Tätigkeit, das Erfinden und Herstellen elektronischer Spielereien, dagegen fast wie etwas Künstliches."

„Ich würde sagen, Klassenziel verfehlt." Der Arzt stand auf. „Aber vielleicht ist das ja auch gut, wer weiß? Gehen wir zu den Damen. Ich kann an den Wochenenden nie genug von ihnen bekommen."

DER Hafenmeister Joe Hines steuerte sein weißes Arbeitsboot gemächlich durch den Hafen. Er vermied es, Wellen zu machen, die die vertäuten Jachten schaukeln ließen. Die Segelboote lagen dicht an dicht und stießen immer leicht aneinander, wenn der Wind oder die Strömung sie drehte.

Joe Hines war im Ort geboren und hatte sein halbes Leben auf dem Wasser zugebracht. Vor langer Zeit schon hatte er gelernt, klaglos die Launen des Meeres hinzunehmen, Gezeiten und Strömungen, Wind und Wetter. Für einen alten Seemann wie ihn gehörten sie mit dazu.

In den Kriegsjahren hatte Hines in der Marine auf einem Zerstörer unter einem Obermaat Dienst getan, der nicht einmal mehr wußte, wie viele Jahre er schon zur See fuhr. „Es gibt auf der Welt kein Mittel, wie du erfahren kannst, was auf dich zukommt, sei es im Krieg oder im Frieden", hatte dieser oft gesagt. „Aber auf dem Meer macht man sich am besten auf alles gefaßt, was passieren kann, ob's wahrscheinlich ist oder nicht. Du fährst vielleicht durch ruhiges, gut kartiertes Gewässer, aber es können sich unerwartet Sandbänke gebildet haben, oder ein Unwetter überrascht dich ohne Vorwarnung."

Die Worte des Obermaats waren Joe Hines wieder ins Gedächtnis gekommen, als er bewußt das schlichte kleine Schild las, das er schon tausendmal in der Kneipe gesehen hatte, wo er morgens Kaffee trank. Auf dem Schild stand: DER AUFENTHALT VON MEHR ALS 35 PERSONEN IN DIESEN RÄUMEN IST VERBOTEN. DER BRANDSCHUTZDIREKTOR.

Joe Hines hatte dagesessen und minutenlang nur auf das Schild geblickt und sich im Geist selbst geohrfeigt, weil er nicht längst die Parallele erkannt hatte. Wie viele Boote lagen eigentlich hier im Hafen, für dessen Sicherheit er verantwortlich war? Er hatte die genaue Zahl nicht im Kopf. Aber selbst wenn er die Gastboote im Club nicht mitrechnete, waren es gewiß viel mehr, als an einem Tag durch die schmale Fahrrinne aufs offene Meer hinausgelangen konnten – geschweige denn in Minuten oder auch nur Stunden.

Was für Gefahren konnten eintreten, die es erforderten, daß alle Boote auf einen Schlag auslaufen mußten? Hines hatte nur ganz vage Vorstellungen. Aber war es dem Obermaat nicht gerade darum gegangen – daß man nicht alles voraussehen konnte? Man brauchte nur an Pearl Harbor zu denken, wo die vor Anker liegende Pazifikflotte an jenem friedlichen Sonntagmorgen von japanischen Bombern überrascht worden war. Hines fragte sich, ob außer ihm jemals jemand über das Problem des überfüllten Hafens von Encino Beach nachgedacht hatte. Er bezweifelte es. Das fiel unter seine Verantwortung.

Und noch etwas ging ihm nicht mehr aus dem Kopf. Todd Wilson, den Joe in Encino Beach hatte aufwachsen sehen, war gestern in seinem Büro erschienen. Todd war inzwischen ein großer, gutaussehender Bursche, ein ausgezeichneter Skipper für jede Segeljacht.

Todd hatte Joe Hines von den Findlingen erzählt und was Pete Williamson über die Riesenwellen gesagt hatte. „So eine Geschichte würdest du dir doch nicht ausdenken, oder?" hatte der Hafenmeister gefragt und schon die Antwort gewußt.

„Ein bißchen unheimlich, was?" hatte Todd noch hinzugesetzt.

Als Joe Hines jetzt mit seinem Arbeitsboot durch den Hafen schipperte und die Hunderte von Freizeitbooten friedlich an ihren Liegeplätzen vertäut sah, glitt sein Blick auch über die flache Landzunge, die die Bucht vom offenen Meer trennte. Plötzlich hatte er ein ungutes Gefühl in der Magengegend.

Ein anderer Lieblingsspruch des Obermaats kam ihm in den Sinn: „Am schlimmsten sind Situationen, bei denen du absolut nichts machen kannst. Wenn du etwa mit ansehen mußt, wie ein torpedierter Truppentransporter in Flammen aufgeht und die Männer schreiend ins Wasser springen, aber du kannst nicht helfen, weil du die Aufgabe hast, das angreifende U-Boot aufzuspüren. Da dreht sich dir der Magen um. Und man vergißt das nie. Nie."

Kapitel 5

Die Aleuten am Nordrand des Pazifiks ziehen sich in einem großen Bogen über achtzehnhundert Kilometer von Alaska nach Sibirien. Am frühen Morgen des 12. Juli erschütterten drei Seebeben die Spitze der Inselkette. Das stärkste Beben erreichte 7,7 Punkte auf der Richter-Skala. Sein Epizentrum lag etwa hundertfünfzig Kilometer nordöstlich der Insel Adak, knapp zweitausend Kilometer von Anchorage entfernt.

Ein Tsunami ließ in der Marinebasis von Adak Mauern bröckeln und Fensterscheiben bersten, aber die fünftausend Inselbewohner, überwiegend Marineangehörige, waren bereits auf höher liegendes Gelände evakuiert worden.

Seismographen in der ganzen Welt registrierten die Erschütterungen, und das Hauptquartier des Internationalen Tsunami-Warndienstes in Ewa Beach bei Honolulu auf Hawaii gab für den gesamten pazifischen Raum Tsunamialarm. Behörden in den Bundesstaaten Alaska, Washington, Oregon, Kalifornien und Hawaii empfahlen unverzüglich die Evakuierung der unmittelbaren Küstengebiete.

„Das ist Unsinn", meinte Pete Williamson. „Eine Warnung, ja, aber Alarm, nein. Das heißt, die Pferde scheu machen. Seebeben bei den Aleuten sind häufig, und das jetzige war nicht so schwer, daß so ein Theater gerechtfertigt wäre."

Es war früh am Abend, und Pete und Dan standen auf dem Parkplatz eines Fischrestaurants am Stadtrand von Encino Beach. Aus dem Lokal drangen Stimmen, Musik, Lachen.

„Meinen Sie, das entpuppt sich als blinder Alarm?" fragte Dan.

„Garantiert."

Sie betraten das Restaurant. „Sie haben Pech, wenn Sie einen Fenstertisch möchten, meine Herren", bedauerte der Oberkellner, „die sind leider alle belegt."

„Warum ist hier soviel los?" fragte Pete. „Viel mehr als sonst."

„Haben Sie denn nicht gehört, daß mit einer Flutwelle gerechnet wird? Die Leute wollen das sehen."

„Aber die Welle soll gar nicht so weit südlich kommen", erwiderte Pete. „Nur bis zur Nordküste."

„Wissen Sie", sagte der Oberkellner, „die wenigsten Gäste hier trauen dem Warndienst. Aber wenn es etwas zu sehen gibt, wollen sie es nicht versäumen."

Nach dem von keiner Flutwelle gestörten Essen kehrten die beiden Männer zum Wagen zurück. „Schauen wir noch kurz runter zum Strand, was sich da tut", schlug Dan vor.

Pete ging zum Rand des Parkplatzes. „Man kann es von hier sehen", meinte er. „Die Schaulustigen haben ein Feuer gemacht, trinken Bier, essen Hamburger, warten auf das große Spektakel." In seiner Stimme schwang Unmut mit.

„Das könnte ein großes Problem werden", erklärte Dan, als sie in den Wagen stiegen. „Wenn diese Leute einmal enttäuscht worden sind, weil die angekündigte Gefahr ausgeblieben ist, werden sie die nächste Warnung nicht mehr beachten. Wenn dann tatsächlich einmal eine Flutwelle kommt, gibt es eine Katastrophe. Richtig?"

Pete bejahte. „Sie haben recht, wie üblich." Er ließ den Motor an. „Ich frage mich, wie sich die Menschen oben im Norden und auf Hawaii verhalten, wo es wirklich einige Flutwellen geben wird."

„Wir werden es morgen erfahren", meinte Dan.

Pazifische Flutwelle ein Reinfall

Sonntag, 13. Juli – Tausende von Anwohnern der Pazifikküste suchten gestern höher liegende Gebiete auf, nachdem sie Sirenen und Rundfunkdurchsagen gehört hatten. Die Warnungen galten einer Flutwelle, die durch das Seebeben bei der Aleuteninsel Adak ausgelöst wurde. Doch die größte Welle blieb die der Menschen, die die Flucht ergriffen.

Nachdem die Warnung ausgegeben worden war, verließen etwa 21 000 Menschen auf Hawaii, in den Bundesstaaten Alaska, Washington, Oregon, im nördlichen Kalifornien und in der kanadischen Provinz British Columbia die tiefer liegenden Küstengebiete. Viele fuhren mit Booten hinaus auf das Meer, wo sie die Wellen heil zu überstehen gedachten. Doch selbst in Notunterkünften herrschte ausgelassene Stimmung, und mehrere hundert Evakuierte, die sich in Oahu auf Hawaii versammelt hatten, veranstalteten eine Jazzparty, während der sie die hereinkommenden Wellen beobachteten.

Die Tsunamis erreichten auf Hawaii eine Höhe von gerade zwei Metern. Sie maßen einen halben bis einen Meter im Bundesstaat Washington und nur eineinhalb Meter auf der Insel Adak, die dem Epizentrum am nächsten lag. Die japanische Wetterbehörde berichtete, daß dort ein Tsunami von 22,5 Zentimeter Höhe beobachtet worden sei. Verletzte oder Tote wurden nirgendwo gemeldet.

Es war am Montag morgen nach dem Tsunamialarm. Nachdem Tom Winslow wieder nach Los Angeles gefahren war, erreichte ein Telefonat Dan in der Küche, als er, bereits in Strandkleidung, gerade mit Lucy zum Surfen aufbrechen wollte. „Für dich", sagte Clara und hielt ihm den Hörer hin.

Harry Saunders war am Apparat. „Ich dachte, es würde Sie interessieren, etwas von unseren französischen Freunden zu hören. Alles deutet darauf hin, daß sie am oder um den Dreißigsten dieses Monats einen Test planen."

Dan schwieg, konzentrierte sich mit geschlossenen Augen.

„Sind Sie noch dran?" fragte Saunders nach einem Augenblick.

„Ja, ja. Ich habe nur gerechnet. Da ist Vollmond."

„Wirklich?" Saunders klang irritiert. „Oh, ich verstehe. Einer der Gefahrenfaktoren – eine Springtide."

„Genau."

„Warten Sie – da ist noch etwas. Wir rechnen damit, daß eine H-Bombe gezündet wird."

Eine Wasserstoffbombe also, dachte Dan beunruhigt.

„Und dann habe ich noch eine Information, die für Sie nützlich sein könnte", fuhr Saunders fort. „Ich habe mit einem Kollegen in Los Alamos gesprochen, der damals bei unserem ersten H-Bombentest dabei war. Der Detonationswert wurde offenbar viel zu niedrig angesetzt."

„Das ist diesmal möglicherweise auch der Fall."

„Genau. Wir haben die Franzosen auf die Gefahr einer Fehlberech-
nung hingewiesen, aber sie nehmen uns das nicht ab. Dachte mir, daß
Sie das vielleicht interessiert."

„Ich bin Ihnen sehr dankbar."

„Wiederhören." Saunders hatte eingehängt.

Dan legte den Hörer langsam auf. Dann wandte er sich an Lucy.
„Ich fürchte, wir müssen unsere Surfstunde verschieben."

Lucy verzog den Mund. „Ist schon gut", meinte sie schließlich. Enttäuscht drehte sie sich um und ging hinaus.

„Das tut mir leid." Dan schaute zu Clara auf, die die Szene beobachtet hatte, und breitete die Hände aus. „Ich hatte nicht die Absicht, sie
vor den Kopf zu stoßen."

„Dan, es ist doch nicht deine Schuld. Mach nur, was immer du für
richtig hältst. Lucy kommt schon darüber weg, und es wird andere
Gelegenheiten geben, bei denen du sie verwöhnen kannst."

„Ich verwöhne sie nicht. Ich bin lediglich gern mit ihr zusammen."

Clara strahlte. „Endlich fängst du an, ein wenig lockerer zu werden", sagte sie. „Und ich wollte schon verzweifeln."

BÜRGERMEISTER Jimmy Silva saß in seinem Büro und ließ geduldig
Joe Hines' Ausführungen über sich ergehen. „Hast du sonst noch was
zu sagen?" fragte er, als der Hafenmeister geendet hatte.

„Nein, jetzt bist du dran", erwiderte Hines und steckte sich die
Pfeife in den Mund.

„Also gut." Silva schlug leise mit der Faust auf den Schreibtisch.
„Du hast doch gehört, was Pete Williamson dem jungen Todd Wilson
erzählt hat, stimmt's? Ich hab am Samstag miterlebt, wie dieser blinde
Alarm ausgelöst wurde, und ich habe mir angesehen, was passiert ist.
Keine einzige Welle. Hast du überhaupt was bemerkt? Na?"

„Nein."

„Ich auch nicht. Und ich war draußen an der Mole. Das hier ist
meine Stadt, und ich mache mir mehr Sorgen um sie als jeder andere.
Und jetzt sag mir, warum du nach alldem noch immer an diesen ganzen Blödsinn glaubst. Die Katastrophe ist ausgeblieben, obwohl sie
behauptet haben, daß sie eintreten würde."

Hines blieb ungerührt. „Im Krieg wurden wir manchmal mitten in
der Nacht auf Gefechtsstation geholt, weil der Funker meinte, ein
japanisches U-Boot geortet zu haben. Vielleicht hatte er einen Wal

oder einen Fischschwarm geortet, irgendwas, nur kein U-Boot. Wir haben dann zwar gemeckert, aber Alarm blieb Alarm."

„Worauf willst du hinaus?"

„Das nächste, was der Funker ortete, war wirklich ein japanisches U-Boot mit Torpedos, die uns vom Wasser pusten konnten. Deshalb sind wir jedesmal an Deck gerannt, wenn die Sirene heulte."

„Ach!" Der Bürgermeister hämmerte wieder leicht auf den Schreibtisch. „Wir haben doch keinerlei Anhaltspunkte. Du sagst, daß Pete Williamson meint, der Fall könne eintreten. Was heißt das? Wir schreien Alarm, und vielleicht hört jemand drauf, vielleicht auch nicht, und dann tut sich gar nichts, wie letzten Samstag."

„Wenn eine Gefahr besteht, darf man sie nicht beschönigen. Du –"

„Himmel noch mal!" rief Silva. „Du kennst mich doch schon ein halbes Leben. Glaubst du mir oder diesen studierten Eierköpfen mit ihren Computern und ihren verrückten Einfällen?"

Um dem, was er sagen wollte, Nachdruck zu verleihen, nahm Hines ganz langsam die Pfeife aus dem Mund. „Den Eierköpfen", antwortete er, stand auf und ging.

PETE saß an seinem Schreibtisch und hörte sich Dans Bericht über den Anruf von Saunders an.

„Also noch einmal", meinte er schließlich. „Die Franzosen planen einen Atomtest, wahrscheinlich den größten in der Geschichte, mit einem Detonationswert von unzähligen Megatonnen. Wir haben einen Termin genau bei Vollmond, der höchsten Tide des Monats. Das einzige, was noch fehlt, ist schlechtes Wetter. Wie lautet die Vorhersage?"

„Bis dahin sind es noch über zwei Wochen", erwiderte Dan. „Eine Vorhersage wäre zwangsläufig ungenau."

Das Telefon auf Petes Schreibtisch klingelte. Er nahm ab und hörte kurz zu. „In Ordnung", erklärte er schließlich. „Danke. Ja, das geht." Er legte auf und sah Dan an. „Das war Robinson. Er und sein Zauberkasten sind soweit."

„WIR haben eine Warnung von den Amerikanern bekommen, daß unser geplanter Test unheilvolle Folgen haben könnte", berichtete der französische Ozeanograph.

„Dummes Zeug", erwiderte der Projektleiter, in dessen Pariser

Büro die beiden Männer saßen. „Die Amerikaner versuchen schon seit Jahren, unsere Tests zu stoppen. Reine Eifersucht. Sie müssen lernen, daß die Welt nicht länger nach ihrer Pfeife tanzt."

„Diese Tests haben aber nicht nur eine politische Dimension."

„Ach ja? Was denn noch für eine?"

„Eine geologische. Zwar liegen keine gesicherten Ergebnisse vor, aber es könnte tatsächlich gefährlich werden."

„Ein Vorwand."

Insgeheim seufzte der Ozeanograph auf, ließ sich jedoch nichts anmerken. „Es hat, wie Sie sich vielleicht erinnern, vor einigen Jahren eine ähnliche Warnung gegeben. Wir haben sie mißachtet und daraufhin unseren Atollstützpunkt verloren."

„Das ist lange her. Inzwischen sind wir viel besser informiert."

„Mich beunruhigt diese neuerliche Warnung trotzdem. Es heißt, unsere Tests hätten bestimmte unterseeische geologische Veränderungen beschleunigt, so daß die Situation jetzt brenzlig ist. Man befürchtet, unser geplanter Test könnte eine seismische Störung von enormem Ausmaß verursachen. Sie kennen ja den Vergleich mit einem Gewehrschuß, der eine riesige Lawine auslöst. Wenn die Tatsachen so sind, wie die Amerikaner sie darstellen –"

„Wenn! Und wer sagt uns, daß sie nicht bluffen wie schon so oft?"

„Das können wir nur herausfinden, wenn wir den Test durchführen", antwortete der Ozeanograph. „Aber dann ist es vielleicht zu spät." Er wartete, wußte aber, wie die Antwort ausfallen würde.

Der Projektleiter schüttelte entschlossen den Kopf. „Wir dürfen jetzt keine Schwäche zeigen. Den Weg, den wir eingeschlagen haben, müssen wir zu Ende gehen. Ist das klar?"

Der Ozeanograph zuckte die Schultern. Er hatte getan, was er konnte. Weitere Einwände würden nichts bringen. „*Naturellement*", erwiderte er.

BERT ROBINSON, der Computerexperte, erwartete Dan und Pete in Pasadena. „Sie haben gesagt, Sie möchten das Schauspiel miterleben. Nicht daß es viel zu sehen gäbe, nur bedrucktes Papier, das zum Vorschein kommt."

Er drehte sich zu seinem Terminal um und tippte etwas ein. Fast im gleichen Augenblick setzte das ruhige Summen des Druckers ein, und die erste Seite des Endlosausdrucks tauchte auf, der sich ordentlich gefaltet in der Ablage stapelte. „Der Kleine hat die Antwort schon", erklärte Robinson. „Er ist dem Drucker weit voraus."

Staunend beobachtete Pete die Papierlawine, die der Drucker ausspuckte. „Wie schnell . . .", begann er.

„. . . der Kleine arbeitet?" Robinson lächelte unter seinem schwarzen Bart. „Ein paar Millionen Rechenschritte pro Sekunde. Die Russen würden uns für so ein Gerät sonstwas geben."

Nach einiger Zeit hielt der Drucker inne. Robinson warf einen kurzen Blick auf seine Uhr. „Zwölf Minuten und siebzehn Sekunden." Er nahm den ausgedruckten Stapel aus der Ablage. „Bitte sehr. Wie versprochen."

Pete musterte Robinson. „Kennen Sie das Ergebnis bereits?"

„Ich habe ein bißchen gespickt, ja."

„Und?"

„Viel Glück mit dem, was Sie vorhaben", meinte der Computerexperte. „Mehr will ich dazu nicht sagen."

DAS Unwetter begann mit ein paar Kumuluswolken, die sich in der Nähe des Äquators über dem von der Sonne erwärmten Pazifik zusammenballten. Im Sommer gleicht der Ozean in diesen Breiten einem Brutofen.

Bei sinkendem Luftdruck türmten sich die Wolken immer mehr auf und fingen an, sich langsam entgegen dem Uhrzeigersinn zu bewegen, so daß ein Wirbel entstand.

Pete hatte einen der Meteorologen vom Nationalen Wetterdienst am Telefon. „Ich kann Ihnen nur mitteilen", erklärte dieser, „daß wir im Moment im Pazifik nördlich des Äquators mehrere tropische Störungen auf den Satellitenfotos haben. Um diese Jahreszeit wäre es ungewöhnlich, wenn das nicht der Fall wäre."

„Und?" fragte Pete.

Die Stimme des Meteorologen klang unbesorgt. „Jede dieser Störungen kann eine eigene Bahn einschlagen, an Intensität gewinnen und sich zum Unwetter entwickeln oder aber auf dem Meer herumirren, bis ihr der Dampf ausgeht und sie in sich zusammenfällt. Aber es ist unwahrscheinlich, daß eine von ihnen Hurrikanstärke erreicht."

Pete kam ein beunruhigender Gedanke. „Sie sagen, im Moment gäbe es mehrere Störungen. Was geschieht, wenn sie sich zu einer großen Front vereinigen?"

„Tja." Die Stimme des Meteorologen verriet Bedenken. „Dann gibt's einen heißen Tanz, Mr. Williamson."

„Sie haben meine Telefonnummer", erklärte Pete. „Rufen Sie mich bitte an, falls sich etwas grundlegend ändert."

„Wir benachrichtigen Ihr Institut automatisch."

„Wenn Sie mich persönlich anriefen, wäre es mir lieber", erwiderte. Pete. „Es könnte wichtig sein."

„In Ordnung", sagte der Meteorologe. „Ich werde mich darum kümmern."

DAN stand vom Schreibtisch auf und streckte die Arme, damit sich die Anspannung löste, die ihn bei der konzentrierten Arbeit über Mr. Robinsons Computerausdruck befallen hatte. Draußen war noch hellichter Tag. Die Dämmerung hätte jedoch, wie er meinte, eher seinen düsteren Gedanken entsprochen. Er setzte sich wieder, griff zum Telefon und wählte eine Nummer in Washington.

Kurz darauf meldete sich eine vertraute Stimme. „Saunders."

„Garfield. Ich habe Mr. Robinsons Analyse durchgesehen. Erstklassige Arbeit." Er machte eine Pause. „Seine Schlußfolgerungen decken sich ziemlich mit unseren, vielleicht sind sie sogar noch etwas drastischer ausgefallen. Natürlich ist alles nur eine Wahrscheinlichkeitsrechnung."

Saunders unterbrach ihn. „Die einzige Möglichkeit, die Zukunft ein wenig bestimmbarer zu machen."

„Früher oder später", fuhr Dan fort, „wird es also in dem Gebiet, das Pete Williamson untersucht hat, zu einer schweren seismischen Störung kommen – mit anderen Worten, einem Seebeben gewaltigen Ausmaßes, das zwangsläufig Tsunamis hervorrufen wird."

„Die sich vom Epizentrum in alle Himmelsrichtungen ausbreiten", ergänzte Saunders. „Wie befürchtet. Wir haben unsere eigene Analyse durchgeführt, nachdem uns Robinson eine Kopie des Ausdrucks geschickt hatte, und bereits Vorkehrungen an Punkten getroffen, die wir für besonders gefährdet halten. Die Franzosen scheinen übrigens an ihrem Termin, dem Dreißigsten, festzuhalten. Das heißt Vollmond und Springtide, wie Sie schon erwähnt haben. Wir gehen von einem Detonationswert von über fünfzig Megatonnen aus. Wie schätzen Sie die Lage ein? Glauben Sie, daß dadurch ein Seebeben ausgelöst wird?"

„Ja."

„Danke", sagte Saunders. „Wir berücksichtigen das in unseren Empfehlungen."

„Halten Sie uns auf dem laufenden, wenn Sie etwas unternehmen?"

„Mach ich. Und wenn Ihnen noch was einfällt, würde ich es gern erfahren. Auf Wiederhören."

Dan legte auf und erhob sich wieder aus dem Sessel. Ein bißchen körperliche Betätigung, dachte er, wenigstens die Beine strecken. Er verließ das Arbeitszimmer und trat vor das Haus.

Es tat gut, in der warmen Sonne umherzuschlendern, die frische, klare, salzige Seeluft zu spüren. In der Bucht leuchteten Segel, dahinter drängten sich in Hafennähe die Häuser, und darüber wölbte sich ein strahlendblauer Himmel. Ein Bild der Ruhe und Unbeschwertheit, das auf seine Art den Lebensstil Südkaliforniens verkörperte.

„Hallo, Dan." Maude stand plötzlich neben ihm. Sie trug Shorts, die ihre schlanken braunen Beine zur Geltung brachten. „Als ich gerade aus dem Haus gekommen bin, habe ich dich gesehen. Na, wieder einmal ganz in Gedanken versunken? Mit was für einer wichtigen Aufgabe beschäftigst du dich inzwischen?" Sie lächelte.

Dan schüttelte den Kopf. „Keine Aufgabe, also auch keine Verantwortung."

„Das glaube ich dir nicht, Dan. Du gehst doch keiner Verantwortung aus dem Weg."

„Das vernichtendste Urteil, das je über mich gefällt wurde."

„War nicht so gemeint." Sie zögerte nur kurz. „Willst du einen Spaziergang machen? Möchtest du, daß ich dich begleite?"

Er verjagte alle Gedanken an Computerausdrucke, an Harry Saunders und Pete. Merkwürdig, wie einfach das war. „O ja, gern", erwiderte er. „Gehen wir rüber zum Meer. Ich fühle mich so eingesperrt, da tut es gut, wenn man ins Unendliche blickt."

Die Flut kam herein, Brecher um Brecher rollte auf den Strand. Schweigend liefen Maude und Dan nebeneinander her, den Blick auf das Meer gerichtet. „Es gibt Rhythmen", meinte Dan, „die man nicht hören, aber spüren kann."

„Ja." Maudes Stimme klang leise.

„Es wäre sicher wie Musik, wenn man es hören könnte."

„Du hörst diese Musik also nicht?" Maude blickte ihn leicht überrascht an.

„Ich kann nicht behaupten, daß ich sie je gehört hätte."

„Sie sind aber da, diese Schwingungen."

„Wahrscheinlich hast du recht." Er lächelte. „Oder wir reden über verschiedene Dinge."

„Ich fürchte, das tun wir oft, Dan." Sie schwieg einen Augenblick. „Meist – wie soll ich sagen – hat dich deine Arbeit zu sehr in Anspruch genommen. Du hast Pläne geschmiedet, da waren Entscheidungen zu treffen, du mußtest darüber nachdenken, ob ein Projekt durchführbar war oder nicht. Deine Welt war der Erfolg."

„Mittlerweile habe ich dieser Welt den Rücken gekehrt."

„Nein, Dan, sie wird dir noch eine Weile anhängen. Weißt du, ich habe mich an diese Welt nie ganz gewöhnen können." Kurz erstrahlte ihr Lächeln. „Ich glaube, es macht die Luft hier, daß man die üblichen Regeln außer acht läßt. Man ist viel offener und spricht Dinge aus, die man in Los Angeles so nicht aussprechen würde. Eigentlich schade."

„Komisch, ich habe fast das gleiche empfunden."

„Wirklich? Das sagst du jetzt nur aus Höflichkeit. Manchmal bist du sehr rücksichtsvoll, weißt du das?"

„Um ehrlich zu sein, nein. Meistens hat es geheißen, ich sei egoistisch, ich trüge Scheuklappen und ..."

„... hättest etwas gegen dumme Menschen, was absolut stimmt." Maude streckte unvermittelt die Hand aus. „Sieh mal, die Pelikane!"

Sechs Pelikane flogen dicht hintereinander in einer Reihe, nicht einmal drei Meter über dem Wasser. Von Zeit zu Zeit unterbrach der Vogel an der Spitze seinen Flügelschlag, um eine Weile scheinbar schwerelos dahinzusegeln. Augenblicklich taten es ihm die nachfolgenden Vögel nach. Schwang er wieder die Flügel, fielen die anderen in den Takt mit ein. Ein Bild perfekter Harmonie.

Maude klatschte vor Freude in die Hände. „Jetzt kann man die Musik hören, oder? Du mußt sie hören. Das ist wie eine Choreographie, jede Bewegung auf den Takt abgestimmt."

Dan lachte. „Du hast recht. Und eins und zwei und drei ..."

„Genau." Spontan ergriff Maude seinen Arm. „Vielleicht ist dein Fall doch nicht ganz hoffnungslos."

Sie kehrten zur Bucht zurück und blieben vor dem Haus der Barnes stehen. „Ich will dich nicht hereinbitten", erklärte Maude. „Wahrscheinlich würde Jack Barnes ohnehin nur versuchen, dich zum Immobilienkauf zu überreden. Aber der Spaziergang hat mir Spaß gemacht, Dan."

„Mir auch. Vielleicht können wir wieder einmal einen machen?"
„Nein, ich fürchte, dazu ist es zu spät. Ich fahre nämlich zurück nach
Los Angeles. Die Arbeit ruft."

Dan runzelte die Stirn. „Wann hast du dich dazu entschlossen?"

„Vor etwa zehn Minuten."

„Bin ich der Anlaß?"

„Diese Frage möchte ich nicht beantworten, Dan. Lassen wir es einfach so, wie es ist." Ihr Lächeln war verhalten. „Vielleicht gelingt es
mir, bis Ende des Monats noch ein Haus zu verkaufen."

Ende des Monats. Vollmond. Atombombentest. Der flache Strand
und der kaum geschützte Hafen. „Vielleicht", erwiderte er, „ist es
sogar gut, daß du zurückfährst. Ich komme bald nach. Zu Hause kann
ich dich ja mal anrufen."

Maude zögerte. Sie schien etwas sagen zu wollen, verkniff sich dann
aber ihre Antwort und nickte. „Natürlich. Bis bald, Dan." Sie ging
den Weg entlang, eilte die Stufen hinauf und verschwand im Haus.

Kapitel 6

DAN setzte sich an den Küchentisch in Petes kleinem Haus. „Ich habe
den Ausdruck durchgearbeitet", erklärte er. „Das Ergebnis ist so, wie
wir erwartet haben."

„Sicher?"

„So sicher, wie es nur geht. Die Wahrscheinlichkeit ist erdrük-
kend." Er berichtete von seinem Gespräch mit Saunders. „Ich habe
ihm mitgeteilt, daß dieser Atomtest meiner Meinung nach den Stein
ins Rollen bringen wird."

Pete nickte. „Henry Larson, der Biologe, hat bei seiner letzten
Tauchfahrt ausbrechende Steine an dem Felsband beobachtet. Das
bestätigt meine Theorie ebenfalls. Wenn Mr. Robinsons Analyse auch
in diese Richtung weist, rechne ich fest damit, daß durch diesen Test
das ganze Felsband ausbricht. Aber wie erreichen wir, daß für den
gesamten pazifischen Raum eine Warnung ausgegeben wird?"

„Ich hatte gehofft", meinte Dan, „daß Zeit genug für Sie bliebe, das
persönlich vorzubringen. Sie stehen doch sicher mit anderen Wissen-
schaftlern in den Gefahrenzonen rund um das Pazifische Becken in
Verbindung, oder?"

„Ja, mit den meisten korrespondiere ich."

„Dann rufen Sie sie an, und riskieren Sie Ihren Kopf mit der eindeutigen Voraussage, daß wir eine schwere seismische Störung erwarten, die zeitlich mit der Springtide zusammenfällt. Ich weiß, Sie setzen Ihren Ruf aufs Spiel –"

„Auf den pfeif ich", unterbrach ihn Pete. „Das muß jetzt durchgezogen werden. Aber was machen wir mit Boggs, meinem Boß? Wir müssen zuerst mit ihm sprechen, weil ich in gewisser Weise ja auch das Institut vertrete."

„Wir werden nicht nur mit ihm sprechen", erklärte Dan. „Wir legen ihm den Ausdruck auf den Schreibtisch und lassen ihn seine eigenen Schlußfolgerungen ziehen."

DIE Wolken bewegten sich gegen den Uhrzeigersinn um den Kern der tropischen Störung. Durch diese Bewegung, die zunehmend stärker wurde, breitete sich der Wolkenwirbel aus. Wasserdampf kondensierte, als die feuchte Luft in den Wolkentürmen in die Höhe gerissen wurde und abkühlte. Dieser Prozeß setzte ungeheure Mengen an Wärmeenergie frei, die die gesamte Wetterfront allmählich in eine riesige thermodynamische Maschine verwandelten.

Der Wolkenwirbel breitete sich bald über Hunderte von Kilometern aus, und es gab Fallwinde. Andererseits erreichten starke, sich spiralig nach innen drehende Böen in den Wolken Aufstiegsgeschwindigkeiten von hundertsechzig Stundenkilometern. Die unwiderstehliche Kraft verstärkte sich, und das gesamte System fing an, im gemächlichen Tempo von etwa zwanzig Stundenkilometern nordostwärts zu ziehen.

An Petes Telefon meldete sich der Meteorologe vom Wetterdienst. „Sie wollten doch Bescheid haben, wenn sich die Wetterlage ändert. Sie hat sich geändert. Wir haben inzwischen einen ausgewachsenen Hurrikan etwa sechzehnhundert Kilometer westlich von El Salvador geortet. Er heißt Bob, und ich muß sagen, er ist ein schönes, kräftiges Exemplar."

„Reizend", bemerkte Pete.

„Wir bleiben Bob selbstverständlich auf der Spur", erklärte der Meteorologe.

„Was meinen Sie? Wohin zieht er?"

„Keine Ahnung. Wir verfolgen die Bahn der Hurrikans, können sie aber nicht voraussagen. Wirbelstürme ziehen, wohin sie wollen."

„Können Sie abschätzen, wie weit er nach Norden vordringt?"

„Nein. Ich kann Ihnen Statistiken und Durchschnittswerte nennen, die alle nichts besagen. Der Hurrikan ist mit Windgeschwindigkeiten von mehr als hundertsechzig Stundenkilometern unterwegs. Im Moment zieht er nordostwärts, wie in den meisten Fällen. Wir warnen die Schiffahrt und alle Freizeitboote, aber Küstenalarm geben wir noch nicht."

„Dann werden Sie es bald nachholen müssen", antwortete Pete. „Darauf wette ich."

JOE HINES hörte am Telefon zu, ohne eine Miene zu verziehen.

„Noch ein kleiner Tip, Joe", sagte der Mann von der Küstenwache am anderen Ende der Leitung. „Küstenalarm wurde noch nicht gegeben. Aber ein Hurrikan mit dem Namen Bob zieht möglicherweise in unsere Richtung."

„So etwas kommt gelegentlich vor", bemerkte Hines. „Hast du ein Gefühl . . ."

„Das ist absolut nicht sicher, Joe. Nur ein Tip."

„Aber es liegt was in der Luft. Gut, danke."

Der Hafenmeister legte auf und saß einen Moment da, den Blick auf die Wand gerichtet. Diesmal, sagte er sich, würde dieser Dickschädel Jimmy Silva auf ihn hören, und wenn er ihn niederringen und sich auf ihn setzen müßte.

Das Telefon klingelte erneut, und Hines griff sofort zum Hörer.

„Ich bin's, Jimmy", meldete sich die Stimme des Bürgermeisters. „Komm sofort rüber zu mir ins Büro. Wir haben eine Verabredung mit Howard Boggs im Ozeanographischen Institut – ich, du, Pete Williamson und dieser Typ, der im *Time*-Magazin war, Dan Garfield. Sie meinen, es braut sich ein Wirbelsturm zusammen, und wollen uns ins Bild setzen. Du –"

„Hör auf, mit den Zähnen zu klappern", erwiderte Joe Hines. „Ich bin schon unterwegs."

HOWARD BOGGS thronte hinter seinem großen Schreibtisch. Dan, Pete, Jimmy Silva und Joe Hines saßen ihm in einem Halbkreis gegenüber. Der sauber zusammengelegte Computerausdruck lag vor ihm.

„Wir befinden uns offenbar in einer Notsituation", begann Boggs.

„Zumindest wird es mir so dargestellt." Er sah Dan an. „Wollen Sie fortfahren?"

„Zuerst Dr. Williamson", sagte Dan.

Pete erhob sich und erläuterte mit Hilfe der Wandkarte, die er aus seinem Büro mitgebracht hatte, die Erkenntnisse aus seinen beiden Tiefsee-Expeditionen und den Bericht über die abbröckelnden Felsen von der Tauchfahrt in der vergangenen Woche. Dann sprach Dan über den für den Dreißigsten geplanten Atomtest. Er beendete seinen Bericht mit den Worten: „Das Verteidigungsministerium hat sich unseren Schlußfolgerungen angeschlossen und Schritte zum Schutz seiner Anlagen vor Tsunamis unternommen. Flutwellen sind unweigerlich zu erwarten, wenn das Felsband durch die Gewalt der Explosion tatsächlich abbricht. Außerdem ist am Testtag auch noch Vollmond, was bedeutet, daß wir auf allen Weltmeeren den höchsten Wasserstand des Monats haben." Er sah seine Gesprächspartner an. „Alles klar soweit?"

Joe Hines meldete sich zu Wort. „Und jetzt zieht auch noch ein Hurrikan in unsere Richtung." Er schüttelte den Kopf. „Ein Unglück kommt selten allein."

„Ich habe einen Film vorbereitet, den ich Ihnen gern zeigen würde", sagte Pete. Er ging zum Tisch, auf dem der Projektor stand. „Licht aus, bitte, Dan." Und als es dunkel wurde und der Film anlief, kommentierte er ihn ähnlich wie einige Tage zuvor. „Das war reiner Zufall; ein Amateurfilmer wollte den malerischen Hafen aufnehmen."

In gespannter Stille sahen sie den Film, der am Schluß so plötzlich abbrach. Nur noch das schlagende Geräusch des losen Filmendes war zu hören. „Wir können das Licht wieder anmachen", sagte Pete. Seine Stimme verriet Erregung. „Das war ein Tsunami. Noch irgendwelche Fragen?"

Boggs räusperte sich leise. „Wenn ich das richtig verstanden habe, geht Ihre These dahin, daß im Fall unterseeischer geologischer Veränderungen, insbesondere wenn dieses Felsband herausbricht, Tsunamis ausgelöst werden?"

„Ja", erwiderte Pete lediglich.

„Und weiter", fuhr Boggs fort, „daß bei einem Zusammentreffen von einer Springtide und einem Hurrikan, der die See aufpeitscht, das tiefliegende Küstengebiet hier ebenfalls durch diese Tsunamis bedroht ist?"

„Genau.“

Boggs blickte Dan an. „Sie sind der gleichen Ansicht?“

„Ohne Einschränkungen.“

Boggs ließ sich Zeit. „Ich fürchte“, erklärte er dann, „ich muß mich dieser Meinung anschließen. Zuerst möchte ich natürlich diese Ausdrucke prüfen, aber die Hinweise auf die drohenden Schwierigkeiten sind zu zwingend, als daß man sie übergehen könnte.“

„Drohende Schwierigkeiten! Heiliger Strohsack!“ rief Joe Hines. „Das ist eine Katastrophe!“ Er sah Jimmy Silva an. „Na, bist du jetzt überzeugt?“

Jimmy stand auf. „Gehen wir“, sagte er. „Wir müssen was tun.“

SIEBZEHN junge Männer zwischen sechzehn und zwanzig hatten sich in Joe Hines' Büro versammelt. Alle hatten sie die für Südkalifornien typische dunkle Bräune und die meisten auch von der Sonne gebleichtes Haar. Schweigend standen sie um den Hafenmeister herum.

„Es ist wohl keiner dabei“, begann Hines, „dem ich nicht schon wegen Rasens im Hafen oder anderer Späßchen die Leviten gelesen habe, oder? Wobei ich betonen muß, daß es sich meist um Vergehen handelte, die mir völlig unbekannt waren, bevor ihr sie begangen habt.“

Die jungen Männer mußten grinsen; ringsum machte sich Erleichterung breit.

„Wie ihr es geschafft habt, immer noch mal davonzukommen, ist mir ein Rätsel“, fuhr Hines fort, „aber bisher ging's offenbar, und aus euch allen sind schließlich gute Bootsführer geworden. Deshalb hab ich euch heute morgen hierhergebeten. Ihr habt alle von dieser Tsunamiwarnung vor ein paar Wochen gehört. Ganz schöner Reinfall, was? Nun, demnächst wird es wahrscheinlich wieder einen Alarm geben. Einzelheiten sind jetzt unwichtig, aber denkt dran: Wenn sich eine Bö, die ihr kommen seht, als laues Lüftchen entpuppt, kann euch die nächste trotzdem umhauen, falls sie euch überrascht.“

Er setzte sich auf eine Ecke seines Schreibtisches. „Wir haben hier im Hafen Hunderte von Booten. Und es gibt nur einen Weg aufs offene Meer hinaus – durch die Fahrrinne, die zwischen den Anlegestellen hindurch und an der Mole vorbeiführt. Irgendwann tritt der Fall ein, daß wir so viele Boote wie möglich raus aufs Meer schicken müssen. Wir wollen aber vermeiden, daß irgendeine Landratte seine

Zwanzigmeterjacht auf Grund setzt und damit die Hafenausfahrt für alle anderen blockiert. Versteht doch jeder, oder?"

Ein kräftiger Zwanzigjähriger in schlabbrigen Shorts meldete sich zu Wort. „Warum sollten wir alle Boote raus aufs Meer schicken? Ist doch sicherer hier im Hafen, wenn ein Sturm bläst."

„In den meisten Fällen stimmt das", antwortete Joe Hines. „Selbst wenn der Wind ziemlich stark weht, bist du im Hafen besser dran, verstärkst vielleicht die Taue oder das Ankergeschirr." Er machte eine Pause. „Aber wenn diese Warnung vor ein paar Wochen berechtigt gewesen wäre und es einen von diesen Tsunamis gegeben hätte, die durch ein Erdbeben verursacht werden, wäre man auf See viel sicherer gewesen. Alles, was man gemerkt hätte, wäre eine vielleicht einen Meter hohe Welle gewesen, aus der erst eine richtige Flutwelle wird, wenn sie in seichtes Gewässer kommt."

„Was für Boote übernehmen wir?" fragte der Zwanzigjährige.

„Jeder von euch ist schon auf einer der großen Motorjachten gefahren, die hier im Hafen liegen." Er griff hinter sich über den Schreibtisch in die obere Schublade und holte ein Blatt heraus. „Hier hab ich eine Liste. Es handelt sich um siebzehn große Motorjachten, die mir Sorgen machen. Die kleinste ist etwa fünfzehn Meter, ein paar sind aber auch zweiundzwanzig Meter lang. Gehören alle irgendwelchen Wochenendkapitänen, die mit ihren Booten nicht richtig umgehen können. Also werdet ihr sie steuern."

„Und was machen wir genau?"

„Ich habe Zündschlüssel für all diese Boote", sagte Hines. „Außerdem habe ich das schriftliche Einverständnis der Eigentümer. Für den Fall – so ist es vereinbart –, daß wir ihr Eigentum retten müssen, wenn es einmal ganz schlimm kommen sollte."

„Sie sind ja ein richtiger Macher, Joe!" meinte der Zwanzigjährige anerkennend. „Aber ich kenne ein paar von diesen Bootsbesitzern. Die trauen keinem –"

„Ein Boot, das eine halbe Million Dollar gekostet hat, verliert keiner gern", erwiderte Joe. „Es ist vereinbart, daß ich die Schlüssel nur im Notfall benutzen darf. Das beinhaltet nicht, daß ich die Boote in einem solchen Notfall einfach weitergeben kann. Trotzdem sage ich euch: Bringt sie raus aufs offene Meer, und bleibt dort, bis eine sichere Rückkehr möglich ist."

Es war plötzlich ganz still im Raum.

„Ist einer unter euch, der sich diese Aufgabe nicht zutraut?" fragte Hines. „Ihr seid alle auf Booten groß geworden. Hat jemand Angst davor, das Kommando zu übernehmen?"

Der sechzehnjährige Tommy Parks meldete sich. „Joe –" Er hielt inne. Obwohl er im Schwimmen, Surfen und Segeln mit allen anderen im Raum mithalten konnte, war er doch der jüngste und fühlte sich den Achtzehn- und Neunzehnjährigen ein wenig unterlegen.

Der Hafenmeister beruhigte ihn. „Dein Vater hat eine Vierundzwanzigmeterjacht nach Japan und zurück geschippert, achtzehn-, neunzehntausend Kilometer. Du warst an Bord und hast mitten auf dem Ozean am Ruder deinen Mann gestanden und warst für das Boot und sieben Leute verantwortlich, die unten schliefen. Und du traust dir nicht zu, eine Motorjacht mit Doppelschraube wie die *Lubelle* durch die Fahrrinne aufs Meer hinaus zu steuern? Wie oft bist du schon auf ihr gefahren?"

Tommy brachte ein selbstsicheres Lächeln zustande. „So gesehen hab ich keine Angst. Klar kann ich das. Macht bestimmt Spaß."

„Das mein ich doch auch", pflichtete ihm Joe Hines bei. Er blickte einen nach dem andern an. „Vielleicht ist der Eigentümer an Bord. Wenn das der Fall ist, steht ihr ohnehin am Ruder. Er wird euch das gern überlassen. Wenn nicht, übernehmt ihr einfach das Kommando. Blockiert mir nur nicht die Fahrrinne. Ihr bleibt draußen auf dem Meer, bis ihr über Funk hört, daß ihr wieder zurückkommen könnt." Er machte eine Pause. „Könnte auch sein, daß ihr nicht mehr zurück in den Hafen könnt. Läßt sich nicht im voraus sagen. Wenn es so ist, hört ihr über Funk, wohin ihr fahren sollt." Wieder blickte er in die Runde. Als er die entschlossenen Mienen der Jungen sah, nickte er zufrieden.

Auch Jimmy Silva verlor keine Zeit. Er hatte den Stadtrat zu einer außerordentlichen Sitzung einberufen.

„Wir haben ein Problem", begann er. „Man könnte auch sagen, wir sitzen in der Zwickmühle. Fürs erste heißt das, daß wir den Bebauungsplan für die hintere Bucht zurückstellen."

In dem großen Raum war es still. „Moment mal, bitte." J. G. Brown, der Anwalt, meldete sich zu Wort. „Was sollen wir daraus schließen?"

„Ganz einfach", erwiderte Silva. „Es wird kein Bauvorhaben geben. Bis auf weiteres verschoben, vielleicht sogar ganz gestorben."

„Ist das eine einseitige Entscheidung?" fragte Brown. „Ich nehme an, Sie haben Gründe."

Der Bürgermeister brauchte nicht einmal die Augen zu schließen, um das Bild jener gewaltigen Tsunamiwelle vor sich zu sehen, die auf die Filmkamera zu rollte. „Jawohl", entgegnete er, „ich habe Gründe, und nicht zu knapp." Er umriß kurz die Zusammenkunft in Howard Boggs' Büro. „Mr. Saunders in Washington ist überzeugt, daß uns Gefahr droht. Joe Hines teilt seine Ansicht. Und ich mittlerweile auch." Er machte eine Pause, um seinen Worten Wirkung zu verleihen. „Wir müssen uns also überlegen", fuhr er nach einer Weile fort, „wie wir die Sache anpacken. Als erstes möchte ich, daß Polizei und Feuerwehr aufgrund der Notverordnungen ihre Vollmachten wahrnehmen. Dann ist –"

„Ich würde gern", unterbrach ihn der Anwalt, „noch etwas bei unserem Bauvorhaben bleiben. Wir haben uns festgelegt, und ich sehe keine Möglichkeit, wie wir da so einfach wieder rauskommen. Das Ansehen von Encino Beach steht auf dem Spiel."

„Vielleicht haben Sie mich nicht verstanden", antwortete Jimmy Silva. „Ich gebe zu, man muß sich an den Gedanken erst gewöhnen, und mir gefällt er genausowenig wie Ihnen, aber wir reden nicht über das Ansehen von Encino Beach. Wir reden über eine Gefahr, die von Encino Beach vielleicht nicht mehr viel übrigläßt, das noch Ansehen haben könnte. Vielleicht wird der ganze Hafen zerstört, auf der Halbinsel stehen keine Häuser mehr, der Strand wird weggespült. Verstehen Sie mich jetzt?"

Wie erstarrt saßen die Ratsmitglieder da.

„Das Bauvorhaben ist gestorben, wie ich schon sagte." Silvas Stimme klang unnachgiebig. „Machen wir uns also Gedanken, wie wir diese Situation anpacken können, denn ob es uns gefällt oder nicht, wir tragen die Verantwortung dafür, daß Entscheidungen getroffen werden. Dazu sind wir gewählt worden. Wir müssen an die Menschen denken."

WILBERT ELLIS, der Leiter des Katastrophenschutzes, war klein und untersetzt und hatte einen energischen Händedruck. Er führte Pete und Dan in sein Büro und schloß die Tür hinter ihnen.

„Wenn Sie wegen der Tsunamiwarnung gekommen sind, die Anfang des Monats ausgegeben wurde", begann er, „will ich es Ihnen gleich sagen: Der Wetterdienst hat voreilig Alarm geschlagen. Aber danach hatten wir keine andere Wahl, als unseren Alarmplan anlaufen zu lassen." Die Verärgerung in seiner Stimme war nicht zu überhören.

„Was die Vergangenheit betrifft, Schwamm drüber", erklärte Dan. Er nickte Pete zu, der kurz die neuerlich drohende Gefahr umriß.

Als Pete fertig war, atmete der Leiter des Katastrophenschutzes tief durch. „Wieder ein blinder Alarm?" fragte er. „Es hört sich zwar nicht so an, aber nach dem letzten Patzer bin ich mißtrauisch."

„Über den Hurrikan sind Sie unterrichtet", sagte Dan. „Wegen der übrigen Faktoren können Sie sich mit dem Verteidigungsministerium in Verbindung setzen, mit einem wissenschaftlichen Berater namens Harry Saunders. Sie können sich aber auch den Ausdruck ansehen, den der Spezialcomputer des Verteidigungsministeriums in Pasadena ausgespuckt hat."

Ellis lächelte. „Meine Skepsis entbehrt wohl jeder Grundlage." Er zögerte. „Solange aber keine offizielle Warnung ausgegeben wurde, können wir selbstverständlich nichts unternehmen. Wir können uns lediglich bereithalten."

„Falls das, was wir befürchten, eintritt", erwiderte Dan, „zählt Encino Beach aufgrund seiner Lage zur Hauptgefahrenzone. Aber auch andere Gebiete sind gefährdet. Sehr viel wird von den Ausläufern des Hurrikans Bob abhängen oder vom Hurrikan selbst, der, so Gott will, nicht bis zu unserer Küste vorstößt." Um eine Bestätigung zu erhalten, warf er einen kurzen Blick zu Pete hinüber, der nickte. „Wir haben deshalb an eine Zusammenarbeit von Leuten aus den tiefliegenden Küstengebieten gedacht, die betroffen sein könnten – eine Zusammenarbeit, die am besten im voraus geplant wird."

Ellis machte sich eifrig Notizen. Er blickte auf und nickte ebenfalls. „Gute Idee", sagte er. „Ich werde mich sofort darum kümmern."

„Wird Ihr Alarmplan in Anbetracht des letzten Fiaskos wieder so funktionieren, wie er soll?" fragte Dan.

Ellis lehnte sich in seinem Sessel zurück. „Wir glauben, ja. Selbstverständlich haben wir die Möglichkeit einer Folge von Katastrophen einkalkuliert: Erdbeben, Überschwemmung, Feuer, sogar das Undenkbare – eine Atomexplosion aus welchem Grund auch immer. Und wir sind uns darüber im klaren, daß das Kommunikationssystem zusammenbrechen könnte. Aber unser Einsatzplan ist so gut koordiniert, daß alles automatisch abläuft, sobald Alarm gegeben wird."

„Wer informiert den Rundfunk? Das Fernsehen?"

„All das übernehmen wir. Noch mehr. Falls nötig, setzen wir Lautsprecher, Sirenen, Streifenwagen mit Megaphon, unter Umständen sogar das Militär ein. Ich will nicht prahlen, aber wahrscheinlich ist von allen Bundesstaaten Kalifornien führend im Katastrophenschutz. Doch seien wir ehrlich, diese Schreckensvision, die Sie da entwerfen . . . Wird es tatsächlich Katastrophenalarm geben?"

„Mindestens drei Stunden vorher wollen wir die Öffentlichkeit warnen", erklärte Pete.

„Reicht das, um Ihren Alarmplan anlaufen zu lassen?" erkundigte sich Dan.

„Von jedem Drucktastentelefon aus kann ich unsere Maßnahmen in Gang setzen", antwortete Ellis. Er zögerte, öffnete eine Schublade und nahm eine Visitenkarte heraus, die er Dan reichte. „Wir verlassen uns normalerweise auf unser eigenes Informationssystem. Aber unter dieser Nummer können Sie mich zu jeder Tages- oder Nachtzeit anrufen, dann sorge ich dafür, daß alles in die Wege geleitet wird."

DAN saß auf der Halbinsel auf derselben Steinbank am Meer, die er schon zweimal aufgesucht hatte, und blickte hinaus auf die Brandung. Die einzigen Geräusche waren das gedämpfte Grollen der Brecher und das Geschrei der Möwen.

Plötzlich stand Lucy neben ihm. „Hallo", sagte sie, „irgendwie hab ich mir gedacht, daß ich dich hier finde. Ich habe dich schon mal auf dieser Bank sitzen sehen." Sie nahm ebenfalls Platz. „Ist das der . . . geheime Ort, an den du dich immer zurückziehst?"

„Kann schon sein. Jeder braucht so was, meinst du nicht?"

Lucy lächelte, froh, daß er sie verstand. „Wo man hingehen und ungestört nachdenken kann", fügte sie hinzu. „Ich habe auch so ein Plätzchen. Ich hab es vor ein paar Jahren entdeckt. Eine Höhle draußen auf der Landzunge. Sie sieht auf den ersten Blick ganz klein aus, geht aber tief in die Felsen rein. Wenn ich drinsitze, kann mich außer den Seehunden im Meer und vielleicht ein oder zwei Möwen niemand sehen." Ihre Miene wurde ernst. „Ich habe noch nie jemandem von der Höhle erzählt."

„Ich fühle mich geehrt und weiß dein Vertrauen zu schätzen."

„Möchtest du, daß ich dich allein lasse, damit du nachdenken kannst?"

„Nein, bleib ruhig da, Lucy."

Das Mädchen atmete tief ein. „Todd redet die ganze Zeit von diesen Wellen, aber ich weiß nicht mehr, wie die heißen."

„Tsunamis."

„Ja. Plötzlich interessiert er sich nur noch für Geologie und kann kaum noch an was anderes denken."

„Und deine anderen Freunde?" fragte Dan vorsichtig.

Lucy zeichnete mit dem großen Zeh Muster in den Sand. „Ich glaube, ich habe nicht allzu viele Freunde. Die meisten Jungs wollen immer alles ganz genau wissen."

Dan unterdrückte ein Lächeln. „Das Gefühl kenne ich."

„Wirklich?" Ihre Stimme verriet Erstaunen. „Hast du manchmal das Gefühl, mit ... jemandem sprechen zu wollen, dich richtig auszusprechen? Ich meine, wirklich über alles? Aber du schaffst es nicht ganz?" Sie musterte ihn gespannt.

„Ich glaube, wir können uns die Hand schütteln", antwortete er. „Dieses Gefühl kenne ich nur zu gut."

„Kein Wunder, daß Mami und Paps dich so nett finden", platzte Lucy unvermittelt heraus, und ein verlegenes Lächeln huschte über ihre Lippen. „Ich finde dich auch nett. Man kann sich so gut mit dir unterhalten, im Gegensatz zu den meisten anderen Erwachsenen."

„Du schmeichelst mir ja!"

Jetzt erhellte ein strahlendes Lächeln ihr Gesicht, und sie sprang von der Bank auf. Alle düsteren Gedanken waren plötzlich wie weggewischt. „Ich wette, du kannst damit leben!" rief sie übermütig und war im nächsten Augenblick verschwunden.

BÜRGERMEISTER Jimmy Silva mußte an diesem Tag noch etwas erledigen, und weil diese Aufgabe den Voraussagen über die Katastrophe den Stempel des Endgültigen aufzudrücken schien, empfand er sie als äußerst unangenehm. Aber er war immer stolz auf seine Bereitschaft gewesen, sich den Tatsachen zu stellen. Und so rief er den Immobilienhändler Jack Barnes in Los Angeles an. Barnes kam selbst an den Apparat.

„Hier ist Jimmy Silva", begann der Bürgermeister. „Unser schönes Bauprojekt ist geplatzt."

Es trat eine kurze Pause ein. „Erzählen Sie", erwiderte Jack Barnes, überraschend sanft. Er war immer ein Spieler gewesen und hatte schon vor langem entdeckt, daß die Welt nicht zusammenbrach, wenn man einmal die falsche Karte zog. Er hörte genau zu, während Silva ihm die bevorstehende Gefahr schilderte.

„Wie gefällt Ihnen das?" fragte der Bürgermeister abschließend.

„Ich habe mein Haus nicht gegen Hochwasserschäden versichert", meinte Barnes. „Kann ich noch einen Antrag stellen, bevor das alles bekannt wird?"

Jimmy Silva bewunderte Menschen mit soviel Sinn fürs Praktische. „Ich werde sehen, was ich tun kann."

„Andererseits", überlegte Jack Barnes, „habe ich mehrere Angebote für das Haus. Vielleicht doch besser, ich nehme eins davon an. Ja, lassen Sie das mit der Versicherung. Jetzt zum Boot ... Drei Stunden haben wir Zeit? Und draußen auf dem Meer sind wir in Sicherheit? Gut, das regle ich schon. Danke für die Warnung."

Jack Barnes legte auf. Er saß eine Weile da und überlegte, wie er diese neuen Einsichten nutzen sollte. Die Frage, ob es unmoralisch sei, ein Haus zu verkaufen, das von der Zerstörung bedroht war, kam ihm überhaupt nicht in den Sinn. *Caveat emptor* – „hüte sich der Käufer" – war ein Grundsatz, den es lange gegeben hatte, bevor Jack Barnes auf der Bildfläche erschienen war. Er ging seine Telefonkartei auf dem Schreibtisch durch. Bert Flanagan zuerst, sagte er sich und wählte dessen Nummer.

Bert Flanagan war noch immer an Barnes' Haus in Encino Beach interessiert, wurde aber sofort argwöhnisch, als sich Barnes so plötzlich verkaufsbereit zeigte. „Woher der Sinneswandel?" fragte er. „Sind die Termiten drin?"

„Nichts dergleichen", erklärte Jack. „Drei Häuser sind mir einfach zuviel. Wissen Sie, wie das ist?"

„Nein", erwiderte Bert Flanagan. „Ich habe Sie jahrelang um dieses Haus beneidet, und jetzt, so unerwartet –" Er hielt inne. „Was ist der wirkliche Grund?"

Jack Barnes seufzte so, daß es am Telefon deutlich zu hören war. „Also", fuhr er fort, „behalten Sie das für sich, ja? Wenn das die Runde macht, komme ich in Schwierigkeiten. Es ist ..., na ja, eine Frage der Liquidität. Nur kurzfristig, versteht sich, aber ich möchte im Geschäft bleiben. Wenn Sie nicht interessiert sind –"

„Das hab ich nicht gesagt."

„Es hörte sich aber so an."

„Ich muß mich doch absichern, oder?"

„Natürlich. Von mir aus geht es also in Ordnung. Schicken Sie jemanden hin, der sich das Haus ansieht. Allerdings –"

„Was, allerdings?" fragte Flanagan.

„Die Zeit spielt noch eine Rolle", bemerkte Barnes. „Ich möchte möglichst bald Bargeld."

Bert Flanagans Stimme wurde ernst. „Das ist mir inzwischen klar. Aber wenn es sich um einen Notverkauf handelt –"

„Es ist kein Notverkauf", widersprach Barnes. „Trotzdem – nun ja, Bargeld käme mir gelegen, das ist alles."

„Na gut, packen wir die Sache gleich an. Aber sind Sie bereit, als Gegenleistung für die Eile über den Preis mit sich reden zu lassen?"

Barnes zögerte so lange, wie er es um der Wirkung willen für nötig erachtete. „Also gut, ich lasse mit mir reden. Aber ich verschenke nichts. Sie verstehen das?"

„Selbstverständlich", versicherte Bert Flanagan und mußte an sich halten, um nicht loszujubeln über sein Glück.

Jack Barnes legte auf und lehnte sich in seinem Sessel zurück. Er war zufrieden. Als nächstes rief er im Haus in Encino Beach an. „Betsy, Liebling", begann er, „es kommen demnächst ein paar Leute und schauen sich unser Haus an. Zeig ihnen alles, und sag ihnen, was sie wissen wollen."

„Was sind das für Leute?" fragte Betsy. „Und warum kommen sie?"

„Wir verkaufen das Haus, Liebling."

Es blieb längere Zeit still. „Hast du den Verstand verloren?" fragte sie schließlich. „Uns gefällt es doch hier."

„Sind wir mit meinen Entscheidungen jemals falsch gefahren?"

Sie seufzte resignierend. „Ich nehme an, du hast Gründe, wie immer. Trotzdem – ich weiß nie, was das für Gründe sind."

„Mach dir keine Sorgen."

„Was ist mit dem Boot? Verkaufen wir das auch?"

„Nein. Das ist an der Anlegestelle im Jachtclub gut aufgehoben. Und wir können es benutzen wie immer."

Wieder trat Stille ein.

„Alles verstanden, Liebling?" fragte Jack Barnes.

„Ja, du hast mich nur mit der Neuigkeit überfallen, das ist alles." Betsy Barnes' Stimme schlug plötzlich um: „Es ist schon lange her, daß mir nach Heulen zumute war. Aber das –"

„Gut. Ich sag dir, was du machst. Lade Maude Anderson wieder zu dir ein, damit sie dir Gesellschaft leistet. Was hältst du davon?"

„Ich glaube nicht, daß sie Lust hat herzukommen. Sie hat das Gefühl, es ist Schluß mit Dan Garfield. Der Mann muß verrückt sein."

„Und wenn du ihr sagst, du brauchst sie?" meinte Barnes.

Es entstand eine Pause. „Ja", sagte Betsy, „dann besucht sie mich."

„So gefällt mir das schon besser", erwiderte er. „Ich rufe heute abend entweder an oder komme nach Hause. Also bis dann."

DR. TOM WINSLOW traf am Samstag, dem 26. Juli, früh in Encino Beach ein. Endlich hatte er Urlaub.

„Tut mir leid, daß es nicht schon gestern abend geklappt hat", entschuldigte er sich bei Clara, „aber ich hatte einen Patienten auf der Intensivstation, den ich nicht allein lassen konnte."

„Was ist mit ihm?" Clara hatte sich längst daran gewöhnt, daß Tom ihr von Fällen erzählte, die ihn beschäftigten.

Er zog sein Jackett aus. „Ich weiß nicht, ob er zuerst einem Herzanfall, einer Leberzirrhose oder einem Lungenkrebs erliegt."

„Wie kannst du ihm helfen?" fragte Clara.

„Wenn ich ihn nicht in eine Zwangsjacke stecke, ihn kneble oder ans Bett feßle, kaum. Der Dickschädel raucht einfach weiter, trinkt und ißt zuviel, egal, was ich ihm sage." Tom hatte inzwischen Segelschuhe angezogen und richtete sich auf. „Aber er ist in Los Angeles, und ich bin hier unten. Die Sonne scheint, und ich werde ihn und alle anderen vergessen. Ich habe Urlaub."

„Das Schlimme daran ist, daß du nie ganz abschalten kannst", meinte Clara. „Du bist zu gewissenhaft, zu fürsorglich."

Der Arzt lächelte. „Was hältst du von einem herzhaften Frühstück?"

MAUDE ANDERSON und Betsy Barnes saßen zusammen beim Kaffee. Durch das Panoramafenster konnten sie auf die Bucht blicken.

„Lieb von dir, daß du hergekommen bist", meinte Betsy. „Ich habe letzte Nacht viel besser geschlafen. Mir ist es nicht einmal peinlich, das zuzugeben. Jack –" Sie schüttelte den Kopf. „Ich weiß nichts von Jacks Geschäften. Bis heute verstehe ich nichts von Immobilien. Manchmal denke ich, er könnte genausogut mit Rauschgift handeln."

„In unserer Branche arbeiten viele mit sehr eigenwilligen Methoden, doch die meisten sind durchaus in Ordnung." Sie hob die

Schultern. „Es gibt eben solche und solche. Aber Jack hat nach wie vor einen guten Namen."

Betsy setzte die Kaffeetasse behutsam ab und vermied es, Maude anzusehen. „Keine Gerüchte, daß er . . . in Schwierigkeiten ist?"

„Ich habe nichts gehört."

„Da geht es mir gleich besser, obwohl ich immer noch nicht weiß, warum wir unser Haus verkaufen." Betsy blickte sich um. „Und was macht dein Held?" fragte sie.

„Dan?" Maude hatte kaum an ihn gedacht, seit sie nach Los Angeles zurückgefahren war. „Ich glaube, das ist vorbei", erklärte sie und fragte sich, ob diese Antwort ihren Gefühlen entsprach. Sie mochte Dan Garfield noch immer. Auf eine gewisse Art war er stets unerreichbar gewesen, aber vielleicht hatte sie das Unmögliche erhofft. Er hatte seine Welt und sie ihre. Durfte sie überhaupt noch erwarten, daß diese Welten jemals völlig verschmolzen?

„Hat er etwa eine andere?" erkundigte sich Betsy.

„Ich glaube nicht."

„Dann ist es auch nicht vorbei." Betsys Stimme klang entschieden. „Männer können ihre Meinung ändern. Sie glauben vielleicht zu wissen, was sie wollen, aber die meisten von ihnen wissen es nicht. Man muß es ihnen zeigen."

„Ich bin nicht so bestimmend", meinte Maude. „Wenn ich es versuchte, würde ich mich nur lächerlich machen."

„Wenn du ihn willst – und du willst ihn, das merkt man –, dann mußt du ihm nachsteigen."

„Betsy, bitte!"

Betsy nahm ihre Kaffeetasse und sah Maude an. „Ich will dich doch nicht umsonst hier schmachten lassen . . ."

Der Meteorologe vom Wetteramt verfolgte den bisherigen Weg des Hurrikans Bob, den er auf dem Computer mit Hilfe von Satellitenfotos simuliert hatte. Der Wirbelsturm rückte vor, wich zurück, rückte wieder vor – und wurde ständig stärker. Der Meteorologe griff zum Telefon, um Pete Williamson anzurufen.

„Sie haben mich ja gebeten, ganz genau hinzusehen", meinte er, nachdem Pete sich gemeldet hatte. „Also hab ich hier die Fotos von Bobs letzten Kapriolen ausgewertet. Die verraten mir allerdings nur, daß der Hurrikan sehr gefährlich ist, weil er sich noch nicht entschlossen hat, wohin er sich wenden will. Heute mittag war er rund fünfhundert Kilometer von Manzanillo, Mexiko, entfernt, also noch unterhalb der Südspitze von Baja California. "

Pete stand von seinem Schreibtisch auf und ging mit dem Telefon zur großen Pazifikkarte an der Wand. Mit der gespreizten Hand griff er die Entfernungen ab. „Das heißt, das Zentrum liegt etwa achtzehnhundert Kilometer südlich von hier. "

„Ungefähr. "

„Vielleicht benimmt er sich ja und bleibt da unten", meinte Pete.

Der Meteorologe lachte. „Darauf würde ich mich nicht verlassen. Bob könnte sich ohne weiteres auch zu einem kleinen Spaziergang nach Norden entschließen, dann wäre er in zwei, drei Tagen in Ihrer Nähe. Allerdings ist es noch nicht oft vorgekommen, daß sich ein Hurrikan so weit nach Norden verirrt. "

„Ich hoffe das Beste", sagte Pete. „Danke. Halten Sie mich bitte auf dem laufenden. " Er legte auf und trug das Telefon zum Schreibtisch zurück, wo eine Liste mit Orten lag, die von Tsunamis heimgesucht worden waren. Überall würde er anrufen. Er fing an zu wählen.

IN HILO auf Hawaii hörte Jerry Matsuo schweigend am Telefon zu. „Ganz schön gefährlich, was?" bemerkte er nach einiger Zeit. „Wir können natürlich gar nichts machen, außer auf die Warnung zu achten. Auf jeden Fall danke, Pete. Wann kommst du mal rüber? Dann zeig ich dir, wo's richtige Wellen zum Surfen gibt. Dagegen ist San Onofre ein Planschbecken. "

„Eine herrliche Brandung", erwiderte Pete. „Vielleicht brauche ich genau das, wenn der Zauber hier vorbei ist. "

VALPARAISO, Chile. „Vielen Dank, Dr. Williamson. Sie wissen ja, wir haben eine lange Küste und sind noch gefährdeter als Sie. Aber seien Sie versichert, daß wir alle Vorkehrungen treffen werden, auch wenn ich hoffe, daß kein Tsunami kommt. "

„Das hoffe ich auch", erklärte Pete. „In diesem Fall würde es mir nicht einmal etwas ausmachen, wenn ich mich irrte. "

IN JAPAN sprach Pete mit Dr. Kanuko, der an der Universität Berkeley in Kalifornien studiert hatte. „Ich fürchte, ich begreife nur zu gut, Dr. Williamson", erwiderte Dr. Kanuko in fast akzentfreiem

Englisch. „Wir Japaner wachsen im Bewußtsein der Bedrohung durch Erdbeben und Tsunamis auf, wie Sie ja wissen, und wir haben unsere eigenen Maßnahmen, um eine Katastrophe zu verhindern. Ich bin Ihnen für diese frühe Warnung sehr dankbar und werde alle japanischen Inseln benachrichtigen."

„Sie haben etwas mehr Zeit als wir, um sich vorzubereiten", meinte Pete.

„Ja, die Entfernung ist größer. Wir haben vielleicht sechs Stunden Vorwarnzeit. Wieviel haben Sie? Drei?"

„Ja, und Hawaii noch weniger."

„Ich danke Ihnen sehr, Dr. Williamson. Wir werden sofort Alarm schlagen."

Kapitel 7

AM 28. JULI, einem Montag, saßen Pete und Dan erneut im Büro von Wilbert Ellis, dem Leiter des Katastrophenschutzes. Diesmal hatte Ellis noch einen Mann namens Heinz eingeladen. „Mr. Heinz", begann Ellis, „ist Bundesbeamter. Er ist auf meine Bitte hin heute morgen von Sacramento hierhergeflogen." Ellis zögerte. „Ich habe das Gefühl, die Gefahr, die uns droht, ist nicht örtlich begrenzt."

„Das stimmt", bestätigte Pete. „Ich habe mit Leuten auf Hawaii, in Japan, Chile und einigen anderen Ländern gesprochen und auf die Bedrohung hingewiesen."

„Sind Sie Ihrer Sache so sicher?" fragte Mr. Heinz. „Ich hatte gehofft – aber das ist egal. Wir müssen die Geschichte jetzt so nehmen, wie sie kommt."

„Der Mann vom Wetterdienst hat mich vor ein paar Minuten angerufen", erklärte Pete. „Der Hurrikan Bob hat sich nach Norden in Bewegung gesetzt. Das ist keine gute Nachricht."

„Was sollen wir Ihrer Meinung nach tun?" Mr. Heinz schien beunruhigt.

„Als erstes die Informationen an die Kollegen von Mr. Ellis weitergeben", antwortete Dan, ohne zu zögern. „Der Atomtest der Franzosen soll schon in zwei Tagen stattfinden."

Mr. Heinz nickte. „Wir müssen uns aber Gedanken darüber machen, ob wir die Warnung vertraulich behandeln oder sofort an die

Öffentlichkeit gehen sollen. Wie können wir den negativen Auswirkungen jener unglücklichen Tsunamiwarnung von vor ein paar Wochen am wirksamsten begegnen?"

Ellis meldete sich zu Wort. „Ich glaube, die Frage ist schon überholt. Meine Frau hat mich vor knapp einer Stunde angerufen und mir erzählt, die Putzfrau habe gehört, diesmal drohe tatsächlich eine Flutwelle, und ob ich schon etwas davon wüßte. In kleinen Gemeinden spricht sich so etwas schnell herum."

„Eine undichte Stelle war wohl unvermeidlich", meinte Dan. „Wie die Öffentlichkeit reagiert, kann man nur vermuten, aber ich halte es für das vernünftigste, alle Fakten auf den Tisch zu legen." Er runzelte die Stirn. „Sind Sie anderer Meinung, Mr. Heinz?"

„Wir tendieren zur Zurückhaltung", erklärte der Bundesbeamte, „und haben damit stets mehr erreicht als mit übereilten Aufdeckungen. Ich hatte gehofft, Sie würden für die gleiche Strategie plädieren, und bedaure, daß Sie das nicht tun."

„Und ich hatte gedacht", erwiderte Dan langsam, „beim Staat hätte man inzwischen gelernt, daß Versuche, Tatsachen zu verheimlichen, zum Scheitern verurteilt sind – Watergate, die Waffenverkäufe an den Iran –"

„Wir haben es hier nicht mit Tatsachen zu tun, Mr. Garfield", entgegnete Heinz, „sondern mit Vermutungen. *Falls* der Atomtest stattfindet, *falls* die geologischen Voraussetzungen stimmen, *falls* der Hurrikan Bob so nahe an die kalifornische Küste herankommt..."

Pete blickte Dan an. „Ich fürchte, wir vergeuden hier unsere Zeit."

„Dem kann ich nur zustimmen", erklärte Dan. Er nickte Ellis und Heinz zu. „Guten Tag, meine Herren." Dann verließ er mit Pete das Zimmer.

„Was jetzt?" fragte Pete, als sie vor dem Gebäude standen. Dan hatte schon darüber nachgedacht. „Wie wäre es mit einem Besuch bei unserem Herrn Bürgermeister?"

Pete lächelte. „Jimmy Silva ist nicht mehr zu bremsen, wenn er einmal loslegt. Gute Idee. Der Bürgermeister ist unser Mann."

JIMMY SILVA lehnte sich in seinem Sessel zurück und blickte finster zur Decke. „Diese verfluchten Bürokraten!" rief er verärgert. Dann richtete er sich auf. „Also, was können wir tun? Joe Hines hat ein paar Jungs bei der Hand, die die größeren Boote raus aufs Meer bringen können." Er erläuterte den Plan des Hafenmeisters. „Drei Stunden Vorwarnzeit – das genügt ihnen. Aber wir müssen auch an den Autoverkehr denken. Waren Sie schon einmal bei einem großen Baseballspiel und haben gesehen, wie lange es dauert, bis die Autos wegkommen, wenn das Spiel zu Ende ist?"

„Sie haben sich bestimmt schon Gedanken gemacht", sagte Dan.

„Gedanken?" meinte Jimmy Silva. „Ich habe an nichts anderes mehr gedacht. Das ist meine Stadt. Hier bin ich groß geworden. Ich möchte, daß keinem etwas zustößt. Wenn es sein muß, gebe ich der Polizei die Anweisung, ganze Straßen zu sperren und den Verkehr nur noch von der Küste wegfahren zu lassen. Ich würde lieber etwas Falsches tun als gar nichts, damit niemand verletzt oder gar getötet wird. Ein Haus kann man wieder aufbauen, aber daß jemand wieder zum Leben erweckt wurde, habe ich bisher lediglich in der Bibel gelesen."

Im Haus der Winslows herrschte an jenem Abend eine ungewöhnliche Stille, als Dan eintrat. Beide Wagen der Winslows standen auf dem kleinen Stellplatz, aber im Haus brannte kein Licht. Dan ging von einem Zimmer ins andere, und bald war ihm klar, daß niemand zu Hause war. Doch dann flog die Tür auf, und Lucy stürmte mit wehenden Haaren herein.

„Tut mir leid, daß ich mich verspätet habe", entschuldigte sie sich. Ihre Stimme klang zugleich besorgt und verärgert. „Ich hatte mit Todd noch ein Hühnchen zu rupfen, sonst wäre ich längst zurück. Du hast sicher schon geglaubt, hier wohnt keiner mehr, was?"

„Ich habe mich gewundert."

„Mami und Paps sind am Nachmittag zu einem Segeltörn aufgebrochen. Morgen oder übermorgen wollen sie zurückkommen –" Sie hielt inne, und ihr forschender Blick glitt über sein Gesicht. „Was ist denn los?"

„Nichts. Nur, übermorgen ist schon der Dreißigste."

„Ja, Vollmond. Segeln bei Vollmond macht Spaß. Mami und Paps sind noch nicht zu alt dazu, und sie haben nicht viel Zeit für gemeinsame Unternehmungen, weißt du? Deshalb bin ich auch nicht mitgefahren. Mami war einverstanden, weil du ja im Haus bist und ich dann nicht allein bin."

„Deine Eltern können stolz sein, eine so rücksichtsvolle Tochter zu haben", erklärte Dan.

Rasch wechselte Lucy das Thema. „Was essen wir? Bist du auch so hungrig? Todd und ich . . ." Es war offensichtlich, daß sie unglücklich war.

„Was ist mit Todd und dir?"

Lucy schwieg einige Augenblicke. „Wir haben uns gestritten", gestand sie schließlich. „Jungs gehen mir manchmal auf den Geist, vor allem Todd." Sie lächelte verzagt. „Und weißt du was? Wenn mir jemand auf den Geist geht, bekomme ich Hunger. Verrückt, was?"

Dan mußte lachen. „Ist vielleicht ganz gut. Essen baut die Spannung ab. Sollen wir miteinander ausgehen?"

„Danke für die Einladung, aber ich würde lieber zu Hause bleiben. Ich koche gern, also mach ich uns was Feines. Was hältst du davon?"

„Eine ausgezeichnete Idee", erwiderte Dan.

AM NÄCHSTEN Tag – es war Dienstag, der 29. Juli – schaute Dan bei Pete vorbei, der gerade ein Telefonat mit dem Meteorologen beendete. „Der Hurrikan Bob läßt die Muskeln spielen", berichtete Pete, „und kommt tatsächlich nach Norden. Alle Schiffe vor der Küste von Baja California sind gewarnt worden. Vom Kap Eugenia bis Ensenada, keine hundertfünfzig Kilometer südlich der Grenze, werden alle Häfen alarmiert."

„Ich glaube, es ist Zeit, daß Sie wieder mal mit Boggs reden", meinte Dan. „Wir werden seine Unterstützung brauchen können, wenn wir die Zeitungen benachrichtigen."

Pete runzelte die Stirn. „Wir gehen mit einer Warnung an die Öffentlichkeit?"

„Haben Sie eine Alternative? Ellis sind die Hände gebunden, solange Mr. Heinz nichts unternimmt, und dessen Reaktion haben wir gestern ja erlebt. Wir müssen die Sache selbst anpacken."

Dans Logik ist wie immer zwingend, dachte Pete.

Inzwischen wandte sich Dan bereits zum Gehen. „Wenn Sie mich brauchen, ich bin drüben am Meer. Vielleicht fallen mir noch ein paar Maßnahmen ein, die wir ergreifen können."

Draußen hatte sich der Morgendunst bereits verzogen, und im ruhigen Wasser der Bucht spiegelte sich die Sonne. Kein Lüftchen deutete darauf hin, daß ein Hurrikan mit seiner Urgewalt den Frieden stören könnte.

Die vielen Boote im Hafen, dachte Dan, als er dahinschlenderte, und all die Menschen ... Es blieben höchstens drei Stunden Vorwarnzeit, falls es wirklich zum Schlimmsten käme. Und für die meisten Boote – Freizeitboote im Wert von mehreren Millionen Dollar – gab es kaum Hoffnung. Er hatte zwar noch nicht selbst am Ruder einer Motorjacht gesessen, aber er war überzeugt, daß nur die wirklich hochseetüchtigen Boote es mit dem Hurrikan aufnehmen konnten.

Während er diese Überlegungen anstellte, wurde ihm bewußt, daß er noch nie in seinem Leben einer so elementaren Bedrohung ausgesetzt gewesen war. Bisher hatten für ihn nur zwei Dinge eine Rolle gespielt – das Austüfteln von elektronischen Spielereien und das Geldverdienen. Im Augenblick erschien ihm beides ziemlich belanglos.

In dieser Verfassung begegnete er Maude.

„Hallo, Dan", begrüßte sie ihn mit zaghaftem Lächeln. „Du wunderst dich sicher, daß ich hier bin, obwohl ich gesagt habe, ich führe nach Los Angeles zurück." Sie betrachtete ihn von der Seite, während sie gemeinsam weitergingen. „Oder hast du überhaupt nicht an mich gedacht?"

„Ja, wenn ich ehrlich bin, war es so. Ich weiß zwar nicht genau, warum, aber es tut mir sehr leid."

„Das spricht wenigstens für dich", erwiderte Maude. „Im Grunde bist du vielleicht doch ein rücksichtsvoller Mensch. Aber das hab ich dir ja schon einmal gesagt."

„Und ich habe dir, glaube ich, widersprochen." Er sagte die Worte leichthin, doch im Kopf analysierte er die Antwort schonungslos. Es war ganz und gar nicht rücksichtsvoll, wenn man sich ausschließlich mit eigenen Plänen beschäftigte, so wie er es tat.

„Und du warst schon immer eher ein Einzelgänger", fuhr Maude fort. „Das ist vermutlich dein Erfolgsrezept."

„Vielleicht könnte man auch ‚selbstsüchtig' dazu sagen ..."

„Ach, Dan! Das Büßergewand steht dir nicht besonders gut. Ich weiß nicht, was vorgefallen ist, aber du hast dich ziemlich verändert. Früher warst du ganz der harte Geschäftsmann, und ich habe dich deswegen und auch trotzdem gemocht. Jetzt kommst du mir irgendwie sensibler vor, und ich weiß nicht genau, wie ich das einschätzen soll. Aber wenn ich nach dem Gefühl urteile, muß ich gestehen, daß mir das gefällt." Sie machte eine schnelle, abwehrende Handbewegung. „Oh, ich verbreite mich wieder über Dinge, die ich gar nicht hätte ansprechen sollen."

„Ich bin froh, daß du sie angesprochen hast."

„Das sagst du jetzt wieder nur aus Höflichkeit, und mit Floskeln kann ich nichts anfangen." Sie war stehengeblieben und hatte sich ihm zugewandt. „Manchmal bringst du mich auf die Palme, und ich weiß nicht, warum."

Er nahm Maudes Bemerkung gelassen hin. „Ich begreife allmählich, daß ich ziemlich viele Leute auf die Palme bringe", erwiderte er. „Aber ich werde nicht den Rest meines Lebens damit verbringen, herumzulaufen und mich bei ihnen zu entschuldigen."

„Gut." Ihr Lächeln wurde eine Spur wärmer. „Lassen wir es dabei. Einverstanden?" Sie streckte ihm die Hand entgegen.

Dan ergriff sie. „Einverstanden", erklärte er ernst.

„Möchtest du weiter mit mir spazierengehen, oder soll ich dich lieber allein lassen?"

„Ich möchte gern, daß du mitkommst. Vielleicht sehen wir ein paar Pelikane."

Einträchtig liefen sie nebeneinander her. Von Zeit zu Zeit blickte Dan kurz aufs Meer hinaus, beobachtete die Wellen, die hereinkamen und auf dem weißen Sand ihre lange Reise beendeten. War es Einbildung, oder schwoll die Dünung an? Machte sich vielleicht schon der Einfluß des Hurrikans Bob bemerkbar?

„Ich bin zurückgekommen", begann Maude unvermittelt, als schulde sie ihm eine Erklärung, „weil Betsy Barnes mich gebeten hat, Seelentröster zu spielen. Jack Barnes verkauft das Haus, in dem die beiden wohnen. Betsy hat nicht die geringste Ahnung, warum, und Jack will es ihr nicht sagen. Die Sache nimmt sie ziemlich mit."

„Würdest du Jack Barnes als geschäftstüchtig bezeichnen?" fragte Dan.

„Ja, er ist ein sehr erfolgreicher Immobilienmakler." Maude sah Dan an. „Weshalb fragst du?"

„Könnte ja sein, daß Barnes verkauft, weil er ein Bombengeschäft wittert. Ein cleverer Geschäftsmann hört das Gras wachsen."

„Jetzt sprichst du in Rätseln."

„Es ist eine lange Geschichte."

„Warum erzählst du sie mir nicht einfach, Dan?"

Er zögerte. Weshalb eigentlich nicht? sagte er sich schließlich. Inzwischen wußten ja auch schon andere davon.

Sie hörte schweigend zu, während er im Weitergehen über alles sprach: den Atomtest, die geologischen Veränderungen, die sorgfältige Analyse aller verfügbaren Daten, das Zusammenfallen der Springtide mit dem Hurrikan Bob, die voraussehbaren Folgen. Bei dem strahlenden Sonnenschein erschien alles jedoch nur schwer vorstellbar.

„Das Schlimme ist, daß alle Faktoren gleichzeitig auftreten", erklärte Dan. „Vielleicht will Barnes sein Haus deswegen verkaufen."

„Weil er davon ausgeht, daß es bei der Katastrophe zerstört wird?" Maude überlegte. „Soll ich es Betsy sagen?"

„Das überlasse ich dir. Sie ist deine Freundin."

„Ich frage dich, Dan. Ich weiß nicht, ob ich die Geschichte glauben soll. Andererseits, wenn ich an Betsy denke . . ."

„Was nützt es, wenn du sie einweihst? Und wenn es nichts nützt, warum solltest du es ihr dann erzählen?"

„Läßt sich das alles mit reiner Logik erfassen, Dan?"

„Ich bin kein Philosoph, tut mir leid. Aber mit Logik kommt man meistens recht weit. Deshalb rate ich dir, nach Los Angeles zurückzufahren."

„Heißt das, ich soll Betsy allein lassen?"

„Bist du für sie verantwortlich?"

„Sie ist meine Freundin. Ist das nicht das gleiche?"

Hinter Maudes Rücken erblickte Dan plötzlich Pete, der mit schnellen Schritten näher kam.

„Ich weiß die Antworten nicht", bemerkte Dan. „Vielleicht hab ich auch deine Fragen nicht richtig verstanden. Egal, ich fürchte, wir werden gleich gestört. Schade." Er wandte sich zu Pete um, der schwer atmend stehenblieb. „Was gibt's, Pete?"

„Dringende Besprechung", keuchte Pete. „Boggs, Jimmy Silva, Joe Hines, Ellis, Sie und ich. Mein Wagen steht da drüben." Er machte eine Bewegung in Richtung Straße.

„Maude, ich muß jetzt leider weg", erklärte Dan. „Wirklich schade."

Im Ozeanographischen Institut saßen die Teilnehmer der Besprechung im Halbkreis um den Schreibtisch in Howard Boggs' Büro.

„Ich habe diese Zusammenkunft einberufen", begann Boggs, „weil sich die Lage unglücklicherweise zugespitzt hat." Er tippte auf den dicken Computerausdruck auf seinem Schreibtisch und blickte Dan an. „Ich weiß nicht, Mr. Garfield, ob Ihnen bekannt ist, daß man in Washington diesen Ausdruck ebenfalls analysiert hat und mit Ihrer Ansicht übereinstimmt."

Jimmy Silva grollte unmutig. „Machen Sie weiter. Washington soll sich von mir aus zum Teufel scheren. Ich mache mir Sorgen um Encino Beach."

„Ich verstehe Ihre Haltung, Herr Bürgermeister, aber die Maßnahmen, die in Washington in Gang gesetzt wurden, wirken sich auch auf Encino Beach aus." Boggs machte eine kurze Pause. „In Regierungskreisen ist man überzeugt von der Bedrohung, also von der Wahrscheinlichkeit, daß Dr. Williamsons Theorie zutrifft. Für morgen wurde die Luftüberwachung des Testgebiets angeordnet, das heißt, daß sogar Fotos von der Explosion selbst gemacht werden. Die Überwachung wird offiziell als Routineangelegenheit bezeichnet, um eine Verstimmung zu vermeiden. Außerdem ist die Videoüberwachung möglicher gefährdeter Ortschaften auf Hawaii, in Chile und Mittelamerika veranlaßt worden. Die Bilder werden durch Satelliten übertragen, damit die Schwere der Tsunamis richtig eingeschätzt werden kann."

„Das bedeutet", meinte Dan, „daß wir nach eineinhalb Stunden, vielleicht sogar schon nach einer Stunde etwas darüber erfahren, was auf uns zukommt."

„Richtig", erwiderte Boggs. „Der Wetterdienst und die Meteorologen der Luftwaffe behalten den Hurrikan Bob unterdessen genau im Auge. Vor einer halben Stunde lag das Zentrum des Wirbelsturms elfhundert Kilometer südwestlich von Encino Beach und zog mit zwölf Knoten Geschwindigkeit nordostwärts, das sind knapp zweiundzwanzig Kilometer pro Stunde. Die Winde im Hurrikan erreichen Geschwindigkeiten bis zu hundertneunzig Stundenkilometern. Die See ist dementsprechend aufgewühlt."

„Das ist ein Wort", ließ sich Joe Hines vernehmen.

Dan sah Ellis an. „Gibt es von offizieller Seite irgendwelche Veränderungen, seit wir mit Mr. Heinz zusammengekommen sind?" fragte er.

„Nichts." Ellis atmete tief durch. „Ich habe hin und her überlegt", erklärte er, „und mich dann dazu entschlossen, auf eigene Verantwortung eine Warnung auszugeben, sobald ich von Ihnen grünes Licht bekomme."

„Zivilcourage, das gefällt mir", meinte Jimmy Silva und lachte. „Wenn Sie jemals in Encino Beach einen Strafzettel bekommen, bringen Sie ihn mir. Ich zerreiße ihn und lasse den Polizisten, der ihn geschrieben hat, strafversetzen."

Dan schaute Joe Hines an. „Wir haben von Ihrem Plan gehört, die großen Motorjachten von den Jungs aus dem Ort aufs Meer bringen zu lassen." Sein Ton ließ keinen Vorbehalt erkennen. „Was ist mit den kleineren Booten?"

Der Hafenmeister zögerte und warf einen kurzen Blick zu Boggs hinüber. „Manche von ihnen würden auch schweren Seegang überstehen. Die übrigen . . ." Er wiegte den Kopf. „Am besten, sie bleiben im Hafen."

Boggs schaltete sich wieder ein. „Wir installieren Kameras am Steilufer hinter der Küstenstraße. Von da hat man einen guten Blick über die Halbinsel, den Eingang zur Bucht und auch über den Hafen und die Ortschaft selbst."

„Ich stelle Ihnen ein paar Polizisten zur Verfügung, die die Menge von den Kameras fernhalten", erklärte der Bürgermeister. „Wir alle wollen ja eine Aufzeichnung sehen, wenn eine Flutwelle kommt. Sonst noch was?"

Boggs blickte von einem zum andern. „Nein, ich glaube, das war's in etwa. Danke, meine Herren. Ich sorge dafür, daß Sie über jede Ortsveränderung des Hurrikans unterrichtet werden. Dr. Williamson und Mr. Garfield, könnten Sie noch kurz dableiben?"

Jimmy Silva, Joe Hines und Ellis gingen hinaus. „Haben Sie auch schon konkrete Pläne?" fragte Boggs Dan und Pete.

„Ich möchte den Seismographen beobachten", antwortete Pete. „Ich wette, er wird sich beinahe überschlagen, wenn die Franzosen den Atomtest durchführen. Deshalb will ich morgen schon früh hiersein."

„Was ich mache, weiß ich noch nicht", fügte Dan hinzu. „Aber ich sage Ihnen Bescheid. Auf jeden Fall werde ich ein sehr interessierter Beobachter sein."

Sie verabschiedeten sich und gingen hinaus zu Petes Wagen. „Woran denken Sie?" fragte Pete.

„Clara und Tom sind mit der Jacht unterwegs. Vielleicht kommen sie heute zurück, vielleicht erst morgen."

„Tom ist ein guter Segler", bemerkte Pete. „Er wird auf dem

Radarschirm und im Funkgerät auf allen Frequenzen verfolgen, welchen Weg der Hurrikan einschlägt. Wenn es bedrohlich wird, wird er sofort den nächsten Hafen anlaufen." Er beobachtete Dans Gesicht. „Die Frage ist, ob er das tun soll oder lieber draußen auf hoher See bleiben, stimmt's?"

„Genau."

„Clara wird bei Lucy sein wollen", meinte Pete. „Also werden sie an Land kommen. Das Dumme ist, daß sie bei dem, was wir erwarten, draußen sicherer sind. Die *Westerly* ist eine ausgezeichnete, hochseetüchtige Jacht. Ich bin schon selbst mit ihr gesegelt. Wenn sie sich westlich halten, abseits von der wahrscheinlichen Bahn des Hurrikans, müßte alles gutgehen. Glauben Sie, Sie können die beiden überreden, auf See zu bleiben, auch wenn Lucy dann allein an Land ist?"

„Ich kann es versuchen."

„Das würde bedeuten, daß jemand die Verantwortung für das Mädchen übernehmen müßte. Und dafür kommen eigentlich nur Sie in Frage. Ist Ihnen das klar?"

Darüber hatte Dan sich bereits Gedanken gemacht. „Ja."

Pete stieg in den Wagen und schlug die Tür zu. Mit nachdenklicher Miene legte er die Hände aufs Lenkrad, während Dan ebenfalls einstieg. Pete lächelte plötzlich. „Hatten Sie die leiseste Ahnung, worauf Sie sich einlassen würden, als Sie hierherkamen? Ja – was hatten Sie eigentlich vor? Faulenzen? Was Neues erleben? Ferien?"

„Von allem etwas", erklärte Dan wehmütig. „Aber es ist natürlich richtig: Ich hatte keinerlei Ahnung, was da auf mich zukommt."

BEIM Abendessen mit Betsy Barnes war Maude Anderson viel schweigsamer als sonst.

„Was ist dir denn über die Leber gelaufen?" fragte Betsy.

„Ich habe zufällig Dan Garfield getroffen."

„Und?"

„Wir sind spazierengegangen und haben geredet", erklärte Maude, während sie versuchte, ihre Gedanken zu ordnen. Zu viele Dinge gingen ihr im Kopf herum. Zum einen war da Dan, der ihr verändert vorkam: Er erschien ihr nachdenklicher, einfühlsamer. Und dann Jack Barnes und seine offenkundige Skrupellosigkeit und gleichzeitig die Bedrohung durch eine Katastrophe, deren mögliche Ausmaße Dan geschildert hatte. Wie konnte man in alldem einen Sinn finden?

„Männer", seufzte Betsy. „Was für ein Pech, daß wir nicht ohne sie auskommen. Wirst du ihn wiedersehen?"

„Ich weiß nicht. Darüber haben wir nicht gesprochen." Noch im selben Augenblick faßte sie einen Entschluß. „Ich werde morgen wieder in die Stadt zurückfahren, Betsy. Ich glaube, das ist am besten."

„Und ihn die Initiative ergreifen lassen?" Betsy überlegte. „Vielleicht hast du recht. Manchmal ist es besser, man läuft kurz weg, um sich die Beute endgültig zu schnappen."

„Ich sehe das nicht so."

„Egal." Betsy griff über den Tisch und tätschelte Maudes Hand. „Ich bin dir dankbar, daß du gekommen bist und ich mich an deiner Schulter ausweinen konnte. Ich weiß nicht, was ich ohne dich gemacht hätte."

Kurz bevor Maude an jenem Abend einschlief, fiel ihr diese Bemerkung noch einmal ein, und sie hatte das Gefühl, ihre Freundin betrogen zu haben.

Lucy stellte zwei Teller auf den Tisch. „Das ist ‚Huhn Marengo'", erklärte sie und betrachtete Dans Miene, während er probierte.

„Köstlich", lobte er.

Ihr zufriedenes Lächeln schwand plötzlich. „Ich habe mich heute nachmittag schon wieder mit Todd gestritten."

„Das tut mir leid."

„Warum glauben die Jungen eigentlich immer, sie müßten einen beschützend in den Arm nehmen und erzählen, es sei nur ein böser Traum und alles werde wieder gut?"

„Ach, tun sie das?"

„Du machst es nicht. Zumindest hast du es bis jetzt nicht versucht."

„Ich bin ja auch ein bißchen schüchtern." Er lachte und warf einen Blick auf die Küchenuhr. „Meinst du, deine Eltern kommen heute noch heim?"

„Nein. Es ist schon fast dunkel, und wenn Paps es vermeiden kann, läßt er Mami nicht im Dunkeln an unserem Liegeplatz an Land gehen. Er hat, glaube ich, Angst, sie könnte über Bord fallen. Verrückt, aber so ist er nun mal."

„Ich finde das eine sehr rücksichtsvolle Geste."

„Daß er so auf sie aufpaßt, meinst du? Schon möglich."

Als sie gegessen und das Geschirr gespült hatten, klingelte das Telefon. „Ich geh ran!" rief Lucy ins Wohnzimmer. Sie führte ein langes Gespräch in der Küche. Dann erschien sie an der Tür. „Ich gehe noch ein Weilchen weg", erklärte sie. „Zu Todd."

Es gelang Dan nicht, seine Überraschung zu verbergen.

„Na gut", fügte Lucy hinzu, „wir haben uns gestritten. Aber das war heute nachmittag. Klar?" Ihre Stimme klang herausfordernd.

„Von mir aus gerne", beschwichtigte er sie und versuchte, ernst zu bleiben.

Bevor Dan an diesem Abend einschlief, dachte er an sein Gespräch mit Pete. Nein, was er Pete gesagt hatte, war die ganze und schlichte Wahrheit: Bei seiner Ankunft in Encino Beach hatte er nicht die leiseste Ahnung gehabt, auf was er sich einlassen würde.

Kapitel 8

MITTWOCH, 30. Juli. Beim Frühstück unterhielt sich Dan mit Lucy. „Dein Vater hat doch ein Funkgerät hier, nicht wahr?" fragte er ganz beiläufig.

„Ja, in seinem Arbeitszimmer", antwortete Lucy. Sie wirkte geknickt. „Im Schrank. Warum?"

„War nur so eine Frage."

Lucy ließ den Löffel sinken, mit dem sie ihre Corn-flakes aß. Dabei musterte sie Dan aufmerksam. „Du machst mir nichts vor", sagte sie. „Was ist los?"

„Wir wissen es noch nicht."

„Aber da ist doch etwas im Busch. Also, heraus mit der Sprache!"

Dan versuchte auszuweichen. „Du hast ja den Wetterbericht gehört."

Lucy nickte. „Kommt der Hurrikan hierher? Oder sind es vielleicht diese Flutwellen mit dem japanischen Namen? Geht es darum?"

„Es handelt sich nur um Annahmen, wir wissen nichts Genaues."

„Ihr Männer seid doch alle gleich!" schrie sie erregt. „Du und Todd und ... alle. Gestern abend –" Sie hielt inne, schwer atmend, und Zornestränen liefen ihr über die Wangen. „Er wollte mir immer noch nichts sagen. Wie du. Was gibt euch Männern eigentlich das Recht zu glauben, ihr könntet alle Entscheidungen allein treffen?"

„Lucy –", begann Dan. Aber es war zu spät.

Sie war vom Tisch aufgesprungen, und ihr Stuhl fiel polternd zu Boden. „Ich habe es satt, daß man mich wie ein Baby behandelt, erst Todd und jetzt auch du. Und ich sitze hier nicht rum und lass' mir das länger gefallen." Fluchtartig lief sie aus dem Zimmer.

Dan hörte die Haustür zuknallen und fragte sich, was er tun sollte. Er saß noch immer am Tisch, als Pete erschien.

Pete erkannte die Situation mit einem Blick. Wortlos stellte er den umgeworfenen Stuhl wieder auf und setzte sich. „Krach mit der Prinzessin?" fragte er.

„Wahrscheinlich meine Schuld."

Pete nickte ernst.

Dan nippte an seinem Kaffee und stellte die Tasse neben seinen Frühstücksteller. „Tom und Clara sind gestern abend nicht nach Hause gekommen."

„Ich weiß. Ich habe den leeren Liegeplatz gesehen." Er machte eine Pause. „Was jetzt? Wir können sie wahrscheinlich mit dem Funkgerät erreichen und sie überreden, auf See zu bleiben und nach Westen zu segeln. Der Hurrikan hält noch immer auf uns zu. Und er hat Tempo zugelegt."

„Ich weiß."

„Sagen Sie Clara, daß Sie sich um die Prinzessin kümmern. Wo ist sie denn jetzt?"

Dan zuckte die Achseln. „Ich weiß es nicht."

„Na ja", meinte Pete, „wir finden sie schon." Er schaute auf die Uhr und erhob sich. „Ich gehe ins Institut und behalte den Seismographen im Auge. Haben Sie heute morgen schon einen Blick auf die Dünung geworfen?"

Dan schüttelte den Kopf.

„Die Wellen werden immer höher. Wir bekommen bereits die ersten Auswirkungen des Wirbelsturms zu spüren. Die Flut ist in gut drei Stunden am höchsten. Falls der Hurrikan kommt, könnte er tatsächlich zeitlich gerade mit dem Atomtest zusammentreffen."

Dan sah ihn schweigend an.

„Ja, ja", fuhr Pete fort. „Es kommt so, wie wir es befürchtet haben – der schlimmstmögliche Fall. Ich weiß es, ich spüre es." Er deutete auf seinen Magen.

„Das kenne ich." Dan stand auf. „Ich versuche, Tom und Clara zu erreichen."

Nachdem Pete gegangen war, begab Dan sich ins Arbeitszimmer. Das Funkgerät stand ordentlich an seinem Platz im Schrank. Dan schaltete es ein und sah die rote Lampe aufleuchten. Er ließ die Einstellscheibe auf ihrer Frequenz, regulierte die Lautstärke, drückte die Taste und sprach in das Handmikrofon. „Rufe Jacht *Westerly*. Wiederhole, rufe Jacht *Westerly*." Er ließ die Taste los und wartete.

Die Antwort kam nicht sofort, doch damit hatte er auch nicht gerechnet. Ruhig wiederholte er die Durchsage.

Plötzlich ertönte Tom Winslows Stimme, krächzend zwar, aber doch verständlich. „Hier Jacht *Westerly*. Bitte kommen!"

„Hier Heimathafen." Dan wußte, daß auch seine Stimme zu erkennen war. „Verfolgt ihr den Wetterbericht?"

„Ja, sieht nicht gut aus. Wir kommen heim."

„Wie lange, schätzt du, braucht ihr?"

„Je nach Wind vier bis fünf Stunden."

Genau der falsche Zeitpunkt, fuhr es Dan durch den Kopf. Noch etwa drei Stunden bis zum höchsten Stand der Flut, hatte Pete gesagt, und wenn der Atomtest bald erfolgte –

Das Telefon auf dem Schreibtisch klingelte. „Bleib dran, Tom!" rief Dan ins Mikrofon. Er legte es beiseite und griff zum Telefonhörer.

Harry Saunders meldete sich. „Die Franzosen haben die Bombe gezündet. Und zwar eine größere, als wir angenommen haben. Mehr kann ich im Moment nicht sagen."

„Danke." Dan legte auf und war sofort wieder am Funkgerät. „Bist du noch dran, Tom?"

„Jawohl. Was ist los? Warum –"

„Ich kann es jetzt nicht erklären. Ihr bekommt bald eine Warnung über Funk. Steuert weiter raus aufs Meer. Nach Nordwesten, und bleibt draußen. Der Hafen bietet keinen Schutz. Nachricht erhalten?"

„Dan!" Claras Stimme drang aus dem Lautsprecher. „Was ist los?"

„Was wir befürchtet haben. Die Katastrophe ist jetzt so gut wie sicher. Es –"

„Ist Lucy bei dir?"

Dan holte tief Luft. „Im Moment nicht."

„Wo steckt sie?"

„Ich finde sie, macht euch keine Sorgen."

„Dan!"

Tom meldete sich wieder. „Wir kommen nach Hause, Dan."

„Verflixt und zugenäht, glaubt mir doch!" rief er ins Mikrofon. „Es kommt alles zusammen, der Wirbelsturm, der Atomtest, die Flutwellen. Noch drei Stunden, im günstigsten Fall."

Toms Stimme klang ruhig. „Bist du sicher, Dan? Besteht kein Schutz im Hafen? Ist es wirklich so schlimm?"

„Ja, uns droht die völlige Zerstörung. Leider, aber so ist es."

„Verstanden. Wir nehmen Kurs aufs Meer. Wünsch uns –"

Claras Stimme unterbrach ihn. „Dan, versprich mir, daß du Lucy suchst! Paß gut auf sie auf, hörst du?"

„Ich versprech's dir." Dan schloß die Augen. „Macht's gut."

„Danke." Tom war wieder am Funkgerät. „Ende."

IN DREIZEHNTAUSEND Meter Höhe, weit von Encino Beach entfernt, kreiste ein Flugzeug mit gleichmäßiger Geschwindigkeit. Bei wolkenlosem Himmel herrschte gute Sicht. Die Kameras mit ihren dunklen Filtern fanden ideale Aufnahmebedingungen vor.

Auch die Flugzeugbesatzung trug Schutzbrillen. Vor dem Aufstieg hatten die Männer unmißverständliche Anweisungen erhalten. „Blickt auf gar keinen Fall direkt in den Feuerball. Zu Beginn ist sein Licht intensiver als das der Sonne und kann trotz Schutzbrille die Netzhaut der Augen auf Dauer schädigen."

Als unten auf dem winzigen Atoll plötzlich ein greller Blitz aufleuchtete, wußten die Männer, daß die Bombe gezündet worden war. Die Versuchung, doch einen Blick auf das Geschehen zu werfen, war fast unwiderstehlich. „Schaut ja nicht hin!" warnte der Pilot mit scharfer Stimme über die Bordsprechanlage. „Es sei denn, ihr wollt den Rest eures Lebens mit einem weißen Stock herumlaufen!" Diese Ermahnung fruchtete.

Erst einige Sekunden später, als der Feuerball bereits zum Atompilz geworden war, riskierten sie einen Blick nach unten. Gebannt sahen sie zu, wie die Explosion ihre schreckliche Gewalt entfachte. Das Meer rund um das Atoll kochte und brodelte, darüber bildete sich eine gigantische Wolke. In ihrem Inneren tosten wie in einem Glutofen entzündete Gase in wechselnden Farben. Schwere Brecher hoben die Beobachtungsschiffe rund um das Atoll, und das Grollen der Explosion dröhnte in den Ohren der Flugzeugbesatzung. Augenblicklich breiteten sich heftige Druckwellen in alle Richtungen aus, im Wasser mit noch größerer Geschwindigkeit als in der Luft.

An dem Felsband, das Pete Williamson von der Tauchkapsel aus untersucht hatte, wurden die Risse tiefer; kleinere Brocken brachen heraus und sanken hinab auf den Meeresgrund.

Mit leichter Verzögerung, wie bei einem Hochhaus, das mit Dynamit gesprengt wird, setzte die eigentliche Wirkung ein. Das gesamte Felsband erzitterte leicht, es schien, als halte es sich sekundenlang in der Schwebe, ehe es sich schwerfällig vom Muttergestein löste. Auf hundertfünfzig Kilometer Länge stürzten an der gigantischen unterseeischen Bruchlinie Millionen Tonnen Gestein in die Tiefe. Wie Dominosteine fielen sie in rascher Folge, wurden schneller, verdichteten urplötzlich und gewaltsam das Wasser unter sich und veränderten schließlich beim Aufprall durch ihr Gewicht Form und Kontur des Meeresbodens.

An der Oberfläche wogte und kochte das Meer, da die Energie von unten nach oben getragen wurde. Bald bildeten sich im Umkreis kilometerlange Wellen, die zwar nicht höher als einen halben oder einen Meter waren, sich aber mit mehr als sechshundertfünfzig Stundenkilometern fortbewegten.

Die Katastrophe nahm unerbittlich ihren Lauf.

Binnen weniger Minuten hatten die Anzeigegeräte des Observatoriums von Honolulu das Epizentrum des Bebens geortet. Eine Tsunamiwarnung ging an die vierzehn Staaten hinaus, die an das Warnnetz angeschlossen waren. Die Meldung enthielt auch die geschätzten Ankunftszeiten der Flutwellen und wurde an alle gefährdeten Inseln und Küstengebiete im Bereich des Pazifiks weitergeleitet.

Nachdem auf den Seismographen für das Seebeben ein Wert von 8,7 auf der Richter-Skala gemessen worden war, gab es keinen Zweifel mehr, was passieren würde. Man konnte nur noch versuchen abzuschätzen, wieviel Schaden angerichtet würde. Und vor allem, an welchen Orten.

Im Bezirksbüro des Katastrophenschutzes in Encino Beach holte Wilbert Ellis tief Luft. Er zwang sich zur Ruhe, während er Anweisungen an seine Helfer gab. „Alarmstufe eins nach dem LIN-Plan", erklärte er. LIN war die Abkürzung für „Lebensrettung in Notfällen" und gründete sich auf ein Alarmsystem, das zuerst im benachbarten San Diego eingerichtet worden war.

Über ein Drucktastentelefon ließen sich nach dem LIN-Plan in

Sekundenschnelle spezielle Empfänger im ganzen Bezirk anwählen: Mit Taste eins alarmierte man Polizei und Feuerwehr, mit Taste zwei Rundfunk- und Fernsehgesellschaften, mit Taste drei benachrichtigte man wichtige Behördenvertreter und mit Taste vier Krankenhäuser und Schulen. Diesen ersten Notsignalen folgten gesprochene Meldungen mit näheren Einzelheiten.

JOE HINES hörte das Heulen der Sirenen und stellte sofort einen lokalen Radiosender ein.

„. . . warnt vor den sogenannten Tsunamis – Flutwellen mit verheerenden Folgen." Die Stimme des Ansagers verriet Aufregung. „Ich wiederhole: Der nationale Wetterdienst hat für die nähere Umgebung von Encino Beach Tsunamialarm gegeben. Dies ist keine Übung. Die Bewohner des betreffenden Küstenabschnitts werden dringend gebeten, sich in höher gelegene Gebiete zu begeben. Boote im Hafen . . ."

Hines stand von seinem Schreibtisch auf und ging zur offenen Tür, um einen Blick auf das Geschehen draußen zu werfen. Eine rote Flagge mit einem schwarzen Rechteck in der Mitte, der Hinweis auf eine Sturmwarnung, wehte bereits am Mast vor der Hafenmeisterei. Direkt gegenüber, an der Einfahrt zur Bucht, befand sich die Luxusvilla, die dem zweiten Vorsitzenden des Jachtclubs von Encino Beach gehörte. Davor, an einer privaten Anlegestelle, war *Circe* vertäut, die teure Motorjacht des Villenbesitzers. Sie maß neunzehn Meter, besaß Doppelschrauben und war vor allem dank ihrer hervorragenden Navigations- und Kommunikationsinstrumente absolut hochseetüchtig. Dennoch war das Boot nie mehr als dreißig Seemeilen von seinem Heimathafen Encino Beach entfernt gewesen.

Der zweite Vorsitzende war ein begeisterter Freizeitkapitän – wenn das Wetter schön und die See völlig ruhig war. Einmal hatte er sich als Gast an Bord einer Rennjolle gewagt, mit der ein Clubmitglied Kurs auf die hohe See nahm. Als sie von einem Flugzeug eine Sturmwarnung erhielten, hatte sich der Gast entsetzt unter Deck geflüchtet.

Joe Hines ging zurück in sein Büro, griff zum Telefon und wählte die Nummer des zweiten Vorsitzenden. „Hier Joe Hines. Sie haben sicher die Warnung gehört, und ich nehme an, Sie wollen die *Circe* aufs offene Meer hinaus steuern. Ich habe mich gefragt, ob Sie nicht einen tüchtigen Skipper gebrauchen könnten. Zu zweit tut man sich leichter auf einem so großen Boot."

„Haben Sie jemanden an der Hand, Joe?" fragte der zweite Vorsitzende.

„Ja, Sie können sich einen von meinen Jungs aussuchen."

Es entstand eine Pause. „Ich habe zufällig einen wichtigen Termin in Los Angeles", erklärte der zweite Vorsitzende schließlich. „Natürlich kann ich ihn auch absagen, wenn es gar nicht anders geht, aber . . ." Er ließ den Satz unvollendet.

„Kein Problem. Ich schicke jemanden vorbei, dem Sie die *Circe* jederzeit anvertrauen können. Er bringt sie sicher aus dem Hafen."

„Das wäre mir sehr recht", erklärte der zweite Vorsitzende aufatmend.

„Sie brauchen sich keine Sorgen zu machen." Grinsend legte Joe Hines auf. „Schönwetterkapitän", murmelte er. Er wußte schon, welchem seiner Jungs er diese Aufgabe übertragen würde.

JIMMY SILVA hatte einen Hauptmann der kalifornischen Verkehrspolizei in seinem Büro. „Die meiste Zeit kommen wir ja ganz gut miteinander aus", begann der Bürgermeister, „und es gibt keinen Grund, warum unser Verhältnis nicht so bleiben könnte. Sie kennen die Schnellstraßen der näheren Umgebung wie Ihre Westentasche. Ich kenne Encino Beach und seine Straßen und Menschen, und deshalb werde ich mich selbst darum kümmern, Sie dagegen müssen zusehen, wie Sie mit den zwei großen Problemen fertig werden, die Sie erwarten. Einverstanden mit der Arbeitsteilung?"

Es mißfiel dem Polizeihauptmann, wenn ein Zivilist in diesem Ton mit ihm sprach, auch wenn es sich um einen Bürgermeister handelte. Aber sein Wille zur Zusammenarbeit siegte. „Was sind das für zwei große Probleme?" fragte er daher lediglich.

„Erstens", erklärte Silva, „gibt es eine Menge Idioten, die an die Strände fahren werden, um sich den Spaß anzuschauen. Das ist immer so. Ein schwerer Sturm, und sie kommen in Scharen, um die Wellen zu sehen. Parken alle Küstenstraßen zu. Wenn sie das diesmal machen, kriegen sie kübelweise Meerwasser zu trinken."

„Was schlagen Sie vor?" fragte der Polizist.

„Alle Zufahrtswege sperren und nur Anlieger in den Ort lassen, die dringend zu ihrem Haus, ihrem Boot oder ihrer Familie müssen."

„Und das zweite Problem?" Die Stimme des Polizisten verriet weder Zustimmung noch Ablehnung.

„Die Küstenstraße ist eine Todesfalle", stellte der Bürgermeister nüchtern fest. „Sie liegt nur etwa sechs Meter über dem mittleren Wasserstand. Aber diese Tsunamis, oder wie die Dinger heißen, sind zehn, zwölf, fünfzehn Meter hoch und fegen alles weg, was ihnen in die Quere kommt – Autos, Häuser, Menschen. Können Sie sich das vorstellen?"

Ich fange so langsam an, den Ernst der Lage zu begreifen, dachte der Polizist. Jimmy Silva mit seinem Hawaiihemd, den kräftigen Händen und seiner eindringlichen Stimme hatte etwas an sich, das seine Worte überzeugend klingen ließ.

„Ich bin hier aufgewachsen", fuhr der Bürgermeister fort. „Ich kenne alle Wege und Stege, auch diejenigen, die etwas abseits liegen. Wir müssen erreichen, daß die Einwohner so schnell wie möglich aus dem Ort heraus und nach Norden zur Steilküste kommen. Ich gebe Ihnen ein paar Polizisten von hier mit, die sich in der Gegend ebensogut auskennen wie ich. Sie zeigen Ihnen die Straßen, die man leicht in einer Richtung sperren kann, so daß nur noch die Abfahrt möglich ist. Nach Norden, wo es sicher ist." Silva blickte dem Polizeihauptmann in die Augen. „Was meinen Sie? Verstehen wir uns in diesem Sinn?"

Der Polizeihauptmann nickte bedächtig und streckte die Hand aus. „Wir kommen doch blendend miteinander aus, Herr Bürgermeister", sagte er zuversichtlich.

DAN rief Pete im Institut an. „Sie haben viel zu tun, ich weiß", begann Dan. „Trotzdem eine Frage: Wissen Sie vielleicht, wohin Lucy gegangen sein könnte, als sie heute morgen weggelaufen ist?"

„Versuchen Sie's bei den Wilsons", riet Pete. „Die können Ihnen sicher weiterhelfen. Haben Sie übrigens Tom und Clara erreicht?"

„Ja, sie segeln jetzt nach Nordwesten."

„Und Sie sollen auf Lucy aufpassen? Gut. Ich verstehe, aber ich habe leider keine Ahnung, wo sie stecken könnte. Langsam wird es brenzlig, denn wir haben nur noch etwa zwei Stunden und fünfundzwanzig Minuten Zeit."

„Die Wilsons also", wiederholte Dan. „Danke, Pete." Er legte auf, suchte die Nummer der Wilsons und wählte.

Mrs. Wilson war am Apparat. „Nein", sagte sie. „Lucy ist nicht bei uns. Todd ist in die Stadt gegangen, aber ohne Lucy. Haben Sie die Sirenen gehört? Und die Radiodurchsagen? Haben Sie –"

„Jaja", unterbrach Dan sie rasch. Wie um alles in der Welt habe ich mich in diese Lage gebracht? fragte er sich.

„Lucy ist ein ziemlich vernünftiges Mädchen, Mr. Garfield. Wahrscheinlich kommt sie in ein paar Minuten nach Hause. Bei dem Theater mit all dem Sirenengeheul und so weiter bekommt doch jeder mit, daß etwas los sein muß."

Dan bedankte sich für die Auskunft und legte auf. „Also, du Besserwisser", sagte er leise zu sich selbst, „was machst du jetzt?"

JACK BARNES kam es so vor, als ob auf der Schnellstraße plötzlich alle Streifenpolizisten Kaliforniens im Einsatz wären, nur um ihn davon abzuhalten, Encino Beach zu erreichen. Schließlich war die Straße sogar ganz gesperrt, und so mußte er auf Nebenstrecken ausweichen; er schlug Haken, fuhr Slalom und setzte sich manchmal sogar über Verkehrszeichen hinweg, während er sich langsam aber stetig nach Süden vorarbeitete. Das Radio, in dem fast alle fünf Minuten in Sondermeldungen vor einem Wirbelsturm gewarnt wurde, hatte er längst ausgemacht und eine Kassette eingelegt. Er ließ sich von der Musik berieseln, ohne wirklich zuzuhören; vielmehr wog er die einzelnen Umstände ab, die er zu berücksichtigen hatte.

Der Hausverkauf war bereits notariell beurkundet und kümmerte ihn nicht mehr. Diesen Punkt konnte er abhaken. Er fuhr nur ungern mit seiner teuren Limousine in das gefährdete Gebiet, aber das Boot war weit mehr wert. Er würde den Wagen beim Jachtclub stehenlassen und mit dem Boot aufs Meer hinausfahren. Wenn er sein Auto einbüßte, war das zwar hart, aber die einzige Alternative, und praktisches Denken spielte in Jack Barnes' Leben eine große Rolle.

Betsy. Er konnte sie mit an Bord des Bootes nehmen, aber das hatte zwei entscheidende Nachteile. Erstens bedeutete es, daß auch sie ihren Wagen zurücklassen müßte, der dann ebenfalls verloren wäre. Zweitens war Betsy zwar eine angenehme Begleiterin, aber an Bord des Bootes zu nichts zu gebrauchen. Er würde nicht verhindern können, daß sie hysterisch wurde, wenn sie in stürmische See gerieten. Und so war auch diese Entscheidung klar.

Endlich erreichte er die Küstenstraße und kämpfte sich bis zum Ortsanfang von Encino Beach vor, wo ihn ein Polizist anhielt.

„Sie fahren in die falsche Richtung, guter Mann", meinte der Beamte. „Der Ort wird evakuiert – es kommt eine Flutwelle."

„Ich habe ein Haus hier und eine Motorjacht am Liegeplatz. Mit dem Boot werde ich aufs Meer hinausfahren und mich in Sicherheit bringen."

„Rauhe See draußen. Hat schon Sturmwarnung gegeben."

Jack Barnes nickte und sagte nichts.

„Na gut, fahren Sie rein", fügte der Polizist nach einer Weile hinzu, sich an die Anweisungen haltend. „Aber auf eigene Gefahr!" Er trat zur Seite und winkte den Wagen durch. „Viel Glück."

Betsy war im Haus, völlig aufgelöst. „Was ist los? Sag es mir endlich! Ist das jetzt echt oder wieder falscher Alarm? Du hast mir geraten hierzubleiben, und du scheinst nicht einmal beunruhigt zu sein."

„Kein Grund zur Sorge", erklärte Barnes und blickte auf seine Uhr. „Wir haben noch etwa zwei Stunden, vielleicht etwas weniger. Bis dahin bist du in Los Angeles."

„Und du? Bleibst du etwa hier? Was wird aus dem Haus? Wenn wir gewußt hätten, daß es so –" Sie hielt mitten im Satz inne, und ihre Augen weiteten sich. „Hast du deshalb verkauft? Weil du wußtest, daß es so kommt?"

„Ganz ruhig." Barnes' Stimme klang gefaßt. „Nehmen wir es einfach so, wie es kommt. Wir packen so viele Wertsachen in deinen Wagen, wie wir können, und dann fährst du nach Los Angeles. Und ich bringe das Boot raus auf See."

„Das ist doch Irrsinn! Da draußen tobt ein Sturm!" Hilflos stampfte Betsy mit dem Fuß auf. „O Mist! Wäre doch nur Maude noch hier. Sie würde mir helfen, dir etwas Verstand einzutrichtern."

Barnes faßte seine Frau an den Schultern und schüttelte sie heftig. „Jetzt hör mir mal gut zu!" Er sprach ganz leise, aber in befehlendem Ton. „Wir nehmen alle unsere Wertsachen und packen sie in deinen Wagen, und dann fährst du nach Los Angeles. Hast du das verstanden?"

Betsy strich sich das Haar zurück und nickte langsam.

„Das gefällt mir schon viel besser." Sein Ton wurde sanfter. „Und ich bringe die *Spindrift* raus aufs Meer, wo das Boot in Sicherheit ist. Ich möchte nicht, daß es im Hafen das Schicksal erleidet, das allen anderen bevorsteht. Genausowenig möchte ich, daß du hier im Haus bleibst, wo dir womöglich etwas zustößt. Ist das klar?"

Betsy schluckte mehrmals und nickte dann.

„Dann beeilen wir uns!"

Sie zögerte noch. „Du –" Sie hielt inne und nagte an der Unterlippe. „Draußen, im Sturm, sagen sie –"

„Der *Spindrift* und mir wird schon nichts passieren. Ich war so oft mit dem Boot bei Wind und Wetter unterwegs, das macht ihm und mir überhaupt nichts aus."

MAUDE hatte die Schnellstraße verlassen und fuhr den Sunset Boulevard nach Osten zu ihrer Wohnung, als sie im Autoradio die Meldung hörte: „Der Tsunami wird heute nachmittag, etwa halb zwei Uhr Ortszeit, erwartet. Die Küstenbewohner werden dringend ersucht, sich rechtzeitig auf höher gelegenes Gelände zu begeben. Ich wiederhole: Wir warnen vor einer Flutwelle mit unabsehbaren Folgen ..."

Die Meldung war noch länger, aber Maude hörte sie nicht mehr. Ein einziger Gedanke beschäftigte sie: Es war voreilig und dumm von ihr gewesen, Encino Beach überhaupt zu verlassen. Sie hatte die Entscheidung aus verletzter Eitelkeit getroffen, da sie sich vor einer möglichen Enttäuschung fürchtete. Doch was war diese Angst angesichts dieser wirklichen und verheerenden Bedrohung? Was war besser? Eine aktive Rolle zu spielen, oder sich bedeckt zu halten, wobei man Gefahr lief, als Feigling abgestempelt zu werden?

Bei der ersten Möglichkeit machte sie kehrt, bog wieder auf die Schnellstraße Richtung Süden ein und trat aufs Gas. Sie fühlte sich so beschwingt und leicht und frei wie seit langem nicht mehr. Und sie fragte sich nicht einmal, warum das so war.

An der Abzweigung zur Küstenstraße war eine Sperre errichtet worden, so daß auch Maude auf Nebenstraßen ausweichen mußte, denen sie weiter nach Süden folgte. Als sie am Ortseingang von Encino Beach schließlich vom selben Polizisten angehalten wurde, der auch schon Jack Barnes gestoppt hatte, war ihr fast überschwenglich zumute. „Na, Herr Wachtmeister?" fragte sie.

„Wir haben die Zufahrten zum Ort gesperrt. Es besteht Sturmwarnung –"

„Ich weiß. Deshalb muß ich ja rein."

„Meine Dame –"

„Herr Wachtmeister." Maude sah zu ihm auf, hielt seinem Blick stand. „Waren Sie jemals verliebt?" Die Worte gingen ihr ganz leicht von den Lippen, und als sie sie ausgesprochen hatte, glaubte sie plötzlich selbst daran.

„Ich habe eine Frau und drei Kinder –"

„Das ist doch nicht die richtige Antwort", entgegnete Maude rasch. Der Polizist kratzte sich am Kinn. Maude blickte ihn unverwandt an. Er fing an zu lächeln. „Na gut", sagte er schließlich. „Ich glaube, ich weiß, was Sie meinen." Er trat zur Seite. „Viel Glück!"

Auch Maude lächelte, als sie nach Encino Beach hineinfuhr.

Kapitel 9

IM HAUS der Winslows läutete das Telefon, und Dan sprang auf, um abzunehmen. Es war Pete. „Wir bekommen eine Videoübertragung per Satellit von Hawaii", meldete er. „Der Tsunami wird dort in etwa zwanzig Minuten erwartet. Saunders hat angerufen. Die Welle hat bereits ein Inselchen südlich des Äquators überrollt. Dort war sie groß, sehr groß sogar. Über vierzig Meter hoch. Wäre gut, wenn Sie sich die Aufnahmen von Hawaii hier ansehen könnten."

„Ja", meinte Dan, „aber . . ." Seine Sorge um Lucy war inzwischen in Zorn umgeschlagen. So ein dummes, kindisches Gör, dachte er wütend.

„Noch nichts von Lucy gehört?" fragte Pete.

„Nein."

„Wieso hat sie nichts von den Sirenen mitbekommen, von alldem Aufruhr? Wo kann sie nur sein?"

„Keine Ahnung", meinte Dan.

„Hinterlassen Sie ihr doch eine Nachricht. Sie kann schließlich lesen, Himmel noch mal." Petes Stimme klang ernst.

„Nein. Ich muß sie suchen."

„Na gut. Aber achten Sie auf die Zeit. Geschätzte Ankunft hier dreizehn Uhr zweiunddreißig. Das ist inzwischen bestätigt worden. Und es gibt keinen Aufschub für Säumige."

Dan legte auf. Wo konnte Lucy sein, daß sie nichts von der allgemeinen Aufregung bemerkt hatte? Am Strand? Der Wind und die Brandung übertönten alles – war das der Grund?

Das Telefon klingelte erneut, und er griff hastig nach dem Hörer. Maude meldete sich. „Ich dachte mir, daß du da bist. Oder vielmehr, ich habe es gehofft." In ihrer Stimme schwang Zuversicht mit. „Was hast du vor, Dan?"

„Lucy ist verschwunden, die Tochter der Winslows. Ich bin für das Mädchen verantwortlich, Lucys Eltern sind auf hoher See. Ich weiß nicht, wo sie steckt, und ich habe versprochen, sie zu suchen." Plötzlich beschlich ihn eine neue Sorge. „Wo bist du eigentlich? Ich dachte, du seist nach Hause gefahren."

„Das wollte ich auch, aber dann bin ich wieder zurückgekommen. Ich bin jetzt im Haus der Barnes. Betsy ist nicht da. Ihr Wagen auch nicht. Und Jacks Boot, die *Spindrift,* habe ich gerade zum Hafen hinausfahren sehen. Jack stand am Ruder."

„Du hättest nicht zurückkommen sollen", bemerkte Dan. „Hast du nicht –"

„Doch, ich habe Radio gehört. Ich kenne die Warnungen."

„Sei vernünftig, Maude, fahr rasch wieder weg."

„Aber du bleibst?"

„Das ist was anderes. Ich habe einen Grund."

„Ich auch."

Dan runzelte die Stirn. „Da komm ich nicht mit. Was soll das?"

„Du bist der Grund, Dan. Ich bin in ein paar Minuten drüben bei dir."

Die Leitung war tot.

Dan legte auf und saß regungslos da, starrte auf die Wand und versuchte, seine Gedanken und Gefühle zu ordnen. Zu viele verschiedene Empfindungen stritten in ihm. Als das Telefon wieder klingelte, fragte er sich, ob Maude vielleicht ihre Meinung geändert hätte; erstaunt stellte er jedoch fest, daß er hoffte, sie würde es nicht tun.

Als er abnahm, meldete sich Todd Wilson am anderen Ende, völlig außer Atem. „Meine Mutter hat mir gesagt, Sie hätten angerufen und sich nach Lucy erkundigt. Wo ist sie?"

„Ich weiß es nicht. Sie ist beim Frühstück weggerannt, weil sie wütend war."

„Ja", meinte Todd, „das war sie in letzter Zeit öfter. Wo sind denn ihre Eltern?"

„Auf hoher See, und dort werden sie auch noch eine Weile bleiben. Ich habe sie dazu überredet, nicht nach Hause zu kommen."

„Was wollen Sie jetzt machen?" fragte Todd.

„Ich kann nur eins tun – hier warten, es sei denn, jemand weiß einen Ort, an dem sie sich aufhalten könnte."

„Hat sie ihr Mofa mitgenommen?"

„Nein."

„Dann scheidet eine Möglichkeit also aus. Ich dachte, sie wäre vielleicht in die Berge gefahren. Das macht sie manchmal, um Blumen oder Steine zu sammeln."

„Fällt dir sonst noch ein Ort ein?"

„Nein." Die Stimme des Jungen verriet Betroffenheit.

„Ruf mich an, wenn dir was einfällt."

„Natürlich", erwiderte Todd und legte auf.

Von der Tür her drangen Geräusche an Dans Ohr. „Erzähl mir von dem Mädchen, Dan." Maude trat ein und setzte sich auf einen Küchenstuhl, als würden sie ein Gespräch fortsetzen, das sie zuvor unterbrochen hatten. „Sie ist weggelaufen, sagst du, und du hast keine Ahnung, wohin? Weißt du den Grund?"

„Es war meine Schuld, nehme ich an. Sie hatte wohl das Gefühl, ich behandle sie wie ein Kind, was ich ja auch getan habe."

Maude betrachtete ihn schweigend. „Die Veränderung in dir geht sogar noch tiefer, als ich gedacht habe, Dan. Vielleicht sehe ich die Dinge auch nur deutlicher. Egal. Du weißt also nicht, wo sie stecken könnte?"

„Sie ist sicher irgendwo, wo sie weder Sirenen noch Durchsagen hört. Am Strand vielleicht. Dort hält sich höchstwahrscheinlich kein Mensch mehr auf, und die Brandung ist hoch und laut."

„Das läßt sich leicht überprüfen. Sonst noch eine Vermutung?"

Dan schüttelte den Kopf. „Mir fällt nichts ein."

„Bist du jemals raus auf die Landzunge gelaufen?" fragte Maude. „Da liegen lauter riesige Felsbrocken als Wellenbrecher aufeinandergetürmt. Meist ist man da draußen ganz allein, und ringsum nur das Meer. Es ist abenteuerlich. Und schön. Könnte sie –"

Dan schüttelte erneut den Kopf, diesmal heftiger. „Ich hoffe nicht. Es kommen riesige Wellen. Sie werden die Landzunge einfach überrollen."

„Dann siehst du am besten gleich nach, Dan."

„Aber jemand muß hierbleiben."

„Ich warte hier, bis du zurückkommst – was auch passieren mag."

Im Büro von Boggs, dem Direktor des Ozeanographischen Instituts, war bereits das Fernsehgerät eingeschaltet. „Wir sind im Begriff, den Weltuntergang mitzuerleben", sagte Pete, als ein Farbbild von bestechender Schärfe Hilo auf Hawaii zeigte, den verlassenen Hafen und die menschenleeren Straßen der Stadt.

Ein Mann erschien auf dem Bildschirm. „Hier Jerry Matsuo", begann er. „Ich werde versuchen, das Geschehen zu kommentieren. Falls Pete Williamson zusieht, hallo, Pete! Wir erwarten den Tsunami in etwa acht Minuten."

Pete blickte gespannt auf den Fernseher. „Zeichnen Sie das auf?" fragte er Boggs.

„Selbstverständlich. Wir wollen die Bilder doch auswerten."

Jerry Matsuo sprach wieder. „Es geht los, sehen Sie? Der Wasserstand im Hafen steigt."

Petes Film hatte, so eindrucksvoll und beängstigend er auch war, doch nur einen kleinen Hafen auf den Aleuten gezeigt. Hilo dagegen war eine Stadt, die verwundbar und schutzlos wirkte. Tausende von Menschen drohten obdachlos zu werden.

Das Wasser stieg rasch und lautlos, wie auf dem Fernsehschirm klar zu erkennen war. Ein Steg, der noch vor wenigen Augenblicken aus dem Wasser geragt hatte, verschwand plötzlich von der Bildfläche. Noch immer hörte man nichts außer Jerry Matsuos leisem Atem.

Die Kameraeinstellung änderte sich plötzlich und erfaßte das Gebiet jenseits des Hafeneingangs, und jetzt meldete sich auch Jerry Matsuo wieder. „Da kommt der Tsunami! Sehen Sie, wie er sich aufbaut?"

Die Welle, zuerst nur eine schwache Linie, wurde größer, die Kontur schärfer, eine leichte Erhöhung im Wasser, die mit unglaublicher Geschwindigkeit direkt auf die Kamera zueilte. Und mit ihr kam das erste Geräusch, ein tiefes, grollendes, fernes Brüllen.

„Die Landzunge, die Sie jetzt sehen", rief Jerry Matsuo in höchster Erregung, „liegt zehn Meter über dem mittleren Wasserstand! Schauen Sie hin! Sie geht unter!"

Die Welle türmte sich immer höher auf und erreichte den Hafen. Dort verlor sie das Gleichgewicht und brach sich, doch ihre Wassermassen rasten mit ungebremster Gewalt auf die Stadt zu.

Die schimmernde grüne Masse erreichte das Ufer und verschlang es. Mit einem heiseren, zornigen Brüllen stürzte sie sich auf die vorderste Häuserreihe. Die Gebäude verschwanden, und die Welle lief ungehindert weiter. Den ersten echten Widerstand bildeten einige mehrstöckige Wohnblöcke, doch auch sie wurden unter der enormen Wucht des Wassers wie Streichholzschachteln zerdrückt.

Jerry Matsuos Stimme zitterte. „Schlimm, viel schlimmer als 1960. Es ist unfaßbar." Seine Worte gingen im Lärm der Verwüstung unter.

Die Welle hatte sich ausgetobt und wurde allmählich langsamer, erreichte ihre äußerste Ausdehnung, fing dann an zurückzuweichen und machte das Chaos der Zerstörung sichtbar, das ihr rascher, gnadenloser Überfall verursacht hatte.

Ein Betonbau kam als triefender Trümmerhaufen zum Vorschein, ein Auto als verbogenes Metallknäuel. Eine einzige Wand bildete den Überrest eines Einfamilienhauses; zwei leere Fenster gähnten darin wie Augenhöhlen in einem Totenschädel. Und dann fiel auch die Wand plötzlich zu einem Steinhaufen zusammen.

„Ich habe eine ähnliche Zerstörung bisher nur auf Bildern aus dem Krieg gesehen", erklärte Boggs mit gedämpfter Stimme, „Hamburg und Dresden, Hiroschima und Nagasaki nach der Bombardierung. O Gott, so etwas hätte ich nie für möglich gehalten."

DER Strand der Halbinsel war menschenleer. Dan schlug den Kragen seiner Jacke hoch, während er sich mit gesenktem Kopf gegen den Wind stemmte und zur felsigen Spitze der Landzunge blickte.

Die Wellen stampften heftig, und der Himmel hatte sich verdunkelt, als wäre es schon Abend. Unförmige Wolkenmassen zogen vorbei, und Regenböen wühlten das tosende Wasser noch mehr auf. Eine düstere, beinahe beängstigende Szene, dachte Dan. Lucy war offensichtlich nicht hier, und doch hatte er irgendwie das Gefühl, daß dies genau der Ort sein könnte, den sie sich in ihrem jugendlichen Unmut ausgesucht hatte, weil er ihrer Stimmung entsprach.

Er lenkte seine Schritte zum Wagen zurück, ließ den Motor an und fuhr langsam zum Haus der Winslows zurück. Maude saß auf der geschützten Veranda in einem Korbsessel und betrachtete das Meer in seiner grauen, schäumenden Schönheit. „Kein Lebenszeichen von Lucy?" fragte sie sofort.

„Nichts." Dan setzte sich ebenfalls.

„Ich habe nachgedacht", erklärte Maude. „Wie gut verstehst du dich mit Lucy?"

„Wir kamen fast die ganze Zeit gut miteinander aus."

„Wie alt ist sie? Sechzehn? Und ihr habt euch vor dieser Auseinandersetzung ganz normal unterhalten?"

„Natürlich. Worauf willst du hinaus?"

„Ganz einfach. Ein sensibles Mädchen in dem Alter und ein sehr viel älterer Mann, der nicht zur Familie gehört – es fiel Lucy gewiß leichter, mit dir über kleine persönliche Dinge zu sprechen als mit ihrer Mutter oder ihrem Vater. Denk nach. Hat sie dir jemals etwas von sich erzählt?"

„Absolut belanglose Sachen."

„Bist du sicher? Als du jung warst, hast du dich da nie jemandem anvertraut, zu dem du aufgeschaut hast?"

„Ich sehe nicht, was uns das –"

„Vielleicht nicht, aber denk trotzdem nach. Du weißt vielleicht mehr über Lucy, als du ahnst."

Dan schaute finster drein. Maude beobachtete ihn schweigend.

„Pete Williamson hat aus dem Institut angerufen", sagte sie nach einem Augenblick. „Er hat mir erzählt, was er im Fernsehen gesehen hat – die Verwüstung auf Hawaii. Schlimmer, als befürchtet wurde."

„Das heißt, daß du so schnell wie möglich nach Hause fahren solltest."

„Ich bleibe hier bei dir, Dan." Ihre Stimme klang entschlossen.

Dan saß wortlos da. Gib es zu, sagte er sich, es beruhigt dich, daß sie da ist. Du willst sie in deiner Nähe haben, solange sie in Sicherheit ist. Er blickte kurz auf die Uhr. „Dreizehn Uhr zweiunddreißig wird die Flutwelle hier erwartet", erklärte er schließlich. „Das ist in etwa einer Stunde. Wenn du bleibst, dann nur unter einer Bedingung."

„Und die wäre?"

„Daß du gehst, wenn ich meine, daß die Zeit dafür gekommen ist." Er zögerte, aber schließlich brachte er die Worte doch ohne Anstrengung über die Lippen. „Deine Sicherheit bedeutet mir viel."

„Ich glaube", erwiderte Maude langsam, „das ist das Schönste, was du mir seit langem gesagt hast. Danke, Dan."

„Bist du einverstanden?"

Sie lächelte. „Du willst es immer ganz genau wissen, nicht wahr?" Dann nickte sie langsam. „Einverstanden."

Tom Winslow hatte das Sturmsegel gesetzt und das Großsegel zur Hälfte eingeholt; Clara hatte währenddessen am Ruder gestanden und die *Westerly* am Wind gehalten. Die Jacht lief Nordwestkurs mit geréfften Segeln, und Tom ging wieder ans Ruder. Er war zufrieden mit seinem Boot, das Wind und Wellen bisher bestens trotzte.

Die Brise hatte aufgefrischt, und die Wellenkämme begannen sich bereits zu brechen. Der Wind riß die Gischt hoch, raubte Tom immer wieder die Sicht. Clara saß zusammengekauert auf der Leeseite, Gesicht und Haare naßgespritzt und den Blick auf das aufgewühlte Wasser gerichtet.

„Du gehst am besten nach unten und ziehst dir Ölzeug an!" Tom mußte schreien, um gegen den Wind und die See anzukommen. „Es bringt nichts, wenn du hier herumhockst."

„Ich mache mir Sorgen. Wir hätten Lucy nicht allein lassen sollen." Widerstrebend ging sie unter Deck.

Tom schaute ihr nach. Als Arzt war er gewohnt, Probleme mit Patienten auszudiskutieren, aber hier war er sich seiner Sache nicht sicher. Seine Entscheidung, weiter hinauszufahren, war logisch gewesen, und Dan Garfield hatte ihn dazu gedrängt. Aber trotzdem, wie brachte man Logik und elterliche Liebe unter einen Hut?

Clara kam im Ölzeug wieder nach oben. In der Hand hielt sie einen großen, dampfenden Becher, den sie ihm reichte. „Heiße Suppe!" rief sie. „Sie wird dir guttun in dieser Kälte."

Tom kostete und gab seiner Frau recht. Die Segelpartie war recht unangenehm geworden. Zwar war die *Westerly* ein hervorragendes, hochseetüchtiges Boot, aber die schlingernden Bewegungen, die sie jetzt vollführte, erforderten die ganze Aufmerksamkeit und das Geschick des Steuermanns.

„Wir müssen den Kurs halten", meinte Tom. „Das ist zwar bei dem Achterwind in dieser See mies, aber wir müssen noch etwas nach Westen, sonst kommen wir in Schwierigkeiten."

„Ich verstehe." Kein Wort mehr über Lucy, doch die Besorgnis stand Clara ins Gesicht geschrieben.

„Ja, ich weiß. Ich rede ja auch nur, um irgendwas zu sagen." Er nahm noch einen Schluck heiße Suppe. „Dan paßt schon auf, daß Lucy nichts passiert. Er hat es mir fest versprochen."

LUCY hatte mehr Angst als je in ihrem Leben. In ihrem ersten Unmut über Dan hatte sie überhaupt nicht an eine mögliche Gefahr gedacht, als sie zu ihrem geheimen Versteck gegangen war, wo sie allein sein und sich selbst bemitleiden konnte. Bisher war die Rückkehr von diesem abgelegenen Flecken immer ziemlich einfach gewesen. Aber jetzt waren die Steine naß, mit Gischt bedeckt und glitschig.

Ein Fehltritt beim Versuch, sich in Sicherheit zu bringen, konnte verhängnisvoll sein. Sie wußte, daß sie nicht hierbleiben durfte, aber ihr fehlte der Mut, über die Steine ins Freie zu klettern.

Sie schreckte zurück, als sie sah, wie sich vor dem Eingang der Höhle eine Welle auftürmte. Ihr sturmzerzauster Kamm wuchs höher und höher, und Lucy blickte wie gebannt hinaus, während das flaue Gefühl in ihrer Magengegend immer stärker wurde. Als sich die Welle brach, schloß Lucy die Augen und wartete auf den Aufprall.

Die Welle krachte mit einem Dröhnen gegen die Felsen, das die Erde zu erschüttern schien. Das grüne Wasser erreichte fast Lucys Standort, und sie wurde von der Gischt durchnäßt, die in ihren Unterschlupf spritzte.

Lucys Atem ging rasch vor Kälte und Angst. Sie würde hier sterben, dessen war sie sicher, und niemand würde es je erfahren.

Kapitel 10

Es WAR alles ganz schnell gegangen. Mein ganzes Leben, so dachte der sechzehnjährige Tommy Parks, werde ich mich an den Augenblick erinnern, als ich erkannt habe, daß ich alles richtig mache. Oh, wie er dieses Gefühl genoß!

Er hatte die *Lubelle,* eine dieselgetriebene Zwanzigmeterjacht, mit Geschick durch die immer höher werdende Brandung gesteuert, in der sich das Boot ständig, wenn auch kaum merklich vorwärts bewegte. Er konnte den Rhythmus der beiden kräftigen Motoren spüren, der ihn erschauern ließ. Seine Hände umklammerten das Ruder und schienen die winzigen Korrekturen, die bei jedem Manöver nötig waren, fast von selbst auszuführen.

Die See ging hoch, und das alptraumhafte Heulen des Sturms verhieß nichts Gutes. Hin und wieder sichtete er ein anderes Segel- oder Motorboot, und auch wenn er an Bord kaum etwas erkennen konnte, empfand er doch ein Gefühl der Zusammengehörigkeit. Hier draußen, wo er ganz auf sich gestellt und Herr über sein Schicksal war, überkam ihn mit einemmal das Gefühl, ein vollwertiges Mitglied jener Gilde von unerschrockenen Seefahrern zu sein, die bereit waren, den Gefahren des Meeres zu trotzen, während die weniger Wagemutigen im Hinterland Schutz suchten.

Im Funkgerät hörte er plötzlich eine Stimme. „Rufe Jacht *Lubelle*, rufe Jacht *Lubelle!* Bitte kommen!"

Der Junge drückte die Taste, um die Wellenlänge zu halten, und griff zum Mikrofon. „Hier Jacht *Lubelle*. Bitte kommen", antwortete er, ohne den Blick von der tobenden See abzuwenden.

„Wie läuft's denn?" Es war die Stimme von Joe Hines.

Tommy grinste. „Hier weht ein frisches Lüftchen."

„Werd nicht übermütig! Du bist schließlich für einen der größten Kähne verantwortlich, die da draußen rumschwimmen."

„Aye, aye, Sir", erwiderte der Junge.

„Bleib auf dieser Frequenz. Ende."

„Verstanden. Ende." Tommy hängte das Mikrofon ein und umklammerte wieder mit beiden Händen das Ruder, als er sah, daß der nächste Brecher kam. Seine Stimmung stieg, während der Bug mühelos die Welle schnitt.

TODD WILSON hielt mit dem Wagen hinter dem Haus der Winslows, stellte den Motor ab und stieg aus.

Die Küchentür war wie immer unverschlossen, und er ging hinein. „Lucy? Hallo, jemand zu Hause?"

„Hier bin ich." Dans Stimme kam aus dem Arbeitszimmer. „Komm rein."

Todd trat ein und sah, daß Dan nicht allein war.

„Maude Anderson ... Todd Wilson", stellte Dan vor. „Setz dich, Todd. Hast du was herausbekommen?" Seine Stimme klang ruhig, doch sein Blick verriet die Anspannung, unter der er stand.

„Nein, Sir." Todd setzte sich. Die Vorstellung, Lucy nie wiederzusehen, lähmte ihn. „Ich nehme an, Sie auch nicht?"

„Wir haben über Lucy nachgedacht", antwortete Maude. „Vielleicht kannst du uns dabei helfen."

„Sicher, das heißt, ich will's versuchen."

„Hat sie früher schon öfter Verstecken gespielt?" fragte Dan.

Ein plötzlicher Windstoß rüttelte an den Fenstern, und die Sirenen heulten.

„Sie benimmt sich manchmal komisch", meinte Todd. „Wie Mädchen eben so sind." Er lenkte sofort ein. „Nun, ich will damit —"

„Wir wissen, was du meinst", erklärte Maude freundlich.

„Sie ist oft allein unterwegs, nicht wahr?" Dan zermarterte sich das

Gehirn, aber er konnte den Gedanken nicht festnageln, der ihn im Unterbewußtsein beunruhigte. „Wohin geht sie dann?"

„Das sagt sie mir nicht."

Dan sah Maude an. „Als du in Lucys Alter warst, hattest du da einen besonderen Ort, wo du allein sein konntest?"

„Ja, auf dem Dachboden. Wenn ich mich ruhig verhielt, wußte niemand, wo ich war."

Dan seufzte lang und befreit auf. „Dann weiß ich endlich, wo Lucy ist: in ihrem geheimen Versteck. Sie hat mir einmal davon erzählt." Er blickte jetzt zu Todd. „Draußen auf der Landzunge, in einer Höhle. Nur die Seehunde im Wasser können sie sehen, hat sie gemeint." Er schaute auf die Uhr. „Um ein Uhr zweiunddreißig erreicht uns voraussichtlich die Flutwelle. Uns bleiben keine vierzig Minuten mehr."

Todd war aufgesprungen. „Ich bin schon in den Felsen an der Spitze herumgeklettert und habe Schnecken gesucht. Ich finde Lucy!"

„Ich komme mit", erklärte Dan. „Hast du einen Wagen? Gut. Du setzt dich ans Steuer, weil du den Weg kennst. Ich bin gleich soweit."

Todd lief hinaus, und Dan und Maude hörten, wie die Küchentür zufiel. Dan stand auf und ergriff Maudes Hände. „Das ist ja beinahe ein Abschied wie im Film", meinte er und mußte dabei über seine eigenen Worte lachen.

Auch Maude lächelte. „Ich warte hier auf dich –"

„Nein, das wirst du nicht tun! Du nimmst jetzt deinen Wagen und fährst nach Norden zur Steilküste. Da triffst du sicher Pete Williamson bei den Kameras, die dort aufgestellt wurden. Bleib bei ihm, und warte dort auf mich – oder soll ich sagen, uns?"

„Dan –"

„Du hast es mir versprochen, erinnerst du dich? Wenn du nicht rasch losfährst –" Er sprach nicht weiter, als er sah, daß ihr Tränen in die Augen stiegen.

„Ich gehe ja schon, Dan." Sie wischte sich die Tränen mit dem Handrücken weg, und ein scheues Lächeln huschte über ihr Gesicht. „Küß mich, Dan", bat sie ihn sanft.

Der Kuß dauerte nicht lange, und als sich ihre Lippen trennten, fuhr Dan ihr mit den Fingerspitzen über die Wange. „Du bekommst noch einen", erklärte er, „wenn wir uns an der Steilküste wiedersehen. Das ist auch ein Versprechen." Er drehte sich um und eilte hinaus zum Wagen.

Betsy Barnes fuhr in die Einfahrt ihres Hauses in Los Angeles und blieb im Auto sitzen, die Hände auf dem Lenkrad. Sie dachte an das Gespräch mit ihrem Mann in Encino Beach.

Jack war auf hoher See in Sicherheit. Das hatte er gesagt, und an diese Worte klammerte sich Betsy. Aber was geschah, wenn das Meer noch stürmischer wurde, wie es im Radio hieß? Was dann? Es war eine Vorstellung, die sie mit Schrecken erfüllte.

Schließlich raffte sie sich auf und trug die Sachen hinein, die sie und Jack in den Wagen gepackt hatten. Im Haus machte sie sich nicht die Mühe, sie wegzuräumen, sondern ließ sie aufgehäuft auf dem Eßzimmertisch liegen. Eine jämmerlich kleine und bedeutungslose Ansammlung von Dingen, die für ihr gemeinsames Leben typisch waren: ein Urlaubsfoto, aufgenommen in Acapulco; ihr silbernes Hochzeitsbesteck; Jacks goldene Armbanduhr, die er ihr zur Aufbewahrung gegeben hatte, als er an Bord der *Spindrift* ging; der Pokal, den sie letztes Jahr im gemischten Doppel im Jachtclub gewonnen hatten; ein halbes Dutzend Jazzplatten.

Sie war den Tränen nahe, als sie sich abwandte und in die große, blitzblank geputzte Küche ging. Sie machte sich eine Tasse Pulverkaffee und saß einfach da, mutterseelenallein. Ein entsetzliches Gefühl der Leere beschlich sie.

Jimmy Silva, noch immer im kurzärmligen Hawaiihemd der wachsenden Kälte trotzend, saß auf dem Beifahrersitz eines Streifenwagens, der mit offenen Fenstern langsam durch die leeren Straßen fuhr.

Der Bürgermeister hatte ein Megaphon in der Hand. „Wir halten Ausschau nach einem sechzehnjährigen Mädchen", verkündete er, „und nach jedem, der so hirnverbrannt ist, hier noch herumzulaufen."

Der Polizist, der fuhr, hieß Connors, und seine Nervosität stieg jedesmal, wenn er einen Blick auf seine Armbanduhr warf.

„Wir haben noch Zeit genug", beruhigte ihn Jimmy Silva. „Die Flutwelle wird um ein Uhr zweiunddreißig erwartet, und die Studierten haben bisher immer recht gehabt. Um ein Uhr zwanzig fahren wir zum Steilufer, keine Minute früher. Halten Sie hier." Er zeigte auf ein erleuchtetes Fenster und hob das Megaphon. „Hallo! Ist da jemand?"

Das Licht ging augenblicklich aus, eine Tür öffnete sich, und ein Mann erschien. „Wer ist da?"

„Ich bin's, Jimmy Silva." Er spähte durch das trübe Licht. „Sind Sie das, Hornby? Was machen Sie noch hier? Können Sie die Sirenen nicht hören?"

„Doch, aber letztes Mal ist auch nichts passiert."

„Ich sage es Ihnen hiermit noch einmal, daß Encino Beach evakuiert wird. Und wenn es sein muß, steige ich aus und verfrachte Sie hinten in den Wagen, verstanden? Sie fahren jetzt sofort zur Steilküste."

„Jetzt hören Sie doch mal, Silva –"

Der Bürgermeister stieß die Tür auf und schickte sich an auszusteigen. Hornby warf die Arme hoch und wich hastig zurück. „Schon gut, schon gut."

„Setzen Sie sich in Ihren Wagen, und fahren Sie los!" befahl Silva. „Wir warten hier, bis Sie weg sind."

Am Lenkrad blickte Connors erneut nervös auf die Uhr. Es war acht Minuten nach eins. Angenommen, die „Studierten", wie Silva sie nennt, irren sich um nur zehn, fünfzehn Minuten, dachte er. Was dann?

„Gut", sagte der Bürgermeister, als sie den Motor von Hornbys Auto anspringen hörten, „fahren wir weiter. Wir haben noch Zeit."

JOE HINES stellte das Mikrofon ab, ließ den Sender aber weiterlaufen, als er den Blick durch sein Büro und dann über den fast leeren Ankerplatz schweifen ließ.

Er hatte über Funk alle Boote angerufen, die seine Jungs aufs Meer hinausgebracht hatten. Ohne Ausnahme waren sie begeistert, wie er insgeheim angenommen hatte – jeder fühlte sich verantwortlich für eine blitzende Jacht draußen in schwerer See, was für ihre Begriffe viel mehr Spaß machte, als in ruhigen Gewässern zu dümpeln. „Das ist sogar noch hundertmal besser als Surfen", hatte einer gemeint.

Der Hafenmeister spürte, daß er getan hatte, was er konnte. Das allerdings, sagte er sich, ist noch nicht genug. Er blickte auf die Uhr an der Wand, die zehn nach eins zeigte. Zehn Minuten würde er noch ausharren, nur um zu hören, ob sich jemand mit einem Problem meldete. Dann würde er abschalten und sich an der Steilküste in Sicherheit bringen – wenn er auch viel lieber auf See gewesen wäre.

TODD traute dem Sand nicht, der sich zwischen der Straße und den Felsen an der Spitze der Landzunge ausbreitete. Also ließ er den Wagen stehen, stellte den Motor ab und wandte sich an Dan. „Ich habe während der Fahrt nachgedacht. Es gibt 'ne Menge Spalten hier, aber ich

kann mich an keine erinnern, die groß genug wäre, daß Lucy rein-
paßt."

„Da drüben muß es sein", erklärte Dan mit Bestimmtheit. „Es
bleibt gar keine andere Möglichkeit." Er hatte die Wagentür schon
geöffnet, und das Heulen des Sturms übertönte beinahe seine Worte.

Gemeinsam stemmten sie sich gegen den Wind und stapften zu den
Felsen. Todd erschien das Meer aufgewühlter, als er es je erlebt hatte.
Die Brecher rannten wütend gegen die Halbinsel an und schleuderten
schäumende Gischtwolken in die Luft.

Woge auf Woge krachte gegen die Landzunge, wo Todd am Rand
der steil abfallenden Felsen entlangkletterte. Er spähte in die Tiefe,
erblickte aber über der Brandung nur nacktes Gestein mit wenigen flachen Einbuchtungen und Spalten. Wie er vermutet hatte: Keine war so
groß, daß Lucy sich hätte darin verstecken können. Er sah Dan an, der
mit einer knappen Geste nach links und rechts zeigte, um anzudeuten,
daß sie sich trennen sollten. Todd nickte und lief los. Immer wieder
rief er Lucys Namen.

Bestimmt ist das Mädchen völlig durchgefroren und naß bis auf die
Haut, dachte er, während er sich immer weiter vorwärts arbeitete.
Wenn sie jetzt Angst hat, geschieht es ihr recht. Warum mußte sie sich
ausgerechnet diesen Ort aussuchen?

Todd erreichte die Spitze der Landzunge, einen Felsvorsprung, der
landeinwärts gerichtet war und ein wenig im Windschatten lag. Der
Junge machte halt und lenkte seine Schritte zurück. Die Zeit lief ihnen
davon. Er blickte auf und sah Dan, etwa hundert Meter entfernt, der
nach unten auf die Wellen spähte und ihm dann plötzlich zuwinkte.
Todd bewegte sich auf ihn zu, so schnell er konnte.

Er erreichte Dan und schaute zu der Stelle, auf die dieser mit ausge-
strecktem Arm wies. Ein Seehund hatte den Kopf aus dem tosenden
Meer gestreckt und blickte sich, anscheinend laut brüllend, um. Eine
Riesenwelle kam heran, aber nur Sekundenbruchteile bevor sie gegen
die Felsen krachte, verschwand der Seehund im wirbelnden Wasser.
Wenige Augenblicke später kam er wieder zum Vorschein. Er wirkte
putzmunter.

Auf einmal begriff Todd. „Natürlich!" schrie er gegen den Wind.
„Wenn sie gesagt hat, daß nur die Seehunde sie sehen können . . ."

Dan nickte und kletterte, mit dem Gesicht zur Felswand und vorsichtig nach Halt suchend, abwärts. Todd folgte ihm. Wenn einer von

uns hier ausrutscht, dachte er, ist es aus mit ihm. Kein Mensch hat eine Chance gegen diese mörderischen Wellen. Dann hielt er inne. „Lucy, komm raus! Komm raus!" rief er.

Plötzlich tauchte Lucys Kopf auf; das Mädchen blickte sich hilfesuchend, ängstlich um. Schließlich kamen auch ihre Schultern zwischen den Felsen zum Vorschein. Die Haare klebten ihr am Kopf, und Wasser lief ihr in Rinnsalen über die Wangen. Flehend schaute sie zu Todd auf.

„Komm her!" schrie Todd. „Komm sofort da raus, los!"

Aber Dan sah auf die Uhr und schüttelte den Kopf. Mit wütendem Gesicht bedeutete er ihr, sich in ihr Schlupfloch zurückzuziehen. „Geh zurück!" rief er.

Das Mädchen zögerte, offensichtlich verunsichert, aber Dans drohende Miene ließ sie gehorchen. Sie verschwand in der Höhle, und Dan und Todd folgten ihr.

Die Höhle war eng, doch als Todds Augen sich an das Halbdunkel gewöhnt hatten, erkannte er, daß sie tief in den Fels ging – wie tief, konnte er nicht sagen. „Hier können wir nicht bleiben!" rief er aufgeregt.

„Schau mal auf die Uhr", erwiderte Dan. „Wir haben weniger Zeit, als wir vom Haus hierher gebraucht haben, und wir müßten dazu noch zur Steilküste hinauf. Wir hätten keine Chance. Wir müssen hierbleiben."

Lucy sah zitternd von einem zum anderen.

„Wir werden wie die Ratten ersaufen!" schrie Todd entsetzt.

„Das kommt darauf an, wie tief die Höhle ist und ob sie sich nach hinten verjüngt", meinte Dan. „Vorwärts, ihr beiden!"

Die Höhle machte eine Biegung, dann noch eine. Wie Dan erwartet hatte, wurde sie immer enger. Schließlich kamen sie ans Ende und kauerten sich in der Dunkelheit nieder. Von den massiven Felswänden hallte Dans Stimme wider. „Wenn die Flutwelle die Landzunge erreicht, drückt sie die Luft hier drin zusammen. Vielleicht reicht der Luftdruck aus, um das anstürmende Wasser abzuhalten – nach dem gleichen Prinzip wie Luft, die in einem gesunkenen Schiff eingeschlossen ist. Das ist unsere einzige Chance."

Lucy ließ ein schwaches Wimmern hören. Todd legte in der Finsternis den Arm um ihre schmächtigen Schultern und zog sie an sich. „Ganz ruhig", sagte er. „Ganz ruhig. Hoffen wir, daß Dan recht hat."

Dan sprach weiter, langsam, deutlich, um jedes Mißverständnis auszuschließen. „Der Luftdruck wird stark sein. Macht den Mund auf, damit er sich im Kopf besser ausgleicht." Er schwieg einen Augenblick. „Und jetzt warten wir einfach ab, was geschieht."

AN DER Steilküste liefen bereits die Fernsehkameras. Maude hatte sich zu Pete gesellt, der am äußersten Rand des Abhangs stand, um bei den Regenböen und der sprühenden Gischt einen möglichst guten Blick zu haben. Im Süden lag die Landzunge; links davon befanden sich die Bucht, der Ort und der Hafen.

„Wir sind hier hundert Meter über dem Meeresspiegel", erklärte Pete mit lauter Stimme, um gegen den Sturm anzukommen. „Das ist viel, obwohl ich damit rechne, daß wir einiges abbekommen, wenn der Tsunami auf den Steilhang trifft."

Howard Boggs trat zu den beiden. „Glauben Sie immer noch, daß der Tsunami trotz der flachen Küstenzone das Ufer erreicht?" fragte er Pete.

„Sie sehen ja jetzt schon, was die Brecher drüben an der Landzunge anrichten", erwiderte Pete.

„Ich fürchte, Sie haben mich überzeugt", meinte Boggs nach einem Blick dorthin. „Außerdem sind Ihre Voraussagen bisher immer eingetroffen."

Maude hatte kein Auge von der Landzunge und dem dort parkenden Wagen gelassen. „Dan, Todd und das Mädchen müßten inzwischen irgendwo auftauchen."

„Hoffen wir's nicht", erwiderte Pete leise. „Es wäre schon zu spät. Die Flutwelle würde sie im freien Gelände überraschen."

Maude biß sich auf die Unterlippe. „Wo sind sie dann? Sind sie irgendwo in Sicherheit?"

„Ich weiß es nicht", antwortete Pete. „Aber wenn es dort drüben eine sichere Stelle gibt, wird Dan sie finden, darauf können Sie sich verlassen."

In der Nähe stand ein Techniker, der durch ein Fernglas blickte. „Ich sehe eine Linie, eine Welle!" rief er. „Und sie wächst! Da, hinter der Boje! Seht ihr's?"

Pete schaute auf seine Uhr. „Auf die Minute genau", sagte er.

„Ich habe sie im Bild", meinte ein Kameramann aufgeregt, „aber sie bewegt sich so schnell auf uns zu, daß ich ihr kaum folgen kann!"

Kurz darauf war die Welle auch ohne Fernglas gut zu erkennen. Pete war das Geschehen durch seinen Film und die Bilder, die von Hilo übermittelt worden waren, vertraut. Die Welle krümmte sich bereits, und es schien, als sammle sie Kraft. Sie würde die Landzunge zuerst erreichen, erkannte Pete, und er fragte sich, wo Dan in diesem Augenblick sein mochte. Er schloß die Augen und hoffte, daß er in Sicherheit war.

Sie konnten es in der dunklen Höhle hören: ein tiefes, fernes, zorniges Grollen, das in ihrem kleinen Felsverlies widerhallte und die Erde erzittern ließ.

„Jetzt geht es los", bemerkte Dan betont ruhig. „Denkt dran, haltet den Mund offen. Vielleicht hilft es sogar zu schreien." Und nach einer kurzen Pause fügte er hinzu: „Ich wünsche uns allen Glück."

Lucy drückte sich zitternd an Todd, der sie noch immer in den Armen hielt. Das Mädchen versuchte, sich an seiner Stärke aufzurichten. „Gestern abend . . .", begann sie stockend.

„Vergiß gestern abend." Todds Stimme klang bestimmt. „Halt den Mund offen. Und wenn die Welle kommt, dann schrei, wie Dan gesagt hat." Er zog sie noch fester an sich. „Es wird alles wieder gut. Hörst du?"

„Ja." Lucy schloß die Augen, als ob sie dadurch das Entsetzen aussperren könnte, das sie empfand.

Die Druckwelle kam zuerst, unglaublich schnell und stark, ein Schwall feuchter Seeluft, die durch die Kompression leicht erwärmt wurde. Sie schien an der Rückwand des kleinen Raums zu explodieren und betäubte die Sinne. Die Höhle war erfüllt von einem dumpfen Dröhnen.

Dan hatte den Mund weit geöffnet und schrie, versuchte so, den Druck auszugleichen, der sein Trommelfell zu zerreißen drohte. Er fühlte sich benommen und merkte, daß er kurz davor war, ohnmächtig zu werden. Das Dröhnen wurde noch lauter, und salzige Gischt durchnäßte ihn von Kopf bis Fuß. Oder war es bereits das Wasser der Flutwelle? Er versuchte zu atmen, konnte aber nicht.

Das letzte, woran er sich erinnerte, war der Gedanke an Maude. Wenigstens war sie in Sicherheit.

Kapitel 11

JIMMY SILVA war oben an der Steilküste erschienen und mit ihm Joe Hines. Schweigend standen sie da, blickten aufs Meer. Weil die Landzunge an ihrer Spitze zum Meer hin steil abfiel, konnten sie nicht sehen, wie die Riesenwelle auf die Felsen traf; doch die gewaltige Wasserwand, die beim Aufprall in die Höhe geschleudert wurde, hoch über die obersten Felsen hinaus, sprach Bände.

Mit ungläubigem Staunen beobachteten sie, wie die Riesenwelle über die Landzunge schwappte. Sie erfaßte Todds Wagen, schleuderte ihn hoch in die Luft und trug ihn auf ihrem Kamm hinüber zur Bucht, wo er schießlich im trüben Wasser versank.

„Sehen Sie jetzt auf die Fahrrinne!" rief Pete. „Die Welle wird immer höher."

„Gleich erwischt sie die ersten Häuser!" fügte Jimmy Silva hinzu. „Die meisten liegen nur knapp über dem Meeresspiegel."

Die Flutwelle wurde immer noch nicht langsamer. Schon auf der Halbinsel hatte die gewaltige Wassermasse Häuser unter sich begraben. Nun ließ sie Meer und Bucht miteinander verschmelzen, um in Encino Beach ihr mitleidloses Wüten fortzusetzen. Sie verschlang die Küstenstraße, überschwemmte den ganzen Ort und warf sich zum Schluß mit unvorstellbarer Wucht und lautem Getöse gegen die Felsen der Steilküste, so daß die oben Stehenden ein Zittern spürten, das sie an eine gewaltige unterirdische Explosion denken ließ.

Wasser und Gischt stoben in die Höhe und ergossen sich wie ein Wolkenbruch über die Zuschauer, durchnäßten sie und raubten ihnen die Sinne.

„Eigentlich müßten wir Schlechtwetterzulage bekommen", meinte einer der Kameramänner und wischte sich mit dem Handrücken über das Gesicht. Niemand lachte über seinen Witz.

Unglaublich schnell, fast so schnell wie es gekommen war, zog das Wasser sich wieder zurück. Unter den zurückweichenden Fluten kamen die Bucht mit den zertrümmerten Anlegestegen und den zerstörten Booten zum Vorschein, die Halbinsel und der Ort oder vielmehr, was noch von ihm übrig war. Encino Beach bot ein Bild der Verwüstung, nur wenige Häuser waren stehengeblieben. Einige Ruinen glichen Betrunkenen, die beim leisesten Stoß zu Boden zu stürzen drohten.

Der Strand auf der dem Meer zugewandten Seite der Halbinsel war nur noch eine kahle Steinwüste, übersät mit den Trümmern der fortgespülten Häuser. Die Katastrophe hatte nicht einmal eine Minute gedauert. Doch nichts war mehr so wie zuvor.

Die See blieb stürmisch; noch immer tobte der Wind mit wütendem Heulen und jagte die Gischt von den Wellenkämmen. Aber von der Flutwelle war nichts mehr zu sehen. Sie hatte sich ausgetobt. Trotz des Chaos, das sie hinterließ, wirkte der Schauplatz jetzt vergleichsweise friedlich.

„Bleiben Sie hier", sagte Pete mit zitternder Stimme zu Maude und wandte sich zum Gehen.

„Wo wollen Sie denn hin?"

„Zur Spitze der Landzunge. Ich weiß zwar nicht, was mich dort erwartet, aber ich möchte dabei lieber allein sein."

Er lief den nassen, schlammbedeckten Weg hinunter zur Küstenstraße, die nicht so stark unterspült war, wie er vermutet hatte. Bald
kam er zum Damm, der vom Festland zur Halbinsel führte, einer flachen Stahlbetonkonstruktion. Vierspurig führte die Küstenstraße darüber hinweg.

Doch als Pete stehenblieb und in Richtung Encino Beach schaute, sackten plötzlich zwei Fahrbahnen weg.

Er faßte sich ein Herz und rannte los, folgte der weißen Linie in der Mitte der beiden übriggebliebenen Fahrbahnen. Er kam zu der Stelle, an der die beiden anderen Fahrspuren ins Meer gestürzt waren, und steigerte sein Tempo zu einem Sprint. Zum Glück hielt der Damm. Zehn Schritte hinter der Gefahrenzone fiel Pete wieder in einen gemäßigten Dauerlauf.

Schließlich erreichte er die verwüstete Ortschaft; er umging Trümmer und sprang über kleinere Hindernisse. Am Wegrand lag ein toter Hund, kurz dahinter ein verbeulter Kinderwagen, der Gott sei Dank leer war. Nur einmal blickte Pete kurz in die Richtung, in der er sein kleines Haus vermutete; als er sah, daß kein Stein mehr auf dem anderen stand, wandte er sich ab und lief weiter, auf die Landzunge zu.

Seine Hoffnung, noch jemanden lebend zu finden, war gering, aber er verlangsamte sein gleichmäßiges Lauftempo nicht. Er kam zu den Überresten der Straße, auf der Todd gefahren war, und dann an die Stelle, wo der Junge den Wagen abgestellt hatte. Pete blieb stehen, um sich umzuschauen.

Auch hier war der Strand weggeschwemmt worden. Der Boden bestand nur noch aus nacktem Fels, der naß und glänzend aus dem Wasser ragte. An einigen Stellen entdeckte Pete kleine Rinnsale, die wie winzige Ströme den Abhang hinunterliefen.

Maude hatte ihm die Lage des Verstecks beschrieben, in dem Dan Lucy vermutet hatte. Ein Ort, wo nur die Seehunde das Mädchen sehen konnten, hatte sie gemeint. Pete kannte die Spitze der Landzunge wie seine Westentasche. Er wußte, wo sich die Seehunde tummelten, und ging schnurstracks darauf zu.

Bald kam er an die Stelle und blickte über den Rand der Klippe. Die Seehunde waren immer noch da; sie hatten sich von dem Tsunami nicht stören lassen. Aber von einer Höhle sah Pete keine Spur. Lediglich Felsen und tosendes Wasser. Und zu hören war nur das Heulen des Sturms . . .

Plötzlich bemerkte er eine Bewegung. Eine Hand tauchte zwischen den Steinen auf, schien nach Halt zu tasten: Es war die Hand eines jungen Mannes, muskulös und kräftig.

„Todd!" schrie Pete. „Todd, Junge, bleib, wo du bist!" Geschwind ließ er sich an der Felswand hinab, immer einen Fuß und eine Hand gleichzeitig am Fels, achtete nicht auf die Gischt und die Wellen, die ihn beinahe erreichten. Schließlich bekam er Todds Hand zu fassen, indem er den Arm so weit wie möglich ausstreckte. „Ich hab dich!" rief er.

Todds Kopf erschien. Der Junge blinzelte, als wolle er schärfer

sehen, und seine Finger krallten sich buchstäblich in Petes Handgelenk. Pete versuchte, Todd zu sich hochzuziehen, doch der Junge
widersetzte sich. „Die anderen", keuchte Todd. „Sie sind auch hier –
Lucy, Dan Garfield."

„Gut", sagte Pete nur und konnte sich ein triumphierendes Lächeln
nicht verkneifen. Es fiel ihm schwer, nicht vor Erleichterung laut auf-
zuschreien. „Du zuerst. Such dir einen sicheren Stand. Dann holen wir
die Prinzessin raus. Und dann Dan Garfield."

VORSICHTIG brachte der sechzehnjährige Tommy Parks die *Lubelle*
in den Hafen von Long Beach. Er folgte dem Lotsenboot des Hafenmeisters zum Landungssteg, legte genau an der bezeichneten Stelle an,
verließ flink das Ruder und eilte nach vorn, um Anker zu werfen.

Er stellte beide Maschinen ab, verschloß Kabinen und Ruderhaus
und sprang, den Seesack über der Schulter, in das Beiboot, um das
kurze Stück zu dem großen Zelt zurückzulegen, das aufgestellt worden war.

Dem Offizier der Küstenwache, der die ankommenden Boote regi-
strierte, erstattete Tommy Meldung. „Jacht *Lubelle* vom Jachtclub
Encino Beach sicher vor Anker." Stolz schwang in seiner Stimme mit.

Der Offizier war ein mächtiger, bärtiger Mann mit abgetragenem
blauem Uniformrock und vier Streifen auf den Ärmeln. „Willkommen an Land, Käpt'n Parks." Mit seiner riesigen Pranke ergriff er
Tommys Hand.

Am liebsten hätte Tommy vor Freude gejubelt.

AUCH die *Westerly* legte in Long Beach an. Tom Winslow stand am
Ruder. „Ganz ruhig", sagte er zu Clara. „Über Funk haben wir doch
die Nachricht bekommen, daß es Lucy gutgeht."

„Da ist sie!" rief seine Frau. „Siehst du sie? Auf der Landungs-
brücke."

„Ja, ich sehe sie", wiederholte Tom, darauf bedacht, möglichst
nüchtern zu klingen. „Sie scheint ganz guter Dinge zu sein. Ist das
nicht Todd neben ihr?"

„O ihr Männer!" rief Clara aufgebracht. Tränen standen ihr in den
Augen. „Ihr kennt keine Regung." Sie lächelte liebevoll.

„So sind wir nun mal", erwiderte Tom. „Wesen ohne Gefühle."
Auch er lächelte. „Laß uns anlegen und dann an Land gehen."

DER Rudergänger eines Küstenwachbootes sichtete die Überreste der *Spindrift,* deren Besitzer Jack Barnes war. „Registrieren Sie den Namen und die Nummer des Bootes!" befahl der Kapitän.

„Jemand muß am Ruder gestanden haben", meinte der Erste Offizier. „Ist wohl über Bord gegangen."

„Wahrscheinlich wird man ihn nie finden", sagte der Kapitän. „Das Meer ist groß. Fahren wir weiter. Wir werden noch mehr Wracks finden."

„Wie viele es insgesamt sind, läßt sich nicht mal erahnen", fügte der Erste Offizier hinzu. „Vielleicht sind einige Leute einfach rausgefahren, und kein Mensch wußte davon, und so wird sie auch augenblicklich niemand vermissen."

„Stimmt, das ist schon oft passiert und wird immer wieder passieren", antwortete der Kapitän. „Also, suchen wir weiter."

FÜNF Stunden nachdem der Tsunami Hawaii erreicht hatte, überrollte er die Ostküste der japanischen Inseln Kiuschu, Schikoku, Honschu und Hokkaido. Yokohama erlebte die schwersten Verwüstungen; Videoaufnahmen der Katastrophe wurden dem Ozeanographischen Institut in Encino Beach übermittelt.

Pete, Dan und Howard Boggs betrachteten in Boggs' Büro schweigend die Fernsehbilder, die Zeugnis vom Ausmaß der Zerstörung ablegten.

„Wir halten uns für die Herren dieser Welt", meinte Pete, als der Film zu Ende war. „Aber gegenüber dem, was in Hilo und hier und an hundert anderen Orten rund um den Pazifik geschehen ist, sind wir völlig machtlos. Ironie des Schicksals, oder? Wir sind eben nur Zaungäste auf diesem Planeten." Er sah Dan an. „Was denken Sie?"

„Warum ist an einigen Orten größerer Schaden entstanden als an anderen?" fragte Dan. „Beschaffenheit des Meeresbodens, Verlauf der Küstenlinie, Meeresströmungen oder vorherrschende Winde – welche Faktoren spielen eine Rolle?"

Boggs zog die Augenbrauen hoch. „Bloße Neugier, Mr. Garfield? Oder geht Ihr Interesse tiefer?"

„Wenn wir mehr wüßten", erklärte Dan, „könnten wir dann nicht genauere Warnungen herausgeben, spezifischere Voraussagen treffen, als nur die Ankunftszeit zu schätzen?"

„Natürlich", erwiderte Pete. „Und spezifischere Voraussagen

wären fraglos von großem Wert. Aber wie kommen wir an die Daten heran, auf denen die Voraussagen fußen?"

Dan spürte, daß Boggs ihn nicht aus den Augen ließ. „Was wir soeben miterlebt haben", fuhr er fort, „geschieht wie oft? Alle hundert Jahre einmal? Alle fünfhundert? Alle tausend? Jetzt ist die Erfahrung noch ganz frisch. Es gibt Augenzeugen, die befragt, Filmaufzeichnungen, Gezeitenpegelmessungen, Landschaftsveränderungen, die untersucht, analysiert werden können. Jetzt ist alles verfügbar, aber in fünf, zehn Jahren nicht mehr."

„Sie meinen also", warf Pete mit offensichtlicher Ironie ein, „daß jemand in den nächsten fünf Jahren all die Orte besuchen und Daten sammeln soll, um der Katastrophe etwas Sinnvolles abzugewinnen?"

„Warum nicht?" Dan sah Boggs an. „Wäre das nicht ein lohnendes Projekt?"

„Ich denke schon", antwortete der Institutsleiter. „Aber da ist die finanzielle Frage . . ."

Dans Miene verriet keine Regung. „Ja, das stimmt." Er blickte wieder zu Pete. „Was meinen Sie dazu? Hätten Sie was dagegen, ein wenig in der Welt herumzureisen? Mit mir zusammen?" Er machte eine Pause, weil er an Maude dachte. „Vielleicht auch zu dritt?"

„Jetzt spielen Sie den Märchenonkel", entgegnete Pete. „Aber einmal im Ernst . . . Oder war das Ihr Ernst?"

„Ja. Ich finanziere das Vorhaben."

„Dann lasse ich mich gerne anheuern", erklärte Pete, „und zwar für die ganze Reise."

JIMMY SILVA und Joe Hines überflogen das gesamte Gebiet von Encino Beach in einem Hubschrauber. „Im Grunde", sagte Silva, „ist keine Ortschaft übriggeblieben, deren Bürgermeister ich noch sein könnte." Er blickte Hines an. „Und du bist Hafenmeister ohne Hafen." Der Bürgermeister hatte seinen Sinn für Humor nicht verloren. „Wir bauen Encino Beach wieder auf", fuhr er fort, „größer und schöner als vorher. Warte nur ab!"

MAUDE war in ihrer Wohnung in Westwood, als es klingelte. Dan stand vor der Tür. „Ich habe auf dich gewartet", begann sie.

„Ich war mal wieder beschäftigt. Tut mir leid", sagte er beim Eintreten.

„Das hab ich mir gedacht. Es sind einige Anrufe für dich gekommen, von Leuten, die dich sprechen wollten. Die Liste liegt beim Telefon."

Dan nahm das Blatt zur Hand und überflog es. „Walker Carmichael, Paul Case . . ." Er ließ die Liste sinken und lächelte. „Namen aus der Vergangenheit, aus einem anderen Leben. Damit bin ich fertig."

„Bist du sicher, Dan?" Sie setzte sich und blickte ihn eindringlich an.

Er ließ sich neben ihr nieder. „Ich bin in dieser Höhle ohnmächtig geworden", sagte er. „Irgendwie habe ich das vorher sogar geahnt, jedenfalls war ich darauf vorbereitet. Zuletzt habe ich nur noch an eines gedacht. Weißt du, woran?"

Sie saß still da und wartete ab.

„An dich", fuhr Dan fort. „Alles übrige, die Vergangenheit eingeschlossen, ist unwichtig. Ich will nicht zurückblicken. Niemals. Ich schaue nach vorn, in ein neues Leben." Er machte eine Pause. „Kommst du mit?"

Jetzt fiel die Anspannung von ihr ab; sie wollte nur noch den Augenblick genießen, und ein sanftes Lächeln erhellte ihr Gesicht. Ihre Augen strahlten vor Glück. „Ich komme gerne mit", erklärte sie, „wo auch immer du hingehst."

Foto: Ernest S. Coppolino

Richard Martin Stern

Naturkatastrophen gehören bei Richard Martin Stern einfach dazu. So trotzten treue Leser der Reader's Digest Auswahlbücher bereits einem fürchterlichen Schneesturm in *Hölle im Schnee,* wurden Zeugen einer gefährlichen Sturzflut in *Tödliche Flut* und zitterten in *Die Todesbrücke* um das Schicksal einer Hängebrücke während eines verheerenden Tornados. Alle diese Romane spielen in New Mexico, wo der Autor seit vielen Jahren lebt. Schauplatz von *Jeder Tag zählt* dagegen ist Kalifornien. Auch in diesem Bundesstaat fühlt sich Stern zu Hause, denn hier wurde er geboren und verbrachte seine Jugend. Das Hafenstädtchen Encino Beach „erfand" er schon vor längerer Zeit; der Ort diente als Hintergrund für mehrere seiner Kurzgeschichten.

Folgenschwere Naturereignisse kennt der Autor aus eigenem Erleben, denn als junger Mann arbeitete er als Feuerschutzwart in Kalifornien, in den Bergen von San Bernardino. „Das ist zwar über fünfzig Jahre her", berichtet Stern, „doch einen heftigen Waldbrand vergißt man nicht so leicht. Auch Flutwellen habe ich schon mit eigenen Augen gesehen, sowohl in Kalifornien als auch auf Flüssen in New Mexico."

Wie groß ist die Wahrscheinlichkeit denn nun tatsächlich, daß ein Tsunami bis an die kalifornische Küste vordringt? „Wegen des breiten Küstenschelfs zugegebenermaßen gering", erwidert der Autor. „Aber wer weiß? Wenn sich, wie in meinem Buch, ein Hurrikan gleichzeitig mit einem Seebeben ereignet, dann könnte der geschilderte Fall schon einmal eintreten . . ."

Als Schriftsteller auf Katastrophenromane spezialisiert, setzt Richard Martin Stern im Privatleben eher auf Ruhe und Kontinuität. Vor zwei Jahren feierten seine Frau Dorothy und er goldene Hochzeit.

DIE BÄREN UND ICH

Eine Kurzfassung des Buches von
ROBERT FRANKLIN LESLIE
Ins Deutsche übertragen von Hanna Lux
Illustrationen von Olena Kassian

„Nach zehn Minuten Fahrt im Kanu Richtung Norden", erzählt Robert Franklin Leslie, „umgab uns wieder die Geborgenheit einer unberührten Welt. Ein Land, wo die Natur Platz fand, sich in ihrer ganzen gesunden Pracht zu entfalten. Die Bären saßen ruhig auf ihren Plätzen im Boot, ließen sich vom Abendwind den Pelz streicheln und starrten neugierig zum Ufer hinüber."

Situationen wie diese entschädigen Robert Franklin Leslie immer wieder für all die Mühen, die er seit jenem Tag auf sich genommen hat, als drei mutterlos gewordene Schwarzbären vor seiner Blockhütte auftauchten, um sich der Obhut des Zweibeiners anzuvertrauen. Leslies Buch schildert die Abenteuer des zottigen Trios in der Wildnis Kanadas sowie eine Reihe amüsanter Erlebnisse mit den munteren Jungtieren, von denen der Autor sagt: „Sie waren die fröhlichsten Geschöpfe, die mir je begegnet sind."

AUF dem Globus teilt der fünfundfünfzigste Breitengrad British Columbia exakt in zwei Hälften. Da sich die imaginäre Trennungslinie durch das Zentrum der kanadischen Provinz zieht, verläuft sie auch durch den Babinesee, ein ritterspornblaues Gewässer, das sich auf hundertfünfzig Kilometer Länge in leichten Windungen ins Tal schmiegt. Wie ein Wall säumt das düstere Grün der Nadelwälder die Ufer und steigt in majestätischen, sanft geschwungenen Hängen empor zu den mächtigen Babine Mountains.

Vorausgesetzt, daß kein Gegenwind herrschte, brauchte man mit dem Kanu eineinhalb Tage von dem kleinen Handelsposten Topley Landing bis dorthin, wo die komfortable schindelgedeckte Blockhütte meines Freundes Red Fern vom Stamme der Beaver-Indianer wie ein Adlerhorst über dem Fluß Nugget Creek am Westufer des Sees klebte.

An den langen hellen Sommerabenden des Nordens lag ich dort oftmals bequem ausgestreckt in einer Hängematte auf der Veranda und beobachtete die Elche und Bären, die von einem Ufer zum anderen schwammen. Red Fern arbeitete im Sommer als Holzfäller in Pendleton Bay und erlaubte mir, die Hütte zu benutzen. Als Gegenleistung sollte er ein Viertel des Goldstaubs erhalten, den ich hoffentlich aus dem Nugget Creek waschen würde. Mit Hilfe dieses für beide Seiten vorteilhaften Übereinkommens wollte ich mir das Geld für den letzten Abschnitt meines Collegestudiums verdienen.

Die Indianerstämme der Region besaßen Schürfrechte am Nordende des Sees, und ihre Pirogen und Kanus glitten über das vom Wind bewegte Wasser, wenn sie von ihren „Sommergoldplätzen" zum Handelsposten fuhren, um ihren Fund gegen Nahrungsmittel und Waren einzutauschen, die ihnen nur die Zivilisation zu bieten vermochte. In den Wintermonaten betätigten sich die meisten jungen Männer als Fallensteller oder als Holzfäller für das Sägewerk bei Topley Landing. Die älteren Leute nähten Mokassins aus Elchleder oder fertigten Schneeschuhe an, die besten der Welt übrigens, die sie aus ungegerbten Lederstreifen und Birkenruten flochten und im Sommer bei der Hudsonbai-Kompanie in Prince George als Zahlungsmittel verwendeten.

Eines Nachmittags im späten Juni versuchte ich von einem Felsvorsprung aus, wo der Nugget Creek in den Babinesee mündet, mein Anglerglück, als zwei lärmende weiße Jäger in einem leichten Boot mit einem asthmatischen Außenbordmotor an mir vorbeidröhnten. Die Brise fächerte die Oberfläche eines gewaltigen Pelzhügels auf, der sich mittschiffs erhob – das stumme Zeugnis für eine erfolgreiche Bärenjagd. Ein indianischer Führer hatte in diesem Monat schon zwei Gruppen Trophäenjäger hierhergebracht.

Kaum hatte das Boot den Vorsprung umrundet, als drei junge Schwarzbären von Spielzeugformat und eine magere alte Bärin keuchend aus dem Wald kamen. Sie rannten planschend durch das seichte Wasser, in dem ich angelte, und bettelten um meinen Fang. Die Jäger waren noch in Sicht.

„Zurück in den Wald, ihr Narren!" schrie ich und gestikulierte wild.

Erschreckt durch mein Gefuchtel, gingen sie in dem Weidengebüsch ein paar Meter flußaufwärts in Deckung. Den Geräuschen, die gleich darauf aus dem Dickicht drangen, ließ sich unschwer entnehmen, daß die alte Bärin mit erheblichen Disziplinschwierigkeiten zu kämpfen hatte.

Aber schließlich begaben sich die feuchten, erschöpften Jungen auf einen Ast in Sicherheit, der in rund dreißig Meter Höhe aus dem mit Flechten bewachsenen Stamm einer riesigen Tanne ragte. Von ihrem Hochsitz aus beobachtete die Rasselbande, wie die Jäger sich auf dem See entfernten. Die alte Bärin kauerte unten am Stamm und hielt Wache. Jedesmal, wenn ich ihr einen Fisch zuwarf, ertönte von oben ein jämmerliches, heiseres Gemaunze, das fast wie „Mama" klang, aber keineswegs die Erlaubnis zum Abstieg herbeiführte.

Da sich die Regenbogenforellen im Fluß besonders beißfreudig zeigten, angelte ich weiter bis Sonnenuntergang. Abgesehen von einem gelegentlichen Blick hinüber zur Tanne, beachtete ich die Bärin und die drei kleinen schwarzen Pelzkugeln, die wimmernd auf dem Ast hockten, so gut wie gar nicht.

Als ich dann abends auf der Veranda saß und den Blick auf den im Dämmerlicht liegenden See genoß, begann ich mich allmählich zu fragen, warum die Jungen nicht herunterkamen und sich zusammen mit ihrer Mutter zu ihrem Schlafplatz trollten. Doch wie auch immer, mich ging das nichts an, und ich hatte auch nicht vor, mich einzumischen.

Die gutmütige alte Bärin kannte ich bereits, denn ich hatte ihr schon oft Speisereste hingelegt. Sie war viel zu betagt, um mehr als eine entfernte Verwandte dieser Jungen zu sein. Die richtige Mutter war wohl erschossen worden, und die alte Dame hatte sich der Waisen angenommen. Verlassene Bärenjungen werden fast immer adoptiert. Aber die alte Bärin war rheumatisch und schwerfällig. Überdies sind Drillingsjunge kleiner als Zwillinge und zwei Winterschlafperioden lang auf die Mutter angewiesen. Die alte Bärin konnte unmöglich noch die Ausdauer aufbringen, die ihr ein zwei Jahre währendes Pflegschaftsverhältnis für die drei Jungtiere abverlangen würde.

Wie oft habe ich mich in den vielen vergangenen Jahren daran erinnert, was die ehrwürdige alte Dame als nächstes tat! Fast auf dem Bauch rutschend, näherte sie sich der Veranda und setzte sich direkt vor mir nieder. Indem sie den Kopf vor und zurück wiegte, dabei sanfte, gurgelnde Kehllaute ausstieß und den Blick zwischen mir und den auf dem Baum wohlverwahrten Jungen hin und her schweifen ließ, schien sie mir über die unüberwindliche Schranke zwischen Mensch und Tier hinweg eine Botschaft übermitteln zu wollen. Nachdem sie mich ein letztes Mal eindringlich angestarrt hatte, winselte sie kläglich, stand auf und trottete steifbeinig über den Wildpfad davon, der in die Wälder führte. Allem Anschein nach legte sie die Patenschaft für die hilflosen Jungen nieder.

Der Mond stieg über dem Ominecagebirge auf und breitete einen goldgelben Strahlenfächer über den See. In der Ferne heulte ein Wolf und erhielt Antwort. Es war fast halb elf. Die Sonne war hinter die Babine Mountains getaucht, und ich begab mich zu Bett. Aber ich konnte den Gedanken an die drei Jungen nicht verdrängen. Das Gewissen plagte mich. Angenommen, die drei kleinen Burschen hatten Hunger. Ich hoffte, sie würden es mir leichtmachen und noch vor dem Morgen der alten Bärin folgen.

Die Sonne war noch nicht wieder aufgegangen, als ich in aller Frühe meine Hütte verließ und schuldbewußt zu der großen Tanne eilte. Drei Paar glänzende schwarze Knopfaugen spähten aus drei Pelzbällchen auf dem untersten Ast. Die winzigen Geschöpfe waren bis auf acht Meter über dem Boden herabgeklettert, um die Nacht bequemer auf einem breit ausladenden Ast zu verbringen.

Ich kehrte zur Hütte zurück, kochte einen großen Topf Maisbrei und rührte einen halben Liter Honig und eine Dose Kondensmilch hinein – alles kostbare Dinge an einem so entlegenen Ort. Dann füllte ich meine Kreation in drei Schüsseln, stellte sie bei der Tanne ab, zog mich zurück und wartete.

Als der Duft des Honigs um die empfindlichen schwarzen Nasen strich, entspann sich unter Winseln, Knuffen und Knurren eine lebhafte Auseinandersetzung. Keiner der drei Helden wollte als erster den Stamm hinabgleiten und in der Nähe des bärtigen Zweibeiners fressen. Als das Trio endlich dem Hunger nachgab, war der Brei kalt. Ohne mich auch nur eine Sekunde aus den Augen zu lassen, verdrückten die Bärenkinder ihr Frühstück, leckten die Schüsseln blitzblank und begaben sich fluchtartig wieder auf den Ast in Sicherheit.

Nun machte ich mich an meine richtige Arbeit – das Goldschürfen. Ich schaufelte sandigen Schlamm in die lange Waschrinne, öffnete die Schleuse, um Wasser durch den Trog zu leiten, und entfernte den gröbsten Schotter mit der Hand. Als der Schlamm weggespült war, siebte ich den verbleibenden Sand durch eine Art Rechen und hoffte, daß sich während dieser umständlichen Prozedur ein paar Goldplättchen verfangen hatten. Ein Goldwäscher verbringt lange Stunden der Einsamkeit und der Enttäuschung mit zermürbender Schufterei, und manchmal dehnen sich die Tage zu Wochen, ohne daß die Anstrengungen auch nur mit dem kleinsten Goldkörnchen belohnt werden.

Um sieben Uhr hatte ich an jenem Abend weniger als einen Dollar verdient. Die mangelnde Ergiebigkeit von Red Ferns Schürfstelle löste einen Anfall von Heimweh nach meinen Eltern und meinem Zuhause in Kalifornien aus, und um ein Haar hätte ich die Bärenjungen vergessen. Aber als ich dann den Pfad zur Hütte hinaufstieg, beschlich mich plötzlich das unbestimmte Gefühl, verfolgt zu werden. Ich drehte mich um und entdeckte die drei Jungen, die ängstlich im Gänsemarsch hinter mir hertrippelten. Die muschelförmigen Ohren hatten sie flach angelegt wie Hundewelpen. Als ich an der Tanne vorbeikam, hob ich die leeren Schüsseln auf und setzte meinen Weg fort. Die Bären liefen mir in gebührendem Abstand nach und brummelten dabei ununterbrochen vor sich hin. Es klang wie ein Mittelding zwischen Quieken und Grunzen. Ich sehe sie noch vor mir, wie sie sich artig in einer Reihe vor der Veranda aufbauten und stumm zu mir aufschauten. In ihrem Blick lag die unmißverständliche, rührende Bitte um Hilfe, die jedem verlassenen Geschöpf eigen ist, das seine hoffnungslose Lage erkennt.

Als erstes ging ich zum Räucherschuppen und holte drei große Regenbogenforellen. Ich legte über jede Schüssel einen Fisch und stellte die Näpfe nahe an den Stufen, aber wohlweislich weit genug voneinander entfernt ab, um Streitigkeiten zwischen den Jungen zu vermeiden. Mit den gepflegten Manieren von Feinschmeckern pirschten sich die Kleinen an ihre „Gedecke" heran, setzten sich auf die Hinterbacken, umklammerten mit den Vorderpfoten die mächtigen Leckerbissen und verspeisten sie Stück um Stück. Sie wirkten zwar weniger verschreckt als am Vorabend, doch beäugten sie mich mit tiefem Mißtrauen und fuhren jedesmal hoch, wenn ich mich bewegte. Andererseits machten sie keinerlei Anstalten fortzugehen.

Als ich in die Hütte zurückkehrte, ließ ich einfach die Tür offen. Die aus Fichtenstämmen gebaute Behausung hatte ein Wohnzimmer mit Schlafkojen, einen riesigen Kamin und eine in einem schrägen Anbau untergebrachte Küche. Die an die Vorderveranda grenzende Wand bestand größtenteils aus Glas, weil Red Fern den Blick auf den See liebte.

Während ich mir eine Mahlzeit richtete – Haferfladen und gebratenen Hecht –, drang leises, von langgezogenem Winseln unterbrochenes Gebrumm an mein Ohr, was darauf schließen ließ, daß draußen eine ernsthafte Diskussion im Gange war. Ich trat aus der Küche, um nachzusehen, und fand die Jungen, zu einem Knäuel zusammengedrängt, mitten auf dem Wohnzimmerboden!

DER Ausläufer einer polaren Luftmasse zog vom Yukon her über den Westhang der Rocky Mountains und sank in die Tallagen, deshalb zündete ich die Scheite im Kamin und eine Petroleumlampe an, rückte einen mit Elchleder bespannten Sessel zurecht und machte es mir darin bequem, um einen Abend mit spannender Lektüre zu verbringen. Anfangs jagte das knisternde Feuer den Jungen eine Heidenangst ein, doch die Neugier – eine typische Eigenschaft aller Bären – überwand bald ihre Furcht.

Vorsichtig krochen die drei Knirpse an die Quelle angenehmer Wärme heran. Als dann aber das Gas, das in den Hohlräumen der

Holzklötze eingeschlossen war, mit einem sprühenden Funkenregen explodierte, flüchteten sie quiekend unter die Betten.

Die Angst, die sie vor dem Feuer hatten, war gar nichts im Vergleich zu der, die ich ihnen einflößte. Ich durfte nicht einmal einen Schritt in ihre Richtung machen, ohne daß sie allesamt blitzschnell unter ein Bett flitzten. Die Erinnerung an den Verlust ihrer Mutter und schließlich auch ihrer Pflegemutter mußte noch zu frisch in ihren verwirrten kleinen Gehirnen eingeprägt sein. Irgendwie brachten sie mich und meinesgleichen mit dem verhängnisvollen Verschwinden beider Wohltäterinnen in Verbindung.

DIE Aufgabe, Drillingsjunge zu füttern und vor Unheil zu bewahren, ist mehr als doppelt so schwer wie die Sorge für Zwillinge, weil Drillinge kleiner und empfindlicher sind. Zwillinge ähneln sich oft. Drillinge dagegen können in Größe, Farbe und Wesen ganz unterschiedlich sein. Der Anführer meines Kleeblatts war eine Idee größer als die anderen und eher rostbraun als schwarzbraun gefärbt. Ein winziger weißer Fleck zierte seine Brust. Ich nannte ihn Rusty, teils wegen seiner Färbung, aber auch wegen der schrillen Quieker, mit denen er seinen Befehlen Nachdruck verlieh, wenn er die beiden Schwächeren herumkommandierte.

Kaum verließen die Bären nach ihrer ersten Nacht unter Dach die Hütte, schnappte Rusty so lange nach seinen Geschwistern, bis sie auf die Tanne kletterten. Offenbar wollte er sie in Sicherheit wissen, bevor er die Lichtung hinter der Hütte im Alleingang erkundete. Gleich darauf stieß er jedoch grunzende Laute aus, die seine Geschwister veranlaßten, wieder zu ihm herunterzurutschen. Rusty hatte wohl erkannt, daß ihm doch der Mut fehlte, den geheimnisvollen Hinterhof ohne Geleitschutz zu betreten. Während sie schnüffelnd über ihr neues Terrain stelzten, rief Rustys Quieken, das wie der schrille Ton eines Weidenpfeifchens klang, die beiden kleineren Tiere zur Ordnung, wenn sie sich erdreistet hatten, ihm vorauszulaufen. Ab und zu stellte er sich auf die Hinterbeine und bekräftigte seine Autorität mit wohlgezielten rechten und linken Haken auf die Schnauzen seiner unbotmäßigen Truppe.

Der kleinste Bär war fast tiefschwarz, ein wenig stiller und bedächtiger und stets bereit, sich der Führung von Rusty und seiner Schwester anzuvertrauen. Tolpatschig stieß er überall an und entschloß sich

selten zu etwas – nicht einmal zum Fressen –, ohne sich zuerst nieder-
zusetzen und hinter den Ohren zu kratzen. Genau diese Gewohnheit
brachte mich schließlich auf den Namen „Scratch", was soviel wie
„Kratzer" bedeutet. Das mittlere Bärchen war ein Bärenmädchen,
zierlicher als seine Brüder und nicht so tapsig und ungeschickt. Ihr Fell
hatte durch die grauen Haarspitzen eine aschfarbene Tönung, so daß
sie aussah, als hätte sie sich im Staub gewälzt. Ich nannte sie „Dusty" –
„Stäubchen".

In der ersten Woche kam die alte Bärin jeden Abend gegen sechs
Uhr an den Waldrand, rief die Jungen, hielt eine hastige Besprechung
ab und schickte sie wieder zur Hütte. Dann trottete sie auf dem Wildpfad zurück in die Wildnis. Nach dem siebenten Tag sahen wir sie nie
wieder.

Ich maß ihren Besuchen nicht viel Bedeutung bei, bis ein Indianer
namens Charley Thwaite, der Bäume
entrindete, sein Boot am Landesteg
festmachte und zur Hütte heraufkam,
um bei mir zu übernachten. Auf
meiner Suche nach Gold hatte ich
bereits viele Indianer aus verschiedenen Stämmen kennengelernt.
Diese unkomplizierten und
grundanständigen Menschen
lehrten mich damals nicht nur
die Kunst der Jagd, um in den
Wäldern zu überleben. Sie
gewährten mir auch ihre
Gastfreundschaft, stellten
mir ihre Werkzeuge zur
Verfügung, zeigten mir,
wo ich nach Gold su-
chen mußte, und schaff-
ten häufig meinen Nah-
rungsmittelnachschub
über vom Sturm auf-
gewühlte Seen und
heimtückische Strom-
schnellen herbei. Als

ich Charley die Ereignisse der Woche erzählte, sagte er: „Eine Bärenmutter, die ihre Jungen aus irgendeinem Grund im Stich läßt, kommt
fast immer, um nach ihnen und der Adoptivmutter zu sehen. Sie
nimmt ihre Kinder wieder mit, wenn sie nicht zufrieden ist. Du
scheinst die Probe bestanden zu haben, Bob. Was wirst du nun tun?"

„Habe ich eine Wahl?" fragte ich. „Ich kann die Kleinen doch nicht
den Pumas und Wölfen ausliefern."

„Es wird Schwierigkeiten geben", warnte Charley. „Für dich und
für die Bären. Der Mensch kann nicht leben wie ein Bär. Und ein Bär
kann nicht leben wie ein Mensch."

Die Jungen weigerten sich, ihren Baum zu verlassen, bis Charley
am nächsten Morgen weitergefahren war.

ERST am neunten Abend, als ich vor dem breiten offenen Kamin saß,
lernte ich, was kleine Bären außer Futter, Obdach und Schutz noch
benötigen. Ich las bei Lampenschein, während der Regen gleichmäßig
auf das Schindeldach trommelte. Dusty und Scratch hielten links und
rechts an den größeren Bruder gekuschelt ein Nickerchen vor dem
Feuer.

Rusty schlief nicht, sondern schaute mich forschend an. Nach einer
Weile erhob er sich und tappte bedächtig zu meinem Stuhl. Seine
Kühnheit veranlaßte die beiden anderen, jeweils ein Auge zu öffnen
und die weitere Entwicklung der Dinge gespannt zu verfolgen. Rusty
richtete sich auf, legte beide Vorderpfoten auf mein Knie und piekste
mich mit seinen Krallen, um meine Aufmerksamkeit zu erregen. So
blieb er stehen und fixierte mich stumm.

Hochgereckt maß der Bärenknabe fast sechzig Zentimeter. Langsam schob ich ihm die offene Handfläche vor die Nase. Als er mir die
Finger leckte, war ich überrascht über die Rauheit seiner Zunge. Ich
strich ihm über die Schultern. Es war das erste Mal, daß ich eines der
Jungen berührte. Einen Moment war ich fast erschrocken, wie derb
sich sein Fell anfühlte. Als ich ihm den hündchenähnlichen Kopf
kraulte, lehnte sich der kleine Kerl zurück und bettelte unmißver-
ständlich, daß ich ihm half, sich auf meinen Schoß hinaufzuziehen.
Dort drehte er sich ein paarmal um sich selbst, stieß einen tiefen Seufzer aus und legte sich endlich so nieder, daß er meinen Gesichtsausdruck studieren konnte.

Vor Verwunderung über seine Unverfrorenheit wackelten Dusty

und Scratch mit dem Kopf. Dann erhob sich auch Dusty, schlenderte herüber, kletterte wie ein Affe an meinem Bein hoch und beanspruchte ein Drittel des Platzes auf meinem Schoß für sich. Bevor Scratch sich ebenfalls aufmachte, um sich zu seinen Geschwistern zu gesellen, setzte er sich kurz hin und kratzte sich mit der Tatze das Genick.

Als meine drei Belagerer und ich gegenseitig unsere Mienen erforschten, suchte ich in jedem Paar fragend blickender Äuglein nach einem Ausdruck des Akzeptiertseins. Und schließlich war ich mir ganz sicher: An diesem Abend hatte ein neues Kapitel in unseren Beziehungen begonnen, der Anfang eines Freundschaftspakts zwischen Mensch und Tier.

2

ALS Jungtiere waren Rusty, Dusty und Scratch die fröhlichsten Geschöpfe, die mir je begegnet sind. Die ersten Tage nach dem tragischen Verlust ihrer gewohnten Geborgenheit waren noch voller Ängste und Verwirrung gewesen, danach aber zeigten sie bei neuen Erfahrungen stets eine bemerkenswerte Anpassungsfähigkeit und Begeisterung. Doch ich weiß, daß sie ihre Mutter nicht vergessen hatten, denn manchmal kletterten sie auf die große Tanne, spähten sehnsüchtig auf den See hinaus und jammerten leise. Sie schienen zu spüren, daß etwas ganz Besonderes aus ihrem Leben verschwunden war.

Mit jedem Tag gewannen die Jungen größere Bedeutung für mich. Ihre anfängliche Furcht und Zurückhaltung wichen einem heftigen Bedürfnis nach engem körperlichen Kontakt mit mir, und ich konnte nicht oft genug mit den Fingern durch ihr dichtes Fell streichen, wenn sie mit mir in dem großen, aus Weidenruten und Elchlederriemen geflochtenen Sessel saßen.

Aber ich hütete mich vor jeder Handlung, die sie zu Haustieren gemacht hätte. Eine Art Herr-und-Hund-Verhältnis oder die Forderung blinden Gehorsams schien mir mit gegenseitiger Achtung unvereinbar. Als Kind hatte ich von meinem indianischen Vater gelernt, daß es ein grober Fehler ist, ein Tier erziehen zu wollen, indem man es bedroht oder ihm als Strafe Schmerz zufügt. Man verstärkt dadurch nur die Eigenschaft, die man mildern möchte.

Das oberste Gebot in meinem Verhalten gegenüber den Jungen sah ich darin, dafür zu sorgen, daß sie in ihrem natürlichen Lebensraum von fremder Hilfe unabhängig wurden, damit sie gedeihen konnten, wenn ich nach Kalifornien zurückkehrte. Sie mußten die Gesetze der Natur lernen, denn diese rottet sehr schnell jede Kreatur aus, die gegen ihren komplizierten Kodex verstößt.

Um das Vertrauen zu rechtfertigen, das die alte Bärin in mich gesetzt hatte, beschloß ich, den Jungen zuliebe am Morgen auf das Goldwaschen zu verzichten und sie statt dessen regelmäßig auf Futtersuche zu führen. Ich mußte sie lehren, Maden zu finden und Wühlmäuse und Lemminge zu fangen, indem ich ihnen zeigte, wie man Steine umdrehte, die Rinde von umgestürzten Bäumen riß und die allgegenwärtige Torfmoosdecke anhob.

Nicht ganz einen Kilometer weiter unten am Babinesee gab es ein Moor, wo die Bärenkinder auf der Suche nach Iriswurzeln und Lilienzwiebeln stundenlang durch das Sumpfgras pflügten. Mitte Juli wurden die wilden Erd- und Stachelbeeren reif und zuckersüß, und auch Kresse und Kräuter trugen viel dazu bei, die sich erweiternden Mägen der Jungen zu füllen. Anfang August erstreckte sich unser Futterrevier auf ein kreisförmiges Gebiet von gut acht Kilometer Durchmesser.

Nach dem allmorgendlichen Verpflegungsmarsch verbrachten die Jungen den Nachmittag in der Nähe meiner Waschrinne, schlugen Purzelbäume im Schilf, katapultierten sich über die schlüpfrige Böschung hinunter, balgten sich, schwammen und verschlangen Elritzen und Kaulquappen. Trotz ihrer Verspieltheit nahmen sie das Baden sehr ernst. Sie schienen zu begreifen, daß kein Parasit langes Untertauchen überleben konnte. Zecken, Flöhe und sonstiges Ungeziefer lösten sich ab und kamen nach einigen Minuten unter Wasser an die Oberfläche. Dann schwammen die von ihren unerwünschten Gästen befreiten Bären die Mündung des Nugget Creek hinauf und stellten sich mit voller Absicht zum Trockenschütteln neben mich, damit sie mich so richtig naßspritzen konnten.

Aus praktischen Gründen brachte ich ihnen bei, auf ihre Namen zu hören. Als ich sie von meinen schwindenden Vorräten an Milch und Getreide entwöhnen wollte, stellte ich ihre Schüsseln an den Rand des Küchentisches. Aus dem heulenden, sich balgenden Knäuel zu meinen Füßen rief ich dann Scratch. Obwohl er zuerst nicht reagierte, lernte er bald, auf meinen Ruf zu achten und seinen Napf in Empfang zu nehmen. Dusty kam immer als zweite dran, was Rusty ziemlich verdroß. Da er der Anführer der Bande war, dachte er, es stünde ihm zu, bei allem der erste zu sein. Schließlich kam jeder Bär, wenn ich ihn rief, selbst wenn ich die Reihenfolge der Namen änderte.

Ich nahm an, daß die Jungen im Januar geboren worden waren; jetzt, mit sieben Monaten, hatten sich ihr Sehvermögen, ihr Gehör und ihr Geruchssinn zu voller Schärfe entwickelt. Eines Morgens, als wir auf Futtersuche über einen Hang streiften, rasten alle drei plötzlich auf mich zu. In dem wahnwitzigen Bemühen, auf meine Schultern zu gelangen, zerfetzten sie mir die Kleider und kratzten mir Beine und Rücken blutig. Wie meistens in der Wildnis, war auch diese Notlage überraschend schnell eingetreten. Die schmerzhaften Schrammen, der Lärm und der überfallartige Ansturm verlangsamten überdies meine Reaktionszeit.

Von ihrem wackligen Hochsitz aus starrten die schnaubenden Jungen gespannt auf ein Espendickicht. Sekunden später stürzte ein ausgewachsener Bär heraus und verkündete brüllend seine Mißbilligung darüber, daß wir in sein Revier eingedrungen waren. Mühsam hielt ich unter der Last der zappelnden Pelzkugeln mein Gleichgewicht und rief mir ins Gedächtnis, daß sich ein Bär, wenn er Jungvolk seiner Sippe wittert, angeblich sofort aus dem Staub macht, weil er fürchterliche Vergeltungsmaßnahmen der stolzen Frau Mama ins Kalkül ziehen muß. Auch die These, daß erwachsene Bären kurzsichtig sind, muß stimmen, denn als dieser unseren Geruch in die Nase bekam, stieß er ein markerschütterndes Gebrüll aus, warf sich herum und floh über den Hügel. Um eine zweite Kratzorgie zu vermeiden, legte ich mich vorsichtshalber lieber ins Heidekraut und erleichterte so den Rackern den Abstieg.

Noch tagelang nach der Begegnung mit dem großen Bären zerbrach ich mir den Kopf darüber, wie ich die Jungen lehren könnte, schleunigst auf einen Baum zu flüchten, sobald wir auf Todfeinde wie Wölfe oder Elchbullen trafen. Viele Stunden überlegte ich, welche Methode wohl eine Bärenmutter angewandt hätte, um ihre Sprößlinge auf einen Baum zu jagen und dort festzunageln, bis die Gefahr vorbei war. Eines Morgens kam mir dann zufällig die Erleuchtung. Wir durchstreiften einen Teil unseres Reviers, wobei unser Weg am Seeufer entlangführte, als eine Elchkuh unmittelbar vor uns aus einem kleinen Geländeeinschnitt trat. Die entsetzten Jungen stürmten auf

mich zu, um sich wieder auf meine Schultern zu schwingen. Ich ließ
meinen derben Bergstock fallen, klatschte direkt vor ihren Nasen in
die Hände und schrie gellend: „Baum!" Rusty und Dusty gehorchten
augenblicklich, nur Scratch verlangte mit schrillem Gekreisch, von
mir hochgenommen zu werden. Schließlich folgte er aber doch seinen
Geschwistern, um sich in Sicherheit zu bringen. Von da an war Hän-
deklatschen und das Kommando „Baum!" für das Trio das Signal, so
schnell wie möglich den höchsten verfügbaren Ast zu erklimmen. Als
die Elchkuh weitergetrottet war, holte ich meine Schützlinge wieder
herunter, indem ich sie beim Namen rief. So einfach war das.

    Am nächsten Morgen hoben wir auf einer Wiese die Decke von
Wühlmausgängen ab. Plötzlich schossen mit drohendem Fauchen
zwei große Dachse aus einem moosgetarnten Hinterhalt hervor und
auf die Bären zu, die vor Schreck auseinanderstoben.

    „Baum!" schrie ich und klatschte in die Hände, als die Flüchtenden
schon fast den Waldrand erreicht hatten. Rusty und Dusty kamen der
Aufforderung nach, aber Scratch machte kehrt und rannte zu mir. Die
Dachse schnitten ihm den Weg ab, sprangen dem verängstigten Kleinen an die Gurgel und waren im Begriff, ihm den Garaus zu machen,
als ich ihm mit meinem Bergstock zu Hilfe kam und die Angreifer vertrieb. Statt dem Impuls nachzugeben, den blutenden Dummerjan tröstend an mein Herz zu drücken, klatschte ich in die Hände und befahl
unerbittlich: „Baum!" Auch als er schon längst bei seinen Geschwistern war, flehte der kleine Bursche noch schluchzend von einem Ast
herab um mein Mitgefühl.

    Ich begann mir einfache Vorhaben auszudenken, die uns alle vier bei
der Nahrungssuche, der Verteidigung und der Erholung vereinten.
Manchmal waren meine Erziehungsversuche allerdings von vornher-
ein zum Scheitern verurteilt. Wenn wir beispielsweise nur eine einzige
Maus oder lediglich einen Pilz fanden, vergaßen meine Schützlinge
alles, was ich ihnen über das gerechte Teilen von Nahrung beigebracht
hatte. Standen dagegen eine ganze Anzahl Beeren oder vier Pilze zur
Verfügung, ließen sich die Jungen mein Beharren auf eine gerechte
Aufteilung der Köstlichkeiten gefallen. Sie wurden immer eifriger
bestrebt, mein Wohlwollen zu erringen, und übertrafen dabei, wie
mir schien, jeden Hund.

    Waren sie sich selbst überlassen, während ich ein paar Gramm Gold
aus Pfanne oder Waschrinne klaubte, trieben sie nichts als Unfug,

sprangen wie Gummibälle von einem Baumstumpf zum anderen, rollten als knurrende Pelzkugeln die steile Böschung hinunter und trugen unter Gejaule und Gefauche Meinungsverschiedenheiten aus. Sie versuchten, mich in ihre Späße oder Streitigkeiten mit einzubeziehen, und im Lauf der Zeit wurde es immer schwieriger für mich, bloß Zuschauer zu bleiben, wenn sie mich nachdrücklich aufforderten, an ihren Spielen teilzunehmen.

Es lag nie in meiner Absicht, sie zu verhätscheln. Ich sah meine Aufgabe darin, ihnen als „großer Bruder" beizustehen, bis sie erwachsen waren. Daher bemühte ich mich, die strenge Disziplin einer Bärenmutter soweit als möglich aufrechtzuerhalten. Beim Spielen erlaubte ich ihnen, sich nach Herzenslust auszutoben, aber vorsätzlichen Ungehorsam ließ ich nie durchgehen. Nach Ansicht der Indianer führte ich ein strengeres Regiment als jede Bärin. Wenn die drei kleinen Banditen eine grobe Verfehlung begangen hatten, krochen sie leise winselnd und um Gnade heischend auf mich zu. Ich bin sicher, daß sie eine Bestrafung erwarteten, weil Bären sowohl eine Beleidigung als auch ein Unrecht bitter übelnehmen. Im allgemeinen bestrafen sie auch Missetäter aus den eigenen Reihen.

DIE Knirpse verbrachten Stunden damit, Maden, Käfer, Ameisen, Bienen und was sonst noch alles krabbelte oder flog, zu jagen und zu verschlingen. Dusty war das bei weitem aufmerksamste und angriffslustigste Mitglied des Trios. Als sie einmal ein Wespennest entdeckte, das von der Unterseite eines Erlenastes hing, verleitete sie Scratch dazu, auf den Baum zu steigen, um es herunterzubefördern. Scratch brachte es mit dem dritten Tatzenhieb zu Fall, aber zuvor stachen ihn die wütenden Nestinsassen in Ohren und Schnauze. Während er schreiend vor Schmerz auf der Erle hockte, fraßen Rusty und Dusty nicht nur die restlichen Wespen, sondern vertilgten auch den Großteil des trichterförmigen Miniaturstaates.

Als ich Scratch lauthals auslachte, weil er so unbedarft in sein Unglück gestolpert war, vergaß er sein Elend, stieg vom Baum und kam mit seinen Geschwistern auf mich zu. Im Chor knurrten sie mich an und schüttelten dazu die Köpfe. Danach machte ich mich nie mehr über einen Bären lustig.

Ich möchte keineswegs den Eindruck vermitteln, daß Bären nicht „lachen", weil ich nämlich glaube, daß sie es tun. Die drei Schlitzohren

suchten absichtlich Unterhaltung, die Mensch und Tier gleicherma-
ßen amüsierte. Dompteure behaupten, Bären seien nicht nur leichter
abzurichten als Affen, sondern auch zuverlässiger bei der Ausführung
von komplizierteren Kunststücken. Ich wunderte mich stets von
neuem über die Gelehrigkeit der Jungen. Kein Tag verging ohne herz-
haftes, schallendes Gelächter – Gelächter mit den Bären, nicht über sie.
Sie hatten ein sehr feines Gespür für diesen Unterschied.

ANFANG August hatten wir fast einen Monat lang keinen Regen
mehr gehabt. Eßbare Pilze, normalerweise um diese Jahreszeit im
Überfluß vorhanden, waren nicht mehr zu finden. Beeren gab es noch
in Hülle und Fülle, aber Wurzeln und Knollen ließen sich durch die
zunehmende Trockenheit des Bodens immer schwerer ausgraben.
Wir mußten ein größeres Gebiet absuchen, was natürlich bedeutete,
daß wir die Futterreviere anderer Tiere plünderten. Da die Natur den
Tisch im Tal des Nugget Creek am reichsten deckte, stapften wir eines
Abends am Flußufer durch dichtes Brombeergestrüpp und Erlenge-
hölz zum Biberdamm hinauf. Ein halbes Dutzend Biber, die gerade
junge Weidenschößlinge ernteten, begaben sich schwimmend in den
Schutz ihrer Inselburg. Die Jungen faßten diesen Rückzug als Heraus-
forderung auf, hopsten ins Wasser und schwammen ebenfalls zur
Insel.

Als die Biber in Deckung blieben, kam das Bärentrio zu dem
Schluß, daß es viel lustiger sei, die hier heimischen Süßwasserlachse
rund um den gestauten Teich zu scheuchen. Es dauerte nicht lange, bis
jeder Bär tropfnaß an einer seichten Stelle saß und sich einen Blaurük-
kenlachs zu Gemüte führte.

Am nächsten Morgen war ich mit der Zubereitung meines Früh-
stücks beschäftigt, als draußen ein Tumult losbrach. Ich rannte zur
Rückseite der Hütte, um nachzusehen, wer wen attackierte. Die Bären
hockten auf dem untersten Ast ihrer Lieblingstanne und machten kreischend ihrer Empörung Luft, während der größte Biber, den ich je
gesehen habe, auf seinen Schwanz gestützt aufrecht dastand und die
aufgebrachten Jungen anpfiff. Als ich mich näherte, wandte er sich
gelassen, und ohne das Gleichgewicht zu verlieren, in meine Richtung
und knirschte laut mit den Zähnen. Endlich verzog er sich über den
Pfad zum Nugget Creek hinunter. Ich beobachtete ihn vom Ufer aus,
wie er langsam die Reise flußaufwärts zu seinem Königreich antrat.

Als ich später den gestauten Flußabschnitt betrachtete, begriff ich den Grund für seine Erregung. Wegen der Trockenheit war der Wasserspiegel unter die normale Höhe gesunken. Wenn wir weiterhin die Reviere anderer Tiere betraten und ihnen die immer karger werdende Nahrung stahlen, mußten wir damit rechnen, daß man uns den Krieg erklärte.

An diesem Abend stimmten die Frösche statt ihrer gewohnten Tenorarien nur kurze, einfache Baritonlieder an. Ihr rhythmisches „Dschaggaram, dschaggaram" klang wie ein eintöniger Refrain. In Zeiten der Dürre quakte ihr Chor immer in einer tieferen Tonlage. Als wir in der lauen Dämmerung auf der Veranda saßen und zum sternenfunkelnden Firmament aufblickten, wurde mir bewußt, daß wir uns tatsächlich auf dem Grund eines Stromes von heißer, trockener Luft, die nach Norden floß, befanden. Ihr Sog erfaßte unzählige abgestorbene Blätter, wirbelte sie hoch und trug sie davon.

Tags darauf ging ich zum Fluß, um frische Fische zum Frühstück zu angeln, aber wegen der erstickenden Schwüle wollten weder Forellen noch Hechte oder Lachse beißen. Der Nugget Creek hat keine Gletscher, die ihn speisen, und als Folge der geringen Schneefälle in vier aufeinanderfolgenden Wintern war der Wasserspiegel für die Jahreszeit ungewöhnlich niedrig. Falls der Fluß einmal völlig austrocknete, würde der Kreislauf des Lebens bei all den Geschöpfen, die im Wasser und an den Ufern beheimatet waren, für Generationen gestört sein.

Da Mäuse, Wühlmäuse und Lemminge auf den verdorrten Wiesen keine Nahrung fanden, verschwanden sie aus unserem Revier. Wurzeln wurden zäh und hart. Beinah über Nacht stellten sich die Jungbären darauf um, mit den verbliebenen Büscheln von Büffelgras, Binsen und Teichkolben vorliebzunehmen.

Je länger die Dürre dauerte, desto knapper wurde das Angebot an Nahrung. Die meisten Bären hatten das Gebiet bereits verlassen und waren in das feuchtere Tal des Fraser River gezogen. Ihre Flucht vor dem drohenden Hunger barg jedoch die Gefahr in sich, den Jägern vor die schweren Büchsen zu laufen. Viele Hirsche und Elche zogen in die ergiebigeren Weidegründe jenseits der Ominecakette, und ihr räuberisches Gefolge, die Wölfe und Kojoten, begann ihnen nachzuschleichen.

Eines Vormittags bekam ich einen gewaltigen Schreck. Bei der

Futtersuche liefen Rusty und Dusty immer etwas voraus. Nur Scratch blieb oft zurück, schlenderte ziellos umher, spielte mit Steinen oder jagte einen Schmetterling, obwohl er genau wußte, daß es ihm nicht gelingen würde, ihn zu fangen. An jenem Tag nun wollten Rusty, Dusty und ich uns eben aus einem Espendickicht nahe einem Bergkamm auf eine braun verfärbte Wiese hinunterbegeben, als ich plötzlich die flach angelegten Ohren eines Pumas zucken sah, der sich im Schutze eines Gebüsches an den wie gewöhnlich hinterhertrödelnden Scratch heranpirschte. Ich wußte, daß es verhängnisvoll sein würde, Rusty und Dusty auf einen Baum zu schicken, während ich ihrem Bruder zu Hilfe eilte. Die große Katze konnte besser klettern als die Jungen. Also machte ich kehrt, um Scratch zu warnen, und schrie mir vor lauter Aufregung fast die Seele aus dem Leib, als ich die beiden anderen Bären zusammentrieb und vor mir herscheuchte. Im Sturmschritt legten wir fast den ganzen Heimweg zurück. Ich zog meine Lehre aus dem Erlebnis und verließ nie wieder ohne Red Ferns Gewehr die Hütte.

Als ein alter Luchs und ein ausgehungerter Kojote anfingen, unser Domizil zu umkreisen, ermutigte ich die Jungen, natürliche Gefahrensignale zu verwenden, die ich nachahmen konnte. Zu diesem Repertoire gehörten ein tiefes Knurren, wiederholtes Fauchen, Zähnefletschen, regungsloses Verharren sowie die aufrechte Haltung mit gesenkten Armen, wobei die Innenseite der Tatzen nach vorn gekehrt war – die Kampfstellung der Bären. Ich paßte auf, ob sie auch andere Zeichen gaben, wie zum Beispiel mit den Pfoten zu scharren oder auf die Erde oder an einen Baum zu schlagen.

Nach diesem Training mußte ich annehmen, daß Rusty eine dringende Botschaft für mich hatte, als er eines frühen Morgens in die Hütte stürzte, durch Trommeln versuchte, meine Aufmerksamkeit auf sich zu lenken, und dazu unverständliche Laute gurgelte. Und da ich die Signale der Jungen niemals unbeachtet ließ, folgte ich ihm ins Freie.

Als wir die Lichtung hinter der Hütte erreicht hatten, fuhr mir ein Windstoß ins Gesicht. Der trockene, aus Südwesten heranbrausende Chinook brachte den stechenden, unheilverheißenden Geruch brennender Kiefern mit sich. Jetzt war mir Rustys Botschaft klar: Irgendwo stand der Wald in Flammen!

DER Nugget Creek führte nun so wenig Wasser, daß die Forellen, schon halb auf dem Trockenen zappelnd, verzweifelt zum See flüchteten. Die Lachse starben, bevor sie laichen konnten, und vor der Flußmündung wimmelten ganze Lachsschwärme, die den Weg flußaufwärts nicht mehr schafften.

Gewitterwolken türmten sich über den Osthängen der Babineberge, und grelle Blitze zuckten in die Düsternis des Waldes, der einem Pulverfaß glich. Die Feuerfront verlief südwestlich des Sees, und der Rauch raste auf dem Rücken des keuchenden Chinook in unsere Richtung. Flockige weiße Asche senkte sich wie ein Leichentuch auf den Boden herab und drang allmählich auch in die Hütte ein.

Ich konnte nur beten, daß die mächtige Wolkenbank Regen bedeutete. Ohne mir viel davon zu versprechen, schnitt ich Gestrüpp und dürres Gras rings um die Hütte ab und verbrannte alles.

Am nächsten Tag um die Mittagszeit rieselte überhaupt kein Wasser mehr durch das Flußbett. Die Gewitterwolken hatten sich aufgelöst, aber zuvor hatten Blitze neue Brände entzündet. Wenn der Wind nicht umsprang, befanden wir uns unmittelbar in der Bahn des nur noch fünfzehn Kilometer entfernten Feuers, das jahrhundertealtes Waldland vernichtete und jeder Kreatur einen furchtbaren Tod in Glut und Rauch brachte. Ich packte mein Kanu mit Notvorräten voll, und als der Chinook sich vorübergehend legte, schleppte ich in Kübeln feuchten Sand herbei, den ich über das Dach der Hütte verteilte.

Die graublauen Rauchfahnen stiegen nun kerzengerade in die Höhe und spien uns nicht mehr direkt ins Gesicht. Von einer inneren Unruhe gepackt, kletterten die Bärenjungen auf einen Baum nach dem anderen oder scharrten knurrend die Erde unter den Außenwänden fort, als wollten sie die Hütte unterhöhlen.

Plötzlich fiel mir etwas ein. Drei Vogelfamilien mit Nestlingen befanden sich in höchster Gefahr. Schnell verwahrte ich die Bären hinter Schloß und Riegel.

Den ganzen Sommer über hatte ich in unserem Revier jeden Busch und jede Wiese nach bewohnten Vogelnestern abgesucht. Die meisten Arten waren bis Mitte August schon flügge, aber im dürren Gras der oberen Wiese gab es noch ein Nest mit Ohrenlerchen, und vier kleine, zum Fliegen noch zu junge Wanderdrosseln saßen in einem Nest auf einer nahen Pappel. Eine hilflose Familie von Einsiedlerdrosseln in einem Stachelbeerstrauch im Süden der Hütte war dem Feuer noch näher.

Ich griff mir einen Pappkarton aus dem Werkzeugschuppen und rannte los, doch als ich ankam, stand der Strauch bereits in Flammen. Die Drosseleltern hatten gerufen, bis ihre Stimmen heiser klangen; ich konnte sie noch über dem Tosen des heranbrausenden Waldbrands hören. Die Hitze begann mir Gesicht und Hände zu versengen, und wie die Vogeleltern war ich gezwungen, mich zurückzuziehen.

Ich lief zu der höher gelegenen Wiese. Als ich im hohen Gras niederkniete, flogen die Lercheneltern herbei und setzten sich auf den Nestrand, wie es die Gewohnheit dieser törichten, freundlichen kleinen Vögel war. Alle sechs Familienmitglieder starrten zu mir auf. Ich nahm das Nest und trug es hastig zu einer großen, offenen Kiesfläche, wo ich es in einem Grasbüschel versteckte. Die Eltern folgten mir. Als ich ging, sangen sie den Nestlingen ein Schlummerlied. Wenn sie die Hitze und den Rauch überstanden, würden sie am Leben bleiben.

Auch bei den Wanderdrosseln war die Not groß. Im Tal bestand der Laubwald aus Pappeln, Weiden und Hartriegel, die viel langsamer brannten als die harzreichen Nadelbäume auf den Berghängen, aber die Schlucht sorgte wie der Schornstein eines Kamins für einen ständigen Luftstrom, der den Flammen Sauerstoff zuführte.

Die Wanderdrosselmutter lag tot am Fuß der Pappel unmittelbar unter dem Ast mit dem Nest. Offenbar hatte sie zuviel Rauch eingeatmet. Das Männchen war entweder geflüchtet oder anderswo zugrunde gegangen. Ich sprang hoch, packte das Ende des Astes, nahm das Nest mit den vier halb betäubten Jungen und legte es in den Karton. Die brennenden Baumwipfel hatten den Sauerstoffvorrat in der Schlucht schon fast aufgezehrt, und ich fühlte mich benommen, als ich den beschwerlichen Rückweg durch das Flußbett antrat. Als ich auf die Veranda stolperte, blickten mir die bekümmerten Clownsgesichter von Rusty, Dusty und Scratch hinter der Fensterscheibe entgegen. Ich hatte sie noch nie eingesperrt und allein gelassen.

Der Brand war mittlerweile höchstens noch einen Kilometer von der Hütte entfernt. Ich mußte die Jungbären und die Wanderdrosseln in das Kanu verfrachten und sofort mit ihnen den See überqueren. Da es vor zehn Uhr abends nicht dunkel wurde, blieben mir noch zwei volle Stunden bei Tageslicht.

Ich scheuchte die Bären zum Seeufer, wo wir das wahrscheinlich erschütternste Schauspiel sahen, das die Natur zu bieten hat. Soweit ich das überblicken konnte, raste eine Horde flüchtender Tiere, die das Feuer vor sich hergetrieben hatte, in wilder Panik am Wasser entlang. Irr vor Entsetzen rannten Raub- und Beutetiere Seite an Seite dahin. Das Kitz lief am Puma vorbei, ohne daß einer den anderen beachtete. Hase und Luchs, Elchkalb und Wolf – alle suchten verzweifelt nach ihren Familien. Ein Kojotenweibchen kroch vorüber, das Fell versengt und die Haut mit Blasen übersät. Für sie gab es keine Hoffnung mehr. Ich erlöste sie mit einem Schuß aus dem Gewehr. Dann verstaute ich die Bärenjungen und die Vögel im Boot und machte mich auf zum jenseitigen Ufer.

Als die Hitze, die das Feuer ausstrahlte, zunahm, stürzten sich Hirsche, Elche und ein Grisly in den See, um ihn schwimmend zu überqueren. Weiter draußen zeichneten sich in der frühen Abenddämmerung dunkle Punkte ab, die wie Korken auf dem Wasser tanzten – die Köpfe anderer Kreaturen, die mit letzter Kraft um ihr Leben kämpften. Während ich paddelte, hielt ich scharf Ausschau nach den Erschöpften, entdeckte ein Eichhörnchen, ein Hirschkalb und ein Wolfsjunges auf der blassen, quecksilberartigen Oberfläche und nahm sie auf. Als ich das knurrende Wölflein an Bord zog, erschrak das Kalb so sehr, daß es über den Rand des Kanus fiel und ertrank, bevor ich ihm zu Hilfe kommen konnte.

Sobald ich das Ostufer erreicht hatte, ließ ich die matten Flüchtlinge frei, die nur höchst ungern aus dem schützenden Boot stiegen. Dann baute ich über dem Karton mit den jungen Wanderdrosseln eine Pyramide aus schweren Steinen, entlud das Kanu, ließ es wieder zu Wasser und machte mich auf die Suche nach weiteren verzagten Schwimmern. Am seltsamsten war die Rettung eines ausgewachsenen Baumstachlers. Er schwamm begierig auf das Kanu zu, war aber nicht imstande, den glatten Rumpf hinaufzuklettern. Da ich mich scheute, eine Hand unter den schwimmenden Kaktus zu schieben, streckte ich ihm das Blatt des Paddels hin, an das er sich mit Zähnen und Klauen klammerte, bis ich es schaffte, das fast neunzig Zentimeter lange Tier hereinzuheben.

Ich fischte noch zwei Eichhörnchen, einen Waschbären und ein

Karibukalb auf. Vor Erschöpfung hoben sie alle nicht einmal den Kopf vom Boden. Auch diesmal gingen die Tiere nur widerwillig an Land. Der Baumstachler blieb sogar die ganze Nacht in seinem ans Ufer gezogenen Asyl.

Jenseits des Sees schlugen die zuckenden Feuerlohen turmhoch gen Himmel. Es war ein Anblick von schrecklicher Schönheit. Eine Stunde lang saßen die Bären und ich am Ufer und betrachteten reglos den flackernden Horizont und sein grotesk verzerrtes Spiegelbild auf dem See. Dann fütterte ich die Wanderdrosseln und bereitete einen Topf Haferbrei für die Bären zu, die nicht einmal eine Katastrophe solchen Ausmaßes von der ihnen heiligen Handlung des Fressens abhalten konnte. Ich selber hatte keinen Appetit.

Es war eine Nacht, in der ich kaum Ruhe fand. Ich breitete den Schlafsack aus und legte mich mit den Jungen darauf, aber die Erinnerung an die Schrecken des Tages war noch zu lebendig. Die nach wie vor ankommenden Tiere riefen flehend nach ihren Gefährten und Jungen oder schrien vor Schmerzen, als die betäubende Wirkung des kalten Wassers auf ihre Brandwunden nachließ. Gegen drei Uhr morgens senkte sich der Rauch auf den See und türmte sich am Ostufer auf, wo wir hustend und niesend die Dämmerung erwarteten. Mehlfeine Asche bedeckte die Landschaft wie eine dünne Schicht Schnee.

Ich schrieb die Tatsache, daß ich die Sonne nicht aufgehen sah, den schweren Rauchschwaden zu, aber als es hell genug wurde, erkannte ich, daß der Himmel sich mit Wolken überzogen hatte. Ein anhaltender, heftiger Regenschauer löschte bald die letzten schwelenden Glutherde und wusch die Luft rein von dem erstickenden Qualm.

Während ich das Kanu wieder belud, um zur – hoffentlich nicht niedergebrannten – Blockhütte zurückzufahren, wurde ich Zeuge der Tragödie, die jeder Waldbrand mit sich bringt. Die am Ostufer des Babinesees heimischen Raubtiere lauerten mit funkelnden Augen, um unter den verstörten Flüchtlingen, die sich, vom Schwimmen entkräftet, an Land schleppten, reiche Ernte zu halten. Ich beobachtete, wie ein ermatteter Maultierhirsch mühsam den Fuß eines felsigen Hanges erklomm. Als er sich umdrehte, sah er sich drei Wölfen gegenüber. Sie kreisten ihn ein und griffen ihn abwechselnd an, um ihn zu schwächen. Ehe ich einschreiten konnte, wandte der Hirsch ganz kurz den Kopf, und diese Sekunde der Unachtsamkeit genügte den Wölfen, um ihrem Opfer gleichzeitig an die Kehle zu springen.

Eine weitere Auswirkung des Feuers offenbarte sich in der großen Zahl der Tiere, die tot auf dem Wasser trieben. Von den winzigen Spitzmäusen bis zu Weißwedelhirschen und Karibus waren alle durch die Überanstrengung, den Schock oder die Folgen von Brandwunden jämmerlich ertrunken. Auf dem Westufer häuften sich die Kadaver jener Tiere, deren Kraft und Wille schon mit dem Erreichen des Sees verbraucht gewesen waren.

Zu meiner Erleichterung stellte sich heraus, daß die Hütte unversehrt geblieben war. Am Nachmittag lud ich Red Ferns Gewehr und ging im Regen durch den stillen, verwüsteten Wald, um festzustellen, ob in einer Schlucht oder Rinne noch verletzte Tiere lagen. Auf der Kiesfläche fand ich die Familie der Ohrenlerchen erstickt in ihrem Nest. In dem aschenen Schweigen regte sich kein Hauch von Leben mehr. Sogar die Gerüche waren die eines Totenreiches. Der Wind pfiff klagend durch die Baumgerippe, und so weit das Auge reichte, bot sich ein Bild brandgeschwärzter Zerstörung.

Auf dem Rückweg zur Hütte beschloß ich, nach Topley Landing aufzubrechen, sowie der Regen nachließ. Es gab keinen Grund, noch zu bleiben. Der Fluß würde wohl erst im nächsten Frühling wieder Wasser führen, und die jungen Bären konnten in dieser schauerlichen Ödnis von Asche und verkohltem Holz unmöglich Nahrung finden.

Bei dem nun einsetzenden stürmischen Wetter wagte ich mich jedoch nicht mit dem Kanu fast neunzig Kilometer weit über den offenen See. Man brauchte nicht viel Phantasie, um sich auszumalen, wie gering meine Chancen waren, Topley Landing heil zu erreichen – noch dazu mit vier Wanderdrosseln, die unaufhörlich nach ihren Eltern riefen, und drei Bärenjungen, die sich einen Spaß daraus machten, absichtlich das Boot zu schaukeln.

NACH einer Woche waren das Ufer wieder sauber und der Gestank verschwunden – beinahe so, als wäre die Gegend erneut zum Leben erwacht. Die Kadaver waren von vorüberziehenden Aasfressern verschlungen oder fortgeschleppt worden, und auch drei Bärenjunge hatten sich ihren Anteil geholt.

Es war Zeit für den Aufbruch. Ich nahm mir vor, dicht am Westufer entlangzupaddeln, wo ich weniger von den Folgen der Katastrophe sehen konnte, weil sich steile Felsen etwa fünfzehn Meter hoch wie ein Schutzwall hinter dem Ufer erhoben. Dem Anblick des zwei Meter breiten schwarzen Bandes, das sich auf den Wellen am Ufer wiegte und auch den Sand bedeckte, konnte ich allerdings nicht ausweichen. Der Regen hatte Unmengen verkohltes Holz von den nackten Hängen herabgeschwemmt.

Nach fünfundzwanzig Kilometern sah ich, daß junger Wald sich ein vor Jahren abgebranntes Gebiet zurückerobert hatte. Das Feuer hatte ihn verschont, und ich fragte mich, ob die Bären meine Freude teilten, als sich das Ufer in einen sauberen, von Wind und Wellen zartgemusterten Sandstreifen verwandelte, der sanft zu einer mit niedriger Vegetation bestandenen Böschung anstieg.

Rusty, der unangefochten den ersten Rang in der Hackordnung einnahm, beanspruchte den Platz im Bug, leckte sich die Lefzen und starrte wie der Navigator eines Piratenschiffes voraus. Dusty und Scratch rangelten um den Steuerbordplatz auf dem Vordersitz, von dem aus man am besten sehen konnte, was sich am Seeufer tat.

Hier und da kamen wir an versengten oder verletzten Tieren vorbei, die sich über die Grenzen ihres zerstörten Lebensraumes hinausgeschleppt hatten und nun mit gesunden Tieren in den Wettkampf um Nahrung traten. Sie waren unweigerlich die Verlierer. Wenn uns ein Fuchs, ein Hirsch oder ein Kojote vom Ufer aus beobachtete, trommelten die Jungbären mit den Pfoten auf den Bootsrand und knurrten wichtigtuerisch dazu. Die kleinen Wanderdrosseln in dem Karton protestierten mit lautem Tschilpen gegen ihre Dunkelhaft. Legte ich eine Pause ein, um sie zu füttern, piepsten sie aufgeregt und pickten an meinen Fingern.

Als der Gegenwind für einen einzelnen Mann in einem schwer beladenen Kanu zu stark wurde, hielt ich nach einem Landeplatz Ausschau. Um die Bärenjungen war ich nur mäßig besorgt, weil sie auch in der Nacht, die wir während des Brandes am Ostufer verbracht hatten, nicht außer Reichweite spaziert waren. Selbst der Gedanke an Raubtiere beunruhigte mich nicht, denn ich war überzeugt, daß diese unter den verletzten Tieren weit leichtere Beute fanden.

Schließlich glitt ich in eine geschützte kleine Bucht, wo ein Bach in den See plätscherte. Der Platz war ideal – eine Böschung, ein breiter Sandstreifen, ein lichter Wald und außerdem weiter oben auf dem Berghang ein Moor, zu dem ich die Jungen führen konnte. Obwohl wir uns nicht mehr in der verbrannten Region befanden, gab es auch hier kein Entrinnen vor den Auswirkungen der langen Trockenheit.

Bäume und Sträucher waren zwar grün, doch abgesehen von den Holunderbeeren hatten die hier lebenden Tiere die genießbaren Kräuter und Wurzeln im Moor ratzekahl abgegrast. So weit wir auch gehen mochten, eine ergiebige Mahlzeit für meine hungrigen Bären zu finden schien mir aussichtslos. Forellen durchstießen zwar hin und wieder den Wasserspiegel des Sees, doch sie verschmähten meine Köder.

Um ungebetene vierbeinige Gäste nicht in Versuchung zu führen, brachte ich den Großteil meiner Vorräte in Sicherheit, indem ich sie wohlverschnürt an einem Seil über einen starken Ast zog, von dem sie, von oben wie von unten unerreichbar, herunterbaumelten. Dann fütterte ich die Nestlinge und verkeilte ihr Schachtelhaus auf dem Baum. Nach einem Fußmarsch, der uns zuerst flußaufwärts und dann über einen kahlen Kamm, auf dem eßbare Flechten wuchsen, wieder ins Lager führte, verzehrte ich meine letzte Dose Schweinefleisch mit Bohnen. Danach machten wir es uns auf einem Baumstrunk beim Lagerfeuer bequem und lauschten dem rauschenden Chor der Kiefern. Zirpende Waldhühner trippelten zum Trinken an den Bach. Eichhörnchen sprangen von Wipfel zu Wipfel und zerrissen keckernd die Zapfen, um an die Samen zu gelangen. Rusty hob witternd die Schnauze in die Brise. Dusty lag auf meinem Schoß, den Kopf auf meine Knie gebettet und das Gesicht dem Feuer zugewandt. Scratch hockte da und drehte zuerst mit der rechten und dann mit der linken Tatze ein Stück Rinde um.

Quasi aus dem Nichts – wie es meist der Fall ist – tauchte eine erwachsene Schwarzbärin auf und näherte sich uns auf leisen Sohlen. Die drei Jungen beobachteten sie gänzlich uninteressiert. Daher beschloß ich, sie nicht auf einen Baum zu beordern, sondern abzuwarten, was geschah. Kein Zähnefletschen, kein gesträubtes Nackenhaar, kein Fauchen, kein spannungsgeladenes Zittern der Schultermuskeln deuteten darauf hin, daß sich meine drei Schützlinge bedroht fühlten.

Die Bärin war ein noch recht flinkes altes Mädchen, das bei jedem Blick in meine Richtung ein bißchen brummte. Während sie auf den Hinterbeinen auf und ab stolzierte, hielt sie die Vorderbeine mit ausgefahrenen Klauen weit ausgebreitet, um sofort einen kräftigen Schwinger anbringen zu können, falls ich mich zu einer Unbesonnenheit hinreißen ließ. Bei einem Uneingeweihten hätte diese ziemlich kriegerische Haltung vielleicht den Eindruck erweckt, daß sie mich in eine tödliche Umarmung schließen wollte. In Wirklichkeit ist die Umarmung eines erwachsenen Bären nichts als eine derbe, scherzhafte Gewohnheit aus Kindertagen und mehr ein Ausdruck der Freundschaft, den man würdigen statt fürchten sollte.

Die Veteranin stank nach Aas, woran ich merkte, daß wir ihren Besuch dem Verlangen nach Geselligkeit und keineswegs räuberischen Absichten verdankten. Sie war neugierig, warum sich das Geschöpf auf dem Baumstrunk, dessen Artgenossen immer auf sie geschossen hatten, allem Anschein nach liebevoll um drei Angehörige ihrer Sippe kümmerte.

Die Bären stehen unter den wildlebenden Tieren psychologisch den Menschen am nächsten. Es gibt unter ihnen Kluge und Dumme und eine überwiegende Mehrheit mit einem normalen Intelligenzquotienten. Dieses Weibchen hätte man zu den geistig zurückgebliebenen Vertretern ihrer Art rechnen müssen. Nach langem Zögern kam sie zu dem Schluß, daß ich harmlos war, sofern sie sich mir höchstens bis auf zwei Meter näherte, und ich wußte es sehr zu schätzen, daß sie Abstand wahrte. Ein weiteres Zeichen für ihre Beschränktheit war ihre Angst vor den Jungen. Nachdem diese ihr eine gelangweilte Untersuchung hatten angedeihen lassen, die aus steifbeinigem, von leisem Gebrumm begleiteten Umkreisen und Beschnüffeln bestand, kehrten sie zum Baumstrunk zurück – Dusty auf meinen Schoß, Rusty rechts und Scratch links neben mich. Peinlich darauf achtend, daß sich noch immer der zwei Meter breite Streifen Niemandsland zwischen uns befand, setzte sich die Bärin schließlich nieder und lehnte sich an einen Stamm. Sie drehte den Kopf und musterte Scratch, der die Gabe hatte, sich beim Setzen akrobatisch zu verrenken. Ich paffte meine Pfeife weiter, während wir nun alle fünf träumerisch in die verlöschende Glut des Lagerfeuers starrten. Die Wanderdrosseln schliefen friedlich in ihrem vom Abendwind umsäuselten Schachtelhaus.

Ich war nicht überrascht, als ich die Bärin am nächsten Morgen noch immer im Lager vorfand, aber das Verhalten der Jungen enttäuschte mich. Statt sich mit ihr aus dem Staub zu machen, was ich, wie ich gestehen muß, zum Besten der drei Flegel gehofft hatte, knurrten sie und schnappten bösartig nach ihren Fersen. Schließlich hatte die Bärendame von dieser schimpflichen Behandlung die Nase voll und zog sich beleidigt in die Wälder zurück.

FRÜH am dritten Morgen kamen wir in Topley Landing an, und wie es der Zufall wollte, war es an einem Sonntag. Frühstücksrauch, der sich, vollgesogen mit dem würzigen Geruch von brutzelndem Speck, frischem Brot und gebratenen Forellen, aus einer Reihe von Hütten am Ufer kräuselte, hing wie eine Nebelschicht über der spiegelglatten Wasserfläche. Nichts bringt einen Bären schneller dazu, vollkommen verrückt zu spielen, als ein Duft, der ihm den Speichel im Maul zusammenlaufen läßt. Die Jungen winselten, gebärdeten sich wie toll und kauten sabbernd am Bootsrand.

Ein halbes Dutzend Kinder hatte sich auf dem Anlegeplatz versammelt, als ich heranruderte, aber kaum hatten sie genauer hingesehen und begriffen, daß ein weißer Mann mit drei Bärenjungen im Anmarsch war, rannten sie schreiend fort. Die Nachricht von unserer Ankunft verbreitete sich wie ein Lauffeuer. Zwischen den Häusern erhob sich Gebell und Gebrüll, und in Minutenschnelle wimmelte es am Landeplatz von Hunden, Frauen in bunten Baumwollkleidern und Männern in blauen Drillichhosen und breitkrempigen Hüten auf dem Kopf. Auch eine Schar Halbwüchsiger hatte sich eingefunden, die aufgeregt im Dialekt der Babineregion schnatterten.

Ich hielt genügend Abstand, damit sich Hunde und Bären nicht in die Haare gerieten. Die lieben Tierchen überboten sich gegenseitig in ihren Bemühungen, in Beißweite zu gelangen.

„Ist Red Fern da?" Die Frage war ganz allgemein an jeden gerichtet, der Lust hatte, sie zu beantworten.

„Nein!" meldete sich ein Mann freiwillig. „Er ist im Süden und markiert für das Sägewerk Bäume, die gefällt werden sollen."

„Im Süden" konnte zehn oder fünfhundert Kilometer Entfernung bedeuten. „Wann kommt er zurück?"

„Schwer zu sagen. Vielleicht heute."

„Weiß er, daß seine Blockhütte das Feuer überstanden hat?"

„Ja", antwortete der Sprecher. „Wir waren dort, um Pelze zu holen. Wieso bist du nicht erstickt?"

„Ich bin über den See gepaddelt und hab gewartet, bis der Regen das Feuer gelöscht hatte."

Er übersetzte für jene, denen das Englische weniger geläufig war. Kleine Vollmondgesichter begannen hinter langen Baumwollkitteln hervorzuspähen.

„Ist der Handelsposten offen?" fragte ich.

„Es ist Sonntag, aber vielleicht wird Hank Morgan vor der Messe aufmachen. Er wohnt hinter dem Laden."

„Kann ich die Bären irgendwo unterbringen, bis ich meine Ausrüstung beisammenhabe?"

„Sicher. Im Kochtopf. Das ist die einzige Art, wie wir Bären mögen."

Ich gewann den Eindruck, daß weniger die Bären als vielmehr weiße Männer hier nicht willkommen waren. Den Grund dafür verstand ich im Moment noch nicht.

„Hat einer von den jungen Männern Lust, mit dem Kanu herumzufahren, während ich mir Proviant hole? Ich zahl was dafür."

„Ich tu's für fünfzig Cent", erbot sich ein Halbwüchsiger.

„Ich tu's umsonst!" riefen ein paar andere, die ganz erpicht darauf schienen, drei lebende Bären spazierenzufahren.

Ich wählte einen großen, verläßlich wirkenden Burschen namens Barney aus und sagte ihm, er solle an Bord kommen, wenn ich längsseits an den Steg heranfuhr. Ich wollte, daß die Bären ihn kennenlernten, bevor ich zum Handelsposten ging. Der sichtlich nervöse Bursche stieg ein und streichelte die Jungen, die winselten und sich kratzbürstig zeigten, aber nicht nach ihm schnappten. Während ich weiter auf den See hinauspaddelte, zerstreute sich die Menge, und die lärmenden Hunde trabten davon. Als wir dann anlegten, war außer ein paar älteren Männern niemand mehr in Sicht.

„Bleib ja vom Ufer weg, Barney", schärfte ich ihm ein. „Ich bin so schnell wie möglich wieder da."

Er paddelte hastig fort. Die Bären jammerten derart über meinen Treuebruch, daß sie mit ihrem Gejaule drei kläffende Köter zurücklockten.

Ich stapfte gerade über die schlammige Straße zum Handelsposten, als hundert Meter hinter mir ein Höllenspektakel losbrach. Eine heulende Hundemeute wälzte sich in einem Kampf auf Leben und Tod mit den Bären im Dreck. So schnell ich konnte, eilte ich zurück, aber schon hatte sich ein Kreis von Indianern um die Raufbolde geschlossen. Sie wollten mir nicht erlauben, den Bären zu helfen.

„Baum! Baum! Baum!" schrie ich aus vollem Hals und klatschte dazu in die Hände. Zum Glück befand sich in der Nähe eine hohe Kiefer. Drei schlüpfrige kleine Schlammkugeln schossen zwischen den Beinen der Zuschauer hindurch, ehe jemand sie aufhalten konnte. Sie brachten sich auf dem ersten Ast der Kiefer in Sicherheit und taten ganz unschuldig, während die Hunde enttäuscht den Stamm umkreisten und kläffend daran hochsprangen.

Ein zorniger junger Indianer, dessen Hund blutete, weil er die scharfen kleinen Krallen und Zähne meiner Schützlinge unterschätzt hatte, marschierte mit einem Gewehr auf den Baum los. Zur gleichen Zeit bog, wie vom Himmel gesandt, ein Lieferwagen in die Straße ein und kam, mit dem Polizisten Clete Melville am Steuer und Red Fern auf dem Beifahrersitz, genau dort zum Stehen, wo ich dem aufgebrachten Indianer das Gewehr zu entreißen versuchte. Beim Anblick der Staatsgewalt packten die Indianer ihre Köter, der schießwütige junge Rächer gab Fersengeld, und auch alle übrigen schienen sich in Luft aufzulösen.

„Ich habe erwartet, dich nach dem Brand hier anzutreffen", sagte Red Fern. „Deshalb hat Clete mich hergebracht. Was soll der Aufruhr?"

Keuchend erklärte ich es ihm.

„Offenbar gibt es da einiges, was Sie nicht wissen", bemerkte Melville. „Von allen Tieren hat der Indianer vor dem Bären den größten Respekt. Muß er in äußerster Not einen Bären töten, bringt er hinterher ein Opfer."

„Aber der Kerl mit dem Gewehr war drauf und dran, die Kleinen zu erschießen!" eiferte ich mich.

„Er hat gehofft, die Geister der Bären zu befreien. Die Leute hier glauben, der Bär sei ein höheres Wesen als der Mensch, und für sie ist es ein Frevel, daß Sie es wagen, mit den Jungen zusammenzuleben. Nach indianischer Auffassung hätten Sie sich auch nach dem Tod ihrer Mutter auf gar keinen Fall um sie kümmern dürfen. Sie glauben, der Große Geist hätte ihnen eine andere Mutter gegeben. Seit Charley Thwaite die Neuigkeit erzählt hat, war hier immer wieder davon die Rede. Ich werde Hank Morgan veranlassen, seinen Laden zu öffnen, damit Sie Ihre Vorräte kaufen können, und danach sollten Sie schleunigst wieder aufbrechen. Den Indianern ist durchaus zuzutrauen, daß sie eine Möglichkeit finden, die Jungen doch noch zu töten."

CLETE MELVILLE war ein imposanter Klotz von einem Mann, dessen Körperkraft und Schlauheit jeder bewunderte. Einige der Indianer wichen unwillkürlich zurück, als wir vorübergingen. Die völlige

Ausdruckslosigkeit von Cletes blauen Augen regte auch mich dazu an, mir seinen Kopf auf einer Piratenflagge mit zwei gekreuzten Knochen unter seinem Kinn vorzustellen.

Während wir darauf warteten, daß Hank Morgan den Laden aufschloß, berichtete ich Red Fern kurz, was sich oben am Nugget Creek abgespielt hatte, und gab ihm seinen Anteil von meiner Goldausbeute. Melville ging zurück, um unter dem Baum, auf dem die Bären saßen, Wache zu halten.

„Was hast du jetzt für Pläne, Bob?" fragte Red Fern.

„Ich weiß nicht so recht. Vielleicht sollte ich irgendwohin nach Süden paddeln und eine Blockhütte bauen, wo ich mit den Jungen überwintern kann."

„Was hältst du von dem Gebiet am Taklasee? Es gibt auch eine Hütte dort, die einem Freund von mir gehört. Reicheres Land als die Babineberge, nicht soviel Schäden durch die Dürre, genug Futter für die Bären auf den Bergen und im Flußbett Gold. Aber wenn der Winter einbricht, sitzt du fest."

„Wie versorge ich mich dann?"

„Nimm jetzt alles für den Winter mit. Ich komme zu dir, sobald das Eis schmilzt. Die Hütte muß ausgebessert werden, aber du brauchst wenigstens keine neue zu bauen. Und sei kein Narr, Bob. Nimm mein Gewehr mit. Du weißt nicht, wie das Land am Taklasee ist, besonders im Winter. Wolfsrudel, Pumas, Grislys werden dich angreifen oder die Hütte niederreißen, um an dich und die Jungen und deinen Proviant zu kommen."

Ich schaute zu der Kiefer, wo drei kleine Schlammkugeln auf einem dicken Ast hockten und mir in ihrer Ratlosigkeit Grimassen schnitten. Sie hatten ihre kleinen schwarzen Schnauzen blank geleckt, aber der Rest war von einer Schlammschicht bedeckt. Clete Melville lehnte am Stamm und redete mit einem Vorarbeiter vom Sägewerk.

„Gut, Red Fern. Ich mache mich jetzt gleich zum Taklasee auf, aber dein Gewehr nehme ich nicht mit, danke."

MEINE Lebensmittelvorräte waren gepackt und fertig zum Transport zum Anlegeplatz, als der nächste Tumult entstand, diesmal auf der Vorderveranda des Handelspostens. Ich öffnete die Tür. Wer war wohl draußen? Die Bärenjungen! Sie schnappten und hieben mit den Tatzen nach einer Schar kreischender Kinder und drei bellenden Hunden, die im Kreis um sie herumsprangen. Als die Bären mich sahen, stürzten sie herein, drehten Schlammbrocken verspritzend eine wilde Runde durch Hanks makellos sauberen Laden und grapschten sich dabei Äpfel, Möhren und einen Johannisbeerkuchen. Bei dem Versuch, Dusty daran zu hindern, sich mit einem Bund Steckrüben im Maul zurückzuziehen, stolperte ich über einen großen Korb, aus dem eine Flut Äpfel kullerte. Der Krach, die rollenden Äpfel und der Anblick, den ich der Länge nach auf dem Boden liegend bot, erschreckten die drei kleinen Randalierer. Mit Rusty vorneweg erklommen sie fluchtartig ein Regal, natürlich nicht, ohne eine Lawine von Dosen und Tüten mit Haferflocken loszutreten. Auf einem leeren Brett oben angekommen, machten sie sich daran, alles, was sie erbeutet hatten, zu verdrücken, wobei sie mich keine Sekunde aus den Augen ließen. Zum Glück nahm Hank das Ganze von der lustigen Seite. Zerbrochene Ketchupflaschen und Essiggurkengläser regten ihn nicht auf, solange ich die Rechnung bezahlte. Beinah die ganze Ausbeute an Gold, die mir dieser Sommer gebracht hatte, wurde auf Hanks Waage ausgewogen und verblieb zur Schadensbegleichung in seinen Händen.

„Ich helfe dir, die Bande zum Anlegeplatz zu schaffen", machte sich Red Fern erbötig. „Hank und Clete bringen deine Vorräte mit dem Wagen nach. Ich habe den Verdacht, daß einige Hitzköpfe hier gerne einen Streit vom Zaun brechen würden. Wahrscheinlich hast du es noch nicht gehört, aber diese Gegend soll schon bald zu einem Naturschutzpark gemacht werden. Die Indianer sind deswegen total zerstritten. Viele fürchten, daß die Weißen ihnen noch mehr Jagd- und Fangrechte wegnehmen."

Ich stieg auf eine Stehleiter und lockte die Jungen vom Regal herunter. Dann reichte ich Scratch an Red Fern weiter, klemmte mir Rusty und Dusty unter den Arm und stapfte über die aufgeweichte Straße zum Anlegeplatz. Während ich den Schlingeln eine für sie gewiß unvergeßliche Säuberung angedeihen ließ, entschuldigte sich Barney, daß ihm die Bären entwischt und ans Ufer geschwommen waren.

Ein auffallend schöner Indianer mit stolzer Haltung, grauen Zöpfen und wettergegerbtem Gesicht schritt heran und stellte sich als Peter A-Tas-Ka-Nay vor. In seinem Lächeln lag echte Herzlichkeit.

„Die Blockhütte am Taklasee, die Sie benutzen wollen, gehört mir", sagte er. Anscheinend hatten Red Fern und er bereits alles

besprochen. „Red Fern sagt, Sie werden die Bären freilassen, sobald die Tiere imstande sind, für sich selbst zu sorgen. Ist das wahr?"

Ich war beeindruckt vom weichen Klang seiner Stimme und der unergründlichen Tiefe seiner braunen Augen. Um den Hals trug er ein Stück poliertes Mistelholz. „Ja, das habe ich vor", antwortete ich. „Ich möchte sie in einem eigenen Revier ansiedeln, wo es keine Jäger gibt. Würden Sie den Leuten hier bitte erklären, daß ich sie weder zähmen noch auf ein Leben in Gefangenschaft vorbereiten will?"

„Das werde ich", versprach er. „Sie können meine Hütte gern so viele Jahre benutzen, wie Sie wollen. Im April werde ich Red Fern helfen, Ihnen Nachschub zu bringen. Mein Sohn Larch hat eine Hütte am gegenüberliegenden Ufer. Dort ist der See etwa acht Kilometer breit. Wenn er hinkommt, um seine Fallen zu überprüfen, wird er Sie besuchen. Aber vorher muß der See zugefroren sein."

„Wie weit ist es bis zu Ihrer Hütte, Mr. A-Tas-Ka-Nay?"

„Auf dem kürzesten Weg hundertachtzig Kilometer. Und es gibt eine Stelle, wo sechs Kilometer weit alles getragen werden muß. Versuchen Sie nicht, bei starkem Wind auf den Seen zu paddeln. Das ist sehr gefährlich, wenn man allein in einem Kanu sitzt."

Er zog eine mehrfach gefaltete Karte aus der Hüfttasche und zeichnete meine Route mit Bleistift ein. „In den Wäldern von British Columbia kann man sich leicht verirren. Aber das hier wird Ihnen den Weg weisen."

ALS das Kanu vollständig beladen war, hatte es nur noch fünfzehn Zentimeter Freibord. Mit diesem gefährlich geringen Abstand zwischen Bootsrand und Wasserlinie mußte ich mich auf die windbewegte Oberfläche des Sees hinauswagen. Als ich vom Anlegeplatz wegpaddelte, kletterten die Bärenjungen über den Berg von Vorräten nach achtern, damit sie mir das Gesicht lecken und nach dem Theater, das sie in Topley Landing inszeniert hatten, Frieden mit mir schließen konnten.

Nach zehn Minuten Fahrt Richtung Norden umgab uns wieder die Geborgenheit einer unberührten Welt, wo der Mensch die Zeit noch nach Sonnenaufgang, Sonnenhöchststand und Sonnenuntergang maß und nach beschaulichen Stunden am Lagerfeuer in einen erholsamen Schlaf sank. Ein Land, wo Wölfe und Kojoten ungestört ihre uralten Gesänge anstimmten, wo die Natur Platz fand, sich in ihrer ganzen gesunden Pracht zu entfalten. Ein tiefer Friede umfing uns. Auch die Bären saßen ruhig auf den sonst heißumkämpften Plätzen mit der besten Aussicht, ließen sich vom Abendwind den Pelz streicheln und starrten neugierig zum Ufer hinüber.

Für die lange Reise zu Peter A-Tas-Ka-Nays Hütte am Taklasee veranschlagte ich zwölf bis vierzehn Tage. Normalerweise konnte man auf den Seen hundertachtzig Kilometer in drei Tagen bewältigen, doch die schwere Ladung und die Notwendigkeit, ständig auf die Jungen und die Wanderdrosseln aufzupassen, würden die Reise noch um zahllose Stunden verlängern. Die Route war schwierig, der Transport über Land zeitraubend. Außerdem rechnete ich damit, daß mich die Strecken, auf denen ich das Kanu an einem Seil hinter mir herziehen mußte, viel Kraft kosten würden.

Als ich der westlichen Uferlinie des Babinesees ungefähr vierzig Kilometer weit in nördlicher Richtung gefolgt war, beschloß ich, zur Green-Arrow-Halbinsel hinüberzufahren und dann am Ostufer entlang weiter nach Norden zu paddeln, wo ein Gebirgsfluß mündete. Ich würde die schwere Last drei Kilometer stromaufwärts zum Morrisonsee ziehen müssen und von dessen oberem Ende dann über eine längere Stromschnellenstrecke zum Tahlosee. Sobald ich diesen überquert hatte, mußte ich, wie auf Peters Plan eingezeichnet, auf einen alten Indianerpfad stoßen, der sich über einen steilen Bergrücken zum Friday- und Nakinileraksee hinunterwand. Nach diesem mühseligen Abschnitt erwarteten mich laut Red Fern weitere Stromschnellen auf dem Nakinileraksee und dem Fluß Hautête Creek.

Während ich rhythmisch das Paddel eintauchte, ließ ich mir noch einmal die Gründe dafür durch den Kopf gehen, eine so entlegene und schwierige Region wie die um den Taklasee aufzusuchen. Abgesehen davon, daß es sich voraussichtlich lohnen würde, dort Gold zu waschen, war ich überzeugt, daß sich die Gegend geradezu ideal dafür eignete, die Jungbären aufzuziehen und sie als erwachsene Tiere freizulassen. Um in ihrem natürlichen Lebensraum normal aufzuwachsen, brauchten sie Sümpfe, Wiesen und Wald. Das Land um den Taklasee bot uns Tausende von Quadratkilometern mit fast unzugänglichen Bergen, dichtem Wald und Wildwassern, und es dürften sich wohl kaum Jäger mit weittragenden, mit Zielfernrohren ausgerüsteten Gewehren dorthin verirren. Überdies hatte ich gehört, daß die Schaffung eines Wildreservates in diesem Teil von British Columbia unmittelbar bevorstand, weil Organisationen, die für den Naturschutz eintraten, starken Druck auf Ottawa ausübten.

Den schmalen Abschnitt des Babinesees zur Green-Arrow-Halbinsel zu überqueren war nicht so leicht, wie ich es mir vorgestellt hatte. Am zweiten Morgen war ich nördlich von Topley Landing kaum eineinhalb Kilometer weit hinausgepaddelt, als ein heftiger Wind aufkam.

Bald schlugen die Wellen schon bis zu einem Meter hoch, und Wasser schwappte ins Kanu. Die Jungen und mich packte Entsetzen, als der Bug immer wieder über einen Wellenkamm hochstieg und das Boot dann absackte und hart im Wellental aufklatschte.

Ein stampfendes, schlingerndes Kanu gehört zu den am schwersten zu steuernden Wasserfahrzeugen. Mit weit gespreizten Beinen auf dem Boden des Bootsrumpfes kniend, hielt ich das kostbare Gleichgewicht. Während die Jungen unruhig herumrutschten, stemmte ich mich gegen den Wind und kämpfte verbissen mit jedem Muskel meines Körpers, um zu verhindern, daß der Sturm uns herumwirbelte und damit unweigerlich zum Kentern brachte.

Starr vor Kälte und Angst gab ich schließlich den Gedanken an ein

Vorankommen auf. Sogar die Anstrengungen, den Bug mit dem Paddel in den Wind zu drehen und zwischen den Böen den Rumpf auszuschöpfen, schienen vergeblich zu sein. Ohne die Ladung, die als Ballast wirkte, wäre das Kanu innerhalb von fünf Minuten umgekippt. Die geringste Verschiebung der Gewichtsverteilung hätte dasselbe Ergebnis gehabt.

Nach einer Weile, die mir wie eine Ewigkeit vorkam, wurden die Windstöße etwas schwächer. Während ich das Paddel in die schweren Wellen stemmte und meine schmerzenden Schultern verfluchte, merkte ich schließlich, daß wir doch ein wenig Fahrt machten. Der dunkle Rand des Ostufers nahm langsam die Konturen von einzelnen Nadelbäumen, Felsen und Strand an, und als mein Verstand wieder einsetzte, bemerkte ich auch, daß ich völlig durchnäßt war und meine Hände blau vor Kälte waren.

In Ufernähe umrundete ich eine Landspitze und bog in eine langgestreckte, fingerähnliche Bucht ein. Ich frohlockte innerlich beim Anblick von ausgedehnten Sümpfen, denn dort konnten die Bären Insekten und Frösche finden. Vorsichtig, damit die Steine am Strand das Kanu nicht beschädigten, landete ich das Boot.

Während ich ein Lager aufschlug, die Wanderdrosseln versorgte und meine Vorräte „bärensicher" machte, gingen die Jungen in immer weiteren Kreisen auf Futtersuche und verschwanden schließlich aus meinem Blickfeld. Ich wollte mich ihnen eben anschließen, als Rusty einen durchdringenden Schrei ausstieß. Dann heulte er etwas gedämpfter weiter, um mir den Weg zu weisen. Als ich ankam, klammerten sich die Bären an den Wipfel einer jungen Fichte, die bedrohlich unter dem Gewicht schwankte. Ein großer Schwarzbär war ihnen so weit nachgeklettert, wie er es wagen konnte, ohne daß der Baum abknickte, und belästigte sie mit Tatzenhieben. Die Jungen erspähten mich früher als der Störenfried, und ihre leisen, gurgelnden Laute veranlaßten ihn, den Kopf zu drehen. Als er mich sah, glitt er sofort den Stamm herunter. Ich hütete mich, das Gefühl in ihm zu erwecken, in die Enge getrieben zu sein, sondern ließ ihm genug Raum zur Flucht.

Das Gesicht zu verlieren kommt nach dem Bärenknigge einer Katastrophe gleich, und deshalb war der schwarze Geselle nicht gewillt, sein Revier kampflos aufzugeben. Als die Jungen auf meinen Zuruf hin herabstiegen, kam er brüllend zurück, um meine verängstigten Freunde zu vertreiben, die sich sofort auf die Hinterbeine erhoben, meine Knie umschlangen und fauchten. Ich bückte mich, ergriff einen abgebrochenen Ast und behauptete die Stellung, als er sich zum Angriff rüstete. Ehrlich gestanden wünschte ich in diesem Augenblick, ich hätte Red Ferns Angebot, sein Gewehr mitzunehmen, nicht ausgeschlagen, aber es war mir viel zu riskant, den Bären merken zu lassen, was in Wirklichkeit in mir vorging. Ein fester Blick direkt in seine Augen, der langsam erhobene Holzprügel und ein markerschütternder Indianerschrei verscheuchten den wackeren Recken, und als der Stock ihm nachflog und sein dickes rundes Hinterteil traf, kreischte er auf, als hätte ich ihm eine tödliche Wunde zugefügt. Ich blieb in Sichtweite, während er sich im Bogen zum Lager trollte. Insgeheim hoffte ich, er würde nicht versuchen, dort Rache zu nehmen.

Als wir im Gänsemarsch auf einem dicken Teppich von Torfmoos in das sumpfige Gelände vordrangen, hopsten Scratch und Dusty voran und genossen den federnden Untergrund. Ein Stück hinter ihnen widmete sich Rusty der ernsthafteren Beschäftigung, Steine umzudrehen, um darunter nach Maden oder Käfern zu suchen. Plötzlich sah ich, daß Scratch und Dusty einsanken. Sie waren hoffnungslos im Schlamm gefangen.

Unfähig, die strampelnden Jungen zu erreichen, warf ich ihnen Äste und große Klumpen Moos zum Festklammern zu. Das half ihnen, Kopf und Vorderpfoten über dem gallertartigen Schlick zu halten, doch keines war imstande, in meine Reichweite zu gelangen. Ich schob ihnen einen langen Ast hin, um den beide die Arme schlangen. Rusty wollte offensichtlich mithelfen und machte Anstalten, auf den Ast hinaufzukriechen, aber ich zog ihn am Schwanz zurück.

Dusty und Scratch wirkten erschöpft, und plötzlich merkte ich, daß große Blasen auf der Oberfläche rund um sie zerplatzten und sie langsam mit Sumpfgas, einem tödlichen Gift, betäubten. Eine junge Tanne mit ungefähr fünfzehn Zentimeter Durchmesser wuchs in der Nähe. Ich schätzte, die Jungen würden noch so lange durchhalten, daß ich zum Lager rennen und die Axt holen konnte, also mußte ich es einfach versuchen. Als ich heftig keuchend zur Unglücksstelle zurückkehrte, saß Rusty neben dem Baum, hatte die Nase zum Himmel erhoben und winselte, als sei der Weltuntergang für ihn angebrochen.

Kaum war der Baum gefällt und quer über den Sumpf geschoben, kroch ich auf den Stamm, zog die beiden halb bewußtlosen, sich erbrechenden Gesellen heraus und legte sie auf den Moosteppich am Rande der Unglücksstelle. Nachdem sie sich erholt hatten, gingen wir alle an den Strand und nahmen ein dringend notwendiges Bad.

Immer wenn ich sie aus einer verhängnisvollen Situation befreit hatte, zeigten mir die Bären ihre Dankbarkeit mit Umarmungen, sanften Lauten und andächtigem Ablecken. Überdies konnte ich nach solchen Rettungsaktionen ungefähr vierundzwanzig Stunden lang mit musterhaftem Betragen rechnen.

ALLMÄHLICH wurde die Landschaft gebirgiger. Man kam leichter ans Ufer heran und konnte sanft mit der Breitseite landen. Tag und Nacht war die Spätsommerluft getränkt vom Duft der Balsamtanne, deren aromatisches, süßliches Harz um diese Jahreszeit wie Sirup von den reifenden Zapfen tropfte. Die Flußufer leuchteten gelb von riesigen Zitronenlilien, und die Luft am frühen Morgen hatte eine würzige Schärfe und war köstlich zu atmen.

Auf steilen Abhängen hoben Schneeziegen und Dickhornschafe die Köpfe, wenn das Kanu träge eine Spur über den dunkelblauen Wasserspiegel zog. Elche stapften umher und ästen die Wurzeln von Wasserlilien in schilfbewachsenen kleinen Buchten. Maultierhirsche und Karibus knabberten an Erlen- und Weidenschößlingen am Ufer, und hin und wieder richtete sich ein Bär auf, um über die Entfernung hinweg Zwiesprache mit den Jungen zu halten. Einmal schwamm ein Lachs hinter dem Heck her, schnappte nach dem glänzenden Kupferbeschlag des Paddels und brachte mich ganz schön aus dem Takt.

Die Wälder des Nordens waren ein lebendiges Symbol für unbegrenzte Weite, zeitlose Einsamkeit und tröstliche Beständigkeit. Das Röhren der Elchbullen und die kaum hörbaren Rufe von Felsenzaunkönigen fügten sich harmonisch in das Bild der endlosen Wälder. Die Wanderdrosseln in ihrer Schachtel erinnerten mich alle zwei Stunden daran, daß sie hungrig waren, und die kleinen Gesichter der drei Bärenjungen mit den schwarzen „Ledernasen" schauten mich vom Bug aus mit sichtbar wachsender Zuneigung an. Obwohl uns die Natur so unbarmherzig aus unserem behaglichen Zuhause am Nugget Creek vertrieben hatte und uns in der Taklaregion so viel Ungewisses erwartete, erfüllte mich echte Freude darüber, daß ich, wenn auch nur vorübergehend, für das Wohl dieser sieben kleinen Geschöpfe in der kanadischen Wildnis sorgen durfte.

AN DEM Abend, an dem ich am oberen schmalen Ende des Morri-
sonsees kampierte, fiel mir eine von Red Ferns Warnungen ein. „Es ist
gefährlich, mit jungen Tieren in den Wäldern unterwegs zu sein." Er
wußte, daß Bärenjunge für viele Raubtiere eine begehrte Beute waren,
und manche dieser Räuber würden sogar mich angreifen, falls der
Hunger oder die Erinnerung an den Geschmack von jungem Bären-
fleisch sie überwältigte.

Der Grund, warum ich mich auf Red Ferns Warnung besann, war
ein Rudel von sieben Wölfen, das uns umkreiste. Ich sorgte dafür, daß
die Jungen über Nacht auf einer Tanne blieben, und entzündete das
Lagerfeuer kaum zwei Meter von ihr entfernt. Da ich den Verdacht
hegte, daß die Spitzbuben herunterrutschen und in meinen Schlafsack
kriechen würden, sobald ich mich zur Ruhe begab, beschloß ich,
Rusty als Köder zu benützen, um die Wölfe ins Lager zu locken und sie
mit einer in Kanada wohlbekannten List abzuschütteln. Sobald Rusty
nahe an der wärmenden Glut auf meinem Schoß saß, begannen Dusty
und Scratch winselnd um die Erlaubnis zum Abstieg zu betteln. Ihr
Gewimmer gehörte zu meinem Plan, den Appetit des Rudels anzure-
gen, und schon sah ich im Mondlicht, wie sich vier unheimliche
Kundschafter vorsichtig anschlichen.

„Baum!" flüsterte ich Rusty zu und stellte ihn dicht vor den Stamm.
Als er hinaufsauste, stürzten die Wölfe herbei und versuchten, ihn zu
packen, bevor er außer Reichweite war. Mit einer Schaufel schleuderte
ich eine Ladung Glut auf diejenigen von ihnen, die sich am nächsten
herangewagt hatten.

Der Überraschungseffekt und der Schmerz schlugen sie in die
Flucht. Ich hörte sie noch heulen, als sie in den See sprangen, um ihre
Qual zu lindern. Dann zog das Rudel talabwärts, um sich auf weniger
risikoreiche Jagd zu begeben.

Die Bären und ich wurden knapp vor Sonnenaufgang geweckt, weil
die Wanderdrosseln in ihrer Schachtel, die ich diesmal zwischen den
Schlafsack und das gut bestückte Feuer gestellt hatte, zu schreien
anfingen. Als ich zu ihnen hinüberlugte, sah ich entsetzt, daß ein Wie-
sel an dem Karton mit den kreischenden Nestlingen nagte.

„Faß!" war ein Signal, das die Jungen bei der Lemmingjagd gelernt
hatten. Wie aus der Pistole geschossen, fuhren sie alle zugleich aus
meiner Liegestatt und vertrieben den Räuber.

Ich hatte keine Mühe, den alten Indianerpfad am nördlichen Ende des Tahlosees zu finden. Das Problem bestand darin, meine schweren Vorräte rund sechs Kilometer weit über den Bergrücken zwischen dem Tahlo- und dem Fridaysee zu tragen. Ich schätzte, daß ich dazu den Weg sechzehnmal machen mußte, und so beschloß ich, gleich am Nachmittag unserer Ankunft den ersten Hin- und Rückmarsch zu unternehmen.

Es blieb mir nicht erspart, den kaum benutzten Pfad von umgestürzten Bäumen und wuchernden Pflanzen zu befreien, daher erreichten wir erst nach fünf Stunden das Ufer des Fridaysees. Die Rodungsarbeit, die ich leistete, erleichterte mir die folgenden Transporte sehr. Als wir den zweiten Ausflug um Mitternacht beendeten, waren die Jungen müde und reizbar. Sie knurrten und schnappten nacheinander, als sie sich für die Nacht zur Ruhe legten.

Ich muß zugeben, daß ich mich in den folgenden Tagen der mühsamen Schlepperei wenigstens einmal pro Stunde fragte, ob ich noch bei Verstand gewesen war, als ich beschlossen hatte, an den fernen See überzusiedeln. Meine Vorräte an Zucker, Mehl, Kaffee und Salz mußten wetterfest verpackt und dann am Fridaysee so über Äste gehängt werden, daß kein Tier an sie herankam. Aber Ratten und Eichhörnchen kletterten trotzdem an den Seilen herab und nagten die Bündel an, und einmal erschien ich noch gerade rechtzeitig, um einen Elchbullen zu verjagen, der den am tiefsten herunterbaumelnden Sack mit seinem Geweih anstieß und schaukelte.

Die grenzenlose Schönheit eines jeden Tages in den „singenden" Wäldern, in denen die Zeit stillzustehen schien, und die unbeschwerte Ausgelassenheit der Jungen, die halb spielend, halb futtersuchend über den Pfad hopsten, entschädigten mich dennoch in keinem geringen Maß für die endlose Plackerei. Und wenn ich mich auch keuchend und schwitzend über den Bergrücken schleppte und dabei von Schmerzen, Zweifeln und gelegentlichen bösen Vorahnungen geplagt wurde, so hatte ich die schwere Aufgabe nach viereinhalb Tagen schließlich doch hinter mich gebracht.

Ehe ich mich auf die Stromschnellen zwischen dem Friday- und dem Nakinileraksee wagte, fällte ich eine fast drei Meter hohe junge Tanne, deren Stamm ich auf den Grund stemmen und nachschleifen wollte, um die Fahrt zu verlangsamen. Diese Bremsvorrichtung bewährte sich auf dem ersten Fluß gut. Das eisige Wasser des Hautête Creek jedoch war infolge des Regenmangels ungewöhnlich seicht, und herausragende Felsblöcke machten es beinah unmöglich, mit dem Kanu durchzukommen. Zentimeterweise arbeitete ich mich durch die tosenden, schäumenden Wirbel voran, als meine Bremsstange, die von Stein zu Stein prallte, plötzlich brach. Da ich Druck auf sie ausübte und mich in Rücklage befand, fiel ich aus dem Kanu, das auf dem seichten Fluß davontrieb. Es rammte eine Sandbank, drehte sich breitseits, neigte sich in das reißende Wasser und kippte um. Ich sah die Jungen das sinkende Schiff verlassen und sich aufs trockene Land flüchten, aber meine hilflosen Wanderdrosseln mußten ertrunken sein. Als ich das Kanu erreichte, riß ich die triefende Schachtel hoch. Das entrüstete Gepiepse, das aus ihr ertönte, klang wie die lieblichste Musik in meinen Ohren.

Stück für Stück entlud ich das Boot und legte alles auf einen schmalen Uferstreifen. Meine Vorräte waren wasserdicht verpackt, aber die Etiketten auf den Konservendosen lösten sich und schwammen davon, was Überraschungsmenüs im ganzen kommenden Winter bedeutete. Der Schlafsack war in eine gummierte Bodenplane eingewickelt und daher trocken geblieben, doch meine Reservekleidung in der Segeltuchtasche war völlig durchweicht.

Als das letzte Stück Ausrüstung und das Kanu in einer winzigen Bucht an Land lagen, war es für eine Weiterfahrt an diesem Tag schon zu spät. Blaugefroren und todmüde saß ich neben einem Felsbrocken und zitterte am ganzen Körper. Mit einemmal wurde mir bewußt, daß die Jungen nicht mehr in der Nähe waren. Ich war im Begriff, mich aufzurappeln und sie zu suchen, als ich plötzlich an einem langen, dunklen Bein hochschielte, das vor mir aufragte wie ein Totempfahl. Es gehörte zu drei weiteren, ebenso eindrucksvollen Gehwerkzeugen, und dazwischen hing ein dunkler Bauch, der eine halbe Tonne wiegen mochte. Der Koloß stand einfach da, als wüßte er noch nicht, wozu er sich entschließen sollte. Auf einem nahen Baum entdeckte ich in zwanzig Meter Höhe die Clownsgesichter von Rusty, Dusty und Scratch, die neugierig herunterspähten.

Zu erledigt, um mich zu rühren, und fast unfähig, einen klaren Gedanken zu fassen, lehnte ich mich einfach an den Felsen neben den Wanderdrosseln und wartete, bis der Elch eine Entscheidung traf. Ich war nicht in der Stimmung für ein Geplänkel mit diesem stolzen Herrn des Nordens. Deshalb sah ich schicksalsergeben zu, wie er sich meinen gesamten Wintervorrat an Kartoffeln in aller Seelenruhe einverleibte und sich dann planschend flußabwärts trollte. Nichts wies darauf hin, daß er meine Existenz überhaupt zur Kenntnis genommen hatte.

Am nächsten Morgen stellte ich fest, daß der sechzehn Kilometer lange Unterlauf des Hautête Creek schmal und tief war und schnell dahinströmte – der Traum jedes Kanufahrers. In wenigen Stunden hatte ich eine breite Bucht am Taklasee erreicht. Auf einem Hang am rechten Ufer des Hautête, etwa zwanzig Meter über dem Fluß und ungefähr gleich weit vom kristallklaren Saum des Sees entfernt, erblickte ich das Schindeldach einer Blockhütte.

5

Die Hütte war zwar geräumig, aber nach dem vergleichsweisen Luxus von Red Ferns Behausung trotzdem eine Enttäuschung. Kletterpflanzen und Unkraut hatten sie in den vielen Jahren, die sie unbewohnt gewesen war, völlig überwuchert. Ratten, Mäuse, Fledermäuse, Schlangen und eine Horde verschiedenartiger Käfer hatten vom Inneren Besitz ergriffen. Möbel gab es keine. Auf dem Boden häufte sich der von Ratten zusammengeschleppte Plunder, und von einem Deckenbalken hingen in Reih und Glied, mit dem Kopf nach unten, grimmig blickende Fledermäuse. Von einem Nest aus, an einer Stelle, wo die Dachsparren sich kreuzten, beäugte uns ruckend und fauchend eine Schnee-Eulenfamilie. Immerhin schienen die Fensterscheiben intakt zu sein, und der Kamin war wohl betriebsfähig, sobald ich Spinnweben und eine Menge dürres Laub daraus entfernt hatte.

Im Grunde war die Hütte solide gebaut. Der vordere Raum maß etwa dreieinhalb auf sechs Meter und hatte an der Südwand einen Kamin. Zwei große Fenster in der Nordwand boten eine phantastische Aussicht auf den Taklasee. Die Küche mit einem Spülbecken und einem rostigen, gußeisernen Herd war in einem schrägen Anbau auf der Westseite untergebracht. Jemand hatte in vergangenen Tagen eine Rohrleitung von einem entfernten Teich bis zur Tür gelegt, um so eine stetige Wasserversorgung zu sichern.

In kürzester Zeit hatten die Bärenjungen jedes kriechende und krabbelnde Geschöpf in ihre Mägen befördert bis auf die Schlangen, die sie aber ebenso wie die Eulen und Fledermäuse hinausjagten. Erst im Zuge dieses wilden Getümmels wurde mir bewußt, daß die drei Bengel ganz enorm gewachsen und stärker geworden waren.

Gleich nachdem ich das Kanu ausgeladen hatte, baute ich den Wanderdrosseln ein Holzhäuschen mit einem Sitzbrett auf der Seite der Hütte, die nachmittags Sonne hatte. Dann nahm ich die zeitraubende Aufgabe in Angriff, unsere neue Unterkunft zu säubern und instand zu setzen. Ich war sehr froh, als ich in einem Schuppen an der Rückseite Werkzeug, Nägel, Schindeln und Bauholz fand.

Während der nächsten Tage widmete ich die meisten Stunden den Ausbesserungsarbeiten und dem Zimmern von Möbelstücken. Ich sägte, hackte und stapelte Brennmaterial für den Winter, angelte und räucherte Forellen, kundschaftete ein verläßliches Futterrevier für die Jungen aus, in dem sie garantiert satt wurden, und fand sogar noch Zeit, die Veranda in einen brauchbaren Zustand zu bringen, so daß wir dort abends sitzen und das wechselnde Farbenspiel auf den beiden leuchtendblauen Armen des Taklasees beobachten konnten.

Die Wanderdrosseln waren nun richtige Persönlichkeiten geworden, deren Gemütsverfassung sich stets an der Haltung ihrer kleinen Schwanzfedern ablesen ließ. Nachdem sie ihren Kinderflaum verloren hatten, bekamen sie plötzlich Stoppelfedern, die sich zu einem hübschen Sommergefieder entfalteten. Fast über Nacht wurde es notwendig, sie auf ein selbständiges Leben vorzubereiten. Das erforderte ein gezieltes Trainingsprogramm. Ein Teil davon bestand darin, daß ich sie auf abgestorbene Baumstämme setzte und das darauf wachsende Moos abzupfte, damit sie sich auf fliehende Ameisen und Ohrwürmer stürzen konnten, oder ich drehte Rindenstücke um und zeigte ihnen Larven und Insekteneier. Die stärkste Kraft der Natur, der Instinkt, war mein Verbündeter, und bald gingen die Jungvögel eifrig daran, das Moos von jedem vermodernden Strunk zu reißen, zu dem ich sie trug.

Viel länger dauerte es, ihnen beizubringen, wie sie nach Würmern und Schnecken graben konnten. Ich mußte sie erst auf einen fetten Wurm aufmerksam machen und ihn vor ihren Augen verscharren, bevor sie Schnäbel und Krallen einsetzten, um ihn wieder zum Vorschein zu bringen. Dagegen schien den Drosseln von Anfang an klarzusein, daß man sich gegen Futterkonkurrenten zur Wehr setzen mußte. Wenn wir eine Stelle mit Himbeeren und Heidelbeeren fanden, schlugen sie kreischend mit den Flügeln, als sagte ihnen eine innere Stimme, sie könnten mit diesem dreisten Gehabe hungrige Rivalen wie Zedernseidenschwänze und Tangaren vertreiben.

IN EINEM abwechslungsreichen, zirka acht auf elf Kilometer großen Revier, das Moore, Wiesen und Wald umfaßte, konnte sich das Bärentrio im allgemeinen in drei Stunden satt fressen. Wenn die drei anfingen, Purzelbäume zu schlagen und mit Feldmäusen Ball zu spielen, statt sie kurzerhand hinunterzuschlingen, wußte ich, daß die kleinen runden Bäuche für die nächsten vierundzwanzig Stunden Ruhe geben würden. Und da es bei meiner einfachen Goldwäscherkost keine Tischabfälle gab, waren die Bären schon Anfang September ganz auf das Futter umgestellt, das die Natur bereithielt.

Wenn ich das Trio in den Genuß eines besonderen Festschmauses bringen wollte, schob ich das Kanu in den Hautête Creek und paddelte zu einem großen, hügeligen Wald, der das Revier einer anderen Bärenfamilie war. Bei diesen Gelegenheiten brauchte ich die drei nie zu rufen. Sie saßen schon beifällig gurgelnd auf ihren Plätzen, wenn ich das Boot noch nicht ganz ins Wasser geschoben hatte. Wir wußten, daß diese Raubzüge in fremdes Territorium die Gefahr mit sich brachten, daß wir von den rechtmäßigen Bewohnern angegriffen wurden. Eines Morgens jedoch entdeckte ich, daß eine Bärenmutter mit zwei Sprößlingen den Fluß oberhalb unserer Route überquerte und ungeniert unser Revier plünderte, während wir in Nachbars Garten wilderten. Das stillschweigende Abkommen erwies sich für alle Beteiligten als vorteilhaft. Niemand wurde je zu einer Kraftprobe gezwungen, bei der er womöglich das Gesicht verlieren konnte.

Einmal beförderte ich die Bären zum Ostufer und verbrachte die nächsten drei Tage damit, jede Flußmündung innerhalb der etwa zwanzig Kilometer langen Strecke bis zu dem Seeabfluß namens Middle River nach Spuren von Gold, Platin oder erzhaltigem Gestein abzusuchen. Direkt gegenüber der Mündung des Hautête stießen wir auf eine aus Fichtenstämmen gebaute Blockhütte, die etwa vierzig Meter vom Ufer entfernt auf einer Anhöhe stand. Sobald ich das Kanu an Land gezogen und die Jungen auf einen Baum beordert hatte, ging ich hinauf und trat durch die unverschlossene Tür. Die Hütte war in diesem Jahr bewohnt gewesen, denn die Schränke waren gut gefüllt mit Konservendosen. Mir wollte sich der Magen umdrehen, als ich drei Dutzend Stahlfallen säuberlich aufgereiht an der Wand des Brennholzschuppens fand, aber ich sah keinen Sinn darin, die Marterwerkzeuge bis zur Mitte des Sees mitzunehmen und dort zu versenken. Der Pelzjäger würde lediglich neue bestellen.

Ich riß ein Blatt Papier aus meinem Notizbuch, setzte mich an den Tisch im Wohnraum und kritzelte ein paar Zeilen, mit denen ich den Fallensteller einlud, uns zu besuchen. Seine Schneeschuhe, die handgewebten Decken und die Gegenstände, die er im Winter geschnitzt hatte, verrieten mir, daß er Indianer war. Nach einer neiderfüllten Inspektion seiner Bücher vermutete ich, daß er ein gebildeter Mann war, der gern las und sich für Philosophie und Naturgeschichte interessierte. Allerdings konnte ich nicht erwarten, daß er vor den Schneefällen im späten November hier seinem Gewerbe nachging.

Das sommerliche Grün ringsum ging allmählich in die bunte Farbenpalette des Septembers über. Alle erforderlichen Vorkehrungen, um für einen frühen Wintereinbruch gerüstet zu sein, waren getroffen. Holz war gehackt und gestapelt, die mit Torfmoos ausgefüllten Ritzen zwischen den Balken waren sorgsam nachgestopft und mit Schlamm abgedichtet, die Lebensmittel in den mit Moos als Frostschutz isolierten Keller der Hütte geschafft. Die Wanderdrosseln waren früh fortgezogen, und ihre Schachtel an der Rückseite unserer Behausung erinnerte mich ständig daran, wie sehr ich sie vermißte. Ich fragte mich, wie sie zum ersten Mal den Weg über die langen Zugstraßen nach Süden finden würden, und weil ich ihre Abwesenheit so schmerzlich empfand, versuchte ich mich zu trösten, indem ich mehr Zeit mit den Bären verbrachte.

Die drei Jungtiere waren sich bewußt, daß es für sie zwei getrennte Welten gab – das Leben innerhalb unserer vier Wände und das im Freien. Gleichmütig akzeptierten sie, daß ich ihnen nicht erlaubte, sich drinnen wie Radaubrüder aufzuführen, aber ich weiß noch gut, wie es fast zu einer Keilerei kam, als Dusty eines Nachmittags Scratch mit einem Tatzenhieb in eine Schüssel voll Sauerteig beförderte, den ich zum Gehen neben den Herd gestellt hatte. Es war ein erbärmlich kalter, regnerischer Tag. Rusty und Dusty wollten sich vor dem Kamin einrollen und schlafen, aber Scratch hatte es sich in den Kopf gesetzt zu spielen. Um Ärger zu vermeiden, überredete ich ihn zu einem kurzen Spaziergang am Strand. Er tollte umher, wälzte sich im Sand und spielte mit Rindenstücken. Nach zehn Minuten marschierte er jedoch schnurstracks nach Hause und packte Dusty, bevor ich ihn daran hindern konnte, am Hinterbein. Als sie aufstand und einen Schwinger auf seinem Kopf landete, segelte er in die Sauerteigschüssel, deren Inhalt sich über ihn ergoß und ihn von oben bis unten mit klebrigem Weiß überzog. Nachdem ich ihn am Schlafittchen gepackt und im eiskalten See tüchtig abgeschrubbt hatte, verkroch er sich den Rest des Tages in die dunkelste Ecke unter dem Bett.

Wenn wir nach Mittag faulenzten, verbrachten meine drei Zöglinge erstaunlich viel Zeit mit ihrem „Spielzeug". Rusty hatte sich dazu eine Kaffeekanne ausersehen, mit der er stundenlang herumkugelte. Manchmal nahm er die Kanne auch ins Wasser mit, und wenn sie dann sank, rannte er blökend wie ein Kalb zu mir, bis ich sie ihm herausholte. Zum Glück spielten Dusty und Scratch mit Dingen, die schwammen. Dusty warf gern einen großen Kiefernzapfen vor sich her, während Scratch vorgab, er müsse ein gewöhnliches Stück Brennholz verteidigen.

Rustys Lieblingsspielzeug in der Hütte war eine alte ausgefranste Decke. Er pflegte auf dem Rücken vor dem Kamin zu liegen und sie mit Engelsgeduld zusammen- und wieder auseinanderzufalten, sie zu zerbeißen und sich auf ihr zu wälzen. Von der ersten Nacht an, die wir in Peters Hütte verbrachten, nahm er seine Schmusedecke auch mit ins Bett.

Mit dem Fortschreiten des Herbstes wuchs auch das Interesse der Jungen an jeder Einzelheit der Wildnis, die sich um uns erstreckte. Da es von Anfang an meine Absicht gewesen war, sie zur Unabhängigkeit zu erziehen, beobachtete ich von nun an genau jede Veränderung in ihrem Verhalten und ihren Gewohnheiten. Durch meine Entschlossenheit, sie nicht zu Haustieren zu machen, mag ich sie vielleicht zu früh in das unerbittliche Reich der Natur hinausgetrieben haben, aber ich bemühte mich gewissenhaft, an die Probleme, die ihre Nahrungsbeschaffung, ihren Schutz und ihr Durchsetzungsvermögen betrafen, nicht nach menschlichen Gesichtspunkten, sondern vom Standpunkt der Bären aus heranzugehen.

Daß diese Haltung zum Erfolg führen könnte, zeigte sich eines Morgens, als wir in einem Sumpf Wurzeln ausgruben. Ohne Alarm zu schlagen, ließ ich zu, daß sich ein großer, zweijähriger Schwarzbär an Scratch heranschlich und ihn mit einem Nasenstüber auf den Rücken

warf. Rusty und Dusty richteten sich sofort auf, als ihr Bruder losheulte. In Sekundenschnelle waren sie an seiner Seite und bearbeiteten
den älteren Artgenossen mit Kinnhaken und allerhand „Beschimpfungen". Das Trio hatte den Eindringling fast verjagt, als es plötzlich
einer für Bären charakteristischen Neigung nachgab – nämlich den
andern mittels der eigenen Nase kennenzulernen. Eigentlich war der
Fremdling gar kein so übler Kerl. Dusty vollführte sogar ein Tänzchen
vor ihm. Der Zweijährige begleitete uns noch kilometerweit, blieb
aber mir gegenüber so mißtrauisch, daß er mich auf höchstens zwei
Meter an sich heranließ. Als wir zur Hütte kamen, verwehrte ich ihm
den Zutritt, obwohl er auf dem Bauch kroch und entwaffnend winselte. Dann beging ich einen Fehler. Ich warf ihm als Trost einen Lachs
hin, und das bewirkte, daß er uns in der ganzen nächsten Woche auf
der Futtersuche beschattete.

Wenn die Jungen mit dem gutmütigen neuen Freund spielten,
bewiesen sie einen beachtlichen Sinn für Schabernack. Legte der ältere
Bär sich neben der Hütte nieder, um in der Sonne ein Nickerchen zu
halten, pirschte sich Rusty gern an ihn heran und gab ihm einen Klaps
auf die Schnauze, die Stelle, an der Bären am allerempfindlichsten
sind. Fuhr der Ärmste daraufhin hoch, um seinen Plagegeist zu pakken, kniffen Dusty und Scratch ihn in die Sehnen oberhalb der Kniegelenke, womit sie eine ungeheure Wirkung erzielten. Sie brachten
gewissermaßen seinen Musikantenknochen zum Jubeln. Jedesmal
plumpste ihr Opfer dabei vornüber aufs Gesicht. Auch als die Racker
immer wieder die gleiche Strategie anwendeten, begriff er nicht, daß
Rusty ihn in die Falle lockte. Wer noch nie einen spitzbübischen Jungbären „lachen" gesehen hat, wird sich kaum vorstellen können, wie
sehr sich das Kleeblatt auf Kosten des „Großen" amüsierte.

ANFANG Oktober schätzte ich Rustys Gewicht auf ungefähr fünfunddreißig Kilo. Dusty wog wahrscheinlich etwas weniger, und
Scratch, der Zwerg, hätte wohl an die siebenundzwanzig Kilo auf die
Waage gebracht. Nachdem sich die drei den ganzen September über
hemmungslos vollgestopft hatten, begann ihr Appetit nun zu schwinden – so bereitete die Natur sie auf die Winterruhe vor.

Nach dem ersten Frost wurde das Futter in unserem Revier auch
rasch immer kümmerlicher, so daß ich beschloß, mich mit den Jungen
weiter fort zu wagen. Ganz zufällig entdeckte ich dabei in einem Fluß,

der etwa drei Kilometer von der Hütte entfernt in den See mündete,
eine Menge schrotgroßer Goldkörner, die in einem Becken aus festem
Gestein kreisten. Natürlich ging ich noch am selben Tag daran, dort
eine Waschrinne zu bauen.

Eines Nachmittags bemerkte ich während der Arbeit am Trog, daß
sich ein Drama anbahnte. Die Jungen hatten sich zur Anwendung der
Strategie „Umzingeln und Vernichten" aufgestellt, da ein schmack-
haft aussehendes Tier, wie sie es noch nie zuvor gesehen hatten, mit
beispielloser Verwegenheit auf sie zu kam. Bis auf zwei weiße Längs-
streifen auf dem Rücken war es schwarz. Schon rückten die Bären, ehe
ich sie warnen konnte, entschlossen vor, um ein in ihren Augen geradezu lächerlich leichtes Überwältigungsmanöver durchzuführen.
Angesichts der drohenden Gefahr hob das Stinktier den Schwanz und
verpaßte den Bären einen nachhaltigen Eindruck von einer der wir-
kungsvollsten „Distanzwaffen" im ganzen Tierreich. Während sich
die besiegten Jungen stöhnend auf dem Boden wälzten und dann zum
See rasten, spazierte der Skunk lässig davon. Zwei Tage und Nächte
lang kämpfte ich auf verlorenem Posten, um die Bären von mir fern-
zuhalten. Die Anwendung von Wasser und Seife blieb wirkungslos,
und schließlich mußte ich meinen kostbaren Liter Essig opfern, um die
letzten Spuren des durchdringenden Gestanks zu beseitigen.

Kurz darauf suhlten sich die drei jungen Bären eines Morgens unterhalb der Stelle, wo ich Gold wusch, im Schlamm, als ein Waschbär
von einem Baum sprang und mit einem klatschenden Geräusch auf

Rustys ungeschütztem Bauch landete. Das überraschte Opfer quiekte vor Entsetzen und warf den dreisten Angreifer zu Dusty hinüber, die ihn ihrerseits wie beim Flohhüpfspiel zu Scratch schnipste. Im Handumdrehen stellten sich die schmutztriefenden Bengel im Dreieck auf, und ich fürchtete, daß einer von ihnen in Erinnerung an meine Mahnungen, alles zu teilen, auf die Idee kommen könnte, auch mir den Waschbären in die Arme zu schleudern. Mit einem aufgebrachten Exemplar dieser Sorte ist nicht zu spaßen, und der dickschwänzige Bursche, eine Prachtausgabe von einem Männchen, war verständlicherweise sehr erbost. Rusty spürte, daß ich im Begriff war, den Gefangenen zu befreien, und stürzte sich auf ihn, um ihn ein letztes Mal zu knuffen. Dabei verhielt er sich so unzart, daß der unglückliche Waschbär wie eine Bowlingkugel zum Flußbett hinunterkollerte. Ich hätte schwören können, daß ich drei Paar hochgezogene Augenbrauen erblickte, während ich den drei Grobianen eine Strafpredigt darüber hielt, wie schändlich es sei, eine hilflose Kreatur zu quälen.

Vom zwanzigsten Oktober an schneite es eine volle Woche hindurch, und ich gab das Goldwaschen für dieses Jahr auf. In ihrem im Herbst dichter gewordenen dunkelbraunen Pelz boten die Jungen vor dem Hintergrund des blendendweißen Schnees einen wirklich schönen Anblick. Wie kleine Kinder ließen sie sich keine Gelegenheit entgehen, in der weißen Pracht herumzutollen. Scratch, der besonders kitzlig war, geriet dabei allerdings in größte Schwierigkeiten. Jedesmal wenn er die warme Hütte verließ, kitzelte ihn der Schnee etwa eine halbe Stunde lang an den nackten Sohlen. Um sich Linderung zu verschaffen, hüpfte er wie ein Ochsenfrosch umher, klammerte sich an Baumstämme und jammerte lauthals, damit Rusty und Dusty auf ihn warteten.

Einige Wochen später – der Winter hatte inzwischen so richtig Einzug gehalten – hörte ich das dumpfe Gebell eines Wolfsrudels unten am Ufer. Ich rannte hinaus und sah sechs Wölfe einem verwundeten Elch an die blutende Kehle springen und ihm den Garaus machen. Er mußte in der Gegend des Babine- oder Stuartsees angeschossen worden und hierhergeflüchtet sein. An jenen Seen drangen die Jäger mit dem Auto oder dem Motorboot in die Reviere der Elche vor. Alljährlich schleppten sich viele Opfer schlechter Schützen davon, doch sie konnten dem Tod nicht entrinnen. Der Zeitpunkt ihres qualvollen

Endes hing davon ab, wie lange die hetzenden Wölfe brauchten, um die blutenden Tiere so zu schwächen, daß sie schließlich zusammenbrachen.

Ich sperrte die in den höchsten Tönen protestierenden Jungen in die Hütte ein, ergriff Säge und Schlachtmesser und lief mit einem alten Schlitten, den ich schon früher repariert hatte, zu dem toten Elch. Die Wölfe vertrieb ich, indem ich mit Steinen nach ihnen warf. Dann zerlegte ich den Elch, schnitt zentnerweise Fleisch ab und legte es zum Einfrieren in ein durch große Steine gesichertes Vorratslager.

DIE Wälder des Nordens hielten nun einen bisher unbekannten Zauber für uns bereit – die wunderbaren Geräusche und Gerüche des Winters. Der Wald war nicht mehr erfüllt von Vogelgesang wie im September, ehe die gefiederten Gesellen zu ihren langen Wanderungen aufbrachen. Statt dessen erklangen neue Töne. Elche und Wapitis riefen öfter. Die Wölfe stimmten Gesänge an wie nie vor dem großen Schnee. Aber der eindrucksvollste Begleiter des Winters war der Wind. Vom Eismeer her heulten die unberechenbaren Blizzards über den Klondike herunter. Sie können einen Menschen auf seiner Fährte festfrieren, bis ein föhnartiger Chinook vom Pazifik heranbraust und ihn auftaut. Beide Winde gaben sich manchmal sanft. Die Lieder, die sie bei Sonnenuntergang pfiffen, klangen oft wie ein Flötenspiel. Ihr mitternächtliches Brüllen jedoch war so schaurig, daß es grauenhafte Visionen heraufbeschwor. So war es nicht die berüchtigte Stille der kanadischen Wildnis, die mir das Gefühl bedrückender Einsamkeit aufzwang. Es war der Wind, der mich dazu brachte, daß ich mir unendlich verlassen vorkam, ausgestoßen, preisgegeben und verbannt.

NACH einer kurzen Balgerei im Schnee drängten die Jungen nun meist schnell wieder in die Hütte zurück, um vor dem Kamin zu dösen. Gegen Mitte November hatten sie fast keinen Appetit mehr. Da sie keinen tiefen, sondern nur einen oberflächlichen Winterschlaf halten würden, baute ich in einer Ecke des großen Raumes einen kleinen Holzverschlag mit einem Deckel. Rusty und Dusty rollten sich sofort auf den Decken zusammen, mit denen ich ihr neues Quartier auspolsterte, aber ich gab Scratchs Gebettel nach, mit ihm zumindest vorläufig noch meine Bettdecke zu teilen.

Normalerweise wird der Winterschlaf von Schwarzbären vom Wetter und vor allem von der Höhe des Schnees bestimmt, die Futtersuche und Fortbewegung behindert. Je nach den Bedingungen, die gerade herrschen, fallen die Bären schon sehr früh, manchmal bereits im September, in tiefen Schlaf oder schieben dies bis Ende Januar hinaus. Bei jedem Tauwetter jedoch erwachen sie und streifen umher, um eine kleine Menge Wasser zu sich zu nehmen, bleiben aber bis Ende März ganz ohne feste Nahrung.

Am achtzehnten November hörten Rusty und Dusty zu fressen auf und schliefen ein. Scratch saß noch eine weitere Woche mit mir abends vor dem Feuer und kaute kleine Happen von gekochtem Elchfleisch oder geräucherten Forellen. Am fünfundzwanzigsten November tappte er schnüffelnd zu seinen Geschwistern, die in ihrer Unterkunft enger zusammenrückten, um ihrem Bruder für den langen Schlummer Platz zu machen.

Zwischen dem ersten und dem fünfzehnten Dezember verließ ich die Hütte nie länger als für jeweils eine halbe Stunde. Es hörte immer nur ganz kurz zu schneien auf, und dann sank das Thermometer an der Tür oft tiefer als vierzig Grad Celsius unter Null. Ich konnte nicht zulassen, daß sich der Schnee vor den Fenstern anhäufte, weil es sonst drinnen sogar bei Kerzenlicht zu dunkel zum Lesen gewesen wäre. Meine Platzangst bekämpfte ich, indem ich die Veranda schneefrei hielt und auch Schnee von den Außenwänden wegschaufelte. Überdies hielt ich einen tunnelartigen Weg zum See offen. Als das Wetter sich beruhigte, stand die Hütte am Grund einer Schneegrube, aber mein Seelenfrieden war mir die Mühe des Schneeschaufelns wert.

Die Temperatur in der Hütte hielt ich absichtlich so niedrig, daß es für einen Menschen unbehaglich kalt war, denn jedesmal, wenn ich ein ordentliches Feuer im Kamin machte, wachten die Bären auf, krochen heraus und taumelten benommen umher. Sie zeigten nie Unmut über die Störung, sondern leckten mir erfreut die Hände, als wäre ich derjenige, der wieder zum Leben erwacht war. Dann mußte ich immer die Tür aufmachen und genug Kälte hereinlassen, damit sie sich wieder zur Ruhe begaben.

Der Morgen des fünfzehnten Dezember brach mit solchem Glanz an, daß ich vor dem Frühstück hinausrannte, um das schimmernde weiße Wunderland aus Eiszapfen und vom Wind aufgetürmten Schneewehen mit dem indigoblauen Himmel darüber zu betrachten.

Im funkelnden Schein der Morgensonne wirkte der Wald nicht mehr wie ein geschlossenes Heer von Bäumen. Der starke Kontrast zwischen Licht und Schatten ließ jeden „Soldaten", der aus seiner eigenen Schneegrube emporragte, als einzelnes Gebilde von individueller Schönheit hervortreten.

Mit dem Feldstecher suchte ich die in Weiß erstarrte Landschaft ab und hielt plötzlich den Atem an. Die einsame Gestalt eines Mannes – eines großen, schlanken Mannes – bewegte sich geschmeidig wie ein Puma im typischen Rhythmus der Indianer auf Schneeschuhen über den zugefrorenen See direkt auf meine Hütte zu.

6

ICH wartete nicht, bis der Fremde die weite Fläche des Taklasees überquert hatte. Wenn er ankam, würde er dankbar sein, sich endlich aufwärmen zu können. Also schürte ich das Feuer und kochte Kaffee, und als ich das Knirschen der Schneeschuhe draußen hörte, ging ich ihm entgegen. Er trug einen Parka aus Wolfsfell, eine wattierte Hose und Mokassins aus Elchleder. Sein raumgreifender, gleitender Schritt war fest und federnd zugleich. Er schob die Kapuze zurück und nahm die hölzerne Augenmaske mit den schmalen Sehschlitzen ab.

„Ich bin Larch A-Tas-Ka-Nay. Ich glaube, du kennst meinen Vater", sagte er. Wir zogen unsere bis zum Ellbogen reichenden Handschuhe aus und begrüßten uns. „Ich habe deinen Zettel in meiner Hütte gefunden, aber ich konnte dich erst besuchen, als sich eine feste Eisdecke gebildet hatte." Er lächelte.

„Komm herein", forderte ich ihn auf. „Der Kaffee ist fertig. Hast du schon gefrühstückt?"

„Schon lange, aber der Wind hat mir auf den letzten paar Kilometern den Kaffeeduft zugetragen. Das hat mich angespornt. Halten die Bären Winterschlaf?"

„Du hast von ihnen gehört?"

„In Topley Landing reden noch alle von Rusty, Dusty und Scratch."

„Nun, sie halten Winterruhe mit Unterbrechungen. Ich weiß nicht, wie sie auf dich reagieren werden. Aber das werden wir ja sehen."

Als ich den schweren, aus Holz gezimmerten Deckel des Verschlags

abhob, wachten die Bären langsam auf, gähnten, streckten sich und gingen dann sofort auf Larch zu.

Bevor sie ihm erlaubten, sie zu berühren, tapsten sie immer wieder schnüffelnd um ihn herum und ließen zuerst mir und danach einander gegenseitig eine zärtliche Begrüßung angedeihen. Aber das freundliche Lächeln des Indianers und seine angenehme Stimme bewirkten bald, daß sie auf seinem Schoß herumkletterten, als er sich vor dem Kamin niedersetzte und versuchte, seinen Kaffee zu trinken. Larchs Stimme war so weich wie die Schatten der großen Kiefern, unter denen er hauste. Es fiel mir schwer, ihn mir als Pelzjäger vorzustellen.

„Ich bin siebenundzwanzig Jahre alt", sagte er. „In sieben Wintern habe ich Fallen gestellt. Ein schmutziges Geschäft. Ich verachte es. Wir warten alle auf eine Zeit, in der es für einen Indianer in British Columbia andere Möglichkeiten geben wird, im Winter seinen Lebensunterhalt zu verdienen. Doch dann werde ich die Einsamkeit am Taklasee vermissen, wo ein Mann in Ruhe nachdenken kann. Ich glaube nicht, daß ich in einer Stadt einen klaren Gedanken fassen könnte."

„Gibt es Neuigkeiten darüber, ob diese Region ein Nationalpark wird?"

„Die Zeitungen sind voll davon, aber die Holzfällergewerkschaft, die Fallensteller, die Jagdführer und die Sportartikelproduzenten sind dagegen. Ich persönlich möchte nicht erleben, daß hier Hotels gebaut und Bierdosen verstreut werden. Aber für ein Wildreservat mit geschütztem Baumbestand bin ich schon."

„Eins würde mich interessieren, Larch", begann ich mit einer Behutsamkeit, die er spürte und die ihm ein Lächeln entlockte, „wo bist du zur Schule gegangen?"

„Ich verstehe deine Frage; vermutlich rede ich nicht mehr ganz so wie ein Indianer. Meine Eltern schickten mich nach Prince George, wo ich ein Stipendium für die Universität in Vancouver erhielt. Nach dem Abschluß arbeitete ich dann wie die meisten von uns für die Holzindustrie. Mit dem Fallenstellen im Winter fing ich an, weil ich von November bis Mai immer vorübergehend entlassen wurde. Ein Indianer kann nicht weit in die Zukunft planen", fügte er hinzu. „Deshalb freue ich mich an der Vergangenheit und gehe sehr vorsichtig mit der Gegenwart um."

Die jungen Bären schmiegten sich an ihn und starrten zu seinem Gesicht auf, als versuchten sie, seine leise gesprochenen Worte zu verstehen. Es mag ein Beweis für jenen sechsten Sinn gewesen sein, den Tiere angeblich haben und der ihnen verrät, wem sie vertrauen können und wem nicht. Im Laufe des Nachmittags ließen wir dann das Feuer ausgehen, und die Jungen krochen prompt zurück in den Verschlag.

Wir unterhielten uns bis tief in die Nacht hinein. Dann bereitete ich Larch ein behelfsmäßiges Lager aus Decken vor dem Kamin. Am nächsten Tag mußte er den Rundgang zu seinen Fallenstrecken beginnen, eine Dreitagewanderung mit dem Schlitten; ich versprach, mich

ihm bei seiner Rückkehr anzuschließen und ihn öfter auch auf dem
ganzen Weg zu begleiten, wenn die Bären im Winterschlaf blieben.
Ohne Feuer würde die Temperatur in der Hütte unter null Grad sinken; deshalb konnte ich annehmen, daß die Bären sich nicht vom Fleck
rührten, bis ich wiederkam.

NIE werde ich das herzliche Lächeln vergessen, mit dem Larch mich
empfing, als ich vier Tage später nach einem beschwerlichen Marsch
vor seiner Tür stand. Er hieß mich mit den sanften Worten willkommen, die so bezeichnend für die Beaver-Indianer der nördlichen Wälder sind und so gar keine Ähnlichkeit mit den Ausdrücken haben, mit
denen man sich anderswo auf der Welt begrüßt. Oft habe ich meine
roten Freunde sagen gehört: „Mein Land atmet eine würzigere und
reinere Luft, weil du hier bist!" Oder: „Wo du gegangen bist, leuchtet
die Sonne mit neuem Glanz!" Überall sonst würde man solche Äuße-
rungen als lächerlich übertriebenes Geschwätz abtun, aber die
Beaver-Indianer sagen nichts, was sie nicht auch so meinen.
Larch und ich teilten uns das Zuggeschirr eines Schlittens mit dop-
pelten Brustgurten, um Vorräte und Ausrüstung hinauf zur pazifischen Wasserscheide und dann weiter zum Purvissee zu schaffen.
Am ersten Tag im Freien entdeckten wir, daß keine von Larchs Fallen
zugeschnappt war. Er erlegte mit dem Gewehr zwei Füchse, ein Wie-
sel und einen Marder, häutete die Tiere ab und zog die Bälge zum
Trocknen über U-förmig gebogene Weidenruten. An diesem Abend
gruben wir uns am Eingang einer großen Höhle in den Schnee, mußten dann aber schleunigst das Weite suchen, weil im Innern ein Grisly
überwinterte. Schließlich bauten wir aus den Ästen von Hemlocktannen ein Schutzdach am Fuß einer Felswand. Das Feuer errichteten wir
so, daß die Wärme vom Fels zurückgestrahlt wurde. Auf diese Weise
schützten wir uns nachts gegen die Kälte.
Die Fallen jenseits der Wasserscheide lieferten sechs Pelze. Damals
dachte ich nicht allzuviel darüber nach, welche Tragödien sich hier
abgespielt hatten. Vielleicht lenkten mich meine eigenen ständigen
Bemühungen, nicht zu erfrieren, davon ab, mir die Qualen der Tiere
vorzustellen. Abwechselnd die Füße hebend, vollführte ich eine Art
Totentanz um die Kadaver.
Vor Einbruch der Dunkelheit kam ein stetiger Nordwind auf, und
die Temperatur fiel auf etwa fünfundvierzig Grad unter Null. Jede

halbe Stunde entfernten wir von den Kapuzen unserer Parkas und ich aus meinem Bart die Eiszapfen, die sich durch die Kondensation unserer Atemluft gebildet hatten.

Tagsüber froren etwa einmal in der Stunde unsere hölzernen Augenmasken zu. Die Sehschlitze waren so schmal, daß man nicht einmal eine Münze hätte hindurchschieben können. Wir mußten sie tragen, sonst wären wir schneeblind geworden oder die Lider wären uns abgefroren.

Am Ufer des Purvissees schaufelten wir den Schnee von der Tür zur Hütte weg, die Larch vor vielen Jahren ausgebessert und eingerichtet hatte. Wir verbrachten zwei Nächte dort, ehe wir den Rückweg über die Wasserscheide antraten. Sobald wir uns wieder auf der Seite des Taklasees befanden, wechselten wir häufig die Plätze. Einer von uns lenkte den Schlitten, während der andere bremste, damit er dem Vordermann nicht auf die Fersen fuhr. An baumlosen Hängen setzten wir uns beide auf das hölzerne Gefährt und erreichten so Larchs Hütte am Taklasee, bevor es dunkel wurde.

Von Weihnachten bis März verbrachten Larch und ich die meisten Tage gemeinsam. Falls die Bären merkten, daß ich manchmal sogar eine ganze Woche fortblieb, zeigten sie es bei meiner Rückkehr nie.

Im Februar inspizierten wir die Fallenstrecken insgesamt nur zweimal, da inzwischen die meisten Pelztiere entweder gefangen worden waren oder die Gegend verlassen hatten. Wir vertrieben uns die Zeit damit, Löcher ins Eis zu hacken und Forellen zu angeln, wobei wir schmale Streifen Elchfleisch als Köder benutzten. Wenn das Wetter es erlaubte, wanderten wir durch unser glitzerndes weißes Reich und zählten die wiederkehrenden Elche, Hirsche, Wölfe und Pumas. Im Hochland entlang der Wasserscheide sahen wir Herden von weißen Dickhornschafen, die zweifellos zu den majestätischsten Tieren Nordamerikas gehören.

Während der Stürme Ende Februar und Anfang März zimmerten Larch und ich Möbelstücke für die beiden Blockhütten. Larch war ein vorzüglicher Handwerker, ein Künstler mit Hammer, Säge und Stechbeitel, und als uns die Ideen ausgingen, sägten und hobelten wir Bauholz für künftige Vorhaben zurecht. Die Bären schenkten dem Lärm, den wir machten, keine Beachtung.

Aber wir waren nicht immer vom Fleiß besessen. Es gab Zeiten, da saßen wir nur da, starrten in das Spiel der Flammen und grübelten über

so tiefsinnige Fragen wie das Leben nach dem Tod, Vorherbestim-
mung oder die Erbsünde nach. Manchmal, wenn wir den tiefen
Schnee oder meine Verantwortlichkeit für die Bären verwünschten,
schauten wir unweigerlich zu tief in unseren sorgfältig rationierten
Vorrat an Jamaika-Rum. Am nächsten Tag sorgte Larch dann dafür,
daß wir entweder etwas unnötig Kompliziertes bauten oder eine
unmäßig große Menge Schnee schaufelten.

OBWOHL in der Dämmerung noch immer gefrierender Nebel die
unteren Hälften der Bäume verhüllte, schien die strenge Herrschaft
des Winters nach der Tagundnachtgleiche im März dahinzuschwin-
den. Zwischen neun und zehn Uhr an klaren Abenden taumelten die
zuckenden Streifen des Nordlichts über den Himmel wie betrunkene
Regenbogen.

Für gewöhnlich war das phantastische Schauspiel von einem stati-
schen Knistern begleitet, wie es entsteht, wenn man an einem trockenen Tag den Rücken eines Pelztieres reibt. Fast so merkwürdig wie die
tanzenden Lichter war die Stille, die sich ausbreitete, wenn sie erschienen. Man hätte glauben können, daß alle Tiere aus Furcht oder Staunen schwiegen, so beeindruckend war die am Firmament entfaltete
Pracht.

In den letzten beiden Märzwochen regten und kratzten sich die
Bären oft, blieben aber liegen. Am Karfreitag dann kroch Rusty aus
dem Verschlag, gähnte ein halbes dutzendmal, setzte sich dicht vor
meinem Stuhl hin und lehnte sich an meine Knie. Als er die Schnauze
an meiner Hand rieb, damit ich ihm den Kopf kraulte, ging mir auf,
daß er vollkommen wach sein mußte. Vorsichtig spähte ich in den
Verschlag. Dusty und Scratch schauten mit schweren Lidern knurrend auf und lehnten die Einladung ab, zu Rusty und mir ans Feuer zu
kommen.

Ein Südwest-Chinook brachte die Eiszapfen zum Schmelzen. Die
ganze Nacht über hörte man sie tropfen, zerspringen und herabfallen.
Dann fegte ein Blizzard vom Norden heran, legte wieder den Bann des
Frosts auf das Land und ließ die Bäume bersten. Jeder Knall klang wie
ein gedämpfter Kanonenschuß. Vier- oder fünfmal hatte ich während
des Chinooks ein langes, knirschendes Ächzen gehört, das sich am
Seeufer fortsetzte, aber der Schneesturm fror das brechende Eis wieder
zu. Weder Larch noch ich wagten, es zu überqueren. Erst wenn gegen

Ende April das Tauwetter voll einsetzte, durften wir daran denken, von einem Ufer zum anderen zu paddeln.

Nach sieben warmen Tagen in Folge erwachte dann endlich das Leben. Bei Tag verkündeten die Drosseln, die Hüttensänger und Seidenschwänze mit ihren Frühlingsliedern, daß sie als erste die Nistplatzrechte auf den Südhängen beanspruchten. Abends vernahmen wir den schönsten aller nächtlichen Laute, den Ruf der großen Ohreule, in den sich die Paarungsrufe der Kojoten mischten.

Am ersten Mai lud ich die Bären ins Kanu und bahnte mir paddelnd und stakend zwischen den Eisblöcken hindurch den Weg über den See. Wären die Eismassen zusammengestoßen, hätten sie das Kanu zermalmt – und mich und die Bären dazu. Noch nie war ich so froh gewesen, das andere Ufer zu erreichen.

„Ich wollte morgen zu dir hinüberrudern!" rief Larch, der ans Ufer gelaufen kam, um uns an Land zu ziehen. „Red Fern und Vater kommen sicher erst in zehn Tagen. Am unteren Ende des Sees ist noch zuviel Eis. Wie steht's mit deinen Vorräten?"

„Mies! Unter anderem hat uns die Hoffnung hergetrieben, bei dir eine Mahlzeit zu schnorren."

Die einjährigen Bären benutzten Larch für Kletter- und Turnübungen, und Scratch weigerte sich sogar, ihn zu verlassen, um mit Rusty und Dusty in der interessanten Schlucht hinter der Hütte auf Futtersuche zu gehen.

„Sie sind in ausgezeichneter Verfassung", stellte Larch fest. „Und während der Winterruhe ganz schön gewachsen."

„Das Futterrevier vom Vorjahr wird ihnen jetzt nicht mehr genügen", sagte ich, als wir eintraten, um uns an Kaffee und Rosinenbrot zu laben.

„Darf ich dir einen sehr alten indianischen Rat geben, Bob?" fragte Larch. „Noch in diesem Monat wirst du den Bären höchstens einen halben Tag lang folgen können. Laß sie sich also ruhig allein verpflegen. Sie werden immer wieder heimkommen, genau wie Hunde." Er seufzte, als falle es ihm schwer weiterzusprechen, dann setzte er hinzu: „Wenn du willst, daß die Bären selbständig werden, darfst du dir nicht dauernd Sorgen um sie machen. Deine Zeit mit ihnen wird bald vorüber sein, das Stundenglas der Natur läuft ab. Damit mußt du dich abfinden. Du weißt, daß ich dir das habe sagen müssen, Bob."

„Es gibt aber noch eine andere Möglichkeit", wandte ich ein. „Den ganzen Winter hab ich den Gedanken mit mir herumgetragen, sie in den Zoo nach Vancouver zu bringen. Wenn für diese Region nicht bald ein Jagdverbot ausgesprochen wird ...“

„Ein Käfig ist für ein Wildtier nie die bessere Lösung“, widersprach er entschieden.

Mir war klar, daß er recht hatte. Früher oder später mußte ich mich in das Unvermeidliche fügen.

IN UNGESCHÜTZTEN Nordlagen behauptete der Winter sich noch zäh, aber die Eisblöcke auf dem Fluß schmolzen dahin, und der enge Durchgang zum See wurde frei. Eines Vormittags hörte ich das jaulende Geräusch eines Außenbordmotors. Larch, sein Vater und Red Fern näherten sich in einem mit Proviant hochbeladenen Boot meiner Anlegestelle.

„Ich kann nicht glauben, daß diese dürren Kerle hier die Jungen gewesen sein sollen, die in Topley Landing für soviel Aufregung gesorgt haben“, sagte Red Fern, als wir die Schachteln zur Hütte schleppten.

Peter A-Tas-Ka-Nay betrachtete prüfend die Arbeit, die Larch und ich geleistet hatten. „Ich bin alt und werde diese Hütte nicht mehr brauchen“, erklärte er dann. „Sie können hier in Frieden mit Ihrer wilden Bande leben, Bob. Wir haben die letzte Nacht bei meinem Sohn verbracht. Er hat mir genug erzählt.“

„Ich hatte gehofft, ich könnte bis Juli hier bei dir bleiben, Bob“, fügte Larch hinzu. „Aber meiner Mutter geht es nicht gut. Ich muß mit Vater und Red Fern nach Topley Landing. Nach allem, was Vater mir berichtet hat, scheint es gerade jetzt im Seengebiet Schwierigkeiten zu geben. Wenn ich dir im Oktober Nachschub bringe, werde ich dir davon erzählen.“

Als ich Red Fern für die Vorräte bezahlen wollte, merkte ich, daß meine Goldausbeute für kaum mehr als die Hälfte der Nahrungsmittel reichte, geschweige denn für andere Bedarfsartikel.

„Laß gut sein“, meinte Larch. „Ich habe diesmal mehr Pelze als sonst. Vielleicht landest du im Sommer einen Volltreffer und stößt auf eine ergiebige Ader.“

„Danke“, sagte ich. „Ich verspreche, daß ich fleißiger Gold waschen werde, sobald ich den Bären beigebracht habe, sich selbständig zu ernähren.“

Im Mai regnete es tagelang ununterbrochen, aber die Bären ließen sich nie davon abhalten, auf Futtersuche zu gehen. Sie gruben Wurzeln im Sumpf aus oder grasten zarte Pflanzen auf den Wiesen ab. Dabei waren sie so vergnügt und verspielt wie in ihren Kindertagen. Der Regen fraß den Schnee förmlich auf. Schon schmückte sich der Zwerghartriegel mit weißen Blütenkaskaden, und die großen, kugeligen Küchenschellen begannen an dem Tag zu blühen, als die Lerchen auf die Bergwiesen zurückkehrten. Rosa Kalypso-Orchideen und Kissen glänzenden Wintergrüns entfalteten sich zu voller Pracht. Schneeziegen säugten ihre Kitze, und es tat gut, wieder die schrillen Pfiffe der eisgrauen Murmeltiere zu hören, die auf den felsigen Hochmooren überwintert hatten. Der Frühling hielt stürmisch seinen Einzug.

Ich redete mir ein, daß es noch viel zu früh sei, im eiskalten Wasser herumzuwaten und Gold zu waschen, und folgte statt dessen den Jungbären durch ein neues und größeres Futterrevier, das sie selbst aussuchten. Auf ihren Streifzügen fraßen sie Wühlmäuse, Lemminge und Insekten und verschmähten auch die Reste einer Beute nicht, die andere Tiere übriggelassen hatten. Unbekümmert setzten sie sich einfach über die Besitzrechte der übrigen Bewohner des Gebietes hinweg. Im allgemeinen ließen sie mehr Futter zurück, als sie verzehrten. Eine krächzende Rabenschar lernte bald, ihnen zu folgen und sich an den „Tischabfällen" zu mästen.

Gegen Mitte Juni wog jeder der drei Jährlinge ungefähr fünfzig Kilo. Nun führte Rusty mit meiner Erlaubnis seine Geschwister in regelrechte Schlachten mit Wölfen, Kojoten oder anderen Schwarzbären, wenn es darum ging, sich einen leckeren Kadaver unter den Nagel zu reißen. Gemeinsam war das Trio jetzt bereit, es mit jedem Konkurrenten aufzunehmen – mit Ausnahme des gefürchteten Grislys.

Bei ihrem ersten Haarwechsel im späten Juni sahen die drei Jungtiere aus wie eine schäbige, zerlumpte Landstreicherbande, bis der neue Pelz nachwuchs. Außerdem waren sie, bedingt durch das schnelle Wachstum, von einer linkischen Unbeholfenheit, zu der noch eine ausgesprochene Begabung dafür kam, über die eigenen Füße zu stolpern, da sie nun vom kindlichen Zockeltrott auf den schlurfenden Erwachsenengang umstiegen.

Wenn ich auf unser gemeinsames Leben zurückblicke, war der Juni die glücklichste Zeit, die wir miteinander verbrachten. Jeden Morgen, wenn ich erwachte, sah ich als erstes drei glänzende, bräunlich-gelbe

Augenpaare, die mir stumm und liebevoll ins Gesicht blickten. Die
Welt, die uns umgab, strotzte von neuem Leben. Überall gab es junge
Tiere. Wapitis drängten ihre Kälber hinauf auf die Bergwiesen. Wölfe
mit tolpatschigen Welpen, Füchse und Kojoten mit ihrer verspielten
Nachkommenschaft und Elchkühe mit X-beinigen Kälbern kamen
auf ihrem Weg zu Jagd- oder Weidegründen oft an der Hütte vorbei.
Der hämmernde Schrei der Rohrdommeln kündigte unweigerlich den
donnernden Abgang von Lawinen an, als spürten die Vögel, was sich
auf den sturmumbrausten Hängen der Ominecas zusammenbraute.
Ein vertrauter Anblick im Dämmerlicht waren auch die großen Ohr-
eulen, beeindruckende Raubvögel, die Hasen, Vögel, Fledermäuse
und sogar kleine Falken schlugen.

Zum einzigen ernsthaften Streit zwischen den Bären in jenem Früh-
sommer kam es, als Dusty versuchte, sich rücksichtslos ein Nest mit
Waldhuhneiern anzueignen, das Scratch gefunden hatte. Während die
beiden in den Clinch gingen, machte sich Rusty gedankenschnell über
die Eier her. Nach fünfminütigem wütendem Ringen schüttelten sich
die beiden Geprellten und schauten einander an, als wollten sie sagen:
„He, du! Worüber haben wir uns eigentlich gestritten?"

Das Plündern von Nestern war stets ein Zankapfel. Um den Banditen einzubleuen, daß Vögel und ihre Brut unter allen Umständen in
Ruhe zu lassen waren, führte ich sie zu bestimmten Nestern und
machte ihnen klar, daß es verboten war, sie anzurühren. Sie raubten
nie eines aus, das ich für tabu erklärt hatte, aber sie fanden andere.

Es war ein prachtvoller, aufregender Sommer. Genau in dieser Zeit
begann Rusty, sich eng an mich anzuschließen, und zwischen uns entwickelte sich eine innige gegenseitige Zuneigung. Auf unseren Wanderungen pflegte Rusty stehenzubleiben und zu warten, bis ich ihn
einholte. Wenn ich den Arm um seinen dicken Hals legte, leckte er mir
die Hand. Und abends vor dem Kamin ließ er sich zu meinen Füßen
nieder, während ich las oder Notizen in mein Tagebuch schrieb.

7

AN EINEM späten Nachmittag im Monat Juni zeichnete ich gerade
fleißig Pläne für einen neuen Räucherschuppen, als ich die Jährlinge
vor der Veranda winseln hörte. Als ich hinaustrat, erlebte ich eine der

beglückendsten Überraschungen, die mir je zuteil wurden. Drei Bärenlümmel tanzten polternd eine Ehrenrunde, während mir vier einjährige Wanderdrosseln um den Kopf schwirrten. Offensichtlich erkannten die Bären die Vögel und freuten sich über ihre Rückkehr. Vielleicht geben auch Vögel bestimmte Gerüche als eine Art Erkennungsmarke ab. Sonst könnte ich mir nicht erklären, wie die Bären hätten wissen sollen, daß es ausgerechnet jene Wanderdrosseln waren, die ich bei dem Waldbrand gerettet hatte.

Unsere gefiederten Freunde waren nun erwachsen. Obwohl sie sich in der Wildnis Partner suchten, kamen sie noch häufig zu dem Kistchen mit dem Sitzbrett hinter der Hütte, das ihnen kurz nach dem Flüggewerden als Heimat gedient hatte.

Sogar als sie selbst nisteten, erschienen sie täglich, um ein Sonnenbad zu nehmen, und später beanspruchten ihre Sprößlinge ebenfalls einen Platz an diesem freundlichen Zufluchtsort.

In diesem Sommer legten die Bären ihre Beziehungen zu den Geschöpfen fest, mit denen sie zwangsläufig in Berührung kamen. Wenn sie hungrig waren, nahmen sie mit vereinten Kräften Kojoten oder anderen Schwarzbären das Futter weg. Sie stöberten Aas auf, das unser weit entfernter Nachbar, der Grisly, vergraben hatte. Aber sie verzichteten sofort freiwillig auf die Beute, wenn der ehrwürdige alte Griesgram auftauchte.

Dusty hatte zu den meisten ihrer Tiernachbarn echtes Vertrauen und kroch auf dem Bauch, um Füchsen und Mardern ihre freundliche Gesinnung zu beweisen, erntete aber immer nur Argwohn. Rusty nutzte seine Fähigkeiten nie aus, um seine Mitgeschöpfe zu terrorisieren. Für einen einjährigen Schwarzbären war er zu ernst – fast so, als hätte man ihm eine riesengroße Verantwortung aufgebürdet. Statt dem Trieb eines Jährlings nachzugeben, jeden geeigneten Gegenstand umherzurollen, übernahm er den Wachdienst oder setzte sich zu mir, während die anderen beiden herumtollten.

Der Juli kam und verging. Ich tüftelte eine Methode aus, um einen Teil des Hautête Creek in ein neues Bett umzuleiten, so daß ich bis zum gewachsenen Fels hinuntergraben und eine größere Menge Schlamm und Kies über die Waschrinne leiten konnte. In dreißig Tagen hatte ich genug Gold gewonnen, um Lebensmittelvorräte für zwei Jahre zu bezahlen.

Am ersten August kreiste ein Wasserflugzeug über der Hütte, landete auf dem See und fuhr auf den Strand zu. Der Besucher war Dan Yeager, ein Buschpilot, den ich vor zwei Jahren kennengelernt hatte, als ich hoch im Norden Kanadas auf Goldsuche war.

„Ich hab gehört, daß du hier mit Bären haust", sagte er, als wir die Tragflächen gegen plötzliche Windstöße sicherten.

„Das heißt, du warst in Topley Landing. Was führt dich her, Dan?"

„Die Landvermesser. Im Parlament sind heftige Debatten darüber im Gange, ob dieses Gebiet zu einem Nationalpark oder zu einem Wildreservat gemacht werden soll. Die Opposition wächst mit jedem Tag. Ihr Hauptargument ist, ein Nationalpark würde nur von sehr wenigen Leuten besucht werden, aber unter den jetzigen Bedingungen könnten die Jäger, die Fallensteller, Erzsucher und Holzfäller das Land gut nutzen."

„Und angeblich intelligente Politiker nehmen dieses Gewäsch für bare Münze?"

„Sie glauben, was die stärkste Lobby ihnen einflüstert."

Plötzlich gesellten sich die Bären zu uns. Mit gesträubtem Rückenhaar spazierten sie steifbeinig um Dan herum, beschnüffelten ihn, richteten sich dann zu seinem Entsetzen auf und untersuchten sein Genick und seine Schultern. Befriedigt stellten sie endlich fest, daß man ihn in die Kategorie der Freunde einstufen konnte, und schlurften zum Flugzeug hinüber, um dieses ebenfalls zu inspizieren.

Ich hatte das Gefühl, daß Dan hergeflogen war, um mir etwas zu erzählen, mit dem er noch hinter dem Berg hielt, daher bestand ich darauf, ihn über Nacht in die Hütte einzuladen.

„Wie steht's drüben in Topley Landing?" erkundigte ich mich, als wir Kaffee tranken und Haferfladen schmausten. Die Bären hockten natürlich bei uns.

„Deshalb besuche ich dich ja, Bob. Larch hat Schwierigkeiten. Weil er öffentlich für die Schaffung des Nationalparks eintrat, hat ihn das Sägewerk gefeuert. Nun ist er in Victoria und versucht, mit Parlamentsabgeordneten Kontakt aufzunehmen, um sie zu bitten, daß sie bei der nächsten Sitzung für das Projekt stimmen. Sein Vater und ein Indianer namens Red Fern haben jeden Cent zu seiner Unterstützung zusammengekratzt. Auf die Indianer hat sich das alles ausgewirkt wie ein Stich ins Wespennest. Sie sind in zwei feindliche Lager gespalten. Die einen behaupten, wenn der Nationalpark zustande kommt, würden sie an den Touristen gut verdienen. Die anderen möchten beim Fallenstellen und Jagen bleiben."

„Dan, ich hab Gold im Wert von tausend Dollar gewaschen. Kannst du es Red Fern bringen?"

„Sicher, aber Larch und seine Freunde werden mehr brauchen als das. Peter A-Tas-Ka-Nay sagt, es sei eine Menge Gold im Hautête Creek. Er möchte im August ein Dutzend Indianer herbringen und Gold waschen, was das Zeug hält, wird es aber nur tun, wenn du einverstanden bist. Die Indianer sollen hier in seiner Hütte wohnen. Er sagt, du kannst Larchs Hütte bis September benutzen. Die Indianer könnten sich auf diese Weise genug Geld für den Winter beschaffen, und es wäre möglich, noch ein paar von ihnen nach Victoria zu schikken, um das ganze Unternehmen zu stärken. Wenn du nichts dagegen hast, fange ich morgen an, sie einzufliegen."

Ich überreichte ihm die mit Gold gefüllte Kaffeekanne, half ihm, die Maschine wieder startklar zu machen, und erklärte, ich würde gleich am nächsten Tag in Larchs Hütte ziehen.

DAN brachte die Indianer in drei Partien her, und an den zwei folgenden Tagen schaffte er Proviant und Ausrüstung herbei. Red Fern und Peter kamen mit dem Boot. Larch hatte mir erzählt, er habe in einem Fluß seeabwärts von seiner Hütte Goldseife entdeckt. Sobald die Bären ihr neues Revier kannten, nutzte ich dort jede Stunde zum Graben und Goldwaschen.

Eines Nachmittags gegen Ende August wasserte ein großes Flugzeug auf dem See und fuhr zu Larchs Uferstreifen. Als die Bären und ich als Empfangskomitee ans Ufer eilten, standen dort Larch, zwei Parlamentsabgeordnete und drei Beamte des Forstwirtschaftsministeriums. Nach wenigen Minuten trafen auch Red Fern und Peter mit ihrem Boot ein.

Als ich Larch mein Gold überreichte, erklärte ich den Beamten, daß wir alle fast Tag und Nacht schufteten, damit Larch in Victoria bleiben konnte, um sich dort für die gute Sache einzusetzen.

Mein Leben mit den Bären schien die Herrschaften kaltzulassen, aber sie sagten, nach den Eindrücken, die sie gewonnen hätten, seien sie mit Larch einer Meinung, daß diese Region zumindest ein Wildschutzgebiet und noch besser ein Nationalpark werden sollte.

„Ich glaube, Sie haben uns überzeugt, Mr. A-Tas-Ka-Nay", verkündete der Leiter der Kommission. „Übrigens – sollten wir nicht lieber aufbrechen, bevor die Bären Hunger kriegen?"

Ich war stolz auf Rusty, Dusty und Scratch, die mit majestätischer Gelassenheit durch die Versammlung geschritten waren, wobei so manche Hand sie freundlich getätschelt und gestreichelt hatte. Kein Härchen wurde aufgestellt, kein Knurren ertönte – nur herzzerreißende Jammerlaute, als Larch zum Flugzeug ging.

„Sowie der Kampf gewonnen ist, komme ich zurück, Bob", sagte er und teilte liebevolle Klapse unter den Bären aus. „Aber du hast keine Ahnung, wie viele Leute wir noch auf unsere Seite bringen müssen."

Zwei Tage später begann Red Fern, die Indianer mit dem Boot wegzubringen. Ich erfuhr, daß Dan Yeagers Maschine nach einem verunglückten Start in der Nähe von Fort Simpson in einen Fluß gestürzt war. Dans Leiche wurde nie gefunden.

„Die Lebensmittel, die bei uns übriggeblieben sind, haben wir in deinem Vorratslager verstaut, Bob", sagte Red Fern vor der letzten Fahrt. „Im Oktober bringen wir dir deinen Proviant für den Winter – im voraus bezahlt. Unsere Goldsuche war ein großer Erfolg."

Für den Rücktransport meiner Sachen von Larchs Hütte an unser Seeufer zu Peter A-Tas-Ka-Nays Behausung waren etliche Kanufahrten erforderlich, weil die Bären so inständig bettelten, mich jedesmal begleiten zu dürfen. Was für einen komischen Anblick müssen wir geboten haben! Drei große Jährlinge saßen hintereinander auf dem Boden des Kanus und hielten sich mit den Vordertatzen am Bootsrand fest, und ein schwer schuftender Mann hockte auf dem Achtersitz und betätigte sich als Rudersklave.

Anfang September konnte ich mit den Bären bei ihrer täglichen Futtersuche nicht mehr mithalten. Inzwischen hatten die drei bereits bewiesen, daß ich, was ihren Schutz betraf, kaum mehr als ein schmückendes Anhängsel war. So schickte ich sie zum erstenmal allein auf den Weg und vertraute darauf, daß Rusty die volle Verantwortung übernahm. Obwohl mir meine Phantasie jedes nur mögliche Unheil vorgaukelte, erschienen sie bei Sonnenuntergang wohlbehalten und mit prall gefüllten Wänsten.

Danach begleiteten sie mich jeden Morgen zu einem Wasserlauf, wo ich die Goldsuche fortsetzte. Nach dem Austausch von kurzen, aber herzlichen Umarmungen machten sie sich langsam zu fernen Tälern,

Wiesen und kahlen Hochflächen auf und blieben oft stehen, um in der rührenden Hoffnung zurückzuschauen, ich könnte mich vielleicht doch noch zum Mitkommen entschließen.

Trotz ihrer wachsenden Selbständigkeit waren sie nicht immer tapfer. Sie litten unter fast komischen Ängsten, über die ich aber nie lachte, sobald ich begriffen hatte, wie empfindlich sie gegen Spott waren. Als die Unglückshäher entdeckten, daß die Bären unweigerlich in blankem Entsetzen flohen, wenn sie sie im Sturzflug angriffen und in die dicken Hinterteile pickten, machten sich die Vögel ein Vergnügen daraus, das Trio in die Hütte zu treiben.

Auch Donner versetzte meine drei Helden in Alarmzustand, allerdings nicht ohne Grund. Wir hatten in diesem Sommer erlebt, wie zwei grelle Blitze in der Nähe der Hütte einschlugen. Dabei war einmal ein Hagel von Rindenstücken, die vom Stamm einer Tanne absplitterten, auf die Jährlinge niedergegangen. Von da an verkrochen sie sich bei Gewitter stets in einem dunklen Winkel unserer Behausung.

Immer wenn wir einen „Bienenbaum" plünderten, beobachtete ich, wie alle drei Bären Hunderte von Bienen verschlangen. Oft fürchtete ich fast schon, sie würden das Bienenvolk derart dezimieren, daß es zum Aussterben verdammt war. Sobald jedoch auf einer Wiese eine einzelne Biene auf die drei Pelzkolosse zu summte, reagierten sie mit kindischer Hysterie.

IN DER ersten Oktoberwoche traf Larch mit meinen Wintervorräten ein. Er sah müde aus. Die drei Racker bereiteten ihm einen stürmischen Empfang nach Bärenart.

„Wie steht's mit dem Nationalpark?" fragte ich, als wir zur Hütte gingen.

„Sieht gut aus für ein Wildreservat, aber ich bezweifle, daß das Parlament noch in diesem Jahr einen endgültigen Beschluß riskieren wird. Die Politiker sind alle gleich. Sie wollen, daß sich die an der Streitfrage erhitzten Gemüter den Sommer über in der Sitzungspause abkühlen. Und im Winter halten sie das Thema dann gerne tiefgefroren unter Verschluß, statt zu einem Ergebnis zu kommen. Deshalb glaube ich, sie werden versuchen, die Region zuerst zum Schutzgebiet zu erklären."

„Und was wirst du tun?"

Seine braunen Augen waren traurig. „Ich habe mich um die Aufnahme bei der Forstaufsicht beworben. Ich habe fast kein Geld mehr." Larch war nicht mehr der sorglose Jäger vom letzten Jahr. Als er von der Gegenwehr der Holzindustrie sprach, meinte er: „Die Leute vom Sägewerk reden in ergreifenden Tönen von überreifem Nutzholz, das verwertet werden muß, aber so etwas wie überreifes Nutzholz gibt es überhaupt nicht, außer in der verdrehten Sprache des Handels."

Er war enttäuscht von seinen Stammesgenossen, denn er wußte, wenn unter den Indianern Einigkeit geherrscht hätte, wäre es der Sägewerksgesellschaft nicht gelungen durchzudrücken, daß die Männer, die für die Schaffung eines Nationalparks eintraten, entlassen und an ihrer Stelle Ersatzarbeitskräfte beschäftigt wurden.

In der Woche, die Larch bei mir blieb, schafften wir den Großteil seiner persönlichen Habe von seiner Hütte in meine, da er nicht vorhatte, den Winter am Taklasee zu verbringen. Bei einer der Rückfahrten vom Hautête Creek schleuderte er plötzlich seine ganze Fallenstellerausrüstung an der tiefsten Stelle in den See.

Als wir später für eine weitere Fahrt vom Ufer ablegen wollten, bettelten Rusty und Scratch, daß wir sie mitnahmen. Dusty begleitete uns zu Larchs Boot, weigerte sich aber einzusteigen. Kaum ruderten wir fort, machte sie kehrt und verschwand in dem Wald hinter der Hütte.

„Ich habe Dusty beobachtet", sagte Larch. „Sie hat einen Freund, mit dem sie sich oben auf dem Wildpfad trifft."

„Unsinn!" entrüstete ich mich. „Schwarzbären sind erst mit vier Jahren ausgewachsen. Weibchen paaren sich frühestens mit drei."

„Ach was!" rief er. „Demnach weißt du also nicht, daß Weibchen manchmal schon ein Jahr vor der Paarung mit heiratsfähigen Junggesellen zu kokettieren anfangen? Sei bloß nicht überrascht, wenn deine kleine Dusty durchbrennt!"

Der Tag war warm, doch die Luft schon von einer gewissen Frische wie oft im Oktober. Wir wanderten mit Rusty und Scratch zu einem Ausläufer des Hogemgebirges hinauf. Espen, Hartriegel, Buchen und Ahorn trugen ihr buntestes Herbstkleid. Auf dem letzten Bergrücken gruben die Jährlinge ein Dickhornmutterschaf aus, anscheinend die von einem Grisly verscharrte Beute, die noch nicht „reif" genug war, um dem alten Feinschmecker richtig zu munden.

„Hoffentlich taucht Seine Majestät nicht auf, während die beiden sich die besten Happen holen", sagte Larch mit einem Lächeln.

Die Worte waren kaum über seine Lippen gekommen, da stürzte ein riesiger Grisly mit weißen Haarspitzen auf Rusty und Scratch zu. Als er bis auf sechs Meter heran war, erhob er sich auf die Hinterbeine. Wie ein Turm ragte er über zwei Meter hoch auf, blickte auf die frechen Eindringlinge hinab und schnaubte dazu wie eine Dampflok. Die beiden Jährlinge hatten schon Begegnungen mit Grislys hinter sich und wußten, was dieser Wüterich mit einem Tatzenhieb anrichten konnte. Sie sausten eine Schlucht hinab und auf einen Baum, während das Gebrüll ihres Widersachers den Wald erbeben ließ.

Der prachtvolle Bursche hätte ihnen nachklettern und sie wie Pflaumen herunterschütteln können, doch er beschränkte sich auf drohendes Brummen. Grislys können wie Berserker wüten, aber nur auf eine absichtliche Provokation, nicht auf eine bloße Störung hin. Wie alle Bären sind sie eher auf Verteidigung als auf Angriff eingestellt.

Larch und ich hielten uns versteckt, während der Grisly das Schaf wieder eingrub. Dann trottete der alte Bär, noch immer vor sich hin grollend und mit einem letzten Blick auf die auf dem Baum hockenden Übeltäter zu einem Felssims davon, wo er wie auf einem Thron sitzen und jede unbefugte Annäherung an die Grenzen seines Reiches sofort bemerken konnte.

Als wir spätabends wieder bei meiner Hütte anlangten, saß Dusty vor der Tür. Ihr scheuer Freund war nirgends zu sehen. Sie trottete unverzüglich in Richtung Futterrevier davon, schaute zurück, kehrte dann um und wiederholte das Manöver, wodurch sie uns zeigen wollte, daß sie unsere Begleitung bei einem mitternächtlichen Imbiß wünschte. Wir taten ihr den Gefallen und gingen ein Stück am Ufer entlang mit. Rusty blieb bei ihr, Scratch schloß sich Larch und mir an. Die Bären füllten sich jetzt gern nachts die Mägen und erschienen erst wieder am nächsten Vormittag. Scratch hatte diese Mode anfänglich überhaupt nicht gefallen, doch sich bei Tag allein hinauszuwagen behagte ihm offenbar noch weniger. Er schmollte zwei Tage, dann paßte er sich dem von seinen Geschwistern geänderten Zeitplan an.

Nach einer Woche bepackte Larch sein Boot, verabschiedete sich und entschwand auf dem windbewegten See. Als er uns verlassen hatte, folgten dem milden Altweibersommer frostige Tage und eisige Nächte, und es schien, daß die Bären mehr Zeit mit mir verbringen wollten. Während ich im Fluß angelte oder die gefangenen Lachse räucherte, stießen mich die drei viel öfter mit der Schnauze an, um meine

Aufmerksamkeit auf sich zu lenken, als um einen Fischkopf zu erbetteln. Wenn ich auf der windgeschützten Seite der Hütte saß und die Sonne genoß, lagen drei gewaltige wollige Köpfe auf meinem Schoß, bis mir die Beine unter der Last einschliefen.

Die Tage waren mit Arbeit ausgefüllt. Das Wasser wurde zum Goldwaschen zu kalt, deshalb verwandte ich die meiste Zeit darauf, umgestürzte Bäume zu zersägen und das so gewonnene Brennholz zu stapeln. Es bestand wenig Aussicht, in diesem Winter zu Elch- oder Wapitifleisch zu kommen, da dieses Wild vor der Jagdsaison bis auf wenige Tiere fortgezogen war. Also brauchte ich rund hundert Kilo geräucherte Forellen und Lachse. Die Beerenernte war zu spärlich gewesen, um einen getrockneten Vorrat anzulegen, aber Larch hatte mich mit einer Extraration Dörrobst versorgt.

Gegen Ende Oktober bekam ich zum erstenmal Dustys Verehrer zu sehen, einen nicht eben schlanken Burschen, der offenbar schon Speck für den Winterschlaf angesetzt hatte. Wie Rusty war auch er rostfarben. Dusty und ihr überaus scheuer Freund standen auf dem Pfad, keine fünfzig Meter hinter der Hütte, und waren ganz damit beschäftigt, ernst die Köpfe zu schütteln und sich anzubrummeln, bevor sie sich beide auf die Hinterbeine stellten und einander die Vordertatzen auf die Schultern legten. Dann lief Dusty beschwingten Schrittes zur Hütte, und ihr Galan, den ich Spooky taufte, weil seinem scheuen Auftreten etwas Geisterhaftes anhaftete, verschwand wie ein Buschgespenst im Unterholz.

In den nächsten zwei Tagen tat Dusty alles, um Spooky dazu zu bringen, sich unserer Gruppe anzuschließen. Eines Abends nach dem Essen saß ich mit Rusty und Scratch auf dem Bett, als Dusty geschickt mit der Schnauze die Tür aufstieß, sich hinaus auf die Veranda stellte und ihren Freund sanft brummelnd zum Eintreten einlud. Der Wind, der hereinwehte, war beißend kalt. Schließlich gab sie auf und kam zu ihren Brüdern und mir, als wolle sie mit einer resignierten Geste erklären: Ach, zur Hölle mit ihm! Daraufhin wagte sich Spooky die Stufen herauf und steckte vorsichtig seine neugierige Nase in unseren Raum, der nach Mensch roch. Dusty, Scratch und ich beobachteten ihn und warteten ab, aber Rusty war nicht gewillt, Obdach und Zuwendung mit einem Fremden zu teilen. Er knurrte Spooky an, und der zartbesaitete Jüngling flüchtete ins schützende Dunkel der Wälder. Er tat mir aufrichtig leid. Seine geradezu vornehmen Freßgewohnheiten, die

Art, wie er Dusty zärtlich über die Schnauze leckte oder sich mit den Vorderpfoten gegen ihre ausgelassenen Grobheiten schützte, das alles stand in krassem Gegensatz zu Dustys ungehobeltem Betragen.

DER erste Schnee fiel, aber fast unmittelbar danach wurde das Wetter wieder milder, und in den warmen Tagen, die nun folgten, tollten die Bären vor Wonne temperamentvoll herum, wenn ich mit ihnen am Ufer entlangspazierte oder hinauf zu den stillen Bergwiesen stieg. Als wir einmal den Ausläufer eines Berges etwa fünf Kilometer hinter der Hütte erklommen hatten, setzte ich mich im Windschatten eines Felssimses zwischen Rusty und Scratch nieder. Wir beobachteten Dusty, die langsam über die eintönige Tundra zur Waldgrenze zurückging. Plötzlich tauchte Spooky auf. Die beiden hatten ein kurzes Geplänkel. Als wir heimwanderten, liefen Dusty und ihr Liebster etwa fünfhundert Meter voraus. Ein derart schüchterner Bär war mir selten untergekommen.

Nie wurde mir das Ergebnis meiner Erziehungsversuche deutlicher vor Augen geführt als an dem Tag, an dem Spooky den Kadaver eines Hasen auf unsere Lichtung brachte, um ihn mit Dusty zu teilen. Kaum stieg den drei Jährlingen der Geruch von frischem Fleisch in die Nasen, als sie auch schon lässig zu Spooky hinüberschlenderten, der aufrecht dastand und seine Beute mit den Zähnen festhielt. Wie auf ein Stichwort sprang das Trio im geschlossenen Verband durch die Luft und landete auf seiner Brust. Da ihm der Aufprall den Atem verschlug, riß er das Maul auf, verlor den Hasen und das Gleichgewicht und kollerte den steilen Hang hinunter in den Fluß. Das Kleeblatt teilte sich die Mahlzeit. Dann nahm Dusty ein Fleischrestchen und brachte es zu Spooky, der am Ufer hockte und sich leckte. Als sie es vor ihm fallen ließ, wandte er den Kopf und schlabberte ihr liebevoll mit der Zunge über die Stirn.

Die ersten polaren Schneewolken wälzten sich am zehnten November heran. Zwei Tage später, als die Temperatur auf dreißig Grad unter Null fiel, krochen die Jährlinge in ihr Winterquartier und schliefen ein. Diesem Kälteeinbruch folgte kein richtiges Tauwetter, aber die Wintermonate schienen nicht so kalt wie im vergangenen Jahr zu sein.

Ich vertrieb mir die Zeit mit Lesen und ergänzte meine in den Sommermonaten nur hastig hingekritzelten Tagebucheintragungen. Bei

halbwegs gutem Wetter legte ich auf Schneeschuhen mindestens acht
Kilometer pro Tag zurück, um mich körperlich fit zu halten. Die
Bären rührten sich in diesem Winter kaum, selbst als die Temperatur
in der Hütte auf fünfzehn Grad anstieg, schlummerten sie weiter und
drängten bis April nicht ein einziges Mal ins Freie.

Larch konnte mir erst am fünfzehnten Mai Nachschub bringen. Ein
Buschpilot flog ihn ein. Die beiden Männer verließen mich schon am
nächsten Morgen, weil Larch wieder nach Victoria mußte. Ein mächtiger Interessenverband in Prince George wehrte sich seit kurzem
vehement gegen die Schaffung eines Wildreservates, weil er das Land
zur Besiedlung nutzen wollte. Larch war noch schweigsamer und
ruheloser als im Oktober.

Als ich von ihm Abschied genommen hatte und zur Hütte ging,
kamen mir auf der Lichtung halb hüpfend, halb flatternd zwei Wanderdrosseln entgegen. Ich ermahnte die Bären, ganz still zu sitzen,
während ich die Vögel begrüßte. Nur ein Männchen und ein Weibchen waren dieses Jahr zu uns zurückgekehrt.

GANZ unerwartet kam Larch im Sommer wieder und verbrachte
den August mit uns. Sein Vater war gestorben, und im Parlament war
noch immer keine Entscheidung im Hinblick auf ein Reservat gefallen. Larch wirkte sehr enttäuscht und verbittert und erwähnte mit keinem Wort, was aus seiner Bewerbung um eine Stelle als Wildhüter
geworden war. Ich bemühte mich, ihn mit schwerster körperlicher
Arbeit an der Waschrinne und langen Fußmärschen an den Wochenenden ins Ominecagebirge abzulenken. Diese Therapie zwang ihn,
seine Gedanken auf naheliegende Ziele zu konzentrieren. Abends saß
er stundenlang mit den Bären vor dem Kamin oder ging allein am ster-
nenhellen Ufer auf und ab. Ich drängte ihm nie ein Gespräch auf, wenn
er schweigen wollte. Die Wälder des Nordens, mit denen er so tief verbunden war, würden seine seelischen Wunden heilen.

Als er uns nach einem Monat verließ, sagte er: „Bob, ich habe noch
nie von einer Beziehung zwischen einem Menschen und einem Wildtier gehört, die man mit der zwischen Rusty und dir vergleichen
könnte. "

„Ich weiß", antwortete ich. „Er ist jetzt fähig, völlig unabhängig zu
leben, und ich sollte nach Hause fahren und das Studium am College
beenden. Aber ich kann mich einfach nicht von ihnen trennen. Warum

machen die drei es mir nicht leicht und gehen fort, um ihr eigenes
Leben zu leben, wie ich es vom ersten Tag an geplant habe, als ich sie
aufnahm?"

„Denk darüber nach, mein Freund", meinte er. „Denk die nächsten
zwei Monate darüber nach, und sag mir die Antwort auf deine Frage,
wenn ich dir Anfang November deine Vorräte bringe."

RUSTY verließ nun mit immer größerem Widerstreben den Platz, an
dem ich gerade arbeitete. Anfang September ließ er seine Geschwister
allein auf Futtersuche ziehen, und bald weigerte er sich überhaupt,
Nahrung aufzustöbern, wenn ich ihn nicht begleitete. Sein gesamtes
Revier war viel zu groß, als daß ich ihm hätte folgen können, aber er
kehrte lieber mit mir um und verzichtete auf einen Teil seiner Mahlzeit, als allein weiterzulaufen. Oft wanderte ich über die Bergrücken
im Norden des Hautête Creek und ließ mich an einer windgeschützten
Stelle nieder in der Hoffnung, daß er sich auf der Wiese am Hang tum-
meln würde, doch auch er liebte es, hoch oben im Wind zu sitzen, als
lausche er den Septemberliedern der Kiefern und Hemlocktannen, die
wie tiefe Orgelmusik von weit unten emporklangen.

GEGEN Ende Oktober bescherte uns der Wettergott eine Woche mit
warmen Tagen und Nachtfrösten. Als Folge davon gingen alle drei
Bären zusammen mit Spooky plötzlich wieder tagsüber auf Futtersuche. Da ich seit Larchs Abreise weder das Dröhnen eines Wasserflug-
zeugs noch das eines Außenbordmotors vernommen hatte, vermutete
ich, daß das Seengebiet mittlerweile geschützt war, sonst hätte ich die
Bären in der Jagdsaison nicht in Ufernähe gelassen. So war ich eines
Morgens ganz perplex, als das gedämpfte Surren eines fernen Außenbordmotors auf dem See erklang. In den Wäldern des Nordens trägt
der Schall weit. Er bricht und verändert sich, wodurch akustische
Täuschungen entstehen. Was schließlich ans Ohr dringt, ist von dem
ursprünglichen Geräusch oft völlig verschieden. An jenem Morgen
hätte ich schwören können, auch das Knallen von Schüssen zu hören,
aber die störenden Laute waren so weit entfernt, daß ich sie für das
Krachen von dürren Ästen hielt, die um diese Jahreszeit oft abbrechen
und zu Boden fallen.

Bei Sonnenuntergang waren die Bären noch nicht zurück.
Undurchdringliche, mondlose Finsternis senkte sich auf die Wälder,

und die Stille wurde durch das klagende Rufen eines Waldhuhns, das seinen Hahn suchte, noch unheimlicher. Lauschend und wartend saß ich auf der Veranda und zuckte bei jedem nächtlichen Laut zusammen. Als schließlich meine Nasenspitze vor Kälte zu prickeln begann, ging ich hinein und machte ein verschwenderisches Feuer im Kamin. Die Bären würden halb erfroren sein, wenn sie heimkamen.

Vielleicht haben sie einen Kadaver gefunden, der einem Grisly gehört, und sind dabei in Schwierigkeiten geraten, sagte ich mir. Ich konnte sie vor mir sehen, wie sie sich in dem warmen Raum gähnend ein halbes dutzendmal im Kreis drehten, bevor sie sich zur Ruhe legten. Beim leisesten Rascheln des Windes in den Blättern oder dem Knacken eines Zweiges lief ich zur Tür und spähte in die schwarze Leere hinaus. Das tat ich nur aus Nervosität und Sorge, denn die Bären näherten sich der Hütte nie behutsam. Sie hielten immer geräuschvoll Einzug, stampften, sich gegenseitig wegboxend, auf der Veranda herum und rannten mich bei der Begrüßung fast über den Haufen.

Bis zum Morgengrauen hielt ich Wache, warf Scheit um Scheit ins Feuer, aber die Bären kamen nicht. Am Vormittag zündete ich Rauchfeuer an und hoffte, damit die Insassen des Motorboots anzulocken, das ich wieder auf dem unteren Teil des Sees zu hören glaubte. Ich wollte den Leuten sagen, daß sie damit rechnen mußten, auf zahme Bären zu treffen. Ein Wasserflugzeug landete nicht weit von Larchs Hütte, und ein zweites schien irgendwo weiter nördlich niederzugehen. Schon wenige Minuten nachdem die Maschinen gewassert hatten, hallten Gewehrschüsse zwischen den friedlichen Bergen wider.

Das Parlament hatte uns also keinen Schutz gewährt!

Ich schob das Kanu ins Wasser und paddelte am Ufer entlang in der Hoffnung, Spuren von den Bären zu entdecken. Nach kaum einem Kilometer wirbelten heftige Böen das unbeladene Boot herum wie ein Birkenblatt. Eisige Wellen schwappten über den Bug. Ich ruderte an Land, leerte das Kanu aus und machte mich auf den Heimweg. Meine Bären waren wie vom Erdboden verschluckt.

AM DRITTEN Morgen nach dem Verschwinden der drei suchte ich gerade den Wald mit dem Feldstecher ab, da erschien Rustys mächtige Gestalt taumelnd auf dem Wildpfad. Er war verletzt. Ich rannte ihm entgegen, aber als ich näher kam, richtete er sich auf und machte sich zum Angriff bereit. Sowie er die Arme weit ausbreitete und die

Krallen hochstreckte, begriff ich, daß er nicht bei Sinnen war und mich nicht erkannte.

„Rusty!" schrie ich immer wieder, während ich zurückwich. Er beachtete mich nicht, blickte mir auch nie direkt ins Gesicht, sondern schien hoch über meinem Kopf etwas zu suchen. Der Pelz auf seiner Brust, seinem Bauch und den Schultern war mit eingetrocknetem Blut verklebt. Noch immer knurrend und mit gesträubtem Rückenhaar brach er zusammen, raffte sich jedoch gleich darauf mühsam wieder auf und schwankte auf die Hütte zu. Ich folgte ihm langsam. Vor Schmerz jammervoll stöhnend, schleppte er sich die Stufen hinauf, taumelte hinein und kroch in den Winterverschlag, wo er schließlich niedersank. Mir blieb die Qual erspart, ihm in die glasigen Augen schauen zu müssen, da sein Blick starr über mich hinweg in die Ferne gerichtet war.

Ich brachte ihm eine Schüssel Wasser, aber er fegte sie mit einem Hieb seiner rechten Tatze quer durch den Raum. Während ich leise und beruhigend auf ihn einsprach, überlegte ich fieberhaft, womit ich seine Erinnerung wachrufen könnte. Als ich ihm seine alte zerkaute Decke hinhielt, fletschte er die Zähne, wehrte sich aber nicht. Ich breitete die anderen Decken über ihn. Seine blicklosen Augen waren verschleiert, und er keuchte mit offenem Maul. Ich versuchte festzustellen, wie schwer er verletzt war, aber sein Pelz war zu dicht, und er war halb wahnsinnig vor Schmerzen, so daß eine Untersuchung nicht in Frage kam. Ich fühlte mich so unbeschreiblich hilflos, daß ich darum betete, er möge das Bewußtsein verlieren, damit ich, soweit es mir möglich war, mit einer Behandlung beginnen konnte.

Wenn er mit einem Grisly oder einem Wolfsrudel um einen Kadaver gekämpft hatte, bestand Hoffnung, daß er sich erholen würde. Aber wenn eine Gewehrkugel in diesem prachtvollen Körper steckte, standen die Aussichten schlecht. Einmal drehte er sich ächzend um, und ich konnte einen flüchtigen Blick auf seine Brust werfen. In dem blutverkrusteten Pelz ließ sich keine einzelne Stelle ausmachen, aus der Blut quoll.

Für die lange Nachtwache, die ich bei ihm hielt, rückte ich meinen Stuhl heran, um so nah wie möglich bei meinem vierbeinigen Freund zu sein. Während die Stunden langsam vergingen, stöhnte und bewegte er sich nicht mehr so unruhig. Schließlich sank er in einen barmherzigen Schlaf.

Wie nie zuvor wurde mir bewußt, wie sehr ich mich meinen Bären verbunden fühlte. Dauernd ging mir der Gedanke im Kopf herum: Wo sind Dusty und Scratch – und Spooky? Haben sie dasselbe Ende genommen wie ihre Mutter – als toter Fleischberg im Boot eines Jägers? Sie wären eine so leichte Beute für die Schützen gewesen! In freudiger Begeisterung wären sie auf sie zugestürzt, was die Jäger natürlich später zu einem doppelt gefährlichen Abenteuer aufbauschen konnten, das ungefähr so ruhmreich war, wie wenn jemand den Hund seines Nachbarn erschießt.

Obwohl ich innerlich wie versteinert war und nicht darauf achtete, wie die Zeit verstrich, merkte ich am Licht im Osten, wann es Morgen wurde, und an der Dunkelheit, daß die Nacht anbrach. Während Rusty schlief, schlich ich auf Zehenspitzen zum Herd und kochte einen großen Topf Haferbrei für den Fall, daß er Lust zum Fressen hatte, wenn er aufwachte. Nach ein paar Tassen starkem Kaffee setzte ich die Wache an seiner Seite fort, wobei ich immer wieder eindöste.

Als er seine braunen Augen öffnete, war er geschwächt, aber ansprechbar und fast wieder das gewohnt sanfte, intelligente Wesen. Er blickte mit einem schmerzlichen, verwirrten Ausdruck zu mir auf, und als ich die Hand ausstreckte und ihn streichelte, leckte er sie mir so liebevoll wie früher. In Sekundenschnelle war ich in dem Verschlag und bettete seinen weichen Kopf auf meinen Schoß. So schlief er wieder ein, und sein Atem wurde gleichmäßiger.

Während ich ihn kraulte, erinnerte ich mich, wie die erbarmungswürdigen kleinen Geschöpfe an dem Tag, als wir uns das erste Mal begegneten, japsend aus dem Wald am Nugget Creek gelaufen waren, wie sie sich an die Äste der alten Tanne klammerten, bis Kälte und Hunger sie zwangen, meine Gastfreundschaft anzunehmen, und wie sie sich dann langsam, aber sicher in mein Leben geschlichen hatten. Ich erinnerte mich an die sorglosen Kindertage der Bärenjungen, die wir gemeinsam verbummelt hatten. Ich sah den kleinen Scratch vor mir, wie er auf Rusty oder Dusty hopste, wenn sie in der Nachmittagssonne schlummerten. Um sich der gerechten Strafe zu entziehen, war er dann immer schutzsuchend zu mir gerannt. Damals hatte das Geräusch eines Außenbordmotors jede Menge Spaß verheißen, weil das Boot Larch an unser Ufer beförderte. Nun hatte genau dieses Geräusch, das früher reine Freude versprach, für uns alle schreckliches Unheil gebracht.

AM NÄCHSTEN Tag kamen Rustys Atemzüge eine Stunde vor Sonnenaufgang als lange, unregelmäßige Seufzer aus seinem offenen Maul. Seine Augen blieben geschlossen. Ich legte seinen Kopf auf eine zusammengefaltete Decke und stand auf, um eine Kerze anzuzünden und das Feuer zu schüren. Als ich mich wieder zu ihm setzte, war mein Freund tot. Er war an einer einzigen Kugel gestorben, die durch den weißen Fleck auf seiner Brust gedrungen war.

Während ich zu ergründen suchte, wo ich diesen drei wunderbaren, vertrauensvollen Tieren gegenüber versagt hatte, war ich zu erschüttert, um mich zu bewegen. Dusty und Scratch hatte wohl ein ähnliches Schicksal ereilt. Es muß gegen Mittag gewesen sein, als ich endlich wie betäubt aufstand, Spitzhacke und Schaufel holte und ein Grab aushob. Ich schlang ein Seil um Rustys Körper und zog ihn zur sonnigen Seite der Hütte, wo wir so viele glückliche Stunden erlebt hatten.

Die Wanderdrosseln, die noch nicht fortgezogen waren, saßen auf ihrem Brettchen und beobachteten stumm das Begräbnis.

8

IRGENDWANN im Laufe der Nacht nach Rustys Tod setzte sich immer mehr der Gedanke in meinem Kopf fest, Dusty und Scratch könnten doch noch am Leben sein. Wie viele Schüsse hatte ich gehört? Sechs oder acht? Vielleicht war einer der Bären entkommen, aber selbst dann konnte er verletzt und hilflos den Wölfen und Kojoten ausgeliefert sein.

Als der Morgen dämmerte, schulterte ich meinen Rucksack und machte mich auf den Weg seeabwärts, wo meiner Ansicht nach die Schüsse gefallen waren. Ich ging langsam und suchte das Ufer und jeden Wildpfad, der zum Wasser führte, genau nach leeren Patronenhülsen ab. Dann kehrte ich um und arbeitete mich entmutigt durch das Unterholz aus Hornsträuchern und Bocksdorn in Richtung Hütte. Nirgendwo gab es Anzeichen, daß sich hier ein Bär aufgehalten hatte. Ich entdeckte weder eine Fährte noch Losung oder Spuren einer Futteraufnahme.

Fast eine Woche lang regnete es ununterbrochen. Durchnäßt und ohne den geringsten Anhaltspunkt, kletterte ich jeden Tag auf die Felsen über dem Hautête Creek. Hier hatten Rusty und ich oft gesessen und das Ominecagebirge betrachtet. Mit dem Feldstecher suchte ich immer wieder die Berghänge ab, starrte über jede Wiese, jedes Moor, jede kahle Hochfläche, wo es noch Beeren gab, ließ meinen Blick jedem Tal, jedem Grat folgen. Nirgends fand ich ein Zeichen für den Verbleib von Dusty und Scratch.

Nachts sank die Temperatur unter Null. Wenn ich den Winter über am Taklasee bleiben wollte, war es dringend nötig, Holz zu hacken, Fische zu fangen und zu räuchern und die Spalten in den Hüttenwänden abzudichten, doch ich konnte mich zu keiner dieser Arbeiten aufraffen. Was ich an Holz herbeischaffte und an Lachsen fing, diente nur dazu, meinen unmittelbaren Bedarf zu decken. In der restlichen Zeit suchte ich alle alten Lieblingsplätze auf, weil ich hoffte, einen Hinweis darauf zu finden, daß Dusty, Scratch und Spooky noch am Leben waren.

An einem späten Nachmittag saß ich auf der Veranda, zog mir Dornen aus Armen und Beinen und fühlte mich zutiefst deprimiert. Die Zugvögel waren schon fort, die Wälder schienen zu schweigen. Ich wollte eben hineingehen und mir eine Forelle braten, als von Larchs Seite des Taklasees das Tuckern eines Außenbordmotors herüberklang. Ich fürchtete mich davor, ihm von den Bären zu erzählen, entschloß mich aber, ihn zu bitten, mich nach Fort St. James mitzunehmen. Als das Boot die Mitte des Sees erreichte, sah ich durch den Feldstecher einen einzelnen Indianer, der sich duckte, um sein Gesicht vor dem eisigen Südwestwind zu schützen. Larch konnte es nicht sein. Den hoch aufgestapelten Kisten nach war es ein Hudsonbaiboot, wie es mein Freund nie benutzte.

Mit dem offenen Lächeln der Leute aus dem Seengebiet brachte ein gutaussehender Bursche das Fahrzeug längsseits, warf mir die Vorleine zu und machte an dem aus Treibholz gebauten Landesteg fest.

„Ich heiße Mark", sagte der Indianer, als wir uns die Hand schüttelten. Auf dem Weg zur Hütte erzählte er mir, daß er ein Tahltan-Indianer vom Palisadesee war, der ungefähr hundertsechzig Kilometer vom oberen Ende des Taklasees entfernt lag. Er war in Fort St. James gewesen, um Wintervorräte zu besorgen, die man in Takla Landing nicht bekam. Jetzt betätigte er sich als Goldwäscher, hatte aber früher mit Larch zusammen als Pelzjäger gearbeitet.

„Mit dem Fallenstellen habe ich Schluß gemacht", erklärte er. „Wenn ich im Winter hier oben Schneeschuhe flechte, verdiene ich fast genausoviel. Ich habe eine gute Hütte, in der ich bei fünfzig Grad minus überwintern kann. Im Sommer wasche ich Gold."

Als wir die Hütte erreicht hatten, drehte er sich um und fragte: „Wie geht es den Bären?"

Ich bat ihn herein und erzählte ihm, was passiert war.

„Du lieber Himmel, das waren bestimmt die drei, die ich vom Boot aus gesehen habe. Sie schwammen über den See und hielten auf Larchs Hütte zu."

Es klang recht einleuchtend. Als Dusty und Scratch sahen, was mit Rusty geschah, hatten sie sich vielleicht an die guten Zeiten erinnert, die wir bei Larchs Hütte erlebt hatten, und diese Erinnerung mit der Vorstellung von Sicherheit verbunden, für die es sich lohnte, den See zu überqueren.

„Hast du in Fort St. James etwas von einer Bärenjagd gehört?" hakte ich nach.

„Ja. Ein Jäger aus den Staaten hat behauptet, er habe auf drei Bären geschossen, die sich anstellten, als wollten sie zu seinem Boot hinausschwimmen. Er sagte, einen mit einem weißen Fleck auf der Brust habe er getroffen. Der Bär stand danach einfach da und drehte den Kopf hin und her, als spräche er zu dem Mann. Der Jäger meinte, er habe auch noch einen anderen erwischt. Dieser sei niedergestürzt, aber wieder hochgekommen und davongehinkt. Der Kerl hat angeblich eine ganze Kammer auf sie leergeballert, als sie ins Unterholz verschwanden. Können das deine Bären gewesen sein?"

Einen Augenblick lang war ich zu niedergeschmettert, um zu antworten. „Ganz sicher", sagte ich schließlich. „Für sie ist ein Boot gleichbedeutend mit Spaß."

Wenigstens wußte ich jetzt, was geschehen war. „Morgen werde ich hinüberpaddeln, wenn der Wind nachläßt", erklärte ich. „Wie geht es Larch?"

„Er arbeitet in der Gegend von Fort St. James als Jagdaufseher für die Provinzverwaltung. Hat mich gebeten, bei dir vorbeizuschauen und dir zu sagen, daß es ihnen nicht gelungen ist, ein Gesetz im Parlament durchzubringen, das das Seengebiet zum Wildreservat erklärt. Aber das war dir ja wohl schon klar, nach dem, was den Bären zugestoßen ist."

Bevor Mark am nächsten Morgen aufbrach, gab er mir fast fünfzehn Kilo in Streifen geschnittenes, luftgetrocknetes Elchfleisch. „Das

schickt dir Larch", sagte er. „Sowie er drei oder vier Tage Urlaub bekommt, bringt er dir Nachschub."

Zwei Tage lang blies ein unangenehmer, feuchter Wind, und ich konnte mich mit dem Kanu nicht auf den See hinauswagen. Da das Warten meine Geduld auf eine harte Probe stellte, vertrieb ich mir die Zeit, indem ich die Ritzen in den Hüttenwänden frisch ausstopfte und Holz hackte – für den Fall, daß ich doch noch einen Winter hier verbringen sollte.

SCHLIESSLICH flaute der Wind ab, und ich setzte mit dem Kanu über den See.

In der näheren Umgebung von Larchs Hütte fand ich überall Bärenspuren. Ich pfiff und rief, bis ich heiser war, lief stundenlang am Ufer auf und ab und stieg drei Kilometer weit zur Wasserscheide hinauf. Ohne eine frische Fährte entdeckt zu haben, kehrte ich um, schloß Larchs Hütte auf und machte mir Abendbrot. Der intensive Geruch von Fichtenholzrauch und Kaffee könnte sie anlocken, dachte ich. Nach Einbruch der Nacht fiel die Natur in vollkommenes Schweigen, als ersticke die herbstliche Dunkelheit jeden Laut.

Normalerweise stand ich beim Morgengrauen auf, doch aus irgendeinem Grund, vielleicht weil ich durch die Anspannung in den vergangenen Wochen völlig erschöpft war, ging es schon auf Mittag zu, als mich ein leises Kratzen und Winseln an der Tür weckte. Mit einem Satz sprang ich aus dem Schlafsack und zerrte an der Tür, die immer ein wenig klemmte, weil Larch sie mit Elchlederstreifen abgedichtet hatte. Vor mir saß, auf den Hinterbacken balancierend und mit den Vordertatzen in der Luft scharrend wie ein hungriger Pudel, mein verloren geglaubter Freund Scratch. Überglücklich warf ich die Arme um den Bären und hielt ihn umschlungen, bis ich vor Kälte ganz steif war.

Wir gingen in die warme Hütte, und ich kochte einen großen Topf Haferbrei, in den ich Margarine, braunen Zucker und Kondensmilch aus Larchs eiserner Reserve rührte. Kaum konnte ich es erwarten, nach dem Frühstück im Wald eine neue Suchaktion zu starten.

Da ich hoffen durfte, Scratch würde die Witterung von Dusty und Spooky aufnehmen, stopfte ich schnell ein paar Sachen in meinen Rucksack und ließ mich von dem geliebten Zottelbären führen, wohin er wollte.

Ohne zu zögern, trottete er wie ein Spürhund zur pazifischen Wasserscheide voran. Es war ein kalter Tag. Mein Atem gefror auf meinem Bart zu kleinen runden Eiszapfen, und der Pelz auf Scratchs Brust überzog sich mit einer festen weißen Eisschicht. Während wir den Pfad emporstiegen, stießen wir dampfende Atemwolken aus. Als Scratch plötzlich stehenblieb und sich hinsetzte, ließ ich mich neben ihm nieder und legte ihm den Arm um den Hals. Er rieb die Schnauze zart an meinem Ohr. Und dann tat mein Herz einen Sprung: Auf einem Moor ganz in der Nähe tauchten zwei Bären aus einem Dickicht auf und begannen nach Knollen zu graben!

Als Spooky roch, daß wir uns näherten, stellte er sich blitzschnell aufrecht und drehte den Kopf in unsere Richtung. Dusty richtete sich ebenfalls kurz auf und verschwand dann in den Weidenbüschen. Beide Bären hinkten erbärmlich. Obwohl ich Dusty rief und ihr Scratch nachschickte, humpelte sie fort, so schnell sie konnte. Sie folgte Spooky in den dichten Fichtenwald am Südufer des Sees. Scratch kehrte an die Stelle zurück, wo ich saß, und begleitete mich zu Larchs Hütte, aber ich hatte das Gefühl, daß er es widerstrebend tat.

Scratch und ich saßen bis spät in die Nacht vor dem großen Kamin. Während ich ihm den Kopf rieb und die Ohren kraulte, stellte ich mir Dustys Lage vor. Gemeinsam mit Spooky war sie imstande, unabhängig vom Menschen zu leben. Außer dem Grisly würde jedes Tier im Wald ihre Kraft respektieren. Ich konnte fest damit rechnen, daß ihr kein Feind in die Quere kam. Alle würden sich vor ihr hüten, denn kein Tier ist so gefährlich wie ein verletzter Bär.

Es gab nichts, was ich hier noch hätte tun können. Also beschloß ich, zu meiner Hütte zurückzukehren und Dusty und ihren Gefährten – und Scratch, wenn er bleiben wollte – mit ihrer Furcht vor den tückischen Menschen allein zu lassen.

Als ich am nächsten Morgen für die Heimfahrt über den See packte, sah ich Scratch über die Lichtung davoneilen, als wolle er zu seinen Artgenossen. Ich hatte mir schon fast eingeredet, daß es so viel besser für ihn sei, da ich auch für einen Bären nicht ewig das Kindermädchen spielen konnte, als er sich langsam an den Rand der Lichtung heranpirschte – mit Dusty. Beide Bären blieben stehen, als ich rief. Scratch leckte Dusty über die Schnauze, kam dann angesprungen und kletterte in das Kanu. Dusty hinkte in die Schlucht zurück, hielt inne, blickte Spooky an, der etwa fünfzig Meter weiter oben mitten auf dem Pfad stand, und hob daraufhin die Nase witternd in die Richtung, wo ich mit Scratch an Bord vom Ufer ablegte.

IN DER folgenden Woche bereitete ich mich mit fieberhafter Eile auf die zu erwartenden Polarstürme vor. Wenn ich trockenes Holz sägte, hackte und aufstapelte oder Regenbogenforellen fing und räucherte, war Scratch stets in meiner Nähe. Schließlich war ich gerade noch rechtzeitig für den Winter gerüstet und konnte beruhigt Larchs Ankunft mit den Vorräten entgegensehen.

In diesen Spätherbsttagen war Scratch an allem interessiert, was um ihn vorging. Doch mitten in seinem interessierten Beäugen eines Pfeifhasen auf einem Stein oder eines vorbeiziehenden Elches, setzte er sich ganz wie früher hin und kratzte sich zuerst hinter dem einen und dann hinter dem anderen Ohr, als müsse er seine Beobachtung erst einmal überdenken. Mich verfolgte der Gedanke, daß ich ihn wegen des starken Einflusses, den Rustys Persönlichkeit ausgeübt hatte, vernachlässigt hatte. Scratch besaß weder Rustys Freiheitsdrang noch seinen unbeugsamen Willen, aber er war von einer Sanftmut, die schon fast an Unterwürfigkeit grenzte. So wie ich Rusty gefolgt war, folgte Scratch jetzt mir. Um mich auf sich aufmerksam zu machen, wälzte er sich vor dem Kamin, spielte mit seinen Zehen oder vollführte auf dem Boden allerlei komische Verrenkungen. Döste ich ein, knabberte er an meinen Ohren. Wenn ich seinen Possen nicht den gebührenden Beifall zollte, wiederholte er die Vorstellung, bis er endlich zu der ersehnten Anerkennung kam. Er verstand auch mehr menschliche Worte und Gesten als Rusty.

Am sechsten Tag nach unserer Rückkehr wanderten Scratch und ich am Seeufer entlang, als er plötzlich stehenblieb, die Schnauze hob und dann in das Unterholz oberhalb des Strandes sprang. Gleich darauf tauchten Dusty und Spooky mit Scratch auf den Fersen auf. Die verletzten Bären hatten den eisigen, acht Kilometer breiten See zum zweitenmal durchschwommen.

Daß sie wieder da waren, erfüllte mich mit großer Traurigkeit. Ich hatte gehofft, sie würden in ein neues Revier außerhalb des Jagdgebietes abwandern. Zuerst schob ich ihre Rückkehr der Tatsache zu, daß Dusty mich mit Scratch davonpaddeln sehen und ihn so sehr vermißt hatte, daß sie die Strapaze auf sich nahm. Aber Büchsengeknall aus der

Umgebung von Larchs Hütte wies auf weniger sentimentale Gründe hin.

Ich mochte rufen und schmeicheln, soviel ich wollte, Dusty erinnerte sich bei jedem Schritt voller Pein an die Falschheit der Menschen, und ich konnte nichts unternehmen, um den Schaden wiedergutzumachen, den der Pelzjäger ihr zugefügt hatte. Schon mein bloßer Anblick erschreckte sie. Wie Spooky würde sie nie vergessen, was sie an jenem Tag gesehen und gefühlt hatte, als die Kugeln sie trafen, und es bereitete mir jedesmal tiefen Kummer, wenn ich sie davonhinken und vor mir flüchten sah, als wäre ich dieser Jäger gewesen.

Am fünfzehnten November hörte ich auf dem See zwei Boote, eines im Süden, eines im Norden. Beide kamen im Bogen auf den Hautête Creek zu und trafen gleichzeitig ein. Mark kam von oben, Larch von unten. Sie zogen die Boote nebeneinander ans Ufer.

„Alle Wetter, wenn das kein Zufall ist!" rief Larch Mark zu, als sie sich begrüßten.

„Ich habe den ganzen Tag an dich gedacht", antwortete Mark. „Ich hatte so ein Gefühl, daß du hiersein würdest."

Obwohl beide schworen, daß ihre gemeinsame Ankunft auf einer „Übereinstimmung des Geistes" beruhte – die Indianer dieser Region glaubten an Gedankenübertragung –, hatte ich allen Grund zu der Annahme, daß sie ausgemacht hatten, sich zu einem bestimmten Termin bei meiner Hütte zu treffen.

Nachdem meine neuen Vorräte, darunter Kisten mit Büchern und Zeitschriften, ausgeladen und verstaut waren, spazierten wir am Ufer entlang bis zu dem Fluß, wo ich vor einiger Zeit so erfolgreich Gold gewaschen hatte. Scratch schien Mark und Larch gleich gern zu mögen, womit er eine gewisse Bestätigung für das alte Sprichwort lieferte: Bären und Indianer halten gemeinsam Winterschlaf.

„Das Sprichwort glaube ich erst so richtig, wenn es einem von euch beiden gelingt, Dusty herzulocken", forderte ich sie heraus.

„Ohne mich", wehrte Larch ab. „Sie ist im Augenblick zwar nicht sehr glücklich, aber immerhin dort, wo sie hingehört."

„Auf meine Hilfe mußt du auch verzichten", meinte Mark. „Aber wenn du willst, nehme ich Scratch zum Palisadesee mit. Dort sind weder Jäger noch Fallensteller. Und es gibt reichlich Futter."

„Laß mir sechs Monate Zeit – so schnell kann ich das nicht entscheiden."

„Gut, dann richte ich es so ein, daß ich den Burschen gegebenenfalls im Mai abholen kann. Und jetzt wollen wir die Herbstluft genießen. Mir scheint, daß nur die Blätter das Geheimnis eines schönen Todes kennen. "

Als wir an den nächsten drei Abenden am Feuer saßen, erzählte Mark von den Wundern des entlegenen Landes um den Palisadesee, von Lachsen und Regenbogenforellen, von all den Tieren und wild-wachsenden Beeren und von dem Garten, in dem seine Frau Karotten und Kohlrüben zog.

Larch dagegen war noch schweigsamer als früher. Wenigstens war er jetzt als Jagdaufseher in der Lage, die Tiere der Wildnis, die er so liebte, zu schützen. Am Tag vor seiner Rückkehr nach Fort St. James machte er mir noch eine traurige Eröffnung, die die Bären betraf. Ihre Tragödie hatte erst begonnen.

„Bob, es fällt mir schwer, dir das zu erzählen", sagte er, „aber es muß sein. Für Bären gibt es keine Schonzeit mehr. Die Jäger können jederzeit hierherkommen und die Tiere abknallen. "

Wozu brauchte ich jetzt noch Bedenkzeit? Ich bat Mark sofort, Scratch am fünfzehnten Mai zu holen.

BALD nach der Abreise der beiden Indianer löschten gewaltige Schneemassen, die zehn Tage lang lautlos herabrieselten, die Welt vor der Hütte aus. Der einzige Unterschied zwischen Tag und Nacht war das milchige Licht, das durch die eisbedeckten Fensterscheiben sik-kerte.

Scratch weigerte sich, das Winterquartier, in dem Rusty gestorben war, zu betreten, weil es trotz aller Säuberungsmaßnahmen noch immer nach Blut roch. Also nagelte ich kurzerhand den Tisch auf drei Seiten mit Brettern zu, brachte an der vierten Seite eine Tür an und legte die „Koje" mit Decken aus. Wohlig schnurrend wie ein Kätzchen bezog der Bär seine neue Unterkunft.

Zwischen dem fünfzehnten Januar und dem fünfzehnten März wachte Scratch regelmäßig alle vierzehn Tage auf, trank ein bißchen Kondensmilch, fraß eine halbe geräucherte Forelle und saß eine Zeit-lang mit dem Kopf auf meinen Knien vor dem Feuer. Nur zweimal verließ er die Hütte. Einmal wanderten wir an einem strahlenden Januartag zum Ufer, um dem letzten kanonendonnerähnlichen Kra-chen zu lauschen und Schauer von Eissplittern mit flüchtig darin aufschimmernden Regenbogen zu beobachten, als der See endgültig zufror.

Scratch begleitete mich auch im späten Februar, als eine alte abgestorbene Fichte auf dem Hügel im Süden der Hütte der Länge nach barst und mit Getöse umstürzte. Bei vierzig Grad unter Null brauchten wir nur fünf Minuten zu warten, bis alle darin beheimateten Bienen in der Kälte völlig bewegungsunfähig wurden und der Honig zu einer festen Masse erstarrte, die ich mit einem Beil aus dem Stamm heraushackte. Zum erstenmal in seinem Leben verschmähte Scratch die süße Delikatesse, aber er muß gut und gern zweitausend Bienen gefressen haben.

Der Winter war eine stille, beschauliche Zeit. Stundenlang schmökerte ich ungestört in den Stößen von Büchern und Zeitschriften, die Mark und Larch mitgebracht hatten, oder ich spazierte bei schönem Wetter auf den See hinaus und betrachtete das rosige „Alpenglühen" auf den schneebedeckten Gipfeln unter Bedingungen, die zu keiner anderen Jahreszeit möglich gewesen wären. Nur wenn ich an die unbegrenzte Jagdzeit für Bären dachte, wurde mir das Herz schwer. Irgendwo da draußen in einer Höhle, einer geschützten Stelle in einem Dickicht oder einer hohlen Pappel lag meine verletzte Dusty. Und jedesmal wenn sie erwachte und merkte, daß sie sich nicht mit ihren beiden Brüdern in der Hütte befand, würde ihr aufs neue die Erinnerung an die bittere Enttäuschung schmerzlich zusetzen.

Als im März die Tage länger wurden, wünschte ich mir, es gäbe eine Möglichkeit, die Zeiger der Uhr anzuhalten. Scratch erwachte aus der Winterruhe und war sanftmütiger und anhänglicher denn je. Fast stündlich bereute ich mein Versprechen, ihn Mark am fünfzehnten Mai zu übergeben. Um die Zeit mit ihm zu verlängern, gewöhnte ich mir an, vor Sonnenaufgang aufzustehen und erst gegen Mitternacht schlafen zu gehen. Südwestwinde und früh einsetzendes Tauwetter ließen den Schnee in den Südlagen innerhalb von zwei Wochen verschwinden, und das alljährliche Wunder neuen Wachstums entfaltete sich mit einer verschwenderischen Fülle von Düften, wie man sie in den düsteren, kargen Wäldern des Nordens nicht oft erlebt. Bei Tageslicht verbrachte ich fast jede Minute auf sonnigen Hängen oder Wiesen inmitten der Bergblumen. Abends saßen wir auf der Veranda und lauschten dem Brausen des Hautête Creek, der infolge der raschen

Schneeschmelze in seinen reißenden Wirbeln auch viel Schlamm und
Geröll mit sich führte.

In der ersten Aprilwoche weckten mich die Hakengimpel und
Drosseln, die alle Unbilden der Witterung überwunden hatten, um
ihre alljährliche Ankunftszeit einzuhalten. Stockenten, Spießenten
und Gänsesäger versammelten sich schnatternd zu einem Festmahl auf
dem See, in den der tobende Hautête Creek ganze Schwälle von jungen Fischen, Kaulquappen und Insektenlarven spie. Sobald die neuen
Triebe der Stinkenden Zehrwurz verrieten, daß sich unter der Erde
saftige Knollen verbargen, führte mich Scratch am Ufer entlang zum
Moor und grub Wühlmäuse und Lemminge aus, die so groß waren
wie Backenhörnchen. Jeden Tieflandsumpf und jede Wiese durchzo-
gen die unzähligen Gänge dieser Nager in einem weitverzweigten
Tunnelsystem.

Ein Aprilgewitter am Ende des Monats zwang uns einen Tag und
eine Nacht Hausarrest auf. Als Scratch und ich danach wieder das Ufer
entlangwanderten, setzte er sich plötzlich auf meine Füße, wie es seine
Gewohnheit war, wenn er nicht wollte, daß ich weiterging. Ich dachte
gerade an die Eule, die am Abend zuvor immer wieder gerufen und
keine Antwort erhalten hatte. Die Tahltan-Indianer glauben, daß ein
einsamer Eulenruf Unglück bedeutet. Auf einmal ertönte von einer
Lichtung oberhalb der fast zwei Meter hohen Uferböschung ein herz-
zerreißendes Jammergeheul. Es klang wie die Totenklage eines Wol-
fes, der seine in eine Falle geratene, sterbende Gefährtin betrauerte.
Leise stieg ich die Böschung hinauf und hielt vorsichtig Ausschau. Zu
meinem Entsetzen erblickte ich Spooky, der dort laut wimmernd saß,
die Schnauze zum Himmel erhoben. Vor ihm im naß glitzernden Gras
lag Dusty – tot.

Als Spooky uns witterte, humpelte er jammernd davon. Ich sah ihn
nie wieder. Ich lief zu Dustys leblosem Körper. Sie war böse zugerichtet. Ihr Genick war gebrochen. Große Fell- und Fleischstücke lagen
um sie verstreut. Alles deutete darauf hin, daß hier ein gräßlicher
Kampf stattgefunden hatte. Auf dem feuchten Boden in der Nähe entdeckte ich die unverkennbare Fährte eines Grislys.

Gleich beim ersten Mal, als ich Dusty hinken gesehen hatte, hatte
ich befürchtet, daß sie nicht imstande sein würde, sich zu verteidigen,
wenn sie auf einen angriffslustigen Grisly stieß.

Ich ging zur Hütte und holte eine Schaufel. Scratch heulte genau wie

Spooky, bis ich Dustys Grab zuschüttete. Fast bis Mittag saßen wir stumm neben dem Erdhügel. Wie schon so oft im vergangenen Winter fragte ich mich, ob die Bären vielleicht besser dran gewesen wären, wenn ich mich nicht eingemischt hätte.

ANFANG Mai hatte ich so viel Gold, daß mein Traum, mir den Abschluß meines Studiums am College zu finanzieren, in greifbare Nähe rückte. Das Hochwasser der in den See mündenden Flüsse schwemmte verlockende neue Goldseifen an, die ich an klaren Nachmittagen mit Pfanne und Rinne ausbeutete. Scratch lag in der Sonne und schaute mir bei meiner sonderbaren Tätigkeit zu. Auch wenn er auf Futtersuche in die entlegensten Gebiete wollte, wanderte ich mit. Machte ich nur einen Schritt in Richtung der Hütte, folgte er mir sofort wie ein Schatten.

In diesem Frühling muß Scratch fast hundertfünfzig Kilo gewogen haben. Wenn er sich in plötzlichem Überschwang aufrichtete, mir eine Tatze auf die Schulter legte und gründlich das Gesicht leckte, maß er gut ein Meter siebzig. Er war inzwischen so stark geworden, daß ich seiner erdrückenden Umarmung nur entgehen konnte, wenn ich das „Nein!"-Signal zur Anwendung brachte, das ich mir für Notfälle aufhob. Lachte ich über seine derben Liebesbeweise oder zeigte weniger Begeisterung als er, trat er einfach ein wenig zurück, schubste mich und warf sich in seiner ganzen Massigkeit auf mich.

Bei meinem ursprünglichen Entschluß, die Bären aufzuziehen und sie dann in ihre natürliche Umwelt zu schicken, hatte ich nicht mit der Anhänglichkeit der Tiere gerechnet. Die drei niedlichen kleinen Waisen hatten mir leid getan. Ich hatte ihnen vorläufig Futter und Schutz geboten und sie zur Selbständigkeit ermutigt. Dann war aus der schönsten Form von Achtung, Vertrauen und Zuneigung eine tiefe Freundschaft entstanden, die weit über alles hinausging, was ich für möglich gehalten hätte.

Als der Tag näherrückte, an dem ich von Scratch Abschied nehmen mußte, konnte ich mich nicht dazu überwinden, ihn, wie beabsichtigt, allmählich und systematisch von mir zu entwöhnen. Gingen wir durch den Wald oder lehnten uns auf den Bergwiesen in den frischen Wind, graute mir vor dem Gedanken, mich von ihm zu trennen. Und doch wußte ich, daß ich nicht noch mehr Zeit hier in der Wildnis verbringen konnte.

Wir waren beide am Landesteg, als Mark ankam. Scratch hatte den Indianer wirklich gern, und die beiden balgten und wälzten sich in wilden Spielen, auf die ich mich nie eingelassen hätte. Nach der letzten Mahlzeit in der Hütte sagte ich an jenem Abend: „Ich nehme nur das Notwendigste mit, Mark. Es ist eine lange Reise. Alles, was du hier findest, teilst du dir am besten mit Larch."

„Wir werden ab und zu hier vorbeischauen und nach dem Rechten sehen", versprach er. „Schreib uns doch einmal! Kann ja sein, daß du zurückkommst."

Im frühen Morgengrauen belud ich das Kanu für die Fahrt nach Fort St. James und von dort weiter nach Prince George, eine abenteuerliche Tour über mehr als dreihundert beschwerliche Kilometer. Mark belud ebenfalls sein Boot und richtete für Scratch einen Sitz am Bug her. Es war ein weiter Weg nach Norden bis zum Palisadesee.

Sobald der Bär auf seinem Platz saß, ließ Mark den Motor an und wendete, um davonzufahren. Als er an meinem Kanu vorbeikam, reichte er mir, ohne mich anzuschauen, eine Weidenrute. Der Bär ließ mich nicht aus den Augen, als ich nach Süden zu paddeln begann. Mit einem Satz war er über Bord und schwamm brüllend auf mich zu.

Tränen strömten mir über die Wangen, als ich gezwungen war, in Scratchs Seele die Vorstellung zu hinterlassen, daß ich ihn verriet. Immer wieder schlug ich mit der Rute in seine Richtung. Endlich machte er ungläubig kehrt und schwamm langsam zu Mark, der ihm ins Boot half. Ich hörte, wie mein Freund den Motor voll aufdrehte, als er den Bug nach Norden wandte. Ich paddelte wie besessen nach Süden. Hätte ich nur ein einziges Mal zurückgeblickt, hätte ich die Wälder des Nordens nie verlassen.

Robert Franklin Leslie

Nach seinen Abenteuern mit den Bären kehrte Robert Franklin Leslie zwar wie geplant ans College von Santa Barbara zurück, doch die Begeisterung für die Wildnis ließ ihn auch im zivilisierten Kalifornien nicht mehr los. Nachdem er ein Diplom in geisteswissenschaftlichen Fächern erworben hatte, schrieb Leslie sich in „Ökologie und Botanik" ein, einem Studiengang, der im Jahr 1942 noch eine ausgesprochene Rarität darstellte. „Manchmal schien es", erinnert sich Leslie schmunzelnd, „als wüßten nur zwei Personen, was der Ausdruck ‚Ökologie' bedeuten sollte – nämlich der Professor und ich. Und auch ich war mir da nicht immer ganz sicher." Um so erfreulicher findet es Leslie, daß heute eine breite Öffentlichkeit die Bedeutung des Zusammenspiels aller Kräfte in der Natur erkannt hat und weiß, wie wichtig es ist, die letzten uns noch verbliebenen Naturreservate zu schützen.

Leslies Liebe zur Natur wurde insbesondere von seinem Vater geweckt, der dank seiner indianischen Vorfahren über einen reichen Schatz an Tiergeschichten und Kenntnissen der Pflanzenwelt verfügte. Während seines ganzen Lebens zog sich der 1911 in Texas geborene Autor immer wieder für längere Zeit in die Wildnis zurück, um dort ungestört das Verhalten der Tiere beobachten zu können. Seine zahlreichen Erlebnisse hielt er in insgesamt zwölf Büchern fest, darunter auch der amüsante Bericht über den Waschbären Ringo, der unter dem Titel *Ein Gauner von Format* in den Reader's Digest Auswahlbüchern erschienen ist.

Leslies größter Erfolg allerdings ist und bleibt die Geschichte des Bärentrios Rusty, Dusty und Scratch. Dieses Buch wurde in nicht weniger als zwanzig Sprachen veröffentlicht und 1974 von der Walt-Disney-Produktionsgesellschaft verfilmt, wobei die Hauptrolle einem Schauspieler mit ausgesprochen klangvollem Namen übertragen wurde: Patrick Wayne, dem Sohn des unvergessenen Westernhelden John Wayne.